U0921940

中国印刷年鉴

CHINA GRAPHIC ARTS ANNUAL

2011

中国印刷技术协会 编

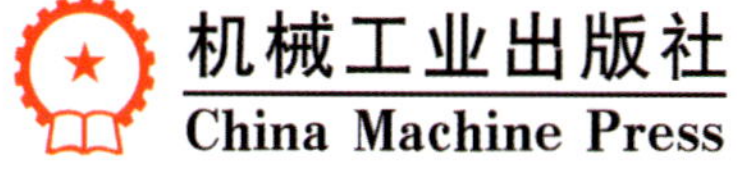

图书在版编目（CIP）数据

中国印刷年鉴 .2011/ 中国印刷技术协会编 . — 北京：机械工业出版社，2012.2

ISBN 978-7-111-37201-1

I. ①中… II. ①中… III. ①印刷工业 — 中国 — 2011— 年鉴 IV. ① F426.84-54

中国版本图书馆 CIP 数据核字（2012）第 010257 号

机械工业出版社（北京市百万庄大街 22 号 邮政编码 100037）
责任编辑：张珂玲 张震一 刘艳玲
北京昊天国彩印刷有限公司
2011 年 12 月第 1 版第 1 次印刷
210mm × 285mm · 19 印张 · 52 插页 · 897 千字
定价：320.00 元

购书热线电话（010）59361848

《中国印刷年鉴》编辑委员会

编辑说明

《中国印刷年鉴》是我国印刷行业唯一一本大型资料性工具书，本卷为总第24卷。收编的主要内容为记录2010年印刷行业发展的资料。

为综合反映我国印刷业2010年的发展情况，本卷年鉴共设8个专栏：综述、地方印刷、纪事、文摘、法规政策、标准汇编、分类统计、海关统计。为加强对印刷及关联产业各专业工作的概况和评述，有些栏目下面还增设了二级栏目。

本卷年鉴的“综述”栏目主要反映了2010年印刷及相关行业的发展概况，涉及书刊印刷业、包装印刷业、报纸印刷业、印刷器材行业及造纸工业等；“地方印刷”栏目收录了除个别省份以外的全国各地2010年印刷行业概况，栏目内容主要由各省新闻出版局印刷处提供；“纪事”栏目以时间发展为序，摘录了2010年全国印刷行业发展的重要事件，为读者梳理、了解全年业内发生的重大事件提供参考；“文摘”栏目以简明扼要的文字摘编了有关2010年国内、国外最新技术发展趋势与行业现状的短篇新闻，2010年中国印刷及相关工业的基本数据资料，以及分析印刷市场、预测行业发展前景的相关文章；“法规政策”栏目收录了2010年出台的与印刷行业相关的法规政策条例；“标准汇编”栏目主要收录了2010年实施的“印刷机械，单张纸平版印刷机及卷筒纸平版商业印刷机”标准，“印刷机械，耗电技术条件及瓦楞纸板卧式平压模切机”标准等；“分类统计”栏目收录了2010年国内骨干书刊印刷企业、包装印刷企业、报纸印刷企业及印刷机械制造企业的主要经济指标完成情况，“海关统计”栏目收录了2010年我国印刷机械及器材的进出口情况，这两部分内容主要由国家新闻出版总署及中国印刷及设备器材工业协会提供，其资料、数据具有一定的准确性和权威性。

在编纂本卷年鉴的过程中，得到国家新闻出版总署有关司局、全国各地新闻出版局的关心和指导，得到各地印刷协会、海内外印刷界专家和学者以及广大读者的帮助和支持。在此，谨致谢忱。由于本卷年鉴的资料来源广泛，数据统计口径不一，加上在编写过程中难免存在疏漏、错误之处，请广大读者批评、指正。

目录 CONTENT

综述 General Circumstance

地方印刷 Parochial Printing

HEI = 环保

纪事 Printing Chronicle

目录

目录

目录

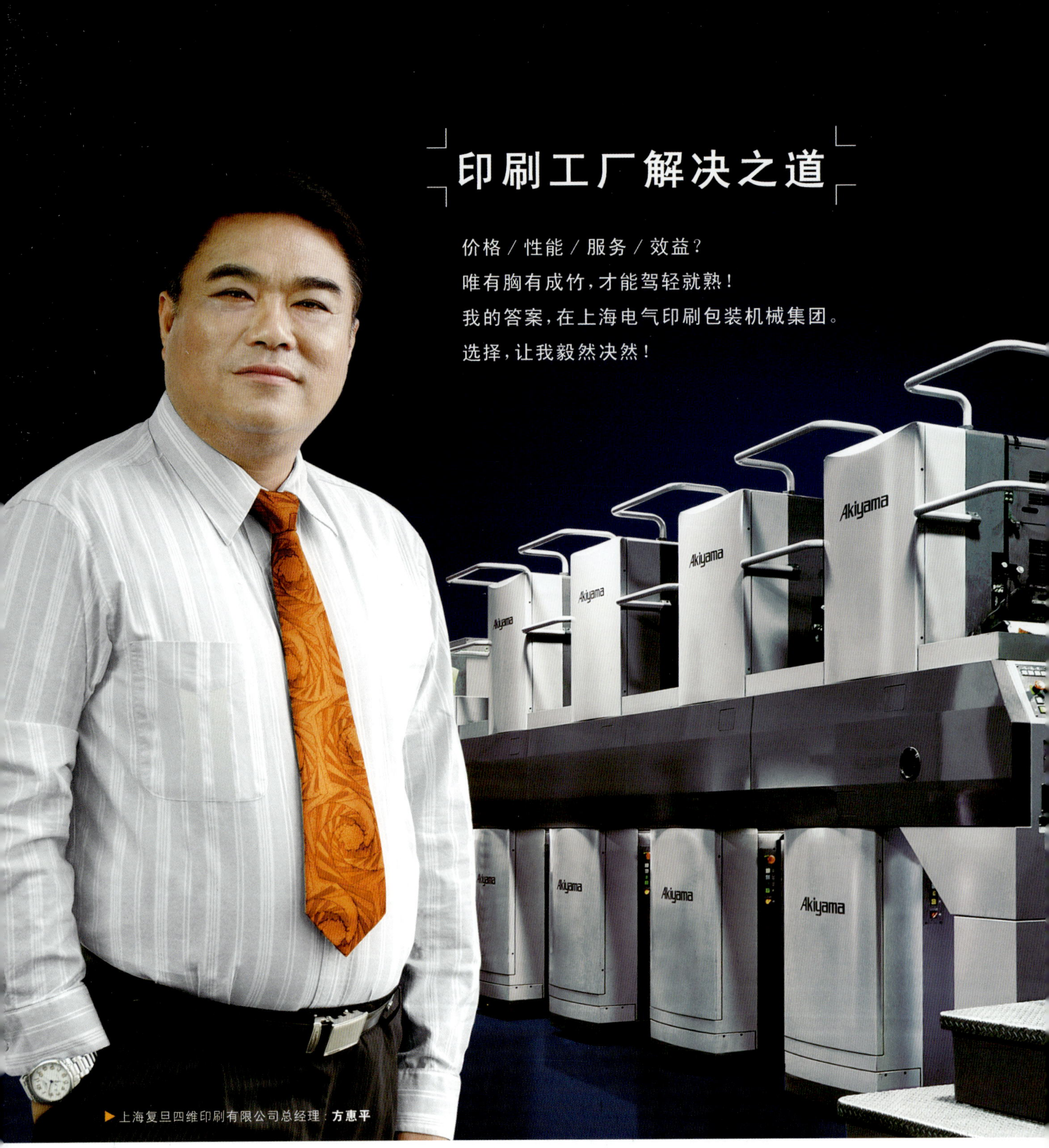

目录

OJI
王子制纸集团
树——生长着……
树——守护着人类……
树——给予我们永远的生命……
为此，我们要将植树造林的活动一直继续下去，
坚持"森林的循环再生"早日实现地球环保的循环型社会，
这就是我们——王子制纸集团义不容辞的使命。
王子制纸株式会社
图片提供／王子制纸株式会社社有林(NISEKO)

目录

文摘 Digest

方正电子
印已未来
成熟
CTP技术
全球同步的
数字印刷
解决方案
"G7 expert"
认证资格
印刷
企业
印刷
企业
印刷

目录

目录

标准汇编 Standards

中华人民共和国国家标准

中华人民共和国机械行业标准

分类统计 Sort Statistic

非感光 无污染 低成本
纳新100为您打开绿色印刷之门
2010年度十大创新设备
中科纳新
Nano Think
北京中科纳新印刷技术有限公司
地址：北京市海淀区北四环西路52号中芯大厦906
邮编：100080
传真：010-62692011
网址：www.nanothink.com.cn
绿色制版 绿色未来

目录

海关统计 Custom Statistics

广告索引 Advertising Index

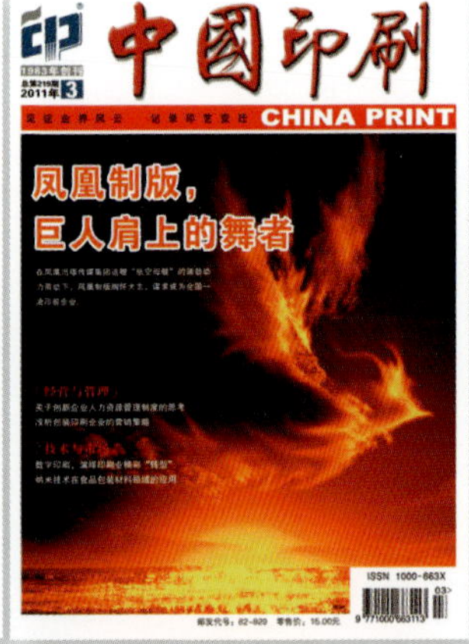

他们是 思想者，决策者，执行者；

他们是 行业关注的焦点；

他们 参与变革；

他们 影响了这个行业；

这里，记录他们的故事

《中国印刷》杂志

“封面故事”栏目

关于一个行业，思行者的故事。

中国印刷技术协会 主办

中国印刷 杂志社 出版

垂询电话：（010）59361848-8008

目录 CONTENT

General Circumstance

Parochial Printing

Printing Chronicle

Digest

Statute and Policy

Standards

Sort Statistic

Custom Statistics

Advertising Index

斯道拉恩索集团是一家全球性包装、纸张和林产品行业的创想者。我们在不断的重新审视现状，开拓新领域，利用可再生材料为我们的客户提供创新的解决方案。集团在全球拥有约26000名员工和85个生产单位，纸张和纸板年生产能为1180万t，集团在赫尔辛基和斯德哥尔摩上市。

山东斯道拉恩索华泰纸业有限公司（大王工厂）成立于2006年4月，专业生产世界超级亚光纸，年产能20万t。“悦印”品牌源自欧洲，是斯道拉恩索旗下超亚纸品牌之一，并依据亚洲市场需求经过本土化改良，使用100%回收纤维，是可持续的绿色用纸，是绿色和平组织推荐使用的森林友好型纸张产品。使用该纸张为内文的印刷出版物（图书和杂志）经过绿色和平的认可，将被授权使用“爱书人 爱森林”标志。“悦印”是目前亚太地区连续稳定生产的超亚纸品牌。“品质、服务、经济性、全再生环保纸”是对“悦印”的恰当诠释。“悦印”广泛应用于零售业广告、报纸夹页、电视指南、大发行量杂志、目录、直邮广告、副刊、产品说明书、书籍及礼品包装等。

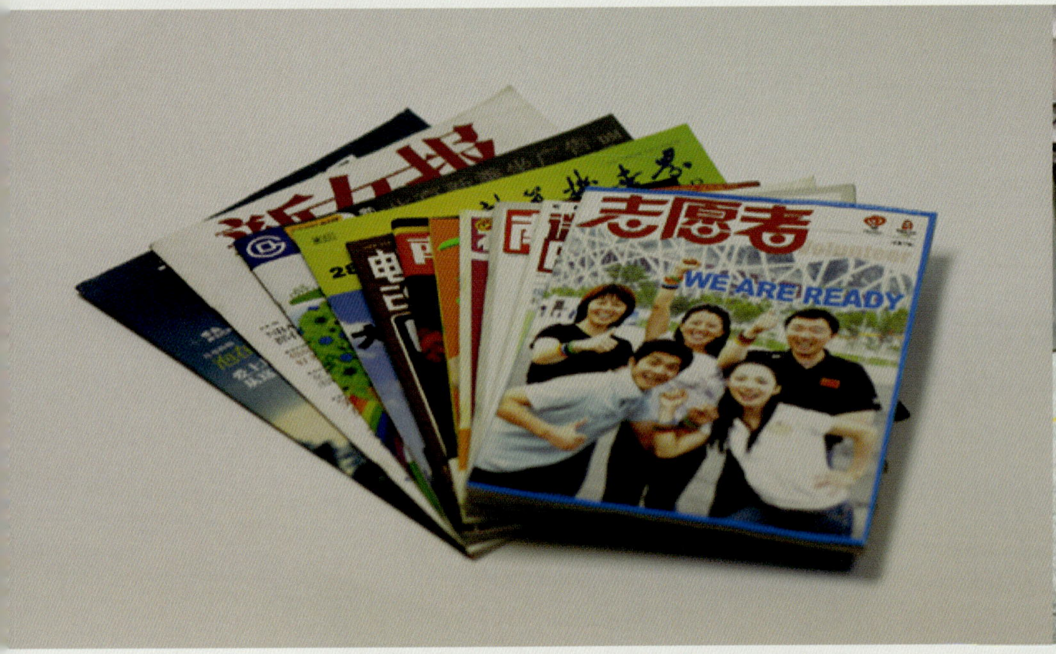

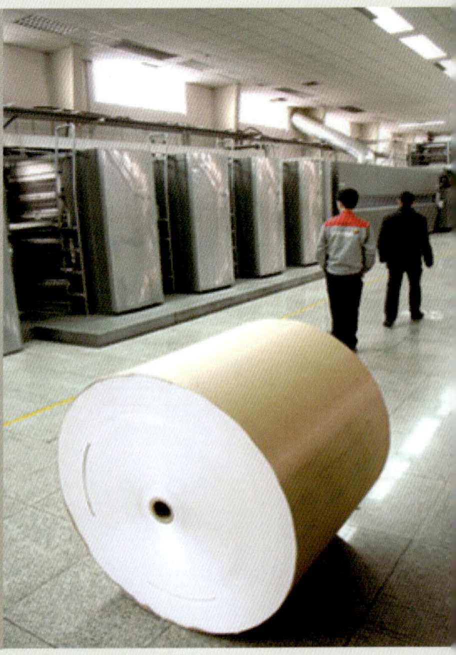

山东斯道拉恩索华泰纸业有限公司

地址：山东省东营市广饶县华泰工业园潍高路 257335
电话：+86 546 7797222 / +86 21 63353500

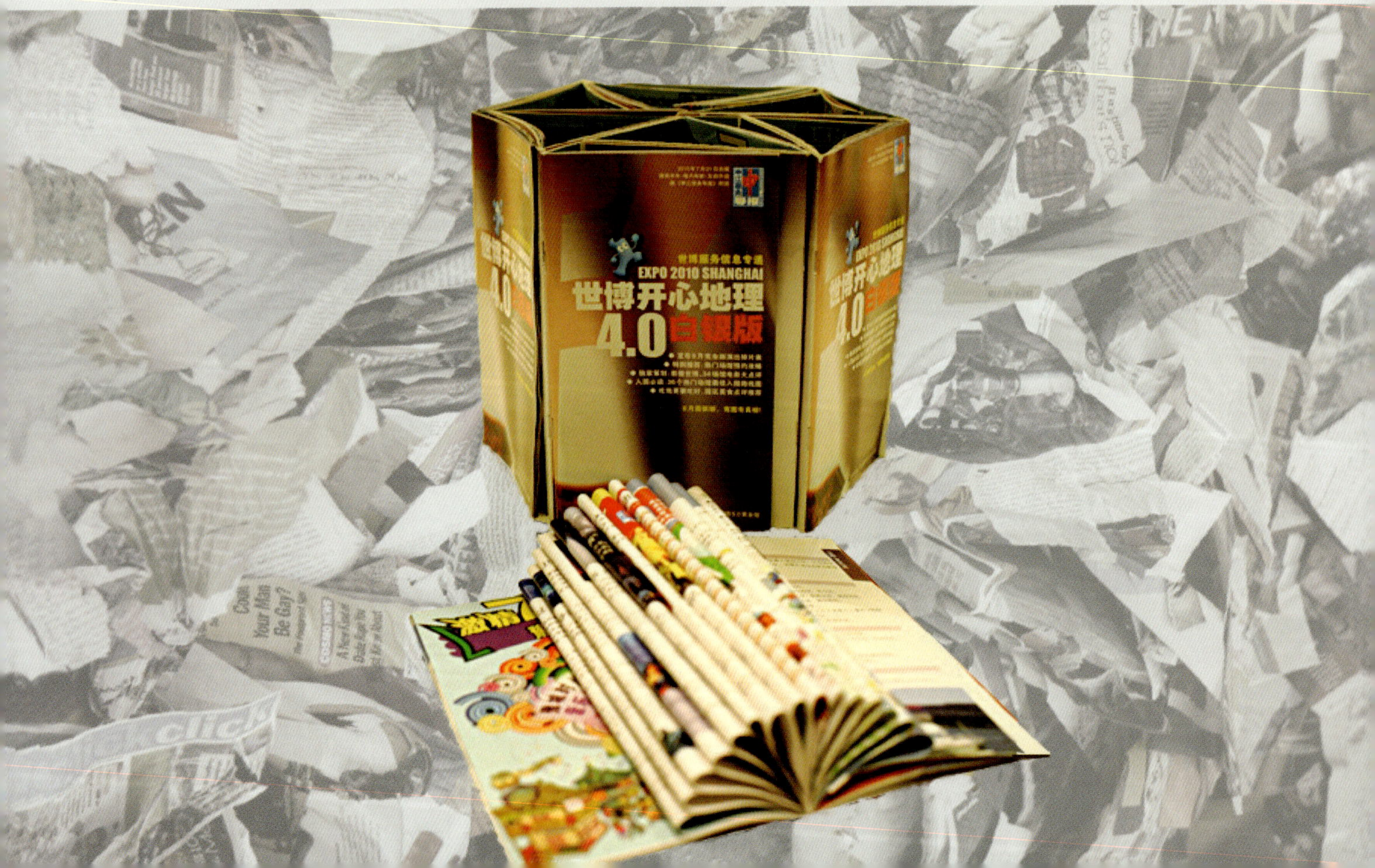

2010年我国书刊印刷业现状分析

中国印刷及设备器材工业协会
书刊印刷专业委员会

2010年，是我国“十一五”计划的最后一年，总结“十一五”，我国书刊印刷业产业布局逐步完善，高新技术广泛应用，竞争能力明显增强，促进了我国印刷业持续稳定发展。2009年，我国书刊印刷业迎战全球性的经济危机，实现了逆势上扬，并且有了较大的发展。2010年，在印刷业提前完成“十一五”计划的基础上，制定了“十二五”规划。按照“将我国建设成为世界印刷强国”的总体要求，采取综合措施，引导整个印刷产业实施绿色环保战略转型，书刊印刷企业积极抓住各种机遇，大胆进行创新和变革，求得了发展。

一、书刊印刷业发展现状分析

“十一五”期间，产业规模迅速壮大。截至2010年年底，全国有各类印刷企业超过10万家，从业人员超过380万人。“十一五”末我国印刷总产值超过“十五”末的两倍，居全球第三位，我国已经成为全球重要的印刷加工基地。产业布局逐步完善，珠三角、长三角和环渤海三大印刷产业带总产值已占全国3/4以上；高新技术应用广泛，多色、高速、自动、联动等先进印装技术和设备在我国得到了应用，数字印刷以及信息管理技术发展迅猛，竞争能力明显增强；我国涌现出一大批具有相当规模和竞争力的优势企业，印刷业出口加工产值持续增长；行政管理取得实效，印刷法规和标准得到进一步完善，日常管理制度得到进一步落实，印刷质量管理体系基本建立，市场秩序逐步规范，我国印刷业保持了健康有序的发展，保障了国家文化安全。

1. 要迅速做大做强印刷企业，首先要解决资金问题

通过合资、兼并重组，迅速做强主业做大产业规模，安徽新华厂和常熟市华通印刷有限公司都是成功的案例。安徽新华厂是上市公司的组成部分，重组后的合肥杏花和芜湖新华也纳入上市公司，安徽新华斥资2 000多万元，重组合肥杏花和芜湖新华，重组后资产规模约3亿元、年销售收入超过1.5亿元、利润达1 000多万元，实现了资本的杠杆效应；控股股东——时代出版利用募集资金对安徽新华增资1.15亿元。重组之后的老新华厂形成了综合实力强、产品结构丰富、业务覆盖广的产业集群，搭建了统一的采购平台、业务平台、资金平台和管理平台，提高了企业的核心竞争力。常熟市华通印刷有限公司通过融资方式，引入远东租赁2 000多万元资金，完成了3 000多万元的设备改造计划，为企业的发展争取了时机。

2. 设备改造是做大做强印刷企业的必要保障

面对激烈的市场竞争，坚持“科技创新、技术领先”的方针，为确保我国印刷行业的发展能与世界印刷行业的发展同步，增强自身的竞争力，在不断变化的市场中抢占先机，领先一步打下坚实的基础。中华商务联合印刷（广东）有限公司每年的CTP出版量已超过98%，两台M600商业轮转印刷机，实现了为客户提供更快捷、更全面的印刷方案，两台更高速、幅面更大的sunday2000高速轮转印刷机，全新高速胶装联动线，既能满足大批量的生产需要，又能实现个性化批量装订要求，大大增强了市场的开发能力。湖北新华印务有限公司自“九五”以后，企业累计投资3亿多元，先后引进购置进口和国产先进的制版、印刷和装订设备，实现了印前制版数字化，印刷多色自动化，印后加工联动化，具备了书刊印刷、精品彩色印刷、商业印刷和报刊印刷先进技术和大规模生产加工能力，综合配套能力得到整体提高。

3. 技术改造是印刷企业升级转型的必要条件

印刷企业真正做到升级转型必须靠技术创新和技术进步。如：中华商务联合印刷（广东）有限公司在1997年，经过多次试验，终于成功应用调频网技术在宣纸上印刷制作了《百花争艳庆回归》画册，作为中国香港特区政府在香港回归仪式上赠送给各国元首的礼品。该公司采用远程屏幕软打样技术，拉近了与客户沟通的距离，减免了海外客户来回签样周期，节约了大量成本。又如雅昌企业（集团）有限公司，开创了“传统印刷＋现代IT技术＋文化艺术”

的商业模式，成为获得国际印刷大奖最多的中国企业，并进一步成为中国文化创意产业的主力军，成为世界著名的为艺术界提供综合服务的文化产业公司。《北京2008年奥运开幕式节目单》在美国获得了印刷界“奥斯卡”的班尼奖（Benny Award）金奖。

4. 产品结构决定企业的市场适应能力

多样复杂的产品结构可以锻炼企业适应多变的市场能力，在激烈的市场竞争环境下，拥有良好的应急反应。如湖北新华印务有限公司以教材和图书为主的书刊印刷，以DM广告为主的轻涂纸商业印刷，以《长江商报》为主外加若干种周报的新闻纸报纸印刷，形成十分鲜明的三大市场结构，从一个单一的书刊印刷厂转变为一个产品涵盖DM广告、报纸、产品说明书、产品包装、电信黄页号簿、网上购物目录等产品的印刷服务企业。在经营理念上一直倡导“与巨人同行”，有目的选择客户，形成了以家乐福、沃尔玛、麦德龙为代表的大型外企客户群；以红金龙《市场报》、湖北电信“村村通”号簿、武商、中商、苏泊尔为代表的大型上市企业和国企客户群；以《长江日报》、《长江商报》、《楚天都市报》为代表的报业客户群，客户涵盖了武汉市有影响的高端客户，产品加工辐射到周边几省。在经营策略上以“技术、速度和质量”为特色，形成明显的综合优势。近几年来，依托先进的技术和品牌效应，新华印务大力整合社会资源，拓展业务范围，拥有了一大批以长江出版传媒集团教材中心及集团所属各出版社、华中科技大学出版社、华中师范大学出版社、《长江商报》、《长江日报》、知音集团、湖北中烟、湖北电信黄页和《环球人物》等为代表的重点客户群，扩大了市场份额，企业的品牌影响力和竞争力日益增强。

5. 管理是精髓，资金运作、设备改造、技术创新、人才培养等都离不开管理

安徽新华并购重组后注重后续管理。管控发展方向，做好有效整合。发挥各方优势，规范内部管理，在发展定位、营销策略、管理平台、采购招标、耗材考核、预算管理、资产处置和绩效评价等八个方面进行规范，重点抓了三件事：集中资金管理、统一管理平台、推进预算管理。效果已经初步显现。采用北大方正ERP印刷管理系统，实现了数据共享和信息集成，全公司各部门可以根据需要和相应的权限，及时、准确地获取所需管理信息；利用集成信息加强了客户和供应商的管理，强化了内部控制，减少了因信息不通畅带来的潜在风险；管理系统整合了业务流程，实现企业信息流电子化共享，提高了工作效率和管理水平。中华商务联合印刷（广东）有限公司注重完善自身的管理体系，努力借助科学的管理理念和方法，推进和落实各项管理工作。从1998年至今，公司相继通过了ISO 9001质量管理体系、ISO 14001环境管理体系、OHSAS 18001职业安全健康体系认证，获取了ICTI国际玩具业商业行为守则认证、FSC-COC林木业产销监管体系、PEFC环保体系认证，为规范管理打下基础。随着公司业务不断增长，2007年始，公司自行开发的ERP系统上线运行，至今公司每年近8 000份订单，60万项采购要求，上百万个出入库记录及千万条生产信息都在ERP系统处理，管理资讯实现高度自动化。近年来，公司在印前、印刷、印后环节中运用CIP3、CIP4技术，通过印前制作的印刷墨位文件实现对印刷设备的预调节，从而提高印刷的转版效率，减少损耗、提高生产效率，在运行的过程中积累了一定经验。湖北新华印务有限公司积极推行ERP企业资源管理系统，实现管理和流程规范化、标准化和资源集成。与武汉大学开展校企合作，进行技术咨询和技术诊断，建立和实施数字化生产工作流程、色彩管理体系。通过数字化生产工作流程和色彩管理体系，规范技术标准和管理行为，实现硬件与软件、设备与操作的有机融合和整体优化，充分发挥先进设备的技术性能和功能，形成整体技术优势，实现技术创新，提高设备运行效能和生产效率，运用先进技术为客户提供优良的产品和满意的服务。顺利通过了ISO9001质量管理体系认证、ISO14000环境管理体系认证。

6. 人才培养增强企业竞争力

日趋激烈的市场竞争实际就是人才的竞争，员工是企业最重要的资源，人才的培养既是百年大计也是当务之急。高等院校、科研机构在印刷专业人才培养中发挥着重要作用，产学研相结合的人才培养机制正在建立。职业技能鉴定，印刷职业技能大赛受到行业的重视，多渠道、多层次、多种形式、重实效的培训丰富多彩。人才培养力度逐步加大，人员素质逐渐提高。

中华商务联合印刷（广东）有限公司培训中心，近年来，每年都开办各类印刷技能培训班，中、基层管理干部培训班，新员工技能培训班，并把突出抓好“优秀机长队伍”和“营销人员队伍”作为培训工作的重中之重。2009年，借助中国印协举办的全国印刷技能大赛活动，在机长队伍中掀起了学技能的良好风尚，也得到了机长的热情参与。计划每年都开展内部技能比武，对表现优异的人员进行表彰和奖励，以激发更多人员钻研技术，脱颖而出。2010年有5人在全国技能大赛广东赛区表现优异，取得参加全国大赛决赛资格。同时，也通过输送各级技术和管理人才外出学习和培训，开阔视野，增强学识。在做好内部人才培养的基础上，从2004年起先后从各大专院校引进MBA、硕士研究生25人，或充实到公司各级管理团队，或作为后备人才储备。到目前为止，一部分人员已经在一些重要岗位上崭露头角，担起重任。公司利用生产不很繁忙的时机，开展各类培训工作。比如：为了让员工了解当前的经济形势和企业面临的困难，在全体员工中开展了形势任务教育，与员工一起分析国际金融危机给企业带来的影响，对员工行为和责任心提出了要求，希望员工能与企业同呼吸、共命运，一些“提高质量”、“减少浪费”的主题活动得到了员工的积极响应。

浙江工贸职业技术学院“引企入校”就是把学校的场地和设备出租给印刷厂，对外是个工厂，对内是学校的培训基地，学校一年还有一两百万元的收益。浙江工贸职业技术学院又扩展了半工半读范围，形成了轮岗、定岗、顶岗的培训系统。学生前两个学期在学校学习；第三个学期有两个月时间到外面较好的印刷厂轮岗，让学生认识自己；第四和第五个学期在校内工厂半工半读，叫定岗，学生根据自己的知识和工厂的需要，自选将来在印前、印中、印后或是制版、软件的某个岗位；第六个学期全部下厂顶岗，6月份回来拿毕业证。

政府部门在让印刷企业入驻高新科技园区上，享受高新技术企业的待遇以及一系列相关的优惠政策。印刷教育者自身也在转变观念。除了商业印刷和出版印刷，印刷在向相关行业扩展，印刷的概念在放大，学印刷的学生去那些很好的企业，这样更有利于印刷教育做大做强。中华商务联合印刷（广东）有限公司在做好岗位技能培训的同时，关心员工的生活、提升员工的素养、加强员工对企业的归属感。2010年夏季，公司耗资40余万元，为员工宿舍安装空调，提高餐费补贴标准。公司于2007年成立工会，3年来，举办了各类讲座和活动，同时维护员工合法权益，被员工亲切地誉为自己的“娘家”。多年来，公司定期开展如公司庆典聚餐、运动会、员工旅游、篮球比赛和卡拉OK比赛等群体性文化活动，丰富员工生活、陶冶员工情操，受到员工欢迎。公司厂刊《中商资彩》及时报道公司的重大事件和当前的工作重点，让更多的员工能了解公司的情况，也让一些员工能发表自己的所悟所想，展现自己的文学才华，这些投入都为营造和谐、温馨的劳动关系，加强员工凝聚力打下了良好的基础。

7. 绿色印刷

绿色印刷是指不破坏生态环境，不威胁人体健康，节约资源消耗的印刷方式及其相关的产业行为。绿色印刷是一项系列工程，是一条产业链，需要设备制造企业、耗材企业、出版企业齐心协力，密切配合完成，大力发展绿色印刷、绿色包装，是发展循环经济的本质要求，是建立资源节约型社会、促进人与自然和谐发展的有力举措。2010年秋季中小学教材试点应用预涂膜产品，这是印后覆膜发展的主要方向。《实施绿色印刷战略合作协议》在绿色印刷工程中明确要求：加快实施绿色印刷战略，促进我国印刷产业发展方式转变，实现“印刷强国”目标，推动我国生态文明、资源节约型、环境友好型社会建设。环境保护部、新闻出版总署于2010年9月14日举行了《实施绿色印刷战略合作协议》签约仪式。新闻出版总署此前已经组织上海和北京的7家出版单位及十多家印刷企业开展了2010年秋季中小学教材绿色印刷试点工作，2010年秋季中小学教材共有100种1 400多万册采用了绿色印刷，覆盖20余个省（区、市）。在发展方式上实现了由传统经济到循环经济的转变，从消费方式上实现了可持续消费。在立足于印刷业快速发展的同时，注意了行业结构、效益和质量的统筹。“环保”是全球各国所关注的突出问题，不但涉及各类工业，就连零售行业、服务行业以至个人生活习惯等也难免受此影响。在未来10年、20年、30年，环保会是所有行业的大前提，为了印刷行业更环保，供应商、制造商也会陆续推出配合这方面的新技术，这不仅是指耗材产品，在设备上或配件上也将不断有新产品推出，因此，我们必须预见到，未来环保的要求，迎接未来环保带来的技术转变，工艺流程转变及针对环保由此而产生的管理方式的转变。2010年7月7日上海在全国率先成立“国家绿色创意印刷示范园区”，并将尝试印刷绿色环保的中小学教材。8月17日“北京绿色印刷产业技术创新联盟”在京正式成立，联盟致力于打造绿色印刷产业链，推进首都印刷产业板块式发展。哥本哈根世界气候大会以来，低碳经济、低碳生活引起各方关注，中华商务联合印刷（广东）有限公司则是早期重视与发展环保印刷的企业之一。近年来，中华商务在使用环保材料、采用环保技术、引进环保设备方面采取了一系列措施：使用环保清洁剂、洗车水代替火水、白电油等挥发性溶剂；使用环保大豆油墨、低挥发性油墨代替传统油墨，并采用中央供墨系统以减少油墨浪费及节省金属油墨罐；为轮转机加装二次燃烧装置，使石油气燃烧时产生的有害气体充分燃烧后排放，同时对轮转机烘干炉产生的废烟气余热实施回收，一部分余热回收后为员工宿舍供应热水，另一部分余热回收后为车间及机台操控间提供制冷，为公司节省了电能消耗，也产生了一定经济效益。2009年公司荣获深圳“鹏城减废卓越企业”称号，并成为中国香港环保局清洁生产项目成员和示范单位。

8. 扩大印刷对外加工贸易

我国印刷业对外加工贸易额一直呈上升趋势，2009 年比 2008 年增长 13.64%。2010 年 10 家书刊印刷企业得到表彰，占总被表彰企业的 18.5%，其中 2 家书刊印刷企业名列前茅。

中华商务成立之初就积极探索和承担中国印刷业改革开放的特别任务，发挥着基地、窗口和桥梁的作用。根据公司早前的发展策略："市场国际化"、"业务多元化"、"设备现代化"、"管理科学化"的要求，先后在美国、日本、欧洲等地设立办事处，聘用当地人员开拓和承接业务，融入当地市场文化与竞争，是我国最早走向国际化，实现人才本地化的印刷企业之一。目前在欧洲、美国、日本、澳大利亚等国家（地区）设立了 7 个办事处，业务每年平均增长约 10%，海外业务占公司总业务 60% 以上。2008 年席卷全球的国际金融危机不可避免地波及到公司，市场低迷，信心不足，海外业务一度受到较大影响。面对困境公司采取多项措施积极行动，减少损失，稳定业务。一是加强营销推广，加大新客户开发。国际金融危机使世界各地买家对价格敏感度空前提高，一些原先只在欧美采购的高端客户也将目光转向了我们。对此，公司适时地充实海外办事处人员力量，加大海外营销拜访工作。 二是积极调整产品结构，有针对性地满足客户需要。纵观整个危机，书刊印制比商业印件印制所受的影响要小很多。公司审时度势，在产品生产和服务方面进行了针对性调整，通过调整产品结构，把不利的影响控制在最小范围。三是积极宣传，塑造品牌形象。国际书展、印刷行业展会和各类国际印刷大奖评比是企业宣传自己、塑造品牌、相互交流、扩大业务的有力平台。公司组织人力物力积极参加法兰克福书展、美国芝加哥书展、英国伦敦书展等国外文化出版行业的盛会，推销自己、广交宾朋，得到了客户和同行的认可。特别是在德国法兰克福书展，开发了新客户，带来了新订单。

二、书刊印刷业存在的主要问题

1. 产业集约化程度较低

我国印刷企业大的不强、小的不精，低水平重复建设严重，尚未形成世界级优势企业，全国百强企业年产值 600 亿元，占全国的 14%，仅为世界领先企业产值的一半。区域发展不平衡，劳动生产率较低，缺乏国际竞争力。

2. 印刷核心技术普及率不高

例如：直接制版设备在欧洲的普及率已达 80%，在日本的普及率达到 60%，在我国 10 万多家印刷企业中，配备直接制版机仅 3 000 台，普及率仅为 3%。

3. 新兴市场开拓能力不强

随着数字技术的发展，印刷市场服务早已突破原有界限，新型业态如数字印刷、创意印刷和物流信息增值服务等发展迅猛，但我国大部分企业仍处于委托加工状态，缺乏自主开发能力。

4. 行业整体素质有待提高

目前，我国印刷从业人员中受过高等教育与具有中级以上技术职称的比例大大低于机械、电子等行业，技术工人和职业经理人普遍缺乏，管理基础薄弱，职业技能标准和资质认证体系尚不健全，制约了我国印刷业的发展。

5. 印刷管理信息化有待加强

"十一五"期间，一些印刷企业使用 ERP、MIS 等信息管理系统加强印刷管理，提高了管理水平，但我国企业管理大部分还处在"手工"时代，信息化建设刚刚起步，系统建设并不完善。我国印刷行政管理也面临同样的问题。

三、书刊印刷业发展方向

"十二五"期间，我国印刷业发展形势复杂，挑战与机遇并存。近年来，伴随着国民经济平稳较快的发展，我国印刷业也持续保持了高速增长。 2009 年以来，国际金融危机给我国印刷业持续稳定发展带来了严重冲击。对于不利影响，我国印刷业总体上经受住了考验，印刷业在国家"保增长、扩内需"所采取的种种宏观调控措施的影响下，实现了逆势增长。2009 年 8 月，国务院发布了《文化产业振兴规划》。其中，印刷复制业被列为今后重点发展的九大文化产业之一。这进一步明确了印刷业在国民经济和社会发展中的战略地位，为我国印刷业的发展提供了难得的历史性机遇。

当前，世界各国对印刷行业节能、降耗、减排、绿色、安全要求日渐提高。绿色印刷已经成为全球印刷业未来发展的主流，发展绿色印刷已成为我国印刷业"十二五"发展的主攻方向。由于印刷业是我国新闻出版业中市场化程度最高的部分，市场份额稳步增长，具有较强的适应能力；随着国内市场化的繁荣和创意产业的发展，国民经济相关产业的稳定与持续增长，都将为印刷业提供更大的市场空间。因此，在"十二五"期间要抓住时机，及时采取有力措施，通过推行绿色印刷战略，加快印刷产业发展方式转变，推动整个印刷产业实现转型和升级。

为建设新闻出版强国，印刷业应"先行一步"；同时，印刷业要为整个国民经济发展提供切实配套保障，推动文化产业大发展大繁荣。

（转下页）

2010年我国包装印刷行业发展状况分析

李志伟

2008年全球性金融危机，我国的包装印刷行业也经过了一番洗礼。在经历了3年来的恢复和调整，包装印刷行业呈现出稳步增长的态势。

国际金融危机的冲击，波及各个层面，我国作为出口的大国，包装印刷因产品出口的减量而受到影响。在中央“扩内需、保增长、调结构”的一系列重大措施、政策的帮扶和支持下，国内消费市场稳定，内需发展强劲。保证了我国包装印刷业整体发展的良好态势。

2009年我国包装印刷业工业总产值完成1 715亿元，2010年 包装印刷工业总产值完成1 980亿元，比2009年增长15.45%。从统计数据上分析可以看出，我国包装印刷行业已恢复到金融危机前的增长速度，15.45%增长速度反映出整个行业的总趋势。2010年包装印刷企业对技术改造的投入增大是行业的一大亮点。企业的技改升级、并购投资势头迅猛。转型升级、顺应市场的个性化向网络化发展，投资更为理性。

一、珠三角包装业迎来国际金融危机后的春天

珠三角印刷历年来都居全国包装印刷行业之首，受全球金融危机的冲击较大的也是广东。但企业积极应对，加上国内经济开始回暖，广东印刷业利用其独特的地理优势和经济环境，广东毗邻香港、澳门特别行政区，地理位置比较特

（接上页）

引导整个印刷业由数量增长向质量提升、由粗放经营向效益增长、由依靠资源扩张向依靠科技进步转变。促进印刷业向信息技术、创意设计、加工服务三位一体的方向扩展，加快从被动加工型产业向主动服务型产业的转变。调整产业布局，优化资源配置，完善珠三角、长三角和环渤海三个综合印刷产业带的定位，引导重大项目向三大印刷产业带集中，提高集约化程度。鼓励中西部地区主动承接产业转移，培育新的特色产业群。

大力推进“国家印刷示范企业”建设，发布实施《国家印刷复制示范企业管理办法》，鼓励具有先进印制水平、经济规模和效益突出、有能力参与国际竞争的有一定规模的重点印刷企业挂牌成为国家印刷示范企业，给予项目资金、产业政策和管理措施以及中国出版政府奖（印刷复制奖）评奖等方面的扶持，加快培育若干家产值超50亿元和100家产值超过10亿元的优势印刷企业。引导技术创新型和相关产业链优势印刷企业成为示范企业。

制定和完善绿色印刷标准，开展绿色印刷认证，实施“绿色环保印刷体系建设工程”，以中小学教科书、政府采购产品和食品药品包装为重点，积极协调环境保护、教育等有关行政部门开展多层次多方位合作，大力推进绿色印刷的实施。推动包装装潢印刷向减量化、重复使用、再循环和可降解（3R+1D）方向发展。指导“绿色环保印刷示范园区”建设，推动低耗能绿色印刷设备和材料的研发，完善低端落后产能淘汰退出机制。

加大人才培养力度，大力实施人才工程，加强对各种人才的系统化专业培训。发挥高等院校、科研机构在印刷专业人才培养中的重要作用，建立产学研相结合的人才培养机制；加强职业技能培训，推行职业技能鉴定，组织好印刷职业技能大赛；建立健全科学合理的人才资源管理、开发、流动机制，形成有利于各类人才脱颖而出的体制环境；建立印刷行业资格认证体系，完善准入条件和制度，逐步提高从业人员素质。

协会将依照法律法规和自身章程，履行行业协调、监督、服务及维权等职责，发挥协会在产业发展、行业自律、标准制定、资质认证、培训、竞赛和行业诚信体系建设等方面的作用，加强自身建设，壮大协会力量，促进行业自律，更好地发挥桥梁和纽带作用，协助书刊印刷企业积极抓住各种机遇，大胆进行创新和变革，求得跨越式发展。

殊，既是我国对外开放的窗口，又是全球的加工贸易中心，现已企稳向好发展。广东印刷业已经迎来发展的春天。

珠三角产业集中度高，企业门类齐全，印刷企业基本集中在珠江三角洲地区。据统计，该地区拥有各类印刷企业 12 000 多家，从业人员 57 万多人，注册资金 360 多亿元，固定资产 750 多亿元，工业总产值近 1 100 亿元。印刷业已成为该地区文化产业的重要支柱。

包装印刷企业的技术含量较高，生产设备先进。以 CTP 技术普及为例，广东 CTP 直接制版系统拥有 526 台，约占全国（全国 CTP 直接制版系统拥有 1 049 台）的 50%；另外，广东进口的单张多色印刷机和柔性版印刷机数量也在全国名列前茅。由于大量引进先进生产设备，提升了企业的技术含量。

珠三角具有其独特的区位优势，对外加工能力较强，信息获取快，外单加工占很大的比例。珠三角拥有外商投资印刷企业 800 多家，约占全省的 97%；有"三来一补"印刷企业 990 家，约占全省的 98%；有 1 000 多家印刷企业承接印制世界 40 多个国家和地区的印刷品。粤港澳印刷业的融合，形成内地与港澳的互补，在国际市场上取得了一定的竞争优势。

二、长三角地区形势喜人，资本运作业绩凸显成效

以上海紫江企业集团股份有限公司为代表，非主营房地产和交通等成为企业涨幅的最大因素，符合预期，但印刷包装主营业绩略超预期。而票据印刷企业靠主营业务彰显业绩，其增长幅度更能代表行业整体发展速度。上海紫江企业集团股份有限公司、上海界龙实业集团股份有限公司分别实现了同比净利润增长。以紫江为例，第一季度虽为饮料包装业务的传统淡季，但该业务表现大幅优于上年。上市公司融资目的是拓展产能打通产业链、投资收购集约生产、升级改造投入新产品新技术、加大环保减碳力度。

从上市印刷包装企业的现状可以看到，企业具有一定规模、设备配置与国际水平同步，管理高效、技术先进。企业发展定位趋向节能、节料、省时及环保。产品加工质量定位在国际水平。技术的实施不仅为产品质量奠定了基础，同时具备绿色环保、节能、清洁生产等多项综合能力；生产模式的转变，为可持续发展进一步铺垫和沉积能量。

三、从廊坊印刷业看我国中小型包装印刷企业生存与发展

环渤海地区，京津之间的廊坊素有"印刷之乡"的美誉，起步于 20 世纪 80 年代，发展壮大于 90 年代，21 世纪前十年就形成了上规模上水平的发展态势，称为"廊坊印刷"，并在京津地区的出版市场占据一席之地，近十年来顺应市场的发展，相继转向包装印刷，特殊的地理位置和地缘优势，担起了京津两地的产品包装。

北京旺盛的需求为廊坊印刷业的发展提供了机遇。廊坊印刷企业初期是依靠低价竞争来获取订单，从简陋的二手印刷设备起家，作坊式的生产方式，但"廊坊印刷"在人们质疑中得到了生存和发展。

在技术装备上不断寻求突破。1999 年，廊坊市引进了第一台海德堡印刷机，到了 2005 年末，廊坊市的新旧海德堡设备已经超过了 100 台。以廊坊恒泰印刷有限公司为例，装备了 8 台海德堡、罗兰多色胶印机，小到 8 开，大到全开，印刷吞吐量相当可观，人员不多，以客户自带纸进行单一的印刷加工，不做大而全的印刷模式，经营效益不错。先进设备的引入，提升了廊坊印刷企业的规模和技术装备水平。进口设备的加入，为廊坊印刷注入了一股新的活力，在硬件上廊坊底气十足。在 2010 年 4 月，廊坊就有了 1 100 家印刷企业，其产值更是达到了印刷行业工业总产值的 0.6%。

廊坊印业虽经过多次整改、发展，家庭作坊式的印刷经营模式依然存在，"小作坊印企"也能生存。"小客户订单虽小，但需求稳定，与他们建立长期的合作关系，同样有钱赚"，是廊坊印刷不争的事实。调整业务定位，专门为"小客户"提供服务，对于相对"家庭作坊式"的廊坊印刷企业来说不失为不错的生存之道。廊坊印业的模式代表了我国占相当大比例的中小型包装印刷企业，在当今微利时代的生存之道，对我们有一定的启迪意义，值得深思。

无论是珠三角、长三角、环渤海的廊坊，其发展的共性在于对新技术的引进。新型的技术应用，新的设备引进，激活了整个印刷和印刷装备制造行业。现代印刷与过去相比，已经从认识和理念上发生了重大的变革。传统的印刷方式及模式已经不能满足现代人们对印刷品的要求。新技术为包装印刷行业带来新市场，新技术对传统生产模式进行革新。所以新技术的推广与应用为印刷的发展开辟了一条新路。

因区域的差异，包装印刷的发展模式也不同。我们切不可以照搬仿照。古人云："橘生淮南则为橘，生于淮北则为枳，叶徒相似，其实味不同。所以然者何？水土异也。"珠三角的模式在环渤海未必可行，因它没有其市场经济环境。包装印刷是为他人的产品做包装，不是自己的产品。所以在经济发达的地区，包装就有条件发展。

包装印刷行业总是中西部落后于东南沿海，其根源在于中西部的制造从品种到数量都落后于东南沿海。在开发中西部问题上，包装印刷行业的发展要等待制造业的开发。没有前期的工业环境而空谈发展包装印刷是不符合市场发展规律的。

越来越微利的印刷行业，招工困难、成本上升、工价下滑、利润空间持续压缩，是所有的包装印刷企业应认真对待的问题，也是印刷人不得不面对的困境。

发展，需要印刷人找到突破的突破点。印刷在变，印刷人在思变。

四、网络技术引入印刷领域的网络印刷

网络印刷缘于国外，近年来引入我国，发展较快。我国的香港、台湾等以及东南亚应用已日趋成熟。近年来已被我国包装印刷行业所关注。龙樱网是国内第一家涉足网络印刷的企业。网络印刷，是依托网络进行接单的一种新的印刷模式。网络印刷的主要业务对象是有个性化需求的客户。这类客户的特点就是需求量小，要求周期短。所以这类业务一般的传统印刷企业是不会接单的，印刷收入还不够成本。而网络印刷，由于其可变性，从而很好满足了客户的需求。

形成网络印刷的主要条件包括：服务前端——一个业务入口，以网站为主；网络监控体质——保证网络上面接到的订单能够及时的回馈；印刷终端——对从网络上监控的订单进行生产。网络印刷以其方便、快捷、节省资源、及经营成本低的优势有着广阔的发展前景。

五、人工成本上升催生了印后加工的装备制造业

由于包装产品印后加工工艺复杂，多年来是依靠劳动密集型的操作方式来完成。安排大量的人力、加班加点。在印刷厂有句口头禅："没活着急，有活出不去更着急。"因前期印刷加工一般都可进行工时控制，但印后加工的手工作业的不可控因素诸多，发生的质量问题也多。产品的质量也不稳定。所以对印后加工的自动化机械设备需求量在逐年上升。

2011年4月的"第二届中国（广东）国际印刷技术展览会"上，观众对印后加工的设备抱有极大的兴趣。由于人们对于印刷品个性化需求的日益增长，市场竞争差异化战略的不断加强，数字印刷的发展以及印后加工工艺的多样性、复杂性，决定了印后加工设备的多样化。印后加工是将印刷品加工成符合需要的式样和使用性能要求的生产过程。加工式样和产品性能的多样化，也必然要求印后加工设备的多样化。个性化需求、差异化战略，又必然会进一步引起产品的差异化、多样化，进而会引起印后加工工艺的多样化，从而促使印后加工设备呈多样化发展。印后加工的某些工序如上光、模切、折页、覆膜及裁切等与印刷过程进行联机操作，一气呵成。联线加工融印刷与印后加工过程为一体，称其为无缝链接的后加工模式。速度决定效率，效率决定生存。

2010年，虽在印后加工机械设备的研发力度上比以前有了很大的发展，但仍不能满足企业快速成长的要求。降低人工成本、提高生产效率应当是企业目标，许多企业的老总在参观广州印刷展时关心的问题是："你这台模切机能否自动排除废料？用几个人操作？一个小时做多少张？"可见印后加工设备的研发与应用是替代包装印刷手工操作的大趋势。各种市场需求因素必然会催生印后加工机械市场的发展与繁荣，包装印刷机械市场在这方面会有新的机遇。

2005年，中印工协组团参观日本印刷企业，日本某企业年产值折合人民币1.8亿元，共有员工105人。所有能用机械的工序包括最终的包装箱封膜均用机械手来操作。因为日本的人工成本高，加之机械操作有可靠的质量保证和工时控制。时隔不到6年，我国的印刷企业也面临计算人工时效的问题，可见我国经济发展的速度迫使我们来思考企业的发展和管理模式。

六、包装印刷行业"富二代"已陆续接班

目前包装印刷行业体制组成中，民营经济已超过60%，过去则是三个1/3（国有、民营、外资经济）。民营经济发展可谓势不可挡，由"1/3"迅速攀至"半壁山河"，其中70%以上民营企业是家族企业。江苏省的GDP超3万亿元，而民营经济规模就超过了2万亿元。

我国改革开放以来第一批民营企业家正面临"交印"高峰。根据江苏省民营经济研究会针对1 008家民营企业的调查，截至目前，7.3%的一代民营企业家已将"帅印"交给子女。民营企业将实现"一代"向"二代"的财富大转移。社会称其为"富二代"。这是经济社会发展的必然。"富二代"一般都受过高等教育，超过半数在海外接受高等教育。他们对海外经济发展有着一手的认识和见解，所以对民营经济的发展有着积极的作用。有些地方对这一生力军极为重视，把对培训"富二代"，与培训党政官员、国有企业治理阶层、科技领军人物放在同一高度，有的地方设立专项培训经费，纳进财政预算。

七、绿色印刷理念和低碳节能发展模式

绿色印刷，简单来说，就是实现环保、节能、健康及不浪费。进入“十二五”后，绿色印刷进入寻常百姓家，与我们的生活息息相关。全社会大力倡导绿色印刷，已呈燎原之势。新闻出版总署印刷发行管理司副司长曹宏遂说，“新闻出版总署拟在政府采购项目中率先开展绿色印刷。其中，已被列为政府采购项目的中小学教科书将成为首先推行绿色印刷技术的领域。我们力争在3年内实现全国中小学教科书绿色印刷的全覆盖，5年内实现少儿读物、出版物绿色印刷全覆盖。同时，也将积极向食品、药品包装印刷等领域推广”。

发展绿色印刷，一定要按照科学发展观的原则实施。中国印刷及设备器材工业协会包装印刷分会理事长、北京隆达印刷包装集团公司副董事长周平安在《印刷工业》第五期发表了《浅析推行绿色印刷活动中的几点问题》一文，对我国推行绿色印刷活动中存在的问题，关于绿色印刷标准制定与实施工作的几点思考和建议。作了详细的论述。

想干成一件事，就必须遵循客观规律，再加上自身的积极努力，方能成就大业。“他山之石可以攻玉”，努力学习和借鉴国外的先进经验，可以使我们少走弯路，少犯错误。历史上的经验教训太多，我们要认真总结，不断改进并提高。只有这样才能够加快推广绿色印刷的进程，使之不半途而废，进而收获丰收成果。

八、研发及提供增值服务经营理念的转变

新闻出版总署制定的印刷业“十二五”发展规划，提出以加快印刷产业发展方式转变为主线，引导印刷产业实施绿色环保战略转型，争取到“十二五”末我国印刷业总产值达到近万亿元，并将成为全球第二个印刷大国。

我国制造业随着自身能力的提升和国内市场的快速发展，从承接世界产业转移来料加工，逐步向研发及提供增值服务角色转变。包装印刷企业作为制造业构成的一部分，也在依靠先进设备投入来获取高额回报。但行业同质化竞争激烈，造成工价下滑，加上金融危机的影响，包装印刷行业整体的加工利润快速下降，已步入了微利时代。

传统的包装印刷仅依靠产品来锁定客户。随着消费者的个性化、差异化需求，被各品牌客户传递给提供包装印刷产品的制造商，各品牌商之间的竞争日趋激烈，性价比高的包装印刷产品，已从制作延伸到与客户共同开发，最终为现有客户提供整体的解决方案。而这一路径的基础是围绕客户需求，关注提升客户价值，这是转型的基础。

九、传统印刷企业商业模式转型的思考

雅昌选择开辟新的商业模式：传统印刷 +IT 技术 + 文化艺术。它在悄然转型裁员，成为国内最具影响力的艺术服务专业公司。雅昌以艺术品印刷为基础，以中国艺术品数据库为核心流程，建立了新经济平台“雅昌艺术网”，形成“传统印刷 + 现代 IT 技术 + 文化艺术”三位一体的经营模式，将传统行业变成了以艺术品数字资产为核心的文化产业。所以雅昌以其经营模式，锁定了一大批高端的固定的客户群。

十、我国包装印刷业存在的主要问题

包装印刷业存在的主要问题是：产业集约化程度较低，自主创新能力后劲不足，行业整体素质有待提高。

上述观点，已多年见诸媒体和论坛的讲稿中。如何解决行业存在的问题？我们要进一步分析并加以解决。

产业集约化程度较低的问题。习惯用数字同国外相比较，区域发展不平衡，是十分正常的经济发展规律。作为包装印刷行业，能满足我国制造业的需求，做到功能、外观符合销售地域的要求，物美而价廉就能达到其应有的包装功效。包装印刷企业年产值与国外数据相比较，笔者认为无实际意义。目前我国包装印刷企业在不同地区，对于不同的上游制造业已形成多年的协作伙伴关系，规模大小无关紧要。

区域发展不平衡。是地区经济发展的问题，责任不在于包装印刷行业滞后而拖了经济发展后腿。

自主创新能力后劲不足。关键是包装印刷，包括印刷装备制造业的企业，经济实力制约了研发的投入，自主创新需要政府相关部门的支持。印刷在国民经济中占的比例相对较小，所属归口管理部门不是直属管辖，申报信息往往是属地管理，很难得到批准与资金的支持。

2011年已进入“十二五”经济时期，是我国加快经济发展方式转变，全面实现建设小康社会宏伟目标的重要战略机遇期。包装印刷业作为国民经济的重要组成部分同样面临产业结构调整和升级的重任。“十二五”发展规划的基本内容是：落实科学发展观，增强自主创新能力，借鉴和引进国际领先的技术、设备、材料及科学的管理模式，这是求发展的重要举措，也是我国实现建设世界印刷强国目标的基础。全行业应把握机遇，提高技术水平和企业的管理水平，进一步扩大市场占有率，开辟国际包装市场，为使我国成为印刷强国而努力。

（作者系中国印刷及设备器材工业协会包装印刷分会秘书长）

报纸印刷 全面回升

2010年全国报纸印刷情况分析

夏天俊

2010年，全国报纸印刷总印张数量，由前两年的萎缩下滑情况，呈现出了稳定回升态势，而且，多数主要报纸印刷厂的报纸印刷都走向复苏，有些厂家还出现了较好的增长，报纸印刷厂在全国范围内，实现了全面回升。

2010年末，中国报业协会报纸印刷工作委员会对全国142家报纸印刷厂报纸印量进行了调查，调查数据显示2010年的总印张为1 113.04亿印张，比2009年增长9.5%。本次调查的范围较2009年调查的126家多了16家，其中年印量超过2亿印张的大中型印刷厂多了6家，因此本次调查的印刷总量占全国报纸印刷总量的比率约为69%，按此计算，2010年全国报纸印刷总量为1 613亿印张，较2009年的1 486亿印张增长8.55%，全年印刷用新闻纸363万t，较2009年的334万t增长8.68%。2010年全国主要报纸印刷厂印量调查汇总见表1，2010年142家报纸印刷厂印量分布见表2。

表1 2010年全国主要报纸印刷厂印量调查汇总

年印量	企业数（家）	2010年		2009年印量（亿印张）
		印量（亿印张）	较2009年增长（%）	
10亿印张以上	33	724.62	10.06	658.40
5亿～10亿印张	34	244.46	10.22	221.80
2亿～5亿印张	31	102.97	5.39	97.70
1亿～2亿印张	18	26.77	3.28	25.92
1亿印张以下	26	14.22	12.06	12.69
合计	142	1 113.04	9.50	1 016.51

注：本次调查统计142家报纸印刷厂，2010年印刷合计约占全国报纸印刷厂总印张的69%，1 113亿印张 ÷69%=1 613亿印张，是全国报纸印量的总印张。

2010年报纸印量增长的特点及原因

2010年，全国报纸印量的增长属于全面回升，不是由于少数大厂或少数地区因举办盛事，如世博会、亚运会等引起印量大增所形成的。2010年，中国报协报纸印刷工作委员会对发放调查表后上报印量的142家印厂统计，出现负增长的有24家，占上报家数的16.9%，调查数据显示占83.1%的印报厂是增长的，这种情况是很少见的。2009年调查的126家，呈负增长的为72家，占57.14%。特别是2009年统计的全国报纸总印量较2008年下降6.78%，而2010年增长8.55%，形成了很大的反差。在142家报纸印刷厂中，年增长超过10%的达45家，占被调查总家数的31.69%。占比83.1%的呈现增长和占比31.69%的超过两位数的增长幅度，这一现象也体现了大多数报社编辑部、印刷厂和发行部门通过努力所取得的成果。

2010年全国报纸印量的增长，是符合国民经济发展趋势的。报纸印刷工作委员会在2010年开展的调查，是将各印厂按所在地以地区划分列表的形式进行统计，调查结果显示：一是印证了全面回升的趋势，二是反映了不同地区的差距正在逐步趋于平衡。按大区划分的汇总表显示出各省、自治区、直辖市都呈现增长情况，没有出现负数的区域。华北地区的增长为5.53%，东北地区为8.69%，西北、华东增长近10%，西南地区的增长幅度达到20%，这一增长幅度反映了四川灾后重建的成果，以及重庆的重点建设和云南、西藏的经济发展，应该都是可以预期的。全国31个省、自治区、直辖市，没有下降的区域。而2009年全国31个省、自治区、直辖市，竟有18个省、直辖市的报纸印刷量是负增长，2010年的调查数据是报纸印业全面回升的最好证明。报纸出版、印刷的发展是与地方经济的发展密不可分的。

2010年，全国各类报刊纸媒体广告的增长与发行市场的回暖，是促进报纸印量增长的最主要原因。这两方面成绩的取得，也都依赖于国家经济建设和人民经济文化生活的提高，教育的进一步普及以及城镇化建设的发展等。

2010年，我国出版印刷市场中数字媒体对纸媒体的冲击平缓了许多。数字媒体作为新兴产业，其发展是必然的，也是社会进步、科学发展的体现，但是，目前要完全取代纸质媒体还需要很长的一段时间。从社会群众需求层面看，从数字化媒体获取信息的毕竟还是少数，目前，有60%～70%的人们获取信息的渠道并不是数字媒体，仍然是报纸等纸介质媒体，这不仅是文化、技术水平问题，还有习惯、传统、方便和公信力的问题。在五六年前，社会上一些人强调发展数字媒体，报纸行业将消亡的声音甚高，确实对报纸的发展产生了一定的冲击。近一两年则平缓和理智了许多，多媒体共存正在走向相互配合、促进、共同发展、过渡的新里程。

近几年，全国各地报纸印刷厂在各种不利因素的氛围中，坚守岗位，恪尽职守，认真、及时、保质及保量地印好报纸，管好印厂，也是促进2010年印量回升的因素之一。2010年各地大部分报纸印刷厂都加强了设备维护，重视人才培养。特别是国家人力资源和社会保障部与国家新闻出版总署共同主办的职业技能大赛，促进了各地报纸印刷厂开展对职工进行全面的培训。采取各种措施保证印刷质量的提高和达优，研究节能减排和印刷数字化的推进，特别是在提高制版质量、缩短出版时间方面，许多报纸印刷厂将传统人工制版改为直接制版，取得了较大进展。2010年对报纸印量调查的同时，对CTP制版推进的情况也进行了调查。

数据显示：2010年全国报纸印刷CTP制版量，2009年是420万张，占总制版量的18%；2010年增长到760万张，增长了80%，占总制版量的比率上升到28%，有力地推动了印刷数字化技术的进展。发展CTP制版既提高工作效率和印刷质量，还可降低生产成本，节省人工投入，促进节能减排。2010年调查数据显示，各地报纸印刷中不仅有印量较大的印刷厂，如广州日报、浙江日报、文汇新民报业、湖北日报、成都博瑞日报、杭州日报、河南日报、天津今晚报、中国日报、重庆日报、新华社、新华日报、解放军报、云南日报、解放日报、宁波日报、南京日报、哈尔滨日报、苏州日报、无锡日报、沈阳日报、大连晚报及新疆日报等印刷厂都加大了CTP版的用量。还有一些大中型印刷厂全部淘汰了普通PS版，完全采用了CTP版，如羊城晚报，深圳报业，上海解放传媒，海南日报、合肥报业、泉州晚报，烟台日报、宁夏日报、汕头日报和上海证券报等。有些边远地区，印量较少的印刷厂，如呼和浩特日报、南阳日报、襄樊日报、包头日报、长治日报、延边日报、赤峰日报、玉溪日报及延安日报等印刷厂也都百分之百采用了CTP制版。西藏日报印刷厂的CTP制版量达到了95%。2010年下半年各报印刷厂购买CTP制版机不断增加，预计2011年全国报业CTP制版量将超过1 000万张。各报社印刷厂CTP制版机的不断增加，将促进ERP计算机管理系统的上马，促进报纸印刷厂的现代化管理。

表2 2010年142家主要报纸印刷厂印量分布

地区	省市	单位数量（家）		2010年省市分列		2010年地区合计		2009年省市分列印量（亿印张）	2009年地区合计印量（亿印张）
		省市	地区	印量（亿印张）	较2009年增长（%）	印量（亿印张）	较2009年增长（%）		
华北地区	北京	13	35	88.90	4.63	162.53	5.53	84.97	154.02
	天津	2		27.02	8.25			24.96	
	河北	12		26.13	6.05			24.64	
	山西	3		14.52	4.46			13.90	
	内蒙古	5		5.96	6.07			6.10	
东北地区	辽宁	4	12	57.53	9.83	98.06	8.69	52.38	90.22
	吉林	4		15.17	4.33			14.54	
	黑龙江	4		25.36	9.23			22.75	
华东地区	上海	6	40	64.06	2.99	368.27	9.51	62.20	336.29
	江苏	10		59.83	9.21			42.79	
	浙江	8		100.49	14.04			88.12	
	安徽	3		16.19	5.96			15.28	
	福建	5		32.81	10.43			29.71	
	江西	2		13.37	26.13			10.60	
	山东	6		81.50	8.68			74.99	
中南地区	河南	8	29	34.26	9.42	302.38	7.66	31.31	280.86
	湖北	5		51.89	6.01			48.95	
	湖南	2		19.13	30.67			14.64	
	广东	10		174.24	6.35			163.83	
	广西	3		15.38	1.32			15.18	
	海南	1		7.48	7.60			6.95	
西南地区	重庆	3	14	27.40	20.49	127.30	20.81	22.74	105.37
	四川	5		65.17	25.50			51.93	
	贵州	2		15.17	4.26			14.55	
	云南	3		18.66	20.46			15.49	
	西藏	1		0.90	36.36			0.66	
西北地区	陕西	5	12	29.52	11.69	54.52	9.59	26.43	49.75
	甘肃	1		7.53	8.35			6.95	
	青海	2		2.31	13.79			2.03	
	宁夏	1		4.16	10.93			3.75	
	新疆	3		11.00	3.87			10.59	
总计	31		142	1 113.04	9.5	1 113.004	9.50	1 016.15	

（作者系中国报业协会顾问）

科技助力 企业转型

2010年我国印刷机械行业经济指标完成情况分析

张致远

2010年，我国印刷机械行业主要经济指标均有不同程度增长，利润增幅高于往年，印刷机械产品出口仍处于负增长状态。但从第四季度与第三季度比较看，经济运营情况良好。

一、2010年印刷机械行业经营运营及主要经济指标情况分析

1. 2010年印刷机械行业主要经济指标增长情况

2010年，我国印刷机械行业68家骨干企业主要经济指标与2009年同比，出口仍有小幅下滑，其他指标均以两位数增长。2010年印刷机械行业主要经济指标增长情况见表1。

表1　2010年印刷机械行业主要经济指标增长情况

（单位：万元）

指标名称	2010年	2009年	增长（%）	同比增长（%）	2010年四季度	2010年三季度	增长（%）
工业总产值	673 209	562 223	19.74	16.30	183 084	168 228	8.83
工业销售产值	682 896	582 720	17.19	13.51	184 056	167 535	9.86
工业增加值	203 473	165 418	23.01	19.15	46 821	52 595	-10.98
产品销售收入	676 416	574 129	17.82	13.54	185 769	168 199	10.45
利润总额	64 017	14 061	355.28	338.95	29 229	16 530	76.82
成本费用总额	604 101	524 590	15.16	10.86	166 613	145 637	14.40
出口交货值	59 254	60 838	-2.60	-9.45	18 383	12 749	44.19
新产品产值	371 274	305 000	21.73	18.79	110 993	87 248	27.22

注："同比增长"指2010年68家骨干企业和2009年的68家骨干企业的同口径比率。

2010年，我国骨干印刷机械制造企业经济指标完成情况，反映了以下几方面的变化。

（1）在调整产品结构中，每个企业都在不断追求技术进步，不断提升产品水平，不断研发新产品，2010年新产品产值率比2009年上升18.79%，占总产值的55.15%。

（2）在68家企业中销售收入同比增长的有58家、占企业总数的85%，同比减少10家，占15%。其中：产品销售收入超过5 000万元，增幅超20%的企业有15家。分别为：好利旺105%、上海华太72.9%、河北海贺59.4%、北人富士48.8%、浙江通业44.7%、咸阳超越40.6%、上海爱凯思34.2%、天津长荣32.6%、上海光华30.9%、淮南光华光神28.9%、陕西北人27%、上海新星26.8%、菏泽生建24.3%、上海紫光22%及浙江蓝宝21%。

2010年，印刷机械企业中表现突出的是哈尔滨三环印刷包装机械有限责任公司，其在极为困难条件下，埋头治理企业，认真改进产品质量，积极恢复市场人气，各项指标上扬，产品销售增长2倍以上，利润增长10倍以上。

（3）2010年利润指标增幅大，一方面是企业新产品研发力度大，产业化进程快，技术附加值高、赢利好的产品已成为或正在成为企业主导产品；另一方面是"产融结合，双轮驱动"的战略实施，企业不仅仅依靠产品赢利，还通过资本市场运作、服务市场的运作，获取更多赢利渠道。

2010年，我国印刷机械行业的68家企业中，利润增长的46家、占67.64%，减少的8家、占11.76%，扭亏为盈的8家、占11.76%，减少亏损的6家、占8.82%。在46家赢利企业中，赢利超千万元，增幅较大的企业有：陕西北人425%、上海紫光259%、大族冠华200.6%、深圳市精密达174.3%、上海光华158%、天津长荣39%和中景集团11.6%。

（4）2010年，我国印刷机械行业产品出口趋势仍是增长，但受多种因素制约，其增长状态仍不稳定。其表现为：一是欧美经济复苏缓慢，为了解决本国就业矛盾，采取许多贸易保护措施；二是为了解决我国进出口贸易顺差和调整出口产品结构，我国政府出台了一些激励产品进口的政策和降低产品出口退税的税率；三是人民币升值幅度小，但速度快，影响企业效益。

因此，2010年我国印刷机械产品出口同样受到一定程度影响，全年仅完成5.9亿元，与2008年高峰时的10亿元相比，差距甚远。

2. 我国印刷机械行业经济效益综合指数增长情况

（1）行业经济效益综合指数高，但关键指标中的总资产贡献率、资产保值增值率和流动资金周转率仍达不到国家规定水平。

表 2　我国印刷机械行业经济效益综合指数增长情况

年份	经济效益综合指数（%）	总资产贡献率（%）	资产保值增值率（%）	资产负债率（%）	流动资金周转率（次）	成本费用利润率（%）	全员劳动生产率（元/人）	产品销售率（%）
	100.00	10.70	120.00	60.00	1.52	3.71	16 500.00	96.30
2010 年	178.48	10.57	104.79	48.79	1.11	10.60	114 452.10	101.44
2009 年	125.68	5.86	99.60	49.74	1.01	2.68	93 056.90	103.65
同比增长（%）	52.80	4.71	5.19	–0.95	0.10	7.92	22.99	–2.21

从表2经济效益指标中可以看到企业转型的重大意义，总资产贡献率、资产保值增值率和流动资金周转率，不仅涉及财务管理问题，而且反映了企业综合管理水平的高低。笔者认为，企业转型要从注重数量上转为重视质量上；要从技术含量低的产品转为高技术附加值产品；要从企业内部资源的充分利用转为广泛利用社会资源；要从粗放管理转为精细管理。抓住大环境的变迁，努力创造条件改善企业小环境，真正走健康、可持续发展的道路。

②2010年我国印刷机械企业工业经济效益综合指数排行榜见表3。2010年我国印刷机械企业工业经济效益总资产贡献率排行榜见表4。2010年我国印刷机械企业工业经济效益资产保值增值率排行榜见表5。2010年我国印刷机械企业工业经济效益流动资金周转率排行榜见表6。2010年我国印刷机械企业工业经济效益全员劳动生产率排行榜见表7。2010年我国印刷机械企业工业经济效益产品销售

表 3　2010 年我国印刷机械企业工业经济效益综合指数排行榜

序号	单 位 名 称	经济效益综合指数（%）
1	天津长荣印刷设备股份有限公司	487.21
2	辽宁大族冠华印刷科技股份有限公司	447.18
3	好利旺机械（上海）有限公司	314.20
4	高斯图文印刷系统（中国）有限公司	292.60
5	浙江蓝宝机械有限公司	275.74
6	威海印刷机械有限公司	268.26
7	深圳市精密达机械有限公司	264.58
8	江西中景集团有限公司	261.27
9	潍坊东航精密机械有限公司	236.71
10	中山市松德包装机械有限公司	236.37

注：国家规定标准值 100%。

表 4　2010 年我国印刷机械企业工业经济效益总资产贡献率排行榜

序号	单 位 名 称	总资产贡献率（%）
1	辽宁大族冠华印刷科技股份有限公司	34.13
2	天津长荣印刷设备股份有限公司	32.12
3	咸阳超越离合器有限公司	29.84
4	浙江蓝宝机械有限公司	26.52
5	温州正博印刷机械有限公司	25.83
6	温州市瑞龙机械成套有限公司	24.42
7	好利旺机械（上海）有限公司	23.26
8	淮南光华光神机械电子有限公司	20.35
9	浙江华岳包装机械有限公司	19.96
10	深圳市精密达机械有限公司	18.79

注：国家规定标准值 10.7%。

表 5　2010 年我国印刷机械企业工业经济效益资本保值增值率排行榜

序号	单 位 名 称	资本保值增值率（%）
1	天津长荣印刷设备股份有限公司	158.33
2	辽宁大族冠华印刷科技股份有限公司	139.91
3	菏泽生建机械厂	137.25
4	浙江蓝宝机械有限公司	136.39
5	深圳市精密达机械有限公司	125.33
6	哈尔滨三环印刷包装机械有限责任公司	124.08
7	河北海贺胜利印刷机械集团有限公司	119.11
8	上海申威达机械有限公司	117.73
9	温州正博印刷机械有限公司	116.52
10	河北玉田兴业印刷机械有限公司	114.70

注：国家规定标准值 120%。

表 6　2010 年我国印刷机械企业工业经济效益流动资金周转率排行榜

序号	单 位 名 称	流动资金周转率（次）
1	温州正博印刷机械有限公司	5.09
2	上海德拉根印刷机械有限公司	4.17
3	南通海盟罗兰机械有限公司	3.51
4	浙江蓝宝机械有限公司	2.97
5	温州市瑞龙机械成套有限公司	2.96
6	瑞安市华威印刷机械有限公司	2.75
7	咸阳超越离合器有限公司	2.59
8	湖南新邵印刷机器有限公司	2.57
9	无锡光华印刷机械有限公司	2.35
10	江西中景集团有限公司	2.32

注：国家规定标准值 1.52 次。

表 7　2010 年我国印刷机械企业工业经济效益全员劳动生产率排行榜

序号	单 位 名 称	全员劳动生产率（元/人）
1	天津长荣印刷设备股份有限公司	374 795.45
2	威海印刷机械有限公司	272 736.16
3	辽宁大族冠华印刷科技股份有限公司	269 025.07
4	高斯图文印刷系统（中国）有限公司	264 901.96
5	好利旺机械（上海）有限公司	242 909.09
6	深圳市精密达机械有限公司	220 779.66
7	浙江蓝宝机械有限公司	207 943.26
8	上海光华印刷机械有限公司	198 830.94
9	上海爱凯思机械刀片有限公司	191 463.41
10	浙江通业印刷机械有限公司	180 849.67

注：国家规定标准值 16 500 元/人。

收入排行榜见表8。2010年我国印刷机械企业工业经济效益出口交货值排行榜见表9。

表8　2010年我国印刷机械企业工业经济效益产品销售收入排行榜

序号	单 位 名 称	销售收入（万元）
1	北人集团公司	104 064
2	高斯图文印刷系统（中国）有限公司	52 305
3	上海光华印刷机械有限公司	44 854
4	天津长荣印刷设备股份有限公司	39 805
5	辽宁大族冠华印刷科技股份有限公司	38 074
6	陕西北人印刷机械有限责任公司	30 491
7	江西中景集团有限公司	23 752
8	江苏昌昇集团股份有限公司	21 551
9	中山市松德包装机械有限公司	20 158
10	潍坊华光精工设备有限公司	18 196

表9　2010年我国印刷机械企业工业经济效益出口交货值排行榜

序号	单 位 名 称	出口交货值（万元）
1	高斯图文印刷系统（中国）有限公司	8 450
2	北人集团公司	6 266
3	上海亚华印刷机械有限公司	4 685
4	青岛瑞普电气有限责任公司	4 603
5	神力集团有限公司	3 575
6	浙江蓝宝机械有限公司	3 474
7	辽宁大族冠华印刷科技股份有限公司	2 575
8	天津长荣印刷设备股份有限公司	2 417
9	上海德拉根印刷机械有限公司	2 400
10	陕西北人印刷机械有限责任公司	2 248

③根据2010年68家骨干印刷机械企业直接统计和温州、玉田两地区印刷机械企业汇总数据。印刷机械行业68家企业完成工业总产值67.3亿元，产品销售收入67.6亿元。温州地区330家企业完成工业总产值38亿元，产品销售收入38亿元。玉田地区23家企业完成工业总产值7.45亿元，产品销售收入7.12亿元。

2010年印刷机械行业协会统计的420家印刷机械企业共完成工业总产值112.75亿元，产品销售收入112.72亿元。（注：印刷机械行业68家与两地区企业统计，有个别重复，仅供参考。）

二、2010年我国印刷机械产品进出口情况分析

根据中国海关提供的2010年印刷机械进出口统计数据进行整理、汇总、分析，印刷机械产品进出口情况如下。

1. 进口部分

①印刷机械进口量剧增，高档机逐年增长。2010年印刷机械各类产品进口比率是：印前设备进口额占总进口额4.64%；印刷设备进口额占总进口额74.70%；印后设备进口额占总进口额6.34%；各类印机备件占总进口额14.32%。增幅最高的为印刷设备，而往年的印刷设备进口增幅基本保持在10%左右。如2006年进口印刷设备为16.5亿美元；2007年进口印刷设备为17.8亿美元，较2006年增长7.89%；2008年进口印刷设备为17.3亿美元，较2007年减少2.81%；2009年进口印刷设备为14.2亿美元，较2008年减少18%；2010年进口印刷设备为22.9亿美元，较2009年增长61.27%。

②印刷机械企业主要印刷机械产品进口情况：平张纸胶印机（含单、双色胶印机和平张纸四色以上胶印机）进口额为96 771万美元，较2009年净增加36 954万美元，占总进口额42.16%，进口量排第一位；数码喷墨机进口额为20 828万美元，较2009年净增加6 247万美元，占进口额9.00%；网版印刷机（含圆网、平网和其他网版印刷机）进口额为19 684万美元，较2009年净增加8 680万美元，占进口总额8.58%；切纸机进口额为9 409万美元，占进口总额4.10%；数码印刷机进口额为8 388万美元，较2009年净增加2 866万美元，占进口总额3.66%。

增幅较大的有以下6种产品：平张纸凸版印刷机增长118.45%；平张纸胶印机增长84.07%；凹版印刷机增长81.45%；网版印刷机增长78.88%；数码印刷机增长51.91%；数码喷墨机增长42.85%。

2. 出口部分

① 2010年印刷机械出口情况见表10。

表10　2010年印刷机械出口情况

产品名称	出口数量（台）		同比增长（%）	出口额（万美元）		同比增长（%）	占比（%）
	2010年	2009年		2010年	2009年		
印前设备	8 163	7 713	5.83	8 262	8 104	1.95	7.55
印刷设备	234 706	97 304	141.21	61 417	32 969	86.29	56.11
印后设备	3 164 486	3 213 493	−1.53	14 588	13 165	10.80	13.32
印机附件（kg）	18 531 385	11 620 811	59.47	25 187	4 734	432.04	23.01
合 计				109 454	58 972	85.60	100.00

②主要印刷机械产品出口情况见表11。

从表10和表11中显示的数据分析，2010年印刷机械出口产品特点是：产品价格低。表11中的20个出口产品中，增长较快且单台价格在10万元人民币以上的产品8种见表12，其余12个产品，单台价格最低为700元，最高为2.78万元，出口量多，回报率极低。

表 11 2010 年主要印刷机械产品出口情况

产品名称	数量（台）		同比增长（%）	金额（万美元）		同比增长（%）
	2010 年	2009 年		2010 年	2009 年	
铸字机	554	956	-42.05	26.7	492	-94.57
计算机直接制版机	1 469	877	67.50	7164	4351	64.65
卷筒纸胶印机	221	250	-11.60	2172	2678	-18.89
办公式胶印机	19	131	-85.50	2.7	72	-96.25
平张纸单双色胶印机	505	480	5.21	542	458	18.34
平张纸四色胶印机	65	23	181.61	896	489	83.23
平张纸四色以上胶印机	89	69	28.99	1 624	1 296	25.31
卷筒纸凸版印刷机	723	474	52.53	1 490	1 193	24.90
平张纸凸版印刷机	361	395	-8.61	1347	955	41.05
柔版印刷机	487	265	83.77	1461	874	67.16
凹版印刷机	1810	1149	57.53	3014	1913	57.55
圆网式印刷机	312	170	83.53	641	292	119.52
平网式印刷机	7 242	4 781	51.47	2 995	2 445	22.49
数码喷墨机	135 929	30 230	349.65	33 429	12 018	178.15
数码印刷机	3 956	7 230	-45.28	1 313	878	49.54
锁线机	8 141	14 350	-43.27	163	119	36.97
胶订机	3 400	2 968	14.56	554	357	55.18
书本装订机	343 191	76 972	345.86	1 537	355	332.96
切纸机	2 808 297	3 042 323	-7.69	10 653	8 681	22.72
制包、制袋机	1 457	1 247	16.84	1 845	1 371	34.57

表 12 2010 年主要印刷机械产品中出口增长较快产品的出口情况

产品名称	2010 年比 2009 年金额 (%)	平均单价（万元 / 台）	备注
平张纸四色以上胶印机	25.31	120.45	从价值量分析，
平张纸四色胶印机	83.23	91.02	产品为小型胶印机
计算机直接制版机	64.65	32.21	与小型胶印机相配
平张纸凸版印刷机	41.05	24.69	
柔版印刷机	67.16	19.80	
圆网式印刷机	119.52	13.60	
卷筒纸凸版印刷机	24.90	13.60	
凹版印刷机	57.55	11.03	

分析产生这种现象的原因，首先是市场集中度分散，规模小。出口 50 多个国家（地区）的产品有 12 种：圆网式印刷机（370 台），切纸机（150 台），数码喷墨机（143 台），书本装订机（125 台），胶订机（97 台），柔版印刷机（78 台），平网式印刷机（75 台），凹版印刷机（66 台），平张纸凸版机（58 台），锁线机（56 台），平张纸单、双色胶印机（53 台）。尚未形成产品出口规模大、产品出口区域大的格局。

其次是出口量大的企业少。2010 年在 68 家骨干印刷机械企业中有 42 家对外出口不同产品，占比 61.76%。这 42 家企业仅完成 5.9 亿元出口交货值，占出口总量的 7.69%，未形成规模。在 42 家出口企业中，只有上海高斯和北人集团公司出口值超过 5 000 万元，其余企业出口量相对较少。但从中也看到近几年产品结构调整的成果，一些技术附加值相对较高的产品，如：卷筒纸胶印机、平张纸胶印机和计算机直接制版机等，开始批量外销，前景看好。

三、回眸“十一五”我国印刷机械制造的发展轨迹

1. 九项指标看印刷机械行业发展硕果

“十一五”已经过去，回顾走过的历程，国际金融风暴的影响，新兴多媒体产业的冲击，政府政策的调整等不确定的因素，逼迫我们行业在宏观上要深思，微观上要速断。

笔者摘选了 9 项主要指标，既可以看到各个年度的数据，又可以看清每年的变化，其中的变化，可究其更深层次的原因，为“十二五”印刷机械行业发展规划的决策提供参考。

① 工业总产值低速增长。2006 ~ 2010 年印刷机械行业工业总产值见图 1。

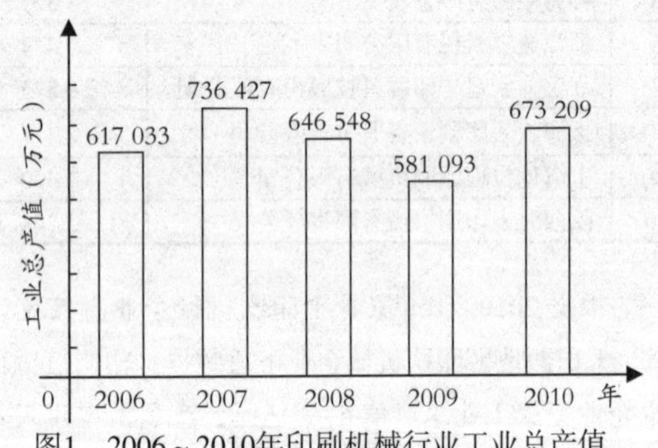

图1 2006 ~ 2010年印刷机械行业工业总产值

注：2010年较2006年增长9.1%。

②工业增加值平稳增长。2006 ~ 2010 年印刷机械行业工业增加值见图 2

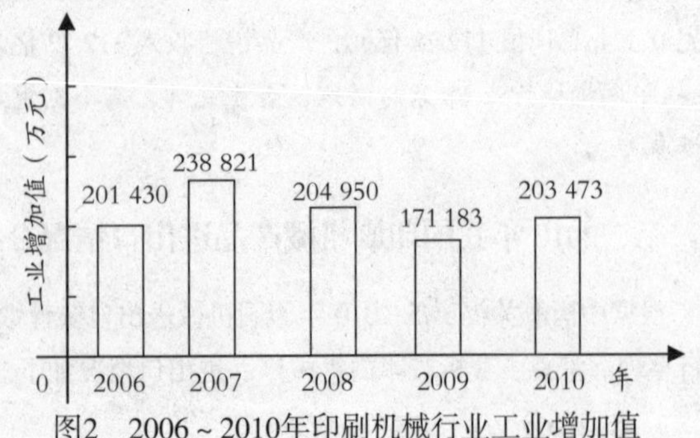

图2 2006 ~ 2010年印刷机械行业工业增加值

注：2010年较2006年增长1.1%。

③产品销售收入增速显著。2006 ~ 2010 年印刷机械行业产品销售收入见图 3。

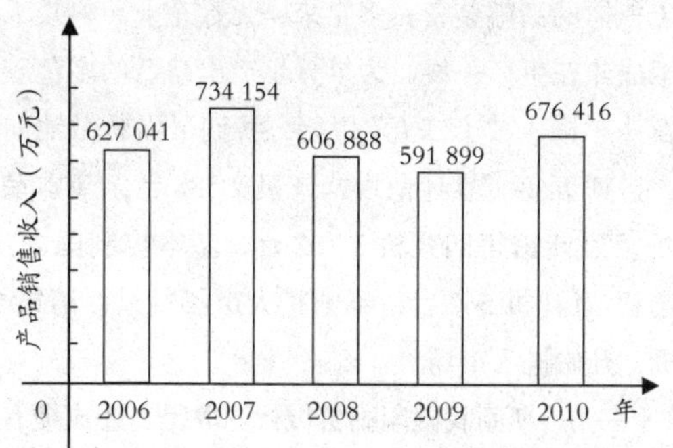

图3　2006 ~ 2010年印刷机械行业产品销售收入

注：2010年较2006年增长7.9%。

④利润总额峰谷明显。2006 ~ 2010 年印刷机械行业利润总额见图 4。

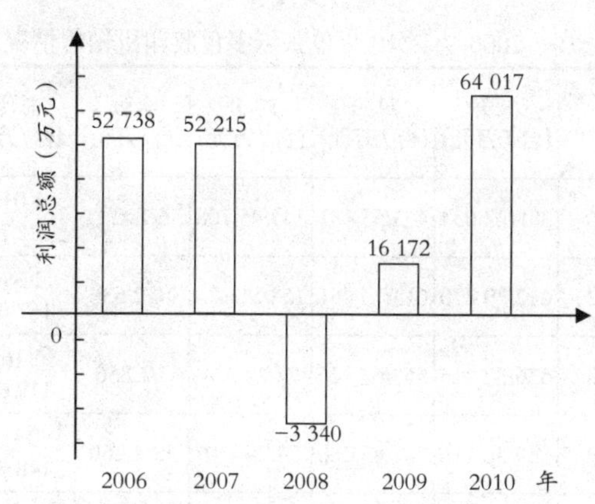

图4　2006 ~ 2010年印刷机械行业利润总额

注：2010年较2006年增长21.4%。

⑤出口交货值一路下滑。2006 ~ 2010 年印刷机械行业出口交货值见图 5。

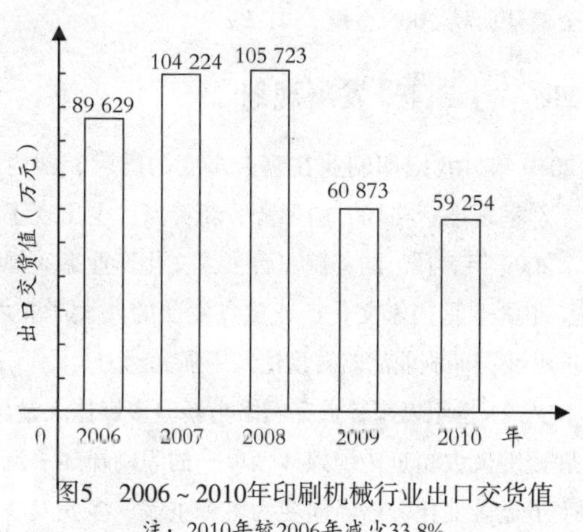

图5　2006 ~ 2010年印刷机械行业出口交货值

注：2010年较2006年减少33.8%。

⑥新产品产值一路飙升。2006 ~ 2010 年印刷机械行业新产品产值见图 6。

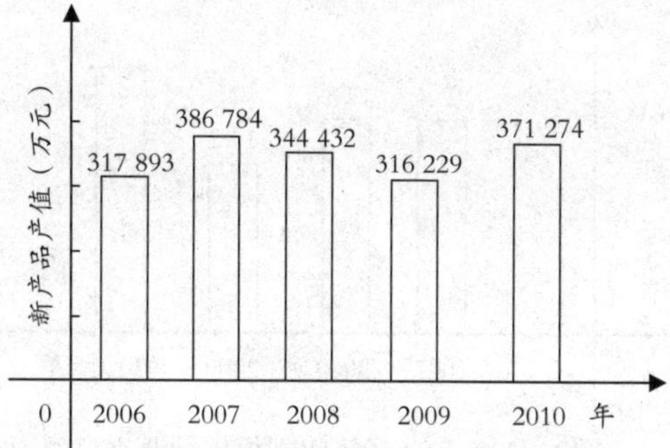

图6　2006 ~ 2010年印刷机械行业新产品产值

注：2010年较2006年增长16.8%。

⑦资产总额积累厚重。2006 ~ 2010 年印刷机械行业资产总额见图 7。

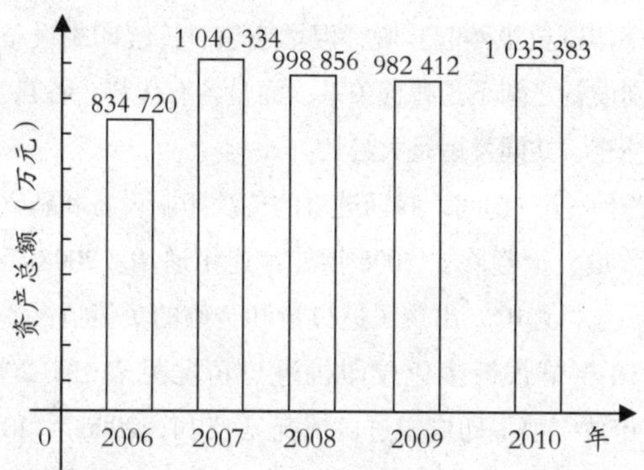

图7　2006 ~ 2010年印刷机械行业资产总额

注：2010年较2006年增长24.1%。

⑧海关统计印刷机械出口前景看好。2006 ~ 2010 年印刷机械行业出口额见图 8。

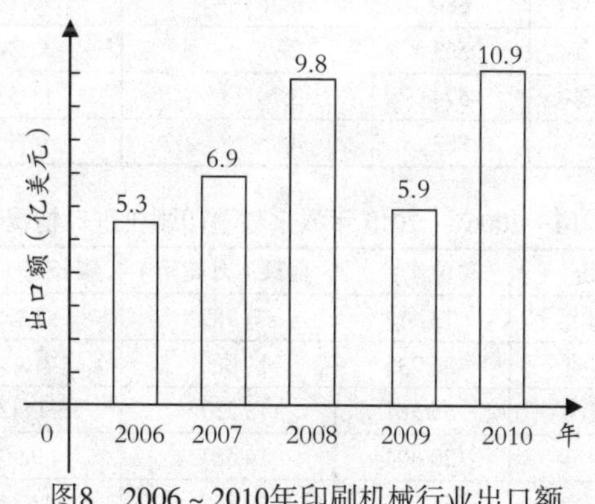

图8　2006 ~ 2010年印刷机械行业出口额

注：2010年较2006年增长105%。

⑨海关统计印刷机械进口增幅巨大。2006 ~ 2010 年印刷机械行业进口额见图 9。

从海关统计数据看，2010 年出口形势十分好，不仅突破 2008 年的高峰，较 2009 年有 84.7% 的增长幅度。而 2010 年印刷机械行业 68 家企业出口交货值却一路下滑，形成了较大反差。

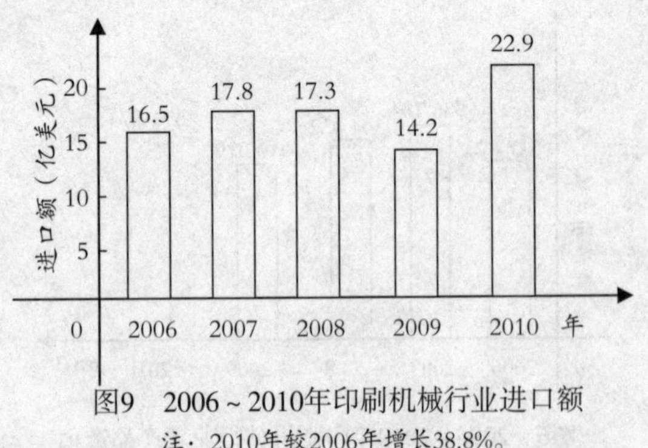

图9　2006～2010年印刷机械行业进口额

注：2010年较2006年增长38.8%。

另外，进口印刷设备里，传统平张纸多色胶印机和新兴发展的数字喷墨印刷机和数码印刷机的进口数量和金额，可以清楚看到平张纸多色胶印机一直居进口首位，但新兴的数字印刷机虽然起步晚，但增速快。传统印刷设备与新兴印刷设备之间不是替代关系，而是各有优势、各自发扬，相互补充、共同发展是大趋势。

"十一五"期间，我国进口的传统印刷设备和新兴印刷设备数量、金额除去2008年外，连年递增。2008年受国际金融危机影响，出现了进口量和金额的负值情况。2006～2010年单张纸多色胶印机进口情况见表13，2006～2010年数字喷墨印刷机进口情况见表14，2006～2010年数码印刷机进口情况见表15。

表13　2006～2010年单张纸多色胶印机进口情况

年份	单位（台）	金额（万美元）	增长率（%）
2006年	610	4.07（估算）	
2007年	680	4.36（估算）	7.13
2008年	553	2.95	-32.34
2009年	574	3.29	11.53
2010年	883	4.75	44.38

表14　2006～2010年数字喷墨印刷机进口情况

年份	单位（台）	金额（万美元）	增长率（%）
2006年	12 479	7 782	
2007年	36 735	11 009	41.47
2008年	35 367	13 257	20.42
2009年	120 804	14 581	9.99
2010年	231 201	20 828	42.84

表15　2006～2010年数码印刷机进口情况

年份	单位（台）	金额（万美元）	增长率（%）
2007年	1 164	3 892	
2008年	1 161	2 947	-24.28
2009年	6 987	5 522	87.38
2010年	17 398	8 612	55.96

注：2006年由于海关提供印刷设备中，未分喷墨印刷机和数码印刷机类目，故无法具体统计。

2. 单张纸多色胶印机

单张纸多色胶印机是精密机械，集机、光、电、气、智能于一体的高端装备。多年来，无数企业、科技人、高级技工战斗在生产一线，为早日生产出自己的多色胶印机拼命奋斗。进入"十二五"伊始，我们可以骄傲地向世人宣布：拼搏五年，累计销售八开机2 588台，基本垄断国内市场；累计销售四开机3 102台，基本控制国内市场；累计销售 对开机567台，不断扩大市场；累计销售53台全张机，开始进入市场。

"十一五"期间我国印刷机械行业取得上述成绩有：北人集团、上海光华、江苏昌昇、江西中景、青岛瑞普、大族冠华、华光精工、威海印机、潍坊东航、威海滨田和河南新机等11家印刷机械制造企业不懈努力和贡献的结果。

2006～2010年单张纸多色胶印机销售情况见表16。

表16　2006～2010年单张纸多色胶印机销售情况

年份 \ 数值 \ 产品	八开（台/万元）	四开（台/万元）	对开（台/万元）	全张（台/万元）	总计（台/万元）
2006	398/22 054	463/53 481	147/45 768	6/1 471	1 014/122 774
2007	612/39 870	613/73 461	158/51 128	10/2 636	1 393/167 095
2008	536/32 416	553/63 126	73/22 224	7/1 856	1 169/119 622
2009	534/36 116	701/83 180	74/24 781	13/4 260	1 322/148 337
2010	508/34 725	772/92 373	115/39 978	17/6 238	1 412/173 314
总计	2 588/165 181	3 102/365 621	567/183 879	53/16 461	6 310/731 142

注：2010年按台（套）计，较2006年增长39.3%；按销售金额计，较2006年增长41.2%。

四、"十二五"发展规划

2010年，我国印刷业在复杂多变的国际、国内经济态势下，呈现出新格局、新形势、新特点，也出现了新的机遇。2009年8月，国务院出台了《文化产业振兴规划》，明确了印刷业是国家文化产业重点发展的九大产业之一，这为推动我国印刷业战略转型注入了强大动力。

进入21世纪以来，数字网络与新型多媒体大量出现，其发展速度大大超过传统媒体，单一的印刷媒体主流地位已发生了显著变化，已经演变为多种主流、多元发展的格局。传统和新兴以互促、互补、融洽、和谐的方式，构成多元印刷市场，增强了印刷市场的竞争力，加快了印刷生产增长方式转变，为印刷强国的战略目标转型增加后劲。

1. "十二五"印刷业发展规划的设想

依照新闻出版总署及政府相关部门的意见，归纳以下几点：

①以建设印刷强国为目标，为争取在2020年前提前实现印刷强国打好基础。

②增长速度保持在7% ~ 8%，与国民经济发展速度基本同步，使我国印刷业的发展与国民经济和社会需求相适应，到"十二五"末，印刷总产值将超过1万亿元，成为全球第二印刷大国。

③包装装潢伴随经济发展而增长，"十一五"期间包装装潢印刷以10% ~ 15%不同速度增长，预计"十二五"期间在此基础上保持10%左右速度增长。

④建立和完善绿色环保印刷体系，以中小学教科书、政府采购产品和食品药品包装为重点，推行绿色标志和论证制度，到"十二五"末，绿色印刷企业达到30%左右。

⑤实施"数字印刷和印刷数字化"及"印刷环保体系建设和绿色印刷新技术开发"重大项目带动战略，预计到"十二五"末，数字印刷产值达20%左右。

2. "十二五"期间重点工作

我国印刷业在"十二五"期间将成为印刷工业发展历史上一个重要的转折点，也是走向世界印刷强国夯实基础的五年，这五年里作为印刷装备要靠科技助力。

第一，建设"数字印刷和印刷数字化"工程。数字印刷是数字技术催生的新的印刷方式，喷墨印刷技术被公认为当代世界印刷技术的制高点；今后五年将用数字、网络等高新技术全面改造印刷生产、管理及经营全过程，达到印刷数字化。

数字印刷重点开发喷墨数字印刷。建设重点放在：建立内容资源数据库应用示范，推进印刷产业更好与内容产业相结合；高性能直接制版（CTP）技术设备；全数字化印刷生产及管理流程研究和应用示范；高性能印刷设备数字控制关键技术开发及产业化。

第二，建设"中国智造"工程。国务院通过《国务院关于加快培育和发展战略性新兴产业的决定》，确定了我国七大新兴产业：节能环保、新一代信息技术、生物、高端装备制造、新能源、新材料和新能源汽车。

工信部针对高端装备制造的内涵作了阐述，即：从成套装备、单机装备到主要系统和大部件，再到每个主要系统和大部件所需要的关键智能装置（体现感知、执行功能）、智能控制系统（体现控制、决策功能）和关键零部件。根据这一概念，笔者认为高端印刷装备，实质是指以先进的智能技术为突破口，以典型的印刷设备（胶印、柔印、凹印等）做牵引，将印前、印中、印后联动一起，实现数字化、网络化的印刷流程。"中国智造"高端印刷装备，要运用创新手段（消化吸收再创新、集成创新、原始创新），组织产、学、研、用相结合的产业联盟或技术联盟，实现"中国智造"的规模化、工程化、标准化及智能化。

2010年末，中国印刷及设备器材工业协会召开了理事长会议，批准成立"印刷机械与过程控制专家委员会"。该委员会中有生产企业的制造技术专家、有印刷学院、清华大学、邮电大学等高等学府的工程自动化、信息化、网络化专家，还有中国人工智能学会的智能技术专家。

第三，建设"印刷环保体系建设和绿色印刷新技术开发"工程。实现绿色印刷要标本兼治：一方面政府部门制定产业宏观调控规划，调整和优化产业结构；制定严格的印刷环保标准，建立行业环保监测体系；淘汰生产方式落后、环境污染严重、能耗高的印刷生产能力，在行业中抓紧制定和推行油墨和印刷环境标志产品技术标准，在企业中推行清洁生产审核和ISO 14000环境管理体系认证，首先在教材、儿童读物、政府采购项目以及食品、医疗等软包装领域实行绿色制度。"十二五"期间基本建成印刷产业环保标准、检测、评价体系，获得绿色印刷标志的企业占我国印刷企业总数30%。

另一方面，要加快发展绿色印刷新技术，重点是：支持柔性印刷技术的发展，加快发展宽幅卫星式高速柔性版印刷机产业化和绿色环保型柔印版材产业化；水性油墨及其核心树脂的研发和产业化；食品包装用醇水型塑料复合油墨开发和产业化；环保型CTP版材开发及产业化；开发PUR书刊装订胶粘剂及产业化；环保预涂膜技术开发及应用。

在绿色印刷标准的实施中，搞技术装备的企业要关注以下课题：

①印刷原辅料的环保化和印刷工艺的变革。对印刷机械设计结构、零部件材质、加工工艺等有无影响？

②绿色印刷标准对印刷装备的排污、降耗、节能等有无要求？

③淘汰"小作坊"式低劣印刷企业，又会给设备更新换代带来什么商机？

"十二五"已经开局，其核心是扩大内需，转变经济增长方式，保持经济健康持续的发展。

（作者系中国印刷及设备器材工业协会印刷机械分会名誉理事长）

2010年印刷器材行业发展概况

袁建湘　岳德茂　夏丽峰

我国印刷器材行业近年来飞速发展，在经过2008～2009年国际金融危机短暂影响之后，2010年强劲反弹。由于我国的印刷总量仍在增长，印刷耗材类产品的社会需求基本上没有下降，2010年在国内经济好转的情况下，一些产品年增长率取得了10%～20%的增长速度。目前，我国印刷器材产业已经形成规模化生产，多数器材产品实现了国产化，无论是产品的门类和产品的档次基本能够满足我国印刷工业发展的需要。2010年我国油墨、胶印版材、印刷橡皮布、印刷胶辊等主要印刷器材产品的产量和销售收入比2009年有了两位数的增长。产品出口也取得了令人瞩目的成绩，有些产品已在国际市场占据较大份额，有些产品已经成为国际市场的主导产品，如胶印版材年出口量（含PS版和CTP版）已超过1亿m^2。印刷器材类的出口金额已占到印刷设备器材出口总金额的35%以上。印刷器材行业全年生产总值达到约4 300亿元（含印刷用纸）。

一、印刷用纸和纸板

据中国造纸协会关于我国造纸工业2010年度报告数据显示，2010年全国有纸和纸板生产企业共计3 700多家；全国纸及纸板生产量9 270万t；2010年纸和纸板生产量比2009年增长7.29%，产量和消费量继续以较快速度增长。但由于2009年下半年起全球纸浆价格大幅涨价，国内主要企业的产能有了进一步提高，一些规模小的企业受到冲击。总体上纸张价格上调步伐缓慢，利润空间缩小。尽管如此，随着我国经济的发展且我国人均纸消费量较低的实际，2000～2010年全国纸和纸板产量年平均增长11.76%，年平均消费量增长9.88%。2009年与2010年全国纸和纸板总产量、消费量发展情况见表1。

表1　2009年与2010年全国纸和纸板产量、消费量发展情况

年份	总产量（万t）	总消费量（万t）	人均消费量（kg）
2009年	8 640	8 569	64
2010年	9 270	9 173	68
增长率（%）	7.29	7.05	6.25

注：人均消费量按13.4亿人计。

用于新闻出版、包装、广告印刷、票据等的纸和纸板在市场中占有很大份额，这几项的发展势必推动造纸业相关纸种的不断前进。2010年主要纸种情况见表2。

表2　2010年主要纸种情况

项目名称	新闻纸	未涂布书写印刷纸	涂布印刷纸	其中铜版纸	白纸板和白卡纸	箱纸板	瓦楞原纸
生产量（万t）	430	1 620	640	555	1 250	1 880	1 870
比2009年增长（%）	−10.42	7.28	8.47	11.00	8.70	8.67	9.04
消费量（万t）	423	1 590	549	480	1254	1 946	1 889
比2009年增长（%）	−8.24	6.21	18.57	20.30	8.10	7.57	7.45
出口量（万t）	11	71	136	113	73	14	5
进口量（万t）	4	41	45	38	77	80	24

2010年我国的纸和纸板除新闻纸和铜版纸外，其他纸品种出口量都有所增加且趋于稳定，国内消费量也稳步增长。由于近十年来，造纸工业发展迅猛，企业都具备了一定规模，抵御风险的能力有了一定提高，原料结构有所改善，技术水平、装备水平、产品质量显著提高，加上国家扩大内需政策的引导，2010年中国造纸工业生产依然保持了相对较高的增长。同时又有多家企业完成了技术改造相继投产，经济效益也有明显的增长。据全国造纸工业2010年报数据，2010年全国造纸企业完成工业总产值5 850亿元，比2009年的4 660亿元增长25.54%，产销率98.60%。其中主营业务收入5 630亿元；利税总额500亿元；利润总额327亿元。由此可见，2010年全国造纸工业整体比2009年有大的增长，总体经济效益较好。已经恢复到国际金融危机前的水平。但值得注意的是在目前国内骨干企业产能不断增加的情况下，原料将趋于短缺，这很可能会制约今后几年我国造纸工业的发展步伐。

二、油墨

2010年我国油墨行业延续了2009年的良好向上发展趋势，全国油墨大类产品产量为53.5万t，比2009年增长13.5%；完成工业总产值124亿元，比2009年增长15%；完成产品销售收入129亿元，比2009年增长17%；行业利润总额约9.9亿元，比2009年增长10%。我国油墨行业经过近十年的快速发展，拥有主营业务年收入在500万元以上的油墨生产厂300家左右，从业人员2万多人，年综合生产能力65万t以上。据行业统计数据显示从2004年至2010年，年平均增长率在10%以上。2004 ~ 2010年油墨产量和增长情况见表3。

表3　2004 ~ 2010年油墨产量和增长情况

指标名称	2004年	2005年	2006年	2007年	2008年	2009年	2010年
产量（万t）	27.0	29.7	33.5	39.0	41.5	47.0	53.5
同比增长（%）	10.0	10.0	12.7	16.4	7.0	13.0	13.5

在300多家生产企业中，年产量在10 000 t以上的企业有10余家；年产量在3 000 ~ 10 000 t的企业有30家左右；其余企业年产量在3 000 t以下。年生产量3 000 t以上的40余家企业产量约占全国年总产量的3/4，产业集中度和区域分布集中的特点也较为明显，广东、上海、浙江、天津、山西五个省市的产量占全国总产量的80% ~ 90%，近年新增的产能也基本布局在上述地区，油墨行业的产业带已经基本形成。2010年油墨产量前10名企业，油墨销售收入前10位企业，油墨销售利润前10位企业见表4、表5、表6。

表4　2010年油墨总产量前10位企业

序号	企业名称	产量（t）
1	洋紫荆油墨（集团）有限公司	43 724
2	天津东洋油墨有限公司	38 342
3	杭华油墨化学有限公司	31 072
4	迪爱生（太原）油墨有限公司	24 292
5	广东天龙油墨集团股份有限公司	23 162
6	珠海市乐通化工股份有限公司	22 858
7	东莞市英科水墨有限公司	19 065
8	浙江永在化工有限公司	17 708
9	上海牡丹油墨有限公司	16 899
10	上海油墨泗联化工有限公司	15 419

2010年我国印刷油墨生产总量比2009年呈现增长，进出口数量也一改2009年双双下滑的局面，呈增长势头；2010年油墨出口数量为2.87万t，比2009年增长22.13%，其中黑墨出口0.53万t，其他油墨出口2.34万t；出口金额

表5　2010年油墨销售收入前10位企业

序号	企业名称	销售额（万元）
1	洋紫荆油墨（集团）有限公司	106 452
2	天津东洋油墨有限公司	82 135
3	杭华油墨化学有限公司	81 948
4	上海DIC油墨有限公司	53 820
5	珠海市乐通化工股份有限公司	44 481
6	广东天龙油墨集团有限公司	35 581
7	上海牡丹油墨有限公司	32 319
8	上海油墨泗联化工有限公司	32 192
9	新东方油墨有限公司	28 600
10	迪爱生（太原）油墨有限公司	27 301

表6　2010年油墨销售利润前10位企业

序号	企业名称	利润（万元）
1	天津东洋油墨有限公司	11 645
2	洋紫荆油墨（集团）有限公司	9 717
3	杭华油墨化学有限公司	5 927
4	苏州科斯伍德油墨有限公司	4 138
5	珠海市乐通化工股份有限公司	3 948
6	广东天龙油墨集团有限公司	3 797
7	新东方油墨有限公司	3 200
8	迪爱生（太原）油墨有限公司	2 960
9	浙江永在化工有限公司	1 827
10	上海DIC油墨有限公司	1 758

1.09亿美元，比2009年增长25.29%，其中黑墨出口0.22亿美元，其他油墨出口0.87亿美元。2010年油墨进口数量3.7万t，比2009年增长9.79%，其中黑墨进口0.51万t，其他油墨进口3.19万t；进口金额4.07亿美元，比2009年增长19.35%，其中黑墨进口金额0.68万元，其他油墨进口金额3.39万元。以上数字显示，2010年我国进出口油墨数量和金额双双增长，从一个侧面反映了我国印刷业快速发展的状况。进口油墨单价要远远高于出口油墨单价，这说明进口油墨以高档油墨为主，国内某些高档油墨生产还不能满足需要。而出口则以中低档油墨为主，出口地区以东南亚、中东、中亚及中国香港为主。

在油墨种类方面，目前我国印刷油墨仍以胶印油墨为主，胶印油墨占印刷油墨总消耗量的50% ~ 60%。我国胶印油墨近几年通过不断技术改进，质量水平有了长足进步，已基本达到了高档印刷品的要求。目前凹印油墨年产量十二四万吨，占油墨总产量的25% ~ 30%。凹版印刷油墨市场需求持续旺盛，在包装材料印刷中被广泛使用，包装精美的食品、烟、酒、化妆品等大量使用。但凹印油墨生产和凹印印刷过程中还存在着甲苯、二甲苯等有害物质，印刷品中也有很多残留物，对环境和人体健康都有很多不利影响。作为替代物的水性油墨尽管不用有害溶剂，但目

前市场上的水性油墨在性能和印刷质量上仍达不到溶剂型凹印油墨的标准，影响了水性墨的市场推广。随着人们环保意识的提高和对健康的日益重视，水性油墨在技术上不断改进，质量不断提高，水性油墨必将取得越来越大的市场份额。柔性版印刷油墨需求量有所上升，随着柔性版制版设备及消耗材料国产化率的提高，价格会随之下降，应用范围越来越广，柔性版印刷将会在我国快速发展，柔性版印刷油墨的需求也会快速增长。目前，柔性版印刷油墨产量约占国内油墨总产量的10%。丝网印刷油墨由于其拥有的优点及特殊性，仍能保持一定的市场份额和增长速度。数字印刷技术的发展将带动喷墨技术应用于印刷，喷墨印刷将是未来印刷发展的亮点，而喷墨印刷专用油墨未来也将会有较大发展空间。抓住印刷技术发展的脉搏，为印刷业提供优质合格、适销对路的油墨产品将是油墨生产企业的重要课题。

近年来，旨在保护环境、保护人身健康的“绿色印刷”的理念日益受到人们的重视。油墨是当今印刷过程中较大的污染源，传统油墨的生产过程和使用都会对环境和人的健康带来影响。开发研制无污染或降低有害程度的新型油墨是油墨行业面临的一个艰巨任务。近年我国油墨企业一方面改造生产环境，减少生产过程对人和环境的污染。另一方面进行环保油墨新产品的研发，已经迈出了可喜的一步。目前，环保型油墨在整个油墨总产量当中占的比例还较小。随着我国第一部关于印刷的环保标准《环境标志产品技术要求 印刷 第一部分：平版印刷》于2011年正式颁布实施，印刷企业将大量使用无毒、无污染的绿色环保型油墨。按照国家新闻出版总署的要求，从2011年开始中小学教材在三年内要逐步达到绿色环保的标准，五年内所有书刊印刷要达到绿色环保的标准，这就为印刷油墨企业发展带来了前所未有的机遇和挑战，对油墨企业生产方向起到明确的导向作用。环保型油墨将成为油墨生产企业重点的发展项目，醇溶性油墨、大豆油墨、UV油墨和水性油墨等使用量会越来越大，应用范围也会越来越广。在食品、药品方面应用的可食性油墨也会得到进一步开发和使用。特种油墨的应用范围和使用量将会越来越大。改进环保型油墨生产的落后局面，开发和引进环保型油墨的先进技术是我国油墨行业当前刻不容缓的任务。

三、胶印版材

1. 2010年胶印版材的基本状况

2010年我国胶印版材行业有卷筒式生产线的企业近70家，正常生产的生产线80多条。产品除满足国内需求外，还有大量出口，产品行销全球100多个国家和地区。目前，我国是世界上胶印版材生产量最大的国家，各种版材总生产能力达4亿多m^2，年生产总值为86亿元。2010年生产、销量及出口量情况见表7。

表7 2010年各类版材生产、销售和出口情况

指标（类别）名称	实际生产量（亿m^2）	同比增长（%）	总销售量（亿m^2）	同比增长（%）	全年销售额（亿元）	同比增长（%）	其中出口量（亿m^2）	同比增长（%）
版材总计	3.46	1	3.34	16	86	8.5	1.16	28
其中PS版	2.25	3	2.16	2	49		0.63	9
其中CTP	1.21	49	1.17	57	37		0.53	61

我国胶印版材行业近几年平均以20%以上的增长率飞速发展，除了国内胶印印刷发展的支撑外，主要得益于产品出口。2005年我国胶印版材出口量为2 900万m^2，2006年出口量为4 700万m^2，2007年出口量为8 326万m^2，2008年出口量为1.01亿m^2，2009年出口量为0.91亿m^2，2010年出口量1.16亿m^2，达到了历史最高点。除了2009年因国际金融危机致出口量减少外，其余年份都呈增长势态。表7数据显示，2010年胶印版材销售量为3.34亿m^2，扣除出口量，国内消费量约为2.18亿m^2，比2009年增长了10%左右，而出口量则增长了28%，出口量的增长率要远远高于国内消费量的增长率。这说明国外市场对我国产品需求有所增长势态，也说明国产胶印版材的质量水平和价格水平在国际市场上具有一定的竞争力，受到国外用户广泛欢迎，国外市场已经成为我国胶印版材行业扩大发展规模的重要支点，我国胶印版材已经大规模地占据了国际市场。当然，我们也要看到，在国际市场中，我国的大部分产品仍处于中低端水平，高档产品的市场份额还不够多，这需要一方面要继续培育巩固这个市场，使之健康发展；另一方面要尽快提高科技含量，提高具有高附加值的CTP版材的出口数量。

2. 2010年CTP版的发展

（1）我国版材行业企业制造CTP版的水平迅速提高

从胶印版材行业发展来看，2010年可称为“CTP年”。CTP版在我国起步发展已有近十年时间，在初始阶段时，是外国大公司的专利产品，从2008年开始，CTP版的发展得到国内众多企业的重视，一些有实力的企业开始研发或进入试生产阶段，少数企业实现了规模化生产。2009年CTP版的发展进入快速发展阶段，国内有近20家企业开始生产或试生产CTP版，全年的生产量达到了8 000万m^2。2009年国内CTP制版机增加了近600台，保有量为2 200

台左右。2010年初CTP发展更加迅速，到2010年底我国CTP制版机保有量或可达到3 000台以上。计算机直接制版在印前制版中已占相当规模。毫无疑问，2010年我国CTP技术的发展速度是空前的，这是印前技术发展历史中的最重要时期。今后CTP版将成为我国胶印版材行业发展的主要方向。在CTP版迅速发展的情况下，传统胶印版材——PS版的年增长率近年来下降到了个位数，2010年国内市场需求量几乎没有增长，PS版增长的部分基本出口到国外。

（2）CTP版出口量和国内销量双双快速增长

在几年前我国生产的CTP版材国内用量一直小于出口量，自2009年开始连续两年CTP版国内销量的增长高于出口量的增长。2010年CTP版材的内销量已经达到6 468万m^2，比2009年的4 216万m^2增加了近50%以上。2007～2010年CTP版国内外销量比较见图1。

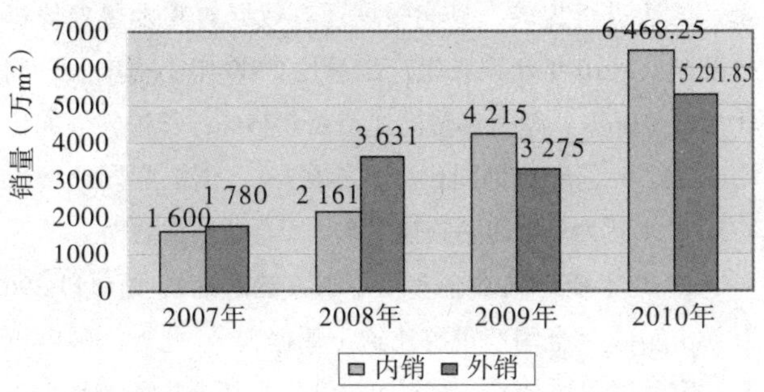

图1 2007～2010年CTP版国内外销量比较

另外，在胶印版材出口构成中，CTP版的比例逐年升高，2010年出口数量约占到版材总量的45%，其出口金额也首次超过PS版，达到2亿美元以上。

（3）2010年国内使用CTP版的增长速度高于PS版增速

当前使用CTP技术的比例大小，在一定程度上可以反映出这个国家的印刷技术水平。过去，国内进口制版机大多数强调使用与其配套的CTP版，对国产CTP版不感兴趣。而近几年随着我国生产的CTP版材产品质量的稳定和版材对设备适应能力的增强，用户对国产CTP版的信任度提高。数据显示，2004年以前，国内CTP版的使用量很少；2005年国内CTP版使用量占胶印版材使用量的5%左右；2006年使用量约占到全部胶印版材使用量的9%以上；2007年国内CTP版的使用量达到2 200万m^2，占胶印版材使用量的13%左右，使用比率首次达到两位数；2008年国内CTP版使用量约占胶印版材总用量的15%左右。2009年印刷器材分会统计CTP版占总版材使用量的22%，2010年则达到了30%，这还不包括进口CTP版的数量，因为随着国内版材制造业的发展，进口版材的数量已经比

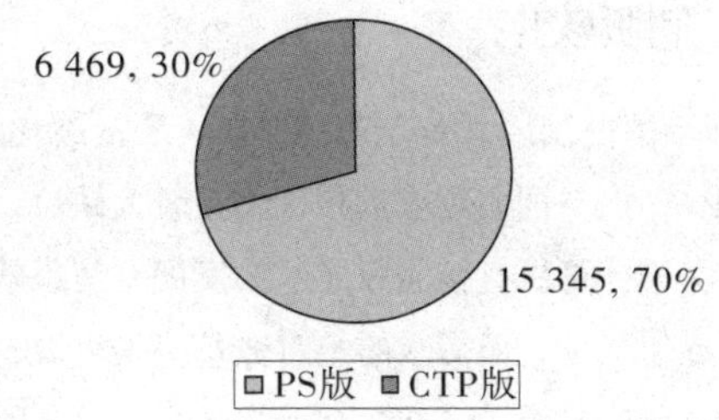

图2 2010年CTP版和PS版国内使用量对比

较少，每年仅百万平方米左右。2010年CTP版和PS版国内使用量对比见图2（忽略进口量）。

（4）CTP版生产种类的变化

2010年国内生产CTP版材的企业已达34家，比2009年增加15家。从版材品种来看，2010年三种CTP版材的生产量分别为：热敏CTP版9 503.7万m^2、光敏CTP版113.4万m^2、UV-CTP版2 110万m^2。其中，热敏CTP版和UV-CTP版表现了极强的发展势头，尤其是生产热敏CTP版的企业已达29家，比2009年增加12家。这说明国内的主要版材厂对于热敏CTP版的生产已经走上稳定、成熟、规模化的轨道。2009～2010年国内CTP版材生产品种对比见图3。

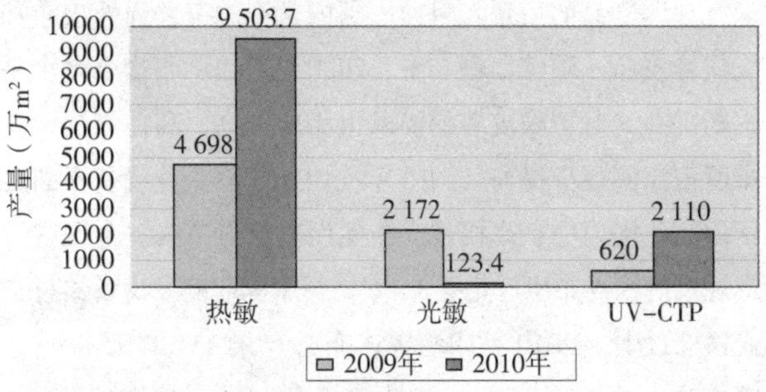

图3 2009～2010年国内CTP版材生产品种对比

2010年与2009年热敏CTP版和UV-CTP版生产量增长较快，其主要原因是：①国内生产热敏制版机的厂家和数量也都有增长，在质量稳定的前提下国内制版机具有价格优势，使得用户对热敏制版机的需求量增加。数据显示：热敏制版机销售量约占制版机总量的28%，销售额约占制版机总量的26.4%，出口量约占制版机总量的59.3%，创汇额约占制版机总量的59.9%。②由于生产技术的成熟，生产热敏版的厂家增多，因而产量迅速增长。③2010年生产光敏版的厂家减少，如在我国境内的爱克发无锡印版厂和富士公司等独资企业，2010年根据市场的需求减少了光敏版的生产，增加了热敏版的生产。④由于UV-CTP版是在原有PS版基础上进行提高，又具有较强的价格优势，使得2010年这类版材在一年中的产销量提高了将近两倍，达到了占总版材生产量18%的比率，这是一个可观的增长。

四、制版软片

2010年国内制版软片生产约2 000万m^2，比2009年增长约11%，但与国内需求量相比仍有较大缺口，还需大量进口。由于计算机直接制版技术的发展，制版软片的整体需求量逐年减少，但需求的绝对数量仍很可观，目前国内制版软片年需求量为6 000万～7 000万m^2。国内生产能力严重不足，能够生产软片的企业过少，形成规模化生产的只有乐凯华光印刷科技有限公司1家企业。由于制版软片需求逐步下降，企业对这类产业投资动能不足。特别是2010年下半年至2011年上半年制版软片的主要原材料白银价格暴涨，给软片制造企业带来了很大的成本压力，这使得企业在追加投资、更新设备的决策中举棋不定。国内消费制版软片大量进口，国外品牌占据我国大部分消费市场，这在印刷器材各大类产品中是唯一的，这种局面近期内仍将延续。

五、印刷橡皮布

印刷橡皮布是印刷过程中传递图文信息的媒介，是印刷机重要且易损耗的组成部分，其性能直接影响印刷机的运行和印刷品的质量。目前，国内常见的有普通橡皮布和气垫橡皮布。随着印刷装备、印刷工艺和承印物质量水平不断提高，对于橡皮布的要求也相应提高，高档气垫橡皮布所占比例逐步提高。2010年，由于印刷企业设备不断更新提高，国内中、高档橡皮布使用率已占70%。全国有一定规模的橡皮布生产企业11家。据中国印刷及设备器材工业协会统计，2010年印刷橡皮布总产量151.27万m^2，总销售收入约3.8亿元。由于生产企业归属、涉及行业、规模不同，统计上有一定难度，印刷器材分会掌握的数据显示2010年橡皮布总产销量同比增长27%，总销售量同比增长28%，总销售额同比增长26.4%，出口量同比增长59.3%，创汇额同比增长59.9%。

目前，印刷行业用气垫橡皮布以其科技含量高，印刷适性好、印刷效果佳受到普遍欢迎。在国内还有相当一部分设备需要进口橡皮布。对此，国内的生产企业也不遗余力对新产品、新技术加大投入，研制出拥有自主知识产权的高档气垫橡皮布，如上海新星印刷器材有限公司，不仅研发了新产品。又建了新的生产线。根据统计推断，产品在国际上也占据一定份额。

印刷橡皮布的生产技术科技含量较高。资料显示，目前世界上领先的产品有：美国迪柯公司研制的橡皮布，英国Duco公司研制的剥离橡皮布，还有康迪Contitech研制的全能气垫橡皮布，这些品牌的发展都与胶印机发展理念有关。此外随着经济发展和新技术应用，包装印刷一定会得到大力发展，这样就为橡皮布的新发展带来机遇。

六、印刷胶辊

我国印刷胶辊行业，总体的情况是厂家众多，规模很小，大多数生产企业技术、装备比较落后。所产胶辊大都是中低档次，高档产品依然进口国外的产品。近几年不断引进新的设备，落后的印刷设备逐步被淘汰，随之低档印刷胶辊的产销量也出现下滑。印刷胶辊生产情况统计比印刷橡皮布更加困难，且产量的计量单位不统一，部分企业是以立方厘米计量，也有一部分企业是以胶辊支数计量，无法进行比较，只能根据现有数据对其发展趋势进行推断。2010年印刷胶辊产销量比2009年小幅增长，同比增长0.06%，总销售量同比增长0.35%，总销售额同比增长35.5%，出口量同比增长509.7%，创汇额同比增长773.3%（此为全国印刷胶辊生产骨干企业推算数据）。

2010年统计到的企业，印刷胶辊总销售收入17 396万元（实际上全国产量要比这个数据大）。此外，国内也有厂家通过引进技术、原料等，开发出部分高档产品投放市场，并有部分出口。通过数据推测，出口量和创汇额比2009年有大幅度增加，产品的质量也有了较大的提高，例如河北春风银星胶辊有限公司就是其中之一。

七、电化铝

目前，我国电化铝已经形成多系列、多色彩及多功能的结构，高中低档产品齐全。尤其是研制出全息定位烫印防伪标识产品，总体技术有了较大提高。虽然国内现有电化铝生产企业100多家，且多数分布于长三角和珠三角地区，但大多数规模很小，产品也多以中低档次为主，相关统计工作十分困难。根据有关资料报道，高档产品依然被外企或台资企业所垄断。

（作者袁建湘系中国印刷及设备器材工业协会印刷器材分会秘书长，岳德茂、夏丽峰系该分会高工）

2010年中国造纸工业年度报告

中国造纸协会

一、全国纸及纸板生产及消费情况

（一）2000～2010年纸及纸板生产及消费情况

据中国造纸协会调查，2010年全国纸及纸板生产企业有3 700多家，全国纸及纸板生产量9 270万t，比上年的8640万t增长7.29%。消费量9 173万t，较上年的8 569万t增长7.05%，人均年消费量为68 kg（13.40亿人），比上年增长4 kg。2010年比2000年生产量增长203.93%，消费量增长156.59%。2000～2010年，纸及纸板生产量年均增长11.76%，消费量年均增长9.94%。2000～2010年纸及纸板的生产和消费情况见图1。

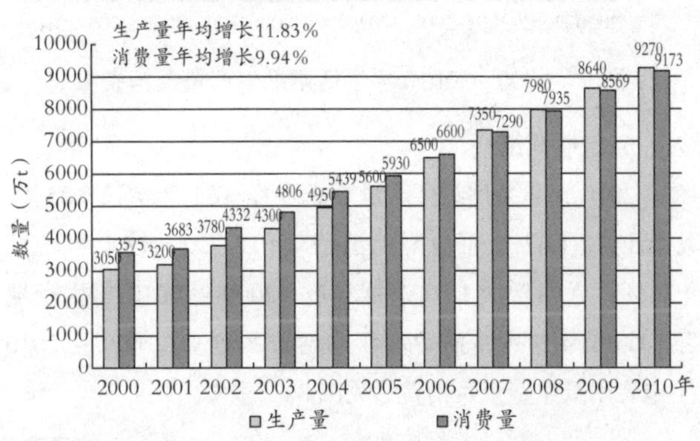

图1　2000～2010年纸及纸板的生产和消费情况

二、2000～2010年主要产品生产及消费情况

2010年我国造纸工业主要产品生产及消费情况见表1。2010年纸及纸板各品种生产和消费占比见图2。

从2010年的生产和消费形势分析来看，全年生产和消费均呈平稳增长态势，增速分别比上年回落0.98个百分点和0.94个百分点。

1 新闻纸

2010年新闻纸生产量430万t，同比下降10.42%，增幅回落14.77个百分点；消费量423万t，同比下降8.24%，增幅回落16.46个百分点。2000～2010年生产量年均增长11.48%，消费量年均增长9.87%。2000～2010年新闻纸生产量及消费量见图3。

表1　2010年我国造纸工业主要产品生产及消费情况

（单位：万t）

品种名称 \ 数据 \ 年份 \ 指标	生产量			消费量		
	2009年	2010年	同比增长（%）	2009年	2010年	同比增长（%）
总量	8 640	9 270	7.29	8 569	9 173	7.05
新闻纸	480	430	-10.42	461	423	-8.24
未涂布印刷书写纸	1 510	1 620	7.28	1 497	1 590	6.21
涂布印刷纸	590	640	8.47	463	549	18.57
其中：铜版纸	5 500	555	-89.91	399	480	20.30
生活用纸	580	620	6.90	529	567	7.18
包装用纸	575	600	4.35	587	612	4.26
白纸板	1 150	1250	8.70	1 160	1 254	8.10
其中：涂布白纸板	1 100	1 200	9.09	1 110	1 204	8.47
箱纸板	1 730	1 880	8.67	1 809	1 946	7.57
瓦楞原纸	1 715	1 870	9.04	1 758	1 889	7.45
特种纸及纸板	150	180	20.00	144	164	13.89
其他纸及纸板	160	180	12.50	131	179	36.64

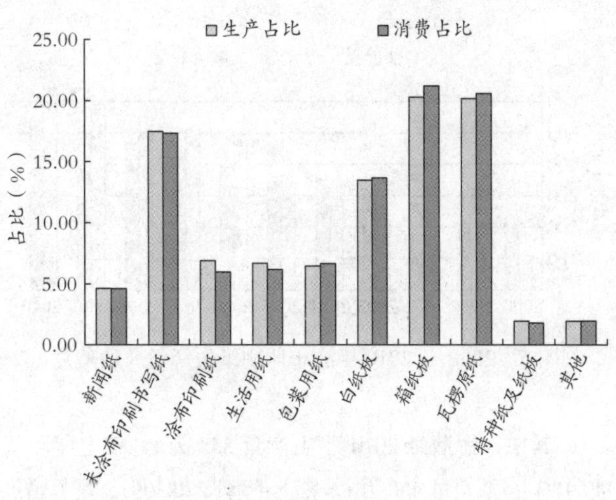

图2　2010年纸及纸板各品种生产和消费占比

2. 未涂布印刷书写纸

2010年未涂布印刷书写纸生产量1 620万t，较上年增长7.28%，增幅回落0.58个百分点；消费量1 590万t，较上年增长6.21%，增幅回落1.88个百分点。2000～

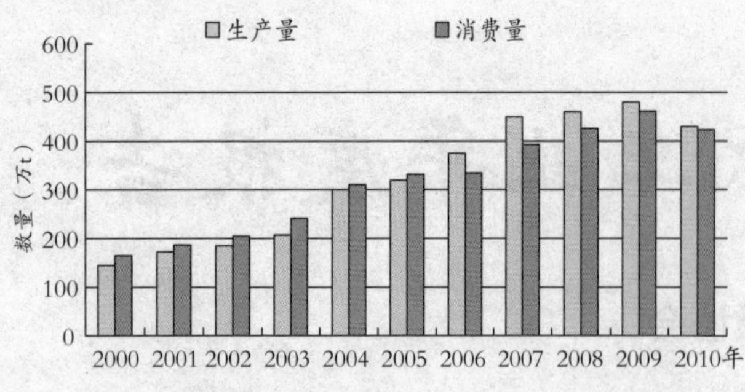

图 3 2000 年 ~ 2010 年新闻纸生产量及消费量

2010 年生产量年均增长 9.39%，消费量年均增长 9.36%。2000 ~ 2010 年未涂布印刷书写纸生产量及消费量见图 4。

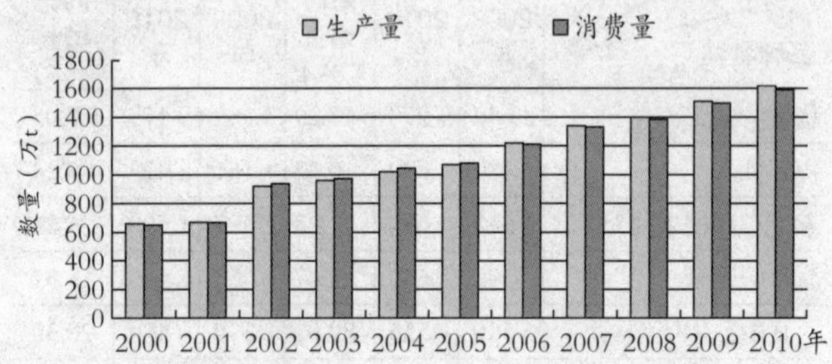

图 4 2000 ~ 2010 年未涂布印刷书写纸生产量及消费量

3. 涂布印刷纸

2010 年涂布印刷纸生产量 640 万 t，较上年增长 8.47%，增幅增加 1.20 个百分点；消费量 549 万 t，较上年增长 18.57%，增幅增加 19.43 个百分点。2000 ~ 2010 年生产量年均增长 19.26%，消费量年均增长 10.19%，2000 ~ 2010 年涂布印刷纸生产量及消费量见图 5。

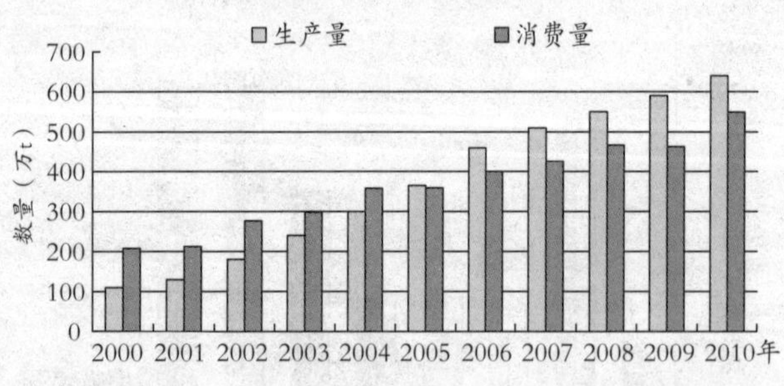

图 5 2000 ~ 2010 年涂布印刷纸生产量及消费量

其中，铜版纸 2010 年生产量 555 万 t，较上年下降 89.91%；消费量 480 万 t，较上年增长 20.30%，增幅增加 20.80 个百分点。2000 ~ 2010 年生产量年均增长 20.22%，消费量年均增长 9.94%。2000 ~ 2010 年铜版纸生产量及消费量见图 6。

4. 生活用纸

2010 年生活用纸生产量 620 万 t，较上年增长 6.90%，

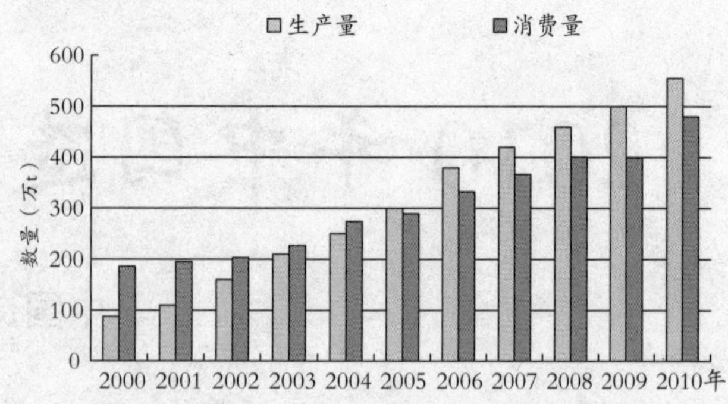

图 6 2000 ~ 2010 年铜版纸生产量及消费量

增幅增加 1.45 个百分点；消费量 567 万 t，较上年增长 7.18%，增幅增加 2.01 个百分点。2000 ~ 2010 年生产量年均增长 9.51%，消费量年均增长 8.80%。2000 ~ 2010 年生活用纸生产量及消费量见图 7。

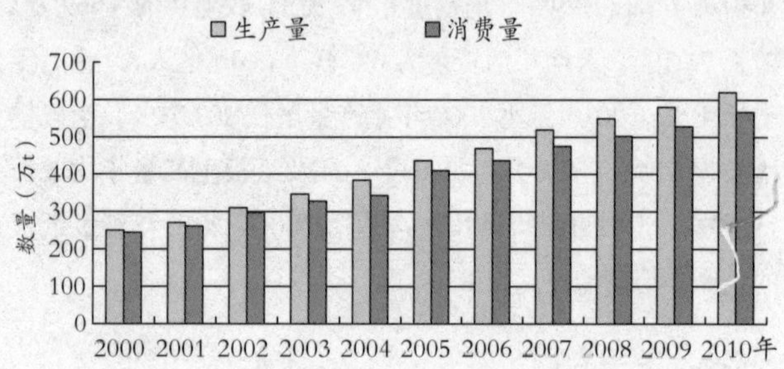

图 7 2000 ~ 2010 年生活用纸生产量及消费量

5. 包装用纸

2010 年包装用纸生产量 600 万 t，较上年增长 4.35%，增幅增加 1.67 个百分点；消费量 612 万 t，较上年增长 4.26%，增幅增加 1.10 个百分点。2000 ~ 2010 年生产量年均增长 4.14%，消费量年均增长 2.65%。2000 ~ 2010 年包装用纸生产量及消费量见图 8。

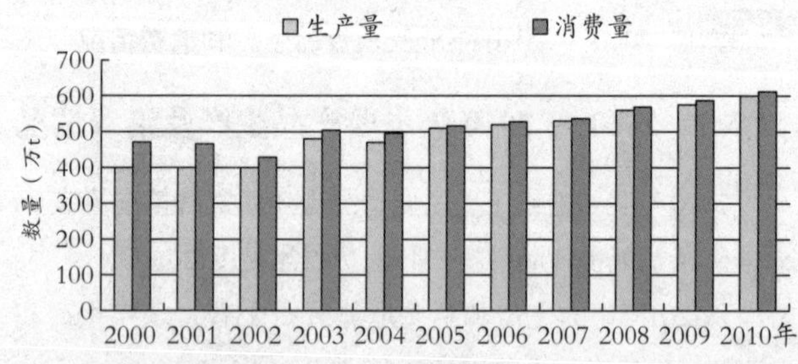

图 8 2000 ~ 2010 年包装用纸生产量及消费量

6. 白纸板

2010 年白纸板生产量 1 250 万 t，较上年增长 8.70%，增幅增加 6.02 个百分点；消费量 1 254 万 t，较上年增长 8.10%，增幅增加 5.54 个百分点。2000 ~ 2010 年生产量年均增长 16.14%，消费量年均增长 12.56%。2000 ~ 2010 年白纸板生产量及消费量见图 9。

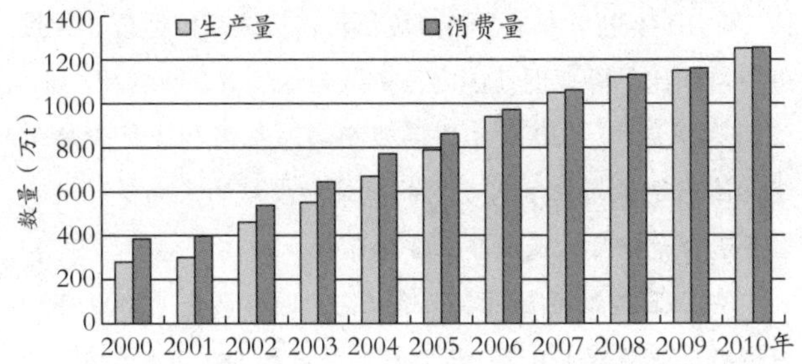

图 9　2000 ~ 2010 年白纸板生产量及消费量

其中，涂布白纸板 2010 年生产量 1 200 万 t，较上年增长 9.09%，增幅增加 6.29 个百分点；消费量 1 204 万 t，较上年增长 8.47%，增幅增加 5.79 个百分点。2000 ~ 2010 年生产量年均增长 19.62%，消费量年均增长 15.46%。2000 ~ 2010 年涂布白纸板生产量及消费量见图 10。

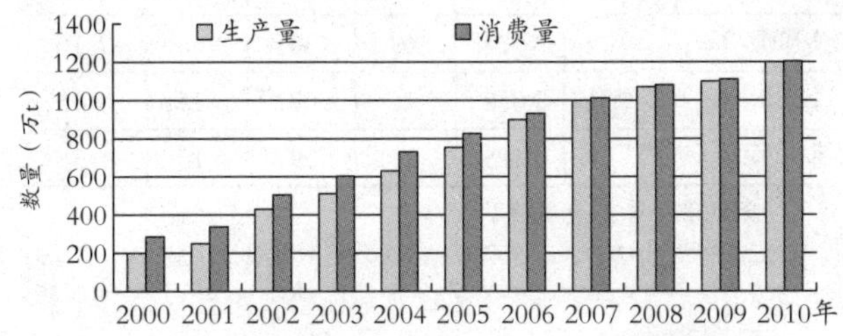

图 10　2000 ~ 2010 年涂布白纸板生产量及消费量

7. 箱纸板

2010 年箱纸板生产量 1 880 万 t，较上年增长 8.67%，增幅回落 4.40 个百分点；消费量 1 946 万 t，较上年增长 7.57%，增幅回落 5.14 个百分点。2000 ~ 2010 年生产量年均增长 16.74%，消费量年均增长 14.31%。2000 ~ 2010 年箱纸板生产量及消费量见图 11。

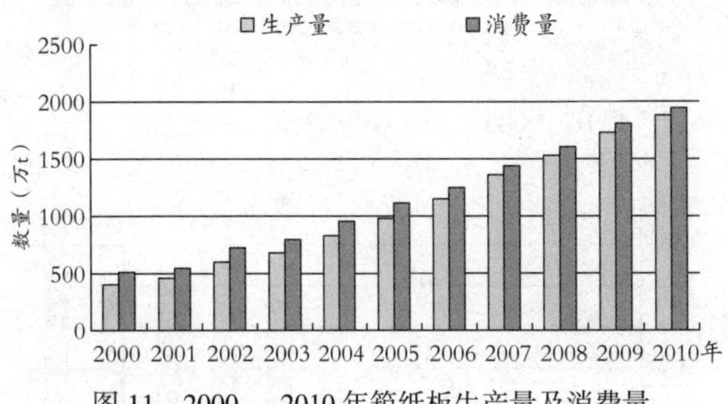

图 11　2000 ~ 2010 年箱纸板生产量及消费量

8. 瓦楞原纸

2010 年瓦楞原纸生产量 1 870 万 t，较上年增长 9.04%，增幅回落 3.79 个百分点；消费量 1 889 万 t，较上年增长 7.45%，增幅回落 5.82 个百分点。2000 ~ 2010 年生产量年均增长 12.62%，消费量年均增长 10.94%。2000 ~ 2010 年瓦楞原纸生产量及消费量见图 12。

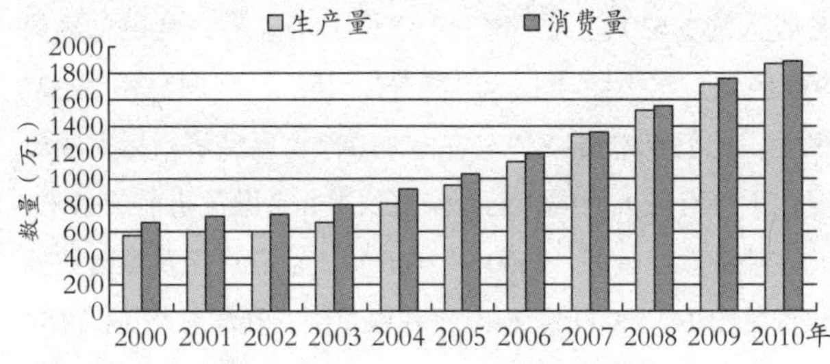

图 12　2000 ~ 2010 年瓦楞原纸生产量及消费量

9. 特种纸及纸板

2010 年特种纸及纸板生产量 180 万 t，较上年增长 20.00%，增幅增加 12.86 个百分点；消费量 164 万 t，较上年增长 13.89%，增幅增加 13.89 个百分点。2000 ~ 2010 年生产量年均增长 11.61%，消费量年均增长 7.44%。2000 ~ 2010 年特种纸及纸板生产量及消费量见图 13。

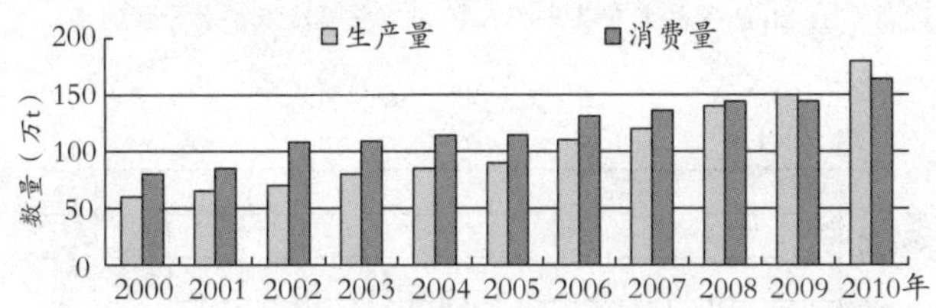

图 13　2000 ~ 2010 年特种纸及纸板生产量及消费量

二、主要经济指标完成情况

据国家统计局统计，2010 年 1 ~ 11 月规模以上造纸生产企业 3 724 家；从业人员 73.73 万人；工业总产值（当年价）5 287 亿元，较上年 4 162 亿元增长 27.03%；工业销售产值（当年价）5 190 亿元，较上年 4 077 亿元增长 27.30%；主营业务收入 5 162 亿元，较上年 3 998 亿元增长 29.11%；产销率 98.20%，较上年 98.00%增长 0.20 个百分点；产成品存货 245.4 亿元，较上年 235.8 亿元增长 4.07%；利税总额 458.4 亿元，较上年 341.3 亿元增长 34.31%，其中利润总额 299.4 亿元，较上年 210.0 亿元增长 42.57%；资产总计 5 934 亿元，较上年 5 016 亿元增长 18.30%；资产负债率 58.66%，较上年 58.69%降低 0.03 个百分点；负债总额 3 481 亿元，较上年 2944 亿元增长 18.24%；在统计的 3 724 家造纸生产企业中，亏损企业有 487 家，占 13.08%，同比降低 6.29 个百分点。

2010 年 1 ~ 12 月造纸生产企业工业总产值（当年价）5 850 亿元，较上年 4 660 亿元增长 25.54%；产销率 98.60%，较上年 98.20%增长 0.40 个百分点；工业销售产值（当年价）5 767 亿元，较上年 4 578 亿元增长 25.97%。

根据上述相关资料分析，2010 年造纸生产企业主营业务收入约 5 630 亿元，比上年增长 25%左右；利税总额约 500 亿元，比上年增长 30%左右，其中，利润总额约 327 亿元，比上年增长 48%左右。2010 年主要经济指标完成情况比上年有较大增幅，已经恢复到国际金融危机前的水平，总体经济效益较好。2000 ~ 2010 年工业总产值及主营业务收入见图 14、2000 ~ 2010 年利税总额及利润总额见图 15。

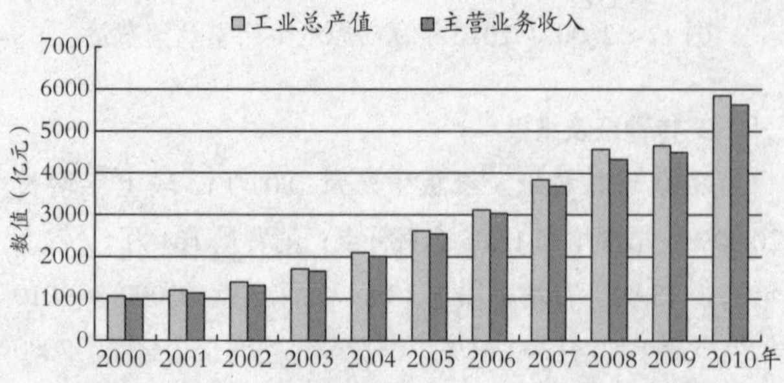

图 14　2000 ~ 2010 年工业总产值及主营业务收入

注：自 2007 年起主营业务收入数据为中国造纸协会分析数据。

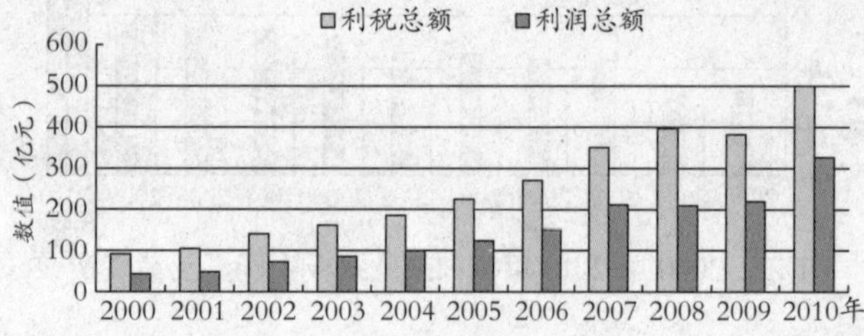

图 15　2000 ~ 2010 年利税总额及利润总额

注：自 2007 年起利税总额和利润总额数据为中国造纸协会分析数据。

三、纸浆生产和消耗情况

据中国造纸协会调查，2010 年全国纸浆生产总量 7 318 万 t，较上年 6 732 万 t 增长 8.70%。

2010 年全国纸浆消耗总量 8 461 万 t，较上年 7 980 万 t 增长 6.03%，其中木浆 1 859 万 t，较上年增长 2.82%，占全国纸浆消耗总量的 22%，与上年持平；非木浆 1 297 万 t，较上年增长 10.38%，占全国纸浆消耗总量的 15%，与上年持平；废纸浆 5 305 万 t，较上年增长 6.16%，占全国纸浆消耗总量的 63%，与上年持平。木浆中，进口木浆比率下降 2 个百分点；废纸浆中，进口废纸浆比例下降 1 个百分点，国产废纸浆比例上升 1 个百分点；非木浆中，稻麦草浆比例比上年下降 3 个百分点；竹浆比例比上年增长 1 个百分点；苇（荻）浆比例与上年持平、蔗渣浆比例比上年增加 1 个百分点。2010 年纸浆总消耗量比 2000 年增长 203%，其中国产纸浆消耗量比 2000 年增长 198%。详细情况见表 2、图 16 和图 17。

2010 年进口木浆及进口废纸价格持续高位运行，导致进口量同比下降，促使国内各类纸浆生产量有所增加。

说明：由于 2009 年国际市场商品纸浆和废纸价格低迷，国内造纸企业加大了商品纸浆和废纸的采购量，致使当年进口量异常，造成非正常库存增加。

经中国造纸协会对重点造纸企业进行调查，2009 年国内造纸企业约有 110 万 t 进口商品纸浆和 180 万 t 进口废纸为非正常库存，结转至 2010 年使用。

表 2　2009 年中国造纸工业纸浆消耗情况（单位：万 t）

品种	2009 年	占比（%）	2010 年	占比（%）	同比增长（%）
总量	7 980	100	8 461	100	6.03
木浆	1 808	22	1 859	22	2.82
其中：进口木浆	1 257[*1]	16	1 151[*2]	14	-8.43
废纸浆	4 997	63	5 305	63	6.16
其中：进口废纸浆	2 056[*3]	26	2 092[*4]	25	1.75
非木浆	1 175	15	1 297	15	10.38

注：1. 废纸浆＝废纸量 ×0.8。
2. 2009 年进口木浆 1 367 万 t，实际消耗量 1 257 万 t。
3. 2010 年进口木浆 1 137 万 t，扣除溶解浆 96 万 t，实际消耗量 1 151 万 t。
4. 2009 年进口废纸 2 750 万 t，实际消耗量 2 570 万 t。
5. 2010 年进口废纸 2 435 万 t，实际消耗量 2 615 万 t。

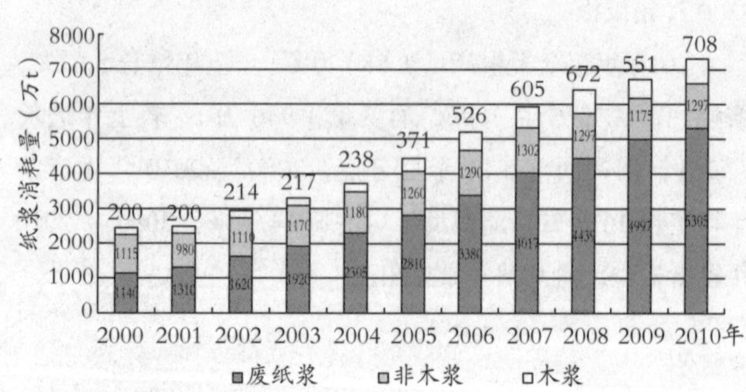

图 16　2000 ~ 2010 年国产纸浆消耗情况

图 17　2000 ~ 2010 年纸浆总消耗情况

四、纸、纸板、纸浆、废纸及纸制品进出口情况

（一）2010 年纸、纸板、纸浆、废纸及纸制口进出口情况

2010 年纸及纸板进口 336 万 t，比上年 334 万 t 增长 0.60%；出口 433 万 t，比上年 405 万 t 增长 6.91%，出口量比进口量多 97 万 t。纸浆进口 1 137 万 t，比上年 1 367 万 t 下降 16.83%；出口 8.10 万 t，比上年 8.70 万 t 降低 6.90%。废纸进口 2 435 万 t，比上年 2 750 万 t 下降 11.45%；出口 0.08 万 t，比上年出口量略有增长；纸制品进口 18 万 t，比上年 16 万 t 增长 12.50%；出口 228 万 t，比上年 195 万 t 增长 16.92%。

2010 年进口纸及纸板、纸浆、废纸、纸制品合计 3 926 万 t，较上年 4 467 万 t 下降 12.11%，用汇 187.83 亿美元，比上年 145.17 亿美元增长 29.39%。2010 年进口纸及纸板平均价格为 1 132.52 美元 /t，比上年 965.25 美元 /t 平均价格增长 17.33%；进口纸浆平均价格为 775.51 美元 /t，比上年 500.20 美元 /t 平均价格增长 55.04%；进口废纸平均价格为 219.80 美元 /t 的，比上年 137.99 美元 /t 的平均价格增长 59.29%。

2010 年出口纸及纸板、纸浆、废纸、纸制品合计 669.18 万 t，较上年 608.70 万 t 增长 9.94%，创汇 97 亿美元，较上年 77 亿美元增长 25.97%。2010 年出口纸及纸板平均价格为 1 093.50 美元 /t，比上年的 962.06 美元 /t 平均价格增长 13.66%；出口纸浆平均价格为 1 727.18 美元 /t，比上年 1 045.48 美元 /t 平均价格增长 65.20%；出口废纸平均价格为 191.80 美元 /t，比上年 218.78 美元 /t 平均价格下降 12.33%。

2010 年纸及纸板进出口总量中，进口量较大的品种有箱纸板、涂布白纸板、涂布印刷纸和未涂布印刷书写纸，合计进口量 243 万 t，占纸及纸板总进口量的 72.3%。出口量较大的品种有涂布印刷纸、涂布白纸板、未涂布印刷书写纸、生活用纸、特种纸及纸板，合计 388 万 t，占纸及纸板总出口量的 89.6%。

2010 年，我国纸浆、废纸、纸及纸板进出口贸易总体特点是，作为造纸原料的纸浆和废纸进口量均呈减少趋势。其中：纸浆进口量较上年下降 16.83 %，废纸进口量较上年下降 11.45%，但平均价格都有较大幅度提升，进口纸浆平均价格每吨上涨 275.31 美元，涨幅 55.04%；进口废纸平均价格每吨上涨 81.81 美元，涨幅 59.29%。

纸及纸板进口量略有增长，出口量较上年略有增加且大于进口量。2010 年纸浆、废纸、纸及纸板、纸制品进口情况见表 3，2010 年中国纸浆、废纸、纸及纸板、纸制品出口情况见表 4，2010 年纸及纸板各品种进口量占比见图 18，2010 年纸及纸板各品种出口量占比见图 19。

表 3　2010 年纸浆、废纸、纸及纸板、纸制品进口情况

品种 \ 数量 \ 年代	2009 年进口量（万 t）	2010 年进口量（万 t）	同比增长（%）
纸浆	1367	1137	-16.83
废纸	2750	2435	-11.45
纸及纸板	334	336	0.60
新闻纸	2	4	100.00
未涂布印刷书写纸	38	41	7.89
涂布印刷纸	36	45	25.00
其中：铜版纸	31	38	22.58
包装用纸	15	17	13.33
箱纸板	86	80	-6.98
白纸板	71	77	8.45
其中：涂布白纸板	71	77	8.45
生活用纸	5	8	60.00
瓦楞原纸	46	24	-47.83
特种纸及纸板	27	31	14.81
其他纸及纸板	8	9	12.50
纸制品	16	18	12.50
总　计	4467	3926	-12.11

注：数据来源于海关总署。

表 4　2010 年中国纸浆、废纸、纸及纸板、纸制品出口情况

品种 \ 数量 \ 年代	2009 年出口量（万 t）	2010 年出口量（万 t）	同比增长（%）
纸浆	8.70	8.10	-6.90
废纸	0.003	0.08	166.67
纸及纸板	405	433	6.91
新闻纸	21	11	-47.62
未涂布印刷书写纸	51	71	39.22
涂布印刷纸	163	136	-16.56
其中：铜版纸	132	113	-14.39
包装用纸	3	5	66.67
箱纸板	7	14	100.00
白纸板	61	73	19.67
其中：涂布白纸板	61	73	19.67
生活用纸	56	61	8.93
瓦楞原纸	3	5	66.67
特种纸及纸板	33	47	42.42
其他纸及纸板	7	10	42.86
纸制品	195	228	16.92
总　计	608.70	669.18	9.94

注：数据来源于海关总署。

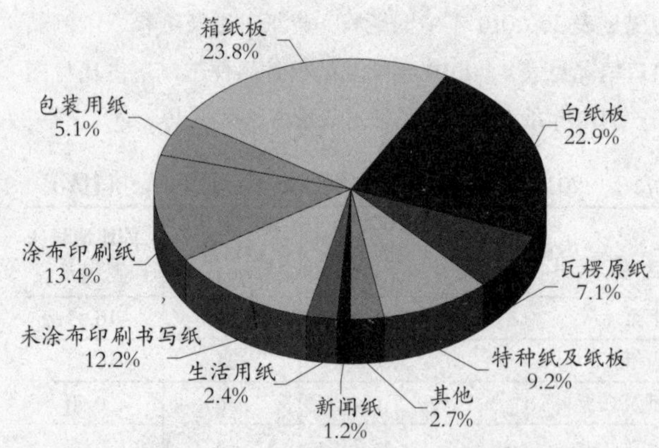

图 18　2010 年纸及纸板各品种进口量占比

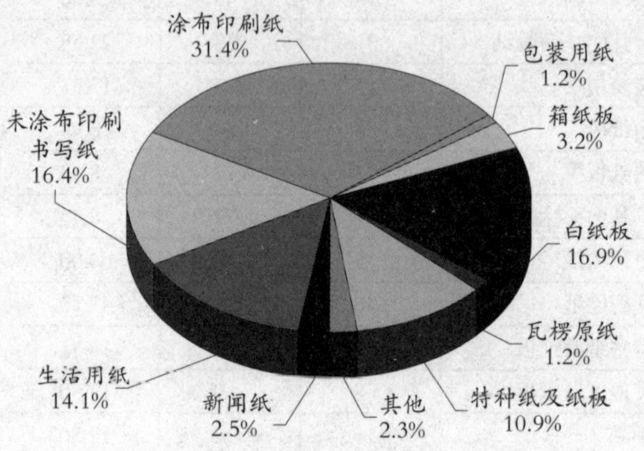

图 19　2010 年纸及纸板各品种出口量占比

(二) 2000 ~ 2010 年主要产品进出口情况

2010 年纸及纸板进口量大于出口量的主要品种有：包装用纸、箱纸板、白纸板、瓦楞原纸；出口量大于进口量的主要品种有：新闻纸、未涂布印刷书写纸、涂布印刷纸、生活用纸、特种纸及纸板、其他纸及纸板。

1. 新闻纸

2010 年出口量大于进口量，净出口量 7 万 t，详细情况见图 20。

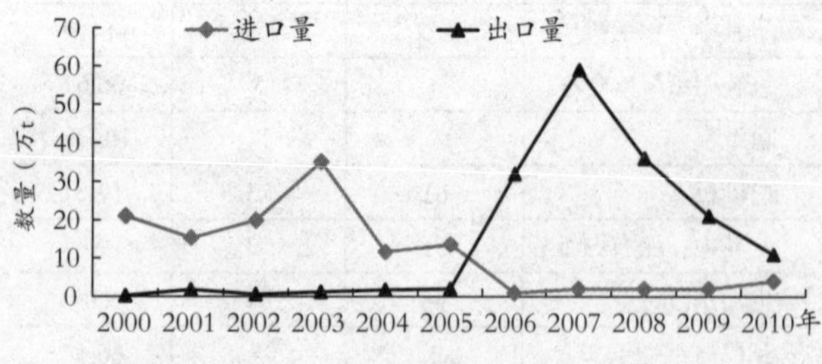

图 20　2000 ~ 2010 年新闻纸进口量及出口量

2. 未涂布印刷书写纸

2010 年出口量大于进口量，净出口量 30 万 t，详细情况见图 21。

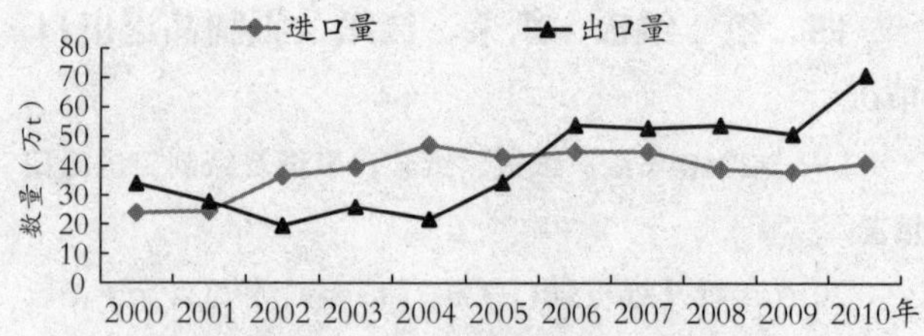

图 21　2000 ~ 2010 年未涂布印刷书写纸进口量及出口量

3. 涂布印刷纸

2010 年出口量大于进口量，净出口量 91 万 t，详细情况见图 22。

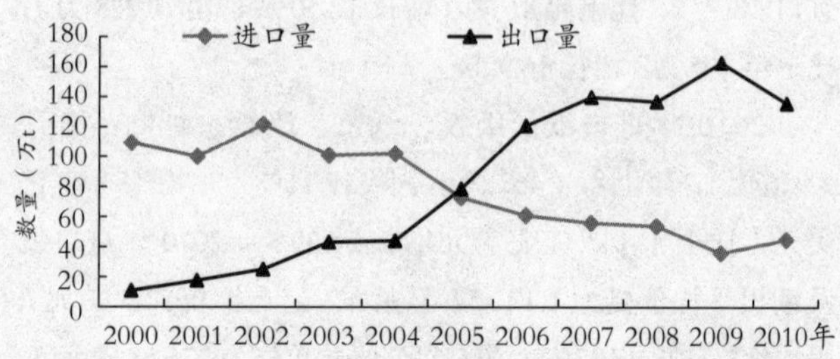

图 22　2000 ~ 2010 年涂布印刷纸进口量及出口量

其中：铜版纸净出口量 75 万 t，详细情况见图 23。

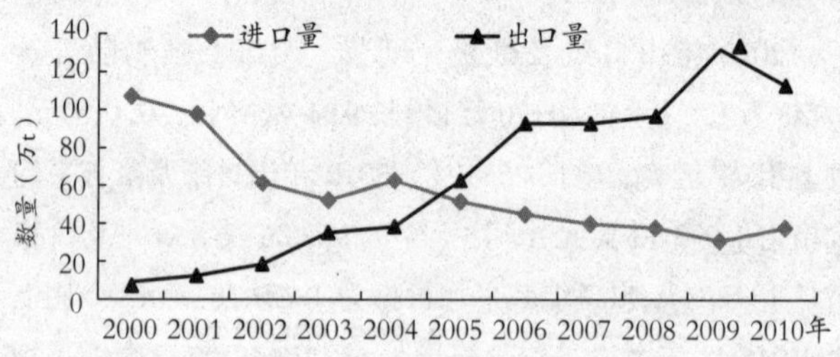

图 23　2000 ~ 2010 年铜版纸进口量及出口量

4. 生活用纸

2010 年出口量大于进口量，净出口量 53 万 t，详细情况见图 24。

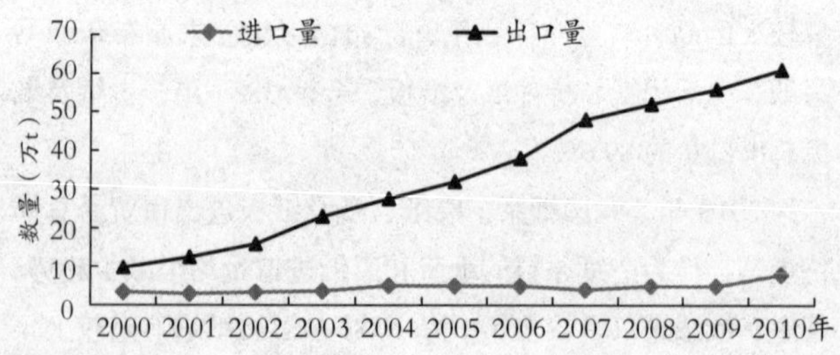

图 24　2000 ~ 2010 年生活用纸进口量及出口量

5. 包装用纸

2010 年进口量大于出口量，净进口量 12 万 t，详细情况见图 25。

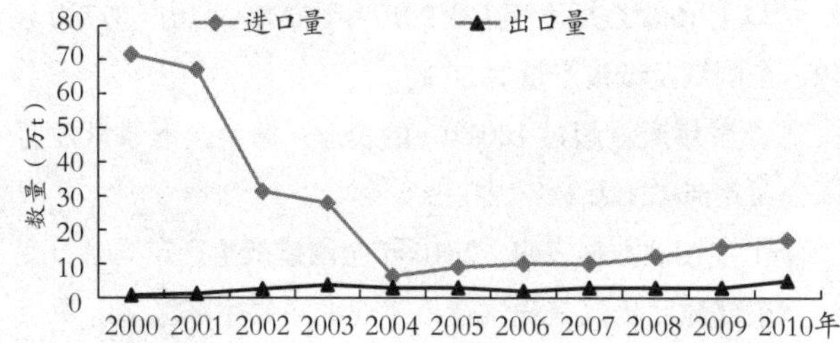

图 25　2000 ~ 2010 年包装用纸进口量及出口量

6. 白纸板

2010 年进口量大于出口量，净进口量 4 万 t，详细情况见图 26。

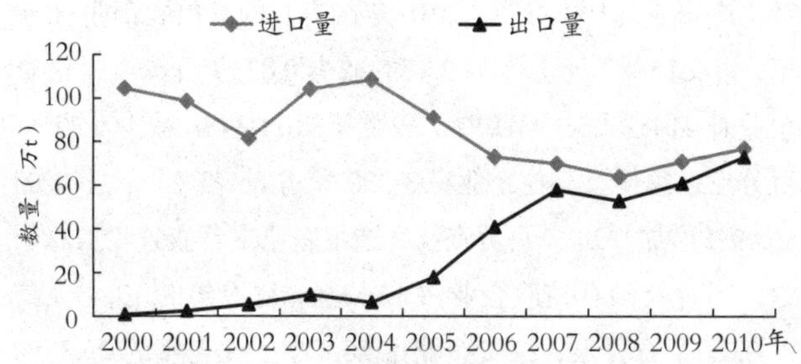

图 26　2000 ~ 2010 年白纸板进口量及出口量

其中：涂布白纸板净进口量 4 万 t, 见图 27。

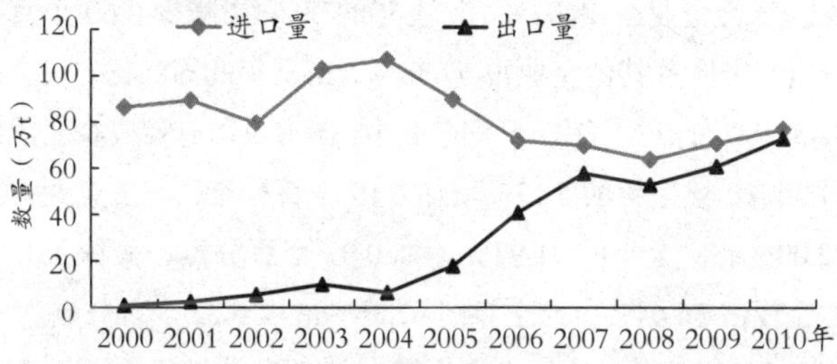

图 27　2000 ~ 2010 年涂布白纸板进口量及出口量

7. 箱纸板

2010 年进口量大于出口量，净进口量 66 万 t，详细情况见图 28。

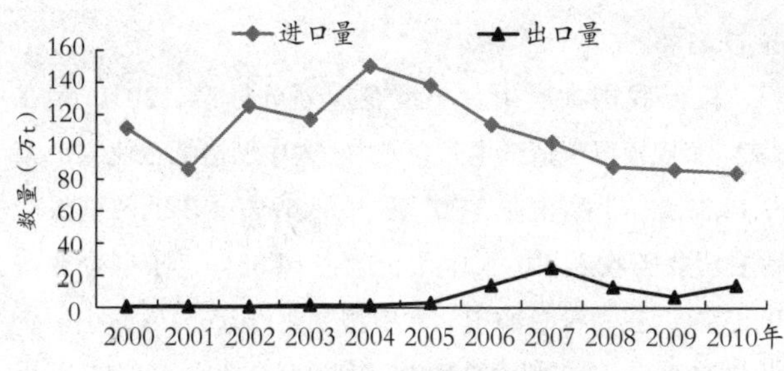

图 28　2000 ~ 2010 年箱纸板进口量及出口量

8. 瓦楞原纸

2010 年进口量大于出口量，净进口量 19 万 t，详细情况见图 29。

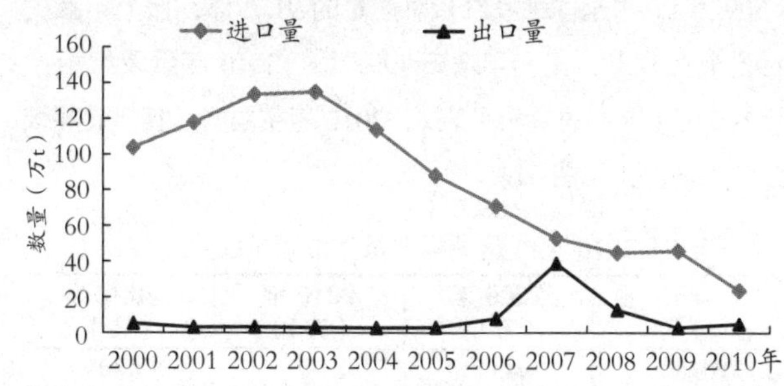

图 29　2000 ~ 2010 年瓦楞原纸进口量及出口量

9. 特种纸及纸板

2010 年出口量大于进口量，净出口量 16 万 t，详细情况见图 30。

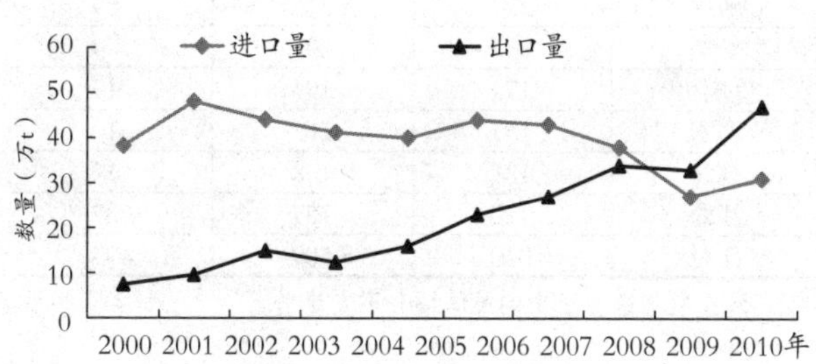

图 30　2001 ~ 2010 年特种纸及纸板进口量及出口量

五、生产布局与集中度

根据中国造纸协会调查资料，2010 年纸及纸板生产量有所下降的省（区、市）有河南、内蒙古、安徽、云南和北京，其余省（区、市）都有不同程度增长。

2010 年我国东部地区 12 个省（区、市）的纸及纸板产量占全国纸及纸板产量的 71.6%，比上年提高 0.3 个百分点；中部地区 9 个省（区）占比 20.1%，比上年降低 1.3 个百分点；西部地区 10 个省（区、市）占比 8.3%，比上年提高 1.0 个百分点，详细情况见表 5。

表 5　2010 年中国造纸区域布局变化

年/产量 /占比 类别/地区	2009 年		2010 年	
	产量（万 t）	占比（%）	产量（万 t）	占比（%）
纸及纸板产量	8640	100.00	9270	100.00
其中：东部地区	6160	71.29	6636	71.58
中部地区	1845	21.35	1862	20.09
西部地区	635	7.35	772	8.33

注：数据来源于中国造纸协会调查资料。

2010年纸及纸板产量超过100万t的省份有山东、浙江、广东、江苏、河南、河北、福建、湖南、四川、安徽、重庆、广西、湖北和江西14个省（区），产量合计已达8 509万t，占全国纸及纸板总产量的91.79%，比上年减少0.92个百分点，比上年增产499万t。2010年纸及纸板产量100万t以上的省份见表6，2010年主要省（区）纸及纸板年产量占比见图31。

表6　2010年纸及纸板产量100万t以上的省份

年/产量 省份	2009年（万t）	2010年（万t）	同比增长（%）
山东	1 430	1 510	80
浙江	1 372	1 435	119
广东	1 316	1 362	46
江苏	1 026	1 101	75
河南	864	814	–50
河北	367	391	24
福建	313	371	58
湖南	300	335	35
四川	227	316	89
安徽	205	201	–4
重庆市	174	191	17
广西	157	167	10
湖北	139	158	19
江西	120	157	37
合计	8 010	8 509	499

注：数据来源于中国造纸协会调查资料。

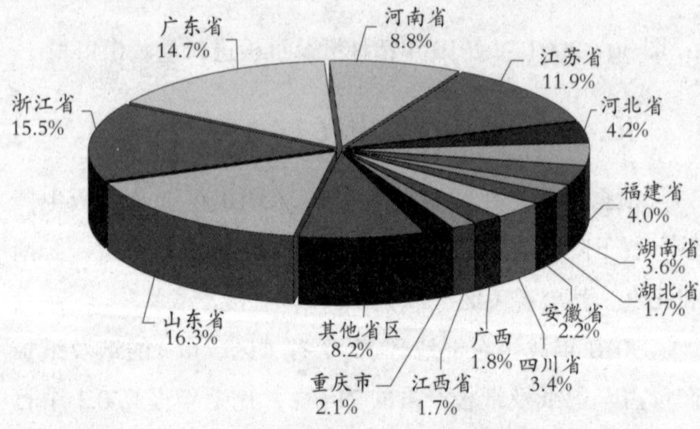

图31　2010年主要省（区）纸及纸板年产量占比

注：数据来自中国造纸协会调查数据。

2010年纸及纸板年产量超过100万t的造纸生产企业有：玖龙纸业（控股）有限公司年产728万t，理文造纸有限公司年产367万t，山东晨鸣纸业集团股份有限公司年产327万t，中国纸业投资总公司年产245万t，金东纸业（江苏）有限公司年产231万t，山东太阳纸业股份有限公司年产224万t，华泰集团有限公司年产164万t，宁波中华纸业有限公司（含宁波亚洲浆纸业有限公司）年产149万t，中冶纸业集团有限公司年产139万t，山东博汇纸业股份有限公司100万t。

以上10家造纸生产企业2010年比2009年增产377万t，约占全国纸及纸板产量的60%。

纸浆年产量超过100万t的企业：海南金海浆纸业有限公司年产121万t。

上述相关数据表明，2010年全国造纸生产布局略有变化，东部地区仍然是我国造纸工业的主要生产区域。重点省（区、市）和重点造纸企业生产集中度有所提高，年产过百万吨的企业增加了两家。

六、造纸企业经济类型结构与规模结构

根据国家统计局提供的2010年1～11月规模以上造纸生产企业的相关数据，2010年国有及国有控股企业有80家，占2.15%，比上年的2.17%减少0.02个百分点；三资企业有414家，占11.12%，较上年的11.34%减少0.22个百分点；集体及其他企业有3 230家占86.73%，比上年的86.49%增加0.24个百分点。在造纸企业主营业务收入总额中，国有及国有控股企业占12.38%，比上年的12.43%减少0.05个百分点；三资企业占28.79%，比上年的29.38%减少0.59个百分点；集体及其他企业占58.83%，比上年的58.19%增加0.64个百分点。在利税总额中，国有及国有控股企业占13.58%，比上年的9.55%增加4.03个百分点；三资企业占29.04%，比上年的29.64%减少0.60个百分点；集体及其他企业占57.38%，比上年的60.81%减少3.43个百分点。其中：利润总额中，国有及国有控股企业占11.36%，比上年的5.17%增加6.19个百分点；三资企业占32.00%，比上年的31.97%增加0.03个百分点；集体及其他企业占56.64%，比上年的62.86%减少6.22个百分点。

2010年国内造纸生产企业经济类型结构仍在调整变化，与2009年相比，规模以上造纸生产企业数量由3 686家上升至3 724家，增加了38家，其中，集体及其他企业增加42家，国有及国有控股企业数量与上年持平，三资企业减少4家。2010年亏损企业数487家，其中：国有及国有控股企业占5.75%，三资企业占16.84%，集体及其他企业占77.41%。

按照我国大、中、小型企业划分标准，2010年在3 724家规模以上造纸生产企业中，大中型造纸企业421家占11.31%，小型企业3 303家占88.69%；在纸及纸板产品主营业务收入中，大中型企业占61.35%，小型企业占38.65%；在利税总额中，大中型企业占65.54%，小型企业占34.46%；在利润总额中，大中型企业占67.26%，小型企业占32.74%。2010年主要产品新增产量中，重点骨干企业增量已占总增量的83%。目前已有一批优秀企业率

先由传统造纸业向现代造纸业转变，对产业结构调整和产业优化升级起着重要支撑和推动作用。2010 年重点造纸企业产量前 30 名见表 7。

表 7　2010 年重点造纸企业产量前 30 名

序号	单位名称	2009 年（万 t）	2010 年（万 t）	同比增长（%）
1	玖龙纸业（控股）有限公司	652.00	728.00	11.66
2	理文造纸有限公司	355.00	367.00	3.38
3	山东晨鸣纸业集团股份有限公司	299.34	327.35	9.36
4	中国纸业投资总公司	58.67	244.87	317.37
5	金东纸业（江苏）有限公司	228.92	231.00	0.91
6	山东太阳纸业股份有限公司	220.00	224.00	1.82
7	华泰集团有限公司	155.02	164.00	5.79
8	宁波中华纸业有限公司（含宁波亚洲浆纸业有限公司）	147.81	148.74	0.63
9	中冶纸业集团有限公司	100.60	138.50	37.67
10	山东博汇纸业股份有限公司	79.45	100.13	26.03
11	安徽山鹰纸业股份有限公司	82.52	92.57	12.18
12	浙江景兴纸业股份有限公司	74.96	85.41	13.94
13	河南银鸽实业投资集团	72.82	83.96	15.30
14	芬欧汇川（常熟）纸业有限公司	80.06	81.03	1.21
15	山东泉林纸业有限责任公司	64.09	70.61	10.17
16	东莞建晖纸业有限公司	64.23	69.20	7.74
17	吉安纸容器有限公司	66.49	67.31	1.23
18	中国阳光纸业控股有限公司	54.88	64.70	17.89
19	金华盛纸业（苏州工业园区）有限公司	59.14	62.02	4.87
20	广东造纸集团有限公司	72.10	61.27	−15.02
21	新乡新亚纸业集团股份有限公司	51.30	58.20	13.45
22	浙江荣成纸业有限公司	28.80	58.10	101.74
23	山东贵和纸业集团有限公司	46.16	54.02	17.03
24	无锡荣成纸业有限公司	33.00	51.98	57.52
25	山东华金集团有限公司	47.54	50.81	6.88
26	福建优兰发集团实业有限公司	42.60	50.30	18.08
27	河北永新纸业有限公司	38.43	49.99	30.08
28	河南省龙源纸业有限公司	42.46	49.70	17.05
29	江苏长丰科技集团有限公司	30.40	44.06	44.93
30	上海中隆纸业有限公司	40.66	42.53	4.60

注：按已收集到的数据排列。

七、环境保护

根据环境保护部统计，2010 年制浆造纸及纸制品产业（统计企业 5 771 家，比上年增加 12 家）用水总量为 108.44 亿 t，其中新鲜水量为 46.59 亿 t，占工业总耗新鲜水量 529.95 亿 t 的 8.79%；重复用水量为 61.85 亿 t，水重复利用率为 57.04%，比上年提高 1.86 个百分点。万元工业产值（现价）新鲜水用量为 107.8 t，比上年增加 13.8 t，提高 14.7%。造纸工业 2009 年废水排放量为 39.26 亿 t，占全国工业废水总排放量 209.03 亿 t 的 18.78%，比上年增加 0.02 个百分点。造纸工业废水排放达标量为 36.72 亿 t，占造纸工业废水排放总量的 93.53%，比上年提高 1.53 个百分点。排放废水中化学需氧量（COD）为 109.7 万 t，比上年 128.8 万 t 减少 19.1 万 t，占全国工业 COD 总排放量 379.2 万 t 的 28.93%，比上年减少 2.89 个百分点。万元工业产值（现价）化学需氧量（COD）排放强度为 25 kg，与上年持平。造纸工业废水处理设施年运行费用为 51.0 亿元，比上年增加 4.8 亿元，增长 10.39%。

综述

2010 年是我国实施“十一五”规划的最后一年。造纸行业认真贯彻执行国务院“关于进一步加强淘汰落后产能工作的通知”和环境保护部发布的 GB 3544 — 2008《制浆造纸工业水污染物排放标准》等一系列相关政策与法规，企业重组力度加大，落后产能淘汰目标顺利完成，节能减排效果显著。

2010 年全行业克服了金融、外贸政策调整等因素对造纸行业产生的影响以及纤维原料、水、煤、油及运费价格上涨和对外贸易摩擦增多等重重困难，在市场需求的拉动下，造纸行业在延续上年恢复性增长的基础上，全年的生产量和消费量保持了平稳增长，产业结构趋于优化，经济效益有所提高，环境治理效果显著，推进了我国造纸工业进一步向资源节约型、环境友好型、可持续的绿色纸业方向发展。

2010年全国新闻出版业基本情况

新闻出版总署出版产业发展司

2010 年全国出版图书、期刊、报纸总印张为 2 935.41 亿印张，折合用纸量 679.11 万 t，与上年相比用纸量增长 8.67%。其中：书籍用纸占总量 11.62%，课本用纸占总量 9.36%，图片用纸占总量 0.01%，期刊用纸占总量 6.26%；报纸用纸占总量 72.75%。

一、图书

2010 年全国共有出版社 581 家（包括副牌社 33 家），其中：中央级出版社 221 家（包括副牌社 13 家），地方出版社 360 家（包括副牌社 20 家）。

（一）图书出版总量

2010 年全国共出版图书 328 387 种，其中：新版图书 189 295 种，重版、重印图书 139 092 种，总印数 71.71 亿册（张），总印张 606.33 亿印张，折合用纸量 142.52 万 t，定价总金额 936.01 亿元。与上年相比图书品种增长 8.84%，新版图书品种增长 12.48%，重版、重印图书品种增长 4.25%，总印数增长 1.90%，总印张增长 7.22%，定价总金额增长 10.37%。其中：

①书籍。出版书籍 259 477 种（初版 164 749 种，重版、重印 94 728 种），总印数 37.72 亿册（张），总印张 334.12 亿印张，折合用纸量 78.52 万 t，定价总金额 612.78 亿元。与上年相比种数增长 8.63%（初版增长 13.25%，重版、重印增长 1.43%），总印数下降 0.44%，总印张增长 7.42%，定价总金额增长 8.93%。

②课本。出版课本 68 145 种（初版 23 939 种，重版、重印 44 206 种），总印数 33.55 亿册（张），总印张 270.38 亿印张，折合用纸量 63.54 万 t，定价总金额 316.86 亿元。与上年相比种数增长 9.87%（初版增长 7.52%，重版、重印增长 11.18%），总印数增长 3.68%，总印张增长 6.97%，定价总金额增长 13.41%。

③图片。出版图片 765 种（初版 607 种，重版、重印 158 种），总印数 0.10 亿册（张），总印张 0.24 亿印张，折合用纸量 0.09 万 t，定价总金额 1.23 亿元。与上年相比种数下降 7.50%（初版增长 9.17%，重版、重印下降 41.70%），总印数下降 26.33%，总印张下降 15.21%，定价总金额下降 10.31%。

④附录。出版附录总印数 0.35 亿册（张），总印张 1.60 亿印张，折合用纸量 0.37 万 t，定价总金额 5.14 亿元。

（二）各类图书出版情况

在使用中国标准书号的 22 类出版物中，各类图书的出版数量、所占比重及与上年相比增长情况如下：

①马列主义、毛泽东思想类 477 种（初版 317 种）、1 561 万册（张）、306 415 千印张、总定价 37 108 万元，占总品种 0.15%（初版占 0.17%）、总印数 0.22%、总印张 0.51%、总定价 0.40%。与上年相比种数下降 3.64%（初版下降 0.31%），总印数增长 93.19%，总印张增长 123.31%，总定价增长 104.34%。

②哲学类 7 418 种（初版 5 605 种）、5 237 万册（张）、778 053 千印张、总定价 169 315 万元，占总品种 2.26%（初版占 2.96%）、总印数 0.73%、总印张 1.28%、总定价 1.81%。与上年相比种数增长 15.38%（初版增长 15.14%），总印数增长 5.54%，总印张增长 0.21%，总定价增长 8.80%。

③社会科学总论类 4 841 种（初版 3 249 种）、4 871 万册（张）、605 462 千印张、总定价 130 032 万元，占总品种 1.47%（初版占 1.72%）、总印数 0.68%、总印张 1.00%、总定价 1.39%。与上年相比种数增长 17.73%（初版增长 20.20%），总印数增长 86.70%，总印张增长 41.71%，总定价增长 56.56%。

④政治、法律类 13 903 种（初版 10 650 种）、12 832 万册（张）、1 732 522 千印张、总定价 342 233 万元，占总品种 4.23%（初版占 5.63%）、总印数 1.79%、总印张 2.86%、总定价 3.66%。与上年相比种数增长 1.26%（初版下降 2.89%），总印数下降 33.93%，总印张下降 15.19%，总定价增长 5.14%。

⑤军事类 946 种（初版 691 种）、813 万册（张）、

111 133 千印张、总定价 23 221 万元，占总品种 0.29%（初版占 0.37%）、总印数 0.11%、总印张 0.18%、总定价 0.25%。与上年相比种数增长 3.16%（初版下降 2.54%），总印数增长 19.38%，总印张增长 22.70%，总定价下降 0.15%。

⑥经济类 27 486 种（初版 17 564 种）、15 956 万册（张）、2 676 238 千印张、总定价 540 403 万元，占总品种 8.37%（初版占 9.28%）、总印数 2.23%、总印张 4.41%、总定价 5.77%。与上年相比种数增长 8.76%（初版增长 4.10%），总印数增长 3.15%，总印张增长 4.57%，总定价增长 5.44%。

⑦文化、科学、教育、体育类 111 380 种（初版 50 125 种）、535 339 万册（张）、35 924 318 千印张、总定价 4 491 433 万元，占总品种 33.92%（初版占 26.48%）、总印数 74.65%、总印张 59.25%、总定价 47.98%。与上年相比种数增长 8.56%（初版增长 21.58%），总印数增长 0.92%，总印张增长 3.87%，总定价增长 9.49%。

⑧语言、文字类 18 610 种（初版 10 125 种）、20 209 万册（张）、3 108 708 千印张、总定价 574 787 万元，占总品种 5.67%（初版占 5.35%）、总印数 2.82%、总印张 5.13%、总定价 6.14%。与上年相比种数增长 11.30%（初版增长 14.43%），总印数下降 0.05%，总印张增长 9.85%，总定价增长 11.89%。

⑨文学类 29 958 种（初版 22 447 种）、33 548 万册（张）、4 222 487 千印张、总定价 710 040 万元，占总品种 9.12%（初版占 11.86%）、总印数 4.68%、总印张 6.96%、总定价 7.59%。与上年相比种数增长 19.87%（初版增长 23.80%），总印数增长 24.30%，总印张增长 28.53%，总定价增长 21.85%。

⑩艺术类 16 787 种（初版 11 782 种）、13 984 万册（张）、988 489 千印张、总定价 375 308 万元，占总品种 5.11%（初版占 6.22%）、总印数 1.95%、总印张 1.63%、总定价 4.01%。与上年相比种数增长 11.42%（初版增长 22.07%），总印数下降 0.26%，总印张增长 2.92%，总定价增长 8.57%。

⑪历史、地理类 12 411 种（初版 9 475 种）、14 306 万册（张）、1 616 533 千印张、总定价 362 211 万元，占总品种 3.78%（初版占 5.01%）、总印数 1.99%、总印张 2.67%、总定价 3.87%。与上年相比种数增长 8.86%（初版增长 11.10%），总印数下降 7.14%，总印张下降 0.19%，总定价增长 6.98%。

⑫自然科学总论类 1 193 种（初版 612 种）、1 922 万册（张）、138 488 千印张、总定价 22 660 万元，占总品种 0.36%（初版占 0.32%）、总印数 0.27%、总印张 0.23%、总定价 0.24%。与上年相比种数增长 32.41%（初版增长 3.55%），总印数增长 58.06%，总印张增长 54.24%，总定价增长 34.18%。

⑬数理科学、化学类 6 294 种（初版 2 692 种）、4 419 万册（张）、689 448 千印张、总定价 110 782 万元，占总品种 1.92%（初版占 1.42%）、总印数 0.62%、总印张 1.14%、总定价 1.18%。与上年相比种数增长 14.33%（初版增长 10.33%），总印数增长 20.34%，总印张增长 16.76%，总定价增长 24.62%。

⑭天文学、地球科学类 1 790 种（初版 1 265 种）、1 403 万册（张）、106 347 千印张、总定价 25 683 万元，占总品种 0.55%（初版占 0.67%）、总印数 0.20%、总印张 0.18%、总定价 0.27%。与上年相比种数增长 7.90%（初版增长 8.03%），总印数增长 8.76%，总印张增长 5.33%，总定价增长 0.31%。

⑮生物科学类 1 973 种（初版 1 278 种）、1 417 万册（张）、167 994 千印张、总定价 34 610 万元，占总品种 0.60%（初版占 0.68%）、总印数 0.20%、总印张 0.28%、总定价 0.37%。与上年相比种数增长 21.94%（初版增长 23.12%），总印数增长 37.84%，总印张增长 30.81%，总定价增长 26.20%。

⑯医药卫生类 15 792 种（初版 9 998 种）、11 642 万册（张）、1 753 177 千印张、总定价 380 603 万元，占总品种 4.81%（初版占 5.28%）、总印数 1.62%、总印张 2.89%、总定价 4.07%。与上年相比种数增长 8.28%（初版增长 5.16%），总印数增长 8.50%，总印张增长 7.36%，总定价增长 10.95%。

⑰农业科学类 6 621 种（初版 3 208 种）、5 397 万册（张）、419 399 千印张、总定价 84 575 万元，占总品种 2.02%（初版占 1.69%）、总印数 0.75%、总印张 0.69%、总定价 0.90%。与上年相比种数下降 5.12%（初版增长 3.68%），总印数增长 0.75%，总印张增长 5.14%，总定价增长 12.61%。

⑱工业技术类 41 904 种（初版 22 654 种）、20 834 万册（张）、4 338 502 千印张、总定价 693 104 万元，占总品种 12.76%（初版占 11.97%）、总印数 2.91%、总印张 7.16%、总定价 7.40%。与上年相比种数增长 2.36%（初版下降 0.76%），总印数下降 3.10%，总印张增长 26.07%，总定价增长 3.97%。

⑲交通运输类 3 862 种（初版 2 035 种）、2 436 万册（张）、309 626 千印张、总定价 73 097 万元，占总品

种1.18%（初版占1.08%）、总印数0.34%、总印张0.51%、总定价0.78%。与上年相比种数增长16.57%（初版增长20.49%），总印数增长4.28%，总印张增长3.26%，总定价增长15.41%。

⑳航空、航天类279种（初版205种）、130万册（张）、16 192千印张、总定价4 579万元，占总品种0.08%（初版占0.11%）、总印数0.02%、总印张0.03%、总定价0.05%。与上年相比种数下降10.58%（初版增长6.77%），总印数增长6.56%，总印张增长3.70%，总定价增长1.24%。

㉑环境科学类1 589种（初版1 124种）、1 943万册（张）、141 155千印张、总定价32 877万元，占总品种0.48%（初版占0.59%）、总印数0.27%、总印张0.23%、总定价0.35%。与上年相比种数增长9.81%（初版增长7.66%），总印数下降5.91%，总印张增长2.30%，总定价下降2.06%。

㉒综合类2 108种（初版1587种）、2 405万册（张）、299 417千印张、总定价77 718万元，占总品种0.64%（初版占0.84%）、总印数0.34%、总印张0.49%、总定价0.83%。与上年相比种数增长10.83%（初版增长19.95%），总印数增长23.08%，总印张增长29.42%，总定价增长6.04%。

（三）各类课本出版情况

各类课本的出版数量与上年相比增长情况如下：

①大专及大专以上课本43 029种（初版16 488种）、35 210万册（张）、6 116 558千印张、总定价970 684万元，与上年相比种数增长15.82%（初版增长8.50%），总印数增长30.01%，总印张增长26.98%，总定价增长32.02%。

②中专课本5 037种（初版1 612种）、6 728万册（张）、872 683千印张、总定价131 355万元，与上年相比种数增长20.70%（初版增长7.68%），总印数增长9.76%，总印张增长10.46%，总定价增长15.67%。

③中学课本4 656种（初版585种）、173 995万册（张）、13 239 343千印张、总定价1 247 127万元，与上年相比种数下降17.20%（初版下降42.82%），总印数增长16.22%，总印张增长11.30%，总定价增长16.18%。

④小学课本4 045种（初版521种）、104 146万册（张）、5 275 276千印张、总定价541 682万元，与上年相比种数下降21.97%（初版下降40.86%），总印数下降20.62%，总印张下降20.57%，总定价下降19.33%。

⑤业余教育课本3 782种（初版2 174种）、3 217万册（张）、449 692千印张、总定价87 483万元，与上年相比种数下降27.20%（初版下降9.98%），总印数下降23.26%，总印张下降21.36%，总定价下降18.07%。

⑥扫盲课本5种（初版4种）、7万册（张）、844千印张、总定价136万元。

⑦教学用书7 591种（初版2 555种）、12 149万册（张）、1 083 331千印张、总定价190 145万元，与上年相比种数增长61.65%（初版增长103.91%），总印数增长132.74%，总印张增长93.01%，总定价增长103.52%。

（四）少年儿童读物出版情况

全国共出版少年儿童读物19 794种（初版12 640种）、35 781万册（张）、1 876 864千印张、总定价472 792万元，与上年相比种数增长26.96%（初版增长41.24%），总印数增长25.79%，总印张增长26.49%，总定价增长37.34%。

二、期刊

2010年全国共出版期刊9 884种，平均期印数16 349万册，总印数32.15亿册，总印张181.06亿印张，定价总金额217.69亿元，折合用纸量42.54万t（含高校学报、公报、政报、年鉴2 013种，平均期印数414.35万册，总印数4 849.29万册，总印张446 283千印张）。与上年相比，种数增长0.33%，平均期印数下降0.66%，总印数增长1.99%，总印张增长8.91%，定价总金额增长7.58%。

各类期刊的出版数量、所占比重及与上年相比增长情况如下：

①综合类495种，平均期印数1 766万册（平均一种期印数3.57万册），总印数40 565万册，总印张1 915 235千印张；占期刊总品种5.01%，总印数12.62%，总印张10.58%。与上年相比，种数增长2.06%，平均期印数下降10.22%，总印数下降10.33%，总印张下降1.43%。

②哲学、社会科学类2 466种，平均期印数6 459万册（平均一种期印数2.62万册），总印数119 565万册，总印张7 036 138千印张；占期刊总品种24.95%，总印数37.19%，总印张38.86%。与上年相比，种数增长0.41%，平均期印数增长7.30%，总印数增长9.12%，总印张增长20.86%。

③自然科学、技术类4 936种，平均期印数3 020万册（平均一种期印数0.61万册），总印数47 068万册，总印张3 315 592千印张；占期刊总品种49.94%，总印数14.64%，总印张18.31%。与上年相比，种数增长0.20%，平均期印数下降3.53%，总印数增长1.82%，总印张5.62%

④文化、教育类1 207种，平均期印数2 725万册（平均一种期印数2.26万册），总印数61 027万册，总印张3 353 761千印张；占期刊总品种12.21%，总印数18.98%，

总印张18.52%。与上年相比，种数增长0.25%，平均期印数下降1.78%，总印数增长5.70%，总印张增长5.24%。

⑤文学、艺术类631种，平均期印数1 269万册（平均一种期印数2.01万册），总印数26 965万册，总印张1 429 332千印张；占期刊总品种6.38%，总印数8.39%，总印张7.89%。与上年相比，种数持平，平均期印数下降9.36%，总印数下降9.71%，总印张下降8.99%。

⑥少儿读物类98种，平均期印数976万册（平均一种期印数9.96万册），总印数23 683万册，总印张731 012千印张；占期刊总品种0.99%，总印数7.37%，总印张4.04%。与上年相比，种数持平，平均期印数下降5.56%，总印数下降1.84%，总印张增长4.84%。

⑦画刊类51种，平均期印数134万册（平均一种期印数2.62万册），总印数2 662万册，总印张324 922千印张；占期刊总品种0.52%，总印数0.83%，总印张1.79%。与上年相比，种数持平，平均期印数增长1.19%，总印数增长7.16%，总印张增长22.38%。

三、报纸

2010年全国共出版报纸1 939种，平均期印数21 437.68万份，总印数452.14亿份，总印张2 148.03亿印张，定价总金额367.67亿元，折合用纸量494.05万t。与上年相比，种数增长0.10%，平均期印数增长2.88%，总印数增长2.97%，总印张增长9.07%，定价总金额增长4.54%。

各级报纸的出版数量、所占比重及与上年相比增长情况如下：

①全国性和省级报纸1 052种，平均期印数15 786.06万份，总印数308.95亿份，总印张1 456.97亿印张。占报纸总品种54.25%，总印数68.33%，总印张67.82%。与上年相比种数增长0.19%，平均期印数增长0.72%，总印数增长2. 51%，总印张增长9.97%。其中：

全国性报纸227种，平均期印数3 044.39万份，总印数69.53亿份，总印张231.69亿印张；占报纸总品种11.70%，总印数15.38%，总印张10.79%。与上年相比种数增长0.89%，平均期印数增长5.69%，总印数增长8.88%，总印张增长22.19%。

省级报纸825种，平均期印数12 741.66万份，总印数239.41亿份，总印张1 225.29亿印张；占报纸总品种42.55%，总印数52.95%，总印张57.04%。与上年相比种数持平，平均期印数下降0.39%，总印数增长0.80%，总印张增长7.92%。

②地、市级报纸871种，平均期印数5 617.19万份，总印数142.22亿份，总印张688.95亿印张；占报纸总品种44.92%，总印数31.45%，总印张32.07%。与上年相比种数持平，平均期印数增长9.47%，总印数增长3.94%，总印张增长7.18%。

③县级报纸16种，平均期印数34.43万份，总印数0.98亿份，总印张2.10亿印张；占报纸总品种0.83%，总印数0.22%，总印张0.10%。与上年相比种数持平，平均期印数增长3.08%，总印数增长8.89%，总印张增长25.75%。

④综合报纸806种，平均期印数9 490.51万份，总印数313.81亿份，总印张1 800.67亿印张；占报纸总品种41.57%，总印数69.41%，总印张83.83%。与上年相比种数持平，平均期印数增长4.7%，总印数增长4.11%，总印张增长10.05%。

⑤专业报纸1133种，平均期印数11 947.17万份，总印数138.33亿份，总印张347.36亿印张；占报纸总品种58.43%，总印数30.59%，总印张16.17%。与上年相比种数增长0.18%，平均期印数增长1.48%，总印数增长0.47%，总印张增长4.27%。

四、音像制品及电子出版物

2010年全国共有音像制品出版单位374家，电子出版物出版单位251家。

(一)录音制品

全国共出版录音制品10 639种，出版数量2.39亿盒(张)，发行数量2.57亿盒(张)，发行总金额12.08亿元。与上年相比，品种下降13.61%，出版数量增长0.84%，发行数量下降1.91%，发行总金额增长1.51%。

各类录音制品的出版数量及占总量的比重如下：

①录音带(AT)3 336种，17 403.52万盒(新出1 365种、2 077.78万盒，再版1 971种、15 325.74万盒)。与上年相比，品种下降了16.56%，数量增长了4.94%。

其中，自编节目3 297种、17 328.8万盒，占录音带种数的98.83%、数量的99.57%。自编节目中：歌曲185种、219.66万盒，占录音带种数的5.61%、数量的1.27%；乐曲8种、1.69万盒，占录音带种数的0.24%、数量的0.01%；戏曲82种、3.08万盒，占录音带种数的2.49%、数量的0.02%；曲艺6种、0.12万盒，占录音带种数的0.18%、数量的0.001%；教育1 967种、5 353.41万盒，占录音带种数的59.66%、数量的30.76%；文学109种、17.71万盒，占录音带种数的3.31%、数量的0.10%；语言889种、

11 723.35 万盒，占录音带种数的 26.96%、数量的 67.65%；除以上各类外其他类 51 种、9.79 万盒，占录音带种数的 1.55%、数量的 0.06%。

引进节目 39 种、74.72 万盒，占录音带种数的 1.17%、数量的 0.43%。引进节目中：教育 35 种、74.64 万盒，占录音带种数的 1.05%、数量 0.43%；语言 4 种、0.08 万盒，占录音带种数的 0.12%、数量的 0.000 5%。

没有对外合作节目。少年儿童录音带 401 种、数量 248.95 万盒。

② 激光唱盘（CD）5 086 种，3947.39 万张（新出 4 020 种、2 765.81 万张，再版 1 066 种、1 181.58 万张）。与上年相比，品种下降 20.85%，数量下降 15.68%。

其中，自编节目 4 579 种、3 557.56 万张，占激光唱盘种数的 90.03%、数量的 90.12%。自编节目中：歌曲 1 533 种、864.95 万张，占激光唱盘种数的 30.14%、数量的 21.91%；乐曲 659 种、324.61 万张，占激光唱盘种数的 12.96%、数量的 8.22%；戏曲 220 种、40.84 万张，占激光唱盘种数的 4.33%、数量的 1.03%；曲艺 25 种、6.5 万张，占激光唱盘种数的 0.49%、数量的 0.16%；教育 1 176 种、1 530.17 万张，占激光唱盘种数的 23.12%、数量的 38.76%；文学 203 种、192.12 万张，占激光唱盘种数的 3.99%、数量的 4.87%；语言 635 种、528.15 万张，占激光唱盘种数的 12.49%、数量的 13.38%；除以上各类外其他类 128 种、70.22 万张，占激光唱盘种数的 2.52%、数量的 1.78%。

引进节目 505 种、388.62 万张，占激光唱盘种数的 9.93%、数量的 9.84%。引进节目中：歌曲 401 种、311.01 万张，占激光唱盘种数的 7.88%、数量的 7.88%；乐曲 88 种、51.65 万张，占激光唱盘种数的 1.73%、数量 1.31%；教育 8 种、9.84 万张，占激光唱盘种数的 0.16%、数量的 0.25%；语言 6 种、8.32 万张，占激光唱盘种数的 0.12%、数量的 0.21%。除以上各类外其他类 2 种、7.8 万张，占激光唱盘种数的 0.04%、数量的 0.2%。

对外合作节目有 2 种、1.21 万张。少年儿童激光唱盘（CD）578 种、数量 363.48 万张。

③高密度激光唱盘及其他载体 2 217 种，2 504.05 万张（新出 1 339 种、908.82 万张，再版 878 种、1 595.23 万张）。与上年相比，品种增长 17.24%，数量增长 3.91%。其中：

自编节目 2 150 种、2 437.27 万张，占高密度激光唱盘及其他载体种数的 96.98%、数量的 97.33%。自编节目中：歌曲 25 种、112.21 万张，占高密度激光唱盘及其他载体种数的 1.13%、数量的 4.48%；乐曲 45 种、18.95 万张，占高密度激光唱盘及其他载体种数的 2.03%、数量的 0.76%；教育 492 种、600.16 万张，占高密度激光唱盘及其他载体种数的 22.19%、数量的 23.97%；语言 1 534 种、1 672.35 万张，占高密度激光唱盘及其他载体种数的 69.19%、数量的 66.79%；除以上各类外其他类 54 种、33.60 万张，占高密度激光唱盘及其他载体种数的 2.44%、数量的 1.34%。

引进节目 67 种、66.78 万张，占高密度激光唱盘及其他载体种数的 3.02%、数量的 2.67%。引进节目中：教育 12 种、7.6 万张，占高密度激光唱盘及其他载体种数的 0.54%、数量的 0.30%；语言 32 种、41.27 万张，占高密度激光唱盘及其他载体种数的 1.44%、数量的 1.65%。

没有对外合作节目。少年儿童高密度激光唱盘及其他载体 26 种、数量 24.91 万张。

（二）录像制品

全国共出版录像制品 10 913 种，出版数量 1.85 亿盒（张），发行数量 1.19 亿盒（张），发行总金额 8.05 亿元。与上年相比，品种下降 16.50%，出版数量增长 19.35%，发行数量下降 2.46%，发行总金额下降 0.49%。

各类录像制品的出版数量及占总量的比重如下：

①录像带（VT）及其他 43 种，255.52 万盒（新出 41 种、254.94 万盒）。与上年相比，品种增长 616.70%，数量增长 7 960.57%。其中：

自编节目 40 种、245.02 万盒，占录像带种数的 93.02%、数量的 95.89%。自编节目中：教育 20 种、25.6 万盒，占录像带种数的 46.51%、数量的 10.01%；语言 9 种、191.2 万盒，占录像带种数的 20.93%、数量的 74.83%；除以上各类外其他类 11 种、28.22 万盒，占录像带种数的 25.58%，数量的 11.04%。

引进节目 3 种、10.5 万盒。没有对外合作节目。少年儿童节目 4 种、1.2 万盒。

②数码激光视盘（VCD）4 034 种，6 519.63 万张（新出 2 265 种、3 760.05 万张，再版 1 769 种、2 759.58 万张）。与上年相比，品种下降 34.77%，数量下降 19.05%。

其中，自编节目 3 991 种、6 434.56 万张，占数码激光视盘种数的 98.93%、数量的 98.70%。自编节目中：故事片 27 种、49.44 万张，占数码激光视盘种数的 0.67%、数量的 0.76%；电视剧 13 种、63.68 万张，占数码激光视盘种数的 0.32%、数量的 0.98%；戏曲片 374 种、394.01 万张，占数码激光视盘种数的 9.27%、数量的 6.04%；风光片 27 种、20.01 万张，占数码激光视盘种数的 0.67%、数量的 0.31%；卡通片 100 种、352.10 万张，占数码激光视盘种数的 2.48%、数量的 5.40%；音乐舞蹈 280 种、213.12 万张，占数码激光视盘种数的6.94%、数量的3.27%；卡拉OK、MTV87种、38.84万张，占数码激光视盘种数的2.16%、数量的0.60%；社会科学73种、283.82万张，占数码激光视盘种数的1.81%、数量的4.35%；教育1 404种、4 116.35万张，占数码激光视盘种数的34.80%、数量的63.14%；语言121种、171.59万张，占数码激光视盘种数的3.00%、数量的2.63%；科技49种、32.48万张，占数码激光视盘种数的1.21%、数量的0.50%；经济34种、31.88万张，占数码激光视盘种数的0.84%、数量的0.49%；体育125种、58.39万张，占数码激光视盘种数的3.10%、数量的0.90%；医药卫生96种、54.64万张，占数码激光视盘种数的2.38%、数量的0.84%；农业科学666种、216.25万张，占数码激光视盘种数的16.51%、数量的3.32%；综合215种、122.66万张，占数码激光视盘种数的5.33%、数量的1.88%；除以上各类外其他类300种、215.29万张，占数码激光视盘种数的7.44%、数量的3.30%。

引进节目43种、85.07万张，占数码激光视盘种数的1.07%、数量的1.30%。引进节目中：故事片11种、43.4万张，占数码激光视盘种数的0.27%、数量的0.67%；卡通片23种、30.4万张，占数码激光视盘种数的0.57%、数量的0.47%；除以上各类外其他类9种、11.27万张，占数码激光视盘种数的0.22%、数量的0.17%。

没有对外合作节目。少年儿童数码激光视盘（VCD）676种，数量2 438.15万张。

③高密度激光视盘（DVD-V）6 836种，11 753.78万张（新出5 830种、10 863.00万张，再版1 006种、890.78万张）。与上年相比，品种下降0.63%，数量增长58.54%。

其中，自编节目5 775种、10 791.78万张，占高密度激光视盘种数的84.48%、数量的91.82%。自编节目中：故事片345种、330.29万张，占高密度激光视盘种数的5.05%、数量的2.81%；电视剧450种、6 222.08万张，占高密度激光视盘种数的6.58%、数量的52.94%；戏曲片337种、84.57万张，占高密度激光视盘种数的4.93%、数量的0.72%；风光片105种、117.03万张，占高密度激光视盘种数的1.54%、数量的1%；卡通片126种、256.13万张，占高密度激光视盘种数的1.84%、数量的2.18%；音乐舞蹈440种、272.75万张，占高密度激光视盘种数的6.44%、数量的2.32%；卡拉OK、MTV 77种、47.47万张，占高密度激光视盘种数的1.13%、数量的0.40%；社会科学200种、157.79万张，占高密度激光视盘种数的2.93%、数量的1.34%；教育1 615种、1 745.13万张，占高密度激光视盘种数的23.62%、数量的14.85%；语言158种、154.72万张，占高密度激光视盘种数的2.31%、数量的1.32%；经济115种、198.46万张，占高密度激光视盘种数的1.68%，1.69%；体育154种、76.19万张，占高密度激光视盘种数的2.25%、数量的0.65%；医药卫生362种、123.29万张，占高密度激光视盘种数的5.30%、数量的1.05%；综合496种、394.03万张，占高密度激光视盘种数的7.26%、数量的3.35%；除以上各类外其他类795种、611.85万张，占高密度激光视盘种数的11.63%、数量的5.21%。

引进节目1051种、951.87万张，占高密度激光视盘种数的15.37%、数量的8.10%。引进节目中：故事片717种、464.32万张，占高密度激光视盘种数的10.49%、数量的3.95%；音乐舞蹈47种、24.4万张，占高密度激光视盘种数的0.69%、数量的0.21%；卡通片212种、307.79万张，占高密度激光视盘种数的3.10%、数量的2.62%；卡拉OK、MTV11种、7.24万张，占高密度激光视盘种数的0.16%、数量的0.06%；除以上各类外其他类64种、148.12万张，占高密度激光视盘种数的0.94%、数量的1.26%。

对外合作节目10种、10.13万张。少年儿童高密度激光视盘（DVD-V）499种，数量703.15万张。

（三）电子出版物

全国共出版电子出版物11 175种、25 911.86万张。与上年相比，品种增长4.36%，数量增长13.08%。其中：只读光盘（CD-ROM）7 663种、22 449.39万张，与上年相比，品种下降2.53%，数量增长13.21%。高密度只读光盘（DVD-ROM）2 752种、2 714.54万张，与上年相比，品种增长23.74%，数量增长9.24%。交互式光盘（CD-I）及其他760种、747.93万张，与上年相比，品种增长22.19%，数量增长24.99%。

五、出版物发行

2010年全国共有出版物发行网点167 882处，与上年相比增长4.66%。其中：国有书店和国有发行网点9 985处，与上年相比增长0.32%；供销社发行网点1 520处，与上年相比下降7.09%；出版社自办发行网点462处，与上年相比下降9.06%；文化、教育、广电及邮政系统发行网点39 264处，与上年相比增长2.74%；新华书店系统外批发网点6 483处，与上年相比增长11.78%；集个体零售网点109 994处，与上年相比增长5.49%。

2010年全国出版物发行业从业人员72.38万人，与上年相比增长1.99%。其中国有书店和国有发行网点从业人员 13.76 万人，与上年相比下降 0.51%；文化、教育、广电及邮政系统发行从业人员 7.08 万人，与上年相比下降 7.69%；新华书店系统外批发点从业人员 15.01 万人，与上年相比增长 33.19%；集个体零售网点从业人员 32.36 万人，与上年相比增长 0.68%。

（一）出版物购进

全国新华书店系统、出版社自办发行单位出版物总购进 172.53 亿册（张份盒）、1 775.40 亿元，与上年相比数量增长 6.44%，金额增长 10.92%。其中，新华书店系统购进 113.91 亿册（张份盒），比上年增长 4.18%，购进金额 974.24 亿元，比上年增长 7.02%。

（二）出版物销售

1. 总体销售情况

全国新华书店系统、出版社自办发行单位出版物总销售 169.70 亿册（张份盒）、1 754.16 亿元，与上年相比数量增长 6.46%，金额增长 12.67%。其中，新华书店系统销售 111.11 亿册（张份盒）、957.67 亿元，与上年相比数量增长 2.28%，金额增长 6.08%。

在总销售中零售总量 58.33 亿册，零售总金额 533.13 亿元，各类出版物的零售数量和金额所占零售总量的比重如下：

①哲学、社会科学类图书 2.47 亿册、35.72 亿元，占销售数量 4.24%、销售金额 6.70%。

②文化、教育类（含教辅读物）图书 21.36 亿册、181.75 亿元，占销售数量 36.62%、销售金额 34.09%。

③文学、艺术类图书 2.01 亿册、29.02 亿元，占销售数量 3.34%、销售金额 5.44%。

④自然科学、技术类图书 2.50 亿册、37.10 亿元，占销售数量 4.28%、销售金额 6.96%。

⑤少年儿童读物图书 1.73 亿册、20.70 亿元，占销售数量 2.97%、销售金额 3.88%。

⑥大中专教材、业余教育及教参 1.09 亿册、15.46 亿元，占销售数量 1.86%、销售金额 2.90%。

⑦中小学课本及教参 24.47 亿册、175.10 亿元，占销售数量 41.96%、销售金额 32.84%。

⑧其他类图书 1.12 亿册、10.96 亿元，占销售数量 1.92%、销售金额 2.06%。

⑨期刊 0.19 亿册、10.37 亿元，占销售数量 0.33%、销售金额 1.95%。

⑩报纸 0.14 亿份、1.09 亿元，占销售数量 0.24%、销售金额 0.20%。

⑪音像制品 0.89 亿盒（张）、10.33 亿元，占销售数量 1.52%、销售金额 1.94%。

⑫电子出版物 0.36 亿张、7.59 亿元，占销售数量 0.62%、销售金额 1.42%。

2. 主营业务销售情况

全国新华书店系统、出版社自办发行单位纯销售 64.62 亿册（张份盒）、599.88 亿元，与上年相比数量增长 2.28%，金额增长 3.25%。

3. 分类销售情况

全国新华书店系统、出版社自办发行单位出版物销售总额中：

①居民和社会团体零售总额 533.22 亿元，比上年增长 6.86%。其中城市零售 430.27 亿元，农村零售 102.95 亿元，城乡零售比重为 4.18∶1。

②出版物批发销售总额 1 220.90 亿元，比上年增长 15.70%，批零比重为 2.29∶1。其中，批给市、县批发及零售出版物发行企业 1 156.84 亿元，比上年增长 18.53%；批给县以下单位或个人 19.63 亿元，比上年下降 63.68%；其他批发 44.43 亿元，比上年增长 76.94%。

③出口总额 2.53 亿元，比上年下降 10.28%。

（三）出版物库存

全国新华书店系统、出版社自办发行单位年末库存 53.00 亿册（张份盒）、737.80 亿元，与上年相比数量增长 4.70%，金额增长 12.09%

（四）非出版物商品销售

非出版物商品销售金额 32.11 亿元（不含在销售总额之内）。

六、印刷复制

（一）印刷复制总体情况

2010 年印刷复制（包括出版物印刷、包装装潢印刷、其他印刷品印刷、专项印刷、打字复印、复制和印刷物资供销）实现总产值 8 178.2 亿元，比 2009 年增长 22.3%；工业增加值 2 120.6 亿元，同比增长 13.7%；营业收入 7 918.1 亿元，增长 22.6%；利润总额 578.4 亿元，同比增长 24.7%。

（二）出版物印刷（含专项印刷）

2010 年全国出版物印刷企业（含专项印刷）8 484 家，职工年末平均人数 61.28 万人，与上年相比下降 2.95%；职工工资总额 137.15 亿元，与上年相比增长 18.67%；人均年工资 2.24 万元，与上年相比增长 22.3%。

1. 出版物印刷厂产值产量（含专项印刷）

①工业销售产值 1 234.26 亿元，比上年增长 9.44%。

②图书、报纸、其他出版物黑白印刷产量 28 272.32 万令，比上年增长 4.58%。

彩色印刷产量 141 916.54 万对开色令，比上年增长 31.97%。

③装订产量 29 007.26 万令，比上年增长 8.32%。

④印刷用纸 37 860.18 万令，比上年增长 24.29%。

2. 出版物印刷厂主要经济指标（含专项印刷）

①年末资产合计 1 749.76 亿元，比上年增长 10.10%。

②年末负债合计 895.52 亿元，比上年增长 18.79%。

③年末所有者权益合计 854.24 亿元，比上年增长 2.27%。

④主营业务收入 1 200.52 亿元，比上年增长 14.25%。

⑤利润总额 80.17 亿元，比上年增长 4.45%。

⑥ 增加值 388.33 亿元，比上年增长 9.63%。

3. 包装装潢印刷厂主要经济指标

①总产值 5 766.46 亿元。

②增加值 1 385.65 亿元。

③营业收入 5 573.87 亿元。

④利润总额 399.03 亿元。

4. 其他印刷品印刷厂主要经济指标

①总产值 874.73 亿元。

②增加值 255.37 亿元。

③营业收入 848.82 亿元。

④利润总额 66.41 亿元。

七、出版物进出口

（一）图书、报纸、期刊出口

2010 年全国出版物进出口经营单位累计出口图书、报纸、期刊 954 954 种次、945.64 万册（份）、3 711.00 万美元，与上年相比种次增长 6.07%，数量增长 6.83%，金额增长 7.95%。其中：

①图书出口 913 328 种次、707.23 万册、3 232.11 万美元，与上年相比种次增长 6.71%，数量增长 13.19%，金额增长 9.12%。

②期刊出口 41 065 种次、194.79 万册、423.97 万美元，与上年相比种次下降 6.12%，数量下降 7.96%，金额增长 20.75%。

③报纸出口 561 种次、43.61 万份、54.91 万美元，与上年相比种次下降 16.14%，数量下降 10.40%，金额下降 55.91%。

各类图书出口的种次、数量、金额及所占图书出口总量的比重如下：

①哲学、社会科学类 198 094 种次、105.32 万册、826.18 万美元，占图书出口种次 21.69%、数量 14.89%、金额 25.56%。

②文化、教育类 170 183 种次、124.24 万册、552.61 万美元，占图书出口种次 18.63%、数量 17.57%、金额 17.10%。

③文学、艺术类 206 848 种次、129.70 万册、601.51 万美元，占图书出口种次 22.65%、数量 18.34%、金额 18.61%。

④自然、科学技术类 100 387 种次、59.86 万册、345.93 万美元，占图书出口种次 10.99%、数量 8.46%、金额 10.70%。

⑤少儿读物类 70 337 种次、140.47 万册、264.86 万美元，占图书出口种次 7.70%、数量 19.86%、金额 8.19%。

⑥综合类 167 479 种次、147.64 万册、641.03 万美元，占图书出口种次 18.34%、数量 20.88%、金额 19.83%。

（二）图书、报纸、期刊进口

2010 年全国出版物进出口经营单位累计进口图书、报纸、期刊 879 714 种次、2 881.87 万册（份）、26 008.58 万美元，与上年相比种次增长 8.44%，数量增长 3.13%，金额增长 6.13%。其中：

①图书进口 806 076 种次、568.57 万册、9 402.01 万美元，与上年相比种次增长 6.65%，数量增长 6.57%，金额增长 13.05%。

②期刊进口 72 056 种次、420.66 万册、13 828.96 万美元，与上年相比种次增长 33.04%，数量下降 6.12%，金额增长 1.23%。

③报纸进口 1 582 种次、1 892.65 万份、2 777.61 万美元，与上年相比种次增长 26.26%，数量下降 4.40%，金额下降 9.91%。

各类图书进口的种次、数量、金额及所占图书进口总量的比重如下：

①哲学、社会科学类 177 503 种次、61.11 万册、1 606.47 万美元，占图书进口种次 22.02%、数量 10.75%、金额 17.09%。

②文化、教育类 142 811 种次、126.28 万册、1 745.86 万美元，占图书进口种次 17.72%、数量 22.21%、金额 18.57%。

③文学、艺术类 132 207 种次、90.23 万册、1 271.30 万美元，占图书进口种次 16.40%、数量 15.87%、金额 13.52%。

④自然、科学技术类 219 256 种次、107.59 万册、3 478.77 万美元，占图书进口种次 27.20%、数量 18.92%、

金额37.00%。

⑤少儿读物类42 123种次、39.47万册、375.3万美元，占图书进口种次5.23%、数量6.94%、金额3.99%。

⑥综合类92 176种次、143.88万册、924.31万美元，占图书进口种次11.44%、数量25.31%、金额9.83%。

（三）音像制品、电子出版物出口

2010年全国出版物进出口经营单位累计出口音像制品、电子出版物10 352种次、101.87万盒（张）、47.16万美元，与上年相比种次下降47.64%，数量增长918.15%，金额下降22.83%。其中：

①激光唱盘（CD）188种次、3 459盒、4.16万美元，占音像、电子出版物出口种次1.82%、数量0.34%、金额8.82%。与上年相比种次下降89.34%，数量下降90.87%，金额下降41.38%。

②数码激光唱盘（DVD-A）28种次、186张、0.10万美元，占音像、电子出版物出口种次0.27%、数量0.02%、金额0.21%。与上年相比种次下降75.44%，数量下降86.43%，金额下降61.54%。

③高密度激光视盘（DVD-V）2 566种次、998 513张、21.66万美元，占音像、电子出版物出口种次24.79%、数量98.02%、金额45.93%。与上年相比种次下降76.37%，数量增长3 284.90%，金额增长158.13%。

④数码激光视盘（VCD）6 847种次、15 711张、21.06万美元，占音像、电子出版物出口种次66.14%、数量1.54%、金额44.67%。与上年相比种次下降2.26%，数量下降49.6%，金额下降52.98%。

⑤电子出版物723种次、818张、0.18万美元，占音像、电子出版物出口种次6.98%、数量0.08%、金额0.38%。与上年相比种次增长2393.1%，数量增长529.23%，金额下降68.75%。

（四）音像制品、电子出版物进口

2010年全国出版物进出口经营单位累计进口音像制品、电子出版物25 267种次、62.95万盒（张）、11 382.70万美元。与上年相比种次增长166.56%，数量增长276.01%，金额增长74.39%。其中：

①录音带（AT）2 423种次、3 338张、1.00万美元，占音像、电子出版物进口种次9.59%、数量0.53%、金额0.01%。

②激光唱盘（CD）15 445种次、97 301张、110.55万美元，占音像、电子出版物进口种次61.13%、数量15.46%、金额0.97%。与上年相比种次增长193.74%，数量增长3.89%，金额增长20.62%。

③高密度激光视盘（DVD-V）4 200种次、355 992张、118.91万美元，占音像、电子出版物进口种次16.62%、数量56.55%、金额1.04%，与上年相比种次增长86.34%，数量增长4 097.52%，金额增长254.00%。

④电子出版物3 199种次、172 911张、11 152.24万美元，占音像、电子出版物进口种次12.66%、数量27.47%、金额97.98%。与上年相比种次增长64.3%，数量增长164.93%，金额增长74.21%。

（说明：以上统计未含中国香港、澳门、台湾地区的相关数据。）

八、版权管理及版权贸易

（一）版权管理

1. 版权合同登记

2010年全国版权合同登记15 160份，其中：图书13 303份，期刊234份，音像制品306份，电子出版物418份，软件453份，电影2份，电视节目1份，其他443份。

2. 作品自愿登记

2010年全国作品自愿登记359 871份，其中：文字作品6 294份，音乐作品1 425份，曲艺112份，舞蹈18份，杂技4份，美术作品37 607份，摄影作品311 897份，建筑62份，影视1 243份，设计图559份，地图44份，模型2份，其他604份。

（二）版权贸易

1. 版权引进

2010年全国共引进出版物版权16 602种，其中：图书13 724种，录音制品439种，录像制品356种，电子出版物49种，软件304种，电影284种，电视节目1 446种。

图书版权引进地情况如下：

美国5 284种，英国2 429种，德国739种，法国737种，俄罗斯58种，加拿大111种，新加坡335种，日本1 766种，韩国1 027种，中国香港地区877种，中国澳门地区24种，中国台湾省1 747种，其他地区1 468种。

2. 版权输出

2010年全国共输出出版物版权5 691种，其中：图书3 880种，录音制品36种，录像制品8种，电子出版物187种，电视节目1 561种，其他19种。

图书版权输出地情况如下：

美国1 147种，英国178种，德国120种，法国121种，俄罗斯11种，加拿大86种，新加坡375种，日本214种，韩国360种，中国香港地区534种，中国澳门地区6种，中国台湾省1 395种，其他地区1 144种。

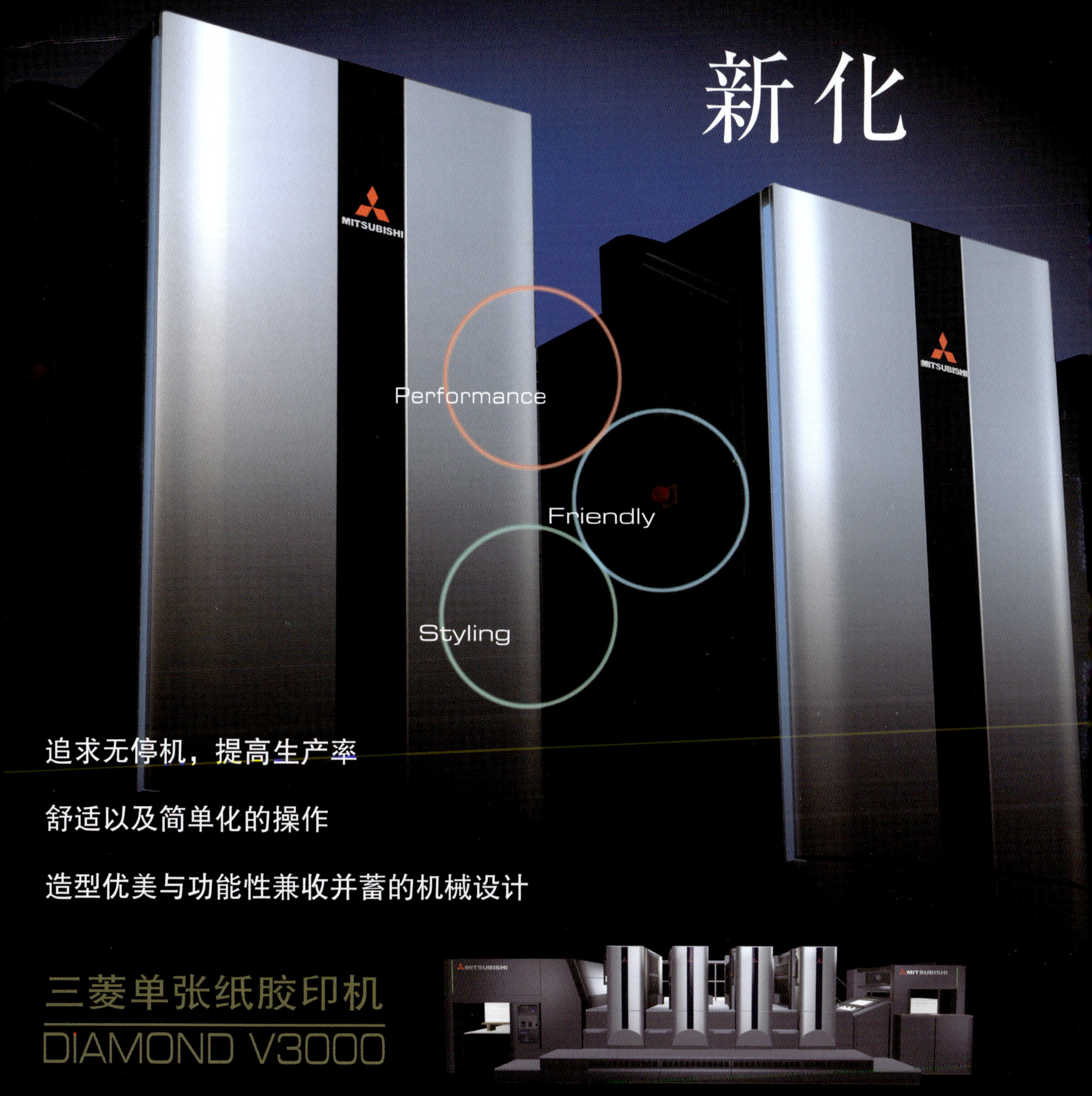

高宝单张纸胶印机

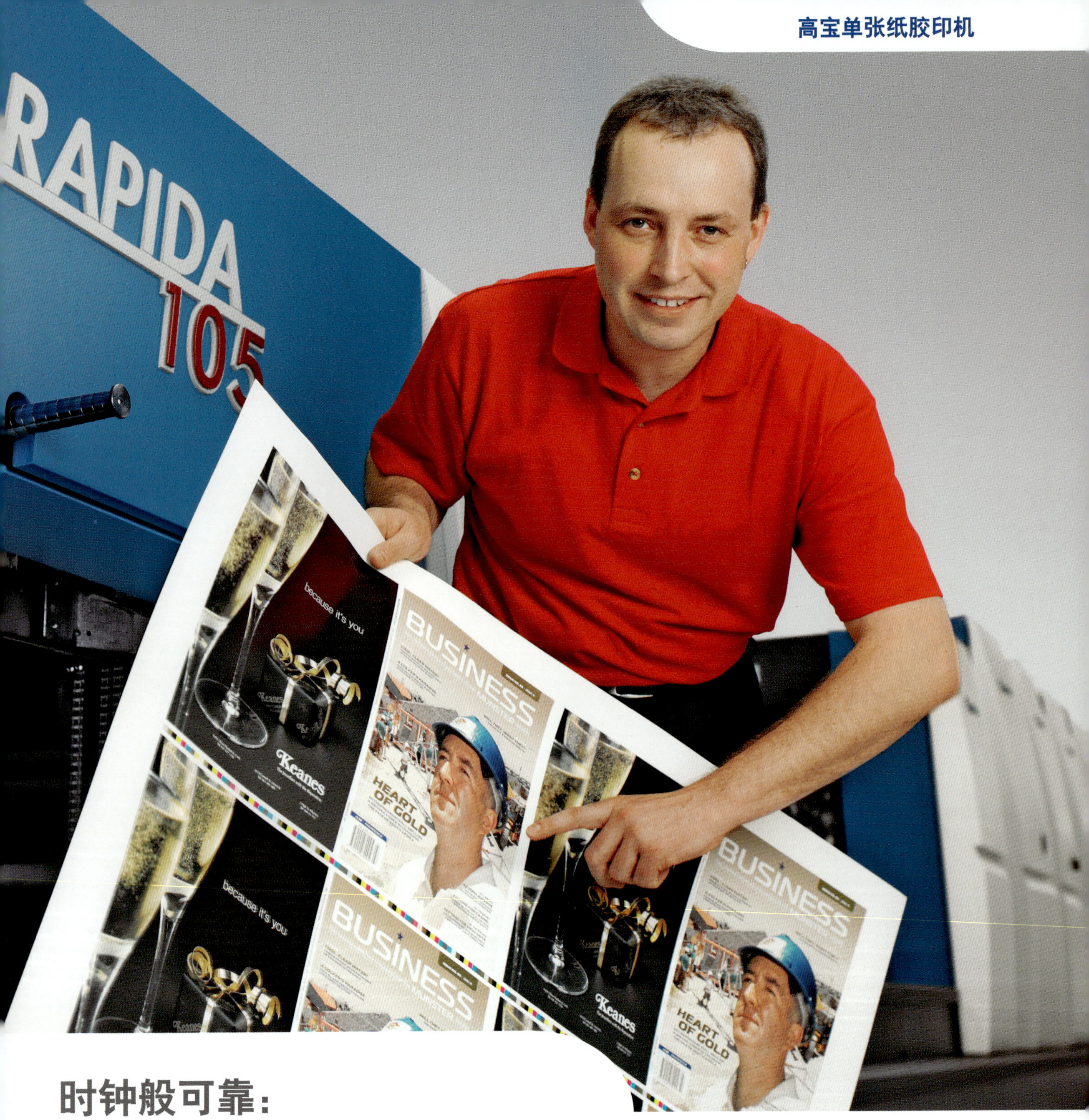

时钟般可靠：
高宝利必达105

印刷机的什么特性能打动您？灵活性，可靠性，还是性能？您是否对快速活件转换和高印刷质量感兴趣？也许您的公司需要一台全新的印刷机，但是却并不要求其具有全套自动特征？那么，就请您密切关注利必达105。该机运行如时钟般精确，它坚固耐用，极其灵活，并且在纸张和纸板印刷上均具有强大的生产能力。此外该机在印刷对开幅面产品时，印刷速度可高达16500张/小时——无论印品厚薄，该机都将成为您值得信赖的好伙伴。还有疑问？请不要犹豫，立即致电我们吧！

KBA
People & Print

上海	北京	广州	东莞	香港	台湾
电话：021–63220069	电话：010–84475909	电话：020–38780836	电话：769–83556335	电话：0852–27428368	电话：886 2–22428158
传真：021–52980840	传真：010–64618485	传真：020–38780865	传真：769–83556339	传真：0852–27428440	传真：886 2–22428238

www.kbachina.com

Luxel
T-6300 CTP

FUJIFILM

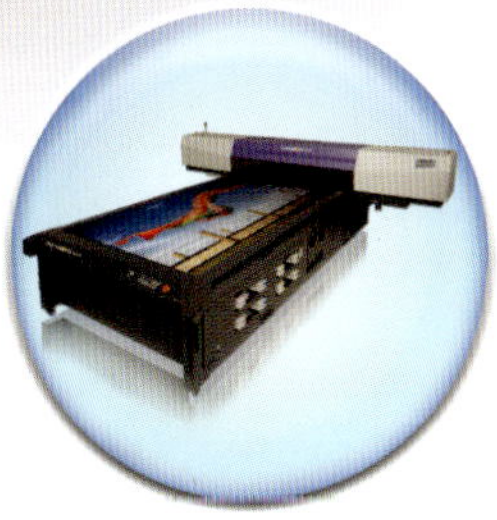

紫一宏
Magna

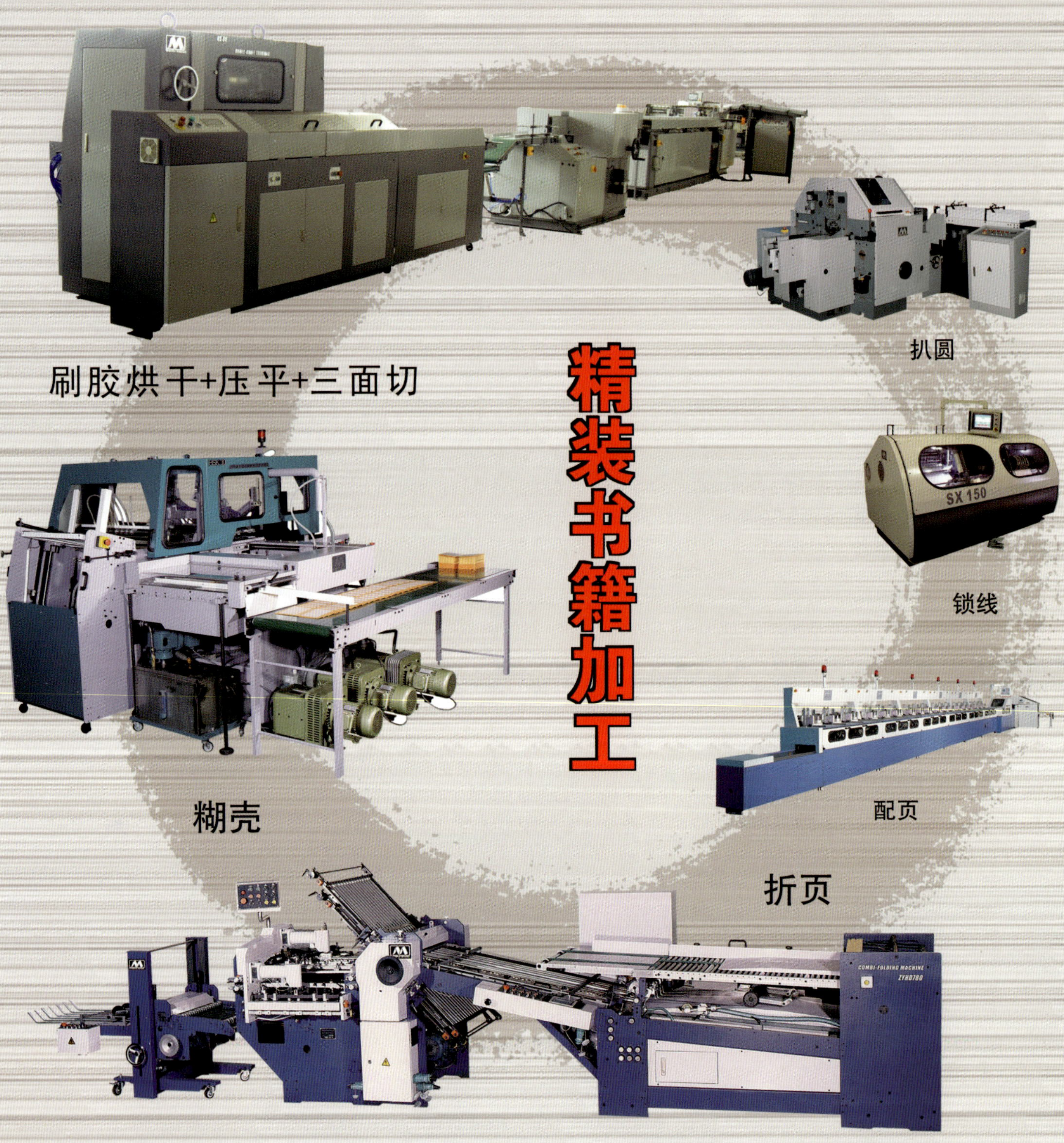

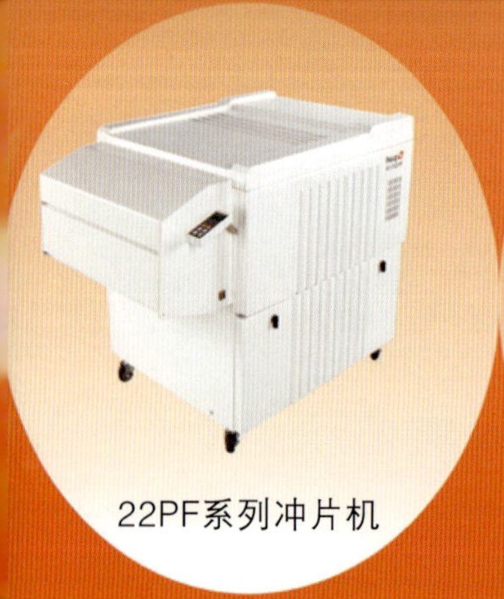

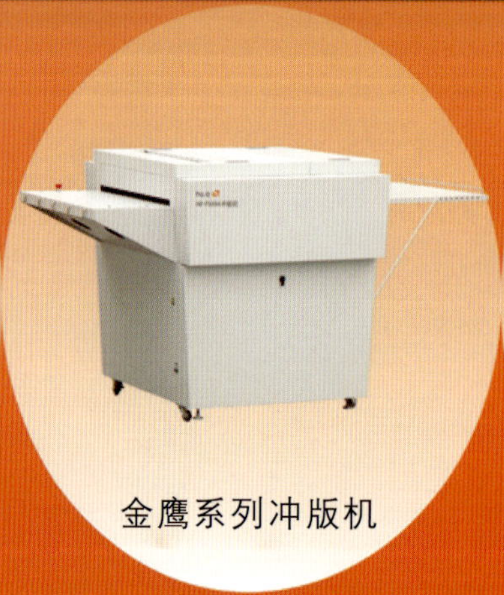

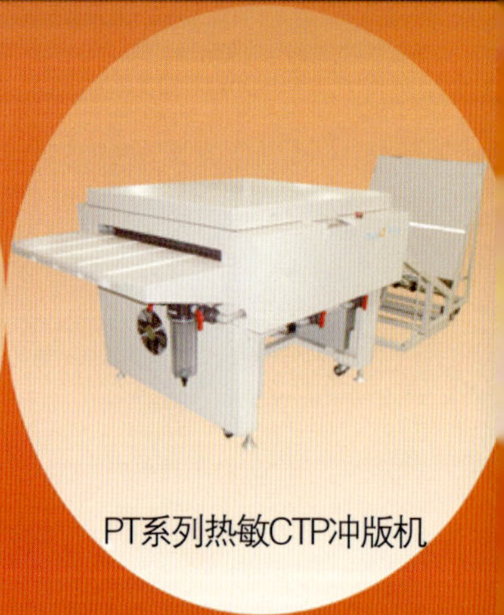

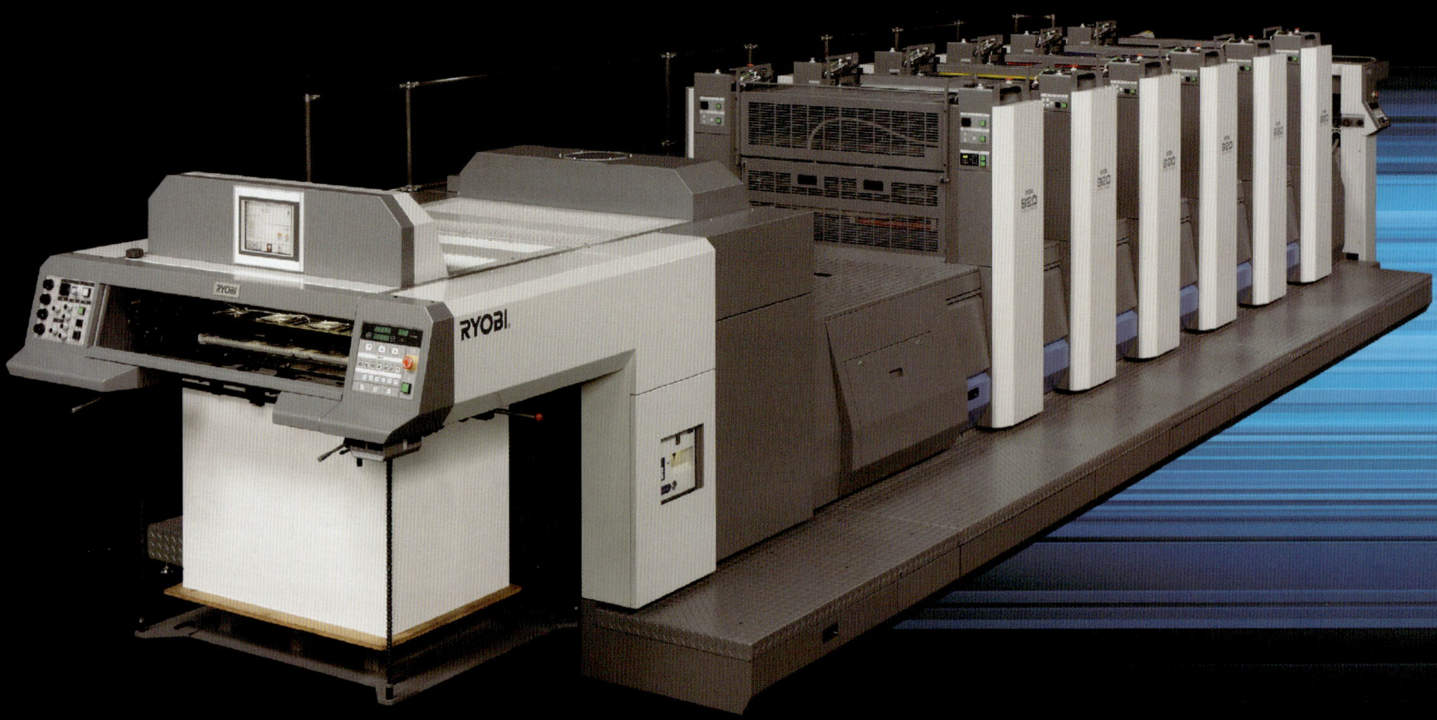

SHANGHAI LASER GROUP CO.,LTD.

上海激光（集团）总公司

公司的雕刻系统介绍

上海激光（集团）总公司在中国率先成为陶瓷网纹辊和橡胶无接缝辊的供应商，更是一家领先由中科院激光专业团队，从事激光雕刻的专业公司，在激光陶瓷网纹辊和橡胶无接缝辊的制造领域历经耕耘，专业积累深厚。

2009年又投资1800万元进行了“激光雕刻系统的二期技改项目”，引进了当今世界先进的激光雕刻系统，建成了占地面积9000平方米的国内一家能同时提供高品质全覆盖的陶瓷网纹辊（雕刻线数每英寸40～2000线）和高品质橡胶无接缝辊、压印辊的生产基地，可以全方位地满足客户的各种需求，公司凭借精良的设备，专业的技术和优质的服务，得到业内外广大客户的信赖和肯定。

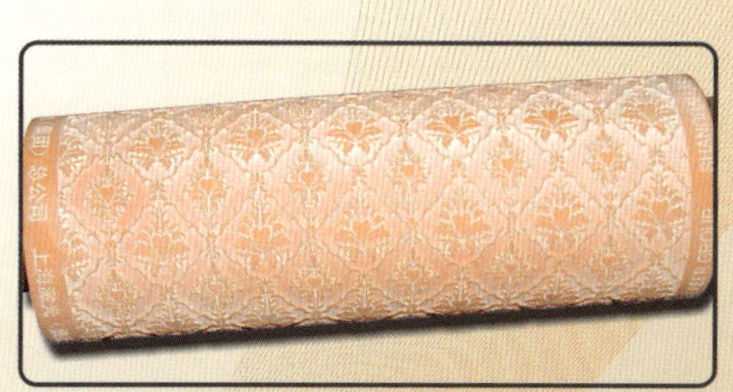

六角型

自选

斜螺旋

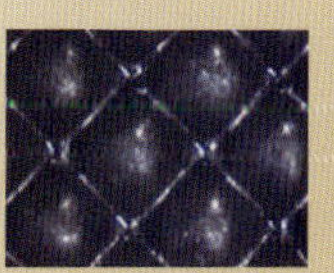

菱型

Cobra

产品和服务：

A. 1. 激光雕刻陶瓷网纹辊
   2. 激光雕刻无接缝橡胶辊
   3. 网纹辊清洗及其相关清洗用品（清洗液、清洗粉、钢刷等）
   4. 刮墨刀

B. 激光切割

C. 激光打标

D. 激光焊接

E. 激光应用服务

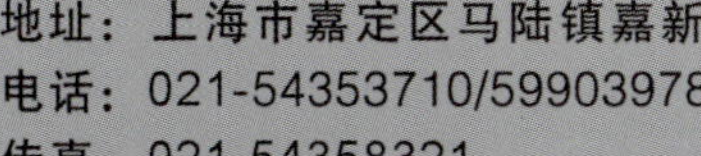

地址：上海市嘉定区马陆镇嘉新公路919弄86号　邮编：201801
电话：021-54353710/59903978
传真：021-54358321
网站：http://www.shlasergroup.com
E-mail: sales@ shlasergroup.com

更快更好

JMD

创造印刷未来！
WEIHAI HAMADA 466
四开四色重型胶印机
双倍径滚筒7点钟排列的传递方式
最大纸张印刷厚度为0.6 mm
最大印刷速度15000张/小时
新推出的466高台收纸机型，收纸容量高达900mm
2011年全新推出改良机型
WEIHAI HAMADA 452 Mark II
五开四色重型胶印机
真空吸纸装置
超声波双张检测
加长收纸链
IR干燥装置

瞬时完成！

精准匹配自各种不同表面的颜色

从任何表面、材料或织物——甚至小尺寸、带图案及多色的纹理和纺织品中获得色彩灵感，并能瞬间准确地与 Pantone 色彩进行配色。

售价 RMB 5100

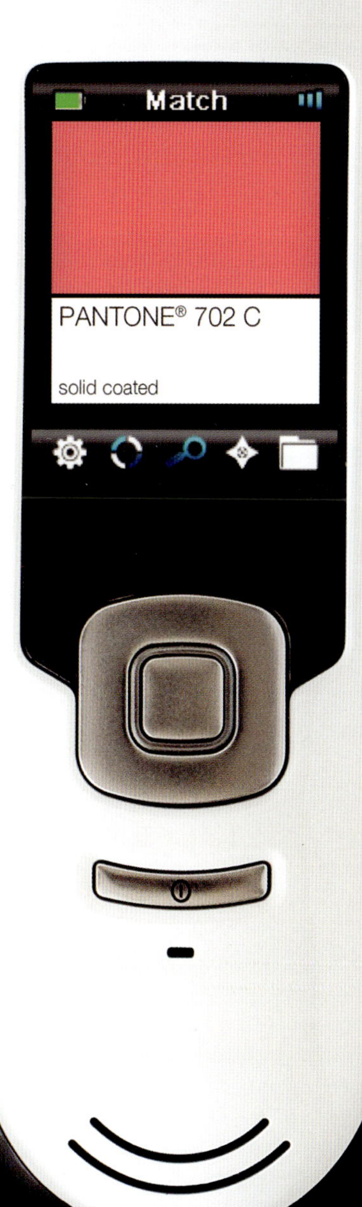

产品代理商：

竞成贸易行有限公司
Keng Seng Trading & Co., Ltd.

香港 (852) 2591 1068
深圳 (86) 755 8219 3382
上海 (86) 21 6360 6889
china@kengseng.com
www.kengseng.com

2010年地方印刷业概况

北京地区印刷业

一、行业概要

2010年，北京新设立印刷企业53家。经过2011年印刷企业年度核验，印刷企业注销700多家，以此口径核定北京地区2010年底有效在册印刷企业1 747家。2010年，多家数字印刷企业和大型包装装潢印刷品印刷企业的设立，以及老国有印刷企业的产能整合，得到市新闻出版局大力支持。

2010年北京印刷行业统计年报汇总了1 684家印刷企业的相关数据。北京地区印刷业资产总额为336亿元，出版物印刷企业、排版制版装订等专项印刷企业、包装装潢印刷品印刷企业、其他印刷品印刷企业四个类别分别合计，为185亿元、8亿元、98亿元、45亿元。工业销售产值总额为213.55亿元，按上述四个类别分别合计，为94.47亿元、3.63亿元、86.4亿元、29.05亿元。利税总额为44.93亿元，按上述四个类别分别合计，为11.61亿元、0.2亿元、27.25亿元、5.87亿元。从业人员总计68 198人，按上述四个类别分别合计，为49 010人、3 526人、4 762人、10 900人。工业销售产值过亿元的印刷企业37家，工业销售产值总额为107.6亿元，其中，出版物印刷企业17家，工业销售产值合计33.6亿元；包装装潢印刷品印刷企业16家，工业销售产值合计63.4亿元；其他印刷品印刷企业4家，工业销售产值合计10.6亿元。印刷企业完成印刷量中，黑白印刷业务2 461万令，彩色印刷业务10 810万对开色令。印刷企业消耗胶版纸总计3 613万令、卷筒纸73万t。印刷企业拥有的设备中，计算机直接制版机111台，商业和报纸八色轮转印刷机131台，对开四色以上胶印机606台，数码印刷机71台，无线胶订生产线203台。

二、监督管理

2010年，北京地区印刷业运行基本平稳，期间个别印刷企业发生生产安全事故和违法经营的情况。市文化市场行政执法总队和各区县文委共立案查处印刷企业违法经营案件60件，其中2家印刷企业被吊销印刷经营许可证。市新闻出版局开展了相关的专项行动。4月中旬至6月1日，市新闻出版局在全市印刷复制行业部署开展了生产安全事故和违法经营隐患排查治理的回顾行动。回顾行动要求各印刷复制企业对照上年度两次专项治理活动要求，就本企业安全生产和经营管理情况进行回顾和反思，通过进一步自查自纠，及时发现和弥补漏洞，切实消除隐患。10月中旬，市新闻出版局又部署开展了为期一个半月的印刷复制企业依法经营专项教育活动，通过教育、培训、自查、督导和整改，推动企业提升依法经营水平。

三、质量管理

根据新闻出版总署的工作部署，3～9月北京市开展了2010年“3·15”少年儿童读物类出版产品质量监督检测活动。市新闻出版局印刷复制业管理处会同北京市印刷工业产品质量监督检验站，深入一线现场，实施监督检查，拓展厂社互动，督促问题整改，做了大量工作。活动期间，北京共检测图书印刷产品近1 400种（每种抽样13册）、报刊1种、装潢产品30种，抽取书刊、装潢印刷用热溶胶等材料样本13种送检，抽取光盘30种、磁带5种送检。现场检查书刊印刷品近千种。其间，市新闻出版局对一家印刷企业承印的小学课本出现装订质量事故的情况进行了通报批评。2010年末，北京市印刷工业产品质量监督检验站在监督检测活动总结表彰大会上被新闻出版总署授予先进单位称号。

在新闻出版总署2010年第二届中国政府出版奖中，北京地区的北京盛通印刷有限公司、北京雅昌印刷有限公司、荣宝斋、北京保利星数据光盘有限公司荣获印刷复制奖，北京新华印刷有限公司和中影克莱斯德有限公司获得印刷复制奖的提名奖。

四、法规培训

印刷企业负责人法规培训是印刷行业管理的重要基础。3月和11月，市新闻出版局举办印刷企业负责人法规培训班各一期，300余名印刷企业法定代表人或者主要负责人参加培训。各区县文委也举办培训班或者以会代训，分别对本辖区印刷企业负责人和骨干进行了培训。

五、技能大赛

2010年，第十四届北京印刷行业职业技能大赛举行，参加复赛的印刷业职工超过360名。其中，30多名优胜者代表北京参加了第二届全国印刷行业职业技能大赛。6月8日，北京赛区举行启动仪式，此后各项竞赛陆续展开。根据比赛成绩，确定参加全国决赛的选手，其中，平版制版工职工组8名、学生组10名，平版印刷工职工组6名、学生组5名，轮转印刷工9名。北京赛区还受委托承办了报业轮转组的全国决赛组织工作。北京赛区组委会办公室还向有关部门申请，为赛后组织的培训考核成绩合格者办理相应的职业技能等级证书，进一步调动了印刷职工提高职业技能的积极性。

六、协会工作

北京印刷协会、北京质量协会印刷分会是北京地区印刷业的主要行业组织。2010年，行业协会积极履行其宗旨，在服务印刷企业和配合行政部门等方面做了大量富有成效的工作。行业组织积极开展研讨交流、展览展示、培训咨询、会员企业间质量送评和互检等活动，承担了印刷行业职业技能大赛大量组织工作，受委托承担了行业统计年报相关工作。为支持行业发展，协会代表北京地区印刷企业争取到民生银行5亿元的授信额度。6月，北京印刷协会组织50家出版物印刷企业和相关出版社的代表组团赴深圳，就相关型号印刷机械进行了考察和交流，为一些印刷企业以低成本购置先进设备架设了渠道。北京的印刷行业组织在制订和推行新的印刷工价、优质优价机制，以及推动印刷环保质量检测等工作中，作了诸多探索，取得了有益经验。年末，北京印刷协会组织评选出第10届北京印刷进步奖获奖者8名，并在协会理事大会上进行了表彰。

（北京市新闻出版局印刷复制业管理处供稿）

天津市印刷业

一、行业概要

1. 调查数据

截至2010年12月底，天津市共有各类印刷企业3 223家，其中，印刷企业1 763家，从业人员55 847人。在1 763家印刷企业中，出版物印刷企业128家，从业人员7 789人；包装装潢印刷企业905家，从业人员36 822人；其他印刷品印刷企业730家，从业人员11 236人。复印影印打印单位共1 460家。

2010年，天津市印刷企业工业总产值达130亿元，资产总额165.69亿元，利润总额5.22亿元。按企业类型划分，工业总产值：出版物印刷企业13.86亿元，包装装潢印刷企业103.72亿元，其他印刷品印刷企业12.42亿元。企业资产总额：出版物印刷企业31.79亿元，包装装潢印刷企业123.36亿元，其他印刷品印刷企业10.54亿元。利润总额：出版物印刷企业0.35亿元，包装装潢印刷企业3.86亿元，其他印刷品印刷企业1.01亿元。

2. 新兴区域印刷规模形成

2010年，全市共有规模以上（年印刷产值5 000万元以上）印刷企业48家，其中年印刷产值超亿元企业26家。按区域划分，全市有5个区的印刷工业总产值超过10亿元，分别是：天津经济技术开发区、北辰区、西青区、东丽区和武清区。随着环渤海经济区的初步形成和将天津市打造成为中国北方印刷工业基地目标的提出，上述区域的聚集特征和发展势头将更加突显，成为拉动天津乃至中国北方印刷工业发展的重要基础。

3. 规模以上重点印刷企业的基本情况

2010年，天津市规模以上（年印刷产值5 000万元以上）印刷企业48家。按经营类别划分，包装装潢印刷企业40家，约占总数的83%；出版物印刷企业8家，约占总数的17%。按企业类型划分，外商投资印刷企业24家，内资企业24家，各占总数的50%。从产品类型分析，包装装潢印刷产品占工业总产值的比重超过80 %。此外，48家规模以上重点印刷企业的工业总产值为64.86亿元，占全市印刷工业总产值的49.89%。由此分析，规模以上重点印刷企业工业总产值占了全市印刷工业总产值的一半，成为本市印刷产业中的骨干力量。

二、管理工作

1. 加强印刷复制业监管

2010年，按照新闻出版总署的整体要求，天津市开展了对全市印刷复制企业的专项清理检查，建立了印刷、复制企业报告制度，从源头上杜绝非法出版物流入市场。各区县新闻出版局强化日常监管，整顿印刷业市场。整顿文化市场、净化出版物市场，首先是整顿印刷业，严格执行新闻出版总署关于印刷品承印手续的规定，每到一家印刷企业，市场人员都着重检查印刷产品承印记录，并核对其产品情况。清查活动对净化出版物市场起到了一定的作用。全市各区县新闻出版局在此期间组织开展了印刷复制业法律、法规培训，结合案例，以案说法，提高了从业人员的守法经营意识，有效促进了印刷复制业的健康发展。

2. 质量监管

在新闻出版总署2010年组织开展的2010年“3·15”少年儿童读物类出版产品质量监督检测活动中，天津市将质检工作与加强对印刷复制业规范以及促进印刷业发展相结合，促进出版和印刷复制单位提高质量意识和质量水平，进一步完善出版物质量管理体系，较好地完成了专项检测工作，天津市新闻出版局荣获新闻出版总署颁发的优秀组织者奖励。

3. 服务与管理并举

强化服务措施，努力促进出版业繁荣发展。在天津市新闻出版局领导的带领下，2010年组织全市各有关印刷企业参加了由新闻出版总署、人力资源和社会保障部主办的第二届全国印刷行业职业技能大赛，通过初赛选拔了平版印刷职工组、平版印刷学生组、平版制版职工组、平版制版学生组共20名选手参加全国大赛，其中平版印刷职工组有两名选手进入全国大赛前10名，平版印刷学生组也有两名选手考入全国比赛前20名。本次大赛天津市共有30名选手晋升技术等级，其中晋升高级技师1名、技师3名、高级工14名、中级工12名；有2名选手获得“五一劳动奖章”，4名选手获得“新长征突击手”的称号。天津市新闻出版局荣获新闻出版总署颁发的优秀组织奖。

三、天津市印刷业发展设想和思路

（1）全力打造北方印刷聚集区，加快天津印刷业发展步伐。按照低碳、环保、低能耗的发展要求，大力扶持产业园区的发展，使之形成产业链优势明显、具备名牌效应和产业引领作用的印刷产业园区或聚集区，带动天津市逐步形成具有完备产业体系的印刷产业集群。满足市场多层次全方位需求，推动全市印刷产业和谐健康发展。

（2）支持和鼓励印刷企业，坚持以科学发展观为指导，转变发展方式，更新经营理念，调整产品结构，谋求长远发展。

（3）强化监管，立足服务，不断提升印刷企业核心竞争力和内部凝聚力，规范经营行为，净化市场环境，为“十二五”规划开局之年和建党90周年，促进天津市文化大发展大繁荣做出贡献。

（天津市新闻出版局印刷业管理处供稿）

河北省印刷业

一、行业概要

截至2010年底，全省共有各类印刷企业和单位9 207家，其中，出版物印刷企业276家，包装装潢印刷企业1 758家，排版、制版、装订专项企业524家，其他印刷品印刷企业2 777家，复印打印单位3 872家。经统计，全省印刷行业从业人员 19.82 万人，资产总额 446.25 亿元。

由于采取一系列积极有效的监管措施，全省印刷行业产业结构得到进一步优化，综合效益有了进一步提高。一是全省印刷企业总数减少。以年度审核为抓手，进一步强化对印刷企业的监管。在此次年度审核中，进一步严格了审核标准，缓检印刷企业 240 家，不予年检企业 106 家（出版物、包装装潢企业 11 家，专项、其他印刷品企业和打字复印单位 95 家）。二是全省印刷企业资产和效益都比上年有不同程度的增长。虽然印刷企业总数有所减少，但是资产总额比上年增加 33.05 亿元，工业总产值增长 53.84 亿元，利税总额增长 14.8 亿元。三是大型规模企业有新的增长。自 2009 年提高了出版物和包装装潢印刷企业的准入门槛，不仅严格控制了小型印刷企业的准入，从源头上遏制了低水平重复建设，也极大地激励了现有印刷企业寻求市场发展的积极性和主动性。2010 年全省年工业总产值 5 亿元以上的企业 4 家，1 亿～3 亿元的企业 17 家，1 亿元以下、5 000 万元以上的企业 42 家，5 000 万元以下、2 000 万元以上的企业 72 家。四是吸引外商投资有新突破。目前全省有外商投资企业 27 家，投资总额 58 285.17 万美元，比上年增长 46%。总的来看，经过进一步加强行业监管，全省印刷企业积极应对市场变化，上规模、上档次，质量管理、生产产能、技术设备、人才培养等方面都有不同程度的提高，2010 年基本保持了健康稳定发展的态势。

二、管理工作

1. 加强宏观调控，优化产业结构

2010 年 4 月，河北省新闻出版局制定并印发了《关于加强宏观调控促进印刷包装业又好又快发展的意见》，就印刷业进一步加强宏观调控，优化印刷产业结构提出了目标和要求。一是提高了出版物印刷企业和包装装潢印刷企业的准入门槛，并严格了审批程序和审查制度，严格控制低水平重复建设，实现单纯从企业数量增长到企业规模扩大、科技含量提高和效益增长的转变。积极鼓励企业引进资金、引进技术、引进管理，提升企业整体水平，走规模化发展之路。二是搞好企业布局，利用和发挥好区位优势。坚持政府引导和市场机制相结合，根据各地资源优势实施不均衡发展战略。出版物印刷和出版物专项印刷在保证各地、市均有一定数量的前提下，发展重点放在围绕环京津的廊坊、保定、唐山、沧州和石家庄五个市。包装装潢印刷企业、其他印刷品印刷企业的设立，综合考虑各地人口、经济总量、印刷业监管力量等情况，围绕经济中心进行布局。

2. 实施动态监管，引导企业上规模上档次

进一步改革和完善对印刷企业的监管机制和管理手段，通过不定期抽查和监督，结合年度核验，以及两年一度的印刷经营许可证换证，实施有效的动态管理。根据全省印刷业发展实际，通过年度审核，对内部管理不到位、长期出现亏损和资质条件不达标的印刷企业逐步实施退出。在努力推进印刷业繁荣发展的同时，运用法律、行政和市场手段，逐步淘汰设备简陋、工艺落后、规模小、档次低的企业，做大做强一批骨干印刷企业，不断提高印刷企业的市场竞争能力和科技创新能力。

3. 建立激励机制，打造品牌促进发展

针对印刷业成规模、上档次、具有较强竞争力的现代企业还不多，产品品牌效应不够明显，已成为制约全省印刷业大发展、大繁荣和可持续发展的关键问题。一方面切实营造支持企业发展的良好环境，另一方面进一步做好激励和引领，帮助企业扩大宣传，打造河北印刷品牌。第一，加大宣传和表彰力度，扩大河北印刷企业影响力。联合质检部门开展印刷质量评选活动，对先进企业进行表彰；联合印刷协会开展典型企业和典型人物的评选，创造机会进行宣传。第二，扶优扶强，激励企业做大做强。推出一批规模大、效益好、管理先进的印刷企业进行集中宣传推广。第三，加强对建设印刷产业园区和建立印刷企业集团的介绍、鼓励和支持。

4. 加强行业监管，优化印刷业发展环境

一是实施科学监管。加强对印刷企业监督检查，依法查处违法违规行为。扎实开展印刷复制业专项整治，进一步完善监管制度，及时掌握违法印制活动的新动向，做到日常监管与重点监控相结合，行政执法与刑事打击相衔接，确保印刷市场健康稳定。二是加强从业人员的法律法规培训，全年举办法规培训班 18 期，全省 2 500 余名企业法人代表参加了培训，进一步提高了印刷从业人员依法开展经营活动的自觉性。三是做好行业服务工作。建立规模以上重点企业联系制度，对重点印刷企业实施跟踪监管和服务。以开展"3·15"质检活动为契机，加强对印刷产品质量的监督管理，健全产品质量保障制度，进一步促进全省印刷产品质量的提高。

（河北省新闻出版局印刷复制业管理处供稿）

山西省印刷业

一、行业概要

截至2010年底，山西省共有各类印刷企业1 353家，从业人员37 695人。其中，出版物印刷企业162家，包装装潢印刷企业349家，其他印刷品印刷企业1 006家，专项排版、制版、装订企业18家。

2010年，山西省印刷业销售收入474 555.30万元，工业总产值496 347.23万元，工业增加值297 954.64万元，资产总值534 131.98万元，利润总额45 269.99万元，营业税金及附加19 251.97万元。

2010年，全省共有规模以上（年印刷产值5 000万元以上）印刷企业13家。①园区建设。山西省目前正式建成的园区有两家，分别是盐湖工业园和翟店包装印刷基地。实际投资21 038万元，园区面积达1.045万m^2，印刷总产值3亿元。2011年省、市合作将筹建太原市绿色印刷产业园、汾酒集团包装印刷产业园、山西印刷城等印刷园区项目。②质量管理。要求企业都要建立质量管理体系，产品合格率达到90%以上，优质品率达到20%以上。目前，全省共有8家印刷企业通过了ISO9000质量认证。③生产产能。据统计，全省印刷生产产能约为70亿元，2010年实现印刷总产值近50亿元，有40%的企业开工不足。④技术设备。山西省传统印刷设备达到全国中等偏上的水平，进口成套设备约150余台（套）。另外，全省有CTP近30台，彩色数码印刷机30余台，黑白数码印刷机50余台。⑤人才培训。2010年在运城市职业技术学院建立印刷培训基地，实施长期人才培训战略；省局印刷管理处规定印刷企业主要负责人每五年必须参加一次法规培训，每年都会举办法规培训班。2010年6月的法规培训班共有300余名企业负责人参加了培训。

2010年山西印刷行业基本情况（见表1～表5）。

表1　2010年山西省印刷行业经济指标完成情况

印刷企业数量（家）	1 535	资产总额（万元）	534 131.9
销售收入（万元）	474 555.3	利润总额（万元）	45 269.9
营业税金及附加（万元）	19 251.9	工业增加值（万元）	267 954.6
工业总产值（万元）	496 347.2	从业人员数量（人）	37 695
外商投资总额（万美元）	4 000	外商注册资金额（万美元）	1 200

表2　2010年山西省印刷行业分类经济指标完成情况

指标 分类印刷	企业数（家）	销售收入（万元）	工业增加值（万元）	工业总产值（万元）
出版物印刷	162	167 738.45	93 997.8	178 946.7
包装装潢印刷品印刷	349	211 333.22	114 367.4	219 833.7
其他印刷品印刷	1 006	81 589.3	52 332.8	82 722.8
排版、制版、装订专项	18	13 894.4	7 256.6	14 844.0

表3　2010年山西省印刷行业分行业经济指标完成情况

指标 行业印刷	企业数（家）	销售收入（万元）	工业增加值（万元）	工业总产值（万元）
书刊印刷	128	95 848.9	52 774.6	94 117.2
报纸印刷	34	71 889.5	41 223.2	84 829.5
纸包装印刷	302	157 404.9	68 676.3	167 122.0
金属罐包装印刷	5	9 210.3	5 319.2	9 225.5
塑料软包装印刷	42	44 718.0	20 371.9	45 486.2
普通票据印刷	172	27 210.6	14 870.6	27 747.1
安全印刷	65	3 697.7	2 166.44	3 742.43

表4　2010年山西省规模以上企业经济指标完成情况

印刷企业数量	13家	资产总额	92 448.0
销售收入（万元）	82 587.0	利润总额（万元）	3 194.0
营业税金及附加（万元）	3 550.0	工业增加值（万元）	34 574.0
工业总产值（万元）	103 339.0	从业人员数量（人）	4 473

表5　2010年山西省园区建设情况

名称	实际投资（万元）	园区面积（万m^2）	园内印刷企业数（家）	印刷总产值（万元）
盐湖工业园	14 438	1.01	6	14 807
翟店包装印刷基地	6 600	0.035	25	5 007

二、管理工作

2010年，山西省新闻出版局印刷复制管理处以优化产业结构、规范印刷市场、促进企业自律、提高产品质量为目标，加强行业监管；以制定科学规划、推动重点项目建设、促进技术进步、解决发展瓶颈为手段，服务产业发展。在做好委托书备案、企业变更、年度核验、法人培训等日常工作的基础上，重点做了八项工作：

（一）行业监管方面

1. 以“两稳一促”为手段，优化产业结构

2010年，继续坚持出版物、其他印刷品印刷企业稳定数量、着重推动品质提升，包装印刷企业大力发展、重点发展的原则。全年共新设立企业51家，其中，出版物企业1家，其他印刷品16家，包装企业34家，出版物印刷企业缩减了6家，包装企业占一半以上。

2. 以开展“五项制度严格管理年”活动为手段，规范市场秩序

这些年，随着产业的发展，印刷业的产业形态、生产组织形式等发生了很大的变化，为监管的内容、方式提出了新任务和新要求。为此，2010年前三个季度在全省范围内开展了“五项制度严格管理年”活动。为了规范管理，统一制作了出版物印制生产管理档案袋，包装、其他印刷品生产管理记录卡。通过本次活动，印刷企业能够认真自查自纠执行标准、规范，各地市全覆盖检查，严格管理，省局对11个市、34个县区的67家企业进行了重点抽查，对20多家管理不规范、有违规行为的企业做出了相应的处理。对现场查获的有盗版盗印行为的晋中万嘉兴印刷有限公司，会同省“扫黄”办，责成晋中市局做出了罚款、没收非法印刷品，并通报批评等行政处罚。严格管理年活动的情况，在晋城召开了简短的总结会，在全省进行了通报，并就企业转委印、多厂协作生产等委托备案工作，做出了既方便企业又利于加强管理的规定。

3. 以“3·15”质检活动为手段，提高产品质量

近年来，新闻出版总署以打造“3·15”质检活动品牌为主，不断加大对印刷产品质量监管的力度。山西省新闻出版局印刷管理处会同质检中心，在完成新闻出版总署下达的少儿出版物印刷质量检查检验任务的同时，对5个期刊社、两个出版社2009年出版的书刊，分两批进行了全品种质量检查检测，对8种批质量印制不合格的产品下达了停止发行、召回修改等处理意见。具体工作由质检中心负责实施，山西省新闻出版局印刷管理处辅助协调工作，对检测结果进行全省通报，并加以行政监管手段给予推动执行。从两批的检查检验情况看，全省出版物的印制质量存在整体性重视不足、相对下滑的趋势，必须引起高度重视，加强有力的监管。山西省采取的检测与行政手段相结合的新模式，得到了新闻出版总署的重视，2010年山西省新闻出版局被国家新闻出版总署评为先进单位。

4. 以“优质诚信”印刷企业的认定公示活动为手段，提升行业素质

为了促进印刷行业优质生产、诚信经营、业内协作，省局印刷管理处与省工商局合作，在全省开展了“优质双效，守合同重信用”印刷企业的认定公示活动。这项活动，每两年认定公示一次。2010年6月，在市县层层选拔认定的基础上，省里筛选出53家企业进行了授牌。行业企业很看重这块诚信牌，这些活动也较好地体现出对优势企业的宣传和扶持的导向作用。

（二）产业发展的服务方面

1. 协调、起草发展规划，服务重点项目建设

在印刷产业发展规划上，省新闻出版局做了两方面工作，一是在认真调研的基础上，起草了“十二五”发展规划；二是为了做好省里与各市发展规划的衔接，使发展规划更合理更可行，作为重点项目汇报交流会的配套会议，组织了全省印刷产业发展规划汇报交流，使全省印刷产业以“一个中心区，三个产业带”的结构布局和160亿元的产值目标，与各市的规划相衔接，目标一致。2010年在重点项目的建设上，管理处一是召开了全省11个重点项目汇报交流会；二是经过耐心细致的工作，协调稷山翟店镇的首批24家企业办了证（该镇共有108家包装印刷企业，5亿元产值，长期以来一直无证经营），而且进行了全省包装印刷基地和镇的命名，并在2011年6月底进行了授牌。该项工作得到了县政府重视，县委书记专程来太原向省新闻出版局林局长汇报工作；三是给县、镇等地方部门提供信息、政策咨询上的支持。2010年，由省新闻出版局印刷管理处胡晓金处长编制完成的太原市印刷园区的可行性报告，汇同其他重点项目可行性报告及申请政策支持的报告，在汇报交流会上印发，供与会代表互相参考交流，制定本地区的行业发展规划。

2. 协助组织教育培训工作，推动技术进步，人才培养

技术人才是制约山西省印刷业转型升级的关键要素。在太原，省新闻出版局印刷处协调省轻工职业技术学院和主要印刷企业，建立了双向继续教育和实训基地。在运城，省新闻出版局印刷处会同人事教育处，在运城职业技术学院印刷分院建立了全省印刷人才培训基地，2011年6月，省新闻出版局两位局领导专程到运城参加挂牌仪式，并做了开班动员。

3. 组织大学生包装设计大赛，促进包装设计水平的提高

2011 年，继续会同省教育厅、省团委组织了“双合成”杯全省大学生包装设计大赛。参赛高校 20 多所，参赛大学生 1 000 多人，参赛作品 1 200 幅，此项赛事越来越受到大学生和专业设计公司的重视，也逐渐引起了对品牌企业和产品的关注。本赛评委主任、上海包装公司主任、全国著名专家刘维亚为全省的包装设计人员举办了讲座培训。

4. 协调出版物装订工作，努力解决印刷产业发展的瓶颈制约

山西省印刷装订产能萎缩，产品质量不稳定，已经成为印刷产业发展的“肠梗阻”。农家书屋的图书因为装订不出来，耽误出版周期。2011 年启用新教材，教材、教辅生产周期会更短，书市、农家书屋的图书误期情况可能会更严重。2010 年八九月份，省新闻出版局印刷管理处与所有的出版社、主要的期刊社进行了细致、耐心的协调，在得到较好沟通的基础上，召开了全省出版物装订工作座谈会，就装订工作面临的问题和解决办法进行座谈交流，对适量恢复产能、有效提高质量、适当提高工价等问题通过会议纪要的方式，进行了协调商定。会上形成的重要决议对解决出版社与印刷企业之间装订误工、保证出版周期等瓶颈制约问题会起到很好的缓解作用，也利于行业的健康发展。

（山西省新闻出版局印刷业管理处供稿）

辽宁省印刷业

一、行业概要

截至 2010 年底，辽宁省共有印刷企业 3 629 家。全行业从业人员 9.6 万人。年工业总产值 210 亿元，利润总额 8.6 亿元，工业总产出 246.5 亿元，工业增加值 29 亿元，对外加工贸易额 3.5 亿元，外商投资总额 4.2 亿美元，外商注册资金 3.6 亿美元。

（1）2010 年全省印刷企业的数量及从业人数。按管理类别划分：出版物印刷企业 164 家，从业人员 11 906 人；包装装潢印刷企业 1 206 家，从业人员 29 607 人；报纸印刷 11 家，从业人员 313 人；其他印刷企业 2197 家，从业人员 24895 人；外商投资企业 51 家，从业人员 5 432 人，打字复印 3 639 家，从业人员 23 847 人。按企业性质划分：集体企业 467 家，有限责任公司 960 家，股份制企业 166 家，私营企业 1 673 家，个体 312 家，外商投资企业 51 家。

（2）2010 年全省印刷工业总产值、工业总产出。出版物印刷企业工业增加值 5.9 亿元，工业总产值 39 亿元，工业总产出 45.5 亿元。其中，包装装潢印刷企业工业增加值 20.1 亿元，工业总产值 152 亿元，工业总产出 178 亿元；其他印刷品印刷企业工业增加值 3 亿元，工业总产值 19 亿元，工业总产出 23 亿元。

（3）2010 年全省印刷业用纸总量。出版物印刷 36.8 万 t，包装印刷 63.1 万 t，报纸印刷 8.3 万 t，其他印刷 11.9 万 t。

（4）2010 年全省印刷业分类经济指标完成情况。2010 年全省印刷业销售收入总额：出版物印刷 22.7 亿元，包装印刷 91 亿元，报纸印刷 2.5 亿元，其他印刷 21.8 亿元。2010 年全省印刷业完成利税总额：出版物印刷 5.3 亿元，包装印刷 20 亿元，报纸印刷 0.6 亿元，其他印刷 8 亿元。2010 年全省印刷业资产总额：出版物印刷 40.5 亿元，包装印刷 103.9 亿元，报纸印刷 5 亿元，其他印刷 26.8 亿元。2010 年全省印刷业负债总额：出版物印刷 16.8 亿元，包装印刷 32.8 亿元，报纸印刷 5.4 亿元，其他印刷 6.9 亿元。

（5）2010 年全省印刷业分项经济指标完成情况。书刊印刷：销售收入 20 亿元，工业增加值 5.5 亿元，工业总产值 20.5 亿元，工业总产出 23.3 亿元；报纸印刷：销售收入 2.5 亿元，工业增加值 0.3 亿元，工业总产值 2.1 亿元，工业总产出 2.4 亿元；纸包装印刷：销售收入 54 亿元，工业增加值 11.5 亿元，工业总产值 60 亿元，工业总产出 67.9 亿元；金属罐包装印刷：销售收入 2.5 亿元，工业增加值 0.2 亿元，工业总产值 2.5 亿元，工业总产出 2.9 亿元；塑料软包装印刷：销售收入 20 亿元，工业增加值 5.4 亿元，工业总产值 24 亿元，工业总产出 26.9 亿元。

（6）2010 年全省印刷企业拥有印刷设备情况。①印前设备 CTP 直接制版 20 台；②印刷设备：全省进口设备共有 318 台，其中海德堡 200 台，日本小森 30 台，日本滨田 18 台，日本秋山 15 台，日本三菱 26 台，罗兰 29 台；国产印刷设备八开以上的共有 5 668 台，其中，全开印刷机 129 台，对开多色印刷机 1 391 台，对开单色印刷机 1 796 台，四开印刷机 1 165 台，柔版印刷机 30 台，凹版印刷机 182 台，凸版印刷机 98 台，水墨印刷机 54 台，标签印刷机 23 台，不干胶印刷机 106 台，卷筒纸印刷机 115 台，丝网印刷机 24 台，胶印轮转机 37 台，水性印刷机 25 台，数字印刷机 6 台，商业表格印刷机 8 台，其他 479 台；③印后装订连动线 20 台。

二、印刷机械制造业发展迅速

辽宁大族冠华印刷科技股份有限公司是国内知名胶印机制造企业，大族冠华的产品具备六个特征：印刷质量高、性价比高、使用效率高、使用成本低、稳定性高、寿命长。在国内单张纸小幅面印刷机市场，大族冠华已占到60%以上。辽宁大族冠华生产的印刷机不仅占领国内市场，还进军国际市场，在加拿大国际印刷展中，大族冠华展位面积冠绝展会；2010年德国伯明翰展览会，大族冠华更是订购了400m^{2}的展位面积。目前，大族冠华的设备在北美、欧洲、拉丁美洲、东南亚及澳大利亚等国家和地区已成为印刷机械同行最强劲的对手。同时，积极开展与国外企业的合作计划。大族冠华与德国企业合作，共同开发出了面向短版小包装企业的小幅面印刷机；同时联手英国，共同研制出印前CTP系统；而和德国另一家企业合作开发的印后配订折联动线也即将投入生产。

辽宁大族冠华开创了中国印刷机械新形式融资租赁，积极配合国家各项政策，以节能、环保、绿色及低碳为目标，花巨资建立地下水循环和地热供暖系统，并率先实现了碳的零排放。

三、落实印刷行业扶持政策

为了促进辽宁省印刷业更好更快地发展，政府制定了扶持相关的产业发展优惠政策，引导和鼓励印刷企业积极采用新技术、新材料、新工艺、新设备及现代化的管理技术，全面提升企业的综合管理水平、产品质量水平和经济效益；积极鼓励和扶持包装印刷企业特别是中外合资、外商独资企业的发展；鼓励民营企业参与印刷市场的竞争；支持印刷产业集群建设，支持印刷产业园区建设；促进印刷产业经济规模化发展；支持印刷业的信息化建设；按照现代企业制度的要求，整合印刷产业资源，积极适应市场经济发展。

四、管理工作

1. 日常监管

加大对印刷企业日常监管力度，对企业经营行为实行动态跟踪管理，发现问题及时整改，将违法违规行为消灭在萌芽状态。加强与工商部门的协调合作，加大对印刷企业的检查，杜绝无证或证照过期的经营行为，加强印刷经营者守法经营的意识。

2. 年度审核

按总署要求做好年检工作，通过年检，了解整个行业的发展现状，为引导行业企业的发展掌握第一手资料。

3. 质量管理

在质量管理上，辽宁省印刷产品质量监督检验中心对出版物印刷企业进行一年两次的定期检测，并形成检验报告，对有不合格产品的印刷企业进行通报批评；增加对包装类产品的检测工作；贯彻总署质检中心2010年“3.15”少年儿童读物类出版产品质量监督检测活动，对全省出版印刷少儿类图书的出版社、印刷企业进行抽查。

4. 人才培训

①组织参加“第二届全国印刷行业技能大赛”，通过参加技能大赛，对参赛人员进行选拔培训，提高全省印刷队伍的技能水平及印刷技术总体水平，为辽宁省印刷业人才库提供人员储备，同时形成印刷行业对高技能人才成长的鼓励、培养与重视风气，进一步提升印刷行业人才的职业技能水平。②省新闻出版局于2010年11月底进行了两期全省出版物印刷企业法定代表人或负责人法规培训班，并进行了考试，考试合格的发给法规培训证。

五、发挥印刷行业协会作用

辽宁省印刷协会履行指导协调、监督管理、服务维权等职责，积极发挥在行业发展规划、专业人才培养、企业联合体系建设等方面的作用。及时发布行业信息，积极加强与政府部门之间的联系沟通，发挥行业协会联系政府与企业之间的桥梁和纽带作用。

六、出台新举措推动印刷行业发展

1. 2011年将建立5个产业项目

①建设胡台新城印刷包装产业基地，打造集出版物印刷、包装装潢印刷、商务印刷为一体的印刷产业园；②推进辽宁营口大族冠华高新技术产业基地建设，将其建成印刷装备制造、印刷耗材、印刷附属配套、印刷包装等现代化多功能产业基地；③筹建鞍山、本溪、锦州产业园；④组建辽宁报业印刷集团；⑤组建民营印刷集团。

2. 以服务为抓手，引领印刷产业发展

辽宁省新闻出版局作为政府职能部门，将切实履行服务职能，为行业发展搭桥铺路。2011年做好“四个一”，即召开一次第九届东北（沈阳）印刷包装技术设备器材展览会；建立一个辽宁印刷行业多功能管理系统，通过计算机、网络、数据库技术实现行业监管和公共服务；做一次印刷企业普查活动，摸清全省印刷企业的真实情况，为制定政策提供准确的数字依据；搞一次以绿色印刷为主题的论坛，以推进绿色印刷的实施。

（辽宁省新闻出版局印刷业管理处供稿）

吉林省印刷业

一、基本情况

截至2010年末，吉林省有出版物印刷企业205家，包装装潢企业338家，其他印刷品印刷企业877家，专项排版、制版、装订企业52家，外商投资包装装潢企业3家，全行业从业人员29 994人。印刷行业资产总额76.9亿元，年工业总产值58亿元，年用纸量65万t，利税总额9.8亿元。“十一五”期间，吉林省印刷业取得了长足的进步和蓬勃的发展，促进了全省新闻出版事业的繁荣和发展。企业资产保值增值，综合实力增强。2010年，全省印刷行业工业总产值超亿元的企业5家，超5 000万元的企业12家，印刷产业结构不断优化，产业布局日趋合理，印装设备器材多样化，印装生产能力、印装质量大幅度提升，企业竞争力增强。全省有海德堡、曼罗兰、三菱、秋山等六色、五色、四色高档进口印刷设备200多台（套），CTP直接制版系统、数码印刷设备50余台。

2010年，是贯彻落实吉林省新闻出版局《关于加快我省印刷业发展的指导意见》的第二年，在召开的“全省新闻出版工作会议”上，把进一步推动印刷产业加快发展作为重点工作，提出了明确要求。为更好地推进实施印刷产业带项目建设，下发了《关于进一步推动我省印刷业加快发展的几点意见》，提出了总体目标与要求。形成以出版物印刷和包装装潢印刷为主的“两条特色产业带”，实现产业集聚，扩大产业规模，优化产业品质，经过一年多的执行和实践，收到了明显成效。效果体现在以下几个方面：一是各地新闻出版行政管理部门对发展印刷业提高了认识、引起了重视。长春市在省新闻出版局的帮助下，兴建了长春文化印刷产业开发区，该园区在省政府的高度重视下被确定为省级开发区。截至2010年年底，该园区已完成了七通一平基础建设，完成项目布局1.2km^2，入驻企业34户，累计完成投资额25.53亿元，实现地区产值12.32亿元，工业总产值7.25亿元，工业增加值2亿元。吉林市在加强调研的基础上，提出了兴建包装印刷工业园区的规划，得到了市政府的高度重视和肯定，目前的招商引资和园区筹建工作很富成效，已与深圳、温州商会签订了25亿元投资兴建印刷园区的意向协议。通化市依托药业、食品、饮品及土特产品加工等丰富的印刷资源，引进了2家总投资额3.5亿元的印刷企业，目前已相继建成投产。辽源市已确定兴建15万m^{2}的印刷包装工业园区，计划投资1.5亿元，预计年销售收入6亿元，目前已开始招商引资工作。二是印刷企业增强了发展信心，加大了技术改造和技术进步的步伐。一年来，引进了国内外先进设备50多台(套)，为近几年数量最多。吉林省出版物印刷龙头企业长春新华印刷有限公司正在提速发展，继股份制改造之后，又完成了集团化改造，总投资5亿元的新华印刷产业园区建设项目于2010年5月在长春经开区破土动工。全省印刷业呈现了前所未有的发展势头。

二、印刷复制产业发展重要举措

1. 统一思想，提高认识，形成合力

转变观念，认认真真、扎扎实实地做好为印刷复制企业服务，为经营者、创业者服务工作，营造和谐创业的政务环境，大力推进全省印刷复制产业的健康快速发展。为此，一是要想尽办法积极争取各级党委和政府对全省印刷复制产业发展的重视和支持。二是要统一全省各级新闻出版行政部门的思想，调动全省新闻出版行政部门工作人员的积极性。三是争取各级工商、物价、公安、文化等行政部门的大力支持，创造印刷复制产业快速健康发展的良好政务环境。

2. 科学调控，市场调节，做大总量

在宏观调控印刷复制企业数量的前提下，稳步发展出版物印刷和光盘复制企业。目前，全省出版物印刷企业低水平生产能力过剩，高水平生产能力不足，因此，对出版物印刷企业，规范审批程序，严格审批手续，严把准入门槛。重点发展先进印刷生产力，资金雄厚、技术先进的出版物印刷企业，尽快改变全省出版物印刷企业的面貌。对一些规模比较小的出版物印刷企业，引导它们走联合发展之路，形成优势互补，资源共享。

3. 大力发展包装装潢印刷

积极鼓励和重点发展包装装潢印刷品印刷企业，只要符合条件的，都予以准入，对非公有资本和外资进入包装装潢印刷企业给予大力支持。对规模大、资金雄厚、技术先进的包装装潢印刷企业予以优先审批和大力扶持。面向市场，发展其他印刷品印刷，积极引导其他印刷品印刷企业向“专、特、精、新”方向发展。

4. 加强引导，强化监管，规范经营

严把印刷复制企业准入门槛，按照《印刷业管理条例》、《印刷业经营者资格条件暂行规定》、《设立外商投资印刷企业暂行规定》等法规规章文件的要求，科学建立符合全省印刷复制产业发展需要的企业准入条件和程序，将企业印刷复制设备配置情况作为重点审查项目，严格把关。对日常监管、质量管理、年检和专项治理工作中发现的违法违规企业加大监管力度，对整改后仍达不到条件的，通过深入细致的工作，积极妥善地使其退出印刷复制领域。

5. 建立健全管理体制，加强日常监管，确保印刷复制产业的健康发展

省新闻出版局继续坚持各项行之有效的管理制度，如印刷经营许可制度、出版物印刷（复制）委托书制度、内部资料性出版物准印制度、驻光盘复制企业监督员制度、印刷品承印管理制度、印刷复制产品质量检测认定制度、印刷复制企业年检制度等，建立印刷复制企业守法诚信档案制度及公告制度。坚持不懈地进行整顿和规范印刷复制市场秩序，依法查处违法违规印刷复制经营行为，坚决防止印刷复制企业成为非法出版物和盗版出版物的源头。

6. 积极推进印刷复制企业建立现代企业制度和加大技术改造

鼓励和支持印刷复制企业进一步深化体制和机制的改革，不断提高市场竞争能力和科技创新能力。同时，积极鼓励和支持印刷复制企业的技术改造，促进全省印刷业的技术进步。鼓励企业积极推广CTP直接制版系统的应用，发展数字化印刷。

7. 加强印刷复制产品质量管理

以"质量第一，消费者至上"为宗旨，切实加大印刷产品质量的监督检测认定工作。不断提高监督检测人员的技术水平，拓宽监督检测范围，规范监督检测程序，建立监督检测制度，用监督检测手段，提高全省印制复制产品质量，特别是出版物印制质量有明显的提升。通过省新闻出版局组织书刊送样检测，吉林省出版物印刷质量检测全省家出版单位和50家印刷企业送检的图书、课本样本，共检测图书2 051种，优等品110种，一等品222种，不合格品20种，不合格品比2009年下降了0.5个百分点。

8. 积极发挥省、市印刷业行业协会的作用

转变观念，逐步实现印刷复制行业管理的社会化，积极发挥省、市印刷业协会的作用，推动协会工作的顺利开展，使印刷业协会实现自我管理、自我约束、自我服务、自我发展，成为印刷复制行业自律的重要力量。

（吉林省新闻出版局印刷复制业管理处供稿）

黑龙江省印刷业

一、行业概要

截至2010年底，全省共有印刷企业4 533家，其中，出版物印刷（包括专项企业）197家，包装装潢企业26家，其他印刷品1 545家，打字复印企业2 765家，从业人员31 578人。

全省印刷企业总资产33.5亿元，比2009年增长10.7%；实现工业总产值34.6亿元，比2009增长14.2%；主营业务收入31.3亿元，比2009年增长13.1%；利润总额2.3亿元，比2009年增长5.6%；工业增加值9.9亿元，比2009年增长8.3%。

2010年全省年主营业务收入500万元以上印刷企业共54家，主营业务收入142 741万元，占全省印刷业主营业务收入的42.6%；年主营业务收入1 000万元以上印刷企业35家，其中，年主营业务收入超过亿元的企业为黑龙江日报印务中心，年主营业务收入2.18亿元。

2010年全省出版物印刷单位（包括专项企业）197家，实现工业销售产值13.4亿元，比2009年增长20.9%；黑白印刷产量897万令；彩色印刷产量2 152万对开色令；书刊装订产量481万令；印刷用纸321万令，7.6万t。

二、管理工作

1. 积极发挥政府部门的调控和引导作用，扶持印刷业发展

根据全省指导新闻出版业发展的指导意见，充分发挥行政审批资源配置的政治性、政策性作用，为印刷业发展提速助力。为民间资本进入开辟通道，降低准入门槛，减少程序，提高审批效率。鼓励投资发展绿色印刷，淘汰落后产能；扶持发展无毒、无害、环保、高档包装装潢为主的包装印刷；鼓励民营印刷企业入驻哈尔滨印刷出版科技工业园区，改变目前哈尔滨市所属印刷企业小、散、弱和产能落后、无序竞争的状态，形成竞争力。积极与有关部门协调，依据国家财税〔2009〕31号、〔2009〕34号文件精神，细化具体落实措施，使印刷企业在投资项目立项、申请、印刷设备进口和税收等方面享受与其他文化企业同等的优惠政策。依据黑新出厅字〔2009〕584号、财税〔2009〕147号文件精神，做好全省印刷系统享受实行增值税和营业税税收优惠政策单位的争取工作。

2. 深入调研，认真搞好印刷业“十二五”规划布局

2010年初开始，新闻出版局印刷处着手总结“十一五”规划执行情况，并深入实际开展广泛调研，征求基层新闻出版行政部门和行业协会、部分企业对“十一五”规划执行情况的意见和对制定“十二五”规划的建议。同时，结合行业年检、年审以及全省印刷业年度统计工作，对预设目标进行分析、测定。着眼提高全省印刷业整体实力，加快现有产业结构、产品结构的调整和优化，以促进发展方式的转变和推进行业全面进步为目标，制定了全省印刷业“十二五”规划。在指导思想上，坚持政府引导和市场机制相结合，优化结构，合理布局，提高质量，规范经营，逐步建立并形成竞争有序、调控有力、规划科学、增效明显的印刷业新格局，实现全省印刷业的健康快速发展。转变增长方式，发挥独特优势，走差异化发展道路，在巩固传统印刷业基础上，培育更多的专、精、特、新的现代印刷企业，创知名企业、知名品牌，培育形成既相互平等竞争，又优势互补的良好的市场环境和秩序；努力提高印刷企业集团化、集约化、规模化，打造印刷业旗舰，形成综合竞争力，提高对全省文化产业的贡献率。

3. 支持大项目建设，牵引印刷业做强做大

大力支持省出版集团推进所属印刷企业改革改制工作，转换经营机制，有效盘活各种资源，实现投资主体多元化，建立现代法人治理结构，实行集团化、集约化经营，积极开拓市场，提高企业的核心竞争力，打造全省综合性印刷龙头企业。支持其以出版集团教材中心、黑龙江教育出版社有限公司、省印刷物资公司、省新闻出版进出口公司、黑龙江新华印刷厂、黑龙江新华印刷二厂有限公司、黑龙江神龙联合制版印务有限公司为主体，建设黑龙江省义务教育教材生产基地，构建以印刷义教教材教辅图书、精品图书和包装生产制造为基础，物流和配送为支撑，原材料供应、产品设计、排版制版等整个供应链紧密结合，音像、杂志、报刊等文化印刷品和药品、食品印刷包装业共生发展的综合产业集群。支持哈尔滨印刷出版科技工业园区建设。

2010年内完成了哈尔滨印刷出版科技工业园区建设前期论证规划，已进入实质性建设阶段。该项目2011年开工建设，预计总投资16亿元，建设面积80万m^2，年产值80亿元。哈尔滨市已有31家印刷企业与园区签订了入区协议。省新闻出版局印刷发行管理处支持大庆传媒信集团有限公司以大庆文化创意园区为依托，以打造该地区高端印刷包装市场龙头企业为目标的百湖印务公司建设。目前已完成项目立项和可行性研究报告编制，以及设备订货等工作，项目投资总额9 500万元，2011年11月调试投产，预计年新增收入6 200万元。支持省报业集团大庆包装装潢印刷基地建设。

4. 以“印刷质量年”活动为平台，全面提升印刷管理水平

为推动印刷企业的技术进步和人才素质的提高，从2010年3月初开始，在全省印刷行业普遍开展了以印刷质量专项检查活动，评比竞赛，岗位培训为重点的“印刷质量管理年”活动。一是完成了2009年下半年全省书报刊送样检测工作。共检测50家送样书刊822种，其中，检测教材387种，一般图书218种，期刊及内部性资料217种，报纸366种。二是开展了2010年“3.15”少年儿童读物类专项质检活动。制定下发了工作方案，明确了检测的主要任务、内容、范围、方式和时间安排、具体要求等。共抽检批质量图书12种，检测书店购书20种，期刊社送样期刊10种。三是完成了农家书屋图书质量抽检工作。组织专家检测组在农家书屋出版物到货的第一时间进入储运现场，连续对农家书屋图书印制质量集中进行批质量跟踪抽样、同步检测。共抽检了103家出版社出版的图书1 197种、38 176册。对23种单册不合格的图书，及时通知出版单位进行了调换；对11种批质量不合格的图书责令全部返货重新加工，经复检合格后才准予发出。四是对中小学教材开展专项抽查检测。共抽检中小学教材86种，对批质量印刷不合格的9种教材，要求印刷企业进行全面整改。五是认真组织开展了第二届全省印刷行业职业技能大赛工作。与省人力资源和社会保障厅联合下发了竞赛通知及竞赛活动实施方案，详细制定了各个工种的比赛细则、评分标准，举办了印刷工种技术培训。在规定的三个工种中，报名参赛选手有115名，推荐参加全国大赛选手16名，其中有1名选手获得网版印刷职工组第12名。六是组织28家印刷企业参加了在沈阳举办的东北地区印刷设备展，拓宽视野，开展合作，鼓励企业对现有印刷设备进行升级改造，提高工效。七是组织省内部分印刷企业研讨印刷工价指导价格，避免或减少发生恶性压价、抬价等情况，营造平等的市场竞争环境。2010年省新闻出版局印刷发行管理处组织了百名印刷企业厂长、经理培训。开展经常性的检查，严厉查处违规违法行为。结合年检，了解印刷业的经营行为，对有违规行为的企业，以列入“黑名单”的形式，不予年检或予以缓检，鼓励合法经营、守法经营。在中小学教材印刷期间，多次到印刷企业督促检查，现场解决问题。

（黑龙江省新闻出版局印刷发行管理处供稿）

上海市印刷业

一、行业概要

2010年底，上海市有注册印刷企业4 945家，截至2011年2月28日，通过2010年年度核验的印刷企业有4 606家，未通过年度核验的印刷企业有339家，其中，约240家印刷企业已不再经营，约100家印刷企业由于各种原因暂缓通过年度核验，这339家印刷企业对发布的2010年上海印刷业年度报告基本不产生影响。2010年与2009年上海印刷业的对比数据，是按照2010年3月10日截止的2009年核验通过的4 614家印刷企业与2010年核验通过的4 606家印刷企业的对比数据。

1. 2010年上海印刷业经济指标完成情况

2010年全市印刷工业总产值为585.70亿元，比2009年的483.03亿元增加了102.67亿元，增长了21.26%；销售收入为568.26亿元，比2009年的483.00亿元增加了85.26亿元，增长了17.65%；利润总额为47.68亿元，比2009年的39.53亿元增加了8.15亿元，增长了20.62%；工业增加值为159.14亿元，比2009年的137.74亿元增加了21.40亿元，增长了15.54%；工业总产出为610.86亿元，比2009年的507.12亿元增加了103.74亿元，增长了20.46%；总资产为756.11亿元，比2009年619.12亿元增加了136.99亿元，增长了22.13%；净资产为415.16亿元，比2009年的333.70亿元增加了81.46亿元，增长了24.41%；对外加工贸易总额为46.24亿元，比2009年的32.95亿元增加了13.29亿元，增加了40.33%；数字印刷销售收入为5.96亿元，比2009年的4.98亿元增加了0.98亿元，增长了19.68%；全年应付工资总额为51.78亿元，比2009年应付工资总额44.51亿元增加了7.27亿元，增长了16.33%；应交增值税、营业税等税费总额为25.10亿元，比2009年的23.10亿元增加了2.00亿元，增长了8.66%。

2. 2010年上海市印刷企业从业人员情况

通过2010年年度核验的4 606家印刷企业中，上海市印刷企业从业人员总数为160 238人，比2009年的156 236人增加了4 002人，增长了2.56%；技术岗位上的员工总数为30 193人，占上海印刷企业从业人员总数的18.84%，其中，技师（含高级技师）人数为1 698人，占技术岗位员工总数的5.62%；高级工人数为3 501人，占技术岗位员工总数的11.60%；中级工人数为7 988人，占技术岗位员工总数的26.46%；初级工人数为13 678人，占技术岗位员工总数的45.30%；没有等级工的人数为3 328人，占技术岗位员工总数的11.02%。

3. 2010年上海印刷企业新增数字印刷设备情况

据2010年核验印刷企业数据显示，上海市印刷企业新增的数字印刷设备分别为：新增卷筒纸生产型数字印刷机（激光）6台，均为进口设备；新增单张纸生产型数字印刷机（激光）35台，其中，国产设备11台、进口设备23台；新增卷筒纸生产型数字印刷机（喷墨）6台，均为进口；新增单张纸生产型数字印刷机（喷墨）10台，其中，国产设备3台、进口设备7台。

二、管理工作

2010年，上海新闻出版局印刷处始终坚持以加快转变经济发展方式，开创科学发展新局面为指导，认真贯彻新闻出版总署各项工作精神和要求，按照上海印刷产业发展实际情况以及局2010年工作要点，落实印刷复制业各项工作。主要体现在以下六个方面：

1. 以服务世博为宗旨，全力以赴做好各项世博工作

开启世博印刷品绿色通道，建立印刷质量监督、检测、评估及咨询专家组，举办关于迎世博印刷质量检测标准的培训，制定检测标准，对印刷产品进行质量监督检测；制定推荐标准，向社会推荐上海世博会

印刷服务供应商；举行专题会议，有效推动迎世博印刷质量工程活动顺利进行，协同上海市工商行政管理局等相关部门，全力做好世博会印刷行业安全群防群治工作。

2. 以“调结构、促转型”为重心，用项目推动印刷产业优化升级

2010年成立了金山国家绿色创意印刷示范园区，启动无线射频识别（RFID）的科研项目，推动RFID作为战略性新兴产业在印刷行业的应用，启动“绿色”环保项目，教材环保印刷试点工作取得实质性突破，充分调研，认真编制上海市印刷行业“十二五”规划，精心组织第四届上海印刷大奖评选活动，以企业竞争力排名和上海印刷大奖引领印刷业发展。

3. 以上海国际印刷周为亮点，树立印刷行业整体形象

2010年7月6～10日，“2010上海国际印刷周暨上海国际印刷包装产品交易会”顺利举行，与以往相比，这届印刷周主要有以下特色：凸显世博主题，深化数字专区，使印刷周成为展现印刷与世博、印刷与生活精彩融合的广阔舞台；更新参展理念，提升展示质量，使印刷周逐渐成为集展示、贸易洽谈、上下游联动功能为一身的综合性展览会；注重活动实效，促进产业链交流，使印刷周真正实现政府、企业和客商的牵手共赢；强化学术内涵，用科技支撑平台，使印刷周对印刷产业发展的引领、凝聚和推动效应日益增强；扩大展示规模，打造区域品牌，使印刷周逐步成为长三角整个区域印刷企业的贸易和服务平台；密切联动媒体，加大宣传力度，使上海国际印刷周成为全社会知晓和关心的一次印刷盛会。

4. 大力开发软件并推广使用，切实提高印刷业网络信息管理工作

进一步完善、改进“上海印刷业统计分析、年度核验系统”软件应用；完成上海市印刷企业备案管理系统，并逐渐推广使用。

5. 以转变政府职能为核心，深化行政管理体制改革

按照新闻出版总署的部署和要求，作为政府职能部门之一，在全局的统一部署和指导下，印刷管理处认真做好各项行政审批、行政服务和日常管理工作，积极转变政府职能，深化行政管理体制改革，为企业发展搭建平台、保驾护航。认真指导各区县文化管理部门做好印刷业监督管理工作，联合市“扫黄打非”办公室、市文化执法总队，做好印刷企业的专项检查。

6. 以质检活动为抓手，促进印刷产业健康发展

2010年，市新闻出版局印刷处在质量监督检测方面投入了大量的人力和物力，开展了一系列的质量监督检测活动，认真组织完成新闻出版总署2010年“3·15”少年儿童读物类出版产品质量监督检测活动，认真进行2009年沪版教材印制质量评比活动，认真进行2010年春季、秋季沪版教材印制质量专项检测活动。

7. 以贯彻国家新闻出版总署“走出去”战略为目标，组织上海印刷企业参加法兰克福书展

2010年10月6～11日，全局组织了上海界龙实业集团股份有限公司、上海中华商务联合印刷有限公司、上海印刷（集团）有限公司、上海港宝（彩印）上海有限公司、上海昌鑫龙印务有限公司、上海复旦四维印刷有限公司、上海图宇印务有限公司7家优秀印刷企业共15人参加2010法兰克福书展。此次参展是上海印刷业连续第五次现身这一素有出版业的“奥运会”之称的盛会，通过参展，充分展示了上海优秀印刷企业的风采，有效开拓了海外印刷市场。

8. 以人才培训和培养为手段，为印刷产业发展凝聚能源和动力

在局的统一领导和部署下，全局充分认识培训工作的重要性，明确培训是培育和形成共同的价值观、增强凝聚力的关键性工作，是树立终身学习意识、建立学习型组织的最佳手段。为此，印刷管理处认真制定培训计划，努力从各方面有效落实培训工作。具体包括印刷法律法规的培训、协助相关部门做好全国印刷行业职业技能大赛的筹备和参赛工作、协助相关部门做好2010年本市印刷行业职工技术登高活动等。

（上海市新闻出版局印刷业管理处供稿）

浙江省印刷业

一、行业概要

截至2010年底，全省共有各类印刷企业15 953家，其中，出版物印刷企业455家（含年画挂历专项印刷企业129家），包装装潢印刷品印刷企业8 186家，其他印刷品印刷企业6 896家，专项排版、制版、装订企业416家，上述总数中含外商投资印刷企业92家。全行业从业人员55.69万人。全年印刷业资产总额1 081.75亿元，工业总产值1 243.85亿元，对外加工贸易额 26.49 亿元。全省印刷总产值 5 000 万元以上的规模企业有 257 家，工业总产值达 431.08 亿元。

全省出版物印刷企业积极实施“走出去”战略，承印境外出版物数量大幅增加。2010 年，全省共有 23 家出版物印刷企业承接办理美国、英国、法国、俄罗斯、澳大利亚、新加坡、南非、加拿大及以色列等国家委托印刷境外出版物 389 个品种，各印刷企业共印刷图书 2 266.74 万册。

二、认真完成印刷企业年度核验工作

根据新闻出版总署的要求和浙江省印刷业发展的实际，省新闻出版局（简称省局）根据已经实施的委托管理措施，对年度核验工作采取了分类实施的办法，规定以县（市、区）、市行政区划为单位，各县（市、区）、市文化广电新闻出版局负责本辖区包装装潢、其他印刷品印刷企业、打字复印单位的年度核验工作。省局直接负责对出版物印刷企业和外商投资印刷企业的年度核验工作，确保了整个年度核验工作有步骤、有计划地开展。为扎实搞好全省印刷企业年度核验工作，省局于 2010 年 12 月 9 ~ 10 日在杭州召开了全省印刷管理工作会议，会议根据新闻出版总署《印刷企业年度核验工作的指导意见》和《关于开展 2011 年印刷企业年度核验工作的通知》要求，对全省各类印刷企业年度核验换证工作作了部署安排，各市、县分管领导和印刷管理职能部门负责人约 200 人参加了会议。之后，又及时对各印刷企业发出《关于开展印刷企业年度核验工作的通知》。同时，在 2010 年 12 月 13 日《浙江日报》要闻版上发布《关于全省印刷企业年度核验公告》。各地、市、县在省里作出统一部署后，及时行动，相继召开市县年度核验工作会议，全面展开印刷企业年度核验工作。截至 2011 年 4 月底，全省各地已圆满完成印刷企业年度核验工作。

三、认真开展印刷业发展状况调研

为科学制订全省印刷业“十二五”发展规划，确定了印刷业转型升级发展调研课题。该课题被省委宣传部列为合作调研课题。通过调研，摸清全省印刷业发展现状，找准制约发展的主要问题，理清下一步发展思路，推动全省印刷业转型升级，加快发展。调研采取召开座谈会、实地查看、问卷调查、听取介绍等方式进行。2010 年 3 月初以来，在局领导带领下，先后到苍南、温州、杭州、衢州、海盐及湖州等市县进行了调研，在苍南召开了有 10 家大型印刷企业负责人参加的座谈会，在衢州召开的全省新闻出版局长座谈会上听取了各地印刷业发展状况的介绍，先后实地考察了温州东经控股集团、温州新华印刷厂、北大方印务公司、杭州长命印务公司、海盐横港印刷园区和汉坊印刷城、海盐华鑫印刷实业公司、浙江云广材料有限公司、湖州天外绿色包装印刷公司等企业，发放了 650 份“印刷企业问卷调查表”。同时，还根据新闻出版总署的要求，进行了规模以上企业的调查统计。在此基础上撰写了《浙江印刷业转型升级发展研究》的调研报告，全面梳理了我省印刷业发展取得的成绩、发展特点和存在的问题，分析了当前印刷业发展面临的形势，提出了下一步发展的目标和措施。

四、继续进行“3.15”印刷质量检查活动

为履行质量监管职责，促进新闻出版产业发展方式转变，新闻出版总署决定，每年的 3 月 15 日启动印刷质量检测活动。2010 年活动的主题是对少年儿童读物类出版产品专项质检活动，与往年不同的是，2010 年“3·15”质检活动扩大了质检范围、增加了质检项目。根据新闻出版总署的要求，全省从 3 月到 8 月底，认真开展了此项活动，先后为开展这项活动成立了领导小组，落实了任务分工，制定了实施方案，向全省发出了活动通知。全省共抽样检测适合少年儿童阅读的纸质出版产品 42 种、1 024 册，其中，少儿读物 18 种、576 册，少儿类教材教辅 14 种、448 册，少儿类期刊 10 种、280 册；抽样检测适合少年儿童视听的光盘产品 8 种、60 片，涉及复制单位 2 家、出版单位 5 家；采集环保质量检测样品 13 种，其中，固体胶 6 种、液态胶 3 种、覆膜纸质品 4 种。经组织专家，按照 CMA 管理体系的要求和规范程序检测，42 种纸质出版产品印制质量全部符合质量标准。

与此同时，全省印刷产品质量检验站根据省局的要求，组织力量对 2010 年春、秋两季中小学教材教辅读物进行了印刷质量抽检，春季教材教辅共抽检 48 种、1 536 册，批质量全部合格；秋季教材教辅共抽检 61 种、1 952 册，1 种教辅读物批质量不合格。抽检结果先后以省局名义通报有关单位。

五、开展浙江省印刷行业职业技能大赛暨第二届全国印刷行业职业技能大赛浙江初赛活动

2010 年 5 月 14 日，新闻出版总署、人力资源和社会保障部联合下发《关于举办第二届全国印刷行业职业技能大赛的通知》。按照该通知

的要求，与上届大赛相比，这届大赛增加了竞赛工种，扩大了学生组参赛范围。为做好大赛工作，经与省人力资源和社会保障厅协商，明确本次大赛由两个单位主办，省印刷协会、省报业协会承办，各市印协协办；根据省实际将本次大赛冠以“浙江省印刷行业职业技能大赛”名义；确定了大赛奖励范围，并下发了通知。经各地和有关学校选拔推荐，共有115名选手参加了省组织的平版印刷工、平版制版工竞赛，其中平版印刷工学生组11名，职工组（单张纸）21名，职工组（卷筒纸）29名；平版制版工学生组21名，职工组33名。全体参赛选手进行了理论和实际操作竞赛，共有97名选手取得了理论和实际操作合格以上成绩。之后，分别派出选手参加了各个工种的全国决赛，其中，平版印刷职工报轮组取得了全国决赛第1名、第2名、第3名、第5名的优异成绩，平版制版职工组1人取得全国第8名好成绩，网版印刷学生组1人获第4名，网版印刷职工组2人分别获第8、第9名。

六、积极组织参加中国出版政府奖评选推荐活动

根据新闻出版总署《关于开展第二届中国出版政府奖评选推荐活动的通知》要求，组织全省有关印刷、复制企业先后申报了参评产品16种，其中，出版物印刷产品14种、光盘2种，经审核，推荐了7种纸质产品、2种光盘产品参加第二届中国出版政府奖印刷复制奖的评选。经新闻出版总署组织评选，浙江影天印业有限公司印制的《宋画全集》（第七卷）荣获第二届中国出版政府奖印刷复制奖，浙江华虹光电集团有限公司复制的《中国艺术动画30年》获印刷复制提名奖。

（浙江省新闻出版局印刷复制管理处供稿）

江西省印刷业

一、行业概要

截至2010年年底，江西省共有印刷企业3 614家，从业人数约59 694人。其中，出版物印刷企业127家，包装装潢印刷企业486家，其他印刷品印刷企业1 197家，专项印刷企业13家，打字复印店1 791家。

2010年，全省出版物印刷工业总产量中黑白印刷531万令，彩色印刷1 171万对开色令。全省印刷工业总产值约110.86亿元，同比增长30.5%。全省印刷业用纸总量38.10万t。全省印刷业销售收入总额118万元，完成利税总额15万元，资产总额171万元，负债总额66万元。

二、2010年全省印刷业发展特点

1. 包装装潢印刷发展迅猛

全省印刷行业中超5 000万元的重点印刷企业达28家，其中，以包装装潢业务为主的企业达到24家，占85%。形成了一批以客家彩印为龙头的骨干企业。

2. 产业集群度不断提高

目前全省11个设区、市中，有7个市提出了印刷产业园区建设规划，其中，上高和赣州印刷产业园优势明显，一批资金雄厚、管理先进、设备优良的企业已入驻园区，并为其他印刷园区建设提供了经验，真正形成了大力发展印刷复制业的良好势头。

3. 各地印刷产业发展不均衡

由于南昌、宜春、赣州三地区位优势明显，印刷产业重视程度高，招商引资力度大，加上当地政府出台的措施有力，方法得当，使印刷产业得到了快速发展，三地印刷工业总产值占全省印刷工业总产值的70%左右，以南昌、宜春、赣州为主的赣中赣南印刷走廊初步形成。

4. 印刷企业小、散、乱的情况还比较突出

全省3 614家企业中，产值超5000万元的企业只有28家，产值超1 000万元的企业，只占30% ~ 40%，规模小、家庭作坊型企业不在少数。

5. 出版物印刷企业盈利能力有所下降

绝大多数出版物印刷企业受业务量萎缩和印刷工价降低的影响，销售收入和利润指标继续下滑，有的企业连续出现亏损。

6. 企业招工难的矛盾日益凸显

从省新闻出版局印刷管理处走访调研的情况来看，多数印刷企业都反映招工难，特别是高层次管理人员和高档次的技术人才短缺，招工难直接导致企业人力成本增加，加重了企业负担，企业盈利能力下降。

（江西省新闻出版局印刷业管理处供稿）

湖北省印刷业

一、基本情况

1. 印刷企业总数

截至2010年底，湖北省共有印刷企业6 076家。其中，出版物印刷企业310家，包装装潢印刷企业480家，出版物专项企业（包括内部资料印刷企业）90家，专营数字印刷企业4家，其他印刷品印刷企业1 572家，复印、影印、打字单位3 620家，从业人员11万多人。如果不计复印、影印、打字（简称“三印”）企业，全省印刷企业总量为2 456家，从业人员9万多人。其中，国有企业75家，占3.05%；集体企业56家，占2.28%；民营企业2 297家，占93.53%；中外合资企业18家，占0.73%；外资企业7家，占0.29%；外商投资股份有限公司3家，占0.12%。

2. 印刷企业生产状况

2010年，全省印刷企业（含复印、影印、打字单位）工业总产值185亿元。其中，书刊印刷工业总产值为42.2亿元，包装印刷工业总产值为108亿元，报纸印刷工业总产值为8.8亿元，其他印刷工业总产值为22亿元，“三印”企业总产值为4亿元。全省印刷工业总产量为4 580万令，比2009年同期增长了8.27%。其中，书刊印刷工业总产量为1 320万令，比2009年同期增长了2.33%；包装印刷工业总产量为1 810万令，比2009年同期增长了19.78%；报纸印刷工业总产量为813万令，比2009年同期增长了0.50%；其他印刷工业总产量为637万令，比2009年同期增长了2.74%。2010年全省印刷企业全年用纸总量为145.2万t。其中，书刊印刷全年用纸总量为47.37万t，包装印刷全年用纸总量为59.95万t，报纸印刷全年用纸总量为15.08万t，其他印刷全年用纸总量为22.80万t。

3. 印刷企业经营状况

2010年，全省印刷企业（含复印、影印、打字单位）全年销售收入达到184.51亿元，年税金3.01亿元，年利润总额13.65亿元，全年资产总额140.76亿元，全年负债总额33.54亿元。其中，书刊印刷企业年销售收入为42.10亿元，年税金0.48亿元，年利润总额2.87亿元，全年资总额42.99亿元，全年负债总额20.20亿元；包装印刷企业年销售收入为108.27亿元，年税金2.07亿元，年利润总额9.16亿元，全年资产总额77.60亿元，全年负债总额8.53亿元；报纸印刷企业年销售收入为8.80万元，年税金230.65万元，年利润总额7 000万元，全年资产总额8.46亿元，全年负债总额1.98亿元；其他印刷企业年销售收入为21.35亿元，年税金4 392万元，年利润总额9212万元，全年资产总额11.72亿元，全年负债总额2.83亿元。

二、印刷复制业管理工作情况

1. 开展法规培训，搞好专项检查，做好管理工作，为全国人大、政协“两会”期间营造良好的文化环境

一是结合年检普遍开展了印刷法规培训，提高了印刷业经营者的法律法规意识。省新闻出版局印刷管理处将年检工作作为管理的重要手段，周密部署，精心组织，严格标准，高质量地完成了年检任务，促进了管理工作有序进行。年检工作中，各地将年度核验工作与法规培训、日常监管和推进产业发展相结合，不断创新管理思路，创新管理手段。据统计，全省各级出版印刷主管部门共举办法规培训班42期，培训印刷企业法人及相关负责人2 300人次。二是认真部署全省印刷复制企业专项检查，确保2010年全国人大、政协“两会”期间出版物市场繁荣有序、社会和谐稳定及意识形态安全。从专项检查的情况看，没有发现印刷政治性非法出版物、淫秽色情和影响青少年健康成长的低俗不良出版物的现象。绝大多数印刷企业都能严格自律、规范生产、守法经营。三是把对印刷复制企业的专项检查纳入全省2010年“扫黄打非”行动，采取不同形式开展了对印刷复制企业的专项检查。为确保湖北省出版物市场健康平稳有序，省“扫黄打非”工作小组办公室会同部分地市“扫黄”办组成暗访检查组，对武汉、黄石、襄樊、荆州、宜昌、十堰、孝感、荆门、鄂州、黄冈、咸宁、随州、仙佻、潜江及天门15个地、市的出版物市场和印刷企业进行了暗访检查，这次“扫黄打非”集中行动和专项检查工作取得了明显成效。

2. 积极推动印刷工业园区建设，加大承接转移和招商引资力度，促进全省印刷业发展

一是2010年全省印刷招商引资20多亿元，在建、拟建和已建印

刷工业园17家。二是向新闻出版总署（简称“总署”）组织申报了9个改革发展项目，其中，“新闻出版用改性石头纸系统工程的研制与产业化”项目和《红光高清NVD15GB光盘系统技术及样机研发项目》已入围总署新闻出版业发展项目。三是2010年在全国百强印刷企业评选中，全省有14家企业入围，6家企业入选全国百强，入选百强数在全国排名第五，中部地区第一。四是组织开展了第三届“湖北印刷企业50强”评选活动，50强企业工业总产值达到82亿元，占全省印刷工业总产值的44%。五是在“湖北文化产业招商博览会签约仪式”和“文化产业项目专题推介会”上，组织签约5个印刷产业项目，签约资金达到10亿元。

3. 加强质量管理，全面提高全省印刷质量水平

一是开展了2010年“3·15”少年儿童读物类出版产品质量监督检测活动。此次活动共抽样检测总品种124种（含教辅8种），总数量2 096册（含教辅154册）。其中，批质量检测59种1 484册，单册检测65种612册；抽检了29种不同版（期）的报纸期刊，抽检总数为145册（份）。经检测，没有发现批质量不合格产品。在检测过程中，注重程序，有调研、有计划、有记录、有结论，确保检测工作公平、公正及公开，做到了严格按照要求开展工作，保证了工作程序到位，操作方法规范，取得了明显成效。圆满完成总署安排的各项任务，受到总署表扬，被评为“先进管理部门”。二是开展了2010年春秋季中小学教材印刷质量抽检和全省出版物印刷质量检测认定。共抽检教材133种，经检测，没有批质量不合格产品。2010年度全省送检样书4 532种，认定为省优产品3 841种，优质品率达到84.75%，全省书刊印刷质量水平稳步提高。

4. 增强服务意识，做好服务工作，提升服务水平

一是举办学习贯彻《湖北省书刊印刷指导工价》培训班，为企业解决实际问题。二是组织参加第二届全国印刷行业职业技能大赛和举办第二届全省印刷行业职业技能大赛，提高全省印刷技术水平。在全国印刷大赛上，湖北省获二等奖的有3名，获三等奖的有20名，获优秀奖的有16名。湖北省新闻出版局被评为优秀组织奖。

（湖北省新闻出版局印刷业管理处供稿）

广西壮族自治区印刷业

一、行业概要

截至2010年12月，广西壮族自治区共有印刷企业1 588家，其中，出版物印刷企业180家，包装装潢印刷企业541家，其他印刷品印刷企业867家；复制企业3家，其中，光盘复制企业2家，磁盘复制企业1家。全区国营印刷企业66家，民营印刷企业1 522家。印刷复制从业人员41 434人。

2010年，广西印刷企业完成工业总产值69.47亿元，比上年略有增长，其中，出版物印刷企业18.89亿元，占27.19%；包装装璜印刷企业43.45亿元，占62.55%；其他印刷品企业7.13亿元，占10.26%。全行业实现销售收入65.95亿元，其中，出版物印刷17.46亿元，包装装璜印刷品印刷41.58亿元，其他印刷品印刷6.91亿元。全行业实现利润总额5.92亿元。全自治区印刷企业拥有资产总额83.93亿元，其中，出版物印刷企业35.85亿元，占42.71%，包装装潢印刷品印刷企业40.32亿元，占48.04%，其他印刷品企业7.76亿元，占9.25%。

2010年，广西印刷行业购买印刷设备277台（套），总价值1.98亿元，其中，印前设备31台，印刷设备181台，印后设备65台。截至2010年12月底，全区印刷企业中，共有四色以上胶印机355台，其中进口设备149台。印刷企业印前CTP设备18台，数码印刷26家。先进设备主要分布在广西日报社印刷厂、广西真龙彩色包装有限公司、桂林澳群印刷有限公司、桂林鸿瑞商务印刷有限公司、广西民族印刷厂、南宁美鸿印刷有限公司、南宁美源印刷有限公司、广西南宁彩帝印刷有限公司、广西汇工印刷有限公司和广西地质印刷厂等20多家印刷企业。广西复制企业拥有只读类光盘生产线20条34个头，可录类光盘生产线8条22个头。广西印刷复制业经过“十一五”时期的技术改造和发展，产业结构日趋合理，整体印刷能力和水平得到了很大提高。

二、行业监管和服务

（一）狠抓印刷品质量监督检测，确保出版物印刷复制质量

2010年，按照国家新闻出版总署的部署和出版物印刷质量检测工作会议精神，扎实开展了广西2010年出版物印刷复制监督检测工作。3月，部署了“3·15”少年儿童读物类出版产品质量监督检测工作。4月，广西新闻出版局组织检查组先后到南宁、桂林等地，开展了广西少年儿童报刊印装质量检测活动。经过对样报、样刊的逐页检查，98.68%的产品为合格品。8月，广西2010年质检活动办公室组织专家对区内的三家包装装潢印刷企业产品质量进行了抽样检测，并对两家出版物印刷企业产品环保质量进行了抽样。10月，广西新闻出版局组织专家在防城港市开展了2010年广西出版物印刷产品质量送样检测认定工作。

（二）加强执法检查，维护市场的安全稳定

根据全国“扫黄打非”工作领导小组办公室《关于组织开展印刷企业清查行动的通知》要求和新闻出版总署的部署，广西新闻出版局结合当地实际情况，周密部署，统一指挥，突出重点，扎实有效。全区共出动检查人员3 149人次，检查印刷企业1 110家，其中，出版物印刷企业129家，包装装潢和其他印刷品印刷企业981家。检查出版物市场、店档摊点2 920家次，联合自治区“扫黄打非”工作办公室、文化、公安、工商等部门检查49次，收缴各类非法出版物864册，有效封堵了非法出版物的源头。

（三）坚持依法行政，强化日常监管

完成了2010年广西印刷企业审核登记工作。严格审批，把好市场准入关，全年办理新设立和变更印刷企业登记226项。通过加强年度核验和新申办企业审批工作，有效地推动了产业结构调整，促进了全区印刷行业的健康快速发展。

2010年，广西新闻出版局印刷业管理处组织主办了两期新申办印刷企业法规培训班和行政执法人员培训班。5月，在南宁举办了2010年第一期新申办印刷企业法规培训班，有50家新申办企业和36家变更法人的企业共119人参加了培训。12月，在桂林市举办了广西印刷业监管行政执法人员培训班，全区14个市的新闻出版部门和南铁新闻出版办50多名行政执法人员参加培训。

加强法规建设，规范市场秩序。8月和9月连续制定和下发了广西新闻出版局《关于加强图书出版印制管理工作的通知》和《关于加强期刊出版印制管理工作的通知》两个规范性文件，进一步加强出版物出版和印制的管理。

开展第二届广西印刷行业职业技能大赛暨第二届全国印刷行业职业技能大赛广西赛区选拔赛，选拔出13名优秀选手代表广西印刷行业参加第二届全国印刷行业职业技能大赛。其中，8人获职工组三等奖，3人获职工组优秀奖，1人获学生组二等奖，1人获学生组优秀奖。比赛组织人员还分别获优秀组织工作者、优秀裁判员、优秀通讯员及优秀联络员奖。

加强政务公开，提高服务质量。2010年，广西新闻出版局印刷业管理处全年办理印刷委托书备案9 375份，共开具内部资料准印证422份。其中，报刊型内部资料准印证263份，图书型内部资料准印证159份，并按要求妥善保存、备案。

加强市场调研和项目服务，加快印刷项目建设。开展行业调研并撰写《广西少数民族语言文字排版制版技术开发项目建议书》和该项目“可行性研究报告”，作为国务院支持广西文化事业发展项目申请材料，报送新闻出版总署、自治区发改委、区财政厅等有关部门。新闻出版总署和国家财政部批准下拨给该项目的1 000万元的补助资金已通过区财政厅按规定拨付给了相关企业，广西新闻出版局服务企业方面取得了显著成效。

（广西新闻出版局印刷业管理处供稿）

重庆市印刷业

一、行业概要

截至2011年2月底，重庆市有各类印刷企业及复印打印经营户3 566家，从业人员43 297人。其中，出版物印刷企业81家，从业人员6 824人；内部资料印刷企业29家，从业人员1 337人；包装装潢印刷品印刷企业553家，从业人员20 780人；出版物排版、制版、装订专项印制企业44家，从业人员1 350人；其他印刷品印刷企业855家，从业人员8 055人；复印打印经营户2 004家，从业人员4 951人。在各类印刷企业中，有国有印刷企业4家、民营印刷企业1 558家。

2010年，重庆市印刷业完成工业总产值100.05亿元，比上年增长20.87%。其中，出版物印刷企业19.70亿元，内部资料印刷企业2.25亿元；包装装潢印刷品印刷企业69.97亿元；出版物排版、制版、装订专项印刷企业1.02亿元，其他印刷品印刷企业6.20亿元；复印打印经营户9 102万元。

2010年，重庆市印刷业用纸总量为43.49万t，其中，出版物印刷16.58万t，包装装潢21.90万t，其他印刷品印刷4.93万t，复印打印894t。

2010年，重庆市印刷业拥有资产总额93.11亿元，比上年增长7.05%，实现利税总额8.93亿元，比上年增长16.58%。其中，出版物印刷企业资产总额22.26亿元，利税总额1.75亿元；内部资料印刷企业资产总额1.81亿元，利税总额2 365万元；出版物排版、制版、装订专项印刷企业资产总额1.28亿元，利税总额1 126万元；包装装潢印刷品印刷企业资产总额59.77亿元，利税总额6.19亿元；其他印刷品印刷企业资产总额7.99亿元，利税总额6 416万元。

二、推进产业结构调整

1. 加快推进印刷包装基地建设

重庆市新闻出版局从2008年初开始着力推动"重庆现代印刷包装基地"项目的建设，当前，已经启动首期500亩（1亩 = 66.7m^2）园区用地，2010年9月入驻了首家企业——重庆正隆纸业有限公司，该公司是重庆出版集团与全球纸业百强企业台湾正隆集团共同出资4 050万美元成立的，预计2011年10月投产，打造年产值3亿元的首期项目。

2. 压减行业过剩产能

重庆市新闻出版局积极引导印刷企业加快产业结构调整的步伐，坚持"布局合理，竞争有序"的原则，运用行政加市场的手段压减过剩产能、淘汰落后产能，最大限度地减少出版物印刷企业数量，同时兼顾企业承担的社会责任和远郊区县的资源配置，提升重庆市印刷业的科技化水平和规模化聚集。截至2010年12月，出版物印刷企业已由原来的160余家压减至81家。

三、加强行业管理工作

1. 实施出版物印刷企业并轨管理

出版物专项印刷企业是重庆市行业管理工作中一项自行确定的管理类别，在行业统计上与新闻出版总署和全国其他省市的口径不一，2009年重庆市的出版物专项印刷企业共114家。按照相关法规规定，2010年3月，重庆市新闻出版局出台了出版物印刷企业并轨管理工作方案，取消了出版物专项印刷企业这一管理类别，增设了内部资料印刷企业的类别，从名称上明确了企业经营范围。

2. 出台《关于进一步规范出版物印刷企业管理和明确市区（县）两级印刷管理职责的通知》

这一规范性文件旨在解决重庆市出版物印刷领域产能严重过剩、管理类别混淆、经营秩序失范、资源配置不合理，以及市区（县）两级出版行政部门印刷管理职责不清晰等突出问题，健全简政放权后与区县局审批备案等工作环节上的管理制度，并以此进一步指导区县审批、年检、统计及信息等基础性工作。

3. 规范中小学教材印制工作流程

针对教材印制版本多、工期短，管理、施工难度大的情况，为确保"课前到书，人手一册"，重庆市新闻出版局积极与市教委协调，联合出台了《关于进一步加强和规范我市中小学教材管理工作的通知》，规范各自在"课前到书"这一政治任务中的权利和义务，明确时间节点。

四、优化行政服务水平

1. 打造高素质印包从业人员队伍

重庆市新闻出版局与重庆商务职业学院建立定向战略合作关系，现已挂牌筹建了重庆印刷包装职业教育培训基地，培养具有大专以上学历的印刷包装专业人才和技术工人。当前，该基地教学设备、师资、场地已基本到位，拟从2011年秋季面向社会招生。

2. 组织开展印刷技能比赛

重庆市新闻出版局与市人力资源和社会保障局联合开展了"渝升沪丽杯"重庆赛区印刷技能比赛。这次比赛是重庆印刷行业第一次全市规模的印刷技能比武，纳入了第二届中国重庆职业技能大赛的范畴。经过层层推荐选拔，最后来自14家企业的38名选手参与了重庆赛区的角逐。经过理论知识和实作技能两项比试之后，9名优秀选手破格晋升为国家职业资格二级（技师），10名比赛成绩合格的选手晋升国家职业资格三级（高级工）。

（重庆市新闻出版局印刷业管理处供稿）

贵州省印刷业

一、行业概要

2010年，贵州省共有印刷企业707家（含新申办企业20家）。其中，出版物印刷企业76家，比上年增加3家；包装装潢印刷品印刷企业118家，比上年增加两家；其他印刷品印刷企业506家，比上年减少8家；出版物制版、排版、装订专项印刷企业5家，与上年持平；专营数字印刷企业两家，与上年持平。

2010年，全省印刷企业完成工业总产值26.27亿元，比上年增长8.6%；工业增加值11.18亿元，比上年增长6.6%；工业总产出27.00亿元；营业税金及附加0.41亿元；实现销售收入24.57亿元；拥有资产总额33.25亿元，比上年增长4.2%；实现利润总额4.2亿元，比上年增长24.6%。全行业从业人员14 461人，比上年增加554人。

贵州省印刷企业按不同管理类别情况分，出版物印刷企业完成工业总值5.45亿元，比上年增长5%；完成工业总产出5.75亿元。包装装潢印刷品印刷企业完成工业总产值17.01亿元，比上年增长13.2%；完成工业总产出17.36亿元。其他印刷品印刷企业完成工业总产值3.81亿元，比上年下降9.5%；完成工业总产出3.89亿元。

贵州省印刷企业按不同主营业务情况分，以书刊印刷为主营业务的企业完成工业总产值2.5亿元，占全省产值的9.51%；以报纸印刷为主营业务的企业完成工业总产值1.16亿元，占全省的4.42%；以纸包装印刷为主营业务的企业完成工业总产值13.02亿元，占全省的49.56%；以塑料软包装印刷为主营业务的企业完成工业总产值1.89亿元，占全省的7.19%；以普通票据印刷为主营业务的企业共完成工业总产值0.7亿元，占全省的2.66%；其他印刷品印刷业完成工业总产值7.00亿元，占全省的26.65%。

二、管理工作

2010年，贵州省印刷行业管理主要围绕行业监管和产业发展两个中心工作来开展。

行业监管方面。根据新闻出版总署的统一部署，在2010年全国人大、政协“两会”召开前夕，组织开展了全省印刷市场专项检查。根据省新闻出版局、省版权局、省“扫黄打非”工作领导小组办公室《关于开展打击侵犯知识产权和制售假冒伪劣商品专项行动及进一步做好使用正版软件工作的通知》的统一部署，组织开展了在印刷市场领域开展打击侵犯知识产权和制售假冒伪劣商品专项行动。加强印刷产品质量监督检测工作，主要完成了2010年全省中小学春、秋两季教材印装质量的检测；组织开展了重点以少儿读物为主的2010年质检活动以及其他重点出版物的质量检测工作。组织开展印刷企业年度核验工作。

促进产业发展方面。积极推动产业园区建设，引导印刷企业转变发展方式，以印刷企业为主的贵州文化出版产业园列入了省文化产业“十二五”规划重点项目。编制了贵州省印刷业发展概况。

成功举办了贵州省首届印刷行业职业技能大赛，并推荐大赛中表现突出的优秀选手参加全国第二届印刷行业职业技能大赛决赛阶段的比赛。省推荐的14位参赛选手，其中2名获得了全国二等奖，12名选手获得了全国三等奖的优异成绩。根据参赛选手的表现，大赛组委会推荐，经贵州省人力资源和社会保障厅核准，有2名选手获得了“贵州技术能手”称号，有3人晋升技师职业资格，有47人晋升高级工职业资格，有7人晋升中级工职业资格。

通过举办印刷行业职业技能大赛，并推荐选手参加全国比赛，激发了广大印刷行业职工学习钻研技术、争当先进的热情，形成了比、学、赶、超的良好风气；在印刷工人中发现了一批技术能手，并培养壮大了裁判队伍，为下一步建立全省印刷行业技能人才库和专家人才库奠定了基础；比较全面地检阅了全省印刷技术整体状况，为下一步有针对性地开展职业技能培训提供了参考；提供了技术交流的平台，让职工找到了业务工作差距，让企业找到了管理工作差距，在交流中共同提高；通过媒体对大赛的宣传以及选派优秀选手参加全国大赛并取得优异成绩，树立了贵州印刷业的良好形象。

（贵州省新闻出版局印刷业管理处供稿）

云南省印刷业

一、行业概要

截至2010年底，云南省有各类印刷企业6 364家，从业人员4.9万人。其中，出版物印刷企业150家，包装装潢印刷品印刷企业1 026家，其他印刷品印刷企业1 098家，出版物排版、制版、装订专项印刷企业7家，“三小印”经营户4 083家。2010年，云南省印刷企业完成工业总产值78.78亿元，比上年增长10%；实现销售收入74.77亿元，比上年增长10%；实现利税总额11.25亿元，比上年增长10%。与上年相比各类经济指标均以10%的速度持续增长。在全省印刷业布局上，基本形成了昆明、玉溪、曲靖、红河等州、市以出版物印刷、包装装潢印刷为主业，辐射全省的印刷产业基地；正在形成以昆明国际包装印刷城产业聚集群和大型骨干印刷企业为核心，各种规模、档次、特色印刷企业并存互补的格局；数字印刷等印刷新业发展迅速。

二、昆明国际包装印刷城建设项目顺利推进

2005年，由云南省新闻出版局牵头建设的我国西部地区最大的包装印刷产业聚集群——“昆明国际包装印刷城”占地面积5.05km^2，总投资约84亿元。建成后将引进大、中、小企业近300家，预计实现年产值80亿元，年上缴税金10亿元以上，可提供3～4万个就业岗位。其中，一期工程建设占地面积2 042亩（1亩＝666.7m^2），累计投资7.43亿元，当前，基础配套设施建设已全部完成，入驻企业60余家；二期工程建设占地面积5 534亩，预计总投资76.6亿元，将用3年时间建设完成。2010年5月，该项目参加了第六届中国（深圳）国际文化产业博览会，开展招商引资活动。

三、培植优势产业，注重绿色环保

云南省在烟标印刷技术及设备上，已居全国先进水平，过去流往沿海经济发达地区的高端印刷品，已有相当部分回归在省内印刷制作。当前年产值超亿元的烟标印刷企业有18家，其中1家年产值达10亿元。在培植优势产业中，注重引导企业向创意、环保、低碳、防伪等方面发展，积极推广无毒、无害、可降解、低污染的新材料应用。部分大型骨干印刷企业现已按绿色环保要求进行生产技术改造，逐步实现节能、降耗、减排及绿色印刷。

四、开拓东盟市场，实施“走出去”战略

云南省新闻出版局继续贯彻落实建设面向西南开放的“桥头堡”战略，制定多种措施，增强企业竞争力，努力开拓省外和东南亚市场。多家印刷企业为缅甸、印度尼西亚等卷烟厂印制烟标，实现销售收入60万美元；2010年4月，成功举办云南印刷包装机械及器材展览会，成交额超过1 600万元；首次邀请缅甸客商组团参观展会，国内企业与缅甸客商成交额达100多万元，实现云南印刷包装机械设备同东盟国家贸易额零的突破。当前，云南省已有多家印刷企业与泰国、缅甸、老挝等国的客户开展业务往来。

五、开展印刷业专项检查行动

云南省新闻出版局印刷业管理处组织人员分别对昆明市各教材教辅印制集中地、农贸市场周边、繁华商业区等地的印刷企业进行突击检查。督导、抽查16个州、市新闻出版局印刷企业专项检查行动工作。全省共出动执法人员6 530余人次，车辆448台次，检查各类印刷企业3 431家，责令13家违规经营单位限期整改，查处10家违规其他印刷品印刷企业，取缔11家无证“三小印”经营户。

（云南省新闻出版局印刷业管理处供稿）

陕西省印刷业

一、行业概要

截至2010年底，陕西省有各类印刷企业1 627家（不含打字、复印、影印三印企业），从业人员4.6万人。其中，出版物印刷企业221家，包装装潢印刷品印刷企业436家，其他印刷品印刷企业949家，出版物排版、制版、装订等专项印刷企业21家。从印刷企业总量上看，出版物印刷企业受总量控制变化不大，而包装装潢印刷品印刷企业和其他印刷品印刷企业数量有所增加，反映出市场对这两类印刷的需求也有所增长。从业人员较上年减少了1万多人，一方面反映了各印刷企业充分利用高科技生产设备，提高了生产效率，从而减少了用工人员；另一方面由于各行各业普遍增加工人待遇而印刷行业工人待遇偏低造成“用工荒”也是一个重要的原因。

2010年，陕西省印刷业完成工业总产值85.51亿元，同比增长17.85%。其中，出版物印刷企业18.85亿元，占2.04%；包装装潢印刷品印刷企业51.4亿元，占60.11%；其他印刷品印刷企业15.26亿元，占17.85%。陕西省印刷业工业总产值以出版物和包装装潢印刷为主，其他印刷品印刷企业虽数量众多，但产值和规模较小。

2010年，陕西省印刷业实现销售收入77.02亿元，同比增长14.28%。其中，出版物印刷企业16.96亿元，占2.02%；包装装潢印刷品印刷企业46.33亿元，占60.15%；其他印刷品印刷企业13.73亿元，占17.82%。拥有资产总额103.7亿元，同比增长16.35%。其中，出版物印刷企业15.0亿元，占4.47%；包装装潢印刷品印刷企业81.0亿元，占78.11%；其他印刷品印刷企业7.7亿元，占7.42%。

二、管理工作

1. 完成2010年印刷企业年度核验工作

按照新闻出版总署（简称总署）通知精神，结合陕西省实际情况制定下发了《关于对印刷行业进行年度核验的通知》，组织各级印刷监管部门，对全省1 825家印刷企业和2 063家打字、复印、影印企业的经营、发展状况进行了全面的核验、登记，对其中87家注册资金达不到要求的企业予以了暂缓审核登记处理。

2. 以“3·15”质检活动为契机，加强了对出版物印制质量管理

按照总署要求，制定下发了《关于开展2010年“3·15”少年儿童读物类出版产品质量监督检测活动的通知》，陕西省新闻出版局印刷发行管理处先后两次组织召开了全省各出版单位和相关印刷企业负责人会议，对2010年以少儿读物为重点的质量检测工作进行了动员部署。5月，集中力量对6家出版单位和3家印刷单位出版的38类385册图书、7期35册期刊进行了“3·15”少儿读物类产品抽样检测和评定；6月，在陕西省军区招待所集中组织了40多名评审专家对全省18家出版单位、45家印刷厂选送的2 725种书刊进行了质量等级检测评定。

3. 积极筹备组织陕西省第二届印刷行业职业技能大赛

为进一步引导印刷企业、有关院校，加强在职职工和在校学生的职业能力建设，全面提升陕西省印刷技能人才队伍素质，与陕西省人力资源和社会保障厅联合举办陕西省第二届印刷行业职业技能大赛。该次大赛从宣传发动、组织报名、单位选拔到全省决赛，历时3个月，全省共有21家单位的335名选手进入决赛。经过决赛，全省共有100名选手获奖，推荐23名选手参加了全国印刷行业职业技能大赛，21名选手在全国决赛中获奖，陕西省新闻出版局荣获优秀组织单位奖。

4. 以项目带动行业的整合升级，积极引导全省印刷业走产业化发展道路

陕西省新闻出版局印刷发行管理处与产业处协作配合，积极开展了协调推进印包产业基地招商引资、在建项目的建设与投产、中小企业的园区建设等工作。当前，印刷包装基地服务平台中的印刷包装新材料工程实验室、电子信息服务平台、装订服务中心3个建设项目正在积极推进。西安印刷包装产业基地已通过总署验收，被授予印刷包装国家级示范基地。

2010年，陕西省印刷业以深入贯彻落实科学发展观和构建和谐社会为指导，全面贯彻落实2010年陕西省新闻出版工作要求，围绕加快陕西印刷产业全面发展和优化陕西印刷产业总体结构的工作思路，进一步加强印刷行业监管，规范印刷市场经营秩序和印刷企业经营行为，积极探索陕西省印刷业的发展方向，力保全省印刷产业健康有序发展。

（陕西省新闻出版局印刷发行管理处供稿）

青海省印刷业

一、行业概要

2010年度，青海省的印刷企业在克服印刷材料涨价、资金、活源不足、印刷市场竞争激烈等种种不利因素的情况下，加大印刷设备改造力度，注重质量和服务，经济规模和效益都有了较大的提高。至2010年底，全省共有印刷企业183家，其中，出版物印刷企业44家，包装装潢印刷品印刷企业10家，出版物专项排版、制版企业4家，其他印刷品印刷企业124家，专营数字印刷企业1家。全省印刷行业固定资产5.68亿元、产值4.5亿元、利润6 220万元、上交税款1 532万元。出版物印刷企业产值1.92亿元，包装装潢印刷企业产值为1.55亿元。其中，有8家印刷企业的产值超过1 000万元，分别为：青海新华印刷厂1 100万元，青海西宁印刷厂3 018万元，青海日报社印刷厂2 770万元，西宁东宝印务公司1 300万元，青海新宏铭印刷有限公司2 000万元，青海虎彩印刷有限公司1.03亿元，青海新世纪信通安全印务有限公司1 500万元，青海东港安全印务公司2 070万元，这8家企业成为全省印刷企业中上规模、上档次的企业。

总体来看，青海省的出版物印刷企业在规模、设备、技术等方面处于领先优势，继续在整个印刷行业中起着引领作用。民营印刷企业根据自身优势，探索市场需求，增强特色经营，不断壮大规模，发展较快，已成为印刷业发展的中坚力量。包装装潢印刷企业发展迅速，成为近几年增长最快、发展最快的印刷企业，代表了印刷业的新生力量。近几年，进入印刷行业的外省资金较多，一些大型印刷集团和企业，相继在青海投资设厂，直接增强了青海省印刷业的生产规模、生产能力，推动了印刷业上规模、上档次，促进了青海省印刷业的整体提高。

二、印刷管理工作

2010年，青海省在印刷市场监管、印刷质量检测、人员培训、对外交流合作等方面做了许多工作，取得了较好的成效。

（1）根据新闻出版总署要求，完成了印刷企业的年检工作，并于2011年1月21日召开了印刷企业年检情况通报会，总结2010年工作，安排部署2011年工作计划。

（2）根据新闻出版总署部署，开展了2010年“3·15”少儿类读物产品质量检查活动。2010年3～9月，分别组织省内专业人员到新华书店、印刷厂和图书市场对少儿读物产品的印制质量进行了抽查检测。从检测情况来看，图书印制质量较好。

（3）2010年4月召开了青海省印刷协会会员大会，改选了会长，调整了理事会和常务理事会成员。

（4）2010年4月底，根据新闻出版总署的要求，完成了印刷、复制、发行业有关情况的调查和统计工作，对印刷、发行业的产业情况进行了全面摸底。

（5）根据新闻出版总署统一部署，8月9～13日，青海省文化和新闻出版厅与省人力资源和社会保障厅联合举办了第二届青海省印刷行业职业技能大赛，共有10家企业的29名选手参加了两个工种3个机组的比赛项目。通过比赛，有29人晋升高级工，有10人成绩突出获得奖励。并于9月份派选手代表青海省参加了第二届全国印刷行业职业技能大赛。

（6）2010年8月，青海省新闻出版厅印刷发行处（简称省局印刷处）组织举办了印刷行业法律法规培训班，省内各印刷企业厂长、经理和主管人员共计63人参加了培训，并取得了合格证。通过培训，法律意识明显增加。

（7）2010年，省局印刷处组织加大了对印刷市场监督检查力度，多次组织人员对印刷企业和印刷市场进行检查，有效地规范了印刷市场秩序。

（8）为适应印刷行业发展需要，稳定印刷市场，重新修订了《青海省印刷工价指导价》，并于2010年1月1日起执行。随后对执行情况进行了调研，各企业反应良好，对稳定印刷市场起到了积极的作用。

三、存在的不足和今后的发展思路

1. 存在的不足

（1）少数企业经营管理不善，产品结构单 ，生产能力和经济效益不高。有些企业年承印出版物不足5个品种，还有个别企业全年的印刷业务量很少，几乎处于停产状态。

（2）个别企业在没有任何委托印刷手续的情况下，擅自承接、承印内部资料性出版物，违规经营。

（3）印刷产品质量有待提高，质量管理制度和保障机制尚不完善，竞争力不强。

2. 发展思路

2011年是“十二五”开局之年，对于青海省印刷行业来说既有机遇，又有挑战。在今后的工作当中，要抓住机遇，加快发展，使印刷能力和印刷水平跃上一个新台阶。省局印刷处将在以下几个方面开展工作：

(1)督促印刷企业严格遵守《印刷业管理条例》等法律、法规和规章制度，健全企业内部管理制度，依法经营，合法生产。

(2)要加强管理，拓展发展思路，加大技术改造和设备投入力度，提高技术水平、生产能力和市场竞争力。

(3)不断提高印刷产品质量，加大质量管理力度，扎实搞好企业质量管理工作，努力使省的印刷产品质量得到全面提高。

(4)积极创造条件，向“绿色印刷”、“数字印刷”转型，加快产业升级步伐，努力适应社会经济发展需求。

(青海省文化和新闻出版厅印刷发行处供稿)

宁夏回族自治区印刷业

一、行业概要

截至2010年底，宁夏有印刷企业449家。其中，出版物印刷企业82家，包装装潢印刷品印刷企业66家，出版物制版、排版装订企业10家，报纸印刷企业2家，其他印刷品印刷企业289家。印刷企业中，国有控股企业6家，其余均为民营印刷企业。全区印刷行业从业人数18 670人。

2010年，宁夏印刷业完成工业总产值15.85亿元，用纸总量12万t。其中，出版物印刷总产值7.35亿元，包装印刷总产值6.85亿元，报纸印刷及其他印刷总产值1.65亿元。全区总产值超过5 000万元的印刷企业有4家，分别是：宁夏报业传媒印刷有限公司，固定资产总额9亿元，年工业总产值4.8亿元，年利税3 016万元；宁夏启元药业有限公司，资产总额1.25亿元，年工业总产值8 306万元，年利税995万元；吴忠市东星塑料制品有限公司，固定资产总额1.2亿元，年工业总产值9 463万元，年利税310万元；吴忠市金世纪塑料制品有限公司，固定资产总额7534万元，年工业总产值9 098万元，年利税431万元。

二、管理工作

2010年，宁夏新闻出版局坚持以科学发展观为指导，加强行业监管，规范市场秩序，提高服务质量。大力倡导依法经营、诚信经营理念。组织开展了中小学教材教辅印刷质量监督检测活动，组织专家对中小学教材的印刷质量进行了监督检测，有效地保证了中小学教材的印刷质量。同时，组织专家对内部资料性出版物进行了审读和质检。组织全区印刷行业开展深入实施西部大开发战略学习讨论活动，就深入实施西部大开发战略，推动自治区印刷业大发展大繁荣，提出了27条建设性意见和建议。组织开展了第二届宁夏印刷行业职业技能大赛活动。强化市场监管，严查违规行为。印刷业管理处积极组织开展专项检查行动，共检查印刷企业32家，进一步规范了印刷市场秩序。加强《图书、期刊印制委托书》，出省印制出版物的备案和内部资料性出版物的审批等日常性工作，做到认真细致，严把内容关，严格审核程序。

三、存在的主要问题

全区印刷行业企业发展水平不均衡，较为突出的问题表现在：一是印刷企业经济效益欠佳。全区印刷企业虽然只有8家亏损，但企业利润很不高。全区年利润超过20万元的印刷企业只有51家，仅占企业总数的11.36%，年利润不足10万元的企业达到297家，占企业总数的66.15%。年税收总额超过15万元的印刷企业只有20家，占企业总数的4.45%。二是企业规模小。固定资产超过1 000万元的印刷企业只有32家，占企业总数的7.12%，固定资产不足一百万元的印刷企业239家，占企业总数的53.23%。年产值超过1 000万元的印刷企业只有25家，占企业总数的5.57%，年产值不足100万元的印刷企业有126家，占企业总数的28.06%。

2011年，宁夏新闻出版局将引导、帮助印刷企业摆脱困境，帮助自治区印刷协会协调印刷企业生产经营中遇到的开工不足等难题，淘汰限制装备落后、产能过低小型企业。宁夏新闻出版局印刷业管理处以“四大准入”为基础，不断完善印刷企业管理体系，积极引导行业健康发展。

(宁夏新闻出版局印刷业管理处供稿)

新疆维吾尔自治区印刷业

一、行业概要

2010年，新疆维吾尔自治区共有印刷企业832家，其中，出版物印刷企业178家，包装装潢印刷企业96家，其他印刷品印刷企业546家，专项排版、制版、装订企业12家。全自治区印刷从业人员17 000余人。

2010年，新疆印刷业完成工业总产值15.4亿元，拥有资产总额18.3亿元，实现利税总额9 000余万元。

二、管理工作

2010年，新疆印刷业管理工作积极贯彻中央、新疆工作座谈会和自治区党委七届九次全委（扩大）会议精神，认真履行新闻出版工作职责，贯彻执行新闻出版法律法规，牢固树立大局意识和服务意识，抓好各项任务的贯彻落实，为推动自治区印刷业又好又快地发展做出了积极贡献。

1. 认真开展“出版物质量管理年”活动

按照新闻出版总署开展2010年“3·15”少年儿童读物类出版产品质量监督检测活动的要求，自治区新闻出版局印刷业管理处结合自治区新闻出版局2010年出版物质量管理年工作部署，组织制定了活动实施方案，召开工作会议，部署工作任务，并依据行业标准，对各出版社2009～2010年出版和生产的少儿类书报刊进行质量跟踪和检测，涉及出版、印刷单位48家，同时认真做好教材教辅的批质量抽检和东风工程免费赠阅图书的质量管理工作。通过开展“出版物质量管理年”活动，积极引导和鼓励新疆印刷企业树立精品意识，创新质量管理措施，提高出版物印刷产品印制质量，更好地发挥出免费赠阅图书在区保障广大农牧民基本文化权益中的重要作用。

2. 认真做好中小学教材印刷协调工作

召开了2010年中小学教材印制工作会议，通报了2009年自治区中小学教材印装质量检测及五项指标考核结果，对2010年教材印制任务进行了安排，同时对教材印装质量评比前三名的企业进行了表彰和奖励。会议强调教材印制工作重要意义，提出必须坚持抓好印刷质量、印刷周期和发行环节，编、印、发、供各个环节之间要相互配合协作，保质保量完成印制任务。

3. 促进自治区报纸印刷质量，提升报纸印刷整体水平

2010年9月，自治区新闻出版局印刷处在上海召开了自治区第26届地州市级报纸印刷质量经验交流会，区内各地州、市、兵团及石油系统部分报社的领导以及报纸印刷企业的代表参加了这次会议。会议通报了2010年参评报纸印刷质量检测情况，为优胜获奖单位颁发奖杯及证书，与会代表认真交流了一年来抓管理、保质量、出精品、促发展所取得的经验和成果，探讨进一步提高地、州（市）级报纸印刷质量的新思路和新举措。

4. 加强印刷行业职工技术培训工作

为落实好新闻出版总署2010年出版物质量管理工作要求，提高出版物印制单位从事质量管理工作人员的业务水平和能力，推进出版物印装质量管理工作向规范化、标准化方向发展。自治区新闻出版局印刷处积极组织全区出版物印刷企业参加新闻出版行业控制质量培训活动，对落实新闻出版总署工作要求，提高区印装质量管理水平起到了积极的促进作用。

5. 成功举办印刷行业职业技能竞赛活动

根据新闻出版总署、人力资源和社会保障部文件精神，第二届新疆印刷行业职业技能竞赛活动于2010年6～8月在全疆范围内举行。此次竞赛为自治区一级二类比赛。组委会按要求拟定了职业技能大赛活动实施方案，确定了竞赛组别、参赛对象、命题标准、报名方法以及竞赛进度时间安排。在赛事组织委员会的精心组织和竞赛办公室周密布置以及各企业给予的紧密配合下，保证了竞赛程序规范、过程严谨、裁判准确、结果真实。同时选派优秀选手参加全国比赛，达到了预期的效果，取得了可喜的成绩。

6. 认真抓好印刷行业监督管理工作

自治区新闻出版局印刷处始终坚持打击与防范、整顿与规范、扶优与治劣相结合的原则，充分发挥行业优势，创新管理机制，采取多种方式积极组织开展不同类型的对企业法律法规、诚信建设、印刷质量的培训和考核，以此来提高企业效能，推动了行业发展。

7. 认真完成了自治区科学技术协会对新疆印刷协会的考核工作

2010年1月，自治区科学技术学会，对新疆印刷协会，从协会管理、协会活动和工作创新等三个方面进行考核，包括自身建设、经费保障、学术交流、承担社会职能、学会凝聚力和影响力等，新疆印刷协会

被确定为自治区A类协会并获得年度先进协会荣誉称号。

三、2011年工作思路与措施

（1）要紧密结合新闻出版工作实际，集中精力，全面贯彻好十七届五中全会和中央新疆工作座谈会精神，进一步提高认识，开阔视野，紧紧结合工作职能和实际，努力把中央会议精神落到实处，贯穿始终。

（2）积极推动自治区印刷行业的改革工作。要按照中央关于文化体制改革的要求和总体部署，坚定不移、积极稳妥地推进印刷行业发展和改革，认真关注局属印刷企业的改革进程，积极引导印刷企业认真做好改革发展与稳定工作，促进新闻出版事业不断向前迈进。

（3）认真贯彻落实好科学发展观，抓住自治区经济发展的大好机遇，通过政策扶持、市场引导、区位管理等多种方式，培育形成具有相当规模和竞争力的印刷企业集群，有效推动全区印刷产业的集约式发展，提升应对市场的综合竞争力，实现印刷业“十二五”发展规划目标。

（4）以职业道德建设为重点，努力构建行业诚信体系。自治区新闻出版局印刷处要继续在自治区印刷企业中开展诚信企业建设工作，进行诚信企业评选。树立企业依法经营、诚实守信的意识，提醒印刷企业遵章守纪，严格自律，引导他们明确自身的社会责任和经营风险，增强自觉性，从而为提高行业的整体素质，为维护诚信、公平、公正的职业道德发挥更大的作用。

（5）突出监管重点，管住薄弱环节。2011年，自治区新闻出版局印刷处将针对自治区印刷行业的特点，注重突出重点，紧紧盯住管理上容易出现问题的重点部位和薄弱环节有的放矢地实施监管。在监管地区上，始终将处在城乡结合部的中小型印刷企业作为监管的重点，进行经常性检查；在监管业务上，始终把承接境外印刷业务作为审批和监管的重点，设立了严格的登记备案制度；在监管环节上，把出版物的版权和内容作为审核和监管的重点，对出版社申领印制委托书，则要求提供批准书号及书目进行备案登记；在监管的时机上，始终把重大节日、重要政治活动前后作为监管的重点；在监管的内容上，始终把印刷产品的质量作为监管的重点，定期进行抽检。通过以上做法，较好地防止印刷复制企业印刷复制政治性、宗教类非法出版物和内容不健康的暴力凶杀、色情迷信等出版物，防止重大侵权盗版案件的发生。

（新疆维吾尔自治区新闻出版局印刷业管理处供稿）

深圳市印刷业

一、行业概要

2010年，深圳市印刷业继续保持平稳、较快的发展态势，增长方式继续向集约型转变，进一步开拓了国内外市场，企业的市场竞争力进一步增强。2010年，深圳市印刷业年产值逾336亿元，对外加工产值168亿元。截至2010年12月，深圳市共有印刷企业2 467家，从业人数20余万人。据不完全统计，2010年深圳印刷企业共获奖项300多项。其中，深圳印刷企业荣获美国印制大奖63项（其中包括被誉为全球印刷界“奥斯卡”的Benny Award13项），中华印制大奖30多项，亚洲印制大奖20多项，香港印制大奖38项等。

二、2010年主办的重要活动

1. 深圳市印刷行业协会邀请市科工贸信委、市人力资源和社会保障局、市新闻出版局等相关领导为印刷企业作政策法规诠释

2010年7月28日，深圳市印刷行业协会召开“六届九次常务理事会”，并邀请市科工贸信委、市人力资源和社会保障局、市新闻出版局等相关领导出席。会上，市人力资源和社会保障局劳动关系处介绍了深圳最低工资标准的调研和制定情况；市科工贸信委规划发展处介绍了市科工贸信委支持印刷企业发展的相关扶持政策和市政府的工业发展思路；市文体旅游局文化产业发展处介绍了市文化产业发展专项资金的实施情况，并鼓励符合条件的印刷企业积极申请专项资金。广东省印刷复制业协会会长、深圳市印刷行业协会常务副会长陈均重点介绍了《广东省包装印刷行业挥发性有机化合物排放标准》的制定情况和“第二届全国印刷行业职业技能大赛”的相关工作。深圳市印刷行业协会会长谭浩辉在会上分析了珠三角的经济形势及其对印刷业的影响。深圳市印刷行业协会常务副会长兼秘书长王哲作了《深圳印协2010年上半年工作总结和下半年工作安排》的报告。与会常务理事对深圳市印刷行业协会2010年工作给予了高度肯定。

2. 深圳市印刷行业协会承办第六届文博会“绿色（环保）印刷展”并举办“绿色（环保）印刷新技术交流会”

2010年5月14～17日，由国家新闻出版总署印刷发行管理司、中国印刷技术协会主办，深圳市印刷行业协会承办的第六届文博会“绿色（环保）印刷展”在深圳会展中心7号馆展出。展会总规划1 275m²，其中特装展位占该展区总面积的96.5%；绿色印刷新技术、新材料、新设备企业参展面积占展区面积的55%，绿色印刷企业参展面积占展区面积的45%。参加此次展会的龙头核心企业占参展企业总数的63.4%，高新技术企业、新材料、新技术企业占参展企业总数的27%。在资本构成方面，有91%参展企业为民营企业。此次展会外资企业占比较大，占参展企业总数的63.4%。展览内容包括“绿色（环保）印刷设备展”、“绿色（环保）印刷材料展”、“绿色（环保）印刷企业展”和“中国绿色印刷发展成就展”四大项内容。

展会期间，深圳市印刷行业协会举办了“绿色（环保）印刷新技术交流会”。

此届绿色（环保）印刷展参展企业展期交易总额突破以往历届，逾4.58亿元。

3. 深圳市印刷行业协会承办第十一届深圳读书月主题活动“一样的图书，不一样的感觉”展览

2010年11月16～23日，由深圳读书月组委会、深圳市新闻出版局主办，深圳市印刷行业协会承办，深圳市森广源实业发展有限公司协办的“一样的图书，不一样的感觉”展览在深圳中心书城南座2楼展出。

此次展览重点展示：①党和国家领导人、广东省政府、深圳市委、市政府领导和相关部门对深圳印刷业发展给予的大力支持和关注。②深圳印刷业历史上的第一。为了给特区30周年献礼，此次展览展出了“深圳印刷业历史上的第一（节选）”，总结了深圳印刷业取得的辉煌成就。③30本由深圳印刷企业设计制作的创意图书。它们中有3D、4D实景立体图书，特色设计、特色装帧图书，仿真度高的油画中国画复制印刷品，拼图图书和玩具图书，绿色材料印制的书籍和有声读物，其他创意图书、相册图书等。④用生动活泼、深入浅出的形式再现了绿色书籍的印刷过程。为了保护生态环境，节约地球资源，深圳印刷业历来提倡并推行绿色低碳环保印刷，此次展览以图文并茂的方式介绍了绿色低碳环保书籍的印制过程。

开幕当天，市委常委、宣传部长王京生到展览现场视察，对深圳市印刷业和优秀印刷企业取得的成就，以及协会工作给予了高度肯定，并与协会会长、秘书长等亲切座谈。《深圳特区报》、《深圳商报》、《深圳晚报》和《晶报》等4家媒体均在开展当天对此次展览进行了专题报道。

三、协会工作

1. 组织各种讲座、论坛，修订参考指导工价，为会员企业提供最新行业资讯

1月，深圳市印刷行业协会与法律法规专业委员会共同举办了“深圳市员工工资支付条例讲座”，30余位印刷企业代表出席，并就他们关心的相关问题与律师进行了交流；3月，由香港特别行政区环境保护署、深圳市人居环境委员会、深圳市科技工贸和信息化委员会，以及深圳市印刷行业协会共同主办的“印刷包装行业清洁生产研讨会”在博林诺富特酒店举办；4月，深圳市印刷行业协会组团参观考察了由中国印刷技术协会主办的“中国国际彩盒展”，此次展览云集了国内外知名彩盒生产设备制造商，展示了国际最新技术；6月，深圳市印刷行业协会举办了“印刷企业加工贸易进出口操作管理讲座”，邀请专家为相关会员单位和印刷企业就印刷企业进出口贸易和外贸操作管理进行讲解和答疑，讲座得到了广大外贸印刷企业的积极响应；7月中旬，“印刷企业文化安全及安全生产现场交流会”在中华商务公司召开，广东省印刷复制业协会会长陈均及深圳市印刷行业协会常务副会长兼秘书长王哲出席了会议并应邀就“企业文化安全管理经验”、“深圳印刷企业安全生产管理指引”作专题发言；8月，深圳市科技工贸与信息化委员会与深圳市印刷行业协会联合召开了“纳米制版技术产业化座谈会”，深圳市印刷行业协会组织会员单位的制版技术负责人参与交流；为遏制恶性竞争，为维护印刷经营管理的正常秩序作贡献，2010年深圳市印刷行业协会中小企业委员会和秘书处继续修订了《深圳市印刷行业参考指导工价》，并及时发布在会刊《印刷视界》上。

2. 办好会刊《印刷视界》、协会网站等信息交流媒体，及时为会员企业提供信息服务

2010年，深圳市印刷行业协会采编、印发会刊《印刷视界》5期，共计编发行业技术信息500余条，行业动态报道150余篇，约40万字，及时将政府最新的政策法规以及最新的行业资讯传达给企业。严谨的办刊态度和全面周到的信息传播服务，受到相关单位和会员的好评；1～11月，深圳市印刷行业协会先后收集整理了20余条市政府部门有关印刷行业安全生产、年报统计、进口贴息、百强排名调查、三来一补企业补办营业执照等方面的政策信息，上载到深圳市印刷行业协会网站，供全市印刷企业浏览了解。

3. 受深圳市新闻出版局委托，完成全市2 000余家印刷企业的年审工作及印刷样品数据库的管理工作

2010年1～4月，深圳市印刷行业协会受市新闻出版局委托，办理了全市2 000余家印刷企业《印刷经营许可证》的初审、换证及发放证件工作；2010年，印刷样品数据库管理工作运行良好。

4. 积极推动《广东省包装印刷行业挥发性有机化合物（VOCs）排放控制标准》等印刷标准化工作

《广东省包装印刷行业挥发性有机化合物（VOCs）排放控制标准》草案由广东省环境科学研究院和华南理工大学负责制定，于2010年下半年强制执行。标准草案发布后，针对其中对印刷行业发展有重要影响的关键条款和数据，深圳市印刷行业协会受深圳市新闻出版局委托，积极配合广东省印刷复制业协会开展行业调研，并委托海德堡深圳印刷媒体技术中心联系国际权威检测机构SGS派专业人员到样本企业现场采样、搜集排放数据，做出分析检测报告；深圳市印刷行业协会和深圳职业技术学院受中国印刷标准化委员会委托，为中国书刊印刷分技术委员会和中国包装印刷分技术委员会的建立作了一定的工作。

5. 组织各种行业活动，加强与兄弟单位的交流

2010年10月下旬，深圳市印刷行业协会组团应邀出席了第八届两岸四地印刷业交流联谊会暨中国澳门印刷业商会成立40周年成立大会，深圳市印刷行业协会谭浩辉会长应邀发言并代表深圳市印刷行业协会向中国澳门印刷业商会赠送“深澳携手　共创辉煌”的证牌。

6. 取得成绩与所获奖励

2010年5月，为表彰深圳市印刷行业协会在第六届文博会中所作的成绩，中国（深圳）国际文化产业博览交易会组委会办公室在“第六届文博会优秀组织奖、优秀展示奖颁奖大会”上，授予了深圳市印刷行业协会“第六届文博会优秀组织奖”。7月上旬，中国印刷技术协会授予了深圳市印刷行业协会“全国印刷行业优秀协会活动组织奖”，并为深圳市印刷行业协会颁发了“先进协会”荣誉证书；授予深圳市印刷行业协会秘书长王哲“全国印刷行业社会活动奉献奖”，并为她颁发了“优秀协会工作者”荣誉证书。

（深圳市印刷行业协会秘书处供稿）

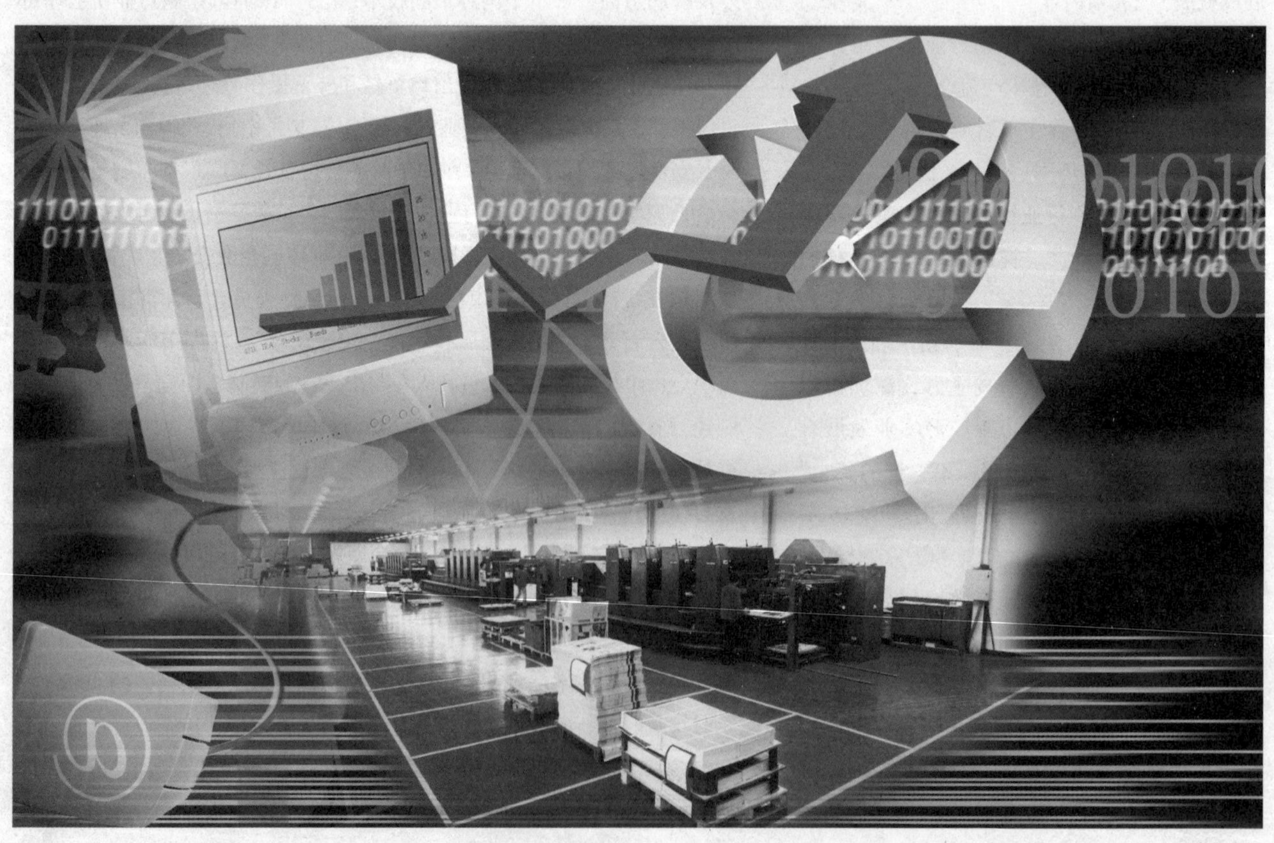

2010年大事纪略

1月

1日　国务院关税税则委员会发布《2010年关税实施方案》，新方案在2010年将进一步调整我国进出口关税税则，涉及印刷设备和器材方面的有四项。

5日　由《中国新闻出版报》和北京印刷学院联合评选的2009年度数字出版先锋榜在京揭晓。

8日　日本RYOBI（利优比）公司和北京嘉和顶新科贸有限公司（DINGA）在北京渔阳饭店召开新闻发布会宣布：北京嘉和顶新科贸有限公司为RYOBI胶印机所有机型全线产品的总代理。

9日　中国出版科学研究所与湖北长江出版传媒集团在京签署合作协议。

9日　中国澳门印刷业商会第20届理监事会就职典礼在澳门新口岸万豪轩酒楼举行。

11日　第23届北京图书订货会在京落幕，本次订货会实现订货码洋28.5亿元（不含图书馆采购码洋）。

11日　北京市新闻出版局发布2009年度北京新闻出版企业先进评选结果，北京机工印刷厂、北京圣彩虹制版印刷技术有限公司、北京一二零一印刷厂和北京清华园胶印厂获选印刷先进企业。

11日　上海浦东市场管理办公室在沪召开浦东新区各街镇印刷管理干部及新区印刷协会年度核验工作协调会议。

12日　河南省委书记卢展工在南阳市委书记黄兴维、市长穆为民等陪同下到东凯集团第二胶片厂考察调研。

14日　全国新闻出版工作会议在京召开。

14日　爱普生新春媒体联谊会暨新产品发布会在北京举行，发布两款大幅面喷墨打印机——epson stylus pro wt7910和epson stylus pro 3890。

15日　第二十三次全国“扫黄打非”工作电视电话会议在京举行，部署2010年“扫黄打非”工作。

15日　新闻出版总署条码中心出版物条码胶片生产设备捐赠仪式在北京中国印刷博物馆举行。

17日　方正阿帕比与天津图书馆携手举办主题为“创意阅读，精彩体验——方正Apabi数字资源应用培训”的全民数字化阅读推广、培训活动。

19日　上海印刷行业协会二届三次理事（扩大）会议暨《变革图新——上海印刷业60年》首发仪式在上海出版印刷高等专科学校召开。

19日　海德堡深圳印刷媒体中心举办丽彩印刷系统技术研讨会暨现场演示会。

20日　“全国第二届印刷行业职业技能比赛安徽赛区选拔赛（学生组）开幕仪式”在安徽新闻出版职业技术学院的教学楼举行。

21日　由新闻出版总署组织的印刷业实施《文化产业振兴规划》专家座谈会在北京召开。

21日　施乐公司以约3100万美元的价格收购爱尔兰商业系统公司（Irish Business Systems，IBS），用于施乐公司扩大其在爱尔兰中小企业市场的份额。

22日　杜邦包装成像部宣布杜邦™赛丽®XD混合数码制版系统的成功开发，使得柔性版制版商利用现有数字工作流程制作混合数字网点成为可能。

22日　由北京华联印刷有限公司策划、印刷工业出版社编辑出版的《直面变局——出版印刷五人谈文集》新书首发式在北京锦江富园酒店举行。

26日　全国印刷标准化技术委员会在深圳市召开《热固型轮转印刷过程控制要求及检测方法》国家标准起草组成立会议。

27日　江西省印刷复制业协会第六届第四次理事会暨“两奖”表彰大会在南昌市举行。

27日　曼罗兰在深圳举行“PraxisDialog实践专题——增值印刷，重在实践”研讨会。

30日　合肥市印刷协会第二届第一次理事会暨2010年迎春座谈会在合肥华云印务有限公司新厂召开。

- 新闻出版总署启动2010年印刷企业年检工作。
- 中国移动（广东）公司与广东

省出版集团联合成立广东省数字出版产业联合会。

● 湖南省印刷协会第五届第三次理事大会在长沙召开。

● 国家质量技术监督局发布证券、证件用安全性防伪纸张技术标准。该标准规定，安全防伪纸分A、B、C三类。

● 由广东省出版集团有限公司投资建设、专门为数字出版相关企业和机构服务的广东数字出版基地在广州市天河区中山大道开工，基地占地110亩（1亩≈666.7m^2），规划建设总面积近10万m^2，总投资约6亿元人民币，计划2013年全部建成并投入运营。

● 河南省温县赵堡村有近70户人家从事春联印刷，由此带动近2 000人就业，每年创造产值1 000多万元。

● 由中国印刷及设备器材工业协会、中国香港印刷业商会、中国台湾印刷及机器材料工业同业公会、中国澳门印刷业商会联合主办的第三届中华印制大奖现已正式启动，参赛作品的征集工作将于2010年12月结束。

● 湖北省潜江市新闻出版局、潜江市印刷协会联合召开印刷管理工作会议，同时举办了首届书报刊印刷质量评比活动。

● 由环保部、新闻出版总署和中国印刷技术协会组成的国家环保调研组赴深圳，对印刷行业环保工作领先企业之一的劲嘉集团进行了调研。

● 国家发改委、科技部、财政部、海关总署、国家税务总局联合发文，授予中国印钞造币总公司技术中心“国家认定企业技术中心成就奖”。

● 温州日报报业集团印刷基地在温州经济技术开发区滨海园区举行奠基仪式。

● 法国Arjowiggins Graphic公司推出含有75%经过FSC认证的用后纤维的再生涂布纸——Satimat Green，其新型纸含有25%经过FSC认证的原生纤维。

● 爱克发公司宣布委任汇创环球有限公司（Kinetic Global Ltd.）为爱博纳UV工业喷墨印刷机的中国香港及澳门地区分销商，并签订代理协议。

● 绿色联盟公布的环保油墨无苯标识——GB9685—2008《食品容器、包装材料用添加剂使用卫生标准》以及GBT10004—2008《包装用塑料复合膜、袋干法复合、挤出复合》等新标准开始实施。

● 由北京大学企业管理案例研究中心与经济观察报共同主办的“中国最受尊敬企业评选”在北京大学举行颁奖典礼。惠普（中国）有限公司荣获该机构评选的“2008～2009年度中国最受尊敬企业”奖。

● 上海德拉根印刷机械有限公司荣获上海科技厅评定的上海市高新技术企业。

● 由CRF（中国）有限公司主办“中国杰出雇主”颁奖典礼在上海举行，爱克发印艺系统中国区（Agfa Graphics China）、瓦克化学投资（中国）有限公司（Wacker Chemicals（China）Co.，Ltd.）等印刷制造领域的企业获得荣誉称号。

● 黎巴嫩从事商业胶印的印刷企业——现代印刷公司通过购置麦安迪的MarkAndy 2200XL印刷机，进军窄幅轮转柔印市场。

● 日本网屏公司在IPEX2010展会召开期间正式推出首款彩色B2单张纸喷墨印刷机——Truepress JetSX。

● 上海紫光有限公司研制开发的SXZ400全自动锁线机成功出口意大利。

● 柯达（中国）有限公司第二条印刷制版生产线在厦门投产建设。

● 经国家质检总局食品监管司审核批准，云南省质检院正式成为经授权的食品用塑料包装容器工具等制品、食品用纸包装容器等制品生产许可发证检验机构，承担相关产品的生产许可发证检验工作。

● 国家商务部、中宣部、财政部、文化部、中国人民银行、海关总署、税务总局、广电总局、新闻出版总署、外汇局等十部门联合出台《关于进一步推进国家文化出口重点企业和重点项目目录相关工作的指导意见》。

● 国家教育部公布2009年度高校专业设置备案或审批结果，华南理工大学新增印刷工程等本科专业。

● 在民政部组织举办的“全国先进社会组织”评选中，江苏省印刷行业协会荣获“全国先进社会组织”荣誉称号。

● 日本网屏公司推出新一代b1热敏制版系统——platerite8000n。

● 意大利东方国际公司销售和市场部经理ChristianSeghi代表意大利公司总部对北人集团公司进行了为期三天的访问，双方就技术合作等相关问题进行了深入的探讨。

● 惠普公司在北京召开的第二十七届中国饭店业采购交流研讨会上推出数字印刷生态圈计划。

● 艾默生CT产品技术培训分别在北京、上海两地举行。

2月

1日　由国家知识产权局主办的第十一届中国专利奖在北京举行，共颁发了15项金奖和170项优秀奖。北京北大方正电子有限公司刘志红、陈峰、杨斌共同研发的“一种能够高速产生调频网点的方法和装置”专利技术获得本届专利奖金奖，该项专利于2007年由“国家知识产权局”正式授予。

1日 在北京市新闻出版局（版权局）、北京市人力资源和社会保障局组织开展的2009年度北京市新闻出版和版权工作先进集体、先进个人评选中，北京奇良海德印刷公司总经理朱国良获“北京市新闻出版和版权工作先进个人”的荣誉称号。

3日 广东数字出版产业联合会在广州宣告成立。

4日 爱普生（中国）有限公司在北京发布旗下全球首款使用高品质白色颜料墨水的大幅面打印机——Epson Stylus Pro WT7910。

4日 中国印刷技术协会、北京印刷协会在北京金玖饭店共同举办2010年新春茶话会。

5日 由浙江客商与阜宁县华强纸品公司共同投资5.6亿元的江美彩印包装项目在益林镇举行开工仪式。

6日 上海界龙公司与无锡市锡山区鹅湖镇人民政府签订“意向书”，在无锡市锡山区鹅湖镇投资5亿元开发“界龙（无锡）国际包装印刷产业园区项目”。

8日 湖南省新闻出版工作会议在长沙召开。

10日 上海市新闻出版局与上海世博会特许经营办公室在沪举行，共同做好世博会出版物类特许产品的经营工作达成合作备忘录签约仪式。

10日 中国香港出版商星岛新闻集团引进高斯Uniliner四高塔式印刷机组。

20日 富士施乐推出A1幅面工程系统DocuWide2055。

21～22日 新闻出版总署副署长将建国赴深圳调研、协调第六届深圳文博会新闻出版馆筹备工作。

26日 新闻出版总署与重庆市政府正式签订《推进重庆新闻出版业统筹城乡改革和发展署市合作框架协议》。

28日 新闻出版总署署长柳斌杰与中国农业银行股份有限公司董事长项俊波代表双方在北京签署了《全面战略合作协议》。

28日 “粤港澳印刷复制业研讨会暨新春联欢会”2010在中国香港北角新都会大酒楼举行。

● 高斯国际推出了服务于标签和包装印刷的卷筒纸胶印机。

● 上海市青少年民族文化传承与研习体验中心以“纸”与“印刷”为主打项目的中小学校古代发明创造体验教室在虹口区15所中小学和青少年活动中心建成。

● 加拿大丝艾标签公司在中国天津建设占地面积为7 800m^2，总投资为600万美元的工厂，并于同年3月投入生产。

● 爱克发印艺宣布在全球已销售出6 000套爱普极工作流程。

● Primera Technology公司推出新型的彩色标签打印机——LX900e。

● 贵州省级单位举行印刷协议供货采购会，采购划分13个类型，涉及报刊类、书籍类、报表类、文件及会议资料类、信封类、公文函头类、简报类、画册类、登记表类、证件类、票据类及地图类等印刷品目。

● 国家工商总局公布2009年驰名商标名单，北京雅昌彩色印刷有限公司的“ARTROM”商标成为印刷类驰名商标。

● 福建省龙岩市政府出台优惠政策吸引印刷企业入园，通过产业链条密切衔接，生产要素充分聚集，企业优势互补，推动印刷产业的快速升级发展。

● 总投资4 000万美元的山东首家无菌包装材料及包装机械项目在济南高新区胶州湾北部园区正式开工。

● 义乌飞乐彩印厂投资购买安装海德堡速霸XL 145印刷机。

● 在美国PMA 2010国际贸易展上，惠普Indigo数字印刷机荣获数码影像市场协会评选出的六项年度大奖，其中包括三项印刷机产品奖和三项创新数字产品奖。

3月

4日 国家工业和信息化部发布公告，批准398项机械行业标准，其中包括9项印刷机械标准。

4日 在第五届INTERQUEST 2010数码书刊印制论坛上，柯达数码公司推出全新生产解决方案，帮助书刊出版商及印刷商改善供应链、加强运营效率。

8日 在国际妇女节100周年之际，CNN推选出亚洲最具权力的8位女性，中国纸业女王张茵荣获“亚洲最具权力女性”。

9日 爱普生（美国）公司推出两款商务彩色喷墨打印机——爱普生B-310N和B-510DN。

9日 Nipson SAS在法国贝尔福推出专利性产品，防伪领域的应用新型荧光碳粉—T3000SY。

9～11日 在广州举行的第十七届华南国际印刷工业和2010年中国国际标签印刷技术展会上，北大方正电子有限公司推出了方正雕龙CTP、方正桀鹰L1000、方正ERP、方正畅流、方正飞腾5.0、方正印捷数码印刷解决方案等一系技术创新产品。

9～11日 威海滨田印刷机械有限公司在广州琶洲会展中心举办的第十七届华南国际印刷工业展览会上推出WH452A-I和WH466两款主打机型。

10日 全国印刷标准化技术委员会在京召开“PUR胶即涂覆膜过程控制国家标准起草组第二次工作会议”。

10日 惠普（中国）有限公司以

"变中求胜 创新经营——商业印刷领域数码印刷技术应用现状与前景"为主题的2010年全国巡回研讨会广州站在广州国德国际大酒店成功召开。

10日 上海太阳机械公司与日本株式会社DAC Engineering在广州签订战略合作伙伴协议书，上海太阳机械公司成为Symphony系列印刷品检测系统在中国的印刷市场的销售代理商。

12日 江西省新闻出版局邀请省内部分印刷质量专家委员组成检测组，对2010年农家书屋选配的图书进行了印装质量检测。

12日 海德堡（中国）有限公司北京代表处在北京建宏印刷有限公司举办"海德堡CTP、印通工作流程及色彩管理体验之旅"活动。

12日 国家税务总局公布《关于新办文化企业企业所得税有关政策问题的通知》，明确有关新办文化企业企业所得税优惠期限问题。同时，由中宣部牵头，文化部、财政部、央行、国家广电总局、新闻出版总署、银监会、证监会、保监会等部门共同制定出台了的《关于金融支持文化产业振兴和发展繁荣的指导意见》。

14日 安徽省安庆市新闻出版业协会在石化双环宾馆会议厅召开"安庆市印刷企业经营与创新座谈会"。

15日 2010年"3·15"少年儿童读物类出版产品质量监督检测活动在京启动。

16～17日 北京印刷质量协会2010年工作会议暨2009年度总结表彰大会在北京民政局培训中心举行。

18日 由江西出版集团主办，江西出版印刷物资有限公司和江西省印刷复制业协会共同承办的"2010年江西省第十二届全国印刷包装机械及耗材展示会"在南昌市举行。

19日 上海新闻出版工作会议在沪召开。

19日 新闻出版总署署长柳斌杰在京会见国际先驱报社社长史蒂芬·约翰逊一行。

19日 辽宁报业传媒集团与沈阳日报报业集团印务资源整合框架协议签字仪式在沈阳举行。

19日 浙江省苍南县印刷包装行业协会第三届第一次会员大会在龙港镇影剧院召开。

22日 温州苍南县召开印刷业专项整治工作会议。

22日 广东省国有经营性文化资产监督管理办公室在广州组织举行项目推介洽谈会，建设银行广东分行、光大银行广州分行、民生银行广州分行会同来自全省各地的89家文化企业，就涵盖了报业、动漫、音像、广电等多个领域的106个项目，以及总计210亿元的授信、结算、风险管理、金融咨询等方面的合作展开洽谈。

23日 在美国FOSE2010技术贸易展览会期间，柯达公司推出综合文档采集技术平台。

25日 乐凯集团第二胶片厂华光工业园区投资1.4亿元、年产1 000万 m^2 的华光PCB（印刷线路板）胶片生产线正式开工建设，定于2011年上半年进行试车并交付试生产。

25～27日 由新闻出版总署、中国印刷技术协会等单位组织的印刷业职业技能竞赛裁判员培训班在北京开班。

26日 由中国印刷技术协会主办，中国摄影家杂志社、科印传媒、中国印刷行业网承办，柯达印艺精英俱乐部、上海太阳机械有限公司、四川新财印务有限公司、东港印刷股份有限公司协办的"柯达太阳杯"首届全国印刷业摄影大赛的评选工作圆满结束，此项活动历时6个月，共收到海外、港澳台及国内印刷业摄影爱好者261人的投稿，作品2376组幅，其中不乏展现印刷、造纸题材的作品。

27日 全国高职高专印刷与包装类专业教学指导委员会在北京印刷学院西校园召开"2010年度教指委、国家精品课程评审会议"。

28日 广西市场经济研究会在南宁召开"2010年广西印刷行业市场发展研讨会"。

30～31日 国家教育部印刷工程分教学指导委员会主持的印刷工程专业规范制订研讨会在武汉大学印刷与包装系召开。

31日 山东潍坊市印刷协会召开第三届第三次理事会议。

● 上海市"扫黄打非"领导小组启动出版物市场专项治理行动。

● 浙江省出版联合集团和江西省出版集团在杭州签署战略合作框架协议。

● 上海新闻出版印刷行业职业教育学校落户上海青浦工业园区，落户签约仪式在青浦工业园区举行。

● 由珠海市国家印刷及办公自动化消耗材料质量监督检验中心申报承担的广东省油墨标准化技术委员会获广东省质监局批准成立，成为珠海市首个省级油墨标准化专业标准化技术委员会。

● 由江西合力照明电器公司和广东中山宏艺包装印刷有限公司合资兴建，总投资6 000万元，年产3亿只彩印包装箱项目落户靖安县工业园区。

● 北京新华印刷有限公司以高度的政治觉悟和强烈的责任心，承接两会文件、政协委员发言等重要文件印刷任务，在保证全程保密的前提下，及时、准确地完成了任务。

● 北京金辰西科尼安全印务有限公司印刷领机臧红海荣获2009年北京市"优秀农民工"称号。

● GMC公司和佳能公司联手推

出新一组的打样系统——imagePRO-GRAFiPF8300/iPF6350/iPF6300 喷墨打印机和 GMG Color Proof、GMG Flexo ProofXG 及 GMG Dot ProofXG 连色和半成色打印解决方案。

● OKI 公司在北京推出了两款彩色 A3 幅面 LED 页式打印机新品 C810dn/C830dn/C830dtn。

● "X 跨界之旅——富士施乐打印机全国巡展"再度在华东、华中、华南三大区域 9 个省份的 23 个城市启程，历时一个多月。

● 韩国纳路（NOROO）集团旗下的油墨制造商——大韩油墨株式会社研制出"抗菌水性光油(VKHC 973)"、"胶印抗菌 OP CLEAR"、"胶印抗菌水性 DUCT"，以及用于 UV 印刷涂布的"PRISM UV 抗菌 CLEAR"等一系列的抗菌光油产品。

● 由北京非公有制经济参与绿色北京建设行动总结大会暨"绿色企业"颁牌仪式在北京会议中心召开，北京雅昌公司获得"北京市绿色企业"称号。

● 浙江包装企业加大资金投入，推动技术升级，浙江上峰集团 2010 年安装 8 套国际领先的彩印和大型全自动模塑机。

● 河南省报纸印刷质量"十佳"单位评选揭晓，郑州日报社印刷厂、河南日报报业集团有限公司印务中心、开封日报印务中心分别荣获前三名。

● 由中国电子商务协会 3G 发展与应用工程和天下互联联袂打造的首个 3G 网络商务服务平台—中国 3G 行业门户注册中心成为廊坊阳光印刷有限公司进军 3G 的门户。

● 上海市新闻出版局公布期刊印刷质量专项检查结果。经检测 576 种期刊中 494 种期刊质量合格，合格率为 85.8%；有 82 种期刊印刷质量判定为不合格。

● 曼罗兰携手杭州日报报业集团盛元印务有限公司在杭州举行"Praxis Dialog 实践专题：运筹帷幄，构建多元发展新格局"研讨会。

● 河南农业大学、华中农业大学和中南林业科技大学分别举行了金光集团黄奕聪奖学金颁奖仪式。作为金光集团黄奕聪慈善基金会社会公益项目，高校奖学金项目执行两年多来，中南林业科技大学、华中农业大学等 8 所高校 450 名品学兼优的学子获得了这一荣誉和表彰。

4 月

1 日　由国家质检总局和国家标准化委员会批准发布的《限制商品过度包装要求——食品和化妆品》国家标准开始实施。

1 日　第四届金光印艺大奖正式启动。

2 日　中国印刷及设备器材工业协会在上海向"中华商务联合印刷（广东）有限公司"、东莞金杯印刷、北京华联印刷等印刷企业，大族冠华、意高发、北大方正、乐凯集团第二胶片厂等 54 家企业颁发了 2008 ~ 2009 年度出口先进单位的证书，表彰他们在金融危机时逆势而上，开拓新兴市场、推动出口外贸持续发展取得的成绩。

6 日　国务院下发文件，要求造纸行业两年内淘汰造纸业落后产能。

7 日　由上海市新闻出版局牵头的沪市各区县文广局相关人员以及多家印刷企业，在上海科学会堂召开了 2010 年上海印刷工作会议。

7 日　由中国印刷技术协会、中国印刷行业绿色印刷推广管理办公室主办，中国印刷杂志社承办的"绿色经济下包装印刷业创新发展之路"研讨会在广东东莞召开。

7 ~ 9 日　在 2010 中国国际彩盒展、中国国际瓦楞展会上，BVT 博威特推出折叠包装纸盒印刷质量检测系统、Mercy-Touch 印版及印样质量校对系统、Eurotech+AVT 标签分条复卷检测设备、Spartanics 点数机、Countwise 点数机等设备。

7 ~ 9 日　深圳市博泰印刷设备有限公司在 2010 年中国国际彩盒及国际瓦楞纸展会上，推出全系列检测产品——Mercy-Touch 印版及印样质量校对系统。

8 日　富士星光（上海）印刷器材有限公司在济南茂岭花园酒店召开的"CTP 经验交流会 · 实战采购"会上推出了富士 2010 新技术解决方案。

8 日　西安航天华阳公司研制成功的我国首台"康丽包"专用封边折盒机，通过了中国航天推进技术研究院、厂领导及相关专家的出厂评审。

11 日　位于北京昌平区北七家镇的北京多彩印刷厂，一车间内存放化学危险品的场所于晚 6h25min 左右发生泄漏后爆燃，并引燃车间内部分印刷设备及纸张等可燃物，初步估算爆燃面积约为 1 000m^2。经查证，事故系化学品使用过程中发生泄漏引发，10 余人受伤，1 人死亡。属于责任事故，事故车间已停产整顿，法人代表被立案调查。

12 日　第二届全国印刷行业职业技能大赛信息发布会暨海德堡技术资格认证项目启动仪式在中国印刷技术协会新址北京富力摩根中心召开。

12 日　山西新华印业有限公司新引进的 CTP 直接制版机一次试机成功制版。

16 日　国家人力资源和社会保障部在北京隆重举行 2010 年全国职业技术竞赛系列活动启动仪式。

19 ~ 21 日　新闻出版总署组织 20 多家中国大型出版企业参加在英国伦敦伯爵宫展览中心举行的伦敦

书展。

20日 新闻出版总署在京召开会议，柳斌杰署长要求新闻出版界要认真做好等六项工作。

20日 福建省泉州市人民政府与玖龙环球投资有限公司签订玖龙纸业（泉州）高档包装纸生产基地项目投资协议书。

21日 在北京召开的2010年第十七届北京广告四新展上，Roland DG Corporation推出获得DPI年度奖项的金属银ECO-SOL MAX墨水的新型喷/切一体机——VersaCAMM VS-640。

22日 爱克发、北京恒泽基业、上海永享公司在北京国家会议中心举行"强强联合，携手并进"爱克发新闻发布会。

22～24日 首届Sinapse印刷模拟器亚洲用户会议在北京印刷学院举行。

23日 西安市印刷业协会第二次会员大会在西安卫星测控中心揽月楼宾馆召开。

24日 江苏省镇江市慈善总会在碧榆园金山厅举行纪念建会五周年大会。会上对多年来为镇江市慈善事业作出突出贡献的个人和集体进行表彰。金东纸业公司吴省芳总经理荣获"镇江市慈善爱心奖"。

24～28日 新闻出版总署出版产品质量监督检测中心对第二十届全国书博会参展图书印制质量进行现场抽样检测。

25日 山西省第二期印刷行业职业技能鉴定考核活动在山西人民印刷有限责任公司举行。

27日 2010年全国劳动模范和先进工作者表彰大会在北京人民大会堂隆重举行。印刷包装行业有10人获选全国劳动模范。

● 国资委、总工会、发改委等八部委及河南省科技厅开展了创新型企业评价工作，确定42家企业为省创新型企业，乐凯集团第二胶片厂入围河南省创新型企业。

● 浙江省乐清市印刷协会会长黄健友率团一行22人到江苏省昌昇集团参观考察。

● 温州科强公司推出ZFM500型全自动封面机，ZFM500型全自动封面机由面纸输送、上胶，纸板输送、定位，折边三大系统构成。

● 天津市蓟县人民政府与辽宁信德控股（集团）有限公司签订投资16.6亿元建设"石头纸"——无机粉体环保纸综合项目。

● 德国单张纸印刷厂WKohlhammerDruckerei引进高斯M-600-Folia印刷机。

● 呼和浩特市新城区工商分局集中力量开展对辖区印刷企业商标印制行为进行专项检查行动。

● 西夏木活字印刷术入选上海世博表演项目。

● 山东省烟台市质监局发布消息，从4月份起《限制商品过度包装要求——食品和化妆品》国家标准正式实施。

● MBO完成了全自动折页机与JDF数字化工作流程无缝对接工艺。

● 日本小森印刷机械株式会社在IPEX2010展会上推出新款的B2幅面印刷机——Enthrone。

● 北京北大方正电子有限公司承办"第二届全国印刷行业职业技能大赛"中"平版制版工"竞赛分赛区选拔赛，参与大赛过程中考试培训资料准备、考试题目制作等方面的重要工作。方正书版2008、飞腾创艺5.0、飞翔2009以及方正畅流数字化工作流程软件，为本次大赛平版制版的专用产品。

● 上海市新闻出版局出台新政扶持国际印刷、高端印刷和数字印刷，并给上述优秀印刷企业发放出版物印刷许可证。

5月

5日 福建省联盛纸业有限责任公司与龙海市政府计划总投资80亿元的联盛纸业项目正式落户龙海市角美工业综合开发区，双方在漳州宾馆举行签约仪式。

6日 山西省委副书记、省长王君调研山西省城文化产业发展。

6日 安徽省举办首届印刷行业职业技能大赛"高宝杯"单张纸印刷机比赛，而"北人杯"卷纸印刷机比赛首场比赛在芜湖日报报业集团印务有限公司举行。

9日 中国包装联合会与延边新兴工业集中区共建包装印刷产业基地，双方代表在延吉签署合作备忘录。

10日 北京市宣武区第二职业学校与北京印刷协会、北京市第70职业技能鉴定所、日本三菱重工印刷机、北京菱重印刷机技术服务有限公司，在北京市宣武区第二职业学校广外校区共同举办了印刷技术培训基地的落成典礼。

10～11日 中国印刷及设备器材工业协会印刷机械分会在北京召开中国印刷装备工业发展研讨会。

11日 长春新华印刷园奠基典礼在长春市经济开发区举行。

12日～14日《环境标志产品技术要求——平版印刷、凹版印刷、商业票据印刷标准》讨论会在北京稻香湖景酒店召开。

14日 由中国印刷及设备器材工业协会、广东省新闻出版局，广东省印刷复制业协会共同主办，中印协展览有限公司承办的广东印刷与包装市场形势报告会在东莞召开。

14日 爱色丽公司发布新一代色

彩管理软件——i1Profiler和全新的对色桥梁软件Pantone® Link。

15日 全球首套在宣纸上印刷的邮票发行。

18日 爱色丽公司与江苏科思机电工程有限公司携手合作，共同为中国的中小型印刷厂生产经济型闭环色彩管理系统。

18～25日 英国国际印刷展览会（IPEX2010）在英国伯明翰国家展览中心举行。中国多家企业在展会上亮相。

19日 北人股份公司"2010年BEIREN 45A重点客户联谊会暨产品现场演示会"在京召开。会议主要包括人民日报的BEIREN 45A、体育报的BEIREN 45A、BEIREN 75A演示。

20日 必能宝公司和神州数码公司在京共同召开"应用·服务 触动商用CCM"2010年合作战略新闻发布会。

20日 新闻出版总署和北京市政府签署《关于共同推进首都新闻出版业发展战略合作框架协议》，并举行揭牌仪式，同年6月就有6家数字网络出版企业、26家以传统出版为主的民营文化企业，正式在中国北京出版创意产业园区"安家落户"。

24日 爱克发及其工业喷墨印刷机中国香港代理Kinetic在香港Intech Graphics举行了主题为"白色喷墨的魅力"开放日。

27日 中国印刷技术协会"直接制版技术及其发展趋势"研讨会在北京召开。

28日 由中国出版工作者协会和出版博物馆（筹）联合主办的王仿子《出版生涯七十年》座谈会在北京举行。

28日 北京嘉和顶新科贸有限公司（DINGA）展示厅开业庆典在京举行。

● 苍南县六桂集团有限公司中标上海世博会所需的第一批90万份公益宣传折页，价值亿元订单。

● 石家庄中晟安全印刷有限公司承印上海世博会门票、世博护照、北京奥运会门票等在内的多类防伪票证。

● 海南建设现代包装工业园，该产业园坐落在海口高新区飞地工业园区。海南现代包装工业园项目一期工程已开始试投产，整个项目预计2010年底竣工投产。

● 上海市新闻出版局开启世博印刷品绿色通道。

● 云南力奥印务有限公司和共青城风华实业有限公司共同投资5亿元，建设共青城力奥印务有限公司包装印刷基地，在共青城全国青年创业基地举行开工奠基仪式。

● 高宝新研制的嵌入在DensiTronic工作台中的DensiTronic PDF投入市场应用。

● 柯达旗下的i1200Plus和i1300Plus系列扫描仪在柯达智能触控（SmartTouch）功能和柯达完美页面（PerfectPage）影像处理技术上增加了新的功能。

● 芬欧蓝泰标签公司的美国伊利诺斯州迪克森的先进标签生产厂通过ISO 14001:2004环境管理体系认证。

● 杭州天杭印刷厂与青岛瑞普电气有限责任公司电气强强合作，购入SOLNA425S胶印机，成为该公司的主要机型产品。

● 英国伯明翰IPEX展会上，海德堡印刷机械股份公司重点展示了面向广告印刷和包装印刷的整条增值链，包括工作流程整合、印刷材料、全面化服务项目及咨询服务等在内的一系列解决方案。

● 北京纳米材料绿色打印技术产业化基地最近在中科院怀柔科教园区开工奠基。该基地包括中科院化学所两项重大产业化项目："基于纳米材料的新一代制版技术项目"和"纳米材料绿色打印印刷线路板项目"。

● 第二届全国印刷行业职业技能竞赛"平版制版工"分赛在贵州举行，参赛项目为方正书版2008、飞腾创艺5.0、飞翔2009以及方正畅流数字化工作流程软件等软件。

● 在IPEX2010展览会上，爱普生公司推出新款SurePressL—4033A数码标签印刷机。

● 在2010上海国际印刷周活动中，上海新闻出版局有关负责人介绍说，上海要在全国率先成立"国家绿色创意印刷示范园区"，并将尝试印刷绿色环保的中小学教材。

6月

2日 山西新华印业有限公司等54家印刷企业荣获山西省新闻出版局、省工商局2008～2009年度优质双效、守合同重信用印刷企业称号。

2日 在"2010北京国际包装博览会"期间，上海电气印刷包装机械集团销售公司举行了主题为"成功的合作伙伴——上海电气与您共创未来"的新闻发布会。

2～4日 高宝（中国）公司在第一届北京国际包装博览会上展示了专为小规模包装商和综合印刷商准备的理想解决方案——具有605mm×750mm大幅面加工能力的4色印刷机。

3日 由中国印刷技术协会等单位联合组织主办的"2009年印刷行业十大评选"在北京钓鱼台国宾馆举行了盛大的颁奖典礼活动。

3日 乐凯集团以"责任、创新、竞争力"为主题的"乐凯华光杯2009年印刷行业十大评选"在北京钓鱼台国宾馆举行盛大的颁奖典礼。

3日 由慧聪印刷网主办，乐凯集团第二胶片厂总冠名，中国印刷及设备器材工业协会、中国印刷技术协会、北京印刷协会、上海市印刷协会支持的"乐凯华光杯"2009年度中国印刷行业十大评选颁奖典礼在北京钓鱼台国宾馆召开。杭华油墨公司喜获"十大买家最满意印刷器材品牌"奖。

7～9日　纸业信息供应商RISI公司在上海四季酒店举办"第十一届亚洲浆纸产业前景展望大会"。

9日　在"2010中国国际智能卡与RFID博览会"召开期间，中、日、韩RFID行业协会第七次圆桌会议在北京召开。

9日　由中国出版工作者协会少儿读物工作委员会、新闻出版报社、上海世纪出版集团主办，上海世纪出版股份有限公司少年儿童出版社承办的2010中国少儿出版高层论坛暨第25届全国少儿出版社社长年会在沪召开。

9～11日　由北京北大方正电子有限公司和黑龙江省报协联合主办，佳木斯日报、佳木斯广电报协办的方正雕龙CTP现场会在佳木斯成功举行。

10日　中共中央总书记、国家主席、中央军委主席胡锦涛"六一"前夕与小朋友在中国科技馆亲手刷印的"六子争头"年画画版，从北京运抵"中国年画之乡"河北省武强县，并被武强年画博物馆正式收藏。

10日　富林特集团柔印产品事业部中国的业务总监郑其红和资深技术专家李玉山分别在曲江校区和金花校区为西安理工大学印刷包装工程学院学生举行"柔版制版技术的今天和明天"的专题报告会。

11日　在我国第五个文化遗产日（每年6月12日），由北京市宣武区委宣传部、文化委、北京印钞公司共同主办的"国粹耀京华　勇武聚宣南"文化遗产日系列活动在北京印钞公司举行。

11日　上海紫宏机械有限公司"以科技进步为驱动，以品质服务为保障"上海紫宏产品技术交流演示暨厂长联谊会在北京市怀柔区举行。

12日　新疆和田昆仑山印业有限责任公司投入试运行，该公司是农十四师沙驼工业园区引进的一家股份制企业。

18日　中华商务联合印刷（香港）有限公司在中国香港举行30周年庆典仪式。

18日　由中国印刷技术协会、北京印刷学院、北京印刷协会、印刷工业出版社联合主办的"张林桂新书发布会暨印刷企业管理高端论坛"在北京召开。

18日　在北京印刷协会的支持下，深圳市精密达机械有限公司、中华商务联合印刷（广东）有限公司在深圳共同举办"印刷书刊装订技术交流会"。

21日　由中国印刷技术协会、中国印刷杂志社组织管理的中国国际全印展官方网站改版后正式上线。

22日　罗兰推出CMYK四色大幅面喷墨打印机VersaArt系列，包括两种型号64 in RS—640S和54 in RS—540S。

23日　Pantone公司"创建宏大意念——PANTONE PLUS SERIES"新产品发布会在北京中国大饭店召开。

24日　新闻出版总署下发《关于做好新闻出版系统防汛抗洪救灾工作的紧急通知》。

25日　由德国维格拉集团等单位组织的"印刷企业的生态经济及减少碳排放的方案"研讨会在北京召开。

25日　由中国印刷科学技术研究所主办，深圳市华虹星网络科技股份有限公司、美国虹软公司协办，科印传媒《数码印刷》杂志承办的"数码印刷新'蓝海'战略"研讨会在北京西苑饭店召开。

26日　青岛瑞普电气有限责任公司全部迁往新厂区。

28日　第二届全国印刷行业职业技能大赛初赛（江西赛区）暨江西省首届"鄱阳湖杯"印刷行业职业技能大赛开幕仪式在省新闻出版职业技术学院举行。

29日　北京圣彩虹制版印刷技术有限公司和德国GMG公司全球战略合作签署仪式在北京成功举行。

29～30日　新闻出版总署在京召开新闻出版业"十二五"发展规划编制工作专题务虚会议。

30日　黑河日报社引进高斯印刷机，并举行双面彩色轮转印刷机开机剪彩仪式。

30日　爱色丽有限公司位于中国香港的全球印刷服务提供商——金杯印刷有限公司已在其配备最先进印刷设施的东莞印刷厂安装了12套全新的IntelliTrax印刷端色彩管理自动扫描系统。

● 爱克发推出新款的Dotrix Modular LM，专为低转移包装应用而设的高速数码印刷机。

● 富林特集团柔印产品事业部在其nyloflex® Sprint水洗传统柔版基础之上推出该水洗柔版的数码型号版材nyloflex® Sprint数码版。

● 新闻出版总署正式函复浙江省政府，同意建立杭州国家数字出版产业基地。杭州成为继上海张江、重庆北部新区之后，我国第三个批准成立的国家级数字出版基地。

● 上海市新闻出版局组织主办的"2009学年沪版教材印制质量评比"表彰会在沪召开。

● 由深圳市科协主办的"自主创新大讲堂"开讲，主题为"两岸三地印刷新技术未来与发展趋势"。

● 雅昌集团印刷事业部奢侈品

和海外艺术项目部积极开拓国际高端印刷市场，成功在法国和意大利设立了代表处。

● 深圳技师学院培训中心与深圳市通产丽星有限公司合作开办的网版印刷工培训班开班典礼在深圳通产丽星有限公司举行。

● 柯达和 iBridge 集团公司推出全新系统输出目的地(SOD)解决方案，该方案可将柯达采集专业软件的批量扫描功能与 FileNet 先进的数据管理功能集成。

● 由山东省临沂市书画贸易协会投资 6 800 万元建设的古装书籍印刷企业——齐鲁古籍印务有限公司在沂水县建成投产。

● 曼罗兰全新 ROLAND 900 五色大幅面胶印机投产庆典在福州举行。

● 中国台湾正隆股份有限公司投资 1 420 万元人民币在天津开发区成立天津中隆纸业有限公司。

● 由中科纳新制造的纳米材料绿色制版技术的印刷设备，在北京日报报业集团印务中心试用。

7月

1日 我国《烟花爆竹标志》强制性国家标准开始实施，该标准规定了烟花爆竹产品、内包装、外包装的标志要求。

5日 新闻出版总署出版产品质量监督检测中心在太原市组织召开 2010 年“3·15”少年儿童读物类出版产品质量监督检测活动工作座谈会。

5日 中国印刷技术协会在上海召开了第六届第五次理事会议。

5日 中国印刷技术协会在上海召开中国印协成立三十周年座谈会，以及全国印刷行业先进协会、先进协会工作者、优秀单位会员表彰大会。

7日 新闻出版总署科技与数字出版司、全国新闻出版标准化技术委员会等宣布在京成立“电子书(内容)标准项目组”，并研究制订相关电子书标准。

7日 第二届全国印刷行业职业技能大赛(广东赛区)职工组选拔赛在中华商务联合印刷(广东)有限公司举行。

7日 由上海市新闻出版局、上海市科学技术委员会、上海市经济和信息化委员会、中国印刷科学技术研究所、世博集团上海现代国际展览有限公司共同主办的 2010 上海国际印刷周暨上海国际印刷包装产品交易会在沪举行。

7日 北京北大方正电子有限公司“IT For Print”新品发布会在北京召开，发布了 2010 年印艺技术新品：方正畅流 5.0 和方正虹云色彩管理网络服务平台。

7日 芬欧蓝泰以“精彩驻华十周年”为晚宴主题，在天津与华北地区客户及标签行业同仁共同庆祝了其成功驻华十周年。

8日 由德国琥珀集团(Huber Group)投资成立的上海荟百精细化工有限公司落户上海精细化工产业园金山第二工业区。该项目总投资 6 300 万元人民币，占地面积 39 亩(1 亩 ≈ 666.7m^2)，主要从事溶剂油墨和胶印油墨项目生产建设。

13～14日 全国印刷标准化技术委员会在北京召开“国际印后及国内印后标准研讨会议”。

14 2010 荣格技术创新奖——包装行业颁奖典礼在上海新国际博览中心举办的 PROPAK 展会期间举行。爱克发的 Dotrix 工业喷墨印刷机荣获包装印刷机械类的创新奖。

15日 艾司科与中国·新加坡苏州工业园区在上海签署在园内设立一个软件开发中心协议。

16日 柯达图文影像集团携手威誉印刷设备(深圳)有限公司和厦门市鑫兴达印刷器材有限公司，在厦门举办 2010 数字化印刷研讨会，研讨会以“绿色印刷，CTP 先行”为主题。

18日 全国新闻出版局长座谈会在西安召开。

18日 江苏昌昇集团大连地区客户座谈会在大连市新世界酒店举行。

19日 上海市金融办正式印发《上海金融支持文化产业发展繁荣的实施意见》，推动符合条件的文化企业上市融资，鼓励依托资本市场进行并购重组。

19～21日 由中国出版研究所等单位主办的“2010：推进数字出版跨越式发展”主题研讨会在北京召开。

20日 新闻出版总署署长、国家版权局局长柳斌杰一行在陕西省考察新闻出版业。

21日 新闻出版总署和中国电信集团公司在北京签订战略合作备忘录。

21日 富士施乐在上海高新技术体验中心召开“科研成果分享与彩色数码印刷新品发布会”，推出彩色数码印刷系统 Color 800/1000 Presses。

22日 辽宁省召开加快发展文化产业和文化事业电视电话会议，深入贯彻落实《辽宁省文化产业振兴规划纲要》(以下简称《纲要》)。《纲要》对辽宁印刷机械提出了发展要求，明确提出了要加快辽宁大族冠华印刷科技股份有限公司的发展，将其打造成集印刷装备制造、印刷耗材、印刷附属配套、印刷包装为一体的大型企业集团。

23日 《中国印刷》、《中国印刷年鉴》2010 年新一届两刊编辑委员会会议在北京召开。

24日 由中国印刷人才网主办的华南地区“印刷、包装、纸业、广告”专场招聘会在深圳辉煌人才市场举行。

27日 第五届中国(北方)印刷

及设备器材展览会期间，北人股份公司与安徽省阜阳市宏洋实业有限公司在位于北京经济技术开发区的北人股份公司总部举行了BEIREN300A型对开五色平版印刷机的签约仪式。

27日 北京北大方正电子与Infoprint Solutions Company“携手共进，开启数码印刷新商机”新闻发布会在京举行，推出了方正印捷数码印刷新品——方正印捷K1357EX数码印刷系统。

27日 在第五届中国(北方)印刷及设备器材展览会上，柯达推出TRILLIAN SP热敏印版材。

27日 由上海市商务委、上海市外商投资企业协会联合主办的上海市外商投资企业“平安、稳定、和谐、发展”座谈会暨2009年度“双优”企业表彰会在沪举行。

27日 田中机电(南京)有限公司以“中国再制造，低碳新经济”为主题的“Ecostar印家”2010年品牌战略发布会在京举行，会上推出自主再制造打印复印机新品牌——“Ecostar印家”系列新产品，同时与北京亿高远科技有限公司正式签署合作协议。

28日 天津市包装技术协会装潢印刷委员会成立。

28日 英国塔苏斯集团(Tarsus Group)在北京皇家大饭店举办“2010国际标签印刷展览会新闻发布会暨介绍会”。

30日 “国家数字印刷工程研究中心”揭牌仪式在上海理工大学图文信息中心举行。

30日 中国包装总公司科学技术部在陕西渭南召开陕西北人印刷机械有限责任公司研制的“RXJ卷筒料卫星式柔性版印刷机”科技成果鉴定。

31日 新闻出版总署与上海市人民政府多部门合作的第三次联席会议在沪召开。

● 教育部、财政部联合下发《关于批准2010年度国家精品课程建设项目的通知》，获批的2010年度763门国家精品课程中有关印刷、包装类的专业课程共有5门，涉及5所大专院校。分别是：西安理工大学的《印刷机原理与结构》、武汉工业学院的《包装机械》、郑州牧业工程高等专科学校的《印刷色彩控制技术》、天津职业大学的《包装材料性能检测及选用》和上海出版印刷高等专科学校的《数字印前工艺》。

● 爱普生在上海国际广告技术设备展会上，推出全球首款64 in(1 in = 25.4mm)环保溶剂型大幅面打印机Epson Stylus ProGS6000、新一代TFP微压电打印系列大幅面打印机，以及“微喷写真TM”工艺、专门为个性化增值业务量身打造的Epson DiscproducerTM PP-100光盘印刷刻录机与Epson DiscproducerTM PP-100AP光盘印刷机。

● 沈阳市质量技术监督局对沈阳的商品条码印刷质量进行检测，重点抽查了超市和药房。

● 由中国报业协会主办，云南日报报业集团、爱克发公司和北大方正电子有限公司联合承办的“传承经典 继往开来”中国报业高峰论坛在昆明举行。

● “2010年度《商务周刊》中国50绿公司评选”中，爱普生(中国)有限公司的高品质白色颜料墨水荣膺“2010年度中国绿产品十佳”，并获得“2010年度中国50绿公司”称号两项殊荣。

● 美国Sun自动化公司推出采用了柯达万印印刷技术的瓦楞纸包装的高速数码印刷机CorrStream。

● 北人股份有限公司在京发布对开机组式双色胶印机——BEIREN2920E，首批产品分别被江西和浙江的印刷企业购买，经过客户使用，完全达到当初设计要求。

8月

2日 河南省鹤壁市“扫黄打非”办公室采取多项有效措施，对全市印刷企业开展清查行动，行动持续到8月底。

2日 辽宁省政府中小企业厅公布《辽宁省中小企业发展专项资金管理办法》(以下简称《办法》)，《办法》规定专项资金将重点支持中小企业发展项目，鼓励中小企业走“专、精、特、新”发展道路，支持中小企业发展新兴产业，与大企业协作配套，并优先扶持成长型中小企业。

3日 北京市印刷协会第七届常务理事会在北京亦庄经济技术开发区召开。

5日 江西省新闻出版局发布《江西省印刷产业园区(基地)暂行管理办法》

6日 汕头市四季树包装彩印有限公司与德国KBA(高宝)公司合作引进全张五色、对开六色、四开四色——3台KBA(高宝)利必达印刷机的签约仪式在汕头举行。

6日 人民日报印刷厂购进高斯国际新一代的双周倍径高斯环球型印刷机，该机具有6个4高塔的配置和每小时7.5万份的速度。

8日 江西赣州印刷产业基地中心区开工暨省级印刷产业基地授牌仪式在赣州香港工业园北区举行。

9日 由中国香港印艺学会、香港出版学会、香港贸易发展局、康乐及文化事务署联合举办的第二十二届香港印制大奖在湾仔香港会议展览中心会议室举行开幕酒会。

11～12日 第七届中国印刷史学术研究会在北京南粤苑宾馆召开。

16日 第二届全国印刷行业职业技能大赛平版印刷工（职工组）全国总决赛启动仪式在深圳职业技术学院举行。

17日 北京绿色印刷产业技术创新联盟揭牌暨战略合作签约仪式在京举行。

18日 贵州日报报业集团印务传媒研发基地在贵阳市高新技术开发区新天园区开工建设。总建筑面积67 788m^2，总投资2.6亿元。

19日 扬州广陵古籍刻印社获"人类非物质文化遗产代表作名录"证书。

20日 国务院国有资产监督管理委员会发布了《中央企业2009年度分户国有资产运营情况表》。其中，中国印刷集团亏损1.1亿元。

22日 人民日报社在北京市朝阳区王四营乡建设工地举行人民日报社印务中心工程奠基仪式。

24日 乐凯集团第二胶片厂召开推进安全文化建设工作动员会暨安全工作会，传达国务院《关于进一步加强企业安全生产工作的通知》，全面启动安全文化建设工作。

26日 内蒙古自治区印刷协会在上海召开了第八次会员代表大会。

26日 由国防工业出版社主办、北京北大方正电子有限公司协办的国防工业出版社数字快印中心周年庆典活动在国防工业出版社举行。

27日 中华商务联合印刷（香港）有限公司在北京中国大饭店举行30周年庆典暨农家书屋捐建仪式。

28日 廊坊市印刷协会举行第二届会员代表大会。

30日 美国虹软公司和深圳市华虹星网络科技股份有限公司在杭州共同举办"虹茄子2.0发布会"。

31日 方正集团旗下的数字图书门户网番薯网联合中国香港科教数码在"第十七届北京国际图书博览会"现场举行梁凤仪电子书落户该网发布会。

31日 以"交流、合作、发展"为主题的第三届华北、东北八省市印刷企业联谊会在山西太原并州饭店隆重举行。

31日 全国印刷标准化技术委员会(SAC/TC170)在北京瑞成大酒店召开了4项覆膜标准专家审查会议。

● 河北省新闻出版局印发《关于加强宏观调控促进印刷包装业又好又快发展的意见》，将该省出版物印刷业准入标准由原来的200万元提升至3 000万元，出版物包装业准入标准由原来的150万元提升至2 000万元。

● 广东将出台印刷业挥发性有机化合物排放标准。

● 由福州市新闻出版局主办的全市印刷业法规培训班在福州开班。培训内容：印刷业法规知识、印刷企业经营管理注意的问题、文化市场执法和办案程序。有100家印刷企业的负责人参加，并签订了《福建省印刷企业守法经营承诺书》。

● 物联网应用方案提供商哲麒科技有限公司与中南出版传媒集团联合推出全球第一本带有RFID芯片的图书——《古画》。

● 《湖南省印刷业管理办法》开始征求意见，此办法出台后，个人将不得从事出版物、包装装潢印刷品印刷经营活动。

● 由云南省报业协会组织第八届云南报刊印刷质量评比结果日前揭晓，《昆明日报》首次获得印刷质量金质奖，《都市时报》获优质奖。

● 上海市清查印刷企业取得阶段性成果。

● 国家环境保护部授权中环联合（北京）认证中心审核组，对牡丹油墨公司进行了环境标志产品的现场审核工作。牡丹油墨公司的单张纸胶印油墨（UNE型、NP05型、05N型、05型、10型、胶印金银墨、PSE型、KELE型）和冷固轮转胶印油墨（52型、PWO型）两大类共10个型号产品通过环境标准质量认证。

9月

1日 在"2010广州广告及LED秋季展览会"上，爱克发协同爱博纳系列产品国内总代理——爱博纳国际贸易有限公司召开新闻发布会，推出采用最新LED UV技术的2.5m宽的宽幅喷墨印刷机——爱克发爱博纳2 500 LED喷墨印刷机。

2～4日 第二届全国印刷行业职业技能大赛"网版印刷工"职工组决赛在北京举行。

2日 全国"扫黄打非"工作小组在郑州市举行表彰大会。

3日 "鄱阳湖印刷发展系列论坛"之"绿色增值印刷发展论坛"在江西新闻出版职业技术学院学术报告厅举行。

4日 贵州日报报业集团与新加坡新中国际文化交流协会签署战略合作协议。

6日 国家环境保护部发布国家环境保护标准《环境标志产品技术要求印刷（百科）第一部分：平版印刷（征求意见稿）》。

7日 江西瑞昌市政府与香港理文集团在广东省东莞市举行落户瑞昌市码头工业城签约仪式。

7～8日 2010全国柔性版印刷技术交流会暨中国印协柔印分会二届二次常务理事会在宁波中信国际大酒店召开。

8日 宁化木活字印刷作品赴京参加民族艺术珍品文化节。

8日 2011西安世界园艺博览会门票印制开机仪式在石家庄印钞厂举行。此次发布的西安世界园艺博览会门票由国内RFID门票的中钞国鼎投资有限公司印制。

8日　新闻出版总署署长柳斌杰率团出访拉脱维亚。

8日　惠普公司在新加坡宣布了2010年第三届亚太及日本地区惠普数字印刷大赛（HP Indigo）的获奖名单，对该地区的印刷和包装行业获得的杰出成就和创新进行表彰。

9日　中闻印务投资集团有限公司成立庆典仪式在人民日报社综合楼报告厅举行，正式宣告人民日报社第一家文化企业集团成立。

9日　坐落于厦门火炬高新技术翔安产业区的福建日报报业集团闽南印务有限责任公司新厂举行落成典礼。

10日　王选院士铜像在北京印刷学院落成。

10日　“芬欧蓝泰标签精彩驻华十周年庆典”在北京举行。

10日　成都新图印刷（百科）技术有限公司东莞区客户交流会在东莞万怡大酒店召开。

15日　全军印刷协会六届三次理事会在上海机电大厦远东大酒店召开。

15日　海德堡（中国）有限公司开展第二期技术资格认证和海德堡速霸CD 102四色印刷机长特训班。

15日　爱色丽有限公司发布图形艺术行业的全新测量标准XRGA。

16日　中国印刷技术协会数字印刷分会第二次会员代表大会暨第二届第一次理事会在广州召开。

17日　河南驻马店旺高印务有限公司、河南周口华鑫印务有限公司、河南许昌永霞印务有限公司，海德堡（中国）有限公司和海德堡河南经销商瑞康科贸有限公司在北京共同举行购买海德堡印刷设备签约仪式。

18日　合肥美佳印务有限公司、安徽本色印刷有限公司在“合肥市印刷企业碰头会”第八次会议暨“安徽省印刷企业互相通气、互相支持”会议第三次会议上签订了为期3年的“印刷企业友好战略合作框架协议书”。

19日　由新闻出版总署、人力资源和社会保障部主办，由中国就业培训技术指导中心、中国印刷技术协会、中国报业协会和各省（区、市）新闻出版局承办的第二届全国印刷行业职业技能大赛在北京印刷学院礼堂举行平版印刷工报轮组全国总决赛开幕仪式。

23～25日　浙江印刷集团依托新闻出版总署培训中心上海分中心，举办综合管理培训班。

25～27日　教育部印刷包装教学指导委员会2010年年会在上海理工大学召开。

27日　新闻出版总署副署长、国家版权局副局长阎晓宏在京会见来访的伊士曼柯达公司全球董事会主席兼首席执行官彭安东一行。

27日　由中国印刷及设备器材工业协会印刷机械分会和青岛瑞普桑纳印刷机械有限公司联合组织主办的“合作创造价值　品牌凝聚力量”——2010年SOLNA胶印机市场营销年会在青岛麒麟温泉酒店举行。

28日　新闻出版总署发出通知，要求各地新闻出版行政部门在2010年10月底前，对所辖内部发行报刊及连续性内部资料性出版物进行一次全面清理和检查，进一步规范报刊出版发行市场秩序。

30日　石家庄报业传媒集团有限公司成立大会在石家庄日报社举行。

● 曼罗兰和PPI媒体公司在2010年IFRA德国报业印刷展览会上推出了进一步优化的联合解决方案。

● 中国香港明彩控股有限公司与三门峡市签订投资20亿元建设印刷企业的合同。

● 在绍兴市总工会开展创建“工人先锋号”活动中，绍兴虎彩凭借2009年在节能降耗方面的优秀业绩，获得了“工人先锋号”的荣誉称号。

● 国家标准化管理委员会发布国家标准批准发布公告，批准发布了包括17项包装业标准在内的264项国家标准。

● 由意大利政府资助、北京印刷学院与意大利印刷协会共同发起的选派中国高校印刷、包装专业优秀学生赴意大利交流的项目，继北京印刷学院2008年、2009年选派了印刷工程专业学生李人劼和于荟琪获奖并参加赴意大利交流后，北京印刷学院印刷工程专业2007级学生郭歌再次荣获“意大利印刷技术奖”。

● 新闻出版总署出台《关于发展电子书产业的意见》，将从电子书行业准入制度、电子书标准的制定等方面着手促进电子书产业良性发展。

● 国家海关总署发布《关于外国政府贷款和国际金融组织贷款项目进口设备办理退还增值税手续有关事宜》公告，其中，进口印刷机等设备可退还增值税。

● 国家财政部、工业和信息化部、银监会、国家知识产权局、国家工商行政管理总局、国家版权局等部委联合印发《关于加强知识产权质押融资与评估管理支持中小企业发展的通知》。

● 柯达和Computhink宣布为柯达采集专业软件增加全新输出模块，帮助中小企业更有效地管理来自纸质文档的信息。

● 由中央人民广播电台经济之声与南方报业传媒集团21世纪报系联合主办的“低碳领袖——2010中国低碳发展型领先品牌”评选提名正式发布，爱普生凭借在“积极推进工厂节能减排的改造”方面的成绩荣获品牌认可。

● 富士施乐在上海推出了两款

彩色数码印刷系统——Color 800/1000 Press和Color 800/1000 Presses，包括无硅油乳化聚合墨粉（EA墨粉）和全新的“第五色”透明干墨。

● 新建成的江门雅图仕职业技术学校举行开学典礼，首届800多名学子入校学习。副市长李崴出席了开学典礼。

● 罗兰公司推出新款高性能54 in（1 in=25.4mm）VersaUV LEC—540 UV-LED大幅面喷墨打印/裁切机。

● 日本网屏公司推出新产品：彩色Truepress Jet520、Truepress Jet2500 UV、Truepress和Jet2500UV等高度喷墨印刷机，PlateRite FX1524和PlateRite FX870II制版机以及最新版的Trueflow SE工作流程。

● 富林特集团柔印产品事业部宣布推出一种针对柔性印刷版材的创新型UV曝光技术，与现有的曝光技术相比具有显著的优势。

● 北京紫瑞利印刷有限公司定购北人JS1040双面单色印刷机，成功安装后开始投入运转。

● 美国布朗印刷公司（Brown-PrintingCompany）购买上海高斯一台纸卷宽度为75 in（1 in=25.4mm）的Sunday3000卷筒纸印刷机。

10月

3日 在第61届美国印刷大奖颁奖典礼上，雅昌企业（集团）有限公司荣获18项印刷大奖。

4～5日 高斯国际在Ifra Expo（德国报业印刷展览会）上，推出新款的报纸印刷机。

5日 在德国汉堡举行的IFRA展会上，爱克发印艺发布新款南极星NXXT直接制版机。

7日 在中国台北世贸中心2010TIGAX台北国际印刷机材展会上，杭州科雷机电工业有限公司联合台湾地区经销商推出传统PS版直接制版机UVCTP及雷霸热敏CTP。

7日 瑞士博斯特集团与上海旭恒铁工机械有限公司签署协议，购买上海旭恒铁工机械有限公司65%的股份。

10日 在第62届法兰克福国际图书展会上，中国展团在书展期间共输出版权项目2 685项，其中签署合同1 588项，达成意向1 097项。

10～13日 由中国印刷及设备器材工业协会、广东省新闻出版局、广东省印刷复制业协会等单位联合主办的“第二届中国（广东）国际印刷技术展览会”在东莞市厚街国际大酒店举办首次“Print China 2011大中华区媒体周”。

11日 第四届德国高宝新技术巡回研讨会——绿色创新先锋行在北京帝景豪生大酒店召开。巡展第一站北京，之后为银川、济南、厦门、东莞等城市。

11日 新闻出版总署与上海市政府“部市合作”项目之一的金山国家绿色创意印刷示范园区揭牌仪式在金山工业区举行。

11～16日 中国印刷标准化代表团参加在巴西圣保罗举行的ISO/TC 130第24届年会。

13日 国家工业和信息化部发布的《部分工业行业淘汰落后生产工艺装备和产品指导目录（2010年本）》开始实施。内容涉及的行业内全部铅印机及相关辅机、照相制版机等57种印刷设备为已过淘汰期，属立即淘汰的装备和产品。

13～15日 由中国包装联合会纸委会、上海华凝文化传媒有限公司和天津包装协会主办的“第三届PPI（天津）瓦楞彩盒展”在天津滨海国际会议中心举行。

13～15日 在第三届（天津）瓦楞彩盒展会上，博斯特集团推出瓦楞模切糊盒设备等全球范围内最先进的瓦楞彩盒整体解决方案。

15～17日 2010中国（龙港）印刷与礼品博览会暨第十二届龙港国际印刷工业博览会在温州国际会展中心举行。

18日 山东潍坊华光精工设备有限公司举行新厂区启用暨企业改制十周年庆典活动。

20日 由金东纸业（江苏）股份有限公司组织发起，中国印刷技术协会、中国香港印艺学会、中国印刷科学技术研究所、中国出版科学研究所支持的第四届金光印艺大奖颁奖典礼在上海举行。

22日 由中国澳门印刷业商会主办的第八届两岸四地印刷业交流联谊会及2010两岸四地印刷发展论坛、澳门印刷业商会成立40周年庆祝晚宴在澳门举行。

22日 “2010年印工协印机分会市场营销专题研讨会”在辽宁大族冠华公司召开。

25～27日 由英国塔苏斯集团主办的“2010华南国际标签印刷展览会”在广州锦汉展览中心举办。国际、国内的4 021名专业观众前来观展。

27日 上海电气印刷包装机械集团和山东出版集团在山东德州联合举办“秋山JP4P440双面八色胶印机德州现场演示会”。

31日 中国印刷技术协会凹版印刷分会二届二次理事会在西安举行。同时第二届中国凹版印刷精品赛颁奖典礼在西安建国饭店举行。

● 在第三届亚太及日本地区惠普数字印刷奖颁奖典礼上，浙江省温州北大方印务公司设计、印刷的书籍《寂寞求音》荣获2010年度惠普数字印刷书籍及手册类大奖。

● 曼罗兰“PIQ高质量印刷伙伴

活动”在北京启动。

● 北京恒泽基业公司在南昌推出JHF广告喷绘优势机型——2011款威斯特新机型K8以及猎豹S8。

11月

1日 广东省《印刷行业挥发性有机化合物排放标准》开始强制实施。

2日 国际印后标准工作组正式成立，秘书处工作组设在中国印刷技术协会下辖的全国标准化印刷技术委员会。

2日 由西安秦华机械有限责任公司总投资1 200万元研制成功的电子轴驱动机组式柔凹版组合印刷机在公司本部举办的国家高新技术产品现场演示会上推出。

2日 中国台湾旭信电子有限公司2万t塑料彩印包装项目在河南省汝州市轻工业园区开工建设。

2～5日 由新闻出版总署出版产品质检中心主办的全国首届MPR（多媒体印刷读物）出版物印刷培训班在深圳举办。

4日 新闻出版总署在京召开首批获准电子书业务资质企业负责人座谈会，公布首批获准从事电子书从业资质企业名单。

4日 上海紫光公司在山东青岛新华印刷有限公司举行ZXJD450/16平装胶订自动线产品现场演示会。

5日 国务院办公厅下发《打击侵犯知识产权和制售假冒伪劣商品专项行动方案》。

8日 乐凯集团第二胶片厂免处理数码印版生产线及配套项目开工建设。

8～10日 由福建泉州市政府支持的第二届海峡印刷技术展览会在泉州石狮召开。展馆面积2万m^2，设置国际标准展位近800个，签约合作项目23个，成交金额32.7亿元。

9日 由北京印刷协会等单位主办的“2010年印刷创新论坛”在北京中国职工之家举行。

9日 《柔性版装潢印刷品》国家标准修订第三次会议在武汉召开。

10～12日 北大方正推出方正桀鹰H300喷印系统——“更高品质、更快速度、更高产能；零重码、零错码、零漏码”的方正桀鹰H300，并进行了现场演示。

12日 中国印刷技术协会第七届普及与教育委员会换届会议在北京印刷学院举行换届选举。

12日 富士施乐在北京国家会议中心召开Innovate 2010亚太区数码印刷行业巡回研讨会。

12日 艾默生工业自动化子公司——Control Techniques在深圳举行深圳新总部及中国研发中心启用典礼仪式。

13日 由北京印刷学院举办的第六届校、地、企合作活动周在北京开幕。

15日 经联合国教科文组织保护非物质文化遗产政府间委员会第五次会议审议通过，中国申报的中国活字印刷术等3个项目被列入2010年急需保护的非物质文化遗产名录。

16日 南宁日报社购进高斯图文印刷系统（中国）有限公司的magnum4 ii卷筒纸报刊轮转胶印机，共购置了8台全自动印刷设备，总价值3 500万元。

16～17日 第三次全国新闻出版人才工作会议在河南郑州召开。

17日 由哈尔滨市文化和新闻出版局主办，哈尔滨市印刷出版文化科技产业园区项目签约仪式在哈尔滨举行。

17日 湖南华宏印装有限公司与怀化工业园区管委会签订入园合同，总投资1.3亿元包装印刷项目正式落户园区。

17日 兆迪公司与北京印刷学院签署了校企合作协议。

18日 海德堡（中国）有限公司斯塔尔折页机技术交流会暨现场演示会在上海图宇印刷有限公司宝山厂区举行。

18日 斯道拉恩索集团在河北迁安县与迁安正元国际包装有限公司签署合资协议，斯道拉将收购正元国际51%股份。

19日 由今日印刷杂志社和华夏印刷网联合举办的CTP技术投资与应用北方四省市巡回研讨会正式在河北廊坊拉开帷幕。

20日 由上海市新闻出版局主办的2010年度“中国最美的书”评选活动中，有20种图书荣获2010年度“中国最美的书”称号，并将代表中国参加2011年度“世界最美的书”评选。

22日 乐凯集团华光印刷科技有限公司揭牌仪式在河南省南阳市华光工业园区举行。

23日 上海新星印刷器材有限公司在沪召开“5000”型高速气垫式胶印印刷橡皮布科技成果鉴定会和技术创新信息发布会。

23～24日 由全国印刷标准化技术委员会、中国印刷技术协会主办的“2010中国印刷标准化年会”在云南省昆明市召开。

25日 中国环境标志低碳产品标准发布与颁证仪式在北京举行，柯尼卡美能达成为国家环境保护部首批签发此项认证的11家企业之一，所生产的多款数码复合机均获得中国环境标志低碳产品认证证书。

26日 北京北大方正电子有限公司CTP技术投资与应用北方四省市巡回研讨会，先后与廊坊、济南、郑州、沈阳四站的与会代表进行的主题为“方正IT技术助力印刷数字化更精彩”的演讲活动圆满结束。

29日 富士施乐推出5款A4 SLED系列打印机及多功能机：DocuPrint CP105 b/CP205/CM205b(彩色)和DocuPrint P105b/M105b(黑白)。

30日 由新闻出版总署支持，新闻出版行业多家单位组织评定的全国新闻出版行业第二批领军人才名单正式确定。

● 新闻出版总署收到国家发展和改革委员会的正式批复，从中央预算内投资的结构性调整资金中专项拨付5 420万元，对总署协调申报的印刷产业两大工程数字印刷与印刷数字化和绿色印刷环保体系建设中的10个项目，给予中央预算内投资支持。

● 富林特集团柔印产品事业部在德国斯图加特研讨会上展示利用nyloflex® NExT曝光的新技术。

● 柯尼卡美能达办公系统(中国)有限公司在北京举行五周年庆典活动。

● 国务院关税税则委员会发布的《2010年关税实施方案》，新增加7种印刷设备并调低了进口关税。

● 海德堡印刷机械股份公司邀请全球各地的印刷企业参与海德堡第二届绿色印刷大奖赛的角逐。

● 曼罗兰和奥西打印系统有限公司达成了专门为印刷业提供喷墨数字印刷解决方案等领域的全球合作协议，联手推出针对印刷业所提供的一站式数字印刷解决方案。

● 洋紫荆油墨(中山)有限公司检测实验室通过中国合格评定国家认可委员会(CNAS)审核，成为CNAS认可实验室。

12月

2日 爱普生(中国)有限公司在北京召开“步步为赢2010爱普生大幅面打印机新品发布会”，发布桌面型A2+幅面Epson Stylus Pro 4910、A1+幅面Epson Stylus Pro 7908和B0+幅面Epson Stylus Pro 9908新产品。

3日 由中国印刷及设备器材工业协会主办的第十三届北京国际印刷信息交流大会在北京友谊宾馆举行。

4日 新闻出版总署副署长、国家版权局副局长阎晓宏在参加“2010年中国版权年会”期间，在雅昌集团董事长万捷和深圳市新闻出版局领导的陪同下，到深圳雅昌集团总部参观考察。

6日 中国香港印艺学会、香港印刷业商会、香港印刷业工会等主办的第二十二届香港印制大奖颁奖典礼在九龙尖东香格里拉酒店举行。

6日 在第二十二届中国香港印制大奖颁奖典礼大会上，雅昌集团选送的作品《坝上散》、《大香巴拉画册》、《中国画院长卷》、《桃实图》分别获得书刊印刷——单色及双色调书刊、书刊印刷——精装类书刊、宣传品数码和印刷应用类冠军奖，另外《秦始皇帝陵》、《中国摄影》、《世博会邮册》、《广东省美协50年50经典》、《中国世博十大名茶》、《雅昌挂历》、《究竟定-清宫藏密瑜伽修行宝典》分别获得优异奖。

6日 陕西北人印刷机械有限责任公司专家工作站揭牌仪式举行。

9日 富士施乐获由我国环境保护部颁发的《中国环境标志低碳产品认证证书》，成为首批获得该项认证的企业之一。富士施乐的黑白/彩色数码多功能办公设备ApeosPort—IV C5570，ApeosPort—IV C4470等50款产品均成为环境部认证的低碳环保办公产品。

9日 由江苏省印刷行业协会、江苏新华印刷厂、无锡市万力粘合材料有限公司联手打造的《绿色印刷·节能生产·健康阅读——PUR图书胶装工艺发布会》在江苏新华印刷厂新厂址召开。

10日 新闻出版总署下发《关于开展2011年印刷企业年度核验工作的通知》，部署了2010年度全国印刷企业的年度核验工作。

10日 《浙江省包装装潢印刷品质量监督检查评价规则》(GZ2319S001包装装潢印刷品273—2010)评审会在杭州举行。

11日 由上海市新闻出版局支持，上海市印刷行业协会、上海新闻出版教育培训中心等单位联合举办的2010上海印刷行业职业技能竞赛启动，来自上海市国企、合资、民营等46家印刷企业，以及在校生共350名选手报名参加。

11～12日 江苏省印刷行业协会和江苏省出版物质量监督检测中心在南京联合举办“2010年省包装装潢印刷品印制标准培训班暨质量工作研讨会”。

12日 海南省海口兴德印刷有限公司安装的第一条“药品电子身份证”变码印刷设备现场演示会暨生产线赋码系统展示会在海口举行。

13日 经国家标准化管理委员会和新闻出版总署批准，全国出版物发行标准化技术委员会(SAC/TC505)成立大会在北京召开。

15～17日 第二届中国国际标签技术展览会(label China)在上海新国际博览中心举行。

15～17日 在上海国际展览中心举办Label China2010展览会上。豹驰集团推出自主研发的捷豹系列(Panthera 300C)卷筒纸数码印刷机。

17日 国内首个以“新闻出版”命名的省级公益基金会——湖南省新闻出版发展基金会在长沙正式成立。

17日　新闻出版总署2010年"3·15"少年儿童读物类出版产品质量监督检测活动总结表彰会在北京举行。

17日　由新闻出版总署出版产品质量监督检测中心和中国印刷技术协会主办的实施绿色印刷培训班在北京前门建国饭店举办。

18日　中国印刷技术协会第七次全国会员代表大会在北京建设大厦酒店召开。

19日　由新闻出版总署、人力资源和社会保障部主办，中国就业培训技术指导中心、中国印刷技术协会、中国报业协会承办的第二届全国印刷行业职业技能大赛颁奖仪式在北京举行。

21日　乐凯集团华光印刷科技有限公司年生产1 600万m^2CTP数码版材生产线及华光园区一期配套公用工程通过了中国乐凯胶片集团公司的竣工验收。

23日　上海界龙集团荣获"中国驰名商标"揭牌仪式在川沙绿地东海岸豪生酒店举行。

30日　人民日报社中闻集团福州印务有限公司在福州成立。

31日　中国印刷协会印刷史研究委员会2010年工作总结会暨2011年工作规划会在北京召开。

● 贵州省将在贵阳市龙洞堡食品轻工业园建设全省首个文化出版产业园，园区占地总面积将达3580亩（1亩≈666.7m^2），建设用地面积2 000多亩（1亩≈666.7m^2）。

● 江西中景集团有限公司在九江中景宾馆召开的全国销售工作会议暨新产品发布会上，推出了自主研制开发的两款新机型——JD型四开多色及PZ41040对开四色胶印机。

● 上海安全印务有限公司购买的日本RYOBI（利优比）五色UV胶印机安装投产。

● 在2010年亚洲印制大奖评选活动中，中华商务联合印刷（香港）有限公司获得10项大奖，包括1个全场大奖、1个金奖、5个银奖及3个铜奖。

● 上海界龙集团在2010年共获国家级地方26项专利授权，除一项外观设计专利外，其余25项皆为实用新型专利。

● 山西省出台《山西省金融支持文化和旅游产业发展实施意见》。

● 上海烟草包装印刷有限公司2007～2009年开展的新增溴化锂系统、空压系统改造、胶印、完成车间照明节电改造、玻璃贴隔热膜等节能技改等8个节能技改项目通过第三方审核，获得了上海市节能技改项目节能奖励。

● 由秦始皇兵马俑博物馆编著、文物出版社出版的大型图录《秦始皇帝陵》在第61届美国印刷大奖颁奖典礼上，荣获全球印刷"奥斯卡"的班尼金奖。

● 上海市新闻出版局就上海市出版的图书期刊在外省市印刷问题发文，强调在外省市印刷需要填报《图书期刊委托书》。

● 中国香港最具规模的丝网印刷企业标准陈氏集团有限公司购入两台爱克发工业数码喷墨印刷设备：包括新型号的Jeti 1224 UV HDC和爱博纳Mw。

● 重庆商务职业学院与重庆市部分印刷包装企业签约，按订单培养人才。

● 广东省质量技术监督局发出《关于批准筹建广东省中药标准化技术委员会等6个广东省专业标准化技术委员会的通知》，宣布组建广东省印刷标准化技术委员会。

● 曼罗兰携手现在彩色印务有限公司在京举办"Praxis Dialog实践专题：现在彩印，增值未来暨现在彩印十周年庆典"活动。

● 海德堡印刷机械股份公司在2010年IPEX展会上推出了新一代单张纸胶印机——速霸CX 102，其印刷速度高达16 500印张/h，具备高超的生产能力和多种强大功能。

2010年要闻回顾

综合信息

2010年我国调整进口印刷设备及器材关税

国务院关税税则委员会发布《2010年关税实施方案》，宣布从2010年1月1日起实施。在关税实施内容中，涉及印刷设备和器材的变化主要有以下4个方面。

印刷感光材料进口税率不变:《2010年关税实施方案》的附件3为《进口商品从量税及复合税税率表》。税率表显示，2010年继续对55种进口商品实施从量税或复合税，税率维持不变。其中包括10多种印刷感光材料，主要有用于照相制版的激光照排片、PS版、CTP版和胶卷等。未曝光照相制版用激光照排片、PS版和CTP版的普通税率均为每平方米70元,2010年最惠国税率分别为每平方米3.7元、每平方米2.9元、每平方米2.9元。

对CTP等3种商品实行零关税:《2010年关税实施方案》的附件4为《进口商品暂定税率表》，共有16种印刷设备被列入该表。计算机直接制版机器（CTP）、计算机直接制版机器用零件、胶印机用墨量遥控装置3种印刷设备及零件2010年暂定税率为0，另外13种印刷机的暂定税率为3%、6%、7%、8%和9%不等。

2010年《进口商品暂定税率表》新增两种印刷机：机组式柔性版印刷机和卷筒料自动给料机，其2010年最惠国税率分别为10%和12%,2010年暂定税率分别为5%和4%。

2010年和2009年的《进口商品暂定税率表》相比，对热敏打印头、接触式图像传感器两种印刷零件不再实施较低税率。

澳门印刷业商会第二十届理监事会就职典礼在澳门举行

2010年1月9日，澳门印刷业商会第二十届理监事会就职典礼在澳门新口岸万豪轩酒楼举行。

20世纪60年代，澳门印刷同业在澳门中华总商会的支持与指导下，成立了印刷同业商会筹备委员会，至1970年2月20日成立了第一届理事会，并于1992年8月正式向澳门政府注册命名为澳门印刷业商会。

现在澳门经营的印刷公司约有70家。自2003年开始，澳门印刷业商会每年均与中国印刷技术协会、香港印刷业商会、台湾区印刷暨机器材料工业同业公会共同召开“两岸四地印刷业交流联谊会”，交流两岸四地印刷业发展情况。并在2006年与中国印刷及设备器材工业协会、香港印刷业商会、台湾区印刷暨机器材料工业同业公会共同创办首届“中华印制大奖”，此后每两年举办一次，以期打造两岸四地印刷制品权威奖项 。

河南省委书记到中国乐凯集团第二胶片厂考察调研

2010年1月12日，河南省委书记卢展工在南阳市委书记黄兴维、市长穆为民等的陪同下，到中国乐凯集团第二胶片厂考察调研，第二胶片厂党委书记、厂长滕方迁汇报了近年来生产经营、技术创新、项目建设等工作，并陪同参观了数码印版生产线。第二胶片厂副厂长杜璠、杨永宽，党委副书记姚家春，厂长助理牛良智也一起陪同参观。

杜璠副厂长、姚家春副书记向卢展工书记简要汇报了第二胶片厂与河南报业集团、南阳日报合作情况及该厂标准化建设等工作。

卢展工书记对第二胶片厂加大产品结构调整、及早进行产品转型给予了较高评价，希望第二胶片厂继续加快技术创新步伐，加大产品结构调整力度，积极做好企业改制工作，把各项工作做得更好，为河南经济发展再作新贡献。

全国新闻出版工作会议在京举行

2010年1月14日，由新闻出版总署主持召开的全国新闻出版工作会议在京举行。新闻出版总署党组书记、署长柳斌杰在参加分组讨论时强调，要打造新闻出版业的“航空母舰”，关键是要提高产业集中度，培育一批骨干企业，要把做大主体、做强主业作为出版企业的发展方向。

他说当前急需一大批有眼光、有智慧、有能力的领军人物。对“三个一百”优秀出版人物的评选表彰就是为了表彰先进、树立榜样，推出一批优秀人物，同时对我国广大出版工作者奋发向上、争当先进的精神给予肯定。他强调，加大新闻出版复合型、创新型人才的培养力度，建设一支适应出版强国需要的新闻出版工作队伍。他表示，实现出版强国战略，还要研究制定出科学的评价标准和指标体系。

要通过出版强国战略的实施，通过出版这个平台，积累先进文化，弘扬中国优秀文化。文化的强弱，不在于经济数字，而在于文化精神对世界文明的影响和贡献。我们要努力生产出更多更好的精神产品，使我们的文化创意迈上一个新台阶，使我们的图书能在世界文化中产生积极而重要的影响。

出版物条码胶片入驻中国印刷博物馆

2010年1月15日，新闻出版总署条码中心出版物条码胶片生产设备捐赠仪式在中国印刷博物馆举行。

新闻出版总署条码中心主任齐相潼介绍，自1994年起，新闻出版署要求所有使用中国标准书号（ISBN）和国际连续出版物号（ISSN）的出版物均使用条码标识。其一直采取的工作方式是：由总署条码中心统一制作条码胶片，人工邮寄发放，出版单位得到条码胶片后再进行设计、制作，然后印刷在出版物上。截至2009年9月，新闻出版总署条码中心共制作发放条码2 531 259个，其中图书条码2 182 369个，期刊条码103 087个，音像制品、电子出版物条码245 803个。此举标志着在我国出版业持续15年之久的制作出版物条码胶片、人工邮寄发放成为历史，全国出版物条码管理步入信息化、标准化、规范化轨道。

全国第二届印刷行业职业技能比赛安徽赛区选拔赛开赛

2010年1月20日，由安徽省新闻出版局、安徽省印刷协会、安徽省新闻出版职业技术学院等单位主办的“全国第二届印刷行业职业技能比赛安徽赛区选拔赛（学生组）开幕仪式”在安徽省新闻出版职业技术学院举行。

开幕仪式由安徽省新闻出版职业技术学院院长程德和主持，安徽省印刷协会理事长莫欣，安徽省新闻出版局党组成员、人事教育处处长周之林，安徽省人力资源与社会保障厅职业技能建设处处长严信，安徽省印刷协会副理事长兼秘书长王德明，安徽省新闻出版局印刷复制管理处调研员陈锦华，安徽省第一轻工学校校长李卓群出席开幕式。评委代表、参赛学生代表以及相关人士共百余人参加了开幕式。

安徽省新闻出版局处长周之林首先代表主办单位对大赛的顺利举行表示了祝贺，并简单介绍了大赛的相关情况；省人力资源与社会保障厅职业技能建设处严信处长则阐述了高技能人才对国家发展的重要性，并勉励各位选手在今后的工作学习中，多多努力，走进高技能人才的队伍。在评委代表、参赛选手代表的庄严宣誓后，省印刷协会理事长莫欣代表大赛组委会宣布大赛开始。

印刷业实施《文化产业振兴规划》专家座谈会在京召开

2010年1月21日，由新闻出版总署支持、中国印刷技术协会主办的实施《文化产业振兴规划》专家座谈会在北京召开。会议由中国印刷技术协会常务副秘书长张双儒主持。新闻出版总署印刷发行管理司司长王岩镔、副司长曹宏遂、副处长路洲，出版产业发展司产业处处长冀素琛等领导，中国印协名誉理事长武文祥、首席顾问沈忠康，北京印协理事长任玉成，凹印分会理事长许文才，中国报业协会顾问夏天俊，中国印刷设备及器材工业协会印机分会名誉理事长张致远，中科院化学所的宋延林，雅昌总经理潘剑平，环境保护认证研究所曹磊等多位专家参加了座谈会。

会上，王岩镔司长传达了新闻出版总署有关专家座谈会的会议精神。

与会专家发言指出“印刷业要把握住当前新闻出版改革的有利契机，找准自己的主攻工作重点，努力在印刷发展中促转变，在转变中谋发展”、“我们要推进印刷业结构调整，争取实现印刷业的升值增值，延伸印刷业态”，从不同角度对印刷业实施《文化产业振兴规划》进行解读。曹宏遂副司长作会议总结，并就印刷业结构调整、印刷产品的环保问题等同与会人员进行了交流。

江西省印协第六届第四次理事会暨“两奖”表彰大会在南昌举行

2010年1月27日，江西省印刷复制业协会第六届第四次理事会暨“两奖”表彰大会在南昌市举行。江西省印协理事、“两奖”获奖人员、全国“双百”获奖人员及论文作者100余人参加了会议。江西省新闻出版局副局长程利民、副巡视员白文松、刘英城，江西省出版集团公司副总经理周菊生，江西省新闻出版局印刷复制管理处处长阮小扣等领导出席了会议。会议由印协常务副理事长余三保主持。

副理事长杨格平宣读省印协表彰“两奖”获奖人员的决定。“两奖”是指“江西省印协印刷发展贡献奖”和“江西省印协印刷技术进步奖”，是由江西省印刷复制业协会每两年举行一次的为表彰优秀领导干部、管理人员和工程技术人员的常规活动。秘书长喻子焯受理事会委托向理事会作2009年省印协工作报告，并就2010年协会工作作出了安排。副理事长王康民作财务收支情况报告。会议审议通过了两个新入会的会员单位及理事、常务理事变更。

会议最后，理事长傅春保作了总结发言。

国家环保专家组对劲嘉集团进行调研

2010年1月，由环保部、新闻出版总署和中国印刷技术协会组成的国家环保调研组赴深圳劲嘉集团进行了调研。调研组由新闻出版总署印刷管理司副司长曹宏遂，中国印刷技术协会常务副理事长兼秘书长张双儒、名誉理事长武文祥，环保部环境认证中心助理刘尊文、认证中心标准研发部副部长曹磊，中国绿色印刷推广管理办公室主任刘毅勇等10名专家组成。

专家组察看了事业部的污水处理设施、分析实验室，详细询问了生产废水处理、净化和排放情况，实验室污水处理设施管理人员和分析实验室工作人员对包装印刷所用的纸张、油墨、胶水等原辅材料、半成品、成品中含有机化合物残留量的检测、分析、控制等情况都作了回答。

专家组还参观了劲嘉拥有技术专利的赛鲁迪凹印机和柔印生产线。

曹宏遂副司长、曹磊副部长充分肯定了劲嘉集团多年来在打造绿色环保包装印刷、节能降耗减排方面取得的成绩，并希望劲嘉密切配合，协助调研组做好印刷标准的编制工作。

中国印钞造币总公司技术中心获国家成就奖

2010年初，国家发改委、科技部、财政部、海关总署、国家税务总局联合发文，授予中国印钞造币总公司技术中心“国家认定企业技术中心成就奖”。国家发改委、科技部、财政部、海关总署、税务总局对全国575家国家认定的企业技术中心进行了评价，对2007年、2009年两次评价平均得分排在前50名的企业授予“国家认定企业技术中心成就奖”。中国印钞造币总公司技术中心排名第三十名。

湖南55家印刷企业获诚信单位称号

2010年1月，湖南省印刷协会在长沙举行第五届第三次理事大会，为55家获湖南省印刷行业诚信示范单位称号的印刷企业授牌。此次共评出包括湖南天闻新华印务有限公司、湖南日报报业集团印务中心、长沙晚报报业集团印务中心等在内的2008 ~ 2009年度湖南省诚信印刷企业示范单位55家。协会还授予长沙市印刷行业协会、株洲市印刷协会、常德市印刷协会、怀化市印刷行业协会2008 ~ 2009年度优秀印刷协会称号；同时，在湖南省印刷协会第四届论文撰写评审活动中获奖的48篇论文的作者受到表彰。

温州日报报业集团建设现代化报刊印刷基地

2010年1月，温州日报报业集团印刷基地在温州经济技术开发区滨海园区举行奠基典礼。

温州日报报业集团印刷基地共占地5万m^2（75亩），引进了全球一流的瑞典产桑拿报商两用高速轮转机，总投资约2.6亿元。

项目投产后，将把基地建成一个集印刷、物流、仓储、办公、发行为一体的现代化印刷文化企业，努力成为浙南地区最大的报刊印刷基地，为机关政策宣传、主报出版、增项出版、相关印刷发行、广告、新闻研究、新闻培训、新闻业务交流等提供服务。

国家10部委联合发文对文化企业税收给予优惠

2010年1月，商务部、中宣部、财政部、文化部、人民银行、海关总署、税务总局、广电总局、新闻出版总署、外汇局等10个部门联合出台《关于进一步推进国家文化出口重点企业和重点项目相关工作的指导意见》(简称《指导意见》)。《指导意见》提出，要着力培养一批国际文化市场竞争主体，鼓励、支持和引导各种所有制文化企业开拓国际市场。培育和发展一批实力雄厚的外向型大型文化企业，使之成为文化出口的主导力量。创造平等的市场环境和良好的政策环境、法制环境，保障符合条件的非公有制文化企业依法获得出口经营资格，从事国家法律法规允许经营的文化产品和服务出口业务，并与国有文化企业享有同等待遇。《指导意见》从培育文化贸易品牌、加强营销能力建设、提升运用现代高新技术的水平、积极发展新兴业态等四个方面提出了主要任务。

《指导意见》明确了《文化产品和服务出口指导目录》和《国家文化出口重点企业和重点项目目录》的制定和调整程序，要求重点企业和重点项目承担企业及时填报文化进出口情况，并从加大资金支持力度、实行税收优惠政策、提供金融支持、提高出口便利化水平、加强国际营销网络建设、建立并完善文化贸易中介组织、支持企业赴境外投资、支持技术创新、加强信息平台建设、建立表彰奖励机制、加强组织领导等11个方面提出了保障措施。

江苏省印刷行业协会获“全国先进社会组织”荣誉称号

2010年1月，在民政部组织的“全国先进社会组织”评选中，江苏省印刷行业协会荣获“全国先进社会组织”荣誉称号。

江苏省印刷行业协会早在2007年全省先进民间组织评选中荣获“江苏省百强行业协会”第三名、“江苏省十佳行业协会”第三名。近年来，江苏省印刷行业协会紧紧围绕服务行业、服务企业这个主题，扎实有效地开展各项活动；精心组织首届全国和省印刷行业职业技能大赛，并在全国大赛中获得优异成绩；积极举办“方正杯”排版比赛，在全国总决赛中获得优异成绩；大力支持“农家书屋”建设；支援西藏印刷业发展；开展行业诚信建设，组织全省“双优诚信”评选活动；拓宽技能培训范围，加大行业人才培养力度；扩大企业形象宣传，组织企业参与国际大奖评选，参观国际国内各种印刷展览会和学习考察活动，加强企业对外交流；搭建交流平台，与各市印协携手合作组织交流学习。通过开展一系列活动，提升了江苏省印刷行业协会的吸引力和凝聚力，通过规范管理，提高了江苏省印刷行业协会的公信力和影响力。

广东数字出版产业联合会在广州成立

2010年2月3日，广东数字出版产业联合会在广州宣告成立。新闻出版总署副署长孙寿山为广东数字出版产业联合会题词：“大力发展数字出版产业，加快提升文化引导能力。”广东省委常委、宣传部长林雄，广东省副省长雷于蓝出席成立大会并为联合会揭牌。广东数字出版产业联合会是国内第一个数字出版社团组织，其主管单位是广东省新闻出版局，由广东数字出版业方面的有关生产、技术研发、产业运营、教学科研等相关企事业单位组成。联合会以“加强交流、促进创新、积极探索、互利共赢”为宗旨，通过产、学、研、用各环节间的深度融合和资源共享，共同打造网络时代文化生产与传播新业态，加快构建数字出版优势产业群并成为建设“数字广东”的主力军。目前，已有88家企业入会。广东省政府拨款50万元作为开办经费。

与成立大会同时举行的广东数字出版产业联合会召开了第一次会员代表大会，审议通过了联合会章程，广州日报报业集团董事长戴玉庆当选首任会长，孙寿山、林雄、雷于蓝任广东数字出版产业联合会高级顾问。广州日报社副社长、广东数字出版产业联合会秘书长梁泉代表全体会员宣读了《倡议书》。

出版物首次纳入世博会特许产品

2010年2月10日，2010上海世博会出版物类特许产品经营合作签约仪式在沪举行。上海市新闻出版局与上海世博会特许经营办公室就共同做好世博会出版物类特许产品的经营工作达成合作备忘录。合作双方将推出以世博为题材，弘扬中国文化、提升世博会文化内涵的出版物类特许商品，包括图书、画册、地图、音像制品、电子出版物、数字出版物、期刊以及相关艺术品、文化衍生产品，为优秀出版物服务世博、满足世博参观者对世博出版物的需求提供更为顺畅的通道。

根据合作备忘录，上海市出版局委托上海出版社经营管理协会，对特许出版物经营活动统一管理，按产品向世博会特许办申报并领取防伪标识。特许办负责特许出版物的世博标识授权审批，上海市出版局负责出版物内容审批，并对内容是否适合作为世博出版物提出意见。特许办为通过市新闻出版局审批的产品，提供授权审批的绿色通道。

在签约仪式上，上海市出版局局长焦扬表示，世博出版物类特许产品向全国出版界敞开得到了新闻出版总署的支持，到上海世博会开幕，全国关于世博主题的出版物总品种将达1 000种左右。上海市出版局还将在全国范围内遴选具有较好资质、发行量较大的15种期刊，经特许办授权，作为世博特许期刊。此外，上海市出版局还将研究制定方案，合理布局世博园区内外书刊销售网点，推出以世博出版物为特色的“世博主题书坊”，在全市各大中型书店开设世博图书专区、专柜、专架，全方位的书刊销售网点将为世博出版物的销售提供便利。

新闻出版业获银行500亿元意向性信用额度

2010年2月28日，新闻出版总署署长柳斌杰与中国农业银行股份有限公司董事长项俊波代表双方在北京签署了《全面战略合作协议》。根据协议，中国农业银行将在未来3年内对新闻出版行业提供总额不低于500亿元的意向性信用额度。

根据协议，500亿元的意向性信用额度将主要用于支持新闻出版总署推荐的新闻出版行业重点项目实施和集团发展，以配合新闻出版总署打造一批大型出版传媒集团和一批成长性强的“专、精、特、新”中小新闻出版企业。

根据备忘录，中国农行将把新闻出版业重点企业和项目列为重点金融服务对象，在授信融资、现金管理、资本市场、咨询培训、国际结算等服务及金融创新产品方面给予大力支持。新闻出版总署将支持中国农行与新闻出版企业开展合作，协助中国农行参与新闻出版、印刷、发行等大型项目。

新闻出版总署副署长蒋建国赴深圳调研

2010年2月21～22日，新闻出版总署副署长蒋建国赴深圳调研、协调第六届深圳文博会新闻出版馆筹备工作。蒋建国一行听取了深圳文博会组委会筹备工作汇报，强调新闻出版馆要站在行业前沿和高端，体现数字与低碳，认真办好办实。蒋建国还对新闻出版馆具体项目安排作出了详细部署，并表示，新闻出版总署将责无旁贷地支持做好筹备工作，大力发动、精心组织、积极协调，共同推动深圳文博会向国际知名品牌迈进。

22日，蒋建国一行实地考察了深圳会展中心文博会展馆，并到A8音乐集团和深圳华强文化科技集团调研。新闻出版总署出版产业发展司司长范卫平、印刷发行管理司副司长曹宏遂、科技与数字出版司司长张毅君、版权管理司司长王自强以及中国出版科学研究所所长郝振省等陪同调研。

粤、港、澳印刷复制业研讨会暨新春联欢会在香港举行

由香港印刷业商会主办的粤、港、澳印刷复制业新春联欢会于2010年2月28日在香港北角新都会大酒楼举行。广东省政协常委陈俊年，广东省新闻出版局副局长杨广锐、印刷复制处处长赵应良，深圳、东莞、珠海、中山、江门、惠州等新闻出版局和印协领导，来自澳门的同业，国内传媒代表，以及商会会员共庆新春。

28日下午，举行了粤、港、澳印刷复制业新春研讨会，研讨会由香港印刷业商会副理事长梁兆贤主持，广东省各主要城市的新闻出版局领导和印刷协会代表，以及粤、港、澳三地的印刷业精英，以“展望2010年印刷业发展前景”为主题，就行业发展趋势充分交流研讨，现场气氛热烈，来宾共同对行业的发展前景做出了展望。

上海试点主打“纸”和“印刷”项目

2010年初，上海市青少年民族文化传承与研习体验中心以“纸”与“印刷”为主打项目，引导学生制作纸的装置——奇幻屋（用各种不同的纸张材料来改造一个空间），奏响纸的音乐——天籁室（运用弹、撕、吹、甩、揉的方式，让纸发出声音），尝试纸的设计——裁纸家（使用纸进行服装设计等实用创作），了解纸科技（纸的最大承重设计、纸模型等科技创作）。

上海市是“指南针”试点计划城市，其首批以“纸”与“印刷”为主的中小学校古代发明创造体验教室已逐步在虹口区15所中小学和青少年活动中心建成。此外，“指南针计划”自2010年正式启动先行向小学生开放之后，2011年的活动对象将向3岁以上的幼儿延伸，同时设置成年人部分体验项目，方便幼儿家长参与，开展“小手牵大手”亲子体验活动。该计划研发制作适合计划实施的教具将达20种左右，编印相关教材10种，形成“指南针计划”上海具体活动项目10个以上，且有计划地在全市择点推广。

九项印刷机械行业标准开始实施

2010年3月4日，国家工业和信息化部公布批准了398项机械行业标准，其中包括9项印刷机械标准自2010年7月1日起实施。这9项标准分别为《印刷机械切纸机》、《印刷机械上光机》、《印刷机械三面切书机》、《印刷机械书帖堆积机》、《印刷机械产品命名与型号编制方法》、《印刷机械卷筒料复合机》、《印刷机械切纸机刀片》、《印刷机械瓦楞纸板卧式平压模切机》和《印刷机械耗电技术条件》。

在这9项印刷机械行业标准中，有6项为修订的标准，所代替的标准均有10年以上标龄；有3项为新制定的标准，其中《印刷机械耗电技术条件》是从印刷机械节能降耗角

度制定的标准。代替标准：JB/T8115.1—2000，JB/T8586—1997，JB/T9110—1999，JB/T3090—1999，JB/T8585—1997，JB/T8115.2—2000。

多项支持文化产业发展的新政策出台

2010年3月12日，由中宣部牵头，文化部、财政部、央行、国家广电总局、新闻出版总署、银监会、证监会、保监会等部门共同制定的《关于金融支持文化产业振兴和发展繁荣的指导意见》出台。文件围绕创新信贷产品、完善授信模式、扩大直接融资规模、培育文化产业保险市场等配套机制，有望在多方面取得突破。

国家税务总局也于3月12日公布《关于新办文化企业企业所得税有关政策问题的通知》，明确有关新办文化企业企业所得税优惠期限问题。通知称，对2008年12月31日前新办的政府鼓励的文化企业，自工商注册登记之日起，免征3年企业所得税，享受优惠的期限截止到2010年12月31日。新办文化企业，是指2004年1月1日以后登记注册，从无到有设立的文化企业。原有文化企业分立、改组、转产、合并、更名等形成的文化企业，都不能视为新办文化企业

少年儿童读物类出版产品质量监督检测活动在京启动

2010年3月15日，2010年“3·15”少年儿童读物类出版产品质量监督检测活动在京启动。新闻出版总署副署长阎晓宏、出版产品质量监督检测中心主任齐相潼、印刷发行管理司副司长曹宏遂、条码中心副主任郑全来、新闻报刊司副司长张泽青、出版管理司副司长陈亚明，中国印刷技术协会常务副理事长兼秘书长张双儒，以及各省（区、市）新闻出版局的分管领导，印刷复制管理部门、出版物质检机构负责人参加了启动仪式。

新闻出版总署印刷发行管理司副司长曹宏遂宣读了关于启动“3·15活动”的通知，一是检测对象是少年儿童读物类出版产品，二是首次对出版产品的印装质量、编校质量和环保质量一同进行检测。齐相潼宣读了关于启动“3·15活动”的技术实施方案，检测范围包括：适合少年儿童阅读的纸质出版产品如图书（包括教辅类）、报纸、期刊（不包括教辅、外语和少数民族文字类）等；适合少年儿童视听的光盘和磁带类出版产品；少年儿童文化用品及玩具等的外包装。检测内容以受检产品的印刷复制质量为主，兼顾编校质量和环保质量。检测重点是2009～2010年出版和生产的产品。

新闻出版总署成立了以阎晓宏为组长的质检活动领导小组。2010年3月16日至7月底，总署将组织力量对部分省（区、市）活动开展情况进行现场督导，质检活动将持续到2010年10月底。

中国印刷技术协会常务副理事长兼秘书长张双儒代表中国印刷技术协会、中国音像协会光盘工委，向印刷复制企业和各地协会发出了要积极参加活动的倡议。

北京印刷质量协会2009年度总结表彰大会在北京举行

2010年3月16日，北京印刷质量协会2010年工作会议暨2009年度总结表彰大会在北京民政局培训中心举行。来自北京地区出版社、印刷厂200余人参加了此次会议。

会议首先由北京印刷质量协会理事长任玉成作2009年工作总结报告。报告总结了2009年在各方单位的合作下，北京印刷质量协会的会员单位在质量管理上有了进一步的提升，实物产品质量水平在稳步的提高；以厂社联谊互动机制为平台的活动取得了突破性的进展，“优质优价、优质优活源”已经进入实施阶段；市场抽查、企业抽查也经受住了严格的考验，市场合格率达到了99%以上，为繁荣首都文化市场作出了贡献。同时，北京印刷质量协会还举办了十佳企业、先进单位、达标企业，以及出版物印刷优质产品、质量大奖、金银铜奖评选，在2009年8月至10月开展了历时100天的质量安全月活动，企业进行自检自查，开展安全为主题的质量工艺学习班、安全法规的培训班等活动，并评选了质量管理先进集体122个，质量先进个人230名，质量达标标兵5人，操作能手11人，安全生产集体5个以及安全生产个人7人。

柳斌杰在京会见国际先驱报社长一行

2010年3月19日，新闻出版总署署长柳斌杰在京会见了国际先驱报社社长史蒂芬·约翰逊一行。双方就当前报业的发展形势和面临的挑战，以及中国报业如何提高国际影响力等问题进行了深入探讨。

柳斌杰说，全球报业都面临着双重挑战：一是受经济影响，广告收入有所下降；二是电子报、手机报、互联网等新媒体对传统报业带来一定冲击，很多报业集团在全力巩固传统媒体优势还是努力发展新媒体方面仍举棋不定。中国有一些传统报纸已经在开拓电子报、手机报和网络新

闻，但总体来看，近两年传统报纸的发行量和广告收入仍呈增长趋势，还有极大的发展空间。中国愿与国际知名传媒集团共同交流相关经验。

史蒂芬·约翰逊对此深表赞同。他说，受经济影响和互联网冲击，《国际先驱报》曾出现收入下降，2009年又有所回升。他表示，传统报纸还有增量空间，但报社更应重视向数字出版转变。

全球首套宣纸印刷邮票发行

2010年3月23日，中国邮票总公司《中国古代书法——行书》特种邮票正式发行。此套邮票在北京邮票厂印刷车间正式开机，是在宣纸上印刷。此次宣纸邮票的印制以现代工业的印刷技术和传统的宣纸工艺为媒介，使古老的书画艺术在方寸间得以展现。同时发行的《中国古代书法——行书》特种邮票将是全球首套宣纸邮票。该邮票一套6枚，是继“篆书”、“隶书”、“楷书”之后发行的又一套书法题材邮票，在印刷技术及纸质方面首次采用宣纸作为印刷材料，突破了传统的印刷纸张，在世界邮票印刷史上尚属首次。

宣纸印刷邮票在保持传统宣纸生产全过程采用手工加工这一特色的前提下，攻克了邮票宣纸的选材配料、制浆抄纸、增加防伪、涂布背胶、表面整饰等关键工艺技术众多难题，成功解决了在保持宣纸传统特性的基础上的印刷适性等问题。

印制出来的宣纸邮票的宣纸表面帘纹印清晰，保持了宣纸特征，涂布背胶既增强了宣纸的挺度，也使邮票宣纸具备了全部邮票专用纸的特征。邮票宣纸还采用拥有国内发明专利的荧光防伪技术，使宣纸邮票具备了很强的防伪功能和视觉效果，实现了传统宣纸工艺达到现代化大生产印刷的技术要求。

2010印刷业职业技能竞赛裁判员培训在北京开班

2010年3月25～27日，由新闻出版总署支持，中国印刷技术协会组织的印刷业职业技能竞赛裁判员培训班在北京开班。来自全国各地行业协会、研究机构、学校、企业的技能型专家与一线技术人员200多人参加了培训。此次培训班是行业有史以来规模最大的一次裁判人员培训。

新闻出版总署要求印刷行业职业技能大赛要常态化、制度化、规范化。

此次国家级竞赛裁判员培训紧密结合即将举办的第二届全国印刷行业职业技能大赛活动。中国职业技能鉴定中心对国家级竞赛裁判员的职业道德、竞赛规则、职业规范、评判原则、心理素质等进行了培训和认证。

教育部印刷工程专业规范制订研讨会在武汉大学召开

2010年3月30～31日，国家教育部印刷工程教学指导委员会主持的印刷工程专业规范制订研讨会在武汉大学印刷与包装系召开。与会印刷工程教学指导委员会成员来自武汉大学、华南理工大学、北京印刷学院等5所高校。

历时两天的研讨会对“印刷工程本科专业教学规范”进行了系统、认真的讨论，与会者本着科学、中肯、负责的精神，针对印刷工程专业规范提出了意见和成熟的看法，并形成了一致的意见。此次专业规范制订，武汉大学印刷与包装系负责的专业知识体系和课程体系部分得到了与会者的高度评价和一致肯定。研讨方案将在教育部审批通过后面向全国印刷工程类高校推广执行。

上海启动出版物市场“扫黄打非”专项治理行动

2010年3月，上海市“扫黄打非”领导小组在沪召开上海市净化出版物市场专项整治工作会议，贯彻落实《中央宣传部、中央政法委、全国“扫黄打非”工作小组办公室关于2010年“扫黄打非”行动方案》和新闻出版总署（国家版权局）打击盗版音像制品专项工作会议精神，对世博会净化出版物市场专项整治工作作出部署。市委常委、宣传部长、市“扫黄打非”领导小组组长杨振武出席会议并讲话。

杨振武在会上代表市“扫黄打非”领导小组与市政府相关委办局和各区县“扫黄打非”领导小组签订了“上海世博会出版物市场净化管理责任书”。

从2010年3月初至11月底，上海市的市区两级文化执法、公安、工商、城管等部门协调行动，以浦东、黄浦、卢湾、静安、徐汇等世博周边地段，以全市主要商业街区、旅游景点、客流密集的交通枢纽及问题突出的场所等为重点区域，以打击侵权盗版音像制品为重点目标，全面清理整顿出版物市场。

“绿色经济下包装印刷业创新发展之路”研讨会在东莞召开

2010年4月7日，由中国印刷技术协会、中国印刷行业绿色印刷推广管理办公室主办，中国印刷杂志社承办的“绿色经济下包装印刷业创新发展之路”研讨会在广东东莞召开。

中国印刷技术协会理事长于永湛、常务副理事长兼秘书长张双儒，环保部环境认证中心研发部副部长曹磊，广东印刷复制业协会理事长陈均，香港印刷业商会会长杨金溪，深圳印刷行业协会会长谭浩辉等领导出席了研讨会。来自国际社会责任认证组织、香港物流及供应链应用技术研发中心、亚洲瓦楞纸协会等组织的代表及全国骨干包装印刷企业和新闻媒体的代表200余人参加了此次研讨会。

研讨会上，代表们积极解读了国家在包装印刷领域的环保政策，介绍了印刷环保标准的实施途径和时间安排，探讨了绿色包装印刷的具体实施与发展前景。参会企业代表还积极交流了绿色印刷的应用经验，推广了各自所应用的绿色印刷新技术、新材料和新工艺。

中国印刷技术协会理事长于永湛在总结发言中强调，包装印刷业乃至印刷业今后的发展一定要走绿色、环保化发展之路，此次研讨会上，企业家们讲述的诸多绿色环保的实践经验，是此次会议乃至行业今后发展的精神财富。各供应商和制造企业提供的技术含量很高的环保型产品，也将进一步推动行业走绿色印刷之路。

海德堡（中国）有限公司助力第二届印刷职业技能大赛

2010年4月12日，第二届全国印刷行业职业技能大赛信息发布会暨海德堡技术资格认证项目启动仪式在北京召开。新闻出版总署印刷发行管理司司长王岩镔，中国印刷技术协会理事长于永湛、常务副理事长兼秘书长张双儒、名誉理事长武文祥，海德堡（中国）有限公司首席执行官蔡连成、市场部总监谭慧雯和海德堡（深圳）印刷媒体技术中心经理赵蕊等出席了此次活动。

发布会上举行了海德堡成为“第二届全国印刷行业职业技能大赛唯一平版印刷设备合作伙伴”的签约仪式。本届技能大赛决赛中，海德堡在深圳的印刷媒体技术中心提供两台全新的青浦产速霸CD 102胶印机作为比赛场地和比赛专用设备。此次大赛启动的同时，海德堡也正式推出印刷操作培训及技术资格认证项目。

海德堡（中国）技术资格认证项目得到了新闻出版总署及中国印刷技术协会的大力支持。

新闻出版总署在京召开抗震救灾工作会议

2010年4月20日，新闻出版总署在京召开会议，传达中央领导关于抗震救灾的有关精神，并部署下一阶段全行业抗震救灾工作重点。新闻出版总署署长柳斌杰发表重要讲话，副署长蒋建国、阎晓宏介绍了前一阶段总署组织抗震救灾工作的进展情况，副署长孙寿山传达了中央国家机关工委有关会议精神。

柳斌杰首先传达了胡锦涛总书记在中央政治局常委会议上的重要讲话，以及中央宣传文化部门和主要新闻单位负责人会议精神。他说，当前要认真做好六项工作：一是全行业要认真贯彻落实胡锦涛总书记重要讲话和中央政治局常委会议精神，特别要把思想统一到胡锦涛同志的讲话精神上，进一步认识抗震救灾的重大意义。二是要继续落实好中央的各项部署，要求我们做到的事情，一定要按时、保质、保量完成。三是要抓好舆论导向工作，进一步加强对小报小刊和互联网的监管工作。四是要加强“扫黄打非”工作，严厉打击非法传播、编造虚假信息的行为，维护灾区社会稳定、人心安定。五是要做好当前的主要工作，一手抓抗震救灾，一手抓推进工作，在世界读书日、全国图书交易博览会、世博会上统筹组织捐助活动。六是各级党组织，广大党员、干部在抗震救灾工作中要经得起考验，起到凝聚人心、鼓舞士气、团结奋斗的核心作用。

会议还重点组织了直属单位和行业大型企业为灾区捐款捐物，已有25万册、码洋达140多万元的图书已运抵灾区，人民出版社等紧急出版的两幅挂图在灾区特别受欢迎；全国新闻出版系统踊跃捐款。

首届Sinapse印刷模拟器亚洲用户会议在北京召开

由法国Sinapse公司组织主办的首届Sinapse印刷模拟器亚洲用户会议于2010年4月22～24日在北京印刷学院举行。法国Sinapse公司总裁Peter Herman、中国印刷技术协会首席顾问沈忠康、中国包装联合会副秘书长敖雯楠、中国印刷技术协会柔性版印刷分会理事长龚仁俦等行业领导，以及来自中国、日本、韩国、菲律宾、新加坡、印度尼西亚等亚洲国家代表近60人参与了此次会议。会议主题是模拟器未来的发展，同时探讨了模拟器在各个国家院校的实际应用以及国际比赛中的使用状况。

法国Sinapse公司提供了用于模拟印刷和包装生产阶段中的基础培训设备，其产品涵盖了单张纸胶印、柔版印刷和凹版印刷等多个领域。北京印刷学院院长助理许文才介绍了印刷学院胶印机模拟器培训中心运营的相关情况。随后举行的简短授牌仪式，许文才代表北京印刷学院接受了Sinapse公司颁发的“印刷模拟系统联合教学中心”牌匾。Sinapse公司还向北京印刷学院的教师代表颁发了Sinapse授权的印刷模拟器培训师证书。

中国包装联合会副秘书长敖雯楠作了题为《中国包装行业现状以及针对包装印刷企业的培训计划》的演讲，中国印刷技术协会顾问沈忠康介绍了模拟器在中国印刷技能大赛中的应用，中国印刷技术协会柔性版印刷分会理事长龚仁傧作了中国柔印产业发展近况的演讲。

第二十届书博会检测图书合格率为99.26%

2010年3月，受新闻出版总署委托，新闻出版总署出版产品质量监督检测中心于4月24～28日，对第二十届全国书博会参展图书印制质量进行了现场抽样检测。检测组分别在主会场零售卖场、展场随机抽取参展图书，共抽取了样书2434种（册）。其中，从零售卖场抽取2 198种（册），展场抽取236种（册）。受检图书出版单位所在省份涵盖了除甘肃、青海以外的29个省（自治区、直辖市），涉及367家部队系统和中央在京出版单位、791家图书印装企业。

依据图书印制质量检测标准最终认定，在2 434种（册）受检图书中，2 416种（册）质量合格；18种（册）存在严重质量缺陷，为不合格产品，合格率为99.26%。此外，从严重质量缺陷类别来看，印刷质量缺陷占总缺陷的11.11%，装订质量缺陷占总缺陷的88.89%。

新闻出版总署与重庆市共建现代印刷包装基地

2010年4月26日，新闻出版总署与重庆市政府正式签订《推进重庆新闻出版业统筹城乡改革和发展署市合作框架协议》，就支持重庆建成统筹城乡的公共出版服务体系、共同建设西部地区新闻出版基地等方面达成九项合作。新闻出版总署署长柳斌杰、重庆市市长黄奇帆分别代表双方致辞，并在合作协议上签字。根据合作协议，新闻出版总署将积极协调，支持重庆加快农家书屋工程建设。2010年重庆将实现全市9 986个行政村农家书屋工程建设全覆盖。到2012年初将建设19 972个农家大院、专业大户借阅点。新闻出版总署支持该市申办数字出版、动漫交易、民营书市等全国性出版展会。

新闻出版总署将支持该市建设全民阅读示范城市，支持全国性读书活动、读书论坛落户重庆。重庆市设立重庆市政府出版奖，激励精品出版，同时每年投入500万元建立公益出版专项资金。新闻出版总署依据相关资金管理办法和评审标准，对该市申报的国家重点出版项目给予支持，符合资助要求的列入国家重点出版工程的出版物给予资助扶持。

为共建重庆北部新区国家级数字出版基地，总署还将优化服务程序，建立审批快速通道，对符合条件的入驻重庆数字出版基地的企业授予数字出版权，支持该市建设与总署平台联网的监控平台。新闻出版总署按照统一规划，对该市增补出版资源等事宜给予适当支持。

该市继续推动已转制的出版企业进行股份制改造，打造有竞争力的市场主体。新闻出版总署支持该市符合条件的出版传媒企业整体上市，将加快建设现代印刷包装基地。新闻出版总署从规划、政策、信息等方面引导沿海及境外印刷产业向重庆转移。

印刷包装行业10人荣获全国劳动模范称号

2010年4月27日，2010年全国劳动模范和先进工作者表彰大会在北京人民大会堂隆重举行，印刷包装行业有10人荣获全国劳动模范。他们是：银博印刷技术发展有限公司董事长邢艳萍（女），上海印钞有限公司技术中心副主任邱开植，青海虎彩印刷有限公司工人侯顺菊（女），中冶美利纸业股份有限公司技术员马建华，牡丹江恒丰纸业集团有限责任公司工程处处长江林，安徽山鹰纸业股份有限公司技术中心主任鲁招金，山东太阳纸业公司副总经理白懋林，山东晨鸣纸业集团股份有限公司董事长、党委书记陈洪国，乐凯集团第二胶片厂厂长、党委书记滕方迁。

呼和浩特市对印刷企业商标印制开展专项检查行动

2010年4月，呼和浩特市新城区工商分局集中力量开展对辖区印刷企业商标印制行为进行专项检查行动。此次专项行动一直持续到5月底。

专项检查行动通过工商综合业务软件系统，查找并认领各辖区印刷企业，建立详细的监管台账。工商所依据《商标印刷管理规定》，对辖区内印刷企业进行一次排查摸底、登记造册并核对，将从事商标印制的企业列入日常巡查内容，做好巡查记录，全面掌握商标印制企业的基本情况。此外，执法人员严格巡查制度，在掌握商标印刷企业的详细信息后，深入商标印刷企业进行实地检查，检查其承接的商标标识的印刷业务，委托人提交的主体资格证明、商标注册证、商标使用许可合同、授权委托书等是否齐全，委托印制商标样稿与商标注册证上的图样是否一致，防止印制假冒侵权商标行为发生。执法人员还对无证照从事印刷经营活动的场所进行了清理，对出版物市场进行了整顿，加大查处和收缴盗版、侵权书刊的力度。

检查中，执法人员在指导企业完善相关制度的同时，向企业大力宣传《商标法》、《印刷企业管理条例》等相关法律法规，使商标印刷企业提高自律意识，依法从事生产经营活动。

西夏木活字印刷术入选上海世博表演项目

2010年4月，西夏木活字印刷术入选世博会展示表演项目。届时，再现西夏木活字印刷术第一人、影视城篆刻艺人任振斌将向全世界展示宁夏历史文化的魅力。

2004年，宁夏固原县任振斌辞去武汉的工作，回到宁夏立志再现西夏木活字印刷术。经过反复试验，最终选取质地细腻的梨木刻制出木活字。2007年，作为镇北堡西部影视城引进的非物质文化遗产项目之一，任振斌有了固定场所展示古老的活字印刷术。任振斌将带着用木活字印制的西夏文、汉文相对照的《三字经》、《百家姓》、《毛泽东诗词》亮相世博会大舞台。这3部作品需篆刻五六千块木活字。上海世博会开幕前，他已篆刻完成印制《三字经》所需的1 000多块木活字，其余两部作品所需木活字正在加紧篆刻之中。

山西省省长调研印刷等文化产业

2010年5月6日，山西省委副书记、省长王君调研山西省城文化产业发展，山西省、太原市领导申维辰、胡苏平、张平、张贵元等陪同调研。

王君省长先后到山西臣功印刷包装有限公司、山西日报报业集团印刷物流园区、太原高新区数码港管理中心、太原龙城电影发展（集团）公司等单位调研。当日下午，王君省长主持召开座谈会，在听取各相关部门意见和建议后指出，文化建设是中国特色社会主义建设的重要组成部分，当前全省文化建设要办需要急于办的事情，只要财力和政策允许，就要抓紧落实；应该办但项目规模较大并且情况较复杂的，要在专家组调研论证的基础上尽快启动；属于山西文化事业和文化产业长远发展大事的，要尽快由概念变成蓝图。

安徽省印刷业开展职业技能大比武

2010年5月6日，由安徽省新闻出版局、省人力资源和社会保障厅主办，安徽省印刷协会、安徽新闻出版职业技术学院、时代出版传媒股份有限公司承办的安徽省首届印刷行业职业技能大赛“高宝杯”单张纸印刷机比赛，“北人杯”卷纸印刷机比赛首场比赛在芜湖日报报业集团印务有限公司举行。大赛组委会办公室主任王德明一行到现场指导比赛。以夏屹为裁判长、贺关华为监审员的大赛第一裁判组，对芜湖日报报业集团印务有限公司的4名参赛选手进行上机操作考核。大赛分理论考试和上机操作两个部分进行，芜湖地区共有3家企业的8名选手参赛，获得全省前6名的选手将直接晋升职业资格，并授予荣誉证书和奖金，优胜选手将参加全国比赛。

中国包装联合会与延边自治州共建包装印刷基地

中国包装联合会将与延边新兴工业集中区共建包装印刷产业基地。2010年5月9日，双方代表在延吉签署合作备忘录。包装印刷产业基地以政策资源、信息资源、技术资源、项目资源为基础，以中国包装联合会各种资源优势为核心，以东北亚为覆盖半径，在全面打造包装印刷行业科技创新载体的同时，打造东北亚地区包装印刷关联产业的招商引资、政策、技术、培训、产业链纵深发展等平台。

北京宣武区第二职业学校印刷技术培训基地举行落成典礼

2010年5月10日，北京市宣武区第二职业学校与北京印刷协会、北京市第70职业技能鉴定所、日本三菱重工印刷机、北京菱重印刷机技术服务有限公司在北京市宣武区第二职业学校广外校区共同举办了印刷技术培训基地的落成典礼。北京市宣武区第二职业学校校长唐国立，宣武区教委有关领导张军，北京印刷协会理事长任玉成以及三菱重工印刷机香港公司总经理冈 康彦等出席落成典礼。

唐国立校长首先致辞，介绍了宣武区第二职业学校印刷出版专业的发展情况以及印刷技术培训基地成立的背景，同时宣布印刷出版专业成立新一届顾问与专家团。与会领导为到场顾问与专家颁发了聘书。随后，北京印刷协会理事长任玉成、三菱重工印刷机香港公司总经理冈 康彦以及教委领导分别发表了讲话。

培训以三菱印刷机为主要培训机型，由业内专家和具有丰富实践经验的“双师型”教师为教学骨干，可面向印刷企业在职技术工人开展岗前培训、技术升级培训等活动，并由北京第70职业技能鉴定所对企业技术工人开展初级、中级、高级工，技师和高级技师的职业技能鉴定，经培训鉴定合格后，可颁发中华人民共和国人力资源和社会保障部相应的职业资格证书。

长春新华印刷园举行奠基典礼

2010年5月11日，长春新华印刷园奠基典礼在长春市经济开发区举行，副省长陈晓光，长春经济技术开发区管委会主任张焕秋，吉林省新闻出版局局长胡宪武，吉林出版集团董事长周殿富等领导出席。

长春新华印刷园是吉林出版集团倾心打造的工业项目，是发展吉林省文化产业的重要举措。长春新华印刷园项目总占地面积93 282m^2，总建筑面积9万多m^2，其中一期工程建筑面积6.8万m^2。总投资约5.59亿元，扩建和新建书报刊印刷、商业印刷、包装印刷、精品印刷、特种印刷、数字印刷等生产线。项目计划：2010年末一期工程投产，2013年二期工程建成投产。

中国印刷装备工业发展研讨会在京召开

中国印刷及设备器材工业协会印刷机械分会于2010年5月10～11日在北京召开中国印刷装备工业发展研讨会。会议由印刷机械分会理事长庞连东、名誉理事长张致远分别主持。

会议期间，机械工业联合会特别顾问、专家委名誉主任朱森第，工业和信息化部装备工业司韩行，分别就机械工业的转型升级和推行印机行业“十二五”规划应注重的问题，同与会者进行了深入的交流；中国印刷及设备器材工业协会常务副理事长王德茂阐述了关于印刷技术发展方向及印刷业前景的看法；协会顾问谭俊峤介绍了我国包装印刷工业的最新形势和未来几年面临的机遇与挑战；北京印刷学院印刷与包装学院院长许文才，原北京印刷学院副院长谢普南，分别以“传统印刷与数字印刷的结合”、“数字印刷与印刷数字化”为题进行了演讲；中国印刷技术协会首席顾问沈忠康作了关于贯彻文化产业振兴规划、促进印刷产业转型升级的发言；此外，北大方正电子有限公司副总裁、研发中心总经理杨斌，北大方正电子有限公司副总裁董瑛，辽宁大族冠华印刷科技股份有限公司总经理刘学智，也分别介绍了各自企业的发展战略构想。

平版印刷、凹版印刷、商业票据印刷标准讨论会在京召开

2010年5月12～14日，《环境标志产品技术要求——平版印刷、凹版印刷、商业票据印刷标准》讨论会在北京稻香湖景酒店召开。出席会议的领导有环境保护部科技标准司调研员姜宏、环境保护部环境认证中心主任助理刘尊文、环境保护部环境认证中心研发部部长曹磊、中国印刷技术协会常务副理事长张双儒等。大会邀请了徐世桓、刘德文等业内著名专家，东莞隽思印刷有限公司、上海烟草包装印刷有限公司、天津东洋油墨以及纸业、版材的企业代表参加了会议。

环境保护部科技标准司调研员姜宏对制定标准的意义作了详细的解说，环境保护部环境认证中心主任助理刘尊文对后期标准颁布之后对企业申请环境认证的重要性进行了阐述。中国印刷技术协会常务副理事长张双儒介绍了前期标准编制情况，并代表标准起草小组感谢各参编、协助企业的大力支持和配合，为标准顺利出台奠定了基础。

会议还介绍了标准制定的依据和标准制定原则，参会企业代表和专家对标准草案中的不足和问题提出建议和意见，并逐一修改、确认和充实。标准计划于2010年5月底上报环保部。

广东印刷与包装市场形势报告会在东莞召开

2010年5月14日，由中国印刷及设备器材工业协会、广东省新闻出版局、广东省印刷复制业协会共同主办，中国印刷及设备器材工业协会展览有限公司承办的广东印刷与包装市场形势报告会在东莞召开。来自我国内地各省、自治区、直辖市以及港澳台等地区的各级政府主管部门官员、各行业商协会领导以及印刷设备器材供应商和印刷厂商代表120多人出席了会议。

工业和信息化部运行监测协调局副局长高素梅、新闻出版总署印刷发行司印刷复制处处长陆洲、中国印刷及设备器材工业协会常务副理事长王德茂、广东省新闻出版局副局长李新春、东莞市文化广电新闻出版局副局长蔡建勋、香港印刷业商会会长杨金溪、鹤山雅图士印刷有限公司董事长冯广源、德国MBO印刷设备系统（北京）有限公司董

事总经理刘捷等嘉宾，分别就当前我国经济形势总体情况以及未来走向和特点、2009年我国印刷工业全行业进出口情况及外贸形势、中国印刷工业发展态势及面临的新形势和新问题、东莞市经济总体情况以及印刷工业在应对国际金融危机中如何调结构、保增长、促发展的成功经验等目前业内普遍关注的热点发表了主题演讲。

会议发布了2008～2010年印机行业的一组调查数据。数据表明，2010年第一季度我国印刷及设备器材工业进出口金额均同比大幅增长。

会后，主办方举行中国印刷及设备器材工业协会国际展览有限公司开业酒会。

中国印协“直接制版技术及其发展趋势”研讨会在京召开

2010年5月27日，中国印刷技术协会组织主办的“直接制版技术及其发展趋势”研讨会在京召开。来自北京师范大学、北大方正、中国科学院、中国印刷总公司、北京印刷学院、乐凯二胶等科研单位、印刷院校和一线企业的专家、学者、科技人员就制版技术的整体发展状况、成像技术、热敏技术、紫激光技术、喷墨技术等进行了深入的讨论。

会议由北京印刷学院副院长蒲嘉陵主持，中国印刷技术协会常务副理事长兼秘书长张双儒、名誉理事长武文祥等参加了此次研讨会。此次研讨会针对印刷行业普遍关注的热点技术进行深入探讨，是中国印刷技术协会贯彻“服务行业”宗旨，以具体行动努力践行“技术提升产业”发展理念的体现。中国印刷技术协会将通过一系列行业热点技术的研讨活动，为印刷行业转型提供坚实的技术理论保证，努力开创印刷业实用技术发展的新局面。

王仿子先生《出版生涯七十年》座谈会在京举行

2010年5月28日，由中国出版工作者协会和出版博物馆（筹）联合主办的王仿子先生《出版生涯七十年》座谈会在北京举行。新闻出版总署的老领导宋木文、于友先、仲秋元、许力以、陆本瑞、吴道弘、方厚枢、王久安、于永湛、武文祥、陈为江等出席座谈会。出版界老领导、老出版人在回顾王仿子经历丰富的出版生涯的同时，对他为我国出版印刷事业作出的杰出贡献深表敬意。

宋木文谈到：“这部书的主人公王仿子同志是一位94岁高龄仍然在勤奋思考，仍然在关注今日出版走势，一辈子干出版，而且全心全意干出版，业绩卓著的老出版家。”

王仿子在深表感谢之余说道：“我只是一个很平凡的人，我这一生都是平凡的。但是恰巧生在这么一个伟大的时代，让我赶上了抗日战争时期，赶上了解放战争时期，又赶上了新中国的成立，这几个阶段我都参加了一些工作。我可以告诉大家，的确我没有偷懒、没有逃避，就做了这些事，大家肯定我的成绩，非常感谢。”

《出版生涯七十年》由出版博物馆（筹）整理编辑，作为其“博物馆文库（史料辑）”新作的一种由上海百家出版社出版。书中收录文章40余篇，上编收录的是作者参与的重大的出版事件及出版活动的文章；中编是作者对出版前辈、同人及国际友人的怀念、忆旧之作；下编作者以时间为顺序，记述了从1939年在生活书店参加出版工作，在《救亡日报》南方出版社、香港生活书店、人民出版社及中国印刷公司的亲身经历；附编编入俞筱尧等人的4篇文章，从不同角度为读者勾画出一个兢兢业业、积极进取、勇于创新、默默奉献的老出版人形象。

上海新闻出版局开启世博印刷品绿色通道

2010年5月，上海市新闻出版局以服务世博为契机，在严格监管的同时，与上海世博局、上海外高桥保税区海关、上海海关驻世博会园区监管服务中心、中国图书进出口公司等单位多次洽谈和协商，建立了一个上海印刷企业承接境外参展国印刷业务的绿色通道。

该通道一方面坚守原则：严格贯彻《印刷业管理条例》，保证让所有上海印刷企业承印境外参展国的印刷品都出境；另一方面让这些印刷品免受实际出境再进境的“长途跋涉”之苦。绿色通道的流程为：印刷企业在完成印刷后，让产品进入上海外高桥保税区物流园区，然后由新闻出版总署指定的中国图书进出口公司上海分公司对这些产品办理进口手续。这样，这些印刷品大约花费3～4天的时间就可以办理完相关手续，还可以享受服务费和存放费的优惠。

河北印制世博门票采用多达7种防伪技术

上海世博会仅有信用卡大小的门票采用多达7种防伪技术，具有极高的科技含量。石家庄中晟安全印刷有限公司承印了包括世博会门票、世博护照、北京奥运会门票等在内的多类票证，完成了7 000万张，共计9大类、40多个品种的世博门票的全部印制。此外，还参与印制了包括纪念图册在内、且科技含量高的多类世博用品。门票中使用了RFID电子芯片封装技术。RFID即射频识别，俗称电子标签，是一种非接触式的自动识别技术，它通过射频信号自动识别目标对象并获取相关数据。

石家庄中晟公司是世界上首个实现芯片复合封装的印刷企业。

海南现代包装工业园开工建设

2010年5月，坐落在海口高新区飞地工业园区的海南现代包装工业园项目一期工程建成并试投产，整个项目计划年底竣工。海南现代包装工业园项目一期包括年产1万t功能性涂布膜、年产8 000t各种印刷复合膜、印刷包装袋制品以及年产1 500t聚烯烃热收缩膜技改、扩建等项目，这些项目主要生产高阻隔涂布膜产品、各种软包装印刷制品及包装袋制品，包括包装膜、标签、包装袋等。该项目二期主要为1.8万t双向拉伸聚丙烯薄膜技改、扩建项目，主要生产烟膜、全息防伪膜、功能性聚丙烯薄膜。二期厂房已经建好，并完成设备采购，计划年底投产。海南现代包装工业园项目从2008年1月正式开工，已完成投资1.75亿元，占总投资3.85亿元的45%。

“乐凯华光杯2009年印刷行业十大评选”公布结果

2010年6月3日，以“责任、创新、竞争力”为主题，由慧聪网主办、慧聪印刷网承办，乐凯华光独家冠名的“乐凯华光杯2009年印刷行业十大评选”在北京钓鱼台国宾馆举行颁奖典礼。

中国印刷技术协会名誉理事长武文祥，中国印刷及设备器材工业协会常务副理事长王德茂、秘书长许锦枫，北京印刷协会理事长任玉成等领导，以及来自国内外印刷企业、印机制造企业、经销企业和行业知名媒体的代表出席了本次盛会。

颁奖盛典上，乐凯集团第二胶片厂厂长滕方迁等10人获得了“十大风云人物”的称号。

中、日、韩RFID行业协会第七次圆桌会议在北京召开

2010年6月9日，在“2010中国国际智能卡与RFID博览会”召开期间，中、日、韩RFID行业协会第七次圆桌会议在北京召开。

会上，中、日、韩三国代表首先对三国RFID市场的发展情况分别作了介绍。中国RFID产业联盟理事长张琪女士作了“中国RFID与物联网发展形势”的报告，日本自动识别协会RFID分会会长寺浦信之作了“日本RFID与自动识别市场的发展状况”，韩国大邱大学李润德教授作了“韩国RFID与传感网发展的趋势”的报告。三国代表分别就中日韩联合网站建设、中日韩RFID年度发展报告、中日韩联合培训、中日韩共同举办亚洲国际RFID与物联网发展论坛等合作事宜进行了具体的工作讨论。

三方一致认为：经过中日韩三方的共同努力，目前合作已经取得了喜人的进展。今后将进一步加强在培训、联合网站运营、市场研究及会议论坛方面的合作，共同推进三国RFID产业与应用的发展。

武强县年画博物馆收藏胡锦涛印制年画画版

2010年6月，河北省武强县宣传部门称，中共中央总书记、国家主席、中央军委主席胡锦涛“六一”前夕与小朋友在中国科技馆亲手刷印“六子争头”年画的画版于6月10日已从北京运抵“中国年画之乡”河北省武强县，并被武强县年画博物馆正式收藏。

胡锦涛主席于5月31日到中国科技馆新馆，同出席中国少年先锋队第六次全国代表大会的全体小代表和部分中外少年儿童一起参加“体验科学、快乐成长”活动，并与少先队员们印制武强年画“六子争头”。

武强县年画博物馆馆长王玉鹏介绍，5月底，中国科技馆来电，希望武强县年画博物馆提供5套印刷工具和数块画版，配合纪念国际六一儿童节活动专用。武强县年画博物馆挑选了两种“六子争头”及其他内容喜庆、吉祥的画版共14块，并加班赶制了5套高质量的刷画工具提供给了中国科技馆。

武强年画“六子争头”在中国科学技术馆占据了木版水印的表演项目，并参加了中国科技馆组织的“中国七千年发明创造展”，在新加坡、荷兰等国家进行展览。

中华商务联合印刷（香港）有限公司30周年庆典在香港举行

2010年6月18日，中华商务联合印刷（香港）有限公司在香港举行30周年庆典仪式。新闻出版总署署长柳斌杰发来贺信。中央政府驻香港特别行政区联络办公室副主任李刚、香港特别行政区政务司司长唐英年出席庆典。来自中国内地、北美、欧洲等地区的嘉宾，香港特区政府、中

央政府驻香港特别行政区联络办公室、广东省新闻出版局、深圳市新闻出版局的有关负责人，香港印界人士等600余人参加了庆典活动。

联合出版集团(香港)有限公司董事长、中华商务联合印刷(香港)有限公司董事长文宏武在庆典仪式上致辞。

该公司的前身是，成立逾半个世纪的商务印书馆香港印刷厂和有40年历史的中华书局香港印刷厂，加上大千印刷公司于1980年联合重组成立了中华商务联合印刷(香港)有限公司，总部设在香港大埔。30年来，中华商务从小到大、从弱到强，快速发展。公司积极开拓海外市场，目前，行销网络已遍布全球，在香港、深圳、北京、上海建立了四大生产基地。中华商务在过去的30年间，累计获得了4000余项海内外的印刷奖项，并且连续三年成为获得被誉为“印界奥斯卡金像奖”的美国PIA印制大奖“班尼奖”最多的首家亚洲印刷企业。

张林桂新书发布会暨印刷企业管理高端论坛在京召开

2010年6月18日，由中国印刷技术协会、北京印刷学院、北京印刷协会、印刷工业出版社联合主办的“张林桂新书发布会暨印刷企业管理高端论坛”在北京印刷学院召开。中国印刷技术协会理事长于永湛，中国印刷技术协会常务副理事长兼秘书长张双儒，新闻出版总署印刷发行管理司副处长路洲，北京印刷学院院长曲德森，以及各主办方、承办方领导出席会议并讲话。印刷企业代表、印刷设备供应商代表、媒体代表等各界同仁200余人参加了此次活动。

在北京华联印刷有限公司董事总经理张林桂编著的《5%成败论——一位经理人对成功的感悟(修订版)》、《文化·激情·创新——一个印刷企业成功的秘诀》以及《一本书是怎样诞生的》新书发布会上，出版方印刷工业出版社介绍了这三本书的选题意图和出版情况，并与作者张林桂一同向北京印刷学院赠书。

随后的印刷企业管理高端论坛上，北京印刷学院院长助理、出版传播与管理学院院长王关义，曲阜师范大学印刷学院党总支书记左兴才，北京华联印刷有限公司董事总经理张林桂做专题演讲。

新闻出版总署在京召开新闻出版业“十二五”发展规划编制工作专题务虚会

2010年6月29～30日，新闻出版总署在京召开新闻出版业“十二五”发展规划编制工作专题务虚会。总署党组书记、署长柳斌杰主持会议，并就如何制定好“十二五”发展规划作了重要讲话。

柳斌杰强调，科学编制“十二五”发展规划要研究八个方面问题：一是重点产品问题，这是产业做大的根本，要多生产代表中华民族永久记忆的精品力作；二是公共服务问题，这是出版工作的根本所在，要多生产公共产品，满足人民群众日益增长的精神文化需求；三是学术发布平台的问题，切实解决学术论文发表中存在的各类突出矛盾；四是创新的动力问题，要不断加大内容创新、技术创新、形式创新和体制机制创新力度；五是技术攻坚的问题，要切实解决制约产业发展的技术瓶颈；六是社会力量参与出版的问题，要在国家允许的范围内，统筹规划，鼓励支持民营以及其他行业生产力有序参与出版；七是物流的问题，新闻出版行业还没有形成自己的物流，要进一步建立完善物流体系；八是“走出去”的体系问题。

柳斌杰指出科学编制“十二五”发展规划的九大任务：一是生产精品力作；二是提高整体传播能力；三是把印刷业作为低碳、绿色、环保改造的重点；四是发展规范数字出版；五是加强版权体系建设，促进著作权转化为现实生产力；六是加大重大项目建设力度；七是在融入国际市场上下工夫；八是支持基地和产业带建设，真正实现优势资源向优势企业、产业园区集中；九是强化大型集团建设，打造真正有国际竞争力、国际影响力的大型骨干企业。

柳斌杰还要求科学编制“十二五”发展规划，一是“十一五”末新闻出版业完成的情况，二是建设新闻出版强国提出的目标。

上海新闻出版局沪版教材印制质量评比表彰会在沪召开

2010年6月，上海市新闻出版局组织的“2009学年沪版教材印制质量评比”表彰会在沪召开。会议由上海市教委教研室课程教材部主任江铭初主持，上海市新闻出版局印刷处处长周建平、印刷品监督检测检验站站长任兴春等多位领导出席，上海市20多家参评出版单位、印刷单位的主要负责人列席会议。

任兴春介绍了上海市新闻出版局自2007年度以来，市新闻出版局部署推进了“上海印刷大奖”评选、“沪版教材印制质量专项检查”、“迎世博会印刷产品质量监督检测”等专项工作，并对一批出版物印制优等品出版、印刷单位进行评选和表彰。

在表彰会上，周建平处长宣布了“2009学年沪版教材印制质量评比”一等奖名单(10个)。其中，华东师范大学出版社的《小学信息科技》等三本教材占据了一等奖中的三个席位。此外，华东师范大学出版社还是本次“教材印制质量评比”活动中二十多家参评出版单位中惟一一个获得“优胜出版社奖”(综合大奖)的出版单位。

浙江杭州国家数字出版产业基地正式获批

2010年6月，新闻出版总署正式函复浙江省政府，同意建立杭州国家数字出版产业基地。杭州成为继上海张江、重庆北部新区之后，我国第三个获批成立的国家级数字出版基地。

杭州国家数字出版产业基地是目前全国惟一一家以市为单位的“国字号”数字出版产业基地。杭州市目前正在积极筹备基地的挂牌工作，抓紧研究制定数字出版企业和园区认定办法，进一步完善基地运营规划，以及研究促进产业发展的政策措施等工作。

杭州市还计划设立杭州市国家数字出版产业基地建设基金，筹措4亿元作为基地基础设施建设的初始投资，并且每年投入不少于3 000万元用于基地建设。

“两岸三地印刷新技术未来与发展趋势”大讲堂在深圳举行

2010年6月，深圳市科协主办的“自主创新大讲堂”在深圳开讲，主题为“两岸三地印刷新技术未来与发展趋势”。主办方邀请台湾财团法人印刷技术研究中心董事长陈政雄，杭州电子科技大学教授王强，香港数码印刷协会会长邓满球等作了交流演讲。来自深圳、香港、广州、珠海、东莞等珠三角地区印刷产业界、研究机构、高等院校的近400人共同聆听了这场精彩的报告。

陈政雄以“数码列印对印刷传播的变革”为题，介绍了数码印刷出版与包装的流程。针对柯达、富士、爱克发、Konica、HP、网屏等多家公司印刷设备的特点，以及未来设备的发展方向，王强作了题为“媒体数字平台下——印刷工业发展的新策略”专题报告。邓满球结合创办10年数码印刷协会的经验，讲述了数码印刷与传统印刷的区别。

新闻出版总署质检中心改革质检机制

2010年7月5日，新闻出版总署出版产品质量监督检测中心在太原市组织召开了2010年“3·15”少年儿童读物类出版产品质量监督检测活动工作座谈会。全国16个省(区、市)新闻出版局相关负责人、质检机构负责人与会介绍了各地质检工作情况，并就新环境下质检工作的新问题展开探讨，提出建议。

2010年“3·15”质检活动开展3个多月以来，从16个地区反映的情况来看，大部分省(区、市)新闻出版管理部门及质检机构除对少儿类图书印装质量质检外，还增加了对少儿类图书、报纸、期刊编校质量的检查和对光盘、磁带的抽样检查。质检中心新购环保质检设备通过技术人员的努力开始投入运行。

与会代表对质检专业人员及专业设备的短缺问题提出了意见和建议。

座谈中，2010年质检活动领导小组办公室主任、总署质检中心主任齐相潼表示，总署质检中心将在组织、协调、指导和提供技术服务方面形成新的工作模式，成立印装、光盘、编校、审读等多个专家委员会。他说，今后的检测工作将依靠各类专家委员会和各地质检机构共同实践大质检，建立和完善出版产品质量监督管理体系。

中国印刷技术协会成立三十周年座谈会在沪隆重召开

2010年7月5日，中国印刷技术协会在上海隆重举行中国印刷技术协会成立三十周年座谈会以及全国印刷行业先进协会、先进协会工作者、优秀单位会员表彰大会。新闻出版总署印刷发行管理司副司长曹宏遂，香港印刷业商会会长杨金溪、香港印艺学会副主席李海柏、澳门印刷业商会名誉理事长丁绍雄、台湾区印刷暨机器材料工业同会吕进发理事长、中华印刷科技学会陈昌郎理事长和王义盛副理事长，以及日本森泽株式会社森泽嘉昭会长等日本印刷业嘉宾应邀出席了大会。会议由中国印协于永湛理事长主持，中国印协名誉理事长武文祥、首席顾问沈忠康、常务副理事长张双儒、顾问郭清源和谭俊峤，以及中国印协全体理事和特约代表200多人出席了大会。

新闻出版总署柳斌杰署长，阎晓宏副署长、孙寿山副署长分别为中国印协30周年纪念册题词，对中国印协继续发挥为印刷行业发展服务的职能寄予了厚望。座谈会上，新闻出版总署印刷发行管理司副司长曹宏遂受委托宣读了新闻出版总署阎晓宏副署长的讲话。在中国印协成立30周年纪念活动中，开展了评选先进协会、先进协会工作者、优秀单位会员活动，分别评选出先进协会30个、先进协会工作者60人、优秀单位会员102家。在座谈会上，中国印刷技术协会常务副理事长张双儒宣读了表彰决定，新闻出版总署、中国印协有关领导分别为获奖的先进集体和个人颁发了获奖证书。

座谈会上，来自中国印协的新老领导、理事、会员、各省（自治区、直辖市）印协的领导以及兄弟协会代表分别发言，回顾与总结了中国印协30年来的经验和成果。

中国印刷技术协会理事长于永湛进行了总结发言，他表示，30年来中国印刷技术协会走过了不平凡的历程，取得了可喜的成绩。在中国科协和新闻出版总署的领导下，协会历届班子努力工作，全体会员单位积极支持，围绕中心，服务大局，坚持宗旨，不断将协会工作推向前进。回顾印协发展的重要阶段，特别是进入新世纪以来，中国印协在发展思路上取得的最大收获是认真践行科学发展观，大力推动产业结构调整和发展方式转变，实现行业的可持续发展。

他说，在科学编制和有效实施印刷业"十二五"发展规划的基础上，围绕"将我国建设成为世界印刷强国"的总体要求，以加快印刷产业发展方式转变为主线，优化产业布局，调整产业结构，引导整个印刷产业实施绿色环保战略转型，促进我国印刷业持续、稳定、健康发展。在这一过程中，中国印刷技术协会将继续坚持民主办会、服务为本的宗旨和科学求实的精神，努力加强自身建设、发挥自身特点和优势，营造团结和谐的工作氛围，不断开创印协工作的新局面。为全面振兴中国印刷业，为建设创新型国家和构建社会主义和谐社会作出新的更大的贡献。

5日晚上，中国印刷技术协会举行了成立三十周年庆祝晚宴，来自中国香港、澳门以及日本印刷界的商会代表分别向中国印协赠送了纪念品，祝贺中国印协的三十华诞。

第二届全国印刷行业职业技能大赛（广东赛区）选拔赛开赛

2010年7月7日，在广东省新闻出版局和广东省印刷复制业协会的领导下，第二届全国印刷行业职业技能大赛广东赛区职工组选拔赛在中华商务联合印刷（广东）有限公司开赛。职工组选拔赛将持续三天，来自广州、深圳、珠海、东莞、香港等地的39名印刷技工参加了技能大赛。

中华商务联合印刷（广东）有限公司为职业组实操比赛积极提供场地以及比赛用设备——两台海德堡速霸CD102四色对开胶印机。海德堡深圳印刷媒体技术中心、香港大鹏油墨公司等机构也为比赛提供了制版、设备检测、仪器、耗材及物流等多方面的支持。

2010上海国际印刷周暨上海国际印刷包装产品交易会在沪开幕

2010年7月7日，由上海市新闻出版局、上海市科学技术委员会、上海市经济和信息化委员会、中国印刷科学技术研究所、世博集团上海现代国际展览有限公司共同主办的2010上海国际印刷周暨上海国际印刷包装产品交易会在沪开幕。

本届国际印刷周以"印刷与世博同行"为主题，共同探讨印刷产业发展的热点和未来。第四届上海印刷大奖同时在上海国际印刷周上揭晓并颁奖。

在上海国际印刷周举行之际，第十八届上海国际印刷包装纸业展也在新国际博览中心开幕，中国印刷技术协会理事长于永湛、原科技部副部长马颂德出席了开幕式。国内外345家印刷设备、器材制造商与印刷企业参加了此次展会。

国际印后及国内印后标准研讨会在京召开

全国印刷标准化技术委员会于2010年7月13～14日在北京组织召开了"国际印后及国内印后标准研讨会议"。来自业内印后设备、印刷装订、印后材料以及大专院校的26个单位的近40位领导、专家和代表出席了会议。新闻出版总署科技与数字出版司调研员蔡京生、国家标准化管理委员会服务业标准部处长段炼、国际合作部李东方、中国印刷技术协会常务副理事长兼秘书长、全国印刷标准化技术委员会副主任委员张双儒等出席了会议并讲话。

全国印刷标准化技术委员会李安秘书长主持会议并作了"关于国际印后工作组及国内印后标准相关情况的介绍"的报告，全国印刷标准化技术委员会印后任务组组长、北京印刷学院副教授何晓辉介绍了"国际印后标准现状及制定的相关程序与规定"，全国印刷标准化技术委员会秘书马智勇介绍了"国内印后标准情况"。

会议围绕国际印后标准框架思路和国内印后标准制定项目进行了深入探讨。会议确定了四项印后国家标准起草的组长单位，烟台裕鸿印刷包装有限公司牵头《印后加工基本要求》，深圳职业技术学院牵头《印后原辅材料分类》，安徽新华印刷股份有限公司牵头《印后装订—精装》，深圳市精密达机械有限公司牵头《印后装订—平装》的制定。参加会议的鹤山雅图仕印刷有限公司、恒昌石油化工有限公司等单位表示将分别作为起草单位积极参与四项国家印后标准的制定工作。

全国新闻出版局长座谈会在西安召开

2010年7月18日，由新闻出版总署组织的全国新闻出版局长座谈会在西安召开，会议学习贯彻了中共中央政治局常委李长春在全国宣传部长座谈会上的讲话精神，研讨新闻出版业“十二五”规划基本思路。新闻出版总署署长、国家版权局局长柳斌杰传达中央精神，新闻出版总署副署长蒋建国就《关于编制新闻出版业“十二五”规划的基本思路》作了说明，陕西省委常委、省委宣传部部长胡悦致辞。

柳斌杰在讲话中指出，要统一认识，树立中国特色社会主义文化发展观念，把文化建设纳入经济社会发展总体规划中，加大力度，深化文化体制改革，全面推进文化体制综合配套改革；要高举旗帜，创造精品力作，造就文化名家，提升文化名牌效应，提高文化的国际传播能力；要继续加强公共文化服务体系建设，加大文化惠民工程普及力度，保障基层群众基本文化权益；要加强依法行政，加强图书、报纸、期刊、电子、互联网、印刷产品的行业监管，以科学发展观为指导，编制新起点、高水平、能落实的“十二五”规划，为建设新闻出版强国奠定基础。

胡悦在致辞中简要介绍了陕西省经济社会发展情况。

柳斌杰考察陕西省新闻出版业

2010年7月20日，新闻出版总署署长、国家版权局局长柳斌杰一行在陕西省考察新闻出版业。

他在考察西安高新技术产业开发区的电子读物、数码影像等文化创意产品时说，当前，用现代传媒技术改造传统出版产业、发展电子出版业已是大势所趋。西安高新区应该发挥科技优势，围绕新闻出版产业，集中优势企业、优势人才、优势技术，加快科技与文化的融合，打造数字出版产业基地，成为引领出版产业发展的排头兵。

柳斌杰一行还对陕西人民教育出版社、华商传媒集团、女友杂志社、西安交通大学出版社进行了视察，了解报纸杂志的海外发行情况和国外图书引进情况。

柳斌杰一行深入西安印刷包装产业项目工地察看印包产业园区建设，聆听印包企业的“落户”情况，并与相关负责人进行座谈。

新闻出版总署与中国电信在京签订战略合作备忘录

2010年7月21日，新闻出版总署和中国电信集团公司在北京签订战略合作备忘录。

在签约仪式上，新闻出版总署副署长孙寿山表示，国家推出文化产业振兴规划之后，总署便一方面推动传统出版升级，一方面积极推进数字出版的发展，数字出版是未来出版行业的发展方向。

中国电信集团公司副总经理孙康敏表示，中国电信集团拥有比较完好的数字出版技术网络，包括国内唯一的卫星网络，目前，中国电信通过浙江电信天翼阅读数字出版基地，已经基本完成了产品的准备，未来会推出天翼阅读产品品牌。

根据双方协议，新闻出版总署将充分发挥新闻出版行业管理部门的优势，积极支持中国电信为国内新闻出版单位提供优质的网络技术和数字产品运营服务，支持中国电信率先开展相关试点工作，共同探讨数字出版新的商业模式。中国电信将为新闻出版单位提供开放的数字出版网络技术平台和必要的技术支持和系统维护，提供有效的版权保护手段，保证著作权人的合法权益。

《中国印刷》、《中国印刷年鉴》编委会会议在京召开

2010年7月23日，《中国印刷》、《中国印刷年鉴》2010年新一届两刊编辑委员会会议在北京召开。会议由编委会主任委员高永清主持。

会上，新一届编委会成员由印刷行业及其相关行业的领导、专家、学者组成。《中国印刷》主编李月莲、《中国印刷年鉴》主编李永林分别代表两刊编辑部向新一届编委会委员汇报了工作。《中国印刷年鉴》执行主编张震一向与会人员宣读了编委会工作条例的修改方案。

会议着重探讨了进一步提高《中国印刷》、《中国印刷年鉴》办刊水平的措施，编委职能发挥的途径以及刊物发展定位等问题。与会成员纷纷建言献策，研究讨论了两刊栏目的设置及调整，讨论了两刊的选题计划。

国家数字印刷工程研究中心在沪成立

2010年7月30日，“国家数字印刷工程研究中心”揭牌仪式在上海理工大学图文信息中心举行。新闻出版总署署长柳斌杰、副署长孙寿山、科技与数字出版司司长张毅君、出版产业发展司司长范卫平，上海理工大学校长许晓鸣，出版印刷高等专科学校党政领导，上海理工大学出版印刷与艺术设计学院领导与部分教师出席了揭牌仪式。

揭牌仪式由新闻出版总署科技与数字出版司司长张毅君主持。新闻出版总署副署长孙寿山宣读了《关于同意在上海理工大学（上海出版印刷高等专科学校）设立“新闻出版总署数字印刷工程研究中心”的批复》。柳斌杰署长和许晓鸣校长共同为“国家数字印刷工程研究中心”揭牌。

上海理工大学“国家数字印刷工程研究中心”归属新闻出版总署的直接领导。新闻出版总署署长柳斌杰在揭牌仪式上指出，印刷业既是工业实体，又是重要的传播手段，是与人民生活息息相关的国民经济的重要产业，因此，要通过建立“国家级数字印刷工程研究中心”，推动印刷“工程化研究”，进一步推进数字印刷技术的发展，为经济建设、文化建设服务。

新闻出版总署与上海市在沪举行第三次联席会议

2010年7月31日，新闻出版总署、上海市人民政府合作第三次联席会议在沪召开。新闻出版总署署长柳斌杰，上海市委副书记、市长韩正出席会议并作重要讲话。新闻出版总署副署长孙寿山，上海市委常委、宣传部长杨振武出席会议。

柳斌杰在讲话中充分肯定了张江国家数字出版基地建设和上海推动数字出版产业取得的成绩。柳斌杰对上海数字出版产业发展提出了三点希望，一要科学编制好数字出版产业和数字出版基地发展规划，继续用好市政府和总署的优惠政策和扶持措施，立足上海、辐射周边、带动全国，加快发展，做行业的表率。二要抓住国家大力发展文化产业和低碳环保经济的有利契机，大力推进传统出版企业向数字出版转型。一方面深化改革，创新体制机制，规范标准，加快研发核心技术和关键性技术；另一方面积极引进和培养高端人才，努力探索新型商业模式和赢利模式，加快数字出版产业链融合，实现合作共赢。三要做大主体、做强主业，努力提升我国数字出版产业的国际竞争力。要培育中国数字出版产业的龙头企业和骨干企业，提高产业集中度，同时，通过制度创新，释放数字出版业活力，提升出版的核心竞争力。

韩正代表上海市委、市政府热忱感谢新闻出版总署对上海发展的大力支持。他说，大力发展文化产业，是上海加快调结构、促转型的重要突破口之一，是增强城市国际竞争力的重要措施之一。上海将继续依托部市合作机制，充分发挥上海的综合优势，做大做强数字出版产业，推动文化产业大发展大繁荣。

沈阳商品条码印刷质量合格率达70%以上

2010年7月，沈阳市质量技术监督局对沈阳的商品条码印刷质量进行检测，重点抽查了超市和药房。本次监督抽查共抽查超市4家，药房34家，总计38家企业。抽样124批次，合格87批次，平均批次合格率为70.16%。其中：食品1批次，合格1批次，平均批次合格率100%；药品92批次，合格61批次，平均批次合格率66.3%；其他31批次，合格25批次，平均批次合格率80.65%。沈阳地产产品8批次，合格6批次，平均批次合格率75%。

在不合格的批次中，空白区不合格的有30批次，占不合格总数的80.1%；符号等级不合格的有12批次，占不合格总数的32.43%；符号一致性不合格的有5批次，占不合格总数的13.51%。伪造、冒用、使用失效或未分配的商品条码3个批次，占不合格总数的8.1%。而产品不合格原因主要为产品外观设计不合格，空白区宽度没有达到标准要求。产品印刷质量不合格，包括印刷材质不达标，印刷过程造成脱墨、污损以及符号尺寸的偏差过大等。产品在通过封装、运输等一系列过程中发生条码印刷品变形、污损。伪造、冒用、使用失效或未分配的商品条码。

2010中国报业高峰论坛在昆明召开

由中国报业协会主办，云南日报报业集团、爱克发公司和北大方正电子有限公司联合承办的“传承经典 继往开来”中国报业高峰论坛于2010年7月下旬在昆明举行。

会上，中国报业协会高级顾问夏天俊介绍了我国报业印刷的发展情况，他说：“CTP经过这么多年的发展，其可靠性、安全性、时效性已无可置疑，现在已经是CTP发展的最佳时间。目前中国的报业印刷企业中有许多已完全摒弃传统的CTF，而全面采用CTP直接制版技术。在报业印刷方面，2010年CTP版的使用量与2009年相比约有50%的增长。”云南日报印务中心主任李阳喜就使用CTP的心得向与会代表作了介绍。

会议邀请台湾中国时报印务部的胡为民总经理介绍了台湾报业的发展情况，及台湾报业在使用新技术方面的经验，他还特别介绍了使用爱克发节墨软件后，具体油墨量的变化和实际节省的费用。

江西出台省级印刷基地管理办法

2010年8月5日，江西省新闻出版局发布《江西省印刷产业园区（基地）暂行管理办法》（简称《办法》），《办法》明确了产业基地的定义，还规定了产业基地的申报条件。如产业基地要有明确的建设目标和发展规模，要有利于形成区域竞争力和产业集聚度；产业基地要有比较明显的经济区位优势、劳动力优势等发展优势；土地规划要达到一定面积，可在已有一定产业聚集的区域内规划，也可新划拨一块土地建设；功能布局要合理，要与其他产业链有比较紧密的联系等。

根据《办法》，凡是符合上述申报条件的，均可向当地新闻出版行政管理部门提出申请，由江西省新闻出版局复审批准并予以授牌，纳入省级产业基地管理范围。省级产业基地的主管单位每年3月须上报基地情况，江西省新闻出版局将根据上述申报条件进行考核。对未能按时开工、投资资金没有到位的产业基地，江西省新闻出版局将取消授牌，并向社会公告。

根据《办法》，经过批准的产业基地将获得政策和资金扶持。这是全国首个由省（自治区、直辖市）新闻出版局出台的省级印刷园区管理办法。

第七届中国印刷史学术研究会议在京召开

2010年8月11～12日，由中国印协印刷史研究会、北京印刷学院、中国印刷博物馆联合举办的第七届中国印刷史学术研究会在北京召开。中国印刷技术协会常务副理事长兼秘书长张双儒、名誉理事长武文祥、首席顾问沈忠康，北京印刷学院院长、印刷史研究会主任曲德森，中国出版科学研究所所长、中国印刷博物馆馆长郝振省，中国社会科学院学部委员史金波、许文才、张连章、方晓阳、魏志刚、张树栋、何远裕、韩琦、宋平生等，近60位印刷行业领导及来自全国印刷史研究领域的专家、学者参加了研讨会。研讨会旨在进一步推动印刷史的深入研究和普及、交流研究成果。

中国印协常务副理事长张双儒在讲话中指出，研讨会学术研究课题重大，学术研讨气氛浓厚，学术研究态度认真，研究论证逻辑严谨，学术研究成果丰硕，成果交流普及广泛。他透露中国印刷技术协会理事长于永湛在政协十一届全国委员会第三次会议上提交了《关于深入开展中国印刷术起源与发明研究、弘扬中华优秀印刷文化的提案》。新闻出版总署给予了正式答复，提出了“关于‘中国印刷术起源与发明研究’课题立项的建议”，认为这是一个很有价值的课题。

北京印刷学院院长、第二届中国印协印刷史研究委员会主任曲德森简要介绍了第二届印刷史研究委员会成立一年来所做的工作。

为期两天的研讨会，以印刷史研究的新进展与新动向，活字印刷术的起源、发展与传播，中外活字印刷术的比较研究，现代科技与印刷史研究为主题，紧扣中国印刷术起源与发明的中心课题及相关内容进行研究探讨。

第二届全国印刷行业职业技能大赛总决赛在深圳举行

2010年8月16日，第二届全国印刷行业职业技能大赛平版印刷工（职工组）全国总决赛启动仪式在深圳职业技术学院隆重举行。新闻出版总署副署长孙寿山、人事司司长余昌祥、印刷发行管理司副司长曹宏遂，人力资源和社会保障部能力建设司司长刘丹，深圳市政府副秘书长黄国强，中国印刷技术协会常务副理事长兼秘书长张双儒，广东省新闻出版局局长朱仲南、副局长杨广锐，深圳市新闻出版局副局长尹昌龙，海德堡（中国）有限公司首席执行官蔡连成以及来自广东省印刷复制业协会、深圳市印刷行业协会、香港印刷业商会、深圳市高技能人才公共实训管理服务中心、深圳职业技术学院等单位的领导应邀出席了活动。从全国各地技能大赛初赛中脱颖而出、晋级决赛的126名选手参与了此次大赛。

中国印刷技术协会常务副理事长兼秘书长张双儒宣布第二届全国印刷行业职业技能大赛决赛启动仪式正式开始。第二届全国印刷行业职业技能大赛组委会主任、新闻出版总署副署长孙寿山致辞。

第二届全国印刷行业职业技能大赛以《国家职业标准》为依据，以平版印刷工、平版制版工、网版印刷工为主体，分职工组和学生组7个组别进行考核、竞赛。在全国各省、自治区、直辖市新闻出版局的重视支持下，众多印刷企业、职业技术院校数万名印刷技术工人、学生积极参与，经过近半年时间结合生产实际的培训、考核、鉴定和选拔，产生了参加全国总决赛的选手700余名。

此次每项工种的竞赛内容包括理论知识和操作技能两部分，理论知识考核占30%，操作技能考核占70%。理论知识考核由专家评审委员会在《平版印刷工国家职业标准》、《平版制版工国家职业标准》、《网版印刷工国家职业标准》要求的范围内命题、阅卷；操作技能考核实行统一机型和耗材，由评判委员会按《平版印刷工国家职业标准》、《平版制版工国家职业标准》、《网版印刷工国家职业标准》的技能要求进行考核。8月16日首先进行的是平版印刷工（职工组）全国总决赛的启动仪式，8月21日在上海举行平版制版工（职工组、学生组）全国总决赛启动仪式，8 月底和 9 月初继续进行网版印刷工和平版印刷报轮组的总决赛。

海德堡（中国）有限公司首席执行官蔡连成在大赛上发表讲话。海德堡公司作为本届大赛惟一平版印刷（单张纸）设备合作伙伴，为本次大赛提供决赛场地、设备及赛前培训。第二届全国印刷行业职业技能大赛在两个月的时间内吸引了全国各地近百万名技工报名参赛。第二届赛事规模更大，辐射更广，人数更多，标准更高。按照规定，每位通过初赛的选手都能直接获得首届海德堡技术资格认证的培训与考核机会，并将在海德堡以及相关专家的指导下，接受全面而系统的印刷技术培训和学习。

北京绿色印刷产业技术创新联盟成立

2010 年 8 月 17 日，北京绿色印刷产业技术创新联盟揭牌暨战略合作签约仪式在京举行。北京市科委组织 17 家印刷企业、科研院所、高校共同发起成立“北京绿色印刷产业技术创新联盟”，推动北京印刷产业尽快实现绿色化、高端化。会上，多家单位共同签署了绿色制版技术产业化和数字喷墨印刷技术产业化战略合作协议。

北京市科委主任闫傲霜在成立大会上表示，北京市科委将依托该联盟着力做好三方面的工作。一是围绕重大科技创新技术，组织开展技术攻关，完善产业化技术，实现更多“点”的突破。二是以核心企业与主导产品为基点，促进上下游骨干单位实现强强联合，打造绿色印刷产业链，形成“线”的优势。三是积极研究绿色印刷产业发展的内在规律，整合区域优势资源，推进北京印刷产业板块式跨越，实现“面”的发展。

中华商务联合印刷（香港）有限公司 30 周年庆典暨农家书屋捐建仪式在京举行

2010 年 8 月 27 日，中华商务联合印刷（香港）有限公司在北京举行 30 周年庆典暨农家书屋捐建仪式。中宣部、新闻出版总署、国务院港澳办、国务院新闻办、中央人民政府驻港联络办公室等部委领导，以及北京市有关政府部门领导、各协会负责人、合作伙伴及各界朋友超过 700 位嘉宾出席了庆典活动。

中华商务联合印刷（香港）有限公司是由中华书局与商务印书馆在香港的印刷厂于 1980 年合并而成，是香港联合出版集团的成员机构。

中华商务除不断提升现有的业务水平和制作优质的产品外，还以崭新的信息科技和创意设计为客户提供数字化内容管理和增值服务，并在印刷产业链中担当更重要的角色，联同上下游的伙伴创造新的价值和发展模式，一同“锐意创新　共谋发展”。

中华商务继 2006 年获得“香港印制大奖——第一届企业社会责任金奖”后，在 2010 年获颁“商界展关怀”标志。2002 年中华商务于贵州省荔波县捐建了中商水岩希望小学，2006 年成立中华商务希望基金，联同企业全体员工及合作伙伴一起为支持国家贫困地区教育事业，履行企业社会责任。2009 年，中华商务启动希望基金在广东省河源市龙川县的龙母中心小学捐建了中华商务教学楼，于 2010 年 6 月落成，并于 6 月 18 日移交龙母中心小学。

2010 年中华商务再次启动希望基金，向山东省捐建 10 间农家书屋，支持国内的“农家书屋”建设，推动农民读书、用书，学习科学文化知识，活跃和丰富农村文化生活，改善农村文化环境。中华商务于此次 30 周年庆典活动之际，举办了捐建农家书屋的揭牌仪式，新闻出版总署副署长阎晓宏，联合出版集团有限公司董事长、中华商务联合印刷（香港）有限公司董事长文宏武等共同为捐建的农家书屋揭牌。

华北、东北八省市 200 家印刷企业联谊会在太原举行

2010 年 8 月 31 日，以“交流、合作、发展”为主题的第三届华北、东北八省市印刷企业联谊会在山西太原隆重举行，此次联谊会得到了中国印刷技术协会、山西省新闻出版局、太原市文化新闻出版局的大力支持。来自北京、天津、河北、辽宁、黑龙江、吉林、内蒙古以及山西等地近 200 家印刷企业相关负责人出席会议。出席本次联谊会的嘉宾有中国印刷技术协会理事长于永湛、常务副理事长兼秘书长张双儒、北京印刷协会理事长任玉成、山西省新闻出版局吴体刚巡视员、山西省新闻出版局印刷管理处夏帧处长、太原市文化新闻出版局张志年副局长等。

山西省新闻出版局吴体刚巡视员首先代表东道主致辞，中国印刷技术协会理事长于永湛、中国印刷技术协会常务副理事长兼秘书长张双儒分别致辞。于永湛理事长在致辞中介绍了我国新闻出版业的发展情况，同时指出印刷在新闻出版发展中的经济规模最大，但是利润率是最低的，印刷企业要不断转型生产，调整产业结构。张双儒秘书长向与会企业通报了第二届全国印刷行业职业技能大赛的情况，以及印刷环保标准的制定以及未来实施的相关情况。

会议最后，北京印刷协会理事长任玉成做了总结发言。会议确定第四届华北、东北八省市印刷企业联谊会将在辽宁沈阳召开。

河北省提高出版物印刷业准入门槛

2010年8月，河北省新闻出版局印发《关于加强宏观调控促进印刷包装业又好又快发展的意见》，将该省出版物印刷业准入标准由原来的200万元提升至3 000万元，出版物包装业准入标准由原来的150万元提升至2 000万元。河北省准入门槛的大幅提高，将促进该省印刷产业改变目前的“小、散、滥”状况，加快转变发展方式。新闻出版总署肯定了该省的做法，认为“此举不仅适用于河北，对全国新闻出版业也有重要的借鉴作用。”

就新出台的这一政策规定，河北省新闻出版局局长李晓明解释说，河北省有上万家印刷企业，30余万从业人员，年产值超过400亿元，数量规模在全国名列前茅，但缺乏上规模、上档次的大型印刷企业，年产值在5 000万元以上的印刷企业仅31家，因为印刷技术落后，每年有40%的优质客户外流。

为将“新标准”落在实处，河北省新闻出版局专门成立了行政审批领导小组，对重大项目实施集体审批。在严格审批管理的同时，省新闻出版局采取多项措施，强化保障服务。完善激励机制，在国有和民营出版骨干企业中培养领军企业和领军人才，在全省认定了61家强势印刷企业和十强印刷企业；完善培训机制，对5 000余名印刷企业法人进行培训，提高企业经营者的素质；完善审批机制，简化办事手续，申办印刷企业需要20多项审批手续，以前需60多个工作日，现在缩短为12个工作日，情况特殊的可在5个工作日内完成；完善政策保障，将2 000个省管企业逐一编号，跟踪指导。

广东将出台印刷业挥发性有机化合物排放标准

2010年8月，《广东省包装印刷行业挥发性有机化合物排放标准》出台，自2010年11月1日起强制实施。该标准由广东省环境科学研究院、华南理工大学、广东省印刷复制业协会等单位共同起草。

该标准的出台是为了加强广东省挥发性有机化合物（VOC）的管理，改善区域大气环境质量，促进包装印刷行业工艺和污染治理技术的进步。该标准根据印刷版式和承印材料的不同，规定了不同印刷油墨的VOC含量限值，规定了工艺过程VOC的排放限值、无组织排放监控点浓度限值、监测要求、生产管理和工艺操作技术要求，并提出了统一的VOC监测技术导则。

该标准适用于包装印刷企业新、改、扩建项目的环境影响评价、设计、竣工验收及其建成后的VOC排放控制。采用平版、凸版、凹版、柔性版和丝网（孔版）印刷方式，以报纸、书籍、杂志、广告、海报、包装（纸质、塑料）、金属、玻璃和陶瓷及其他材料为承印物的包装印刷生产活动都在该标准适用范围内。

上海开展印刷企业专项检查

2010年7月底8月初，上海市公安局治安总队对全市5 000家印刷企业全面开展清查，对违规企业进行了处罚；上海市文化执法总队共出动执法检查人员150余人次，检查印刷企业215家次，涉及全市15个区县，对3家存在轻微违法行为的单位予以责令整改，对6家存在违法经营的印刷企业予以立案查处，未发现印刷非法出版物的违法行为；市工商局共出动执法人员1 835人次，检查印刷企业785家，立案查处无证印刷案件25件，罚没款25.39万元，对8家存在异地经营的印刷企业发放责令改正通知书，未发现印刷传播非法出版物违法犯罪行为。全市18个区县相关部门也积极组织开展清查工作。

“鄱阳湖印刷发展系列论坛”之“绿色增值印刷发展论坛”在南昌举行

2010年9月3日，由江西华奥印务有限责任公司倡导主办，江西华奥印务有限责任公司、江西新闻出版职业技术学院协办“鄱阳湖印刷发展系列论坛”之“绿色增值印刷发展论坛”在江西新闻出版职业技术学院举行。本次论坛是江西省首届“鄱阳湖杯”印刷行业职业技能大赛的组成部分。

中国印协常务副理事长兼秘书长张双儒在会上作了“绿色印刷，势在必行”的主题演讲。

本次“绿色增值印刷发展论坛”是“鄱阳湖印刷发展系列论坛”的第一场论坛。论坛旨在为江西省的印刷企业牢固树立起绿色印刷理念，推进企业转变发展方式，打造绿色印刷产业的进程，并逐步实现生产经营与社会发展和谐、人与自然和谐；低能耗、低污染、低排放的低碳经济、绿色经济、生态经济，以配合江西省鄱阳湖生态经济圈发展目标的实现。

贵州日报与新加坡（中国）文化交流协会达成合作协议

2010年9月4日，贵州日报报业集团与新加坡新国际文化交流协会签署战略合作协议。贵州省委宣传部副部长、贵州日报报业集团党委书记、社长姚远与新加坡新中文协主席宋繁荣女士分别代表双方签约之后，贵州日报报业集团将利用自身的传媒资源，新中文协将利用协会在新加坡的资源优势，共同推动贵州与新加坡文化、艺术、教育的交流和合作。

贵州日报报业集团是新闻出版总署批准成立的贵州省首家报业集团，是贵州省最具影响力的传媒集团。新中文协是由来自于新加坡和中国的文化、教育、艺术、经济等领域的民间友好人士共同发起的友好组织，旨在促进新加坡和中国在文化、教育、艺术等人文领域和经济领域的相互交流合作。

今后，贵州日报报业集团将和新中文协携手，双方各自发挥自身的资源优势，共同促进贵州与新加坡之间的文化、教育、艺术等领域的交流合作。此项合作也为贵州文化、艺术、教育、培训等在新加坡的发展创造机会，为贵州更多优秀的学生提供赴新加坡一流学院深造的机会。

环保部发布平版印刷国家环保标准征求意见

2010年9月6日，环境保护部发布国家环境保护标准《环境标志产品技术要求印刷（百科）第一部分：平版印刷（征求意见稿）》，向环保部门和印刷界相关单位征求意见，征求意见截至同年9月20日。该标准由环境保护部科技标准司组织制定，环境保护部环境发展中心、中国印刷技术协会为主要起草单位。该标准适用于采用单张纸和卷筒纸平版印刷设备和工艺方法印制的黑白和彩色印刷品，主要包括图书、杂志、报纸、政府文印类产品、中小学教科书、少幼读物和纸质包装（百科）。该标准适用于中国环境标志产品认证，规定了环境标志产品的基本要求：一是印刷产品质量应符合GB/T7705和CY/T5等国家和行业标准要求；二是印刷企业污染物排放应达到国家或地方规定的污染物排放标准要求；三是印刷企业应加强清洁生产。

该标准主要从平版印刷产品使用的原材料、印刷生产过程中使用的化学物品和有害物的排放、大气污染物排放提出限量要求。对于油墨，该标准要求使用符合《环境标志产品技术要求胶印油墨》要求的油墨或大豆型油墨。

2010全国柔性版印刷技术交流会在宁波召开

2010年9月7～8日，2010全国柔性版印刷技术交流会暨中国印协柔印分会第二届第二次常务理事会在宁波召开。来自全国各地的柔印企业、柔印设备及材料供应商代表出席了会议。中国印刷技术协会副秘书长刘水仙、中国印刷技术协会柔印分会理事长龚仁侍等领导出席会议并致辞。

在柔印分会第二届第二次常务理事会上，分会领导就2010年分会工作进行回顾，并对下一年的工作进行展望。同时举行了柔性版印刷技术交流会。

会议期间，柔印分会组织参会人员参观了浙江绿成包装印刷有限公司。

安徽出版集团并购拉脱维亚S&G印刷公司

2010年9月8日，率团出访的新闻出版总署署长柳斌杰在拉脱维亚首府里加会见拉脱维亚文化部部长因茨·达尔德里斯，并与达尔德里斯一同出席安徽出版集团收购拉脱维亚S&G印刷公司协议书签字仪式。

这次并购首开中国和拉脱维亚经济文化产业界合作先河，是中拉两国在拉脱维亚成立的首家合资企业。会见中，双方均对安徽出版集团与S&G印刷公司达成合作表示祝贺，并希望两国产业界以此为契机，开展更多交流合作。

柳斌杰在致辞中表示，希望签约双方精诚合作，积极搭建优势互补、资源共享的新平台，面向全欧洲开拓商业印刷业务，成为在欧洲有影响力、专业化程度高、技术水平优秀的高质量商业印刷国际合作基地。

此次安徽出版集团并购S&G印刷公司是2009年回良玉副总理出访拉脱维亚的重点经贸成果之一，也是中拉经贸合作的重点跟踪项目。

中闻印务投资集团有限公司正式挂牌成立

2010年9月9日，中闻印务投资集团有限公司成立庆典仪式在北京人民日报社举行，宣布人民日报社第一家文化企业集团成立。人民日报社社长张研农、总编辑吴恒权及报社编委会成员等各界领导及来宾200多人参加了庆典仪式。

中闻印务投资集团有限公司，是中闻印务投资集团核心企业，注册资本金3.8亿元，系人民日报社独资设立的一家有限公司。目前主要开展与报社传媒主业相关联的印刷业、文化产业以及有关项目的投资业务。在南京、济南、西安、武汉、福州、青岛等6个城市拥有8家全资子公司，在册职工人数为2 679人。

中闻印务的前身是中闻投资管理中心，在接收7家军队保障性企业的基础上，于2001年12月28日在国家工商总局注册成立。2009年销售收入达到3.41亿元；公司净资产为3.8亿元，比2001年成立时的1.75亿元增加了2.05亿元；近几年所属企业购置大型设备60多台（套），提高了生产能力和印刷质量，增强了市场竞争力；各企业努力盘活存量资产，筹措资金1.53亿元投入新厂建设，先后完成了青岛、山东、南京、西安等企业的新厂建设任务，建筑面积达到65 300m^2。

会上，人民日报社社长张研农和总编辑吴恒权向中闻印务投资集团有限公司董事长梅连山和总裁王长征授牌。

宁化木活字印刷作品赴京参加民族艺术珍品文化节

2010年9月8日，福建宁化木活字印刷继承人之一的城关城北村邹建宁，将最新作品、唐代诗人王勃的《滕王阁序》木活字牌匾寄往北京中华民族艺术珍品馆，参加为期30天的“第三届中华民族艺术珍品文化节”。

该牌匾长220cm、宽58cm，中央部分为《滕王阁序》全文，共计镶有木活字756枚，边框雕有客家传统的精美纹饰。全匾采用本土优质樟木、梨木、柯木三种材料，经邹建宁夫妇历时近一个月制作而成。

王选院士铜像在北京印刷学院落成

2010年9月10日，在我国第26个教师节之际，北京印刷学院举行“学习王选精神，争做新时期优秀教师”主题活动暨王选院士铜像落成典礼。全国人大常委会副委员长、中国科协主席韩启德专门打电话向王选院士铜像揭幕仪式表示祝贺，并敬献了花篮。

王选夫人陈堃銶教授在讲话中勉励大家：“一个人要取得成就，除掌握科学知识外，还要具备其他因素。王选说：‘要取得成就首先要做一个好人。什么叫好人？季羡林先生曾说过，考虑别人比考虑自己更多就是好人’。王选说：‘我觉得这个标准可以再降低一点：考虑别人与考虑自己一样多就算好人’。我祝愿大家取得成就，我也相信大家都会是好人！”

随后，王选院士夫人陈堃銶、中国版权协会理事长沈仁干、新闻出版总署科技与数字出版司副司长寇晓伟、北京市委教育工委副书记唐立军、北京市科委副主任张继红、中国印刷技术协会首席顾问沈忠康、北大方正集团董事长魏新、北京印刷学院院长曲德森为王选院士铜像揭幕。

第二届全国印刷行业职业技能大赛平版印刷工报轮组总决赛在京开幕

由新闻出版总署、人力资源和社会保障部主办，中国就业培训技术指导中心、中国印刷技术协会、中国报业协会和各省（区、市）新闻出版局承办的第二届全国印刷行业职业技能大赛，于2010年9月19日在北京印刷学院举行了平版印刷工报轮组全国总决赛开幕仪式。第二届全国印刷行业职业技能大赛组委会主任、新闻出版总署副署长孙寿山，大赛组委会副主任、人力资源和社会保障部副部长张小建，大赛组委会副主任、中国印协理事长于永湛出席了总决赛开幕仪式。

开幕式由大赛组委会秘书长、中国印协常务副理事长张双儒主持。平版印刷工报轮组裁判员、参赛选手、媒体记者等200余人出席了开幕仪式。

孙寿山副署长在讲话中强调了高技能人才是产业发展的中坚力量，是加快推动技术创新和实现科技成果转化成为现实生产力的主力军。张小建副部长充分肯定了两部联合主办全国印刷行业职业技能大赛的意义。

出席本次开幕式的还有大赛组委会领导成员、新闻出版总署人事司余昌祥司长，人力资源和社会保障部能力建设司刘丹司长，中国就业培训技术指导中心宋建副主任，新闻出版总署人事司孙宝林副司长、印刷发行管理司谭汶副司长，北京市新闻出版局梁成林副局长，北京印刷学院继续教育学院杜明芳院长，中国报业协会副会长兼秘书长赵连宏，上海市印刷行业协会印德明会长，广东省印刷复制业协会陈均会长及大赛总裁判长、副总裁判长。

国家教育部印刷包装教学指导委员会2010年年会在上海召开

2010年9月25～27日，国家教育部印刷包装教学指导委员会2010年年会在上海理工大学召开。年会主要议题为“教指会”本届工作总结报告，专业解析和宣讲“印刷工程本科专业教学规范”、“包装工程本科专业教学规范”及产学研合作，并确定新一届印刷、包装分指委换届原则。新闻出版总署人事司司长孙文科，新闻出版总署人事司教育培训处处长徐胜帝，新闻出版总署教育培训中心主任曹克勤，上海新闻出版局教育培训中心主任贾丽进等相关领导出席了此次年会。

远东国际租赁有限公司作为合作企业承办了该次教指会的“产学研论坛”。远东印刷系统事业部自2004年成立以来，一直与中国印刷包装高等院校保持着深入合作，从“中国印刷高校助学联盟”到“菁英计划”，再到此次以远东命名的产学研论坛，远东一直以行业发展为己任，积极推动校企合作互动，努力促进科技与生产力的有效转换，帮助印刷包装高等院校落实国家“科教兴国”的战略措施。

9月26日，“远东产学研论坛”在上海理工大学拉开帷幕，“教指会”高校代表、“菁英计划”企业家、行业媒体约80人参加了此次论坛。论坛由“教指会”主任、北京印刷学院副院长蒲嘉陵主持。远东印刷系统事业部总经理李建成发表了题为“产学研共筑合作平台，积极推动包装印刷业发展”的精彩演讲。

阎晓宏副署长在京会见伊士曼柯达公司首席执行官一行

2010年9月27日，新闻出版总署副署长、国家版权局副局长阎晓宏在京会见来访的伊士曼柯达公司全球董事会主席兼首席执行官彭安东一行。双方就进一步加强伊士曼柯达公司与中国印刷企业和科研单位合作等内容进行了深入交流。

阎晓宏强调，中国印刷业需要国际一流的高端印刷技术，并广泛应用到生产企业中去。新闻出版总署支持和欢迎国际著名公司来华合作开发新技术。近几年来，中国印刷业发展迅速，印刷工业总产值已达世界第三，但产业发展还面临着诸多挑战，如产业结构不合理、低水平产能过剩和高端产品生产能力不足、自主创新能力不强等。为改变这一现状，中国印刷业正在加速转型，新闻出版总署将着力抓好印刷技术的升级改造和印刷基地建设工作。彭安东对此深表赞同地说，要实现相关业务在中国的可持续发展，必须与中国企业结成合作伙伴关系，柯达将进一步加强与中国企业的合作。

新闻出版总署印刷发行管理司司长王岩镔、对外交流与合作司司长张福海参加会见。

新闻出版总署出台电子书行业准入指导意见

新闻出版总署于2010年9月出台《关于发展电子书产业的意见》（简称《意见》），将从电子书行业准入制度、电子书标准的制定等方面着手促进电子书产业良性发展。

《意见》提出，我国要建立电子书行业准入制度，对从事电子书相关业务的企业实施分类审批和管理。对从事电子书内容原创、编辑出版和电子书内容资源投送平台运营业务的企业，作为电子出版物出版单位和互联网出版单位进行审批和管理；对从事出版物内容的数字转换、编辑加工、芯片植入的企业，作为电子出版物复制单位进行审批和管理；对从事电子书的总发行、批发、零售业务的销售企业，作为电子出版物发行单位进行审批和管理；对从事电子书进口经营业务的企业，作为电子出版物进口单位进行审批和管理。

《意见》还表示要加快电子书标准制定，为促进产业发展提供标准支撑；还要实施电子书产业重大项目，推动实施一批具有战略性、示范性的电子书产业项目，将电子书纳入国家数字出版基地重点支持领域等。

国家17项包装行业标准正式获得批准

2010年9月，国家标准化管理委员会批准发布了包括17项包装业标准在内的264项国家标准。这17项包装业标准中，制定9项，修订8项。强制性标准1项（《水泥包装袋》），自2011年7月1日起实施；推荐性标准16项，自2011年3月1日起实施。

这16项推荐性标准分别为：《包装袋 尺寸允许偏差 第2部分：热塑性软质薄膜袋》、《包装袋 跌落试验 第1部分：纸袋》、《包装袋 跌落试验 第2部分：热塑性软质薄膜袋》、《防止儿童开启包装 可重新盖紧包装的要求与试验方法》、《包装容器 25.4mm 口径铝气雾罐》、《包装术语 非危险货物用中型散装容器》、《包装 卡纸板折叠纸盒结构尺寸》、《包装袋 术语和类型 第2部分：热塑性软质薄膜袋》、《包装袋 尺寸允许偏差 第1部分：纸袋》、《包装术语 第2部分：机械》、《包装术语 第3部分：防护》、《包装术语 第4部分：材料与容器》、《包装术语 第5部分：检验与试验》、《包装术语 第6部分：印刷》、《包装容器 钢桶 第2部分》、《包装容器 钢桶 第3部分》。

雅昌产品再次获得美国印刷大奖

2010年10月3日，在美国芝加哥举行的第61届美国印刷大奖颁奖典礼上，雅昌企业（集团）有限公司获得18项大奖，捧得5项班尼金奖、2项全场大奖，7个优异奖和4个优秀奖，成为最大的赢家。其中，获得班尼金奖的5

件雅昌作品《中国农村》、《中国川剧》、《秦始皇帝陵》、《桃实图》、《巴卡拉》，以其印制技术、设计创意和文化艺术价值获得了评委的肯定。自2003年起参加该评奖以来，雅昌累计已有10件作品捧得“印刷奥斯卡小金人”。

国家绿色创意印刷示范园区落户上海金山工业区

2010年10月11日，新闻出版总署与上海市政府“部市合作”项目之一的金山国家绿色创意印刷示范园区揭牌仪式在金山工业区举行。

该园区规划面积247万 m^2（3 700亩），建成后将具备绿色印刷产业链整合、成长型印刷企业孵化、印刷业高端人才培养以及印刷业务国际交易等功能，推动印刷数字化技术创新、印刷业逐步由传统加工业向现代服务业转型。园区着重引导、支持、培育绿色包装印刷、绿色特种印刷、智能标签印刷、数字和数字化印刷、防伪票证印刷、广告设计和创意设计等印刷产业，预计在10年内形成一定规模。

园区内首家企业上海申健包装装潢有限公司已落户，主要发展绿色包装印刷。台湾知名企业永丰集团公司、上海界龙集团公司、北京康得新复合材料股份有限公司等8家企业也已签订落户协议。与此同时，新闻出版总署出版产品质量监督检测中心、中国印刷科学技术研究所等5家单位也与金山工业区签署了产学研合作项目。

2010年我国有57种印刷设备列入淘汰落后工艺目录

国家工业和信息化部发布《部分工业行业淘汰落后生产工艺装备和产品指导目录（2010年本）》自2010年10月13日起执行。全部铅印机及相关辅机、照相制版机等57种印刷设备被列为已过淘汰期限应立即淘汰的装备和产品。该目录所列淘汰落后生产工艺装备和产品主要是不符合有关法律法规规定，严重浪费资源、污染环境、不具备安全生产条件，需要淘汰的落后生产工艺装备和产品。

工信部规定，对该目录所列的落后生产工艺装备和产品，按规定期限淘汰，一律不得转移、生产、销售、使用和采用。对未按规定限期淘汰落后产能的企业吊销排污许可证，银行业金融机构不得提供任何形式的新增授信支持，有关部门不予审批和核准新的投资项目，国土资源管理部门不予批准新增用地，环境保护部门不予审批扩大产能的项目，相关管理部门不予办理生产许可，已颁发生产许可证、安全生产许可证的要依法撤回。对未按规定淘汰落后产能、被地方政府责令关闭或撤销的企业，限期办理工商注销登记，或依法吊销工商营业执照。必要时，政府相关部门可要求电力供应企业依法对落后产能企业停止供电。

ISO/TC 130第24届年会在巴西圣保罗举行

2010年10月11 ~ 16日，ISO/TC 130第24届年会在巴西圣保罗举行。来自11个国家的近80位专家参加了WG1、WG2、WG2/TF2、WG2/TF(XMP)、WG3、WG4、JWG9、TF1、TF2的会议及全体会议。中国印刷技术协会组成以李安秘书长为团长的中国印刷标准化代表团参加了会议。此次年会上，我国第一次主持TF 2（国际印后标准任务组）会议。TF 2会议由组长兼召集人何晓辉主持。何晓辉回顾了2010年4月瑞士会议情况并介绍了工作进度，刘霞阐述了关于国际印后标准框架的中方建议，邓国康详述了中方建议各方案的优缺点。与会专家围绕具体标准项目进行了讨论和修改。在WG 1的会议中，我国针对ISO CD 5776表格1（西文校对符号）的评论内容发表了意见。针对表格2和附录B、附录C（汉字校对符号和校改样）原稿不太清晰的实际情况，经中日双方协商，决定在保持原稿内容不变的基础上重新制作。ISO 5776的委员会草案最终版本在此次会议的基础上形成并提交给WG 1的专家进行最后评议。ISO 5776国际标准草案的提交时间为2011年8月3日。

此次第24届年会就印后标准作出以下决议：第414号ISO/TC 130决定增加一个新的工作项目，标题为《印刷技术—印后要求——般要求》，从阶段0开始；第415号ISO/TC 130决定增加一个新的工作项目，标题为《印刷技术—印后要求—装订产品》，从阶段0开始；第416号ISO/TC 130决定将ISO/TC 130/TF 2转为工作组，由中国提供秘书处支持。

第四届金光印艺大奖在上海举行颁奖典礼

2010年10月20日，由印尼金光集团旗下最大的铜版纸生产企业——金东纸业（江苏）股份有限公司组织发起，由中国印刷技术协会、香港印艺学会、中国印刷科学技术研究所、中国出版科学研究所支持的第四届金光印艺大奖颁奖典礼在上海举办。来自全球近30个国家和地区的400名印刷出版界代表参加了颁奖活动。

大赛共设立11个类别奖项：书籍画册（精装）、书籍画册（平装）、期刊（平张印刷）、期刊（轮转印刷）、宣传品和书籍装帧加工等6类，包装、标签、书籍画册、数码印刷和创意设计等5类。每一类奖项分为金奖、银奖以及优胜入围奖。来自中国印刷技术协会、中国印刷科学技术研究所、香港印艺学会、泰国印刷协会的领导及第四届金光印艺大奖专家评审团成员与主办方一同揭晓了金银奖。最终共评出金奖12个，银奖35个。《广州广告学会广告摄影师专业委员会2009 ~ 2010年鉴》荣获第四届金光印艺书籍画册（平装）金奖。

金光印艺大奖组委会主席吴省芳致欢迎辞。主办方吸收了前三届大奖评审的经验，聘请了来自美国、英国、日本、澳大利亚、新加坡等国家以及国内具备优秀印刷包装、设计专业学识和丰富印刷经验的15位专家，组成了权威评审团。大奖评审期间，国内外专家们对金光印艺大奖及参赛作品给予了高度的评价，国外专家对中国印刷水平的飞速提升赞叹不已。

第八届两岸四地印刷业交流联谊会在澳门举行

由澳门印刷业商会主办的第八届两岸四地印刷业交流联谊会及2010两岸四地印刷发展论坛、澳门印刷业商会成立40周年庆祝晚宴于2010年10月22日在澳门举行。中国印刷技术协会常务副理事长张双儒、名誉理事长武文祥，中国印刷及设备器材工业协会副理事长兼秘书长许锦枫、高级顾问谭俊峤，香港印艺学会主席杨伟民、公关总监林和安，香港印刷业商会会长杨金溪，台湾TIGAX执行长陈政雄，台湾中华印刷科技学会理事长陈昌郎、副理事长叶振璧、秘书长林家俊，台湾区印机同业公会理事长吕进发，广东省印刷复制业协会、珠海、中山、马来西亚及澳门的业界代表及专家学者100多人出席。共同探讨印刷市场环保发展策略，加强彼此的交流及合作，提升澳门印刷业的质素水平。

澳门印刷业商会主办的第八届两岸四地印刷业交流联谊会与MIF同期举行，相关系列活动包括澳门国际印刷商品展2010、第八届两岸四地印刷业交流联谊会、2010两岸四地印刷发展论坛。其中，设于MIF展场的澳门国际印刷商品展2010于2010年10月21日揭幕。展场内设逾30个展位，展示当今最新的印刷设备及技术。交流会上，澳门印刷业商会理事长张达华、中国印刷技术协会首席顾问沈忠康、香港印刷业商会会长杨金溪、台湾区印刷暨机器材料工业同业公会常务理事陈政雄等先后发表演讲。香港印艺学会公关总监林和安为大会40周年特刊撰写《两岸四地印刷业交流联谊会的起源历史回顾》一文。

会议最后，周绍湘致辞。与会代表建议在澳门筹建“印刷历史博物馆”，系统地展示澳门昔日引进西方印刷技术来中国的情况，希望建博物馆的建议能得到特区政府支持。

“2010年印工协印机分会市场营销专题研讨会”在辽宁营口召开

2010年10月22日，由中国印刷及设备器材工业协会印刷机械分会等单位主办的“2010年印工协印机分会市场营销专题研讨会”在辽宁大族冠华公司召开。中国印刷机械分会、制造企业代表、行业媒体等近40人参加会议。会议由印机分会营销委员会主任、上海电气印包集团总裁助理张良晓主持。中印协印机分会秘书长宋宝志致辞。

会上，辽宁大族冠华公司总经理刘学智结合自身企业情况，发表了对印机行业发展及市场营销方面的演讲。上海市印刷行业协会副会长、上海印刷（集团）有限公司资深顾问潘晓东以大量的数据分析了印刷行业的发展现状，并指出“中国的印刷行业不是朝阳产业，亦非夕阳产业”。中国印刷及设备器材工业协会顾问鲁兵对印刷机械制造业近些年来的成绩给予了肯定，但提醒企业要看清形势，打破“小、散、弱”的现状，在销售观念上要有所创新，营销方式上要开拓新思路、新模式。

会后，参会人员参观了辽宁大族冠华公司现代化工厂。

第二届中国凹版印刷精品赛颁奖典礼在西安举行

2010年10月31日，由中国印刷技术协会支持，中国印刷技术协会凹版印刷分会主办的第二届中国凹版印刷精品赛颁奖典礼在西安举行。中国印刷技术协会副秘书长刘水仙，中国印刷技术协会凹版印刷分会理事长许文才、副理事长褚庭亮、王伟欣等，以及参加中国印刷技术协会凹版印刷分会第二届第二次理事会、2010凹版印刷发展论坛及新技术交流会的480多名代表出席了颁奖晚会。

中国印刷技术协会凹版印刷分会副理事长王伟欣首先介绍了第二届凹版印刷精品赛的举办宗旨以及第二届凹版印刷精品赛的印品征集情况。此次参赛的作品共有209件，其中：软包装类90件，折叠纸盒类83件，综合类36件。秉承“公平、公正、公开、公益”的原则，协会和企业推荐的10位凹印行业专家经过认真评审，共评出金奖7件（软包装类3件、折叠纸盒类4件），银奖15件（软包装类5件、折叠纸盒类6件、综合类4件），优秀奖29件（软包装类10件、折叠纸盒类11件、综合类8件）。

颁奖典礼结束后，主办方举行了北人之夜颁奖晚宴。

广东省印刷业污染物排放标准开始强制实施

2010年11月1日，广东省出台的《印刷行业挥发性有机化合物排放标准》开始强制实施。该标准依据印刷版式和承印材料的不同，规定了不同印刷油墨的VOCs含量限值、工艺过程的VOCs排放限值、无组织排放监控点的VOCs浓度限值，提出了VOCs监测方法及印刷行业控制VOCs排放的生产工艺和管理要求。该标准对现有污染源和新建污染源分时段执行不同的排放限值，对现有污染源的标准宽于新建污染源，给予现有企业两年多的过渡时间。广东省印刷复制业协会相关负责人表示，这是一个具有强制执行效力的地方标准，通过实施该标准可以淘汰部分规模小、污染严重、技术水平低下的中小印刷企业，进而有利于推动广东印刷行业的转型升级和技术进步，同时有利于印刷企业通过发展绿色印刷开拓海外市场。

该标准的主要起草单位为广东省环境科学研究院。当前，我国尚无针对印刷行业的挥发性有机化合物(VOCs)污染控制国家标准，此标准系我国首个地方性相关标准。

首届多媒体印刷读物出版物印刷培训在深圳举办

2010年11月2～5日，由新闻出版总署出版产品质检中心主办的全国首届多媒体印刷读物出版物印刷培训班在深圳举办。来自全国各新闻出版局印刷、质检部门和大型印刷企业及部分粤港出版企业的学员，共计200余人参加了培训。

多媒体印刷读物是我国提出的拥有完全自主知识产权的出版物系统解决方案。这种出版物以多媒体印刷读物码将音（视）频等与印刷图文关联，借助播放器，使读者能够在阅读的同时，同步聆听和观看相关信息文件，满足读者听读需求。深圳天朗时代科技有限公司是这项技术的首创者，其技术目前处于世界领先水平。早在2009年4月，新闻出版总署颁布了多媒体印刷读物出版物系列行业标准。

此次培训由深圳天朗时代科技有限公司协办。培训班上，来自新闻出版总署出版产品质检中心、全国印刷标准化技术委员会、军队印刷质检站、中国版协多媒体印刷读物国际中心及深圳精彩印刷有限公司的专家，就印刷中相关重要环节的质量控制、印品检验抽样、质量管理体系抽样、网目调分色片和印刷成品加工过程控制、多媒体印刷读物出版物出版流程等为学员授课。培训期间学员还前往中华商务进行现场观摩学习。

全国21家企业获得新闻出版总署电子书从业资质

2010年11月4日，新闻出版总署在京召开首批获准电子书业务资质企业负责人座谈会，公布首批获准从事电子书从业资质的21家企业名单，这些企业获得新闻出版总署的四种电子书从业资质。这四项资质分别为电子书出版资质、电子书复制资质、电子书总发行资质、电子书进口资质。此次发放的四种牌照是对应电子书产业链上的内容原创、编辑加工、数字转换、芯片植入、平台投送、设备生产、市场销售和进出口贸易等环节。

包括汉王科技、盛大网络、北京纽曼理想数码科技有限公司、爱国者数码科技有限公司、北京方正飞阅传媒有限公司、广州金蟾软件研发中心有限公司在内的6家电子书制造企业同时获得电子书复制及电子书总发行资质，这意味着这些电子书制造企业均获得电子书预装和投放平台的运营资质。此次获得电子书出版资质的4家企业和电子书出口资质的5家单位均为传统出版社。

新闻出版总署副署长孙寿山在会上表示，以后电子书资质申请将常态化，电子书企业的准入和退出是并举的，取得业务资质并非一劳永逸，对于违法违规或不符合年度核验条件的企业，完全有可能被取消资质。

国务院办公厅发文严查非法印刷等行为

2010年11月5日，国务院办公厅下发《打击侵犯知识产权和制售假冒伪劣商品专项行动方案》(简称《方案》)。《方案》指出，各部门要加大生产源头治理力度，密切配合，加强监管，严查非法印刷复制和非法加印、出售标识标签等印刷品的行为，情节严重的吊销印刷经营许可证，取缔无证照经营地下印刷复制窝点。

通过开展打击侵犯知识产权和制售假冒伪劣商品专项行动，严肃查处一批国内外重点关注的侵犯知识产权大案要案，曝光一批违法违规企业，形成打击侵犯知识产权行为的高压态势；增强企业诚信守法意识，提高消费者识假辨假能力，形成自觉抵制假冒伪劣商品、重视知识产权保护的社会氛围，营造知识产权保护的良好环境；加强执法协作，提升执法效能，加大执法力度，充分发挥知识产权行政保护和司法保护的作用，全面提高各地区、各部门保护知识产权和规范市场秩序的水平。

新闻出版（版权）、公安、工商、质检等部门要密切配合，加强对印刷复制各类出版物、印刷品、光盘、计算机软件及包装装潢、商标标识标签企业的监管，严厉查处非法印刷复制和非法加印、出售标识标签等印刷品的行为，情节严重的吊销印刷经营许可证，取缔无证照经营地下印刷复制窝点。质检、工业和信息化部门要加强产品质量监管，严格审查生产企业资质，坚决取缔无证生产，依法查处以假充真、冒用地理标志名称和专用标志的行为，依法查处伪造或冒用厂名、厂址、认证标志等质量标志行为。农业部门要强化从种子生产源头治理侵权假冒行为。依法查处滥用、冒用、伪造农产品地理标志登记证书、产品名称、专用标志的行为。

《柔性版装潢印刷品》国家标准修订第3次会议在武汉召开

由中国印刷技术协会柔性版印刷分会和中国包装联合会包装印刷委员会主办，武汉华艺柔印环保科技有限公司承办的《柔性版装潢印刷品》国家标准修订第3次会议于2010年11月9日在武汉召开。全国印刷标准化技术委员会秘书长李安、中国印刷技术协会柔性版印刷分会理事长龚仁侍、中国包装联合会包装印刷委员会秘书长陈麒祥及来自柔印领域的21个企业的近30位专家、技术人员参加了会议。

《柔性版装潢印刷品》国家标准是于1998年制定的，此次立项将其修订为3个标准，即《柔性版装潢印刷品 第1部分 纸张类印刷品》、《柔性版装潢印刷品 第2部分 塑膜及箔印刷品》、《柔性版装潢印刷品 第3部分 瓦楞纸类印刷品》。标准修订自2009年6月启动以来，3个标准起草组经过一年多的努力，撰写出标准草案（初稿）。会议围绕标准草案（初稿）进行了协调与研讨。会议决定，在对标准草案（初稿）进行进一步修改后，将形成标准的征求意见稿。

“数字时代的绿色印刷”2010印刷创新论坛在北京举行

2010年11月9日，由北京印刷技术协会、必胜网、北京印刷学院等单位联合主办的“2010年印刷创新论坛”在北京举行，北京印刷技术协会、北京印刷学院的多位领导及行业专家、印刷企业代表和专业媒体出席了会议。论坛主题为“数字时代的绿色印刷”。

论坛上，北京印刷学院院长曲德森发表了“今天我们相聚在这里，都是为了一个共同的梦想，那就是‘绿色印刷’”的主题演讲。北京印刷协会秘书长鲁澎代读新闻出版总署印刷发行管理司副司长曹宏遂发言稿，曹宏遂指出当前印刷业存在着产业集约化程度低，印刷企业大的不强，小的不精，市场开拓能力不强、印刷质量有待提高等诸多问题。而这些问题的存在，与我国建设资源节约型、环境友好型社会的目标及总产值排名世界第三的印刷大国地位是不相称的，也成为我国印刷产品突破国际贸易“绿色壁垒”、实施文化产业“走出去”战略和建设印刷强国的障碍。所有这些问题，都亟待我们找到一个突破口，而推广绿色印刷是一个极好的形式。

会议最后，海德堡、柯达、方正、佳能、曼罗兰、GMG、爱克发、康得新、汉高和今印联企业代表分别从自身角度阐述了对绿色印刷的理解及在公司产品中的应用。论坛同期，主办方之一的必胜网还同期举办了金质服务品牌推荐及绿色印刷企业品牌推荐的颁奖活动，包括海德堡、柯达、曼罗兰、杭州科雷、江苏昌昇等十家制造商及盛通印刷、人民教育出版社印刷厂、华联印刷、雅昌、东港印刷在内的多家企业获此殊荣。

北京印刷学院第六届校企合作周在北京开幕

2010年11月13日，由北京印刷学院举办的第六届校企合作活动周在北京开幕，新闻出版总署副署长阎晓宏出席开幕式。

阎晓宏对学校开展的校企合作周活动表示肯定和祝贺。他表示，这是学校加强与地方政府和行业企业联系、发挥高校专业学科优势、深入推进产学研合作的重要举措。他说，当前我国印刷业仍处在体制、技术、结构三大变革之中，我们要充分发挥发展绿色印刷对整个印刷产业实施创新驱动、内生增长的引导作用，加快推进我国印刷产业发展方式转变。

阎晓宏表示，当前，新闻出版总署正在制定印刷业“十二五”发展规划。规划提出以加快印刷产业发展方式转变为主线，引导印刷产业实施绿色环保战略转型，争取到“十二五”末我国印刷业总产值达到近万亿元，并成为全球第二印刷大国。要实现这一目标，一是要整合优化产业布局，加快培育龙头骨干印刷企业；二是要加快推进技术创新，以信息化改造传统印刷业；三是要构建环保体系，引导产业绿色转型；四是要完善提升管理服务，为印刷企业营造公平的市场竞争环境。

中国活字印刷术名列“急需保护非遗”

经联合国教科文组织保护非物质文化遗产政府间委员

会于2010年11月15日召开的第五次会议审议通过，中国申报的中国活字印刷术等3个项目列入2010年急需保护的非物质文化遗产名录。中国人毕昇于公元1041 ~ 1048年间发明了活字印刷术。公元1298年王祯创制了木活字。采用活字印刷，一书印完之后，印版拆散，单字仍可用来排其他书版。活字印刷术的发明对推动世界文明进程产生了巨大影响，见证着中国古代的伟大发明。这种古老的活字印刷术至今在浙江省瑞安市仍有传承和使用。

列入此名录的非物质文化遗产是指那些尽管在社区或群体的努力保护下，存续状况仍然受到威胁的文化遗产，申报国家需要承诺制订专门的保护计划。

“2010中国印刷标准化年会”在昆明召开

2010年11月23 ~ 24日，由全国印刷标准化技术委员会和中国印刷技术协会主办的“2010中国印刷标准化年会”在昆明召开。全国印刷标准化技术委员会委员单位、会员单位、印刷标准化基地企业以及印刷及相关设备制造商、印刷企业、印刷院校的代表150余人出席。全国印刷标准化技术委员会副主任委员、中国印刷技术协会常务副理事长兼秘书长张双儒作了题为“积极推动印刷标准化建设，努力打造绿色印刷产业”的演讲。全国印刷标准化技术委员会秘书长李安作了工作报告。

年会围绕“标准化与核心竞争力”主题展开。9位演讲者从不同的角度阐述了标准化工作对于企业生存、发展和盈利方面的重要意义以及国内外印刷标准化工作的最新进展情况。年会还安排了“书刊装订标准解读及新技术介绍与研讨会”和“包装印刷及印后标准解读与研讨会”，分别由印后专家王淮珠、包装装潢印刷专家郑绍楠和星光集团技术总监戴祖玺主讲。会上为两年来新颁布的5项标准的起草单位和个人颁发了证书和奖牌。

印刷精英荣登新闻出版第二批领军人才榜

2010年11月30日，由新闻出版总署联合行业协会，以及多家出版单位与规模企业举行的全国新闻出版行业第二批领军人物评选活动，最终新闻出版第二批人才名单正式确定并发布。

在全国新闻出版行业第二批领军人才名单中，北京印刷学院设计艺术学院田忠利、北京印刷学院许文才、新疆新华印刷厂郭全、北京印刷学院蒲嘉陵、云南新华印刷实业总公司马涛、青海日报社印刷厂王继刚、北京中版联印刷物资有限公司兰本立、西藏新华印刷厂央金、辽宁大族冠华印刷科技股份有限公司刘学智、江苏凤凰盐城印刷有限公司吉如标、北京印刷学院设计艺术学院严晨、廊坊市蓝菱印刷有限公司吴广利、山东新华印刷厂李宝忠、广东省新闻出版高级技工学校傅东伟、安徽新闻出版职业技术学院程德和、上海出版印刷高等专科学校滕跃民荣登印刷行业精英人才榜。

国家关税税则委员会发布《2010年关税实施方案》

2010年11月，国务院关税税则委员会发布的《2010年关税实施方案》，新增加了七种印刷设备并调低了进口关税。切纸机弧形管的暂定税率为4%，比原来8%的最惠国税率降低幅度达50%；在税号84431313中，在四色平张纸胶印机，对开单张单面印刷速度大于等于每小时16 000对开张的基础上，增加了对开单张纸双面印刷速度大于等于每小时13 000张胶印机；在上条税号中，全张或超全张纸单面印刷速度大于等于13 000张平张纸胶印机的暂定税率7%，比原来10%的税率降低幅度达30%；在税号84431319五色及以上平张纸胶印机，印刷速度大于等于每小时16 000对开张类型的胶印机中，增加了对开单张纸双面印刷速度大于等于每小时13 000张的胶印机；全张或超全张单张纸单面印刷速度大于等于每小时13 000张的暂定税率7%，比原来10%的税率降低幅度达30%。

国家将连续三年资助印刷业重大工程

2010年11月，新闻出版总署收到国家发展和改革委员会的正式批复，从中央预算内投资的结构性调整资金中专项拨付5 420万元，对总署协调申报的印刷产业两大工程数字印刷与印刷数字化和绿色印刷环保体系建设中的10个项目，给予中央预算内投资支持。中央财政将连续3年对印刷业进行专项支持。

根据总署2010年工作要点，印刷发行管理司会同出版产业发展司组织中国印刷技术协会协调有关单位，启动了我国印刷产业发展的两大工程——数字印刷与印刷数字化工程和绿色印刷环保体系建设工程。两大工程主要侧重于喷墨数字印刷设备和绿色环保印刷设备以及相关材料的研发。数字印刷和印刷数字化工程旨在实现当今世界最先进的喷墨数字印刷技术并使之产业化，同时对传统印刷产业进行数字化技术改造，以加快我国印刷产业结构调整和转型升级步伐。绿色环保印刷体系建设工程旨在落实国务院关于节能减排的工作部署，通过研发我国自主知识产权的绿色环保印刷设备、技术、工艺和原材料，加快推进印刷企业的环保生产，推动整个印刷产业实现节能减排。

对印刷业进行专项支持具体申报办法是：各地印刷管理部门将印刷工程项目报送总署，经审批后纳入印刷业重大工程；由总署统一协调，各地发改委申报；经过国家发改委审批后，中央财政直接向地方拨款。

项目带动战略是“十二五”期间推动印刷产业发展的三大战略之一，即以项目建设带动印刷产业整体发展，加快印刷技术的创新升级。中央从预算内投资的结构性调整资金中拨出5 420万元专款，对两大工程、10个项目给予支持。总署希望各地印刷管理部门、印刷行业协会以及印刷科研机构，继续把好的项目报上来，总署印刷发行管理司在今后的两年中将继续积极协调国家有关部门，对符合加快印刷强国建设的创新型项目给予资金支持。

第十三届北京国际印刷信息交流大会在京召开

2010年12月3日，由中国印刷及设备器材工业协会主办的第十三届北京国际印刷信息交流大会在北京友谊宾馆召开，来自国内外的印刷企业、印刷设备和印刷器材制造商及经销商、行业协会、科研开发单位、印刷院校以及行业媒体等700多位代表参加了会议。

大会旨在为国际印刷界建立发布信息、沟通情况、学习交流的重要平台，在“十一五”与“十二五”交替之际，为印刷行业最新信息发布交流提供机会。会上，来自政府、协会、印前、印刷、印后及印刷材料制造商，印刷贸易及代理商、融资租赁商发表了精彩的演讲。

参加演讲的国内外制造商有：上海电气印刷包装机械集团、乐凯华光印刷科技有限公司、方正电子、杭州科雷、浙江国威印刷机械、德阳利通、江苏昌昇、旺昌机械、天津东洋油墨、东莞市晟图钉装机械、苏州市博来特油墨、中山富日印刷材料、德国高宝、柯达图文影像集团、博斯特（上海）、赛捷图文设备等，印刷贸易及代理商有上海武迪贸易、联强国际。此外，除中国印刷及设备器材工业协会外，全美印刷、出版及纸品加工技术供应商协会也在会上发表了演讲。

第二十二届香港印制大奖颁奖典礼在香港举行

2010年12月6日，第二十二届香港印制大奖颁奖典礼在九龙尖东香格里拉酒店举行。香港印制大奖筹委会主席陈培基及香港印艺学会会长杨伟文致辞，并邀请香港立法会议员谭伟豪太平绅士担任主礼嘉宾并颁发印制作品冠军奖。来自香港印艺学会、香港印刷业商会、香港印刷业工会、同业先进代表共300余人出席了此次庆典。

“香港印制大奖”是香港最具规模及反映香港出版、印刷技术及设计的比赛，由香港印艺学会、香港出版学会、香港贸易发展局、康乐及文化事务署和香港生产力促进局合办，旨在鼓励本港印刷、出版及相关行业，不断制作优良而富竞争能力的印刷品，并希望把设计、出版与印刷联系起来，亦即把艺术、出版理念和技术结合。此外，借着本奖项向海外展示香港印制业的实力，从而推广香港的印制业。

我国少年儿童读物类出版产品合格率达99%以上

2010年12月17日，新闻出版总署2010年“3·15”少年儿童读物类出版产品质量监督检测活动总结表彰会在北京举行。新闻出版总署出版产品质量监督检测中心主任齐相潼，印刷发行管理司副司长曹宏遂、报刊司副司长张泽青，中国印刷技术协会常务副理事长张双儒，以及来自全国各省（区、市）新闻出版管理部门、质检单位的近百名代表与会。会上公布了2010年少年儿童读物类出版产品质量监督检测活动质检报告，18个质检活动先进单位捧得殊荣。

会上，新闻出版总署出版产品质量监督检测中心主任齐相潼作了总结报告。报告指出，此次质检涉及全国31个省（区、市）新闻出版系统、军队系统和中央部委在京出版单位，共计996家出版单位5 045种、47 939册（份、期、盘、盒）少儿读物类出版产品接受了各类检测和检查。检测报告提供的数据显示：2009年和2010年我国出版的少儿读物类出版产品整体质量良好。

其中，印装质量检查共抽检463家出版单位的图书3 349种、33 689册，210家报刊社的489种报刊、8 174期（份）。结果为：图书总计4种批质量不合格，批质量合格率为99.75%；93册不合格，单册合格率为99.74%。报刊检出不合格品35期（份），合格率为99.57%。印刷装订质量延续往年保持了较高水平。

环保质量检测在23个省（自治区、直辖市）、4个中央部委在京出版社和军队系统共抽样273件，其中书刊装订用胶黏剂175种，纸质覆膜产品98种。检测结果为：书刊装订用热熔胶样品和纸质覆膜产品中有害物质含量均低于相关标准限量，部分用于精装书壳制作的乳白胶中有害物质含量超出了国家环境标志产品要求。包装装潢产品质量检测因尚无统一的检测标准，由参检的14个省（自治区、直辖市）自行确定检测方法，在53家包装装潢印刷企业抽取的236种、1 720份产品当地检测全部合格。

会议要求，对检查、检测出的不合格产品，生产单位要限期整改，并在整改后复检，杜绝不合格产品流入市场，努力为少年儿童健康成长和社会发展营造良好环境。

实施绿色印刷培训班在京举办

2010年12月17日，由新闻出版总署出版产品质量监督检测中心和中国印刷技术协会主办的实施绿色印刷培训班在北京前门建国饭店举办。来自各省、自治区、直辖市新闻出版局主管印刷的领导或印刷处、质检部门的领导，印协负责绿色印刷的工作人员，中小学教材印制企业及准备申请绿色印刷认证的相关企业负责人和技术人员100多人参加了培训班。

培训班由中国印刷技术协会常务副理事长张双儒主持。新闻出版总署印刷发行管理司副司长曹宏遂在培训班上发表了讲话，中国印协有关负责人介绍了可为企业申办绿色印刷认证提供的相关咨询和技术服务工作。

《实施绿色印刷战略合作协议》是2010年9月14日由环境保护部和新闻出版总署在北京共同签署的。按照协议精神，为了加快实施绿色印刷战略，促进我国印刷产业发展方式转变，促进印刷业节能减排，开展绿色印刷认证是实施绿色印刷的重要手段，绿色印刷标准发布后，将在印刷行业实施绿色印刷认证等项工作。

湖南省新闻出版发展基金会在长沙成立

2010年12月17日，由湖南省新闻出版局发起成立的国内首个以“新闻出版”命名的省级公益基金会——湖南省新闻出版发展基金会在长沙正式成立。湖南省新闻出版发展基金会原始资金为1 400万元，业务主管单位为湖南省新闻出版局。基金会的业务范围主要包括：筹集、管理和使用新闻出版发展基金；资助公益性出版事业，组织开展有利于提高城乡文明程度和全民文化素质的出版阅读活动；支持原创图书出版；支持新闻出版技术革新；扶持引导新兴出版产业；鼓励新闻出版的“走出去”工程；鼓励新闻出版人才的培养和提高；奖励和宣传优秀新闻出版工作者和先进集体；推动并资助新闻出版理论研究事业发展；接受国内外企事业单位、团体或个人的委托，代行管理、使用其各种用以发展湖南新闻出版事业的资金或捐赠；加强与港澳台同胞、海外侨胞、国内外友好团体和人士及国际出版机构的友好往来与合作，开展对外文化交流活动等。

第二届全国印刷行业职业技能大赛闭幕式暨总结表彰大会在京召开

2010年12月19日，由新闻出版总署、人力资源和社会保障部主办，中国就业培训技术指导中心、中国印刷技术协会、中国报业协会承办的第二届全国印刷行业职业技能大赛颁奖仪式暨总结表彰大会在北京举行。第二届全国印刷行业职业技能大赛组委会主任、新闻出版总署副署长孙寿山，新闻出版总署印刷发行管理司司长王岩镔，组委会副主任、中国印刷技术协会理事长于永湛、常务副理事长张双儒等出席了大会。各省市新闻出版局、印刷协会和来自全国各地的获奖选手代表、获奖企业代表共200余人参加了颁奖大会。新闻出版总署人事司副司长孙宝林主持大会。

第二届全国印刷行业职业技能大赛于2010年4月16日启动，9月22日结束。本届大赛在首届大赛平版印刷工一个竞赛工种的基础上，增设了平版制版工、网版印刷工两个竞赛工种，每个工种分别设立职工组、学生组两个组别，另外在平版印刷工种中设立了报纸轮转机组，共计七个组别。专业覆盖面进一步扩大，参赛人数由首届大赛的62万人激增至近200万人，共选拔出658名选手进入最后的总决赛。

大赛组委会副主任、中国印刷技术协会理事长于永湛报告了第二届全国印刷行业职业技能大赛的整体情况，对第二届大赛的组织实施状况、赛会工作的亮点和特点、比赛的成功经验和不足作了点评。他介绍说，在首届比赛成功举办的基础上，本届大赛在竞赛的数据化、规范化、标准化、精细化等诸多方面进行了积极探索，表现出了很多新的特点。大赛组织机构更加严密，竞赛制度进一步完善，除保留了首届大赛组织机构外，还组建了平版印刷工报轮竞赛组、网版印刷工竞赛组、学生组组委会等专职机构分别组织竞赛工作。为了保证大赛的顺利进行，组委会结合竞赛工种组织培训、考核了国家级平版印刷、平版制版、网版印刷裁判员207名，加上首批取得相应资格的162名裁判员，本届大赛国家级裁判员增至369名；全国31个省（区、市）均积极组织参赛，全国共决出三个工种200多名“省级技术能手”，1 300多人获得优胜奖励，经过此次大赛，全国将有1 600多人获得职称晋升；大赛坚持培训考试并重，重在提高技能。作为行业的首次多工种竞赛，本次大赛对于快速推广职业标准，提升个人职业发展空间，推动印刷技能水平和提高从业人员素质发挥了十分重要的作用。

大赛组委会主任、新闻出版总署副署长孙寿山在听取了第二届全国印刷行业职业技能大赛总体情况介绍后发表了重要讲话；新闻出版总署印刷发行管理司司长王岩镔宣读了表彰决定，分别表彰了职工组与学生组的一、二、三等奖以及优秀奖获奖选手，一等奖获奖选手共计30名，其中职工组15名一等奖选手荣获了“全国技术能手”荣誉称号。王岩镔司长同时宣读了对为本届大赛作出突出贡献的优秀单位和个人的表彰决定，决定授予南通蓝鸟彩印有限公司等33个单位“第二届全国印刷行业职业技能大赛技能人才培育突出贡献奖”，授予广东省新闻出版局等22个单位“第二届全国印刷行业职业技能大赛优秀组织奖”，授予海德堡（中国）有限公司等17个单位“第二届全国印刷行业职业技能大赛特别贡献奖”，授予谢普南等78人“第二届全国印刷行业职业技能大赛优秀裁判员”称号，授予张双儒等44人“第二届全国印刷行业职业技能大赛优秀组织工作者”称号，授予喻子焯等7人“第二届全国印刷行业职业技能大赛优秀联络员”称号，授予左志红等28人“第二届全国印刷行业职业技能大赛优秀通讯员”称号。

在颁奖仪式结束后，大赛组委会副总裁判长蔡吉飞对大赛的命题、理论考核的内容和实操考试的技术要求进行了点评，总结了此次大赛的经验与问题。国家人力资源和社会保障部中国就业培训技术指导中心主任刘康也发表了讲话。一等奖获奖选手代表林棋泽、项静，优秀裁判员获奖代表柏子游、优秀组织工作者获奖代表刘贞，技能人才培育突出贡献奖获奖企业代表彭中奎、俞志康等在会议上交流了各自的经验和体会。最后，全国印刷行业职业技能大赛组委会主任、新闻出版总署副署长孙寿山宣布第二届全国印刷行业职业技能大赛圆满闭幕！

山西省出台金融政策支持印刷复制等行业

《山西省金融支持文化和旅游产业发展实施意见》于2010年12月正式出台。新政策提出建立三种机制：协调促进机制、文化企业和文化产业项目推荐机制、风险补偿机制。整合集中资金，建立文化和旅游产业发展基金，为文化和旅游企业进行融资提供担保、贴息和风险补偿等服务。

新政策支持重点：一是建设佛教与边塞文化、晋商文化、根祖文化、太行文化和黄河文化五大特色产业区；二是培育基础文化、新型文化、旅游文化三大产业支柱；三是振兴文化旅游、新闻出版、广播影视、演艺、休闲娱乐、印刷复制、艺术品与工艺美术、动漫游戏、文博会展九大行业；四是支持太原、大同、长治、运城、晋城等优秀旅游城市建设旅游集散中心。

新政策提出创新金融产品，实施5种金融服务模式。

陕西图书获美国印刷大奖——“班尼金奖”

2010年12月，由秦始皇兵马俑博物馆编著、文物出版社出版的大型图录《秦始皇帝陵》荣获第61届美国印刷大奖的“班尼金奖”。

陕西省参评的《秦始皇帝陵》与《中国农村》等5种图书在技术、创意和文化艺术价值方面获得评委的肯定获“班尼金奖”。评委会认为获奖图书内容丰富，在整体工艺和形式上具有深厚的人文内涵和艺术价值，充分体现了书籍艺术化的发展趋势。本次活动的主办方美国印刷协会主席威廉姆·吉布森说，作品独具特色的中国元素给他留下了深刻的印象。触摸与阅读这些书籍，不仅能感受到其中的文化气息，更能得到艺术体验与享受。

协会工作

上海印协第二届第三次理事（扩大）会议

2010年1月19日，上海印刷行业协会主办的上海印协第二届第三次理事（扩大）会议暨《变革图新——上海印刷业60年》首发仪式在上海出版印刷高等专科学校召开。大会由上海印刷行业协会副会长潘晓东主持，上海印刷行业协会会长印德明致开幕词。中国印刷技术协会理事长于永湛、上海市新闻出版局巡视员李新立、上海市社会工作党委巡视员刘庆、中国印刷技术协会常务副理事长兼秘书长张双儒、上海出版印刷高等专科学校党委书记朱南勤、校长陈敬良等出席会议并讲话，来自上海各区县的印刷企业代表、设备器材供应商、科研教育单位及行业媒体近300人参加了会议。

会议审议并通过了上海印协秘书长傅勇宣读的《上海印刷行业协会2009年工作总结及2010年工作要点》报告。会议还表彰了2009年度上海印刷行业品牌企业，举行了《变革图新——上海印刷业60年》首发仪式。

中国印刷技术协会于永湛理事长作了总结发言。会议期间，于永湛理事长一行还考察了上海出版印刷高等专科学校。

中国印刷技术协会第六届第五次理事会在上海召开

2010年7月5日，中国印刷技术协会（简称“中国印协”）第六届第五次理事会议在上海召开。新闻出版总署印刷发行管理司副司长曹宏遂、人事司副巡视员王晓平出席会议，上海市新闻出版局巡视员李新立出席会议并介绍了上海市印刷业的基本情况与发展目标。来自各地印协、各企事业单位的代表共约160人出席了此次理事会。

中国印协理事长于永湛主持会议并致词，他指出，第六届五次理事会是本届理事会的最后一次理事会议，对于全面贯彻落实科学发展观，进一步明确协会创新发展的方向和进程，努力发挥协会在促进我国绿色、创意、和谐印刷产业发展中的作用具有重要的意义。中国印协常务副理事长张双儒作了中国印协2010年重点工作进展情况和下半年工作安排的报告，报告指出中国印协下半年的工作将围绕深入学习科学发展观活动，协助总署贯彻落实文化产业振兴规划，搞好第二届全国技能大赛，制定环保印刷标准，开展国际交流合作，筹备和完成协会换届等工作展开。曲德森副理事长介绍了中国印协第七次全国会员代表大会及理事会换届方案，任玉成副理事长介绍了第七次全国会员代表大会代表产生办法，田胜立副理事长介绍《中国印协章程修改草案》建议稿，印德明副理事长介绍《中国印协会员条例》建议稿，冯广源副理事长介绍《中国印协理事会条例》建议稿，李安副秘书长介绍《中国印协监事会条例》建议稿，陈迎新常务副秘书长介绍《中国印协财务管理条例》建议稿。与会代表就以上方案及建议稿进行了讨论，并审议通过。

内蒙古自治区印刷协会第八次会员代表大会在上海召开

2010年8月26日，内蒙古自治区印刷协会第八次会员代表大会在上海召开。大会总结了四年来的工作；选举组成了以王中青为理事长、刘忠志为秘书长的第八届理事会。大会表彰了内蒙古印刷界最高奖第八届“特睦格图印刷奖”的三名获得者：郭明星、孟树栋和王一赫。

中国印刷技术协会副理事长、上海市印刷技术协会会长印德明和高斯（中国）有限公司党委书记刘爱萍分别致辞，对大会表示祝贺；大会还收到中国印刷技术协会、中国印刷及设备器材工业协会，北京、天津、河北、山西、广西、贵州、云南、四川、陕西、宁夏、黑龙江等省、直辖市、自治区印协及内蒙古报协的贺信。

会议期间，与会代表参观了高斯（中国）有限公司、上海紫宏、紫光、紫明、申威达等印刷机械制造单位，参观了上海世界博览会。

廊坊市印刷协会第二届会员代表大会在廊坊召开

2010年7月28日，廊坊市印刷协会第二届会员代表大会在廊坊市举行。第一届理事会会长、副会长、副秘书长以及来自全市各县（市、区）的会员代表近200人参加了会议。廊坊市新闻出版局局长卢留虎出席会议。

会上，代表们听取并审议通过了第一届理事会《工作报告》、《财务报告》和《协会章程（修改草案）》。

大会选举产生了由241名理事组成的廊坊市印刷协会第二届理事会，选举出了81名常务理事单位。大会选举赵鸿盘同志连任印刷协会第二届理事会理事长，选举王少平、王新澜等14人为副理事长，王德光为副会长兼秘书长，聘马云青、王万山等12人为副秘书长；聘请卢留虎、秦冬担任第二届理事会名誉会长，聘请陈文礼、吕云楼、孙庆臣3人为顾问。

新任理事长赵鸿盘代表协会新一届理事会发表讲话。廊坊市新闻出版局局长卢留虎作了总结发言。

北京印协第七届第五次理事会在北京亦庄开发区召开

2010年8月3日，北京印刷协会第七届第五次理事会在北京亦庄经济技术开发区的北京东港安全印刷有限公司新厂召开。来自北京印刷协会的领导及会员单位的负责人60余人参加会议，会议总结2010年上半年工作情况，部署下阶段工作任务。

北京印刷协会理事长任玉成作了2010年上半年工作报告，报告中指出北京印刷业仍存在很多问题值得我们关注，如企业结构大的不强、小的不精，技术创新能力后劲不足，产品结构还需优化等产业结构性矛盾，是制约印刷业从传统产业步入现代产业，完成转型升级的关键所在，也是下一步产业发展的突破口；同时还部署了下半年的工作。任玉成理事长表示将继续发挥行业指导职能，加强企业结构调整方面的研讨和经验总结，推动北京地区印刷业的健康发展。下半年将加强协会的宣传工作，办好一刊一网，希望能更加及时地把信息传达到企业，为企业服务。

全军印协第六届第三次理事会在上海召开

全军印刷协会第六届第三次理事会于2010年9月15日在上海机电大厦远东大酒店召开。全军印刷协会理事长张根祥，名誉理事长郭清源，副理事长杨树仁、夏玉德、邓义、李康，监事长洪宝贵及所属会员单位领导、特邀嘉宾等80多人出席大会。大会由协会副理事长兼秘书长杨树仁主持。

大会首先听取了张根祥理事长作的协会工作报告。他指出，协会六届二次理事会以来，军协在常务理事会的领导下，坚持为会员单位服务和大家的事大家办的宗旨，发挥桥梁和纽带作用，在全体会员单位的大力支持和协助下，按照协会2010年工作计划安排，积极开展活动，圆满完成了各项工作任务，取得了可喜成绩。他说，协会常务理事会将根据本次会议精神，研究制订协会2011年工作计划和工作安排。当前，国家高度重视印刷产业发展，提出要在“十二五”末实现从世界印刷大国迈向印刷强国的目标。会议听取了监事长洪宝贵所作的协会2009年度财务工作报告。大会对军协一年来的工作给以充分肯定，并一致通过了协会工作报告和财务工作报告。副理事长李康作了关于增补协会常务理事、监事会监事的说明；颁发了第八届军事印刷贡献奖；进行了大会经验交流，听取了解放军报印刷厂、云南国防印刷有限公司的经验介绍。

会后，与会代表出席了上海电气印刷包装机械集团为本次会议举办的欢迎晚宴，上海印包集团总裁曹敏、党委副书记范捷及下属企业领导出席。大会还组织全体代表参观了上海世博会。

中国印刷技术协会数字印刷分会第二届第一次理事会在广州召开

2010年9月16日，中国印刷技术协会数字印刷分会第二次会员代表大会暨第二届第一次理事会在广州召开。新闻出版总署印刷发行管理司副司长曹宏遂、中国印刷技术协会理事长于永湛、中国印刷技术协会常务副理事长兼秘书长张双儒、中国印刷技术协会数字印刷分会理事长沈海祥等嘉宾及行业代表近百人出席会议。北京印刷学院副院长蒲嘉陵主持会议。

会议首先由中国印刷技术协会理事长于永湛致辞。中国印刷技术协会数字印刷分会理事长沈海祥、秘书长陈彦分别作了数字印刷分会第一届理事会工作报告及财务报告，数字印刷分会副理事长、北大方正电子有限公司常务副总裁宾建国作《关于修改中国印刷技术协会数字印刷分会章程》的报告，大会审议并通过了各项报告。会议还通过了《中国印刷技术协会数字印刷分会选举办法》，并以无记名投票方式选举出第二届中国印刷技术协会数字印刷分会理事会以及理事长、副理事长、常务理事。陈彦当选第二届数字印刷分会理事长，柏琦、宾建国、陈洁等16人当选数字印刷分会副理事长。

中国印协凹版印刷分会第二届第二次理事会在西安举行

2010年10月31日，中国印刷技术协会凹版印刷分会第二届第二次理事会在西安举行。中国印刷技术协会副秘书长刘水仙、中国印刷技术协会凹版印刷分会理事长许文才、印刷设备器材供应商、印刷企业代表以及行业媒体共480多人参加了会议。

第二届第二次理事会由中国印刷科学技术研究所副所长、凹印分会副理事长褚庭亮主持。凹印分会常务副秘书长邱林华传达了于2010年7月在上海举办的中国印协六届七次常务理事会会议精神，理事长许文才作了二届二次理事会工作报告，凹印分会秘书长马二军作了凹印分会财务工作报告。

最后，中国印刷技术协会副秘书长刘水仙作了总结发言。理事会后，主办方召开了凹版印刷专题报告会，中国印协凹印分会副秘书长袁宇霞主持了专题报告会。绿色印刷推广管理办公室常务副主任武明、国际食品包装协会秘书长董金狮、Amcor中国区技术顾问陈志雄分别作了《绿色印刷与节能减排》、《食品包装安全与可持续发展》、《浅谈包装设备的发展趋势》的专题报告，凹印分会副秘书长马平东就2010年颁布的《凹版印刷工国家职业技能标准》作了相关说明，燕京行有限公司董事经理宗第介绍了凹印模拟培训系统。

与会代表参观了陕西北人工厂和第十三届陕西北人新产品演示会。

中国印协第七届普及与教育委员会换届会议在京举行

2010年11月12日，中国印刷技术协会第七届普及与教育委员会换届会议在北京印刷学院举行。

中国印刷技术协会理事长于永湛在会上致辞。他充分肯定了上届委员会工作及其在行业内起到的重要作用，强调委员会的工作重点应时刻保持面向基层，搞好服务的正确方向；同时指出委员会在今后的工作中要充分发挥众多分会的作用，依托分会更好地发挥委员会的作用。北京印刷学院院长、委员会主任曲德森作工作报告。报告中详细阐述了委员会成立的宗旨和意图，并对委员会今后的主要工作和设想作了详细规划和展望。最后，委员会全体成员通过投票选举出下届委员会的主要成员。并经全体委员审定，聘请杜明芳为第七届中国印刷技术协会普及与教育委员会秘书长、郭明为副秘书长，聘期与本届委员会任期相同。

中国印刷技术协会第七次会员代表大会在京隆重召开

2010年12月18日，中国印刷技术协会第七次全国会员代表大会在北京建设大厦召开。新闻出版总署副署长阎晓宏、印刷发行管理司司长王岩镔、人事司副巡视员王晓平，民政部民间组织管理局处长罗军、中国编辑协会会长桂晓风、中国版权协会理事长沈仁干、中国期刊协会会长石峰等出席了会议。来自全国各省、自治区、直辖市印刷协会、新闻出版局以及中国印协企业会员的主要负责同志300余人参加了大会。会议由中国印刷技术协会第六届理事会常务副理事长张双儒主持。

新闻出版总署副署长阎晓宏在开幕式上发表讲话，他代表新闻出版总署向大会的胜利召开表示热烈祝贺。

中国印刷技术协会第六届理事会理事长于永湛致开幕词，指出本届大会的主要任务是总结第六届理事会的成绩与经验，选举第七届领导机构，研究协会今后的工作重点，开创协会工作的新局面。

中国印刷技术协会第六届理事会常务副理事长张双儒向大会作了第六届理事会工作报告。他回顾了过去四年中国印刷技术协会的主要工作及体会等，并对第七届理事会工作提出了建议。

中国印协第六届理事会副理事长曲德森作了修改中国印协章程的报告；常务副理事长张双儒作了第六届理事会的财务报告，报告中指出中国印协凭借自己的力量购置了房产，有了固定的住所，增加了协会的固定资产净值；副理事长印德明宣读了《中国印刷技术协会选举办法》；副理事长田胜立宣读了《中国印协监事会条例》（审议稿）；首席顾问沈忠康宣读了《中国印刷技术协会更名为中国印刷协会的决议（草案）》；副理事长任玉成宣读了中国印协第七届理事候选人预备人选建议名单和监事会监事候选人预备人选建议名单。与会代表审议通过了以上决议。

按照中国印协章程，采用无记名投票方式，选举了中国印协第七届理事会理事和监事会监事、监事长、副监事长。计票期间，大会召开了主席团会议，通过了中国印协第七届理事会常务理事构成原则并提出了常务理事候选人预备人选建议名单，提出了中国印协第七届理事会理事长、副理事长候选人预备人选建议名单。大会总监票人向大会全体代表报告了计票结果：沈忠康当选为中国印协监事会监事长，田胜立、张根祥当选为副监事长。

中国印协第七届理事会由255位理事组成，随即召开了中国印协第七届一次理事会全体会议，新当选的第七届理事会理事出席了会议。会议采取无记名投票方式选举产生了由109人组成的中国印协第七届常务理事会，选举产生了中国印协第七届理事会理事长、副理事长，于永湛当选为理事长，张双儒当选为常务副理事长，俞志康等18人当选为副理事长。大会通过了关于授予王仿子、陈堃銶、武文祥同志为中国印刷技术协会第七届理事会名誉理事长的决定，通过了聘请沈忠康等31位同志为顾问的决定，通过了关于授予丁一等24名同志为荣誉理事的决定。

大会根据中国印协章程有关规定，聘任北京印刷学院院长曲德森为中国印协秘书长，聘任江南、路洲、李安、陈迎新等10位同志为副秘书长，聘期与本届理事会同期。大会闭幕后召开了中国印协七届一次常务理事会，与会代表就中国印协2011年的有关工作要点展开了热烈讨论。中国印协理事长于永湛作了总结发言。

中国印刷技术协会第七届理事会名誉理事长、理事长、常务副理事长、副理事长、顾问、常务理事、秘书长、副秘书长名单

名誉理事长：王仿子 陈堃銶 武文祥

理 事 长：于永湛

常务副理事长：张双儒

副 理 事 长（共计17名，以姓氏笔画为序）：

万 捷 王岩镔 文宏武 印德明 冯广源 曲德森 任玉成 刘学智 刘晓昆 肖建国 陈向东 陈 均 郝振省 俞志康 郭 全 滕方迁 戴园伦

顾问（共计31名，以姓氏笔画为序）：

万启盈 冯黎云（女） 沈忠康 张致远 张显善 陆长安 陈振康 杜秀明 俞志惠 宋育哲 谭俊峤 林 明 郭清源 高永清 夏天俊 鲁 兵 罗志雄 蒋国庆 吴代伦 梁凯峰 胡雄卿 沈海祥 许锦枫 夏生俊 马昌顺 程志方 谢普南 徐世垣 王淮珠 王 勋 曹 磊

常务理事（共计109名，以姓氏笔画为序）：

于永湛 于援朝 万晓霞（女） 万 捷 马如俊（女） 马国柱 王中青 王光泰 王传明 王利婕（女） 王岩镔（女） 王 拾 王跃平 公丕凤（女） 文宏武 方文培 孔繁辉 田武英（女） 史建中 印德明 冯广源 邢建民 曲德森 吕 忠 吕 霞（女） 乔鲁豫 任玉成 刘廷銮 刘庆五 刘 宏 刘学智 刘晓昆 齐湘潼 次旺扎西 江 南（女） 祁和亮 许文才 许志明 孙 玲（女） 孙嘉喜 李国壮 李 莉（女） 李培芬（女） 杨金溪 杨树仁 肖建国 余世班 沈 军 沈幸华 宋延林 宋建昌 张双儒 张庆连 张林桂 张雨虹 张培武 陆志伟 陈平勋 陈向东 陈 均 陈迎新 陈 彦（女） 陈 康 陈敬良 罗 钧 金汉宏 周平安 周国良 周建宝 周献忠 郑振卿 郑 斌 项建龙 赵培荣 郝振省 胡桂绵（女） 俞志康 费钧德 袁爱华（女） 莫 欣 贾春琳 钱 薇（女） 徐毛清 徐在华 徐 曙 高福成 郭 全 黄良典 黄建成 黄洪乾 黄瀚军 曹光福 龚仁侍 梁兆贤 覃益功 傅春保 蒲嘉陵 甄文龙 路 洲 褚庭亮 裴桂范（女） 雒书秋（女） 谭卓贤 谭浩辉 樊家驹 滕方迁 潘晓山 戴园伦 魏 伟

秘 书 长：曲德森

副秘书长：江 南 路 洲 李 安 陈迎新 刘水仙 胡桂绵 刘毅勇 李永林 张学珍 傅 勇

中国印刷技术协会第七届监事会监事长、副监事长、监事名单

监 事 长：沈忠康

副监事长：田胜立 张根祥

监 事：毛士彤 田胜立 沈忠康 杨尚裕 何远裕 张根祥 周 勋

中国印刷技术协会印刷史研究委员会2010年工作总结会在京召开

2010年12月31日，中国印刷技术协会印刷史研究委员会2010年工作总结会暨2011年工作规划会在北京召开。中国印刷技术协会常务副理事长张双儒，名誉理事长武文祥，北京印刷学院院长、中国印刷技术协会秘书长兼印刷史研究会主任曲德森，印刷史研究会副主任委员史金波、肖东发、许文才、张连章、方晓阳、魏志刚、张树栋等印刷史研究领域的专家、学者及印刷史研究委员会秘书处工作人员参加了工作总结会。会议由方晓阳教授主持。

会上，施继龙副秘书长宣读印刷史研究委员会2010年工作总结，李英副秘书长就印刷史研究委员会2011年工作计划作了详细阐述。

与会领导、专家对印刷史研究委员会2010年的工作给予了高度的肯定与评价，并针对印刷史研究委员会2011年的工作计划建言献策。

会议最后，印刷史研究会主任曲德森作了总结发言。

2010 年文摘

国内市场

新闻出版产业发展指导意见出台

新闻出版总署于 2010 年 1 月出台《关于进一步推动新闻出版产业发展的指导意见》(简称《指导意见》),确定了今后新闻出版产业发展的五大主要任务:一是发展图书、报纸、期刊等纸介质传统出版产业,加快从主要依赖传统纸介质出版产品向多种介质出版产品共存的现代出版产业转变;二是发展数字出版等非纸介质战略性新兴出版产业;三是发展动漫、游戏出版产业;四是发展印刷、复制产业;五是发展新闻出版流通、物流产业。

《指导意见》鼓励和支持新闻出版骨干企业跨媒体、跨行业、跨地区、跨国界和跨所有制重组,在三到五年内,重点培育 6 ~ 7 家资产超过百亿元、销售超过百亿元的国内一流、国际知名的大型新闻出版企业。支持有条件的新闻出版企业,通过新设、收购、合作等方式,到境外建社、办厂、开店,实现新闻出版企业在境外的落户和本土化。

《指导意见》提出,引导和规范非公有资本有序进入新闻出版产业。鼓励、支持和引导非公有资本以多种形式进入政策许可的领域。鼓励和支持非公有制文化企业从事印刷、发行等新闻出版产业的有关经营活动。

(摘自《中国印刷》2010 年第 2 期 / 文)

国家采购中心定点印刷年均增长 60%

2003 年,中央国家机关政府采购中心启动了定点印刷工作。近年来,定点印刷项目更是获得了长足的发展。2006 年国家采购中心定点印刷金额为 6 214 万元,2007 年为 10 596 万元,2008 年为 15 841 万元,2009 年为 21 877 万元,平均增长率保持在 60% 左右;采购次数也从 2006 年的 1 863 次,2007 年的 3 099 次,2008 年的 4 160 次,增长到 2009 年的 5 053 次。这种逐年增长的趋势,使定点印刷模式适应了各采购单位对采购质量、效率和适度自主权的要求,越来越多的印刷项目不断被纳入集中采购的渠道。

(摘自《中国印刷》2010 年第 2 期 / 文)

2015 年湖南省新闻出版业产值将达 670 亿元

2010 年 2 月 8 日,湖南省新闻出版工作会议上发布了《湖南省新闻出版业“十二五”发展规划》(简称《规划》)。《规划》中提及湖南省新闻出版业的发展目标是未来 5 年全省新闻出版业保持年均 20% 以上的增速,到 2015 年全行业总产值达到 670 亿元,实现增加值 200 亿元。

《规划》提出,到 2015 年形成一批骨干新闻出版企业集群,其中年产值过 10 亿元的大型新闻出版企业发展到 6 家以上,销售收入、总资产过百亿元的旗舰新闻出版企业集团发展到 1 家以上,新闻出版行业上市公司 2 家以上,市值过 200 亿元的 1 家。

《规划》提出,到 2015 年基本实现在全省每个行政村都建有符合规定标准的农家书屋的目标,并设立湖南出版政府奖,促进体现时代主旋律的读物、未成年人读物、“三农”读物的出版发行。

(摘自《中国印刷》2010 年第 3 期 / 文)

我国瓦楞纸产业发展潜力巨大

2010 年初,国外一家市场研究机构 Freedonia 集团发布的工业研究报告“World Corrugated Boxes”(世界瓦楞纸箱)预测,全球对瓦楞纸箱的需求量将以每年 3.4% 的速度增加,到 2013 年达到 2 130 亿 m^2。工业尤其是制造业的发展将成为促使纸箱需求量增加的因素之一。

我国以浙江、江苏、上海为代表的长三角地区是近几年瓦楞纸箱行业发展最为迅速的地区。据上海市包协纸容器包装委员会统计，上海市瓦楞纸箱行业平均年增长约30%。当前，年销售额超亿元企业有30家，拥有瓦楞纸板生产线130余条。浙江、江苏两省各有瓦楞纸板生产线约400条，销售总产值占全国第二、第三位。

（摘自《中国印刷》2010年第3期／文）

新闻出版企业上市速度加快

新闻出版总署副署长李东东在2010年3月对外宣布，“截至2009年底，我国80%的出版社已完成或正完善转制工作，剩余的转制工作在2010年底前完成。”2010年将全面启动非时政类报刊转制，是体制改革大幅提速之年，一批大型出版传媒、集团公司现代企业制度逐步完善，跨媒体、跨行业、跨地区、跨国界和跨所有制的合作、联营、并购、重组将取得实质性进展，也将带动我国整个出版格局的变化。2010年一季度，全国已有1 069家非时政类报刊出版单位转制或登记为企业法人。148家中央各部委各单位出版社转制全面展开，29家出版企业集团公司已组建完成，453家图书出版社已完成或正在转制。截至2009年年底，出版、报业、印刷、数字出版等新闻出版上市企业已达31家，实现融资2 000多亿元。

（摘自《中国印刷》2010年第3期／文）

湖南新闻出版局“一对一”帮扶印刷等行业

2010年初，湖南省新闻出版局决定开展局领导与企业“一对一”帮扶工作，每个局领导对口联系一批新闻出版企业，帮助这些企业协调解决其发展过程中遇到的困难和问题。本着扶强扶优、国有民营兼顾的原则，确定了湖南出版投资控股集团等25个帮扶对象。这些帮扶对象既包括书报刊、音像、印刷发行等传统出版企业，又包括数字网络等新兴出版企业；既有在业内已经具有一定优势地位的大型企业集团，又有正处在上升阶段并具有较好发展前景的中小企业；既有行业龙头企业，又有骨干特色企业；既有国有企业，又有民营企业。

近年来，湖南省新闻出版局对一些重点企业、项目和园区给予政策和资金支持，帮助一些企业申请国家和省级文化产业发展引导资金，申请各类出版权，协调解决项目用地和企业融资问题，为相关企业上市融资在政策范围内开辟绿色通道，为省内非公有出版机构寻求发展通道和发展平台。

（摘自《中国印刷》2010年第6期／文）

世博会商机考验上海印刷企业

2010年，世博会在上海的举办给上海的印刷企业带来商机，也对上海印刷企业提出了挑战。为了争取到世博业务，不少企业更新了印刷设备，招聘了新的员工，投入了大量资金。由中国外文局、上海世博局合作创办的2010年上海世博会唯一的国家级、多语种刊物《世博周刊》于2010年4月8日正式创刊发行，至11月，已发行了24期。上海界龙艺术印刷有限公司承印了该刊物。据了解，该刊物汇集中、英、日3种语言，不同版本印量各不同，而且交货时间也很紧凑，对于印刷装订是一大考验。而备受瞩目的《中国2010年上海世博会园区导览图》，由上海中华印刷有限公司印制。该导览图总计印刷8 000万份。

自上海世博会试运营起，导览图就在世博园区8个入口处的内广场，以及园区设立的56个参观者服务点免费发放，参观者人手一份。其中的一部分，是以英、法、德、日、西班牙、阿拉伯等联合国确定的官方语言印制，以方便海外参观者阅读。

（摘自《中国印刷》2010年第6期／文）

第六届深圳文博会新闻出版交易额达6.16亿元

2010年第六届中国（深圳）文博会，参观新闻出版馆的人数达8.5万人次，实现总交易额6.16亿元，排在文博会所有展馆的第三位；交易额名列第一，是上届交易额的61倍。

新闻出版总署出版产业发展司司长范卫平认为，走差异化办展之路是成功之源。面积达7 500m^{2}的新闻出版馆，以数字出版展和绿色印刷展为主题，展示行业最新成果，重点反映新闻出版行业的发展趋势。他说，新闻出版馆参展企业为164家，其中文化产业核心层企业约占80%，龙头企业约占90%；海外参展单位约占总参展单位的10%，主要集中在绿色印刷领域；创新型、高端型文化企业（集中在数字出版企业）约占60%。新闻出版馆举办了一系列配套活动，加大了对文博会的整体支撑力度，包括同期举办的数字出版高峰论坛和版权贸易高峰论坛，设立了梅沙音乐产业基地分会场和深圳市少儿图书馆分展场，现场举办了百年书封等4个公益性文化展览，开展了包括绿色印刷新技术交流会在内的16个主题活动。

（摘自《中国印刷》2010年第7期／文）

山东省重点发展印刷复制等十大产业

山东省委、省政府在2010年8月召开的全省文化体制改革和文化产业振兴大会上提出，山东省加快文化体制改革和文化产业发展，要瞄准“六个工作着力点”：一是着力突破改革重点难点；二是着力做强文化发展载体；加强企业、项目和园区建设，促进文化领域资源整合和结构调整；三是着力繁荣活跃文化市场；四是着力创新文化服务机制；五是着力转变文化发展方式；推进文化与科技融合，推进文化与资本融合，推进文化与旅游融合；六是着力扩大对外文化贸易，推动文化企业“走出去”，扩大文化产品和服务出口。

山东省还出台了《关于促进文化产业振兴的意见》及《关于促进文化产业发展的若干政策》、《关于促进重点文化产业园区（基地）建设的实施方案》、《关于打造山东文化产业品牌的实施方案》、《关于推进山东省重点文化产业项目建设的实施方案》4个配套文件。

（摘自《中国印刷》2010年第9期 /文）

我国书刊印刷企业的20种浪费行为

1. 废品浪费　一是半成品中的废品；二是成品中的废品。减少或杜绝废品，乃是书刊印刷企业减少浪费的重要关口。

2. 材料浪费　一本书，仅材料就有几十项，主要的有纸张、油墨、版材、橡皮布、润版液、热熔胶等等。粗略计算一下，一些管理不善的企业，一年仅各种材料浪费就达几十万元以上。因此，制止材料浪费，不仅紧急，而且重大。

3. 数字浪费　一是短版；二是尾欠——即遇到精装书或实用书，由于企业管理不严，发生不少偷拿现象，结果交货数严重不足。粗略计算，一般企业每年因数字不准而造成的浪费约在总加工费的5% ~ 10%。

4. 工艺浪费。过去搞铅排铅印，后来改成激光照排，现在是数字印刷，但是许多书刊印刷企业远未实现数字印刷的技术革命，仍处在光与电的时代，在生产工艺中，仍存在许多浪费现象。

5. 人力浪费　许多书刊印刷企业的辅助岗位与管理岗位工作量的确定，缺乏严密科学的数字化管理。

6. 资源浪费　书刊印刷生产所浪费的资源比较多，如水、电资源。建议各个企业的各部门与车间都要安装电表，将耗电量与实物产量以及个人利益紧密挂钩，实行节奖超罚；在水资源的使用上，用水表控制，定额使用。

7. 资金浪费　如在材料采购中，不能比质比价公开竞争采购，往往一个疏忽或随意让渡，便使企业遭受几万元甚至几十万元损失；有些管理者，肆意挥霍公款，吃喝玩乐；有时一个项目遭到欺骗或接受贿赂，企业往往损失惨重。

8. 闲置浪费　书刊印刷企业一般都主营中小学课本、教材印制。而教材印制的特点是一年两季，淡旺季分明。近几年来，随着教材减量分流，生产周期缩短，书刊印刷企业生产呈现出淡季越来越淡，时间越来越长，有的一年竟达8个月以上。而旺季越来越短，任务量越来越少，不到4个月时间。这是书刊印刷企业最严重的浪费。

9. 库存浪费　库存浪费使书刊印刷企业左右为难。有些企业，无节制采购，结果库存太多，造成积压，加之保管不善，出现了不同程度的材料损害。有的企业由于生产结构或产品结构调整，造成了原有材料的浪费。特别表现在纸张、油墨的采购与保管方面。

10. 搬运浪费　据估计，一般企业一年在原辅材料与半成品、产成品的搬运过程中造成的经济损失十分惊人。

11. 质量浪费　书刊印制是一项多工艺多工序的生产过程。其科技含量日益增高，其质量的关节点更多。据测算，一般书刊产品质量损失约占到加工费的5% ~ 10%左右。

12. 营销浪费　许多企业在经营上浪费惊人。一味引进人才支付高工资，并且专设机构，配备车辆和通讯工具；还有请客送礼，各种方式与方法的公关，特别是个别经营人员，假公济私，挥霍浪费，更是让企业难以承受，必须予以制度性规范和严格控制。

13. 差错浪费　书刊产品是高技术含量、劳动密集型生产的产物。往往员工的一个疏忽大意，造成重大事故。

14. 管理浪费　表现在许多书刊印刷企业管理存在人浮于事、效率不高、成本较大上。

15. 场地浪费　一是指生产半径过大，造成搬运物流的时间与劳动的浪费；二是生产现场未实行定置管理，呈现一种混乱状况。

16. 维修浪费　一是对设备保养不力，二是维修中以次充好，三是缺乏技术革新。据估算，多数企业一年花在设备维修上的费用都在几万元到几十万元，有些设备大修要近百万元。

17. 时间浪费　长期的计划经济养成了许多人的慢节奏，而实践证明，书刊市场的竞争法则是快鱼吃慢鱼，企业内部的规则是高效率最节省成本。

18. 决策浪费　决策失误是最大的浪费，是企业经营风险中的头等大事。

19. 智力浪费　过去国企用人是论资排辈，现在民企用人则是家族化。这都是一种智力浪费。凡是以官为本，以权为本，都是对广大员工拥有的广泛而深厚的智力资源的漠视和否定，实际这是一种极大的管理误区与智力浪费。

20. 文化浪费　一是指对企业文化缺乏认识与建设；二是指未能积极地实施，造成职工许多业余时间的浪费，许多应有的文化阵地的丧失，使许多文化效应归零。

上述20种浪费行为在我国书刊印刷企业中普遍存在，将此提出来，以引起各类型书刊印刷企业的重视，为今后企业发展着想，及早采取应对策略。

（摘自《中国印刷》2010年第10期　李润林／文）

2010年我国包装业总产值增幅20%

2010年10月14日，中国包装联合会副会长杨伟民在天津表示，我国包装产业2010年总产值继续保持快速增长，增幅不会低于20%，并突破12 000亿元，创历史新高。

他说，包装行业是一个同各个产业有着密切联系，在生产、流通、消费活动中发挥着不可或缺作用的行业。我国包装工业近几年的飞速发展令世界瞩目，总产值从2003年的2 500亿元，发展到2009年突破10 000亿元大关，6年时间翻了两番。作为《中国包装产业“十二五”发展规划》制定领导小组组长，杨伟民认为，虽然中国包装业产业产值总量大，但总体而言科技水平不高，尤其是自主研发能力不强，产业结构与经营理念比较传统，企业核心竞争能力还有待提高。

（摘自《中国印刷》2010年第11期／文）

我国标签印刷业发展态势

我国标签数字印刷将会在新一轮社会转型和经济发展方式转变的大潮中快速崛起，发展成为一个新型的产业。其主要表现在五个方面。

1. 我国的标签市场是全球增长速度最快的市场之一

近几年的年均增长率达到15% ~ 20%，高于GDP的增长速度。标签印刷依附于包装装潢印刷的增长而增长，增长幅度超过了书刊印刷。

2. 标签印刷业全球化态势呈现

近年来，全球一些大型零售集团到中国开店，如联合华利、宝洁等都将其采购中心从新加坡、日本和中国香港特区转移到中国内地。其产品的销售所需要的包装和标签印制地区产生了相应变化。而我国进出口贸易迅速增长，产品进出口所需包装和标签产品的设计和制作自然也就全球化了。

3. 标签印刷产品日益多样化

中国是标签印制大国，凸印仍稳居“霸主”地位，凸印标签占主导地位是由我国的国情所决定的。而国际上，柔印在标签印刷业中占主导地位，其市场份额已达55% ~ 60%。近年来，出现的组合印刷则为标签产品的多样化提供了更为便利的条件。全球组合印刷设备在标签印刷设备中所占的比例为11% ~ 12%，我国则小于这个比例，但它是未来标签印制工艺的方向。

4. 数字印刷开始进入标签印刷领域

据《数码印刷》编辑部调查资料显示，截至2010年7月底全国单张纸高端彩色数字印刷机装机量达455台，比上年同期增加了101台，增长率达29%。当前数字印刷已进入了标签印刷领域，由于数字印刷能提供不一样的个性化服务，这种差异化也正是数字印刷的前景所在。单就标签印刷来看，个性化需求和小批量订单的标签将成为市场的新特点、新亮点。小订单、小批量、个性化这些传统标签印刷的硬伤却为数字印刷标签的生存和发展提供了有利的条件。

5. RFID标签快速增长

2009年全球RFID产业规模达55.6亿美元，预计到2013年可达176亿美元，2019年达280亿美元，RFID将迎来一个快速普及和发展的机遇。国内的应用范围也在不断拓展，目前以识别身份、电子票证为主，约占RFID60%的市场份额。预计到2015年RFID标签的需求将达到10 000亿枚。

据有关资料显示，全国4 000家制药厂中已有3 000家的307种基本药物需实施电子监管码，每年有300亿枚标签需要喷码。此外，有酒类、食品、化肥、种子和饮用水等产品也开始使用电子监管码，据中国产品质量电子监管网统计，截至2010年7月底实施电子监管码的备案企业已达71 211家，赋码产品已达94.25亿件。

在北京奥运会和上海世博会的示范效应下，国内RFID门票应用已进入普及阶段。未来3年，其市场规模将达3亿张至4亿张，总之，RFID门票发展前景广阔。这些均给标签印刷企业提供了巨大的商机。面对这个发展机遇，印刷企业要做到四点：一要抓，不抓机遇就等于零；二要准，准是机遇成功的关键；三是快，稍加迟疑，就会错失良机；四要超前，正确预测发展趋势，从容应对未来机遇。

（摘自《中国印刷》2010年第11期　慕明宜／文）

天津市“十二五”规划涉及多个印刷发展项目

天津市在“十二五”期间将推出一批重点工程和重点项目，力争形成一批跨地区跨行业经营、有较强市场竞争力、产值超10亿元的骨干出版传媒集团和企业，其中包括多项涉及印刷行业的重点工程。这些重点工程包括：建设一座建筑面积约为3万m^2的数字化、智能化天津出版传媒大厦，计划2012年竣工；建设建筑面积约3万m^2的天津图书出版发行物流中心和天津印刷物资集散中心；投资300亿元建设占地面积100万m^2（1 500亩）、总建筑面积为260万m^2的数字出版核心区；推进数字印刷和印刷数字化工程，到2015年建成6～8个年印刷产值超10亿元的国家级印刷示范园区；投资3 000万元建设天津出版传媒集团ERP管理系统、财务管理系统、OA办公管理系统，实现生产全过程的精细化管理；投资1 000万元，支持手机出版、电子书等数字出版重点项目。

（摘自《中国印刷》2011年第1期／文）

上海新闻出版产业“十二五”末力争实现总产值1 600亿元

上海新闻出版业力争到“十二五”末，全市新闻出版产业实现总产值1 600亿元，增长速度不低于同期上海国内生产总值增速和同期全国新闻出版产业增速。“十二五”期间，上海新闻出版业将着力构建五个体系。

1. 基本形成导向正确、传输快捷、具有一定国际影响力的新闻出版传播体系。聚焦重大出版项目，承担不少于10%的“十二五”国家重点图书出版规划项目。国家一级出版社力争由当前的7家上升到10家。

2. 基本形成企业为主体、市场为导向、充满活力的新闻出版创新体系。以原创引领创新，以结构调整推动创新，进一步提高规模化、集约化、专业化水平。到“十二五”末，90%以上的优质传统出版纸质资源实现数字化，50%以上的传统出版企业拥有开展全流程数字化出版的能力。

3. 基本形成布局合理、结构优化、富有竞争力的出版产业体系。一是聚焦国家战略，推动产业基地建设。依托部市合作机制，加强数字出版、绿色印刷、音像电子等产业集聚区建设，形成完整的产业链。二是推动若干产业带集聚发展，形成规模和特色。三是打造一批导向正确、主业突出、核心竞争力强的新闻出版骨干企业，培育1～2家产值超过50亿元、5～8家产值超过10亿元的印刷企业。四是实施重大项目带动战略，建设一批具有示范效应和产业拉动作用的重点项目。五是发展数字出版重点领域，包括电子书、电子书包、网络文学、互动娱乐、数字印刷、数字发行、网络音视频出版、手机出版等，力争到“十二五”末，数字出版产业产值达到550亿元。

4. 基本形成覆盖全面、以人为本、功能完备的公共服务体系。推进全民阅读工程，通过书香校园行、书香社区行、书香企业行等系列活动，深入开展城市阅读活动。

5. 基本形成调控有力、依法行政、运转高效的行政管理体系。以行政审批集中办理和电子系统政务建设为抓手，规范程序、简化环节、明确责任、加强监督，将行政审批和服务工作纳入标准化、制度化轨道。

（摘自《中国印刷》2011年第2期／文）

湖南将重点建设1～2个科技印刷工业园

湖南省文化体制改革和文化产业发展领导小组出台的《关于加快大湘西文化产业发展的若干意见》（简称《意见》），提出将大湘西打造成湖南文化产业新增长极。到2015年，大湘西4个市州的文化产业增加值要占当地GDP的5%以上，大湘西文化产业增加值占全省比重达到10%以上，文化产业成为国民经济支柱产业。

将重点打造7大产业，包括现代传媒业，以数字化生产、网络化传播为主要特征，在大湘西建设2～3个影视基地，建设1～2个科技印刷工业园。《意见》提出将大湘西打造成湖南文化产业新增长极的5大重点战略。其中包括，区域联动战略；旅游带动战略；集聚发展战略，鼓励和支持各地根据自身优势形成具有强大带动效应的区域文化产业孵化器和发展极，实现文化产业规模化、集聚化发展；品牌打造战略，打造具有核心竞争力和国际影响力的著名文化品牌和知名文化企业；人才支撑战略，加强高等院校人才培养和学科建设，抓紧抓好文化产业领军人物和各类高技能专门人才的培养。《意见》提出了7条保障措施。一是深化文化体制改革，二是编制大湘西文化产业总体规划，三是搭建大湘西文化产业发展投融资平台，四是突出大湘西文化产业骨干企业、园区基地和项目建设，五是制定扶持大湘西文化产业发展的优势政策，六是加强大湘西文化产业人才培养，七是加大对大湘西文化产业策划宣传力度。

（摘自《中国印刷》2011年第2期／文）

江西“十二五”末数字出版产业产值力争达40亿元

2010年底，江西省出台了《关于加快推进江西省数字出版产业发展的实施意见》(简称《实施意见》)。提出通过10年左右的努力，培育一批发展战略清晰、内容资源充沛、出版方式多样、营销模式成熟、市场竞争力强、产品影响广泛的数字出版龙头企业，打造一批弘扬中华优秀文化、反映科学技术进步、体现时代精神、为大众喜闻乐见、具有国际影响力的数字出版产品和品牌，基本形成体系相对完整、结构日趋合理、整体水平先进、两个效益良好的产业发展格局，使江西省成为国内数字出版产业发展的生力军。

《实施意见》提出到“十二五”末，江西省数字出版产业总产值达到40亿元，年均增长20%；到2020年基本完成江西省传统出版企业数字化升级改造，形成10家左右年主营业务收入超过亿元、具有较强竞争力的数字出版骨干企业。《实施意见》明确提出了重点打造江西“出版资源数据库”、“新媒体数字出版”、“网络游戏动漫”、“数码印刷工程”和“数字农家书屋”五大数字出版重大核心工程项目；扶持一批专、精、特、新的中小数字出版企业。

(摘自《中国印刷》2011年第2期／文)

2010年前11月我国进口造纸原料量减价扬

据海关统计，2010年前11个月，我国造纸原料进口量下降，进口均价大幅上涨。我国进口废纸2 199.5万t，同比下降12.7%；价值47.9亿美元，同比增长40.8%；进口均价为每吨217.7美元，上涨61.3%。进口木浆1026.4万t，同比下降19%；价值79.6亿美元，增长27.9%；进口均价为每吨775.5美元，上涨58%。

美国依然为我国废纸的最大进口来源地，进口数量占我国废纸进口总量的41.6%，共915.8万t。我国从欧盟27国共进口废纸658.1万t，下降24.1%，占29.9%。我国主要从加拿大、巴西、美国及印度尼西亚进口木浆，其中，自加拿大进口木浆258.5万t，下降0.4%，占25.2%；自巴西进口木浆192.8万t，下降25.5%，占18.8%；自美国进口木浆124.7万t，下降6.1%，占12.2%；自印度尼西亚进口木浆100万t，下降14.7%。

外商投资企业依然是我国造纸原料进口主体。2010年前11个月，外商投资企业进口废纸1 515.6万t，下降10.1%，占废纸进口总量的68.9%；进口木浆55.4万t，下降10.9%，占我国木浆进口总量的53.9%。

(摘自《中国印刷》2011年第2期／文)

深圳印刷设计等技术熟练工缺口大

2011年初，中国香港劳务市场给内地熟练高级技工开出的年薪是20万元，相当于现在深圳高级人才的收入。熟练高级技工已经成为龙岗乃至深圳最抢手的人才，甚至韩国、东南亚等国家和地区都开始通过劳务输出的方式来内地猎取熟练高级技工。2011年春节后龙岗用工缺口约10万人。其中普工占总用工缺口需求的85%。该区劳动部门有关负责人表示，“十二五”期间，龙岗区将淘汰低端及污染企业逾5 000家。资本、技术密集型企业对就业技能和专业素质提出了更高的要求，技术熟练工和高级技工成为该区各企业竞相争夺的稀缺人才。

尽管龙岗区技术技能类用工缺口仅占15%，但目前企业用工存在的技工，特别是高级技工招工难、留人难、用人难的“三难”困境，已成为影响深圳龙岗区由产业大区迈向产业强区的一大发展“瓶颈”。

(摘自《中国印刷》2011年第3期／文)

2010年我国标签工业总产值实现150亿元

2010年，我国标签印刷行业取得了迅速发展。中国印刷及设备器材工业协会标签印刷分会发布数据显示：2010年我国标签工业总产值实现150亿元，同比增长约20%；标签产量达到21亿m^2，同比增长约20%。该会名誉理事长谭俊峤说：从数据来看，2010年标签原材料消费量增长了15%～20%，从标签印刷材料消费量的增长情况看肯定是用在标签上了。同时，很多生产企业的销售额也增长了15%～20%。此外，其他标签印刷、设备制造、材料生产企业的销售额增长幅度也在15%以上。这些数据充分说明，从产值和产量看，2010年标签市场急剧扩容，增长潜力巨大。

(摘自《中国印刷》2011年第3期／文)

国际市场

2014年全球包装市场规模将达5 300亿美元

2010年初，据派克研究公司（PikeResearch）调查报告显示：全球包装行业的年收入将从2009年的4 290亿美元增长到2014年的5 300亿美元，增速超过全球经济的增长速度。但随着行业的高速发展，包装也给全球环境带来了沉重的负担，它所消耗的原材料、能源、运输设备以及产生的废料都给环境造成了一定的影响。但是派克研究公司的报告显示：可持续包装领域的增长速度将超过整个包装行业的增长速度，而清洁技术市场的调研公司预计从当前到2014年之间环保包装的产值将翻一番，从880亿美元增长到1 700亿美元。

派克研究公司预计，在2009到2014年之间，塑料包装将成为可持续包装中增长速度最快的一个领域。环保塑料包装的影响力不容小觑，因为它是仅次于纸张包装的第二大包装品种，在全球包装行业中占有1/3以上的份额。

（摘自《中国印刷》2010年第2期／文）

墨西哥未来5年纸张生产和需求将增长

根据墨西哥制浆造纸联合会报道，墨西哥在未来5年内对纸张的需求量年均增长为1.5%，至2013年将达到720万t。2009年墨西哥的纸张需求量为640万t（2008年为670万t），估计2011～2012年对纸张的需求量将提速，年增长为3.5%，至2012年纸张需求量将达到690万t。

墨西哥制浆造纸联合会认为，墨西哥纸张的产量增速将与上述需求量的增长不相适应。至2013年，实际的生产能力可达到590万t。墨西哥造纸工业的主要产品是包装纸，占纸张总产量的60%。其他纸张产品所占总产量的比例分别是：卫生纸19%；书写、印刷纸15%；新闻纸5%；特种纸1%。墨西哥2008年纸张进口230万t，纸张出口254万t。

（摘自《中国印刷》2010年第3期／文）

2010年泰国SME开发计划涉及印刷业

据泰国《世界日报》2010年3月20日报道，泰国商业部商业发展厅长曼荣透露，为提高中小型企业(SME)国际竞争力，2010年泰国已制订SME开发计划，主要有10类行业，包括连锁店、电子商务、批发、印刷及物流业等。曼荣指出，印刷业方面，所制订的印刷业网络发展计划，使印刷业与其他企业相连接，增加扩展市场的机会，例如与经营文具及办公室用具、家庭用品、物流及广告业者合作，扩大产业网络。

（摘自《中国印刷》2010年第3期／文）

2009年英国印刷业75%的工人遭遇冻薪

据英国工会联盟Unite介绍，2009年英国有75%的印刷工人遭遇冻薪，并有16%的工人薪水实际被降。Unite对1 100名会员进行了调查，结果只有不到10%的人在2009年加了薪。这与2006年和2007年的75%以及2008年73%的加薪比例相比有着很大的差距。但据Unite的负责人Steve Sibbald介绍，其调查结果与BPIF(英国印刷工业联合会)发布的调查结果不谋而合，后者宣布2009年有15%的企业实施了减薪。

Unite的调查还反映出了印刷企业的管理人员与员工之间在沟通方面存在问题。Sibbald说："调查显示我们这个行业缺乏信息文化，员工与管理之间沟通不畅，无论是反馈还是建议都比较欠缺。如果我们能够改善这一问题，企业经营起来就会更加容易。"

缺乏培训也是印刷业亟待解决的一个问题。65%的员工表示他们所在的企业没有为所有员工制定完善的培训计划，还有39%的员工认为解决培训问题的最好办法就是让企业制定出一个培训计划。

（摘自《中国印刷》2010年第5期／文）

美国快线促我国印刷企业获订单

西安某特殊印刷品企业自2010年1月上旬与美国快线签订贸易面对面服务合同后，仅历时三个月，便获得美国某大型企业5万个特种印刷标签的贸易订单。美国快线是美国硅谷的美国亚洲贸易促进协会根据目前中美贸易形势，以及电子商务互联网发展趋势推出的全球首家点对点定向促成型B2B贸易平台。旨在促进中美贸易发展，帮助中国外贸型中小企业以最低的成本，最有效的方式快速切入并扩展美国市场，实现中国中小企业美国市场开发的本土化。自西安某特殊印刷品企业购买美国快线贸易面对面服务后，美国快线的美国本土市场工作人员便快速与美国某大型企业取得了联系，并对该西安印刷品企业的产品进行了推荐。

（摘自《中国印刷》2010年第5期／文）

2014年全球数码彩色印刷产值将达41亿美元

据美国一家印刷市场研究公司对外宣布：2014年全球数码彩色包装印刷业产值将达40.5亿美元。

资料显示，2009年全球与包装业相关的彩色按需印刷系统和宽幅面数码印刷系统产值为19.5亿美元。这一产值主要由在食品装饰、饮料、药品和其他消费品方面的标签印刷产生的。此外，诸如可折叠包装盒、柔性包装等已经开始采用数码彩色印刷方式。

彩色电子照相和喷墨技术是整个生态环境的核心。而这种变化的两大主要推动力包括：数码彩色印刷技术在生产力、图像质量和总成本方面的稳定优势；消费品生产制造商对短版包装印刷量的需求上升。由于数码彩色印刷方式拥有自身与包装业独到结合的"生态环境"，当前许多公司已经采用多种混合印刷技术。

（摘自《中国印刷》2010年第5期/文）

英国印刷企业面临纸荒

据报道，由于英国纸张进口量不足，印刷企业面临着严重的纸张短缺问题，一些印刷企业甚至因此而无法正常经营。受纸张短缺影响最大的为卷筒纸胶印厂，有的印刷厂表示他们已经有12周未能获得某些纸张。一家卷筒纸印刷厂负责人说："这对大型卷筒纸印刷厂来说简直是噩梦！"还有印刷厂负责人表示，单张纸胶印厂也受到了影响。

英国纸商贝斯威克公司的卷筒纸部门经理乔伊·格林表示，现在的卷筒纸供应比2009年前紧张很多，尤其是在轻型涂布纸和胶版纸方面问题更为突出。同时，由于英国印刷厂没有国内供应方，高级涂布纸短缺的情况更加严重，而国外供应商又不总能满足英国国内市场的需求。

另一家印刷厂表示，萨佩纸业的某些种类的纸张需要等10～12周才能交货。萨佩纸业的发言人称，其高级出版类纸张"非常抢手"，"基本上已经脱销了"。但她同时表示，这并不影响该公司对常规客户的供货。

（摘自《中国印刷》2010年第9期/文）

澳大利亚印刷企业破产率居高不下

据澳大利亚证券和投资委员会（简称ASIC）的调查数据显示，澳大利亚印刷企业中有4 703家企业在2010年上半年进入外部管理程序，这与2009年同期的4 859家相比并没有明显下降。2010年5月和6月，澳大利亚接受外部管理的企业数量甚至超过了2009年同期，分别达到914家和848家，而2009年5月和6月的统计数据分别为829家和814家。

澳大利亚证券投资委员会发布了一份企业管理指南，以帮助企业家了解自己在企业法中需要承担的责任，避免破产交易。该委员会专员迈克尔·德怀尔表示，企业家最大的任务就是避免破产交易，而他们发布的指南就能给在生死线上挣扎的中小型企业带来帮助。当然，仅靠澳大利亚证券和投资委员会一个团体的努力是不够的，事实上，印刷企业的破产与否主要取决于市场和企业经营情况。

（摘自《中国印刷》2010年第9期/文）

俄国包装产品占进口印刷品的50%

俄罗斯商务咨询网站2010年11月15日报道，据GLOBAL REACH CONSULTING公司对俄罗斯印刷业市场进行的市场营销数据调查，俄罗斯进口的全部印刷品中50%是包装产品，主要是硬纸板、皱纹和非皱纹纸箱、纸盒以及硬纸盒。在俄罗斯占上述商品进口关税的15%。

俄罗斯包装产品的主要供应商是乌克兰，其次是波兰和中国。2009年，俄罗斯包装产品进口量平均下降了29%，从所有供应国的进口量均有所减少。在俄罗斯，包装产品的主要进口商家是食品企业和化妆品及日用化工品生产商，如液态食品包装生产商，以及宝洁公司在俄罗斯最大的、专业生产合成洗涤剂的分支机构。

（摘自《中国印刷》2010年第11期/文）

未来5年喷墨印刷市场将实现两位数增长

皮拉国际研究报告显示，到2015年，预计按照价值计算喷墨市场的复合增长率将达到10.3%，按照印刷总量计算将达到10.9%。

该报告预计，喷墨工艺大举进入大型图像、标签、包装和标牌所构成的庞大市场，将在未来的15～25年间成为一个主要的商业印刷市场。皮拉国际编辑部的负责人Adam Page说："这个市场非常具有弹性，有许多联系紧密的领域，包括：窄幅、宽幅、大幅面、高速平版、单张纸等，我们期待出现速度更快、更加稳定的设备。对于那些专注于技术的商业和工业用户，这些领域将提供一个巨大的市场机遇。"

皮拉国际预计，从2010年到2015年，平均复合增长将保持在10.3%左右，届时这个市场总量将达到465亿美元。

（摘自《中国印刷》2010年第11期/文）

未来5年加拿大印刷业增速将变缓

加拿大咨询局2010年10月预测，该国印刷企业在未来5年的销售额增速将有所变缓，但多数企业都将保持适度盈利状态。尽管受到了数字技术和产能利用率过低的影响，但加拿大印刷业的销售额仍有望在2011年保持增长，企业的盈利率也将有所改善。

加拿大资深经济专家迈克尔·伯特（MichaelBurt）对此发表评论说："随着市场需求的增长和成本节约措施的实施，印刷企业的盈利率将有所增长。短期内，加拿大的印刷生产将继续下降，印刷工价仍将疲软，但随着企业经营策略的调整，它们的经营利润将有所增加。从长远的角度来看，加拿大印刷生产的增长速度将有所放缓，印刷工价将保持平稳，而盈利率将适度增长。"据了解，业内印刷机械的增加和市场需求的疲软将造成印刷产能的严重过剩。

（摘自《中国印刷》2010年第11期／文）

美国标签印刷企业开始推行环保减排项目

美国的标签印刷企业——The Label Printers于2011年初开始推行固定废物减少项目，该公司的下一个目标是获得TLMI组织的标签领域环保项目(Label Initiative For the Environment，英文缩写LIFE)的"绿色"认证。

The Label Printer人力资源经理George Tommasi解释说："我们的目标是将固体废物的排放减少60%，希望我们的主要认证项目，能够对企业和生态环境产生重要影响。我们已经收到了每年排放的24类废物的数量，所以我们觉得这个项目能够帮助我们实现目标。"

The Label Printers公司的LIFE项目团队包括4个人，他们将企业当前存在的固体废物归为3类：可回收利用的，可燃型废物（加工成燃料）和不可回收废物（需填埋）。他们已经撰写了具体的改善方案，并按照认证的要求，将方案提交给了TLMI，由该组织的LIFE团队进行评估。与此同时，项目组还在准备LIFE项目的推进审计文案，可在2011年初正式出台。这个项目的前期工作，还包括2011年春天将召开一次现场审计会，TLMI和NSF International将联合组织这次审计会。

（摘自《中国印刷》2011年第2期／文）

英国报业创新求生

据英国《经济学人》2011年1月6日报道，英国是世界上报纸行业最为发达的国家之一，但随着网络媒体的发展，英国报纸业目前面临着最严酷的考验。为走出困境，英国的报纸业开始创新求生。英国共有9家全国性的日报，发行量超过20万份。英国传统报纸行业在创新的过程中主要有三种方式。

第一种方式是，推动报纸上网并收费阅读。英国新闻集团下属的四家报纸，《泰晤士报》、《星期日泰晤士报》、《太阳报》以及《世界新闻报》目前均已开通在线付费订阅业务。与该集团下属的《华尔街日报》不同，《泰晤士报》不允许读者免费阅读任何文章。目前，《泰晤士报》在线订阅的价格是每周2英镑。统计显示，推出在线付费阅读后，《泰晤士报》的网上点击量急剧下降，只有约14%的经常性用户和1%的非经常性用户选择了付费订阅。

英国报纸行业的第二大创新是，网络版和纸质印刷版报纸使用相反的观点或者风格。英国《每日邮报》的网络广告运营得非常好。在过去的5年时间里，《每日邮报》已经成为发行量最稳定的纸质媒体，超越了它的竞争对手《每日快报》。但事实上，《每日邮报》的网络版表现更为强大。该报的网络版每个月有3 500万人次的访问量，已经成为全球访问量第二大的报纸网站。当《纽约时报》2011年开始实行收费阅读后，《每日邮报》的网络版有望成为全球访问量最大的报纸网站。

第三是，免费派送抢占市场。因为高成本和信息滞后，印刷报业的生存条件已经恶化，唯有抓住户外地铁等为数不多的印刷"新渠道"，以免费报纸对抗廉价，才可以获得较为理想的发行量，进而保持在广告定价上的相对强势。

（摘自《中国印刷》2011年第2期／文）

日本出版业已连续6年呈现下滑态势

日本出版科学研究所发布的统计数据显示，2010年日本书籍、杂志的销售总额估计为18 748亿日元，与2009年相比减少608亿日元，下降幅度达3.1%。日本出版业已连续6年呈现下滑态势，该研究所表示，没有迹象显示何时才能止住这种连年低迷的颓势。

2010年，日本出版业的销售总额较1996年创下的历史最高纪录26 563亿日元，减少近三成。全年有110家杂志创刊，为近40年来最少。停刊的杂志比前年多出了27家，达216家。书籍销售额为8 213亿日元，比2009年减少3.3%。日本出版科学研究所称，图书市场正呈现显著的两极分化，畅销书格外受欢迎，其他图书则越来越"低迷"。

新书品种的减少成为2010年日本出版业的最大特征。

全年新书品种为74 714种，较2009年骤减4.9%，创下了自1995年以来的最大降幅。日本出版科学研究所分析认为，眼下出版社的“体力”有所下降，而图书批发商为了降低成本，又减少了进货的品种。

（摘自《中国印刷》2011年第3期／文）

2011年英国印刷业投资前景预测

据英国印刷工业联合会（BPIF）的《印刷业展望》报告显示，2011年印刷企业的工厂和设备投资有望增加，有93%的印刷企业计划投资。英国印刷工业联合会曾经在网上对98家企业（总营业额和员工人数分别达到了13亿英镑和11 917人的企业）进行调查，结果发现：47%的受访企业都计划在新年度加大投资力度。英国印刷企业投资意愿的回升主要得益于2010年秋天商业环境的好转。有28%印刷企业表示自己的业务有了显著增长，但这种现象并不普遍，还有18%的受访企业表示自己的业务出现了下降。

据英国印刷工业联合会企业事务总监Andrew Brown说：“这对印刷厂来说是一个非常美好的时刻，尽管还没有恢复到经济危机之前的水平，但任何一点改善都值得欣喜。”尽管如此，英国印刷企业对2011年初的商业环境普遍比较悲观，42%的受访企业认为商业环境将进一步恶化，48%的受访企业预测自己的业务将保持平稳。2010年第四季度，英国共有66家印刷包装企业破产，远低于第三季度的79家和2009年第四季度的105家。

随着原材料成本的不断上涨，英国印刷企业承受的成本压力也陡然增加。有77%的受访企业表示自己在过去三个月里感受到了纸张和纸板价格的提高。还有五分之三的受访者对未来三个月的原材料价格也持悲观态度，三分之一以上的受访者都认为油墨价格会继续上涨，还有不到三分之一的人认为将为能源付出更高代价。除了中小企业的生存状况会进一步恶化以外，英国印刷业的失业率也将在2011年继续攀升。

（摘自《中国印刷》2011年第3期／文）

2010年美国商业印刷出货量同比增加0.9%

2011年2月4日，美国印刷出版业网络媒体机构What They Think宣布，2010年12月美国商业印刷出货量为74.8亿美元，比2009年增长了4.9%，不计通货膨胀的影响，实际增幅为3.3%。2010年美国商业印刷出货量全年总和为867亿美元，设备维护与保养比2009年增长了0.9%。据统计，只有2010年第一季度的商业印刷出货量比2009年同期减少了5.7%，此后连续9个月都呈增长状态。

该机构经济研究中心的负责人博士乔·韦伯表示，2008年美国商业印刷出货量总和略低于1 000亿美元，可见当前的行业形势还未能达到这个水平。但值得肯定的是，行业结构已经得到调整，一些弱小企业或退出市场或被兼并，幸存企业将会在行业中更加健康地发展。

（摘自《中国印刷》2011年第3期／文）

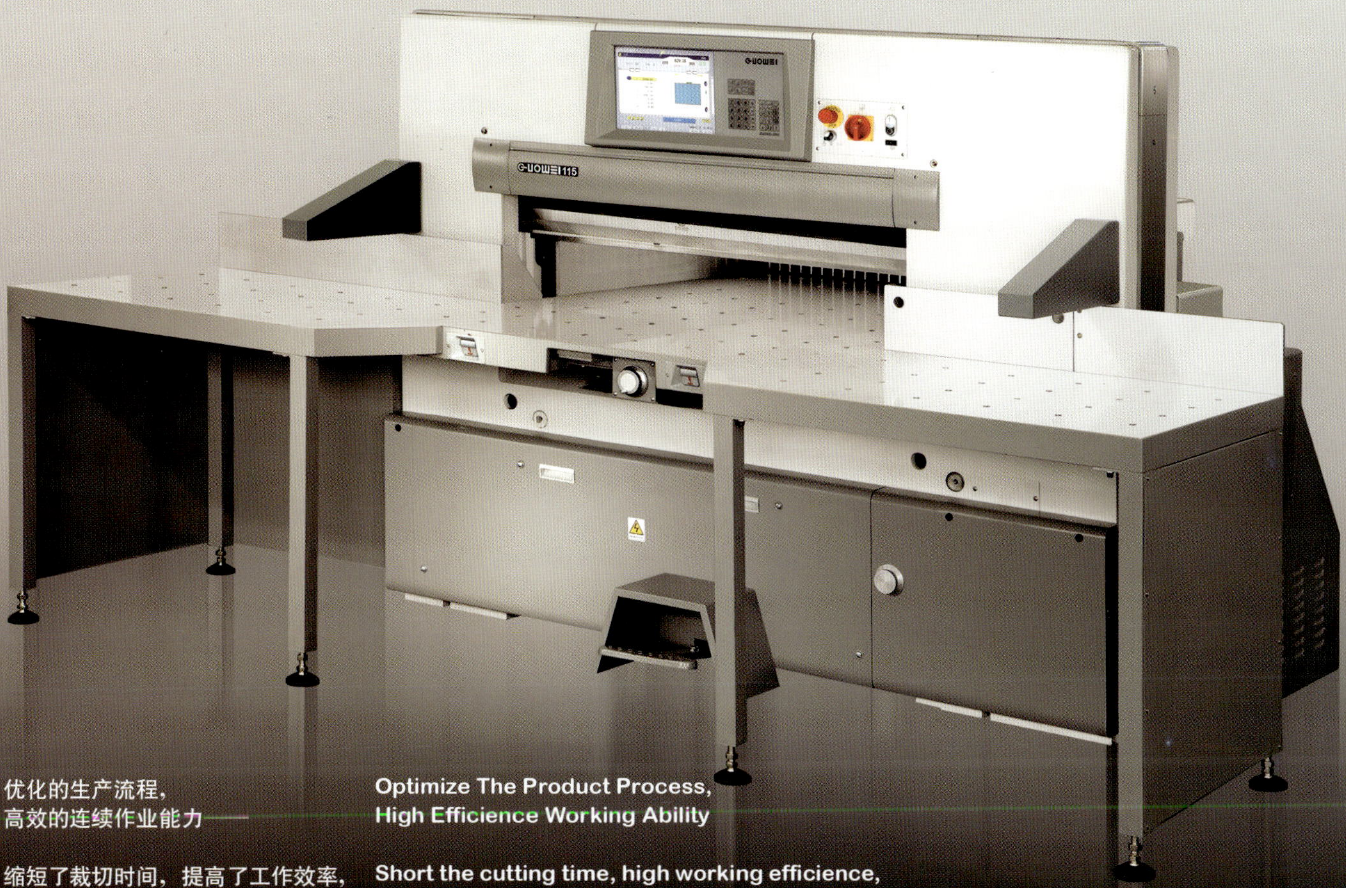

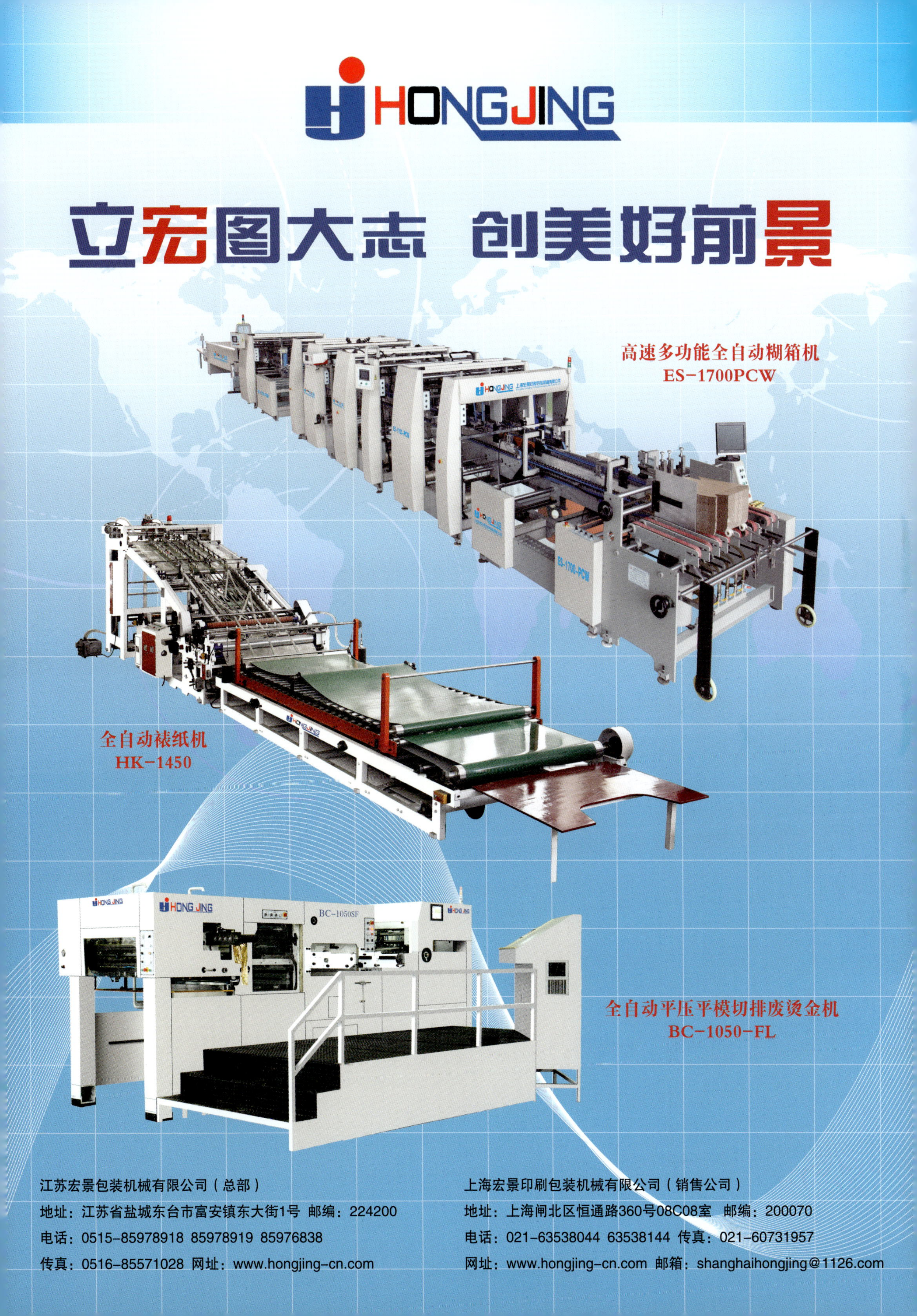
HONGJING
立宏图大志 创美好前景
高速多功能全自动糊箱机
ES-1700PCW
全自动裱纸机
HK-1450
全自动平压平模切排废烫金机
BC-1050-FL
江苏宏景包装机械有限公司（总部）
地址：江苏省盐城东台市富安镇东大街1号 邮编：224200
电话：0515-85978918 85978919 85976838
传真：0516-85571028 网址：www.hongjing-cn.com
上海宏景印刷包装机械有限公司（销售公司）
地址：上海闸北区恒通路360号08C08室 邮编：200070
电话：021-63538044 63538144 传真：021-60731957
网址：www.hongjing-cn.com 邮箱：shanghaihongjing@1126.com

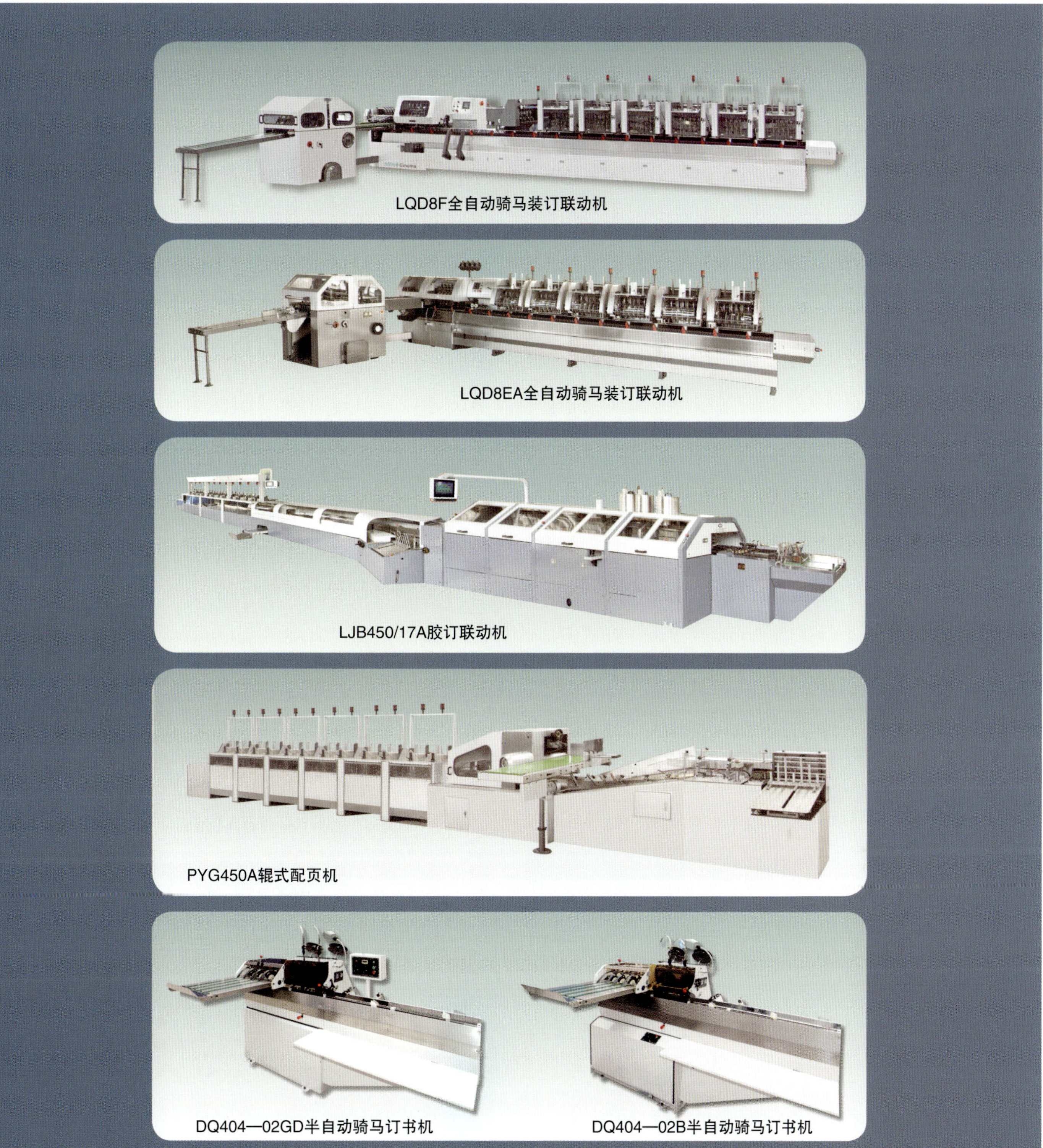

淮南光华光神机械电子有限公司是安徽省高新技术企业，省机械系统80家重点企业之一，主要从事印后设备，航空航天及民用电线电缆的生产和服务。各类产品通过了ISO 9001：2000质量体系认证及GJB 9001A：2001国家军用标准质量管理体系认证，公司机械类产品主要有：全/半自动骑马装订联动机、混合式折页机、半自动骑马订书机、辊式配页机，胶订联动机等印后设备；军工线缆产品主要有：聚四氟乙烯耐高温推挤线缆、小同轴射频线缆等。

淮南光华光神机械电子有限公司

电话:0554-3314288 3313288　　传真:0554-3314720

地址:安徽省淮南市国庆东路经济技术开发区　　邮编:232008

网址:www.hnghgs.com.cn

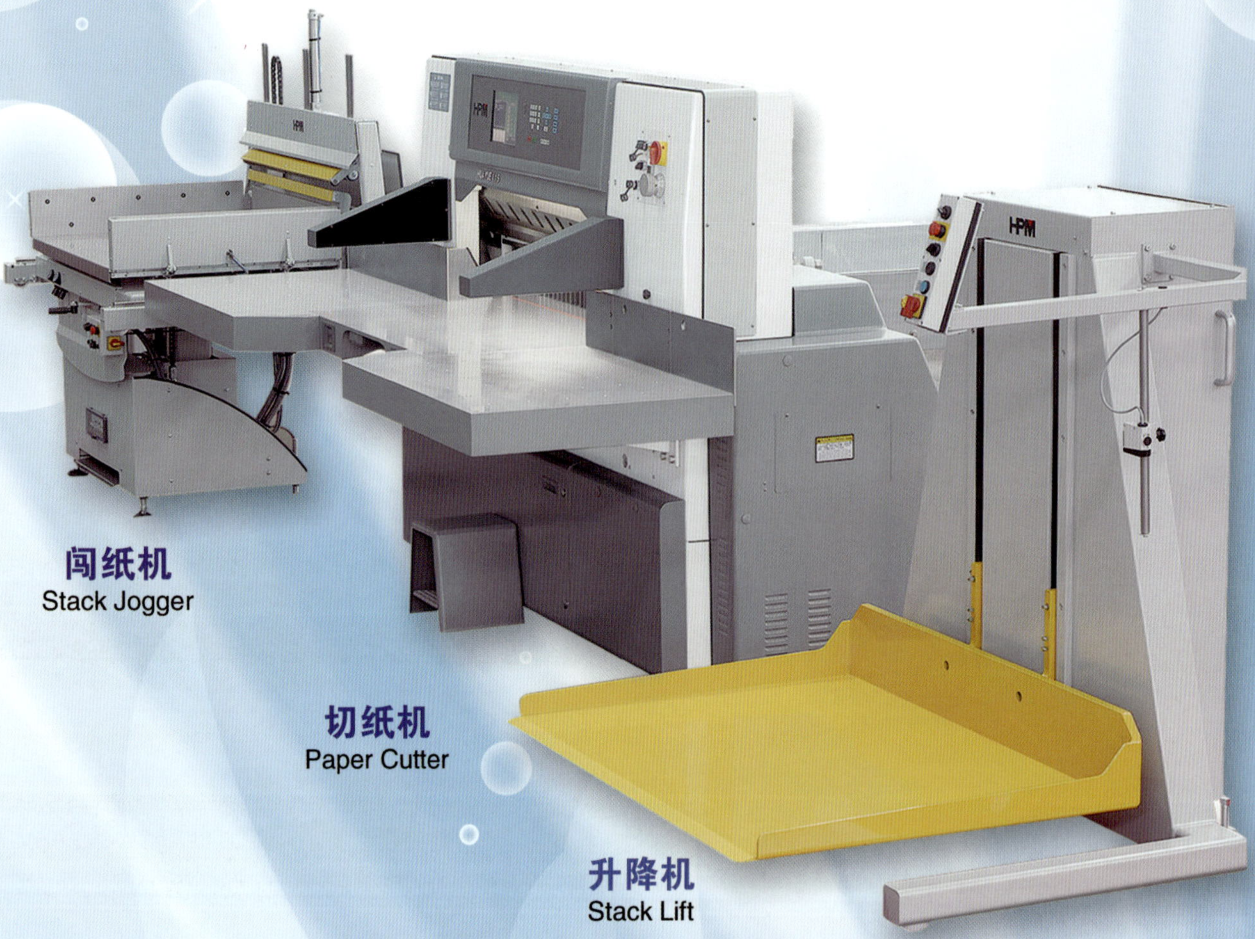

贝克牌气泵设备(上海)有限公司

贝克公司于1885年建立机械厂，发展到今天已能生产适用于现代工业领域的真空泵及压缩机。其伍珀塔尔（Wuppertal）总部和位于图林根州（Thuringia）阿波尔达（Apolda）的新厂向全世界客户供应高技术产品；为数众多的贝克子公司构成了一个全球性服务销售网络，可就近提供值得信赖的支持。作为中型企业，贝克公司依靠自身的创造力、经验，凭借与许多大学的密切合作，其新产品层出不穷（如由变气流产品系列发展而来的智能化真空泵和压缩机）。贝克公司已为其处于领先地位的技术创新取得辉煌成果。

2005年1月1日贝克公司在上海成立了贝克牌气泵设备（上海）有限公司，为中国区域的客户提供优质服务。2008年9月19日在上海青浦成立了贝克牌真空科技（上海）有限公司，生产国内组装泵，大大减低了国内印刷业客户的采购成本。产品投放市场后获得了国内客户的普遍赞誉。

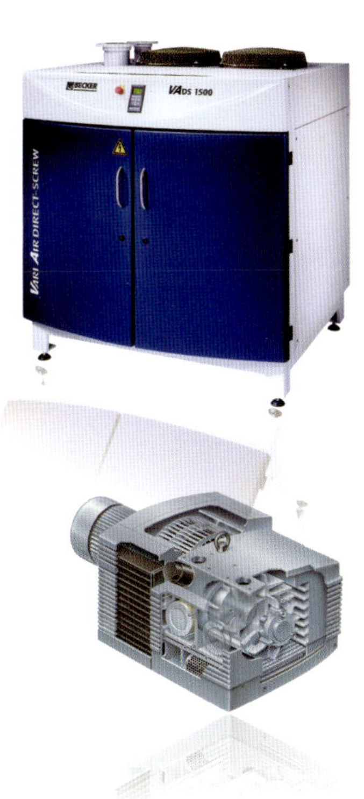

贝克牌气泵设备（上海）有限公司

上海市外高桥保税区华京路8号三联大厦737室　　邮编：200131　　电话：021-50460371　50460372

传真：021-50460373　　http：//www.becker-china.com　　E-mail：info@becker-china.com

泰安北方九星全息制品有限公司

Tai An North Nine Stars Holographic Products Co., Ltd

全息转移纸

全息烫印箔

全息防伪标识

泰安北方九星全息制品有限公司是由中国兵器集团公司第5808厂发起成立、专业生产各类激光全息制品的大型企业，总资产2亿元。公司拥有目前世界先进的全套全息生产线和完善的制版系统。公司产品分为四大类，有全息纸制品、激光全息烫印箔、全息包装膜、全息防伪标识，产品广泛应用于各类烟、酒、化妆品及药品外包装、各类软包装、国家专控产品和各类证卡的防伪。公司主打产品彩虹转移纸是新一代绿色环保包装用纸，广泛用于烟草包装（外包、内衬纸以及烟花）等包装领域。公司产品多次荣获省级和国家奖励，连续三年被中国保护消费者基金会评为“消费者信得过产品”，1995年在同行业中率先通过ISO9001质量体系认证，1997年被率先选为中国防伪行业协会企业副会长单位。公司坚持“创新是生命”的经营方针，狠抓内部管理，积极开拓市场，勇于探索，企业实力不断增强，信誉日益提高，成为国内烟草业、酒类、药品及政府行政专控产品的长期合作伙伴。公司将以高品质的产品，多学科的专业人才，先进完善的设备，快速的信息传递，热情周到的服务，充分的满足用户需求，以我们的品质、信誉和真诚，为各行业用户提供高档的包装材料及全方位的全息防伪技术支持。欢迎新老朋友垂询、惠顾！

泰安北方九星全息制品有限公司

地址：山东省泰安市40号信箱　邮编：271000　电话：0538-6511811　传真：0538 6511811　网址：www.beifangjiuxing.com.cn

北京印刷学院

Beijing Institute of Graphic Communication

北京印刷学院隶属于北京市，是由国家新闻出版部门和北京市共建的全日制普通高等院校。学校的前身是1958年文化部门建立的文化学院印刷工艺系，1961年印刷工艺系并入中央工艺美术学院。1978年，经国家批准，印刷工艺系改建为北京印刷学院。经过50多年的发展建设，学校已经成为学科特色鲜明、师资力量雄厚、科学研究创新、办学格局开阔的传媒类大学。

学校坚持特色发展，以特色学科建设提升核心竞争力。学校初步形成了传媒科技、传媒文化、传媒管理、传媒艺术四大特色学科专业群，建设了具有时代特征的数字印刷、数字出版、数字媒体艺术、数字媒体技术构成的新型数字媒体专业群，拥有4个北京市重点建设学科，6个一级学科硕士学位授权点，2个专业硕士授权点，20个二级学科硕士学位授权点，23个本科专业。学校与中国传媒大学、北京交通大学、中科院化学所等高校和科研机构联合培养博士研究生。学校有2个国家特色专业建设点，1个国家优秀教学团队。学校是教育部门“印刷包装教学指导委员会”副主任委员和秘书处挂靠单位、全国“高职高专印刷与包装类专业教学指导委员会”主任委员单位、新闻出版机构“全国高校出版专业学科建设协作小组”组长单位、新闻出版机构“印刷出版高级人才培养基地”、国家新媒体产业基地之“动漫创作及人才培训中心”。

学校坚持以人为本，实施人才强校战略。现有教职工740人，其中专任教师433人，硕博比例达到73.96%，高级职称教师比例达到46.08%。学校形成了以两院院士为核心的科技创新顶尖人物团队，以新闻出版行业领军人才、中国出版政府奖、毕昇印刷杰出成就奖获得者为核心的行业领军人才团队，以全国优秀教师、北京市人才强教计划高层次人才为核心的教学科研团队。已建成了学历、年龄、职称结构不断优化的人才队伍。

办学50多年，学校已经为社会培养输送了近4万名毕业生，得到社会的广泛认可，毕业生就业率达到97.6%,在北京市属高校中名列前茅。

学校大力推进科研工作，实施科技创新驱动工程。现有7个北京市级重点科研机构，科研经费每年达到3000余万元，拥有总值17.399亿元的教学科研仪器设备资产，馆藏图书总册数107.33万册。中国印刷博物馆是学校印刷出版重要的教育研究基地，馆内展陈面积4600余平方米、馆藏品26000余件。

学校强化政产学研用结合，建立了覆盖新闻出版产业链的科研平台。2010年经北京市批准，成立了北京绿色印刷包装产业技术研究院、北京印刷学院大学科技园。学校与属地政府、20余家科研机构和企业、兄弟院校分别签署了战略合作协议，发起成立北京绿色印刷产业技术创新联盟、共建京南大学科技园。承担了50余项国家和北京市重大科技项目，学校科研成果数量和质量明显提升，荣获多项国际国内大奖。

学校坚持开门办学，大力加强对外交流合作。先后与美国、俄罗斯、英国、德国等十几个国家的近30所著名大学、科研机构建立了校际合作与交流关系，签订了本科、研究生以及本科与研究生联合培养、共同授予学位的协议。在国内外98家出版社、公司、企事业单位建立了教学、科研、实习基地，22家企业在我校设立了奖助学金。学校已连续举办六届校企地合作周活动。同时积极利用校友资源，为学校的进一步发展提供服务。

“十二五”学校将紧紧围绕科学发展的主题，深刻把握国家建设新闻出版强国的机遇，提升学校服务社会、行业的贡献力，积极融入“三个北京”、中国特色世界城市和中关村国家自主创新示范区建设的伟大实践中，坚持“质量立校、人才强校、创新驱动”的发展战略，努力为建设国际知名、有特色、高水平的传媒类教学研究型大学而努力奋斗！

深圳职业技术学院
媒体与传播学院介绍

深圳职业技术学院媒体与传播学院成立于2004年，现已发展形成了由印刷技术、印刷图文信息处理、出版与发行、印刷设备与工艺、包装技术与设计等专业组成的印刷传媒专业群，现有在校生1060人，毕业生96%以上在校取得高级工证书，就业率达100%。学院现有教职工55人，其中正高职称4人，副高职称13人，博士3人，专业教师中80%具有硕士以上学位，90%以上具备“双师型”教师资格。校内建有集教学、科研、培训、服务为一体的印刷媒体技术中心，拥有教学科研仪器设备737台（套），价值4300万元，校内与国内外知名企业及行业协会共建了10个技术研发培训中心和16个学生工作室，校外在深圳120余家大型企事业单位挂牌成立实习就业基地。

学院建有国家示范专业（印刷技术专业）1个、国家精品课程1门、教指委级精品课程4门、校级精品课程9门、网络课程17门、专业信息资源库1个（含8357个信息资源）；开发高级职业资格证书9项、教材5部、专业标准4个、课程标准30项。

学院秉承“官校企行四方联动、产学创用立体推进”的办学理念，办学中紧紧依靠各级政府及主管部门的支持，与行业企业紧密合作，在办学过程中得到了海德堡印刷设备公司等企业的全方位合作与鼎力支持，学院通过借鉴国际先进印刷教学与技术标准，将人才培养与社会服务有机结合，人才培养始终紧跟行业最新技术发展。突出学生的职业能力培养和技能训练，培养的学生广受企业的好评，并取得了骄人的成绩，2010年全国印刷行业职业技能大赛（学生组）平版印刷工一等奖、网版印刷工一等奖，2009年全国曼罗兰奖学金（高职高专组）一等奖。学校为合作企业开展的技术开发与服务项目达到30余项，面向社会开展的各类培训和认证达2200人次/年。

学院承担的社会职务主要有：

- 中国印刷协会常务理事单位
- 全国印刷标准化技术委员会委员单位暨书刊印刷和包装印刷两个分技术委员会秘书处承担单位
- 全国第二届平版印刷和网版印刷技能大赛学生组决赛场
- 全国高职高专印刷包装教学指导委员会委员单位
- 广东省印刷复制业协会副会长单位
- 广东省印刷检测中心授权单位
- 深圳印刷行业协会常务副会长单位
- 深圳出版行业协会副会长单位
- 深圳包装行业协会常务理事单位
- 深圳市劳动局印刷技能培训与鉴定中心

通信地址：深圳市南山区西丽留仙大道深圳职业技术学院媒体与传播学院
邮　　编：518055
传　　真：0755-26731837
联 系 人：陈秀兰　0755-26731837　13500055462
　　　　　张　蕾　0755-26731837　13620939009

建设特色鲜明、行业领先、国际知名的国家骨干高等职业院校

上海出版印刷高等专科学校是新中国成立后率先成立的出版印刷类专业院校，是国家出版印刷人才的培养基地，具有鲜明特色，也是国家100所骨干高职院校之一。

学校紧密依托行业办学，校企合作、工学结合，施行“双证书”教育，已形成多种适合出版印刷专业人才培养的模式。学生职业技能持证率达100%，就业率为99%以上，其中专升本为17%。在连续两届全国印刷行业职业技能大赛和上海印刷职业技能年度大赛中，参赛师生表现出色，独占鳌头。学校两度荣获“技能人才培育突出贡献奖”和“全国印刷行业社会责任突出贡献奖”。

学校积极开展“双师型”师资队伍建设和专业建设，提高办学水平。已建设3门精品课程、近10门省部级精品课程；拥有1个国家教育团队和2名国家新闻出版领军人才；启动了教育部“印刷与数字印刷技术专业教学资源库”建设；配置了一流的实验、实训设施，开设了数字成像、数字出版等24个专项实验室。专业设备种类齐全，实验实训内容丰富，既能满足学生技能培养的需要，又能为教师进行科研及社会服务提供条件。

学校大力开展国际合作办学，积极引进国外先进职业教育理念及优质职业教育资源，有效地促进了国际化办学进程。

学校正积极建设“三位一体”的国家示范性特色高职院校，成为上海文化创意产业的服务基地、国家出版印刷人才的培养基地和国际先进传媒技术的推广基地。

地址：上海市杨浦区水丰路100号　邮编：200093　021-65673857　www.sppc.edu.cn

上海爱凯思机械刀片有限公司

SHANGHAI IKS MECHANICAL BLADE CO.,LTD

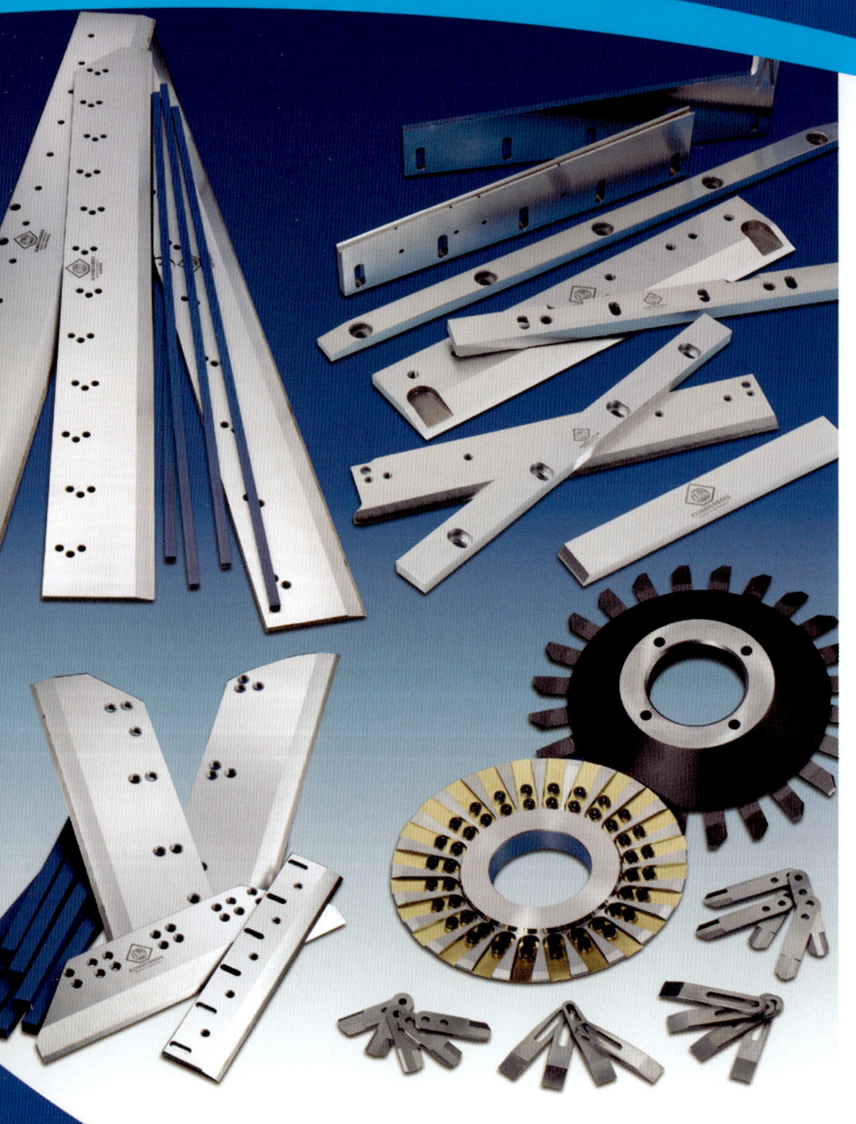

公司介绍

德国爱凯思·克林贝格集团（IKS Klingelnberg GmbH）是世界上著名的机械刀片制造商，成立于1814年，总部在德国REMSCHEID。集团在全球有7个工厂，6个贸易和服务公司，分别在德国、奥地利、法国、芬兰、荷兰、中国上海、新加坡、美国和马来西亚。公司服务的行业有：印刷业、木业、造纸业、塑料回收业和金属加工业。

德国爱凯思·克林贝格集团提供的刀具，被全球印刷工业、卫生纸工业、造纸及纸浆工业广泛应用。

德国爱凯思·克林贝格集团位于中国上海的工厂，上海爱凯思机械刀片有限公司，正越来越多地将结合了德国先进的制造技术、加工工艺和优质材料的高质量刀具产品介绍给中国用户。

德国爱凯思·克林贝格集团刀具产品的特点：

- 提供整套刀具解决方案（TCC）；
- 根据不同的加工材料，有多种刀具材料可供客户选择；
- 刀具精度高；
- 刀具加工寿命长，切边美观、漂亮。这对高效自动生产线尤其重要；
- 提供专业磨刀服务，及相关的技术支持与服务。

地址：上海市闸北区沪太路*1291*号（*200436*）
电话：*021-5606 4967*　**传真：***021-5605 6620*
www.interknife.com　***E-mail:*** *young.yang@iks-sh.com*

法规政策

Statute and Policy

关于进一步推动新闻出版产业发展的指导意见

新出政发［2010］1号

新闻出版总署
2010年1月5日

为深入贯彻落实科学发展观，落实国家《文化产业振兴规划》，按照中央提出的转变经济发展方式和调整经济结构，提高经济发展质量和效益的要求，充分发挥新闻出版业在巩固舆论阵地、传承中华文明、培育民族精神、提高公民素质、促进经济增长、推动社会进步和增强综合国力等方面的重要作用，现就进一步推动新闻出版产业发展，提出如下意见。

一、新闻出版产业发展的态势和机遇

（一）新闻出版产业发展正处于重要的战略机遇期，具备了在新的历史起点上实现大发展的良好条件。

改革开放以来，新闻出版产业得到快速发展。特别是党的十六大以来，新闻出版体制改革取得实质性突破和重大进展，市场主体逐步形成，产业规模迅速壮大，产业结构日趋合理，国际竞争力不断增强，新闻出版产业作为科技含量高、资源消耗低、环境污染少、涉及领域广、产业链条长、投入少、产出大和发展潜力好的朝阳产业，已成为国民经济的重要组成部分，成为经济发展新的增长点和经济结构调整的着力点，在中国特色社会主义事业总体布局和全面建设小康社会战略全局中凸显出越来越重要的地位和作用。

（二）当前，我国新闻出版产业仍处于发展的初级阶段，基础较差，规模较小，实力较弱，竞争力不强。突出表现在：产业结构趋同，产业集中度低，资源配置不尽合理，市场条块分割、资源分散和地区封锁依然严重，传统业态向新兴业态转型迟缓，企业创新能力不足，对外贸易逆差仍然较大，人才队伍建设和经营管理水平等还不适应新闻出版产业发展的需要。要通过抓发展，努力走出一条符合文化建设规律和社会主义精神文明建设要求，适应社会主义市场经济体制，结构优化，速度较快，社会效益和经济效益俱佳，产业整体质量不断提升的可持续发展道路。

（三）新闻出版产业发展正处于重要的战略机遇期，具备了在新的历史起点上实现大发展的良好条件。党的十七大关于推动社会主义文化大发展、大繁荣的战略部署，对新闻出版产业发展提出了新的更高要求；中国特色社会主义事业“四位一体”发展的整体布局，凸显了新闻出版产业的重要地位；人民生活水平不断提高，文化消费快速增长，社会主义新农村文化建设，拓展了新闻出版产业发展的空间；新闻出版体制改革的顺利推进，《文化产业振兴规划》的实施，为新闻出版产业发展提供了内在动力；高新技术特别是信息技术的迅猛发展，为新闻出版产业创新业态、实现产业战略转型提供了有利条件和广阔前景；资本市场的不断完善，为新闻出版企业融资提供了机会；中国日益提高的国际地位以及不断扩大的中华文化影响力，为新闻出版产业“走出去”创造了条件；各级党委、政府的高度重视，为新闻出版产业发展提供了坚强的思想保证和组织保证。

二、推动新闻出版产业发展的指导思想、原则要求和主要目标

（四）推动新闻出版产业发展的指导思想是：以邓小平理论和“三个代表”重要思想为指导，深入贯彻落实科学发展观，高举旗帜、围绕大局、服务人民、改革创新，继续解放思想，坚持改革开放，推动科学发展，促进社会和谐，始终把发展作为第一要务，树立新的新闻出版发展观，突出战略重点，明确主攻方向，兼顾当前和长远，着力转变发展方式，着力优化产业结构，着力推进产业创新，做大主体，做强主业，切实解放和发展新闻出版生产力，大

力推动新闻出版产业又好又快地发展。

（五）推动新闻出版产业发展的原则要求是：必须坚持以社会效益为最高准则，牢牢把握社会主义先进文化的前进方向；必须坚持以人为本，充分尊重群众的主体地位和首创精神，不断满足人民群众日益增长的多层次、多样性、多方面精神文化需求；必须坚持转变发展方式，优化产业结构，进一步降低新闻出版企业生产能耗和污染物排放，提高新闻出版发展的质量和效益；必须坚持以体制机制创新和科技进步为动力，继续深化新闻出版体制改革，推动新闻出版内容创新与战略性新兴产业发展；必须坚持优化所有制结构，实现以公有制为主体、多种所有制共同发展；必须坚持打破条块分割、地区封锁、城乡分离的封闭格局，努力建设统一开放、竞争有序、健康繁荣的大市场；必须坚持对外开放，加大“走出去”力度，不断提高中华文化的国际影响力和传播力；必须坚持一手抓发展，一手抓管理，为新闻出版产业发展营造健康有序的市场环境；必须坚持以党的领导为根本保证，确保党管舆论、党管干部、党管人才，做到尊重劳动、尊重知识、尊重人才、尊重创造，最大限度地发挥新闻出版工作者的积极性、主动性和创造性。

（六）推动新闻出版产业发展的主要目标是：努力完成全面建设小康社会赋予新闻出版产业发展的各项任务。新闻出版生产力明显提升，新闻出版产业发展速度高于同期国内生产总值发展速度，在国民经济中所占比重逐步提高，力争到“十二五”末，实现新闻出版产业增加值比2006年翻两番。新闻出版产业结构调整基本到位，产业、产品和企业结构更趋合理，产业区域布局与地区经济社会发展协调一致，新闻出版产品和服务更加丰富，企业自主创新能力与高科技应用水平大幅度提高，形成一批拥有自主知识产权、知名品牌以及有较强国际竞争力的骨干新闻出版企业。新兴产业蓬勃发展，数字出版、网络出版、手机出版等战略性新兴产业领域的发展水平和速度达到世界先进水平。基本建立起统一开放、竞争有序、健康繁荣的现代出版物市场体系和技术先进、覆盖全面、传输快捷的现代传播体系。基本扭转新闻出版产品和服务的出口逆差状况，大幅度提升中华文化的国际传播力和影响力。

三、推动新闻出版产业发展的重点任务

鼓励纸介质传统新闻出版产业创新读物形式，积极发展纸介质立体、有声读物，打破出版载体界限，加快向多种介质出版产品共存的现代出版产业转变；积极发展战略性新兴新闻出版业态，支持企业对出版内容资源进行全方位、立体式、深层次开发利用；加快发展民族动漫出版产业，特别是鼓励网络和电子游戏等产品的出版，推动对动漫、游戏出版资源的深度开发利用；推动印刷产业向现代服务型转变，大力发展绿色印刷，对高耗能、高排放的落后产能要坚决予以淘汰；重点培育一批主业突出、辐射力强的全国性和区域性新闻出版现代流通企业和企业集团，推动有条件的企业跨地区、跨国连锁经营，积极扶持农村出版物市场和连锁网点建设，打造全国统一的网上结算平台。

（七）发展图书、报纸和期刊等纸介质传统出版产业。支持新闻出版企业组织策划和出版更多贴近实际、贴近生活、贴近群众的优秀精神文化产品，生产出更多思想性、艺术性和可读性俱佳的原创精品力作。鼓励新闻出版企业创新纸介质读物形式，积极发展纸介质立体、有声读物，提升传统纸介质出版物的吸引力。打破出版载体界限，在多个出版平台上对出版内容进行深度开发和加工，实现一次性生产、多媒体发布。支持新闻出版企业积极采用数字、网络等高新技术和现代生产方式，改造传统的创作、生产和传播方式。加快从主要依赖传统纸介质出版产品向多种介质出版产品共存的现代出版产业转变。

（八）发展数字出版等非纸介质战略性新兴出版产业。积极推动音像制品、电子出版企业向数字化和网络化转型。积极发展数字出版、网络出版、手机出版等以数字化内容、数字化生产和数字化传输为主要特征的战略性新兴新闻出版业态。支持新闻出版企业以互联网为平台，以图文、音频、视频等形式，对出版内容资源进行全方位、立体式、深层次开发利用。支持电子纸、阅读器等新闻出版新载体的技术开发、应用和产业化，提高数字阅读设备的质量、方便性以及版权保护水平。

（九）发展动漫、游戏出版产业。加快发展民族动漫出版产业，特别是鼓励网络和电子游戏等产品的出版，提高民族动漫、游戏的数量和质量。对优秀原创动漫、游戏作品及其相关人员、单位进行奖励和支持，大力扶持民族原创动漫、游戏精品，培养民族原创动漫、游戏领军人物。鼓励开展优秀原创动漫、游戏产品的少数民族语言译制出版工作。推动对动漫、游戏出版资源的深度开发利用，不断提升其出版产品附加值。

（十）发展印刷、复制产业。巩固和壮大出版物印刷、包装装潢印刷品印刷、其他印刷品印刷和只读类光盘复制、可录类光盘生产等印刷、复制产业。加大印刷、复制产业结构调整力度，促进印刷、复制产业升级换代。鼓励印刷、复制企业积极采用数字和网络技术改造生产流程和现有设

备。实施数字印刷和印刷数字化工程，推动发展快速、按需、高效、个性化数码印刷。推动印刷产业从单纯加工服务型向以提高信息增值的现代服务型转变。支持新一代大容量高清光盘的研发和产业化。鼓励印刷企业上下游共同探索循环用纸等新材料新工艺的研发和应用，大力发展绿色印刷。对高耗能、高排放的落后产能，要运用环保、技术标准、产业和融资政策等手段，坚决予以淘汰。

（十一）发展新闻出版流通、物流产业。加强以跨地区连锁经营、信息化管理和现代物流为特征的大型现代新闻出版流通组织建设，重点培育一批主业突出、辐射力强的全国性和区域性新闻出版现代流通企业和企业集团，建设一批辐射全国的区域新闻出版物流中心，并推动有条件的企业跨地区、跨国连锁经营。积极扶持农村出版物市场和连锁网点建设，建立以大城市为中心、中小城市相配套、贯通城乡的新闻出版产业流通网络。建设出版物流通信息平台，统一信息标准，打通新闻出版产业之间的流通渠道，整合发行渠道，提高流通效率。推广网络结算新技术，打造全国统一的网上结算平台。鼓励新闻出版流通和物流企业发展电子商务，推进物联网与互联网相结合。鼓励新闻出版物流企业提供第三方物流服务。

四、推动新闻出版产业发展的主要措施

鼓励教育、科技、卫生、财经和文化等领域的新闻出版资源先行整合，鼓励实力较强的地方新闻出版企业先行整合；建立新闻出版科技创新体系，重点支持产业支撑技术的发展和应用；实施一批具有战略性、引导性和带动性的重大新闻出版项目；建设新闻出版产业带、产业园区和产业基地；引导和规范非公有制文化企业以内容提供、项目合作、作为国有出版企业一个部门等方式，有序参与科技、财经、教辅、音乐艺术和少儿读物等专业图书出版活动。

（十二）深化新闻出版体制改革，打造合格市场主体和骨干企业。按照中央关于的要求和部署及《新闻出版总署关于进一步推进新闻出版体制改革的指导意见》，大力推动经营性新闻出版单位转制和改制，建立和完善法人治理结构，实行股份制改造，培育合格的市场主体。把深化改革同调整结构结合起来，加快企业兼并重组和资源整合，鼓励教育、科技、卫生、财经和文化等领域的新闻出版资源先行整合，鼓励实力较强的地方新闻出版企业先行整合资源，形成一批导向正确、主业突出、实力雄厚、管理规范、运行高效和核心竞争力强的区域性综合集团和行业性专业集团。鼓励和支持新闻出版骨干企业跨媒体、跨行业、跨地区、跨国界和跨所有制重组，在3～5年内，重点培育六七家资产超过百亿元、销售超过百亿元的国内一流、国际知名的大型新闻出版企业，努力打造具有国际竞争力的跨国出版传媒集团。与此同时，大力培育一批走内涵式发展道路的“专、精、特、新”现代新闻出版企业。鼓励条件成熟的新闻出版企业上市融资。

（十三）运用高新技术，促进新闻出版产业发展方式转变和结构调整。加快推广应用信息技术、数字技术等高新技术，建立以政策为先导、投入为保障、企业为主体、创新平台为支撑、市场需求为导向和产学研相结合的新闻出版科技创新体系。要通过科技创新提高新闻出版内容的创新能力与水平，丰富新闻出版产业的生产方式和新闻出版产品的表现形式，拓展新闻出版传播渠道。重点支持语言文字技术、声音技术、图形图像技术、内容采集与处理技术、知识组织管理技术和协同编辑管理技术等新闻出版产业支撑技术的发展和应用。不断提高新闻出版领域的科技含量和装备水平，鼓励和支持新闻出版企业运用高新技术和先进适用技术改造传统生产方式和基础设施。

（十四）实施重大项目建设，带动新闻出版产业发展。通过实施一批具有战略性、引导性和带动性的重大新闻出版项目，加速推进产业和产品升级，提高企业和产品的市场竞争力。抓住国家增加对新闻出版事业投入的契机，加大组织实施国家重大出版工程、少数民族新闻出版“东风工程”、农家书屋工程、全民阅读工程及文化环保工程等公共服务重大工程的力度，推动基本公共服务均等化，推动新闻出版产业有序快速发展。加快组织实施国家知识资源数据库、国家数字复合出版系统、数字版权保护技术研发工程、中华字库工程、国产动漫振兴工程、数字报业和国家重点学术期刊建设工程等重大项目，提升新闻出版产业的整体水平。着力在重点领域尽快形成一批进入海外市场的重点项目，增强新闻出版企业国际竞争力。

（十五）建设新闻出版产业带、产业园区和产业基地，发挥产业集群优势。鼓励各地结合区域经济社会发展规划，优化产业集聚环境，利用优势新闻出版资源，突出产业特色，提高产业集中度和专业化协作水平，有计划地建设新闻出版产业带、产业园区和产业基地，实现产业合理布局，促进产业区域协调发展。重点发展少数民族语言文字出版、数字出版、版权创意等产业园区和基地，大力推进国家级产业园区和基地建设。鼓励西南、西北等地区发展具有鲜明地域和民族特色的出版产业群。支持珠三角、长三角和环渤海等特色印刷复制产业带建设，振兴东北印刷产业，促进中西部印刷产业的开发与崛起。

（十六）建设现代市场体系，发挥市场在资源配置中的基础性作用。打破条块分割、地区封锁和城乡分离的市场格局，加快形成统一开放的新闻出版市场体系。充分利用全国性和区域性产权交易机构，为新闻出版资本、产权、人才、信息和技术等要素的有序、有效流动搭建交易平台。培育发展版权代理、出版经纪等市场中介机构，提高新闻出版产品和服务的市场化程度。积极打造新闻出版产业发展交流平台，支持办好全国图书交易博览会等展会。在国家政策允许的条件下，充分利用发行企业债券、引进境内外战略投资、上市融资等多种渠道为企业融资。开展与国有银行及相关金融机构的战略合作，加快建立和发展中小新闻出版企业信用担保机制，允许投资人以知识产权等无形资产评估作价出资组建新闻出版企业，为产业发展争取良好的融资环境。

（十七）引导和规范非公有资本有序进入新闻出版产业，解放和发展新兴文化生产力。根据《中共中央国务院关于深化文化体制改革的若干意见》和国家《文化产业振兴规划》等文件精神，鼓励、支持和引导非公有资本以多种形式进入政策许可的领域。鼓励和支持非公有制文化企业从事印刷、发行等新闻出版产业的有关经营活动。引导和规范个体、私营资本投资组建的非公有制文化企业以内容提供、项目合作、作为国有出版企业一个部门等方式，有序参与科技、财经、教辅、音乐艺术和少儿读物等专业图书出版活动。鼓励和支持非公有制文化企业开拓境外新闻出版市场。加强和改进服务，努力为非公有制文化企业持续快速健康发展创造良好的政策环境和平等竞争机会。

五、推动新闻出版产业“走出去”

支持新闻出版企业生产更多适合境外市场的新闻出版产品，并以多种方式进入海外市场；支持各种所有制的新闻出版企业到境外投资兴办实体；鼓励新闻出版企业与国际著名文化制作、经纪、营销机构合作，建设以欧美、周边国家和港澳台地区为重点的市场营销网络和营销队伍；为新闻出版产业“走出去”提供服务。

（十八）加大支持新闻出版产品对外贸易、版权输出和合作出版的力度。支持新闻出版企业结合自身优势和特点，生产更多适合境外市场的新闻出版产品，并以多种方式进入海外市场。支持新闻出版企业利用先进科技成果创新产品形态，拓展传播渠道，增强中华文化影响力。支持新闻出版企业利用金融机构提供的出口信贷和金融产品，积极开展出口外贸业务。抓好国家文化重点出口企业和项目相关工作的落实。继续实施“经典中国”国际出版工程、中外图书互译计划、中国音像制品“走出去”工程和中国图书对外推广计划。

（十九）支持各种所有制的新闻出版企业到境外投资兴办实体。支持有条件的新闻出版企业，通过新设、收购和合作等方式，到境外建社、办厂、开店，实现新闻出版企业在境外的落地和本土化。对符合国家出口指导目录规定的境外投资，在政策、资源、信息和服务等方面予以支持。

（二十）充分发挥国际合作网络和平台的作用。鼓励新闻出版企业与国际著名文化制作、经纪、营销机构合作，建设以欧美、周边国家和港澳台地区为重点的市场营销网络和营销队伍，创新市场营销方式和手段。支持新闻出版企业参加法兰克福国际书展等国际大型展会和文化活动，打造北京国际图书博览会等具有重要影响力的国际出版、版权交易平台，发挥其在对外推广文化产品和服务方面的积极作用。

（二十一）为新闻出版产业“走出去”提供服务。制定“走出去”总体规划和战略目标，在出版物和版权“走出去”的基础上，实现新闻出版企业“走出去”、品牌“走出去”、资本“走出去”。设立出版物海外推广中心、实施翻译人才库工程。加强信息平台建设，完善出版物进出口统计制度，做好新闻出版产品、服务贸易和重点企业的统计分析，向新闻出版企业及时提供国际出版市场信息。加强对有关国家文化市场和政策环境的研究，帮助新闻出版企业开拓海外市场。

六、推动新闻出版产业发展的政策和组织保障

科学编制新闻出版业“十二五”发展规划，建立新闻出版产业项目库，制定和公布产业发展和投资指导目录；积极争取各级财政支持，采取贴息、补助、奖励等方式，支持新闻出版产业发展；对跨地区发展的新闻出版企业，对优势新闻出版产业，对改革力度大、发展速度快的地区，在出版资源上给予优先配置和政策倾斜；做好新闻出版产业发展的基础性工作；完善保障新闻出版产业发展的法规体系和法律制度；改善和优化新闻出版市场环境；抓好复合型人才队伍建设；健全和完善领导体制和工作机制。

（二十二）加强新闻出版产业发展规划工作，提高宏观调控水平。全面把握国内外经济形势变化，统筹把握新闻出版业的意识形态属性和产业属性，在确保完成《新闻出版业“十一五”发展规划》各项目标任务的同时，科学编制新闻出版业“十二五”发展规划，将新闻出版产业发展纳

入国家经济社会发展规划之中。加强对产业重大项目的指导，建立新闻出版产业项目库。制订和公布新闻出版产业发展和投资指导目录。

（二十三）落实推动新闻出版产业发展的各项优惠政策。用好、用足国家支持文化单位转制和文化企业发展的一系列优惠政策，会同有关部门制订和落实支持新闻出版产业发展的相关配套政策，充分发挥政策对新闻出版产业发展的引导、激励和保障作用。

（二十四）加大对新闻出版产业发展的投入。积极争取各级财政支持，采取贴息、补助和奖励等方式，支持新闻出版产业发展。用好宣传文化发展专项资金、国家出版基金、民文出版专项资金、农家书屋工程专项资金、扶持动漫产业发展专项资金和"走出去"专项资金等财政专项资金。加强财政资金的管理和使用，提高资金的使用效率。

（二十五）科学配置新闻出版资源。对跨地区发展的新闻出版企业，对优势新闻出版产业，对改革力度大、发展速度快的地区，在出版资源上给予优先配置和政策倾斜。依据新闻出版产业发展需要，综合配置图书、报纸、期刊、音像制品、电子出版、网络出版及手机出版等出版资源，解决因版权分割所带来的制约产业发展的问题。

（二十六）做好新闻出版产业发展的基础性工作。加强新闻出版标准化工作，抓紧新闻出版标准体系建设，特别是抓好数字出版等新兴业态的标准体系的研究制订。加强出版信息化建设工作，构建有利于书号、条码、在版编目和统计、年检数据等行业信息资源集中管理、有效整合的运行平台和工作机制。进一步加强和改进新闻出版统计工作，及时发布新闻出版统计报告。

（二十七）完善保障新闻出版产业发展的法规体系和法律制度。根据当前新闻出版体制改革和产业发展的实际情况，继续推动《出版管理条例》、《音像制品管理条例》的修订，加快制订《中国标准书号使用管理办法》、《互联网游戏出版服务管理办法》和《国家出版产业基地管理办法》等规章和规范性文件。围绕保障和促进新闻出版产业发展，认真研究完善出版单位法人制度、准入和退出制度、主管主办制度、新媒体出版服务制度等相关法律制度。

（二十八）改善和优化新闻出版市场环境。贯彻落实《国家知识产权战略纲要》，加大版权保护力度，探索建立在新技术条件下科学合理的数字出版授权和使用机制。深入持久地开展"扫黄打非"斗争，加大执法力度，着力改善和优化新闻出版市场秩序。加强行业信用体系建设，在全行业开展诚信宣传教育和职业道德教育，切实推动行业自律。加强党风廉政建设和反腐倡廉工作，把行风建设贯穿于新闻出版产业发展的全过程，营造"依法经营、违法必究、公平交易、诚实守信"的产业发展环境。

（二十九）强化新闻出版产业发展的人才保障。以培养新闻出版各类领军人物为目标，统筹抓好领导人才、经营管理人才和专业技术人才，特别是复合型人才队伍建设，造就一批名作者、名编辑、名记者、行业技术专家和出版家、企业家。加快人才培养和队伍培训，设立人才培养专项资金，以定向培养、公开招聘、业外引进等方式，培养、吸引和凝聚优秀人才。完善新闻出版专业技术人员职业资格制度，以职业准入和岗位准入为抓手，不断提高基层人才队伍素质。把非公有文化机构的人才队伍纳入行业人才建设体系，积极培养和充分发挥其作用。创新人才激励机制，健全人才选拔机制，完善人才流动机制，形成有利于各类人才脱颖而出的体制环境。

（三十）健全和完善各级新闻出版产业发展领导体制和工作机制。各级新闻出版行政部门要增强推动新闻出版产业发展的责任意识，明确新闻出版产业发展领导机构和工作班子，负责指导、协调、实施新闻出版产业发展工作，确保各项目标、措施和政策落到实处。积极争取地方党委、政府对当地新闻出版产业的重视和支持，继续开展"省部战略合作"，共同推动新闻出版产业发展。

关于加快我国数字出版产业发展的若干意见

新出政发［2010］7号

新闻出版总署
2010年8月16日

各省、自治区、直辖市新闻出版局，新疆生产建设兵团新闻出版局，解放军总政治部宣传部新闻出版局，中央和国家机关各部委、各民主党派、各人民团体新闻出版主管部门，中国出版集团公司：

数字出版是指利用数字技术进行内容编辑加工，并通过网络传播数字内容产品的一种新型出版方式，其主要特征为内容生产数字化、管理过程数字化、产品形态数字化和传播渠道网络化。目前数字出版产品形态主要包括电子图书、数字报纸、数字期刊、网络原创文学、网络教育出版物、网络地图、数字音乐、网络动漫、网络游戏、数据库出版物和手机出版物（彩信、彩铃、手机报纸、手机期刊、手机小说、手机游戏）等。数字出版产品的传播途径主要包括有线互联网、无线通信网和卫星网络等。由于其海量存储、搜索便捷、传输快速、成本低廉、互动性强和环保低碳等特点，已经成为新闻出版业的战略性新兴产业和出版业发展的主要方向。

发展数字出版产业，对于提升我国文化软实力，推动文化产业乃至国民经济的可持续发展，转变出版业发展方式具有重要意义。进入新世纪以来，我国数字出版产业取得了较快进展。与此同时，由于存在投入成本高，盈利模式不成熟，相关标准不统一等问题，制约了数字出版产业的进一步发展，其生产力尚未得以充分释放。为贯彻落实中央关于调整产业结构和转变发展方式的战略部署，贯彻落实《文化产业振兴规划》和新闻出版总署《关于进一步推动新闻出版产业发展的指导意见》，推进出版业升级，现就加快我国数字出版产业发展提出如下意见。

一、加快数字出版产业发展的总体目标

1. 战略目标。要以数字化带动新闻出版业现代化，鼓励自主创新，研发数字出版核心技术，推动出版传播技术升级换代，构建传输快捷、覆盖广泛的现代新闻出版传播体系；要形成一批发展思路清晰、内容资源充沛、立足自主创新、出版方式多样、营销模式成熟、市场竞争力强和产品影响广泛的数字出版龙头企业；要切实从社会需求出发，将优质内容与数字技术紧密结合，打造弘扬中华优秀文化、反映科学技术进步、体现时代精神、为大众喜闻乐见和具有国际影响力的数字出版产品和品牌；要构建要素完整、结构合理、水平先进、效益良好和多方共赢的数字出版产业发展新格局，把数字出版产业打造成新闻出版支柱产业。

2. 发展指标。到"十二五"末，我国数字出版总产值力争达到新闻出版产业总产值的25%，整体规模居于世界领先水平。在全国形成8～10家各具特色、年产值超百亿元的国家数字出版基地或国家数字出版产业园区，形成20家左右年主营业务收入超过10亿元的具有国际竞争力的数字出版骨干企业。到2020年，传统出版单位基本完成数字化转型，其数字化产品和服务的运营份额在总份额中占有明显优势。

二、加快数字出版产业发展的主要任务

3. 加快推动传统出版单位数字化转型。加快书报刊出版单位采用新技术和现代生产方式改造传统出版流程；高度重视出版资源数字化工作，加快存量资源整理，按统一标准进行分类、存储；积极探索出版资源数字版权授权解决方案；鼓励传统出版单位开展网络出版业务；支持传统出版单位设立完全市场化的数字出版公司，尽快做大做强，成为数字出版龙头企业。

4. 加快推动音像电子出版单位数字化升级。积极运用新媒体、新技术加速产业升级；鼓励音像电子出版单位与通信运营商、网络运营商及硬件制造商进行全方位合作，

拓展新业态。

5. 加快推动传统印刷复制企业数字化改造。推动传统印刷复制企业积极采用数字和网络技术，改造印刷生产流程和设备，大力发展数字印刷，提高对消费者多样化、个性化需求的服务供给能力。

6. 大力增强网游动漫出版产品的创作和研发能力。鼓励企业通过自主创新，充分挖掘中华优秀文化，研发网游动漫精品，提高国产网游动漫产品的质量和市场占有率，提升产品附加值；打造网游动漫知名品牌，提高市场运作能力；组织实施民族网游动漫海外推广计划，大力支持国产原创网游动漫产品开发海外市场。

7. 切实加强新闻出版公共服务项目的数字化建设。对新闻出版公共服务工程中的数字化项目予以资金、政策和技术等方面的扶持；支持和鼓励出版单位、数字化公司承担和拓展数字出版公共服务项目；积极支持“农家书屋”向数字化方向发展；高度重视数字阅读，拓展全民阅读的空间；加快全民阅读工程指导性网站建设；积极开发盲文有声教材和读物；充分利用互联网，扩大民文出版物传播范围。

8. 加快国家数字出版重点科技工程和重大项目建设。加快国家数字复合出版工程、数字版权保护技术研发工程、中华字库工程和国家知识资源数据库工程等数字出版重大科技工程项目的建设进度；建设国家重点数字出版工程项目库，扶持企业建设以公共服务平台建设、内容资源数据库建设、数字出版软件产品开发以及相关技术研发为主的数字出版工程项目；加快数字出版领域科技推广和成果转化；扶持以动漫出版、网络游戏出版和数据库出版等为主的数字出版项目；扶持具有自主知识产权的电子纸、终端阅读器等新产品、新载体的研发和应用。

9. 加快推进数字出版相关标准研制工作。坚持“基础、急用”标准先行的原则，尽快制订各种数字出版相关的内容标准、格式标准、技术标准、产品标准、管理和服务标准，完成数字出版、移动出版等相关数字出版标准体系的制定，在生产、交换、流通和版权保护等过程中形成符合行业规范的数字出版业标准化体系，创造公平的市场竞争环境。

10. 推动数字出版产业聚集区建设。打破行政区划壁垒，在有条件的区域建设数字出版产业聚集区，形成一批核心数字出版产业集群和特色产业基地；吸引国内、国际知名的相关企业落户，逐步形成产业集群效应；支持进入国家级数字出版基地的企业开展互联网出版业务。

11. 支持非公有制企业从事数字出版活动。支持民营新技术公司研发基于不同传输平台和阅读终端的游戏、动漫和音乐等数字出版产品和具有自主知识产权的移动终端等硬件设备；建立数字出版企业评估体系，对长期从事数字出版活动且出版导向正确、技术实力雄厚、竞争优势明显、发展前景广阔、经营业绩突出的非公有制企业予以重点扶持；建立健全互联网出版准入退出机制，完善准入退出评估标准。

12. 推动数字出版“走出去”。鼓励企业充分利用国际、国内两种资源和两个市场，借助网络传输快捷、覆盖广泛和无国界特性，加快推动优秀出版物通过数字出版方式进入国际市场，参与国际竞争，不断增强中国新闻出版的传播能力，提高中华文化的国际影响力；重点扶持和培育在“走出去”方面措施得力、成效显著的数字出版骨干企业和示范单位，对切实跨出国门并取得显著成绩的重大项目和重点企业予以资金资助、税收减免和其他奖励。

三、加快数字出版产业发展的保障措施

13. 加强组织领导。各级新闻出版行政部门要充分认识加强数字出版工作的重要性和紧迫性，把推进数字出版产业发展作为本地区新闻出版业繁荣发展的重要工作内容；要加强组织领导，完善组织机构，积极创造条件，设立专职数字出版管理部门；要加强对本地区数字出版产业发展的统计、规划、协调和引导，做好对本地区从事数字出版内容生产、加工、复制和数字出版产品销售、进出口等活动的数字出版企业的监管与服务工作；要采取有效措施，切实解决数字出版管理工作中存在的突出问题，为数字出版产业发展创造良好的环境和条件。

14. 发挥部门合力。地方各级新闻出版行政部门要主动加强与当地党委、政府相关部门的沟通合作，争取本地发展和改革、财政、税务、工信和科技等综合职能部门对数字出版工作的支持，将数字出版发展规划纳入本地经济社会发展规划之中，为本地数字出版产业发展创造条件、提供保障；要结合本地实际，深入研究针对数字出版产业的财税政策，充分发挥政策的推动引导作用，促进数字出版产业健康发展，把国家以及各地支持推进数字化进程、文化体制改革和文化产业发展的优惠政策落到实处，为数字出版产业发展争取更多的政策支持。

15. 优化资源配置。对内容资源丰富、具备技术和其他条件的传统出版单位优先赋予互联网出版权；鼓励条件成熟的传统出版单位开发基于互联网、无线通信网、有线电视网和卫星传输等各类移动终端的数字出版产品；鼓励

传统出版企业与新媒体公司进行深层次合作，探索新型业务模式和营销模式，拓展和延伸出版产业链；倡导联合重组，鼓励非公有制企业与拥有内容资源优势的国有出版企业嫁接重组，拓展发展领域，形成新的市场主体。

16. 加大投入力度。要逐步完善数字出版投入机制，积极争取各级财政对数字出版产业发展的扶持，加大对重点数字出版工程项目的资金投入；充分发挥文化产业发展专项资金、宣传文化发展专项资金、科技创新资金和现代信息服务业专项资金的扶持导向作用，面向全社会，推动设立扶持数字出版专项资金，重点用于数字出版公共服务平台和骨干项目建设；鼓励社会各界参与数字出版产业发展，用足用好金融领域支持文化产业振兴和繁荣发展的优惠政策，拓宽投融资渠道，引入战略投资者，实现投资主体多元化。

17. 搭建交流平台。继续支持和扶持办好中国数字出版博览会、中国数字出版年会、中国国际数码互动娱乐展览会、中国国际动漫创意产业交易会和中国国际漫画节等数字出版产业方面的重要会展；积极组织参与全国图书博览会、全国图书订货交易会、北京国际图书博览会、深圳文博会、海峡两岸图书交易会，搭建展示和交流平台，推动数字出版新技术、新经验、新模式的深度交流，展示数字出版新产品和新技术。

18. 加强版权保护。要加大版权保护宣传力度，强化版权保护意识；加大对数字版权侵权盗版行为的打击力度，切实保障著作权人合法权益；加快技术创新和标准制定，为版权保护提供有效的技术手段；积极建立以司法、行政、技术和标准相结合的版权保护体系。

19. 强化网络监管。要建立属地内出版、对外宣传、公安、通信和“扫黄打非”等部门的协调、沟通和信息共享机制；增强网络出版突发事件的应对能力，提高监管工作的预见性、针对性和时效性，全面提升主动监管能力和技术保障水平；要加大对互联网低俗之风和手机网站传播淫秽色情信息的打击力度，同时切实加强对网络游戏出版审批把关和网络游戏动态出版、非法出版的监管，全面净化互联网和手机出版环境；各地要加快网络出版监管系统建设，积极探索网络出版监管的有效方式，强化长效动态监管机制。

20. 完善法规体系。加快修订《出版管理条例》、《互联网出版管理暂行规定》等法律法规，制定发布《手机媒体出版服务管理办法》、《数据库出版服务管理办法》、《互联网文学出版服务管理办法》和《互联网游戏审批管理细则》等部门规章，加快规范数字出版产业发展的法规体系建设。

21. 健全考评体系。要建立健全数字出版工作考评体系，加大对出版单位数字出版业绩考核的指标权重，重点评估其数字出版总体规划、新兴媒体和服务建设、内容资源数字化加工水平、出版流程再造、数字出版企业的市场表现、数字出版人才队伍建设、数字出版创新成果等具体指标和数据；充分调动企业经营管理者和数字出版从业人员的积极性和主动性，激发文化创造力，把推动数字出版的实际效果和发展水平纳入年度考评指标。

22. 加快人才培养。要不断完善数字出版人才培养体系，加大数字出版人才培养力度，特别是传统出版单位数字出版高级管理人才、高级营销人才、高级策划人才及数字出版编辑人才的培养，加快解决数字出版产业高层次、复合型人才的短缺问题；积极开展形式多样的数字出版产业经营管理人才培训，鼓励数字出版企业与高等院校及科研机构合作，建立人才培养和实训基地，逐步建立起教育培训和岗位实践相结合的数字出版产业人才培养机制；进一步健全人才引进、使用和考核机制。

关于加强文化产业园区基地管理、促进文化产业健康发展的通知

文产函［2010］1169号

中华人民共和国文化部
2010年6月9日

各省、自治区、直辖市文化厅（局）、新疆生产建设兵团文化局，各计划单列市文化局：

近年来，在党和政府的高度重视下，我国文化事业和文化产业发展迅速，为满足人民群众日益增长的精神文化生活需求发挥了重要作用。与此同时，各地党委、政府也纷纷采取各种积极措施，有力推动了当地文化产业发展，特别是通过文化产业园区、基地建设来促进文化产业发展，已经成为许多地方的一项重要措施。值得注意的是，当前文化产业园区、基地发展进程中出现了一些不容忽视的不良倾向，一哄而上、盲目发展的问题比较突出。有的地方建设的文化产业园区功能定位雷同，文化含量低，浪费资源；有的地方和部门热衷于给文化产业园区、基地命名“挂牌”，而忽视其条件和内涵；有的地方以文化产业之名违规占地，搞房地产及其他产业开发；有的地方在历史文化资源的开发利用中存在偏差；众多城市竞相上马建设动漫产业园区、基地或文化主题公园。这些势头如不及时加以引导和调控，势必影响到文化产业的科学发展，需要引起高度重视。

为有效解决人民群众日益增长的多样化、多层次文化消费需求，深入贯彻落实科学发展观，促进文化产业健康发展，现就加强文化产业园区、基地管理的有关事项通知如下。

一、加强规划，引导促进文化产业园区基地健康发展

本通知所称的文化产业园区、基地是指主要从事演艺、动漫、文化娱乐、游戏、文化会展、文化旅游、艺术品和工艺美术、艺术创意和设计、网络文化、文化产品数字制作与相关服务等文化产业门类活动的园区、基地。当前，尤其要将动漫产业园区、基地和动漫主题公园、文化主题公园作为调控和监管的重点。

各级文化行政部门要加强对文化产业园区、基地布局的统筹规划，坚持标准、突出特色、提高水平，促进各种资源合理配置和产业分工。要按照《文化产业振兴规划》和《文化部关于加快文化产业发展的指导意见》确定的重点行业，从当地文化产业发展实际出发，综合考虑经济基础、市场空间、消费水平、比较优势、文化生态、资源禀赋等条件，明确本地区文化产业园区、基地的布局、规划、定位和发展目标。

要坚持命名和认定的标准，科学调配公共资源，严格调控文化产业园区、基地的发展数量，严格控制新命名的文化产业园区基地的数量，坚决防止盲目投资、重复建设、一哄而上、过多过滥。坚决防止在文化产业发展过程中不切实际地将一些不符合条件的单位命名为文化产业园区、基地，或以文化产业园区、基地名义开展与文化产业无关的建设、经营活动。

二、严格建设程序和条件，有效遏制文化产业园区基地盲目发展的势头

各级文化行政部门要从规划、内容、投资、建设、运营等环节全方位对本地区文化产业园区、基地加强指导、引导。国家级文化产业示范园区、基地由文化部负责认定，省级文化产业示范园区、基地和投资1亿元以上的文化产业园区、基地由省级文化行政部门认定或审核后报文化部

备案。投资建设文化产业园区、基地，需根据《国务院关于投资体制改革的决定》（国发［2004］20号）的要求，严格按照核准权限和投资规模履行政府核准手续。在核准过程中，文化行政部门要充分发挥行业主管部门职能，对申报的项目提出核准意见。

审核的内容主要包括：具有明确的文化内容和定位，园区内文化企业所生产的文化产品和所提供的文化服务内容健康向上；发展目标明确，具有切实可行的发展规划，符合国家文化产业规划、当地经济社会发展整体规划，在土地、消防、安全、节能、环保和卫生等方面符合国家相关规定和标准；本辖区内是否存在已建或正在建设的同类型园区；投资和经营主体是否明确等内容。

文化行政部门的审核意见要及时抄告国家发展和改革委员会、土地、城乡规划部、公安部、工商部等部门。文化行政部门要按照《关于金融支持文化产业振兴和发展繁荣的指导意见》（银发［2010］94号）的要求，将对文化产业园区的审核意见告知当地有关金融机构。对未通过文化行政部门审核的文化产业园区项目，文化行政部门要及时告知当地有关金融机构，请其谨慎评估申贷项目风险。各文化企业在按照财政部《文化产业发展专项资金管理暂行办法》（财教［2010］81号）申报专项资金时，涉及文化产业园区、基地的，企业所在地省级文化行政部门应提出明确审核意见。

三、扶优扶强，发挥好文化产业园区基地对文化产业发展的促进作用

要通过宏观调控和政策引导，以特色文化资源优势和科学技术的结合，以龙头企业、重大项目为依托，培育壮大文化内容突出、特色鲜明、创新发展、符合市场需求的文化产业园区、基地。对通过文化行政部门审核，国内外影响大、文化含量高、规模效益好、管理规范、示范引导辐射作用强的文化产业园区、基地及园区内文化企业要重点扶持，按照财政部《文化产业发展专项资金管理暂行办法》（财教［2010］81号）和地方有关政策，积极支持和帮助其申报贷款贴息、项目补助、绩效奖励等资金；按照《关于金融支持文化产业振兴和发展繁荣的指导意见》（银发［2010］94号），在投融资方面对文化产业示范园区、基地进行重点扶持，优先将示范园区、基地内有贷款需求的企业和项目推荐给与文化部建立部行合作机制的银行机构，积极促成优质文化项目进入文化产权交易市场进行融资，大力培育、辅导并推荐符合条件的文化企业上市融资，联合金融机构探索针对文化产业示范园区、基地内文化企业的信用评级制度。

四、履行政府职能，加强管理与服务

各级文化行政部门要深入贯彻落实科学发展观，高度重视文化产业园区、基地的发展与管理，加强组织领导，切实履行行业管理职能，全面掌握和认真分析本地区文化产业园区、基地发展的实际情况，研究制定管理办法，有针对性地加强和改进管理与服务。要积极争取地方党委和政府的支持，加强与国家发展和改革委员会、财政部、土地、城乡规划、科技部、教育部、广电总局、新闻出版总署、旅游部、商务部、中国人民银行、中国银监会、证监人、保监会、公安部、税务部、工商部等部门及金融机构的沟通协作。

文化行政部门要加强对文化产业园区、基地的规划、指导和监管工作。对存在严重问题或已不符合条件的，要及时将有关情况告知相关部门并提出处理建议；对各级文化行政部门命名的文化产业示范园区、基地，要明确认定标准，严格认定程序，开展定期考核，实施动态管理，建立退出机制。对问题突出、不能发挥示范作用的，要及时撤销其命名。

要积极支持各地建立文化产业园区、基地综合评价体系，从文化内涵、经济实力、产业结构、人才状况、研发创新能力、集约程度、行业影响、社会贡献和管理效能等方面对文化产业园区、基地建设发展情况的全面评估，依据评估结果对其进行监督指导。

关于进一步规范出版物文字使用的通知

新出政发［2010］11号

新闻出版总署
2010年11月23日

各省、自治区、直辖市新闻出版局，新疆生产建设兵团新闻出版局，解放军总政治部宣传部新闻出版局：

报刊、图书、音像制品和电子书、互联网等各类出版物作为大众性的重要传播媒介，是语言文字规范化的实践者和宣传者，多年来，在规范使用语言文字，宣传促进语言文字规范化方面作出了重要贡献，为正确使用语言文字起到了积极示范作用。但是，随着经济社会的发展，在报纸、期刊、图书、音像制品和电子书、互联网等各类出版物中，外国语言文字使用量剧增，出现了在汉语言中随意夹杂英语等外来语、直接使用英文单词或字母缩写、生造一些非中非外、含义不清的词语等滥用语言文字的问题，严重损害了汉语言文字的规范性和纯洁性，破坏了和谐健康的语言文化环境，造成了不良的社会影响。

2010年10月31日是《中华人民共和国国家通用语言文字法》发布10周年纪念日，出版媒体和出版单位要以此为契机，大力宣传《国家通用语言文字法》，并在出版工作中认真贯彻执行有关法律规定。为进一步促进语言文字的规范化、标准化，认真贯彻中央关于规范出版语言文字使用的要求，依据《中华人民共和国国家通用语言文字法》、《出版物汉字使用管理规定》及新闻出版有关法律、法规、规章，现就进一步加强规范出版文字使用的有关问题通知如下：

一、充分认识规范使用汉语言文字的重要意义。各类出版媒体和出版单位要高度重视出版物文字规范化工作，严格执行规范汉语言文字这一基本的语言文字政策，把宣传和规范使用汉语言文字作为传承中华文明、促进社会主义精神文明建设的一件重要职责，在出版活动中切实贯彻落实有关规范汉语言文字的法律法规。

二、严格执行规范使用汉语言文字有关规定。出版媒体和出版单位要采取有效措施，严格执行《出版物汉字使用管理规定》第五条“报纸、期刊、图书、音像制品等出版物的报头（名）、刊名、封皮（包括封面、封底、书脊等）、包装装饰物、广告宣传品等用字，必须使用规范汉字，禁止使用不规范汉字。出版物的内文（包括正文、内容提要、目录以及版权记录项目等辅文），必须使用规范汉字，禁止使用不规范汉字。”等有关条款，坚决抵制不良文化倾向，正确使用汉语言文字，为促进汉语言文字的规范化和健康发展发挥示范带头作用。

三、高度重视规范使用外国语言文字。出版媒体和出版单位要进一步加强外国语言文字的使用规范化，尊重并遵循汉语言及所使用的外国语言文字的结构规律和词汇、语法规则。在汉语出版物中，禁止出现随意夹带使用英文单词或字母缩写等外国语言文字；禁止生造非中非外、含义不清的词语；禁止任意增减外文字母、颠倒词序等违反语言规范现象。汉语文出版物中需要使用外国语言文字的，应当用国家通用语言文字作必要的注释。外国语言文字的翻译应当符合翻译的基本原则和惯例。外国人名、地名等专有名词和科学技术术语要按有关规定翻译成国家通用语言文字。

四、各级新闻出版行政部门要进一步加强对出版物语言文字使用及质量的管理和检查。将出版物使用语言文字情况，尤其是使用外语规范情况作为出版物质量检查和年度核验的重要内容，并将其纳入日常审读范围。对违反使用语言文字规范的，要责令改正，依法予以行政处罚。

五、出版媒体、出版单位及各级新闻出版行政部门要加强对规范使用汉语言文字的宣传教育。要引导社会大众自觉弘扬民族文化，使语言文字符合规范要求，适合国情，方便群众。

六、本通知要传达到所有出版媒体和出版单位，要求认真贯彻落实。

关于进一步加强文化市场管理工作的若干意见

中华人民共和国文化部
2010 年 12 月 20 日

各省、自治区、直辖市文化厅（局），新疆生产建设兵团文化广播电视局，北京市、天津市、上海市、重庆市文化市场行政执法总队：

经过多年发展，文化市场已成为人民群众文化消费的主渠道，管理工作也取得显著成效，法规体系基本建立，市场秩序不断规范，管理水平逐步提高，对促进文化产业发展、满足人民群众精神文化需求发挥了重要作用。与此同时，管理工作仍不适应文化市场发展和新形势要求。胡锦涛总书记在中央政治局第二十二次集体学习时发表重要讲话，要求繁荣城乡文化市场，加强文化市场监管，构建统一开放竞争有序的现代文化市场体系，推进文化市场综合执法改革，努力做到依法管理、科学管理、有效管理。为贯彻十七届五中全会和胡锦涛总书记重要讲话精神，现就进一步加强新形势下文化市场管理工作提出以下意见。

一、正确研判文化市场发展管理的形势与任务

（一）全面把握文化市场管理工作面临的新形势。在全面建设小康社会进程中，人民群众的精神文化需求日趋旺盛，文化建设的战略地位日益凸显。党中央从中国特色社会主义事业总体布局和实现中华民族伟大复兴的战略高度出发，提出要促进文化事业全面繁荣和文化产业快速发展，构建统一开放竞争有序的现代文化市场体系。随着国家文化体制改革逐步深化，文化市场综合执法改革全面推进，文化管理体制发生重大变化，文化市场由分头管理、多头执法向统一领导、综合执法转变，管理范围迅速扩展。文化与信息网络技术深度融合，打破了传统的文化市场分类方式和管理模式，在促进文化市场发展的同时，也带来了一些新情况新问题。新形势对文化市场管理工作提出了更高的要求，迫切需要对文化市场管理理念、思路、方法和手段进行及时调整创新。

（二）清醒认识文化市场管理工作中存在的问题。从全国范围看，大市场、小队伍的状况普遍存在，文化市场管理任务日趋繁重、难度逐步加大与管理投入相对不足的矛盾越来越突出，特别是中西部地区，文化市场管理机构和队伍建设长期滞后，人员编制、经费投入、设备装备、综合素质等难以适应现代文化市场管理需要。由于监管薄弱、效率不高等原因，一些地区文化市场仍然存在一些问题，含有色情淫秽、反动内容的非法文化产品时有发现，违法违规行为屡禁不止，扰乱市场秩序，败坏社会风气，危害社会稳定和国家文化安全。亟需加大政府投入，提高保障能力，加强队伍建设，提高管理水平。

（三）努力实现文化市场管理工作的历史性转变。文化市场管理工作直接面向社会，突发事件多，社会热点多，工作责任大。各级文化行政部门和综合执法机构要从加强和改进党在意识形态领域的执政能力、推动和保障社会主义文化大发展大繁荣的高度，增强使命感和责任感，努力实现从注重事前静态审批向注重事中和事后动态监管转变，从注重市场主体、产品和服务准入向注重市场交易机制和规范建设转变，从注重刚性管制方式向寓监管于服务的刚柔相济方式转变，从主要依靠人工巡查向人工巡查与技术监管相结合转变，把文化市场管理提高到新水平。

二、文化市场管理工作的总体要求和基本原则

（四）总体要求。贯彻落实科学发展观，深入推进文化市场管理体制改革，不断完善管理机制，全面加强文化市场管理，努力提高管理能力和水平，构建现代文化市场体系，规范文化市场秩序，净化社会文化环境，依法维护消费者文化权益和国家文化安全，为推动社会主义文化大发展大繁荣提供坚实保障。

（五）基本原则。面对新的形势，文化市场管理工作应

当创新管理理念，在具体工作中坚持以下基本原则。

坚持依法管理的原则。加强法制建设，健全文化市场法规体系，完善文化市场运行的基本规则，保护经营主体的合法权益；规范行政许可和执法行为，落实行政管理和执法责任制，做到有法可依、有法必依、执法必严、违法必究。

坚持市场配置的原则。按照建设法治政府和服务型政府的要求，转变政府职能，减少微观事务、简化行政审批、避免直接干预；充分发挥市场对文化资源配置的基础性作用，坚持宏观调控与市场调节相结合，优化资源配置，实现总量增长与结构优化的有机统一。

坚持分类指导的原则。针对文化市场不同行业发展的特点和管理现状，分别制订科学合理的管理办法，确定与之相适应的管理模式和手段；根据不同地区文化市场发展水平、特点以及存在的主要矛盾和问题，确定符合当地实际的主要任务、管理重点和工作措施。

坚持政府投入的原则。加强文化市场监督管理，是政府部门的法定职责，其所需要的行政成本，应由公共财政承担、政府投入，不能由被管理对象承担。要不断加大政府投入，为文化市场管理工作提供基本保障。

坚持综合协调的原则。建立健全与相关部门的协调机制，统筹执法资源，实现信息共享、联合行动、区域协作，形成管理合力；加强行业自律和市场主体自我约束，实现社会监督、行业监督和行政监督的协调统一。

三、文化市场管理的主要任务

新时期文化市场管理工作要服从和服务于推动社会主义文化大发展大繁荣的大局，找准工作定位，履行工作职责，切实做到不缺位、不越位。

（六）健全文化市场管理法规制度。按照与市场经济规律相符合，与文化市场发展趋势相适应，与文化市场管理体制改革相衔接的要求，全面梳理文化市场法律法规，做好法规制度的立、改、废工作。完善文化市场法规体系，推动出台《艺术品市场管理条例》、《文化市场行政执法管理条例》以及《电子游戏游艺市场管理办法》、《手机娱乐管理办法》，修订《娱乐场所管理条例》和《互联网上网服务营业场所管理条例》。

（七）构建现代文化市场体系。拟订文化市场发展规划，运用法律、经济和必要的行政手段，调整市场布局，优化市场结构，引导和调节文化市场。培育和健全各类文化产品市场和要素市场，打破条块分割、地区封锁、城乡分离的市场格局，促进文化产品和生产要素的合理流动，推动城乡文化市场统筹发展，构建统一开放竞争有序的现代文化市场体系。壮大文化市场主体，推动文化市场规模化、连锁化、品牌化发展，完善现代流通体系，培育大众性文化消费市场和新兴文化经营业态，引导和促进文化消费，满足人民群众多样化、多层次、多方面的精神文化需求。

（八）完善文化市场准入、运行和退出制度。完善文化市场主体和产品准入制度，加强文化市场主体和内容管理。依法对文化产品进行内容审查。推动建立科学合理的文化市场运行机制，加快文化市场诚信体系和标准体系建设，规范市场经营主体之间、经营者与消费者之间的关系，营造公平竞争的市场环境。通过政府指导、信息发布、表彰奖励、“黑名单”等制度，建立优秀市场经营主体以及文化产品的扶持和奖励机制、不合格市场经营主体以及文化产品的自动退出和强制退出机制。

（九）建立完善文化市场综合执法体制。深入推进文化市场综合执法改革，推动文化、广电、新闻出版等部门执法力量整合，建立“权责明确、行为规范、监督有效、保障有力”的文化市场综合执法体制。各级文化行政部门要依照规定，统筹协调、监督指导文化市场综合执法工作。各级文化市场综合执法机构作为宣传文化系统共同的行政执法力量，应当接受文化（文物）、广播影视、新闻出版（版权）部门的相关业务指导，落实“扫黄打非”、综合治理等协调机构的工作部署，以保护知识产权、净化社会文化环境、维护消费者合法权益和国家文化安全为重点，全面履行文化市场监管职责，不断推进综合执法工作的法制化、科学化、规范化。

（十）加强文化市场管理和综合执法队伍建设。按照专业化、规范化、信息化的要求，建设一支政治强、业务精、纪律严、作风正、形象好的文化市场管理和综合执法队伍。制定队伍建设规划，明确加强队伍能力建设、制度建设、装备建设、形象建设和廉政建设的目标、任务、措施和要求。根据当地经济社会发展水平和文化市场管理需要，保障执法经费，配备执法车辆，购置必备的调查取证、内容审查、技术监控等执法装备，改善执法条件和待遇，推进综合执法队伍的规范化建设。统一执法规范、程序、文书和标志。制定培训规划，优化和整合培训资源，培养一批专家型文化市场管理和执法业务骨干。健全县级文化市场管理和执法队伍，建立完善乡镇文化市场管理体制机制。

（十一）建设全国文化市场技术监管体系。积极利用信息网络技术，创新文化市场管理手段。按照“总体规划、分步实施、全国联网、分级运营”的原则，编制文化市场技术监管系统总体规划和标准规范，逐步建成统一高效的全国文化市场技术监管系统，承担文化市场的宏观决策、市场准入、综合执法、动态监管和公共服务等核心应用。全面应用文化市场综合执法办公系统，推进综合执法工作的信息化。完善“12318”全国文化市场举报监督体系，提高社会力量参与文化市场管理的水平。

四、加强文化市场管理的组织领导

（十二）加强对文化市场管理工作的统一领导。建立健全统一的文化市场管理领导体制，充分发挥文化市场管理工作领导小组的作用，加强对文化市场管理和综合执法工作的统一领导，形成“党委领导、政府管理、行业自律、社会监督”的文化市场管理格局。

（十三）合理划分各级管理部门的职责。要合理划分中央与地方各级文化行政部门对文化市场管理的职责。文化部主要负责全国文化市场宏观管理，通过制订法规、出台政策、建立制度，加强培训和监督检查，统筹和指导全国文化市场管理工作。省级文化行政部门要结合本地实际，贯彻落实中央出台的各项法规政策，承办文化部委托的审批管理工作，协调有关部门制定地方性文化市场管理法规政策，指导地、县级文化行政部门开展文化市场管理工作。地、县级文化行政部门要根据中央和省级文化行政部门的要求，按照属地管理原则，履行和承担文化市场管理的主体责任。各级文化市场综合执法机构经省（自治区、直辖市）人民政府授权实行统一综合执法的，对同级人民政府负责。受委托进行统一执法的机构，对委托机关负责，接受委托机关的监督、指导和考核。下级综合执法机构同时接受上级综合执法机构的业务指导。

（十四）加强对文化市场管理的统筹协调。要按照“政策制定职能与监督处罚职能相对分离”的原则，统筹协调文化市场行政管理与行政执法工作。文化行政部门主要负责文化市场的宏观管理，健全文化市场管理法律法规、政策体系、标准规范，履行市场准入和内容审查职能，负责文化市场运行管理，指导、监督受委托的综合执法机构依法开展综合执法工作，提出执法要求，考核执法绩效，提供专业服务。文化市场综合执法机构根据授权或委托，对文化市场实行统一执法，负责具体执法工作，行使文化市场行政处罚权以及与其相关的行政检查权和行政强制权，健全执法工作制度，完善执法程序，落实行政执法责任制和执法过错追究制，依法执法，完成政府或委托部门交予的执法任务，接受法制监督和行政监察。文化行政部门和综合执法机构要在文化市场管理工作领导小组的统一领导下，既分工负责、各司其职，又统筹协调、密切配合，及时相互通报政策法规、审批审查和行政处罚情况，共同做好文化市场管理工作。

（十五）加强对文化市场管理工作的绩效考核。按照围绕中心、服务大局的原则，建立文化市场管理和综合执法工作绩效考核体系，完善文化市场政策评估、反馈机制，推进新形势下文化市场管理和综合执法工作的创新和进步。建立健全中央、省、地、县四级文化市场管理绩效考评机制。省、地、县文化行政部门要对文化市场管理和委托执法的综合执法机构进行年度绩效考评，细化工作，量化任务。要结合绩效考评工作，建立表彰奖励制度，调动基层文化市场管理人员和执法人员的积极性和主动性，推动我国文化市场健康有序发展。

关于金融支持文化产业振兴和发展繁荣的指导意见

银发［2010］94号

宣传部、文化部、财政部、中国人民银行、新闻出版总署
广电总局、银监会、证监会、保监会

2010年3月19日

各省、自治区、直辖市党委宣传部，中国人民银行上海总部、各分行、营业管理部、各省会（首府）城市中心支行，各省、自治区、直辖市财政厅（局）、文化厅（局）、广播影视局、新闻出版局、银监局、证监局、保监局，各政策性银行、国有商业银行、股份制商业银行、中国邮政储蓄银行：

为贯彻落实《国务院关于印发文化产业振兴规划的通知》（国发［2009］30号）精神，进一步改进和提升对我国文化产业的金融服务，支持文化产业振兴和发展繁荣，现提出以下指导意见。

一、充分认识金融支持文化产业发展的重要意义

（一）文化产业快速发展迫切需要金融业的大力支持。金融是现代经济的核心，在全面建设小康社会、加快现代化建设的进程中，金融引导资源配置、调节经济运行、服务经济社会，对国民经济的持续、健康、稳定发展具有重要作用。文化产业是国民经济的重要组成部分，近年来，中央实施重要战略部署和政策措施，深化文化体制改革，加快发展文化产业，文化产业呈现出良好的发展态势，正成为经济发展新的增长点，在保增长、扩内需、调结构、促发展中发挥着重要作用。加大金融业支持文化产业的力度，推动文化产业与金融业的对接，是培育新的经济增长点的需要，是促进文化大发展大繁荣的需要，是提高国家文化软实力和维护国家文化安全的需要。各金融部门要把积极推动文化产业发展作为一项重要战略任务，作为拓展业务范围、培育新的盈利增长点的重要努力方向，大力创新和开发适合文化企业特点的信贷产品，努力改善和提升金融服务水平，促进我国文化产业实现又好又快发展。

二、积极开发适合文化产业特点的信贷产品，加大有效的信贷投放

（二）推动多元化、多层次的信贷产品开发和创新。对于处于成熟期、经营模式稳定、经济效益较好的文化企业，要优先给予信贷支持。积极开展对上下游企业的供应链融资，支持企业开展并购融资，促进产业链整合。对于具有稳定物流和现金流的企业，可发放应收账款质押、仓单质押贷款。对于租赁演艺、展览、动漫、游戏，出版内容的采集、加工、制作、存储和出版物物流、印刷复制，广播影视节目的制作、传输、集成和电影放映等相关设备的企业，可发放融资租赁贷款。建立文化企业无形资产评估体系，为金融机构处置文化类无形资产提供保障。对于具有优质商标权、专利权、著作权的企业，可通过权利质押贷款等方式，逐步扩大收益权质押贷款的适用范围。

（三）积极探索适合文化产业项目的多种贷款模式。对于融资规模较大、项目较多的文化企业，鼓励商业银行以银团贷款等方式提供金融支持。探索和完善银团贷款的风险分担机制，加强金融机构之间的合作，有效降低单个金融机构的信贷风险。对处于产业集群或产业链中的中小文化企业，鼓励商业银行探索联保联贷等方式提供金融支持。

三、完善授信模式，加强和改进对文化产业的金融服务

（四）完善利率定价机制，合理确定贷款期限和利率。各金融机构应在风险可控、商业可持续原则的基础上，根据不同文化企业的实际情况，建立符合监管要求的灵活的差别化定价机制。针对部分文化产业项目周期特点和风险特征，金融机构可根据项目周期的资金需求和现金流分布状况，科学合理确定贷款期限。对于列入国家规划重点支

持的文化产业项目或企业，金融机构在有效防范风险的基础上可适当延长贷款期限。

（五）建立科学的信用评级制度和业务考评体系。各金融机构在确定内部评级要素，设计内部评级指标体系、评级模型和计分标准的过程中，应充分考虑文化企业的特点，建立和完善科学、合理的信用评级和信用评分制度。要充分借鉴外部评级报告，建立内外部评级相结合的评级体系。要进一步改进和完善业务考评程序和考核方法，建立专门针对文化产业金融服务的考评体系，将加强信贷风险管理和积极促进文化产业发展相结合，建立正向激励机制。在落实工作责任和考核整体质量及综合回报的基础上，对中小文化企业的贷款项目，根据实际情况和有关规定追究或免除有关责任人的相应责任，做到尽职者免责，失职者问责。

（六）进一步改进和完善对文化企业的金融服务。各金融机构要增强服务意识，设立专家团队和专门的服务部门，主动向文化企业提供优质的金融服务。对于国家重点支持的文化企业和项目，要优化简化审批流程，提高贷款审批效率。在满足金融机构授信客户准入标准的前提下，可对举办培训的企业和接受培训的人员予以信贷支持。银行业金融机构与非银行金融机构应积极加强合作，综合利用多种金融业务和金融产品，推出信贷、债券、信托、基金、保险等多种工具相融合的一揽子金融服务，做好文化企业从初创期到成熟期各发展阶段的融资方式衔接。

（七）积极开发文化消费信贷产品，为文化消费提供便利的支付结算服务。各金融机构应积极培育文化产业消费信贷市场，通过消费信贷产品创新，不断满足文化产业多层次的消费信贷需求。可通过开发分期付款等消费信贷品种，扩大对演艺娱乐、会展旅游、艺术品和工艺品、动漫游戏、数字产品、创意设计，图书、报刊、音像制品、电子出版物、网络出版、数字出版等出版产品与服务、印刷、复制、发行，高清电视、付费广播电视、移动多媒体广播电视、电影产品等综合消费信贷投放。加强网上银行业务推广，提高软件、网络及计算机服务，设计服务和休闲娱乐等行业的网络支付应用水平。进一步发挥人民银行支付清算和征信系统的作用，加快完善银行卡刷卡环境，推动文化娱乐、广播影视、新闻出版、旅游广告、艺术品交易等行业的刷卡消费，促进文化市场的繁荣发展。

（八）继续完善文化企业外汇管理，提高文化产业贸易投资便利程度。便利文化企业的跨境投资，满足文化企业对外贸易、跨境融资和投资等合理用汇需求，提高外汇管理效率，简化优化外汇管理业务流程，促进文化企业提高外汇资金使用效率，降低财务成本，提高我国文化企业核心竞争力。

四、大力发展多层次资本市场，扩大文化企业的直接融资规模

（九）推动符合条件的文化企业上市融资。支持处于成熟期、经营较为稳定的文化企业在主板市场上市。鼓励已上市的文化企业通过公开增发、定向增发等再融资方式进行并购和重组。探索建立宣传文化部门与证券监管部门的项目信息合作机制，加强适合于创业板市场的中小文化企业项目的筛选和储备，支持其中符合条件的企业上市。

（十）支持文化企业通过债券市场融资。支持符合条件的文化企业通过发行企业债、集合债和公司债等方式融资。积极发挥中债信用增进投资股份有限公司等专业机构的作用，为中小文化企业通过发行短期融资券、中期票据、集合票据等方式融资提供便利。对符合国家政策规定的中小文化企业发行直接债务融资工具的，鼓励中介机构适当降低收费，减轻文化企业的融资成本负担。对于运作比较成熟、未来现金流比较稳定的文化产业项目，可以以优质文化资产的未来现金流、收益权等为基础，探索开展文化产业项目的资产证券化试点。

（十一）鼓励多元资金支持文化产业发展。发挥保险公司机构投资者作用和保险资金融资功能，在风险可控的前提下，鼓励保险公司投资文化企业的债权和股权，引导符合条件的保险公司参与文化产业投资基金。适当放宽准入条件，鼓励风险投资基金、私募股权基金等风险偏好型投资者积极进入处于初创阶段、市场前景广阔的新兴文化业态。

五、积极培育和发展文化产业保险市场

（十二）进一步加强和完善保险服务。在现有工作基础上，各保险机构应根据文化企业的特点，积极开发适合文化企业需要的保险产品，并按照收益覆盖风险的原则合理确定保险费率。对于宣传文化部门重点扶持的文化企业和文化产业项目，应建立承保和理赔的便捷通道，对于信誉好、风险低的，可适当降低费率。加快培育和完善文化产业保险市场，提高保险在文化产业中的覆盖面和渗透度，有效分散文化产业的项目运作风险。

（十三）推动保险产品和服务方式创新。各保险机构应在现有保险产品的基础上，探索开展知识产权侵权险，演艺、会展、动漫、游戏、各类出版物的印刷、复制、发行和广播影视产品完工险、损失险，团体意外伤害保险等适合文化企业特点和需要的新型险种和各种保险业务。鼓励保险公司探索开展信用保险业务，弥补现行信用担保体制

在支持服务业融资方面的不足。进一步加强和完善针对文化出口企业的保险服务，对于符合《文化产品和服务出口指导目录》条件，特别是列入《国家文化出口重点企业目录》和《国家文化出口重点项目目录》的文化出口企业和项目，保险机构应积极提供出口信用保险服务，鼓励和促进文化企业积极参与国际竞争。

六、建立健全有利于金融支持文化产业发展的配套机制

（十四）推进文化企业建立现代企业制度，完善公司治理结构。按照创新体制、转换机制、面向市场、增强活力的原则，推动文化企业建立现代企业制度，引入现代公司治理机制和现代企业财务会计制度，规范会计和审计流程，提高信息披露透明度，增强财务管理能力，为金融支持文化产业发展奠定良好的制度基础。

（十五）中央和地方财政可通过文化产业发展专项资金等，对符合条件的文化企业，给予贷款贴息和保费补贴。支持设立文化产业投资基金，由财政注资引导，鼓励金融资本依法参与。

（十六）建立多层次的贷款风险分担和补偿机制。鼓励各类担保机构对文化产业提供融资担保，通过再担保、联合担保以及担保与保险相结合等方式多渠道分散风险。研究建立企业信用担保基金和区域性再担保机构，以参股、委托运作和提供风险补偿等方式支持担保机构的设立与发展，服务文化产业融资需求。探索设立文化企业贷款风险补偿基金，合理分散承贷银行的信贷风险。

（十七）完善知识产权法律体系，切实保障各方权益。抓紧制订和完善专利权、著作权等无形资产评估、质押、登记、托管、流转和变现的管理办法，根据《中华人民共和国物权法》修订有关质押登记规定。积极培育流转市场，充分发挥上海文化产权交易所、深圳文化产权交易所等交易平台的作用，为文化企业的著作权交易、商标权交易和专利技术交易等文化产权交易提供专业化服务。进一步加强对文化市场的有效监管和知识产权保护力度，完善各类无形资产二级交易市场，切实保障投资者、债权人和消费者的权益。

七、加强政策协调和实施效果监测评估

（十八）加强信贷政策和产业政策的协调。制订并定期完善《文化产业投资指导目录》，发布更新文化产业发展的项目信息。加大对符合产业政策导向的文化企业的信贷支持，对纳入《文化产业投资指导目录》“鼓励类”的文化产业项目，金融机构优先予以信贷支持，对“限制类”的文化产业项目要从严审查和审批贷款。

（十九）建立多部门信息沟通机制，搭建文化产业投融资服务平台。建立文化企业投融资优质项目数据库，通过组织论坛、研讨会、洽谈会等形式，加强文化项目和金融产品的宣传、推介，促进银、政、企合作，对纳入数据库并获得宣传文化部门推荐的优质项目，金融机构应重点支持。

（二十）加强政策落实督促评估。人民银行各分支机构会同同级宣传文化、财政、银监、证监、保监等部门，根据本指导意见精神，结合辖区实际，制订和完善金融支持文化产业发展的具体实施意见或办法，切实抓好贯彻实施工作。各金融机构要逐步建立和完善金融支持文化产业发展的专项统计制度，加强对文化产业贷款的统计与监测分析。人民银行各分支机构可根据辖区实际情况，建立金融支持文化产业发展的专项信贷政策导向效果评估制度。

关于开展2011年印刷企业年度核验工作的通知

新出字［2010］519号

新闻出版总署
2010年12月7日

各省、自治区、直辖市新闻出版局，新疆生产建设兵团新闻出版局，解放军总政治部宣传部新闻出版局：

为加强对印刷业的监督管理，不断完善新闻出版行政管理的“四大准入”制度，根据《行政许可法》第六十一条及新闻出版总署《关于印发〈印刷发行管理司主要职责内设机构和人员编制规定〉的通知》（新出人事［2008］1259号）规定，决定开展2011年印刷企业年度核验工作。现就有关具体事项通知如下。

一、年度核验工作的指导思想

全面贯彻落实党的十七大以及十七届五中全会精神，深入贯彻落实科学发展观，按照“力争提前将我国建设成为世界印刷强国”的总体目标的要求，坚持科学发展，围绕优化结构，进一步调整产业布局，提高科技创新能力，推动我国印刷产业发展方式加快转变，促进我国印刷业实现又好又快发展。通过“十二五”开局之年的年度核验工作掌握印刷业发展的基本情况，为实施“十二五”规划打好基础；进一步完善“规模以上重点印刷企业联系制度”，增强优势企业的示范引导作用；对严重违规、不符合资质条件的印刷企业坚决不予年度核验，为印刷业平稳有序、健康快速发展提供保障。

二、年度核验工作的范围

参加年度核验的单位为领取《印刷经营许可证》的印刷企业、单位及个人（以下简称印刷企业，不包括复印打印企业），含2010年新批准设立的印刷企业。

三、年度核验工作的时间

印刷企业年度核验工作原则上应在2011年3月底之前完成，以便工商部门进行年检。如有特殊情况，在不影响企业进行工商年检的前提下，可由各省、自治区、直辖市新闻出版局根据实际情况自行确定。2011年印刷企业年度核验工作由各省、自治区、直辖市新闻出版局组织实施，新闻出版总署负责监督、检查和指导。

四、核验企业需报送的材料

（一）《2011年印刷企业年度核验表》（见附件1，印刷企业填报）。

（二）印刷企业自查报告。主要包括：执行国家有关印刷管理法规规章情况；开展印刷经营活动的基本条件；印刷经营情况及经营业绩；所获奖励和受处罚情况；国内设备使用情况、国外新旧设备的引进情况，列入《产业结构调整指导目录》（淘汰类）的印刷设备是否已淘汰；产品质量状况，通过ISO 9000、ISO 14000及其他认证情况；实施企业资源计划管理系统（ERP）的情况；对核验期内违规行为的整改情况；统计数据报送情况及其他需要说明的情况；组织及参加培训情况；上市的情况；组建印刷集团的情况；国内外经济形势对企业发展的影响；对新闻出版行政部门在印刷管理方面的建议等。

（三）《印刷经营许可证（正本）、（副本）》（原件）、《营业执照（副本）》复印件。

（四）《外商投资企业批准证书》（复印件，限外商投资印刷企业）。

（五）《印刷法规培训合格证书》复印件。

（六）其他有关材料。

上述有关文字材料和报表一式三份，待完成整个核验程序后，由负责印刷企业年度核验的新闻出版行政部门及上一级新闻出版行政部门、印刷企业分别留存一份。

五、年度核验工作的主要内容

（一）注册资本是否符合规定。

（二）生产经营场所是否符合规定。

（三）印刷设备是否符合规定，列入《产业结构调整指导目录》（淘汰类）的印刷生产设备是否已淘汰。

（四）法定代表人及主要生产、经营负责人是否取得《印刷法规培训合格证书》。

（五）是否按照《印刷业管理条例》、《印刷品承印管理规定》等有关法规、规章的要求建立、健全印刷企业五项制度，并在日常生产经营中贯彻执行。

（六）印刷产品是否达到国家所规定的各项质量标准。

（七）是否按规定按时逐项向新闻出版行政部门报送统计数据。

（八）出版物印刷企业应提交两种以上由省级以上国家法定质量监督检验机构出具的质检报告（各省自定）。

（九）有无违反印刷管理规定的行为。

六、年度核验的条件

（一）准予年度核验。对符合《印刷业管理条例》第八条、《印刷业经营者资格条件暂行规定》、《设立外商投资印刷企业暂行规定》要求的资格条件，无违反印刷管理法规规章行为的，按规定向新闻出版行政部门及统计部门报送数据，在规定时间内递交自查报告和《2011 年印刷企业年度核验表》的印刷企业，准予核验。对通过核验的，在其《印刷经营许可证（正本）、（副本）》上加盖年度核验戳记后，企业取得继续从事印刷经营活动的资格。

（二）有下列情形之一的，须暂缓年度核验：（1）经核验发现有违法行为应予处罚的；（2）正在限期停业整顿的；（3）法定代表人及主要生产、经营负责人未取得新闻出版行政部门颁发的《印刷法规培训合格证书》的；（4）未按规定报送统计报表的；（5）在省级以上新闻出版行政部门组织的印装质量检查中，发现存在严重质量问题的。

暂缓年度核验的期限由各省、自治区、直辖市新闻出版局确定。暂缓年度核验的企业应进行认真整改，待问题得到解决后，写出申请，报所在地新闻出版行政部门审批。暂缓期满，按本通知规定重新办理年度核验。

（三）有下列情形之一的，不予年度核验：①违法行为被查处后拒不改正或者没有明显整改效果的；②已经不具备《印刷业管理条例》第八条和《印刷业经营者资格条件暂行规定》、《设立外商投资印刷企业暂行规定》规定的资格条件的。

未通过年度核验的印刷企业，不得继续从事印刷经营活动，由原审批的新闻出版行政部门收回《印刷经营许可证》。

印刷企业未在规定的时间内申报核验材料，下发催告通知书 30 日内仍未申报的，由原审批的新闻出版行政部门注销《印刷经营许可证》。

七、年度核验的重点

（一）切实加强对印刷企业的监管要把本次年度核验工作与当前正在开展的打击侵犯知识产权和制售假冒伪劣商品专项行动紧密结合，按照《新闻出版总署、国家版权局、全国“扫黄打非”工作小组办公室关于开展打击侵犯知识产权和制售假冒伪劣商品专项行动及进一步做好使用正版软件工作的通知》[（2010）新出明电 39 号]要求，对印刷各类出版物、包装装潢、商标标识标签的企业进行专项检查，严厉查处非法加印、出售标识标签等印刷品的行为。

（二）继续完善“规模以上重点印刷企业联系制度”通过汇总填报《规模以上重点印刷企业（年印刷总产值超过 5 000 万元）联系表》（见附件 2），切实掌握“规模以上重点印刷企业”的经营管理状况，通过政策引导、项目扶持等手段加快培育一批具有国际竞争力的优势企业。

（三）开展印刷园区建设工作的调研各地要结合区域经济发展规划，培育与市场需求相适应的、以专、精、特、新为特点的不同印刷产业集群。要在全面调研的基础上，掌握了解印刷园区建设情况，积极推进绿色印刷，并认真填报《年度核验情况汇总表》（见附件 3）中有关内容。

八、年度核验的工作程序

（一）凡参加核验的印刷企业，要按照通知要求认真进行自查，写出自查报告，填写《2011 年印刷企业年度核验表》，并于 2011 年 2 月 15 日前将自查报告、《2011 年印刷企业年度核验表》及有关材料报至当地新闻出版行政部门。

（二）各级新闻出版行政部门应于 2011 年 3 月底前核验完所负责企业的自查报告和核验表，做出能否通过核验的决定。

（三）各地新闻出版行政部门要与工商行政管理部门做好衔接工作，及时将核验结果通报工商行政管理部门，确保工商年度核验工作顺利完成。

（四）新闻出版行政部门逐级上报总结报告、《规模以上重点印刷企业（年印刷总产值超过 5 000 万元）联系表》和《年度核验情况汇总表》，同时将被暂缓年度核验、不予年度核验的印刷企业名单一并附上。2011 年 4 月底前，各省、自治区、直辖市新闻出版局将本行政区域内的核验情况工作总结、《规模以上重点印刷企业（年印刷总产值超过 5 000 万元）联系表》和《年度核验情况汇总表》报送新闻出版总署印刷发行管理司。

（五）各省、自治区、直辖市年度核验情况工作总结要包括：①核验工作的过程；②当地印刷业质量管理、生产产能、技术设备、人才培训的基本状况；③当地规模以上重点印刷企业的基本情况；④年度核验中发现的主要问题；⑤暂缓年度核验和不予年度核验企业存在的主要问题及处理情况；⑥对印刷业发展采取的措施和建议等。

（六）2011年不开展印刷企业核验工作的省份，也须在2011年4月底前将《规模以上重点印刷企业（年印刷总产值超过5 000万元）联系表》和《年度核验情况汇总表》报送新闻出版总署印刷发行管理司。

请各省、自治区、直辖市新闻出版局按照本通知要求，对本辖区印刷企业年度核验工作认真作出全面部署，并可根据本地区的具体情况制定核验的实施细则。各印刷企业要认真准备有关材料，准确、翔实填写有关数据。各级新闻出版行政部门要认真核实企业报送的材料，严格把关，并对有关材料进行分析、汇总。核验期间，总署将对各地开展核验工作的情况进行检查，对认真开展核验工作的地区，对创新管理工作的单位进行表彰；对不认真开展核验工作、不认真撰写工作总结、不认真填写《规模以上重点印刷企业（年印刷总产值超过5 000万元）联系表》和《年度核验情况汇总表》的地区予以通报批评。

在开展2011年印刷企业年度核验工作中遇有情况和问题，可随时与新闻出版总署印刷发行管理司联系。

关于《外商投资图书、报纸、期刊分销企业管理办法》的补充规定（三）

中华人民共和国新闻出版总署
中华人民共和国　商　务　部　令

第48号

《关于〈外商投资图书、报纸、期刊分销企业管理办法〉的补充规定（三）》已经2010年10月19日新闻出版总署第一次署务会议和商务部通过，现予公布，自2011年1月1日起施行。

新闻出版总署　署长　柳斌杰
商　务　部　部长　陈德铭
2010年12月27日

为促进中国香港、澳门与内地建立更紧密经贸关系，鼓励中国香港、中国澳门服务提供者在内地设立商业企业，根据国务院批准的《〈内地与香港关于建立更紧密经贸关系的安排〉补充协议七》及《〈内地与澳门关于建立更紧密经贸关系的安排〉补充协议七》，现就《外商投资图书、报纸、期刊分销企业管理办法》（新闻出版总署、对外贸易经济合作部令第18号）作出如下补充规定：

一、允许中国香港服务提供者在内地设立的分销企业分销中国香港出版的图书。允许中国澳门服务提供者在内地设立的分销企业分销澳门出版的图书。其销售的中国香港、澳门版图书须由国家批准的出版物进口经营单位代理进口。

二、允许中国香港、中国澳门永久性居民中的中国公民依照内地有关法律、法规和行政规章，在内地各省、自治区、直辖市设立个体工商户，从事漫画图书、动漫电子游戏租赁服务，无须经过外资审批，不包括特许经营，其从业人员不超过8人；但应当于取得营业执照后15日内持营业执照复印件及经营地址、主要负责人情况等材料到当地县级人民政府新闻出版行政部门备案。

三、本规定中的中国香港、中国澳门服务提供者应分别符合《内地与香港关于建立更紧密经贸关系的安排》及《内地与澳门建立更紧密经贸关系的安排》中关于“服务提供者”定义及相关规定的要求。

四、中国香港、中国澳门服务提供者在内地投资图书、报纸、期刊分销领域的其他事项，仍按照《外商投资图书、报纸、期刊分销企业管理办法》执行。

五、本规定自2011年1月1日起施行。

中华人民共和国侵权责任法

中华人民共和国主席 令

第21号

《中华人民共和国侵权责任法》已由中华人民共和国第十一届全国人民代表大会常务委员会第十二次会议于2009年12月26日通过，现予公布，自2010年7月1日起施行。

中华人民共和国主席 胡锦涛

2010年12月26日

第一章 一般规定

第一条 为保护民事主体的合法权益，明确侵权责任，预防并制裁侵权行为，促进社会和谐稳定，制定本法。

第二条 侵害民事权益，应当依照本法承担侵权责任。

本法所称民事权益，包括生命权、健康权、姓名权、名誉权、荣誉权、肖像权、隐私权、婚姻自主权、监护权、所有权、用益物权、担保物权、著作权、专利权、商标专用权、发现权、股权、继承权等人身、财产权益。

第三条 被侵权人有权请求侵权人承担侵权责任。

第四条 侵权人因同一行为应当承担行政责任或者刑事责任的，不影响依法承担侵权责任。

因同一行为应当承担侵权责任和行政责任、刑事责任，侵权人的财产不足以支付的，先承担侵权责任。

第五条 其他法律对侵权责任另有特别规定的，依照其规定。

第二章 责任构成和责任方式

第六条 行为人因过错侵害他人民事权益，应当承担侵权责任。

根据法律规定推定行为人有过错，行为人不能证明自己没有过错的，应当承担侵权责任。

第七条 行为人损害他人民事权益，不论行为人有无过错，法律规定应当承担侵权责任的，依照其规定。

第八条 二人以上共同实施侵权行为，造成他人损害的，应当承担连带责任。

第九条 教唆、帮助他人实施侵权行为的，应当与行为人承担连带责任。

教唆、帮助无民事行为能力人、限制民事行为能力人实施侵权行为的，应当承担侵权责任；该无民事行为能力人、限制民事行为能力人的监护人未尽到监护责任的，应当承担相应的责任。

第十条 二人以上实施危及他人人身、财产安全的行为，其中一人或者数人的行为造成他人损害，能够确定具体侵权人的，由侵权人承担责任；不能确定具体侵权人的，行为人承担连带责任。

第十一条 二人以上分别实施侵权行为造成同一损害，每个人的侵权行为都足以造成全部损害的，行为人承担连带责任。

第十二条 二人以上分别实施侵权行为造成同一损害，能够确定责任大小的，各自承担相应的责任；难以确定责任大小的，平均承担赔偿责任。

第十三条 法律规定承担连带责任的，被侵权人有权请求部分或者全部连带责任人承担责任。

第十四条 连带责任人根据各自责任大小确定相应的赔偿数额；难以确定责任大小的，平均承担赔偿责任。

支付超出自己赔偿数额的连带责任人，有权向其他连带责任人追偿。

第十五条 承担侵权责任的方式主要有：

（一）停止侵害；

（二）排除妨碍；

（三）消除危险；

（四）返还财产；

（五）恢复原状；

（六）赔偿损失；

（七）赔礼道歉；

（八）消除影响、恢复名誉。

以上承担侵权责任的方式，可以单独适用，也可以合并适用。

第十六条 侵害他人造成人身损害的，应当赔偿医疗费、护理费、交通费等为治疗和康复支出的合理费用，以及因误工减少的收入。造成残疾的，还应当赔偿残疾生活辅助具费和残疾赔偿金。造成死亡的，还应当赔偿丧葬费和死亡赔偿金。

第十七条 因同一侵权行为造成多人死亡的，可以以相同数额确定死亡赔偿金。

第十八条 被侵权人死亡的，其近亲属有权请求侵权人承担侵权责任。被侵权人为单位，该单位分立、合并的，承继权利的单位有权请求侵权人承担侵权责任。

被侵权人死亡的，支付被侵权人医疗费、丧葬费等合理费用的人有权请求侵权人赔偿费用，但侵权人已支付该费用的除外。

第十九条 侵害他人财产的，财产损失按照损失发生时的市场价格或者其他方式计算。

第二十条 侵害他人人身权益造成财产损失的，按照被侵权人因此受到的损失赔偿；被侵权人的损失难以确定，侵权人因此获得利益的，按照其获得的利益赔偿；侵权人因此获得的利益难以确定，被侵权人和侵权人就赔偿数额协商不一致，向人民法院提起诉讼的，由人民法院根据实际情况确定赔偿数额。

第二十一条 侵权行为危及他人人身、财产安全的，被侵权人可以请求侵权人承担停止侵害、排除妨碍、消除危险等侵权责任。

第二十二条 侵害他人人身权益，造成他人严重精神损害的，被侵权人可以请求精神损害赔偿。

第二十三条 因防止、制止他人民事权益被侵害而使自己受到损害的，由侵权人承担责任。侵权人逃逸或者无力承担责任，被侵权人请求补偿的，受益人应当给予适当补偿。

第二十四条 受害人和行为人对损害的发生都没有过错的，可以根据实际情况，由双方分担损失。

第二十五条 损害发生后，当事人可以协商赔偿费用的支付方式。协商不一致的，赔偿费用应当一次性支付；一次性支付确有困难的，可以分期支付，但应当提供相应的担保。

第三章　不承担责任和减轻责任的情形

第二十六条 被侵权人对损害的发生也有过错的，可以减轻侵权人的责任。

第二十七条 损害是因受害人故意造成的，行为人不承担责任。

第二十八条 损害是因第三人造成的，第三人应当承担侵权责任。

第二十九条 因不可抗力造成他人损害的，不承担责任。法律另有规定的，依照其规定。

第三十条 因正当防卫造成损害的，不承担责任。正当防卫超过必要的限度，造成不应有的损害的，正当防卫人应当承担适当的责任。

第三十一条 因紧急避险造成损害的，由引起险情发生的人承担责任。如果危险是由自然原因引起的，紧急避险人不承担责任或者给予适当补偿。紧急避险采取措施不当或者超过必要的限度，造成不应有的损害的，紧急避险人应当承担适当的责任。

第四章　关于责任主体的特殊规定

第三十二条 无民事行为能力人、限制民事行为能力人造成他人损害的，由监护人承担侵权责任。监护人尽到监护责任的，可以减轻其侵权责任。

有财产的无民事行为能力人、限制民事行为能力人造成他人损害的，从本人财产中支付赔偿费用。不足部分，由监护人赔偿。

第三十三条 完全民事行为能力人对自己的行为暂时没有意识或者失去控制，造成他人损害有过错的，应当承担侵权责任；没有过错的，根据行为人的经济状况对受害人适当补偿。

完全民事行为能力人因醉酒、滥用麻醉药品或者精神药品对自己的行为暂时没有意识或者失去控制造，成他人损害的，应当承担侵权责任。

第三十四条 用人单位的工作人员因执行工作任务造成他人损害的，由用人单位承担侵权责任。

劳务派遣期间，被派遣的工作人员因执行工作任务造成他人损害的，由接受劳务派遣的用工单位承担侵权责任；劳务派遣单位有过错的，承担相应的补充责任。

第三十五条 个人之间形成劳务关系，提供劳务一方因劳务造成他人损害的，由接受劳务一方承担侵权责任。提供劳务一方因劳务自己受到损害的，根据双方各自的过错承担相应的责任。

第三十六条 网络用户、网络服务提供者利用网络侵害他人民事权益的，应当承担侵权责任。

网络用户利用网络服务实施侵权行为的，被侵权人有权通知网络服务提供者采取删除、屏蔽、断开链接等必要措施。网络服务提供者接到通知后未及时采取必要措施的，对损害的扩大部分与该网络用户承担连带责任。

网络服务提供者知道网络用户利用其网络服务侵害他人民事权益，未采取必要措施的，与该网络用户承担连带责任。

第三十七条 宾馆、商场、银行、车站、娱乐场所等公共场所的管理人或者群众性活动的组织者，未尽到安全保障义务，造成他人损害的，应当承担侵权责任。

因第三人的行为造成他人损害的，由第三人承担侵权责任；管理人或者组织者未尽到安全保障义务的，承担相应的补充责任。

第三十八条 无民事行为能力人在幼儿园、学校或者其他教育机构学习、生活期间受到人身损害的，幼儿园、学校或者其他教育机构应当承担责任，但能够证明尽到教育、管理职责的，不承担责任。

第三十九条 限制民事行为能力人在学校或者其他教育机构学习、生活期间受到人身损害，学校或者其他教育机构未尽到教育、管理职责的，应当承担责任。

第四十条 无民事行为能力人或者限制民事行为能力人在幼儿园、学校或者其他教育机构学习、生活期间，受到幼儿园、学校或者其他教育机构以外的人员人身损害的，由侵权人承担侵权责任；幼儿园、学校或者其他教育机构未尽到管理职责的，承担相应的补充责任。

第五章　产品责任

第四十一条 因产品存在缺陷造成他人损害的，生产者应当承担侵权责任。

第四十二条 因销售者的过错使产品存在缺陷，造成他人损害的，销售者应当承担侵权责任。

销售者不能指明缺陷产品的生产者，也不能指明缺陷产品的供货者的，销售者应当承担侵权责任。

第四十三条 因产品存在缺陷造成损害的，被侵权人可以向产品的生产者请求赔偿，也可以向产品的销售者请求赔偿。

产品缺陷由生产者造成的，销售者赔偿后，有权向生产者追偿。

因销售者的过错使产品存在缺陷的，生产者赔偿后，有权向销售者追偿。

第四十四条 因运输者、仓储者等第三人的过错使产品存在缺陷，造成他人损害的，产品的生产者、销售者赔偿后，有权向第三人追偿。

第四十五条 因产品缺陷危及他人人身、财产安全的，被侵权人有权请求生产者、销售者承担排除妨碍、消除危险等侵权责任。

第四十六条 产品投入流通后发现存在缺陷的，生产者、销售者应当及时采取警示、召回等补救措施。未及时采取补救措施或者补救措施不力造成损害的，应当承担侵权责任。

第四十七条 明知产品存在缺陷仍然生产、销售，造成他人死亡或者健康严重损害的，被侵权人有权请求相应的惩罚性赔偿。

第六章　机动车交通事故责任

第四十八条 机动车发生交通事故造成损害的，依照道路交通安全法的有关规定承担赔偿责任。

第四十九条 因租赁、借用等情形机动车所有人与使用人不是同一人时，发生交通事故后属于该机动车一方责任的，由保险公司在机动车强制保险责任限额范围内予以赔偿。不足部分，由机动车使用人承担赔偿责任；机动车所有人对损害的发生有过错的，承担相应的赔偿责任。

第五十条 当事人之间已经以买卖等方式转让并交付机动车，但未办理所有权转移登记，发生交通事故后属于该机动车一方责任的，由保险公司在机动车强制保险责任限额范围内予以赔偿。不足部分，由受让人承担赔偿责任。

第五十一条 以买卖等方式转让拼装或者已达到报废标准的机动车，发生交通事故造成损害的，由转让人和受让人承担连带责任。

第五十二条 盗窃、抢劫或者抢夺的机动车发生交通事故造成损害的，由盗窃人、抢劫人或者抢夺人承担赔偿责任。保险公司在机动车强制保险责任限额范围内垫付抢救费用的，有权向交通事故责任人追偿。

第五十三条 机动车驾驶人发生交通事，故后逃逸，该机动车参加了强制保险的，由保险公司在机动车强制保险责任限额范围内予以赔偿；机动车不明或者该机动车未参加强制保险，需要支付被侵权人人身伤亡的抢救、丧葬等费用的，由道路交通事故社会救助基金垫付。道路交通事故社会救助基金垫付后，其管理机构有权向交通事故责任人追偿。

第七章　医疗损害责任

第五十四条　患者在诊疗活动中受到损害，医疗机构及其医务人员有过错的，由医疗机构承担赔偿责任。

第五十五条　医务人员在诊疗活动中应当向患者说明病情和医疗措施。需要实施手术、特殊检查、特殊治疗的，医务人员应当及时向患者说明医疗风险、替代医疗方案等情况，并取得其书面同意；不宜向患者说明的，应当向患者的近亲属说明，并取得其书面同意。

医务人员未尽到前款义务，造成患者损害的，医疗机构应当承担赔偿责任。

第五十六条　因抢救生命垂危的患者等紧急情况，不能取得患者或者其近亲属意见的，经医疗机构负责人或者授权的负责人批准，可以立即实施相应的医疗措施。

第五十七条　医务人员在诊疗活动中未尽到与当时的医疗水平相应的诊疗义务，造成患者损害的，医疗机构应当承担赔偿责任。

第五十八条　患者有损害，因下列情形之一的，推定医疗机构有过错：

（一）违反法律、行政法规、规章以及其他有关诊疗规范的规定。

（二）隐匿或者拒绝提供与纠纷有关的病历资料。

（三）伪造、篡改或者销毁病历资料。

第五十九条　因药品、消毒药剂、医疗器械的缺陷，或者输入不合格的血液造成患者损害的，患者可以向生产者或者血液提供机构请求赔偿，也可以向医疗机构请求赔偿。患者向医疗机构请求赔偿的，医疗机构赔偿后，有权向负有责任的生产者或者血液提供机构追偿。

第六十条　患者有损害，因下列情形之一的，医疗机构不承担赔偿责任：

（一）患者或者其近亲属不配合医疗机构进行符合诊疗规范的诊疗。

（二）医务人员在抢救生命垂危的患者等紧急情况下已经尽到合理诊疗义务。

（三）限于当时的医疗水平难以诊疗。

前款第一项情形中，医疗机构及其医务人员也有过错的，应当承担相应的赔偿责任。

第六十一条　医疗机构及其医务人员应当按照规定填写并妥善保管住院志、医嘱单、检验报告、手术及麻醉记录、病理资料、护理记录、医疗费用等病历资料。

患者要求查阅、复制前款规定的病历资料的，医疗机构应当提供。

第六十二条　医疗机构及其医务人员应当对患者的隐私保密。泄露患者隐私或者未经患者同意公开其病历资料，造成患者损害的，应当承担侵权责任。

第六十三条　医疗机构及其医务人员不得违反诊疗规范实施不必要的检查。

第六十四条　医疗机构及其医务人员的合法权益受法律保护。干扰医疗秩序，妨害医务人员工作、生活的，应当依法承担法律责任。

第八章　环境污染责任

第六十五条　因污染环境造成损害的，污染者应当承担侵权责任。

第六十六条　因污染环境发生纠纷，污染者应当就法律规定的不承担责任或者减轻责任的情形及其行为与损害之间不存在因果关系承担举证责任。

第六十七条　两个以上污染者污染环境，污染者承担责任的大小，根据污染物的种类、排放量等因素确定。

第六十八条　因第三人的过错污染环境造成损害的，被侵权人可以向污染者请求赔偿，也可以向第三人请求赔偿。污染者赔偿后，有权向第三人追偿。

第九章　高度危险责任

第六十九条　从事高度危险作业造成他人损害的，应当承担侵权责任。

第七十条　民用核设施发生核事故造成他人损害的，民用核设施的经营者应当承担侵权责任，但能够证明损害是因战争等情形或者受害人故意造成的，不承担责任。

第七十一条　民用航空器造成他人损害的，民用航空器的经营者应当承担侵权责任，但能够证明损害是因受害人故意造成的，不承担责任。

第七十二条　占有或者使用易燃、易爆、剧毒、放射性等高度危险物造成他人损害的，占有人或者使用人应当承担侵权责任，但能够证明损害是因受害人故意或者不可抗力造成的，不承担责任。被侵权人对损害的发生有重大过失的，可以减轻占有人或者使用人的责任。

第七十三条 从事高空、高压、地下挖掘活动或者使用高速轨道运输工具造成他人损害的，经营者应当承担侵权责任，但能够证明损害是因受害人故意或者不可抗力造成的，不承担责任。被侵权人对损害的发生有过失的，可以减轻经营者的责任。

第七十四条 遗失、抛弃高度危险物造成他人损害的，由所有人承担侵权责任。所有人将高度危险物交由他人管理的，由管理人承担侵权责任；所有人有过错的，与管理人承担连带责任。

第七十五条 非法占有高度危险物造成他人损害的，由非法占有人承担侵权责任。所有人、管理人不能证明对防止他人非法占有尽到高度注意义务的，与非法占有人承担连带责任。

第七十六条 未经许可进入高度危险活动区域或者高度危险物存放区域受到损害，管理人已经采取安全措施并尽到警示义务的，可以减轻或者不承担责任。

第七十七条 承担高度危险责任，法律规定赔偿限额的，依照其规定。

第十章　饲养动物损害责任

第七十八条 饲养的动物造成他人损害的，动物饲养人或者管理人应当承担侵权责任，但能够证明损害是因被侵权人故意或者重大过失造成的，可以不承担或者减轻责任。

第七十九条 违反管理规定，未对动物采取安全措施造成他人损害的，动物饲养人或者管理人应当承担侵权责任。

第八十条 禁止饲养的烈性犬等危险动物造成他人损害的，动物饲养人或者管理人应当承担侵权责任。

第八十一条 动物园的动物造成他人损害的，动物园应当承担侵权责任，但能够证明尽到管理职责的，不承担责任。

第八十二条 遗弃、逃逸的动物在遗弃、逃逸期间造成他人损害的，由原动物饲养人或者管理人承担侵权责任。

第八十三条 因第三人的过错致使动物造成他人损害的，被侵权人可以向动物饲养人或者管理人请求赔偿，也可以向第三人请求赔偿。动物饲养人或者管理人赔偿后，有权向第三人追偿。

第八十四条 饲养动物应当遵守法律，尊重社会公德，不得妨害他人生活。

第十一章　物件损害责任

第八十五条 建筑物、构筑物或者其他设施及其搁置物、悬挂物发生脱落、坠落造成他人损害，所有人、管理人或者使用人不能证明自己没有过错的，应当承担侵权责任。所有人、管理人或者使用人赔偿后，有其他责任人的，有权向其他责任人追偿。

第八十六条 建筑物、构筑物或者其他设施倒塌造成他人损害的，由建设单位与施工单位承担连带责任。建设单位、施工单位赔偿后，有其他责任人的，有权向其他责任人追偿。

因其他责任人的原因，建筑物、构筑物或者其他设施倒塌造成他人损害的，由其他责任人承担侵权责任。

第八十七条 从建筑物中抛掷物品或者从建筑物上坠落的物品造成他人损害，难以确定具体侵权人的，除能够证明自己不是侵权人的外，由可能加害的建筑物使用人给予补偿。

第八十八条 堆放物倒塌造成他人损害，堆放人不能证明自己没有过错的，应当承担侵权责任。

第八十九条 在公共道路上堆放、倾倒、遗撒妨碍通行的物品造成他人损害的，有关单位或者个人应当承担侵权责任。

第九十条 因林木折断造成他人损害，林木的所有人或者管理人不能证明自己没有过错的，应当承担侵权责任。

第九十一条 在公共场所或者道路上挖坑、修缮安装地下设施等，没有设置明显标志和采取安全措施造成他人损害的，施工人应当承担侵权责任。

窨井等地下设施造成他人损害，管理人不能证明尽到管理职责的，应当承担侵权责任。

第十二章　附　　则

第九十二条 本法自2010年7月1日起施行。

2010年我国出台的其他相关政策法规

1月29日 国家工商行政管理局出台《外商投资合伙企业登记管理规定》。该规定进一步明确了国家鼓励具有先进技术和管理经验的外国企业或个人在中国境内开办合伙企业的细目，明确了禁止类和标注的“限于”类合伙企业等更加细化的条款。规定自同年3月开始施行。

2月6日 国务院发出《关于进一步加强淘汰落后产能工作的通知》。通知的目标任务是以电力、煤炭、钢铁、水泥、有色金属、焦炭、造纸、制革及印染等行业为重点淘汰减排对象。

2月10日 国家税务总局发布《增值税一般纳税人资格认定管理办法》。

3月2日 国家税务总局发出《关于新办文化企业企业所得税有关政策问题的通知》。此通知规定了对2008年12月31日前新办的政府鼓励的文化企业，自工商注册登记之日起，免征3年企业所得税，享受优惠的期限截止日期为2010年12月31日。

3月8日 中国银监会、国家发展和改革委员会、工业和信息化部、财政部、商务部、国家工商行政管理总局、中国人民银行联合发布《融资性担保公司管理暂行办法》。此办法要求此前已经设立的融资性担保公司不符合本办法规定的，应当在2011年3月31日前达到本办法规定的要求。

4月29日 全国人民代表大会常务委员会颁布修改后的《中华人民共和国国家赔偿法》。新法于2010年12月1日起施行。

4月30日 财政部、工业和信息化部联合出台了《中小企业信用担保资金管理暂行办法》。

6月17日 中国人民银行、财政部、商务部、海关总署、国家税务总局、中国银监会联合发出《关于扩大跨境贸易人民币结算试点有关问题的通知》。

7月2日 国家税务总局发文，对境外所得税额抵免计算的基本项目、境外应纳税所得额的计算、可予抵免境外所得税额的确认、境外所得间接负担税额的计算、适用间接抵免的外国企业持股比例的计算、税收饶让抵免的应纳税额的确定、抵免限额的计算、实际抵免境外税额的计算等15项主要内容。

7月12日 国家工商行政管理总局发布《商标代理管理办法》。此条例是为维护商标代理秩序，保障委托人及商标代理组织的合法权益，根据《中华人民共和国商标法》及《中华人民共和国商标法实施条例》制定的。

7月24日 国家财政部、科技部、国家发展和改革委员会、海关总署、国家税务总局联合发出关于《科技重大专项进口税收政策暂行规定》。

8月12日 财政部、工业和信息化部、中国银监会、国家知识产权局、国家工商行政管理总局、国家版权局联合发出《关于加强知识产权质押融资与评估管理支持中小企业发展的通知》。

8月13日 商务部、外交部、公安部等6部委联合发布《为进一步加强新形势下境外中资企业机构和人员安全管理规定》。

9月14日 国务院发布《中华人民共和国海关事务担保条例》。此条例是根据《中华人民共和国海关法》及其他有关法律的规定制定的。

10月15日 新闻出版总署发布《新闻出版重大科技工程项目——“中华字库”工程申报公告》。

11月4日 财政部、国家税务总局联合发文《关于对外资企业征收城市维护建设税和教育费附加有关问题的通知》。该通知自2010年12月1日起开始执行。

11月9日 国家发展和改革委员会、商务部、国务院台办联合发布《大陆企业赴台湾地区投资管理办法》。

11月12日 新闻出版总署发布了《关于加强出版专业技术人员职业资格登记注册管理工作的通知》。

11月19日 国务院第584号令发布《外国企业常驻代表机构登记管理条例》。

12月2日 国务院关税税则委员会发出《关于2011年关税实施方案的通知》。通知中有对感光材料等55种商品继续实施从量税或复合税。其中，调整了8个胶片税目的从量税税率。“出口税则”的出口税率维持不变。

12月9日 国家财政部发出《关于实施会计准则通用分类标准的通知》，通知同时公布了首批实施企业名单，以及首批适用和具有证券期货相关业务资格的会计师事务所名单。

12月10日《国务院关于修改〈工伤保险条例〉的决定》已经2010年12月8日国务院第136次常务会议通过，现予公布，自2011年1月1日起施行。

12月29日 国家质量监督检验检疫总局发布《产品质量监督抽查管理办法》，此办法自2011年2月1日起施行。

12月30日 国家统计局发布《外商投资统计制度》（2008年）修订版，原《外商投资统计制度》（2008年）自新条例发布之日起废止。

标准汇编
Standards

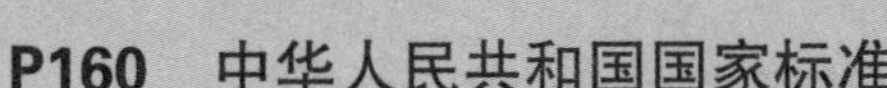

中华人民共和国国家标准

印刷机械　单张纸平版印刷机

GB/T 3264—2010
代替 GB/T 3264—2005

Printing machinery-sheet-fed offset press

中华人民共和国质量监督检验检疫总局
中华人民共和国标准化管理委员会　2010-12-23 发布　2011-07-01 实施

1　范围

本标准规定了单张纸平版印刷机（以下简称印刷机）的术语和定义、型式与基本参数、要求、试验方法、检验规则与标志、包装、贮存与运输。

本标准适用于单张纸单面印刷型式的印刷机，也适用于带翻转印刷功能的印刷机。

不适用于单张纸双面平版印刷机。

2　规范性引用文件

下列文件中的条款通过本标准的引用而成为本标准的条款。凡是注日期的引用文件，其随后所有的修改单（不包括勘误的内容）或修订版均不适用于本标准，然而，鼓励根据本标准达成协议的各方研究是否可使用这些文件的最新版本。凡是不注日期的引用文件，其最新版本适用于本标准。

GB/T 191　包装储运图示标志（GB/T 191—2008，ISO 780：1997，MOD）

GB 5226.1—2008　机械电气安全　机械电气设备　第 1 部分：通用技术条件（IEC 60204-1：2005，IDT）

GB/T 6388—1986 运输包装收发货标志

GB/T 9969—2008 工业产品使用说明书　总则

GB/T 10335.1—2005 涂布纸和纸板　涂布美术印刷纸（铜版纸）

GB/T 13306—1991 标牌

GB/T 13384—2008 机电产品包装通用技术条件

GB/T 14436—1993 工业产品保证文件　总则

GB/T 15467—1995 印刷技术　单张纸印刷机　尺寸系列

HG/T 2694—2003 阳图型 PS 版

JB/T 5434—2004 单张纸平版印刷机测试印版

JB/T 6530—2004 印刷机　产品型号编制方法

QB/T 2693—2005 彩色胶版印刷纸

QB/T 3598—1999 胶印亮光油墨

3 术语和定义

下列术语和定义适用于本标准。

3.1　**输纸准确度** (sheet feeding accuracy)

印刷机输送承印纸张进入印刷装置前定位的套印实际位置与套印线的符合程度。

3.2　**输纸精密度** (sheet feeding precision)

印刷机输送承印纸张进入印刷装置前定位同批次样张的套印实际位置相互间的符合程度。

3.3　**传纸准确度** (sheet transfer accuracy)

印刷机多色印刷承印纸张传接的套印实际位置与套印线的符合程度。

3.4　**传纸精密度** (sheet transfer precision)

印刷机多色印刷承印纸张传接的同批次样张的套印实际位置相互间的符合程度。

3.5　**压印均匀性** (impression uniformity)

印刷机印刷时，纸张在最大印刷幅面内所受印刷压力的一致程度。

3.6　**压印稳定性** (impression stability)

印刷机连续印刷时，不同纸张同一部位所受印刷压力的一致程度。

3.7　**最高印刷速度** (max printing speed)

印刷机在本标准规定的试验条件（6.4.1）下，某种纸张在单位时间内所能通过的最多张数，单位为张 / h。

4　型式与基本参数

4.1　型式

4.1.1　按印刷速度划分

a）高速印刷机；

b）中速印刷机。

4.1.2 按印刷色组划分：

1）单色印刷机；

2）多色印刷机。

4.2 基本参数

印刷机的基本参数应符合表1的规定。

表1 基本参数

<table>
<tr><th rowspan="2">代号</th><th rowspan="2">印刷机尺寸系列</th><th rowspan="2">可承印最大纸张尺寸（mm）</th><th rowspan="2">纸张种类</th><th rowspan="2">适应纸张（mm）</th><th colspan="2">最高印刷速度（张/h）</th></tr>
<tr><th>高速印刷机</th><th>中速印刷机</th></tr>
<tr><td>P142</td><td rowspan="6">按GB/T 15467</td><td rowspan="2">860×1220~1000×1400</td><td rowspan="6">使用不低于GB/T 10335.1或QB/T 2693、QB/T 3598中规定的一等品胶版纸、涂布纸</td><td rowspan="2">0.10~0.60（120~450 g/m²）</td><td rowspan="2">≥10000</td><td rowspan="2">≥7000</td></tr>
<tr><td>P128</td></tr>
<tr><td>P102</td><td rowspan="2">610×860~700×1000</td><td rowspan="4">0.06~0.60（45~450 g/m²）</td><td rowspan="2">≥13000</td><td rowspan="2">≥8000</td></tr>
<tr><td>P96</td></tr>
<tr><td>P71</td><td rowspan="2">430×610~500×700</td><td rowspan="2">≥15000</td><td rowspan="2">≥10000</td></tr>
<tr><td>P64</td></tr>
<tr><td colspan="7">注：若产品的可承印最大纸张尺寸表中不含，则产品的基本参数可按其接近的纸张规格进行规定</td></tr>
</table>

4.3 型号编制

印刷机的型号编制应符合JB/T 6530的规定。

5 要求

5.1 一般要求

印刷机应符合本标准的规定，并应按经规定程序批准的图样和技术文件制造。

5.2 传动系统

机器传动系统应运转平稳，工作正常，所有零部件动作应协调、准确，无异常传动声响和机械自发性移动，无卡阻现象。

5.3 润滑系统

润滑系统应油路畅通，保证供油，油压装置密封可靠，无明显漏油现象。

5.4 轴承工作温升

轴承工作温升不应大于35℃。

5.5 输纸故障

在印刷过程中出现输纸中断、卡纸、叼纸牙撕纸及乱张、双张等输纸故障率不应大于0.1%。当出现输纸异常时，应能自动检测并发出信号，并能自动停机或自动排除。

5.6 纸张适应性

印刷机应能满足其可承印的最大、最小纸张尺寸和最厚、最薄纸张的印刷要求，保证从输纸、印刷到收纸自动连续完成。

5.7 印刷精度

5.7.1 代号为P64、P71、P96、P102印刷机

a）输纸准确度在0.07 mm内合格率不应低于98%；

b）传纸准确度在0.06 mm内合格率不应低于98%；

c）输纸精密度不应大于0.022 mm；

d）传纸精密度不应大于0.020 mm；

e）压印均匀性不应高于10%；

f）压印稳定性不应大于0.04；

g）印刷网点增大值不应高于20%；

h）印品无明显重影；

i）印品无明显墨杠。

5.7.2 代号为P128、P142印刷机：

a）输纸准确度在0.08 mm内合格率不应低于98%；

b）传纸准确度在0.07 mm内合格率不应低于98%；

c）输纸精密度不应大于0.030 mm；

d）传纸精密度不应大于0.028 mm；

e）压印均匀性不应高于12%；

f）压印稳定性不应大于0.04；

g）印刷网点增大值不应高于20%；

h）印品无明显重影；

i）印品无明显墨杠。

5.8 叼纸牙排咬合力

叼纸牙排应有足够的咬合力，满足各种规格纸张的印刷要求。

5.9 主要机构精度

印刷机主要机构精度应符合表2的规定。

表2 印刷机主要机构精度

<table>
<tr><th rowspan="2">序号</th><th rowspan="2" colspan="2">项目内容</th><th colspan="2">精度要求（mm）</th></tr>
<tr><th>P64、P71、P96、P102印刷机</th><th>P128、P142印刷机</th></tr>
<tr><td>1</td><td rowspan="5">径向圆跳动</td><td>墨斗辊工作面</td><td>≤ 0.015</td><td>≤ 0.020</td></tr>
<tr><td>2</td><td>串墨辊工作面</td><td>≤ 0.030</td><td>≤ 0.040</td></tr>
<tr><td>3</td><td>串水辊工作面</td><td>≤ 0.030</td><td>≤ 0.040</td></tr>
<tr><td>4</td><td>水斗辊工作面</td><td>≤ 0.020</td><td>≤ 0.030</td></tr>
<tr><td>5</td><td>印刷滚筒</td><td>≤ 0.015</td><td>≤ 0.020</td></tr>
<tr><td>6</td><td>平行度</td><td>全长内相邻两印刷滚筒的平行度</td><td>≤ 0.015</td><td>≤ 0.020</td></tr>
<tr><td>7</td><td rowspan="2">轴向窜动</td><td>印刷滚筒（动态）</td><td>≤ 0.020</td><td>≤ 0.020</td></tr>
<tr><td>8</td><td>递纸滚筒（轴）</td><td>≤ 0.020</td><td>≤ 0.020</td></tr>
</table>

5.10 整机噪声

印刷机整机噪声应符合表3的规定。

表3 印刷机整机噪声限值

印刷速度（张/h）	噪声上限值［dB（A）］				
	一色	二色	四色	五色	六色以上
≥ 13000	85	86	87	87	88
<13000	84	84	85	—	—

5.11 外观

5.11.1 外露加工表面不应有磕碰、划伤、锈蚀等缺陷。

5.11.2 外露非加工表面不应有凸瘤、凹陷、气孔等缺陷。

5.11.3 镀层及涂漆层应牢固，表面色泽应均匀一致、光滑、平整，不应出现有损美观的缺陷。

5.11.4 外露件镀层应细致、均匀，应具有技术要求规定的光泽度，无剥落、起泡、针孔、麻点及局部无镀层等缺陷。

5.11.5 外露焊缝应牢固，呈光滑均匀的鳞片状波纹表面。连续焊缝不允许出现间断、咬边、焊瘤、孤坑、烧穿、表面气孔和裂纹等缺陷。

5.11.6 金属手轮和手柄等操作件应有防锈保护层。

5.11.7 安全防护罩各面应平整、均匀，各棱边应规则，不应凸起、凹陷和翘曲。

5.11.8 门盖的周边与相关的结合面的缝隙应均匀，且开闭灵活。

5.11.9 外露电气线路、液压、气动等管道布置应规整有序、固定牢靠，管道不应扭曲、折叠。

5.11.10 标牌应平整、光洁，配置合理、牢靠，不应铆裂、偏斜、卷边。

5.11.11 主机与配套件的配置应合理、协调，颜色搭配应和谐、均衡统一。

5.12 安全

5.12.1 基本防护

5.12.1.1 机器外壳或人体可能触及的边角都应是圆角或钝角。

5.12.1.2 滚辊内旋卷入部位应有安全防护装置，防护装置与旋转部件之间的间隙应≤ 6 mm，并横贯其整个工作宽度。安全杠与机器的相关部件之间的间隙应≤ 6 mm（见图 1）。滚筒切线方向和防护装置间的表面夹角推荐为 90°，最小角度应≥ 60°（见图 2）。

5.12.1.3 匀墨系统、传纸系统和传动系统应有防护装置。根据实际操作需要可做成不经常拆卸的固定式防护装置或经常开启的活动式防护装置。

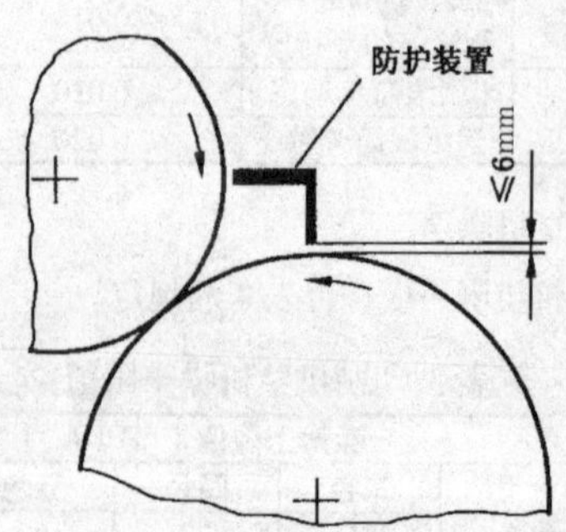

图 1 内旋卷入部位的防护

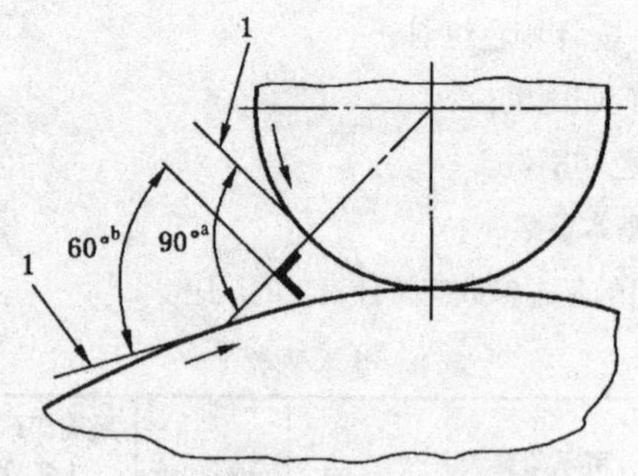

图 2 安全杠与滚筒的夹角

a 首选方案；b 可接受方案

1—切线

不经常拆卸的固定式防护装置（如：在收纸部位传纸经过的地方和传动部位）应牢固可靠。

经常开启的活动式防护装置应联锁灵敏，并与机器驱动部分联锁或有明显安全提示标识，保证在防护装置开启状态下，机器保持静止或只能进行点动。

点动运转速度≤ 1 m/min，或点运动距离≤ 25 mm。

若机器功能需要，而又不显著增加危险时，允许运转速度≤ 5 m/min，或运动距离≤ 75 mm（如：墨辊、水辊和印刷滚筒部位）。

5.12.1.4 输纸机部位吸嘴的驱动轴应通过固定的防护套进行防护。

5.12.1.5 用手柄驱动机器时，手柄的驱动位置应有与机器驱动部分联锁的装置，手动时机动无效。

5.12.2 纸堆台升降装置

5.12.2.1 纸堆台的升降运动，应通过紧急终端开关进行防护。

5.12.2.2 纸堆台的最终位置，应采用机械方法加以限制。

5.12.2.3 纸堆台板的升降应平稳，不应晃动。

5.12.2.4 机架和纸堆台板之间垂直投影突出部分的水平距离应≥ 300mm，且机架凸出部分不得高于机座或通道地面以上 1.5 m。伸入到安全距离（300 mm）以内的纸堆台的支臂至少应在地面 120 mm 以上（见图 3）。当纸堆台板降到 120mm 以下时，只能用止一动操作装置操作。

5.12.2.5 在产品幅面尺寸小于 2.5m^2 的纸堆升降装置上，纸堆升降链条的允许载荷应至少是所允许的静负载的 3 倍。

5.12.3 通道平台与踏板

5.12.3.1 通道平台的有效宽度应≥ 500 mm。当通道平台最大高度 >500 mm 时，应用栏杆防护。

5.12.3.2 踏板的尺寸在整个印刷机系统中应尽量保持

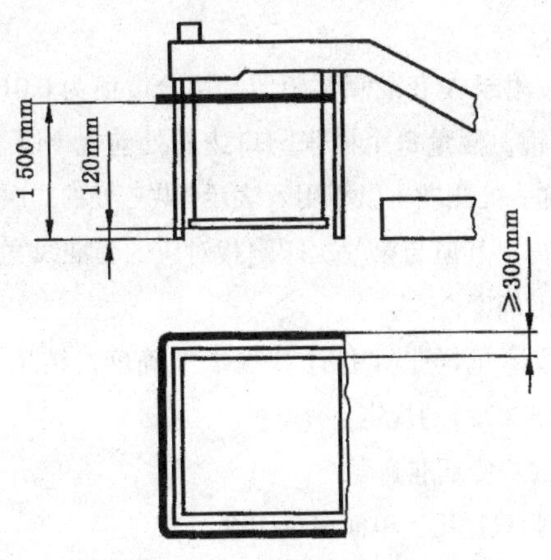

图 3　纸堆台升降装置用的各种安全距离

一致。用于上下或短时间站立的不常使用的踏板尺寸最小应达到 200 mm × 200 mm，踏板强度在 200 mm × 200 mm 面积内，应能承受 1500 N（个人通过）的承载力。

5.12.3.3　单个踏板可以是永久性的平台或通道。适用的尺寸如下：

a）正常踏板高度　≤ 300mm；

b）最大踏板高度　≤ 500mm；

c）踏板最小宽度（单脚）≥ 200 mm；

d）踏板最小宽度（双脚）≥ 300 mm；

e）踏板最小进深　≥ 300 mm。

5.12.3.4　多级踏板

a）踏板最大高度　≤ 1200 mm；

b）中间各踏板最大高度≤ 300 mm；

c）踏板最小进深　≥ 200 mm；

d）不带栏杆踏板最大高度≤ 1200 mm。

5.12.3.5　机器上应装有与踏板相适应的扶手。扶手尺寸应符合以下规定（见图 4）。

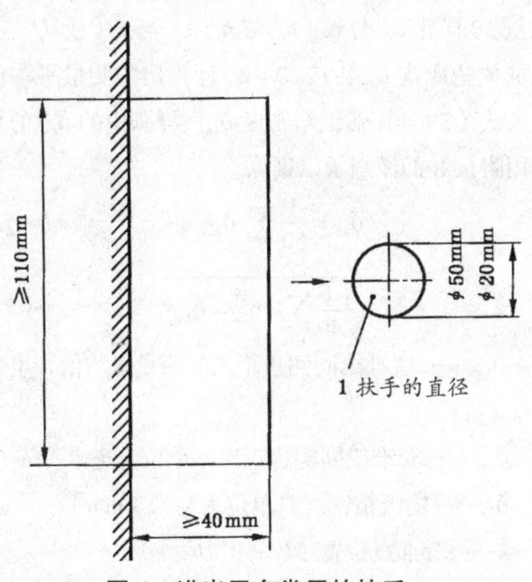

图 4　进出平台常用的扶手

a）扶手的最小间隙　≥ 40mm；

b）扶手的最小长度　≥ 110 mm；

c）扶手的最小直径　≥ 20 mm；

d）扶手的最大直径　≤ 50mm。

5.13　电气

5.13.1　电气系统应布线整齐、排列有序、接头牢固；各种标记（如：元件代号、电气符号、接地标志等）应齐全、清晰和正确，符合电气简图图形符号。

5.13.2　电气系统工作应正常、灵敏、可靠。

5.13.3　机器启动前声响报警装置应能发出使人听到的声响信号，并延时响应 3 s 后方可启动。

5.13.4　机器上应安装有红色故障显示灯。

5.13.5　正点动与反点动按钮应有明显区别，按急停按钮后，机器运转的动力全部中断，印刷滚筒的惯性旋转应小于 2/3 圈，急停按钮松开后机器仍应停在静止状态。

5.13.6　多处操作的印刷机，操作控制应有联锁装置。

5.13.7　所有外露可导电部分都应按 GB 5226.1—2008 中 8.2.1 的要求连接到保护联结电路上。保护联结电路的连续性应符合 GB 5226.1—2008 中 8.2.3 的规定。

5.13.8　在动力电路导线和保护联结电路间施加 DC500V 时，测得的绝缘电阻不应小于 1 MΩ。

5.13.9　在动力电路导线和保护联结电路之间施加 1000 V 的电压时间近似 1 s，不应出现击穿放电现象。

6　试验方法

6.1　试验通则

6.1.1　在印刷机机组安装和调整完成之后进行试验。保证试验时机组外设装置及相关辅助装置整体联机不得在解体条件下进行试验。

6.1.2　在试验中，印刷机出现异常情况时应查明原因，并经调整后重新开始进行试验。对已有试验结果且不受到此调整影响的项目，可不重复试验。

6.2　空运转试验

6.2.1　在离水、离墨、不输纸状态下，以 80% 的印刷机最高印刷速度连续运转应少于 3 h；再以印刷机最高印刷速度连续运转应少于 30 min。

6.2.2　目视检查印刷机传动系统运转的平稳性与工作稳定性，应符合 5.2 的规定。

6.2.3　目视检查整机润滑系统及油压装置，应符合 5.3 的规定。

6.2.4　空运转试验后，即刻用温度计测量轴承温度并计算其工作温升，应符合 5.4 的规定。

6.3 输纸试验

6.3.1 最高印刷速度输纸试验

6.3.1.1 印刷机在合压但不印刷的状态下，用 90 g/m^2 ~ 128 g/m^2 的具有印刷机可承印最大纸张尺寸的纸张，以印刷机最高印刷速度进行连续输纸不应少于 3000 张。

6.3.1.2 目视检查印刷机输纸平稳性、准确性与自动停机功能等工作状态，按式（1）计算出输纸故障率，检验结果应符合 5.5 的规定。

$$输纸故障率（\%）=\frac{故障纸张数}{总输纸张数}\times 100\% \quad \cdots \quad (1)$$

注：除纸张因素外，一次故障按 1 张纸计算。

6.3.2 纸张适应性试验

6.3.2.1 印刷机在合压但不印刷的状态下，按表1规定的可承印的最大最薄纸张尺寸及最小最厚纸张尺寸，以不低于 3500 张 /h 的印刷速度连续输纸不少于 250 张。

6.3.2.2 目视检查印刷机全程输纸机械动作对纸张输送的平稳性与连续性，应符合 5.6 的规定。

6.4 印刷试验

6.4.1 试验条件

试验条件如下：

a）温度、湿度：环境温度 18 ~ 28℃，相对湿度 50% ~ 65%。

b）试验用纸：P64、P71、P96、P102 印刷机使用 90 g/m^2 ~ 128 g/m^2 可承印的最大纸张尺寸胶版纸或涂布纸，P128、P142 印刷机使用 250 ~ 300g/m^2 可承印的最大纸张尺寸涂布纸。

c）试验用版：使用符合 HG/T 2694 规定的版材，版尺寸为印刷机可承印的最大纸张尺寸。

d）测试版制作：P64、P71、P96、P102 印刷机使用 50% 方形网点平网，网线数应 ≥ 70 线 /cm（175 线 /in），P128、P142 印刷机使用 60 线 /cm（150 线 /in）。按 JB/T 5434 测试版图及相关位置测控标制作测试印版。印刷精度试验与其他项目的测试印版可分开制作。

e）试验用油墨：使用符合 QB/T 3598—1999 规定的原色油墨。多色机墨色使用顺序一般为黑、青、品红、黄。单色机用品红或青色油墨。

6.4.2 印刷精度试验

6.4.2.1 输纸准确度

a）以 85% 的印刷机最高印刷速度进行第一色组第一次印刷（其他色组离压）；条件不变将第一次印刷后的样张进行第二次印刷。

b）从稳定的转速区域内完成二次印刷的样张中连续抽取 50 张。

c）按附录 A 套准测试版图，用分度值为 0.01 mm 的读数显微镜，测量每个样张叼口边两处前规（以下用 a_i、b_i 表示）和一处侧规（以下用 c_i 表示）共三处的二次套准线外侧边距离，其值与第一次印刷相对应的套准线宽度之差即为输纸准确度；

d）按测量样张计并计算输纸准确度，结果应符合 5.7.1a）或 5.7.2a）的规定。

6.4.2.2 传纸准确度

本试验只适用于单面多色印刷。

a）以 85% 的印刷机最高印刷速度进行一次输纸多色套准印刷。

b）从稳定的转速区域内完成印刷的样张中，连续取样 50 张。

c）按附录 A 套准测试图，用分度值为 0.01 mm 的读数显微镜，检测多色机组每个样张叼口边两处前规 a_i、b_i 和一处侧规 c_i 共三处的多色套准线外侧边距离，其值与单色印刷的套准线宽度之差即为传纸套准准确度所有色组中的最大值为机器的传纸准确度。

d）按测量样张计并计算传纸准确度，结果应符合 5.7.1b）或 5.7.2b）的规定。

6.4.2.3 输纸精密度

a）以 85% 的印刷机最高印刷速度对第一色组进行第一次印刷，然后将印版的横向和纵向各错动 0.5 ~ 1mm，其他条件不变，将第一次印刷后的样张进行第二次印刷。

b）从稳定的转速区域内完成印刷的样张中，连续取样 50 张。

c）按附录 A 套准测试版图，检测印刷机前规、侧规定位输纸精密度。用分度值为 0.01 mm 的读数显微镜，分别测量 50 样张 a_i' 与 a_i、b_i' 与 b_i、c_i' 与 c_i（或 d_i' 与 d_i）套准线同侧边距离 δ_{kni}，按式（2）计算出的测量平均值 $\bar{\delta}_{kni}$，并代入式（3）计算输纸精密度 δ_{kn}。样张中的 δ_{kni} 的异常值可运用附录 B 的原则予以剔除。

$$\bar{\delta}_{kni}=\frac{1}{50}\sum_{i=1}^{50}\delta_{kni} \qquad (2)$$

$$\delta_{kn}=\sqrt{\frac{1}{49}\sum_{i=1}^{50}(\delta_{kni}-\bar{\delta}_{kni})^2} \qquad (3)$$

式中 $\bar{\delta}_{kni}$——套准线同侧边距离的测量平均值，单位为毫米（mm）；

δ_{kni}——套准线同侧边距离，单位为毫米（mm）；

δ_{kn}——输纸精密度，单位为毫米（mm）；

k——套准线位置（$k=a$，b，c）；

i——样张顺序（$i=1$，2，3，……，50）；

n——色组序（$n=1，2，3，\cdots\cdots$）。

d）计算最终结果，应符合 5.7.1c）或 5.7.2c）的规定。

6.4.2.4　传纸精密度

a）以 85%的印刷机最高印刷速度进行一次输纸多色套准印刷。

b）从稳定的转速区域内完成印刷的样张中，连续取样 50 张。

c）按附录 A 套准测试版图，检测多机组传纸精密度。被测量样张顺序 i（$i=1，2，3，\cdots\cdots，50$），用分度值为 0.01 mm 的读数显微镜，分别测量 50 样张的各色组相对第一色基本套准线中 a_n' 与 a_n、b_n' 与 b_n、c_n' 与 c_n 共三处同侧边距离 δ_{kni}（$n>1$），按式（2）计算测量平均值 $\overline{\delta}_{kni}$，并代入式（3）计算传纸精密度 δ_{kn}。样张中的 δ_{kni} 的异常值可运用附录 B 的原则予以剔除。

d）计算最终结果，应符合 5.7.1d）或 5.7.2d）的规定。

6.4.3　压印均匀性与稳定性试验

按 JB/T 5434 规定的版式、50%的网线、50%的印刷机最高印刷速度分别进行各压印机组网线印刷。

从印刷样张中每五张取一张共取样 20 张，用密度计分别测量每张代表各色组的实地色块密度值 D_{jin}，按式（4）计算每张同一色组密度值的测量平均值 $\overline{D}_{jin}$，并代入式（5）计算得到压印均匀性 μ_{in}，即

$$\overline{D}_{jin}=\frac{1}{12}\sum_{j=1}^{12}D_{jin} \qquad (4)$$

$$\mu_{in}(\%)-\frac{|D_{jin}-\overline{D}_{jin}|_{max}}{\overline{D}_{jin}}\times 100\% \qquad (5)$$

式中　$\overline{D}_{jin}$——每张同一色组实地色块密度值的测量平均值；

D_{jin}——同一样张上 j 点实地色块密度值；

j——检验条（实地色块）顺序（$j=1，2，3，\cdots，12$）；

n——色组序（$n=1，2，3，\cdots$）；

i——样张顺序（$i=1，2，3，\cdots，20$）；

μ_{in}——压印均匀性（%）。

测量样张中同一点位置各样张的实地色块密度值按式（6）计算各样张同一位置测量实地色块密度平均值 $\overline{D}_{jin}$，并代入式（7）计算得到压印稳定性及 R_{jin}，即

$$\overline{D}_{ijn}-\frac{1}{20}\sum_{i=1}^{20}D_{ijn} \qquad (6)$$

$$R_{jin}=\sqrt{\frac{1}{19}\sum_{i=1}^{19}(D_{ijn}-\overline{D}_{ijn})^2} \qquad (7)$$

式中　$\overline{D}_{ijn}$——20 个样张中同一 j 点位置实地色块密度值平均值；

D_{ijn}——20 个样张中同一 j 点位置 i 样张的实地色块密度值；

R_{jin}——压印稳定性。

式（5）、式（7）的计算结果，应符合 5.7.1e）或 5.7.2e）和 5.7.1f）或 5.7.2f）的规定。

6.4.4　网点增大值

用 128g/m^2 的涂布纸印刷，印样的实地密度应满足：黑色 1.20±0.05、青 / 品红 1.00±0.05、黄色 0.70±0.05。从 6.4.3 印刷样张中抽取 10 张，用密度计分别测量均布于幅面 9 个点的样张上印有测控条的同一色的两个域（即 50%网点面积）的密度值 D_f（细网段 60 线 /cm）与 Dg（粗网段 10 线 /cm），按式（8）计算得到的最大差值，即为任一色的网点增大值 ΔF。

$$\Delta F=(D_f—D_g)\times 100\% \qquad (8)$$

式中　ΔF——网点增大值（50%方网点）；

D_f——细网段密度值；

D_g——粗网段密度值。

测量与计算结果应符合 5.7.1g）或 5.7.2g）的规定。

6.4.5　重影

从 6.4.3 印刷样张中抽取 10 张，由经过正式批准的检验人员进行目视检测印有 GATF 星标图或有类似于星标图样张，如果星标中心有“8”字双环形，则判定为有重影；反之，则判定符合 5.7.1h）或 5.7.2h）的规定。

6.4.6　墨杠

用青色原色油墨、满版实地密度在 1.0 以上、50%的方形网点平网试验版，以 50%的印刷机最高印刷速度进行印刷，各色组不少于 50 张（其他色组离压）。目视检验应符合 5.7.1i）或 5.7.2i）的规定。

6.5　叼纸牙排咬合力试验

以 50%的印刷机最高印刷速度对各压印组分别进行满版实地印刷，实地密度值大于 1.0 以上，检查叼纸牙排的咬合力，应符合 5.8 的规定。

6.6　主要机构精度检验

按表 4 规定的检验方法及测量仪器对主要机构精度进行检验，结果应符合 5.9 表 2 的规定。

6.7　噪声测量

开动所有噪声源，在最高印刷速度下空运转，用普通声级计测量印刷机的 A 声压级噪声。测量点水平位置（见图 5），噪声测量点距地面高度为 1.5 m，距印刷机四周外轮廓线 1 m 处，测量点之间的距离为 2 m 左右，图示测量点为参考点，可根据测量轨迹长短增加或减少测量点，其中第 i 点为巡回测量最大噪声点，印刷机噪声以算术平均值计算，其计算结果应符合表 3 的规定。

表 4　主要机构精度检验方法

序号	试验项目		检验方法	测量仪器
1	径向圆跳动	墨斗辊工作面	在缓慢旋转中，分别检查辊/滚筒两端距离150mm处和中间点，取测量最大读数	千分表
2		串墨辊工作面		
3		串水辊工作面		
4		水斗辊工作面		
5		印刷滚筒		
6	平行度	全长内相邻两印刷滚筒	a）在距滚筒两端面150 mm处和中间点处，用专用量规测量或保险丝进行判断 b）用千分表分别在滚筒两端点和中间点三处，在移动距离内读取最大数	a）专用量规、熔丝 b）千分表
7	轴向窜动	印刷滚筒（动态）	动态测量垂直于轴中心线的平面轴向窜动量	千分表
8		递纸滚筒（轴）		

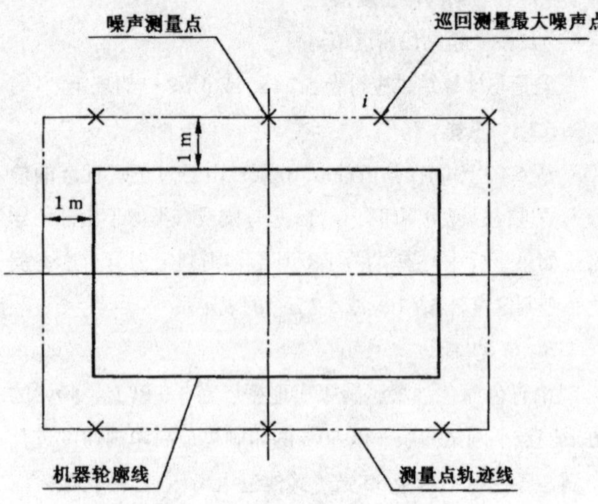

图 5　噪声测量点位置图

6.8　外观质量检验

目视检查印刷机外观质量，应符合 5.11 的规定。

6.9　安全检验

6.9.1　基本防护检验

6.9.1.1　目测检查机器外壳人可触及的位置，应符合 5.12.1.1 的规定。

6.9.1.2　检查对滚辊内旋卷入部位的安全防护装置，测量安全杠与机器的相关部件之间的间隙，应符合 5.12.1.2 的规定。

6.9.1.3　检查固定式防护装置的牢固性、检查活动式防护装置联锁状态，开启防护装置，检测滚筒的点动运转速度和点运动距离等，应符合 5.12.1.3 的规定。

6.9.1.4　目视检查输纸部位吸嘴的驱动轴防护，应符合 5.12.1.4 的规定。

6.9.1.5　检查手柄驱动机器，应符合 5.12.1.5 的规定。

6.9.2　纸堆台升降装置

6.9.2.1　检查纸堆台的升降控制，应符合 5.12.2.1 ~ 5.12.2.3 的规定。

6.9.2.2　用钢卷尺检查纸堆台的安全距离，应符合 5.12.2.4 的规定。

6.9.2.3　检查纸堆台升降链条负载证明材料，纸堆台的负载能力，采用在纸堆台上放置相应重量的纸或替代物的方法，对纸堆台分别进行静态负载检验和动态负载检验，应符合 5.12.2.5 的规定。

6.9.3　通道平台与踏板

6.9.3.1　用钢卷尺检查通道平台，目测检查通道平台护栏，应符合 5.12.3.1 的规定。

6.9.3.2　用钢卷尺检查踏板尺寸，检查踏板强度（设计资料）应符合 5.12.3.2 的规定。

6.9.3.3　用钢卷尺检查单个踏板、多级踏板尺寸，应符合 5.12.3.3 ~ 5.12.3.4 的规定。

6.9.3.4　用钢卷尺及卡尺检查与踏板相适应的扶手，应符合 5.12.3.5 的规定。

6.10　电气检验

6.10.1　目测检查电气系统布线排列、接头、标记，应符合 5.13.1 的规定。

6.10.2　先用一个适当速度，反复进行启动、停止（包括制动、正反点动）动作，再进行速度变换操作：

a）检查电气系统工作应正常、灵敏、可靠，应符合 5.13.2 的规定；

b）检查机器启动的声响报警装置，应符合 5.13.3 的规定；

c）检查印刷机故障显示灯安装，应符合 5.13.4 的规定；

d）正、反点动按钮及急停按钮，应符合 5.13.5 的规定；

e）同时按动多处操作按钮时，应符合 5.13.6 的规定。

6.10.3　按 GB 5226.1—2008 中 18.2.2 的试验方法，检验保护联结电路的连续性，应符合 5.13.7 的规定。

6.10.4　按 GB 5226.1—2008 中 18.3 的试验方法，检验动力装置的绝缘电阻，应符合 5.13.8 的规定。

6.10.5　按 GB 5226.1—2008 中 18.4 的试验方法进行耐压试验，应符合 5.13.9 的规定。

7　检验规则

7.1　出厂检验

7.1.1　每台印刷机应按 6.2、6.4.2.1、6.4.2.2、6.4.5、6.4.6、6.5、6.6、6.8、6.9.1、6.9.2 及 6.10 的规定进行检验，每批印刷机中抽一台按 6.7 的规定进行检验。

7.1.2　对全检项检验，有一项不合格，即为不合格品。

7.1.3　对抽检项一台不合格，则再抽两台对该项进行检验，再不合格则对该批该项全检。

7.1.4　每台印刷机须经制造厂质量检验部门检验合格后，附产品合格证方可出厂。

7.2　型式检验

7.2.1　有下列情况之一时，应在首台、首批中抽一台或生产批中抽一台进行型式检验：

a）新产品和老产品转厂生产的试制定型鉴定；

b）正式生产后，如材料、工艺、结构有较大改变时；

c）停产一年以上又恢复生产时；

d）连续生产时，每年至少一次例行检验。

7.2.2　型式检验应按本标准规定的全部内容进行。

7.3　用户验收

凡合同中未指明验收条款的产品按 7.1 的规定进行验收。

8　标志、包装、运输与贮存

8.1　标志

8.1.1　每台印刷机应在明显部位固定铭牌，其要求应符合 GB/T 13306—1991 的规定。其主要内容应包括：

a）制造厂名称、产品原产地；

b）产品型号、名称；

c）产品执行标准编号；

d）产品的主要技术参数；

e）出厂编号；

f）出厂日期。

8.1.2　包装储运图示标志应根据产品特点，应按照 GB/T191 的有关规定正确选用。

8.1.3　运输包装的收发货标志，按 GB/T 6388—1986 的规定。

8.2　包装

8.2.1　产品装箱前，机件、工具备件、附件应擦拭干净，外露加工面应涂防锈剂。

8.2.2　产品包装箱内应铺防水材料，并可靠地固定在箱内。附件箱、备件箱应固定在主机箱内的空隙处，并牢固卡紧。

8.2.3　产品包装箱的制造与装箱要求应符合 GB/T 13384—2008 的规定。

8.2.4　随机文件　每台产品出厂时应附有下列随机文件：

a）产品合格证。产品合格证的编写应符合 GB/T14436—193 的规定。

b）使用说明书。使用说明书的编写应符合 GB/T 9969—2008 的规定。

c）装箱单。

8.3　贮存

产品应贮存在于燥通风的地方，避免受潮。室外贮存时，包装箱应有防雨措施。若存放期超过 2 年，出厂前应开箱检查，若发现产品包装已不符合有关规定时，应重新进行包装。

8.4　运输

产品在运输起吊时，要按包装箱外壁箱面的标志稳起、轻放，防止碰撞。

附加说明

本标准是对 GB / T 3264—2005《单张纸平版印刷机》的修订。

本标准与 GB / T 3264—2005 相比主要变化如下：

（1）标准名称改进，改为“印刷机械 单张纸平版印刷机”。

（2）修改了术语和定义，增加了最高印刷速度的定义（2005 年版的第 3 章，本版第 3 章）。

（3）修改了型式与基本参数，增加了按印刷速度划分为高速机与中速机（2005 年版的第 4 章，本版第 4 章）。

（4）修改了印刷机印刷精度指标，增加了网点增大值、重影等指标（2005 年版的 5.4.1，本版 5.7）。

（5）删除了双面印刷型式要求（2005 年版的 5.4.2）。

（6）修改“主要部件装配质量”为“主要机构精度”，增加对串水辊和水斗辊工作面径向圆跳动误差等（2005 年版的 5.4.3，本版 5.9）。

（7）增加了安全要求与安全检验内容（2005 年版的 5.9、6.7，本版 5.12、6.9）。

（8）将电气要求原 5.6 与原 5.9.4 合并为本标准的 5.13。

（9）增加了试验通则（本版 6.1）。

（10）增加了输纸故障率的计算公式（本版 6.3.1.2）。

（11）增加了印刷试验条件内容（2005 年版的 6.4.1，本版 6.4.1）。

（12）增加了网点增大值（本版 6.4.4）。

（13）修改了重影（2005 年版的 6.4.2.6，本版 6.4.5）。

（14）增加了墨杠（本版 6.4.6）。

（15）检验规则中增加了用户验收（本版 7.3）。

（16）增加附录 A，将原附录 A 修改为附录 B。

本标准的附录 B 为规范性附录，附录 A 为资料性附录。

本标准由中国机械工业联合会提出。

本标准由全国印刷机械标准化技术委员会（SAC/TC192）归口。

本标准负责起草单位：北人印刷机械股份有限公司、上海光华印刷机械有限公司、江西中景集团有限公司、江苏昌昇集团股份有限公司、北京印刷机械研究所等。

本标准参加起草单位：高斯图文印刷系统（中国）有限公司、上海紫明印刷机械有限公司、青岛瑞普电气有限公司、河南新机股份有限公司。

本标准主要起草人：张晓前、陈海萍、严珠、王晓智、周解平、何凡及杨冬梅。

本标准参加起草人：周勤甫、崔伟善、王琪及冯淑芳。

本标准所代替标准的历次版本发布情况为：GB 3264—1982、GB / T 3264—1989、GB / T 3264—2005。

附 录 A
（资料性附录）
多色机套准测试版示意图

A.1 套准测试版

多色机套准测试版示意图（见图 A.1）。

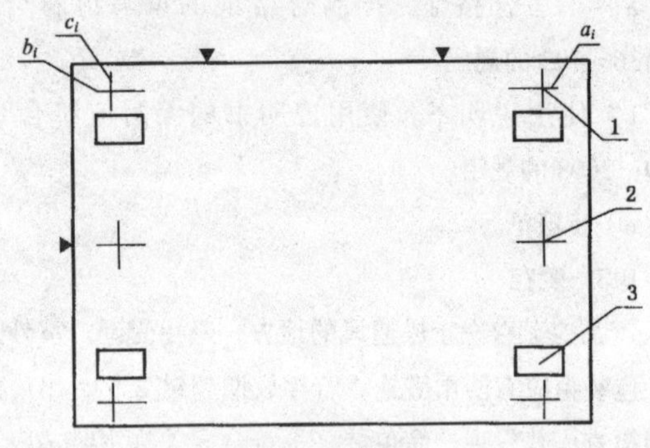

图 A.1 测试版图

1—规矩十字套线 2—中间十字套线 3—多色套准线；
a_i—左前规；b_i—右前规；c_i—侧规

A.2 套准线

套准测试区的套准线应光滑平直，各色以不同颜色的“十”字套准线均与第一色组进行套准印刷。各色组套准线长度为 10mm、宽为 0．1 mm（见图 A．2）。

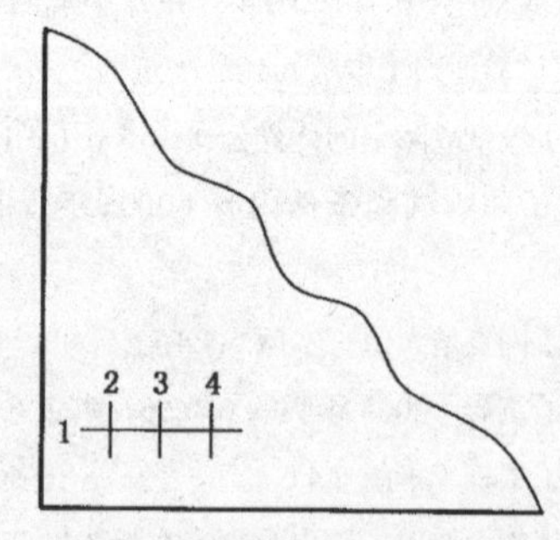

图 A.2 多色机套准线示意图

1—第一色组为黑色 2—第二色组为青色
3—第三色组为品红色 4—第四色组为黄色

A.3 输纸、传纸准确度测量

输纸、传纸准确度，测量套准线外侧边距离 x、y。

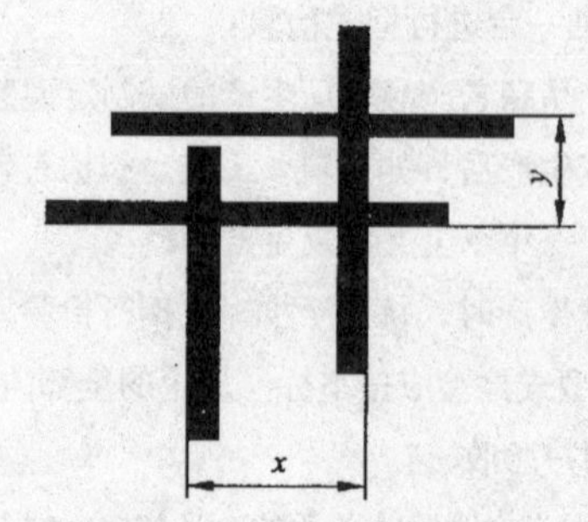

图 A.3 输纸、传纸准确度测量位置

A.4 输纸、传纸精密度测量

输纸、传纸精密度，测量套准线同侧边距离 x、y。

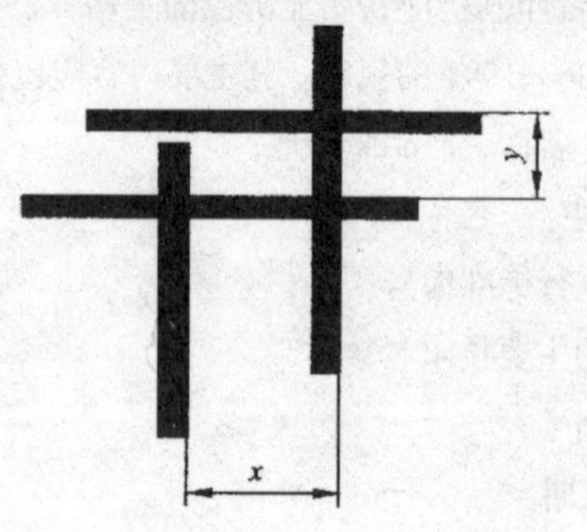

图 A.4 输纸、传纸精密度测量位置

附 录 B
（规范性附录）
数据处理方法

B.1 概述

选用标准偏差（σ）处理数据时，对超出一定概率的值允许剔除。

B.2 剔除方法

当数据中出现的最大值大于 $\overline{X}+3\sigma$、最小值小于 $\overline{X}-3\sigma$ 时，均给予剔除。剔除后重新计算标准偏差，直至不能剔除时为止。平均值按各种指标给出的代号代入。

中华人民共和国国家标准

印刷机械　卷筒纸平版商业印刷机

GB/T 25678—2010

Printing machinery–Commercial web offset Press

中华人民共和国质量监督检验检疫总局
中华人民共和国标准化管理委员会　2010-12-23 发布　2011-07-01 实施

1　范围

本标准规定了卷筒纸平版商业印刷机的术语和定义、基本参数、型号和名称、要求、试验方法、检验规则及标志、包装、运输和贮存。

本标准适用于多色（以单面印刷色数计算）卷筒纸平版商业印刷机。

2　规范性引用文件

下列文件中的条款通过本标准的引用而成为本标准的条款。凡是注日期的引用文件，其随后所有的修改单（不包括勘误的内容）或修订版均不适用于本标准，然而，鼓励根据本标准达成协议的各方研究是否可使用这些文件的最新版本。凡是不注日期的引用文件，其最新版本适用于本标准。

GB/T 191　包装储运图示标志（GB/T 191—2008，ISO 780：1997，MOD）

GB/T 4879—1999 防锈包装

GB 5226.1—2008　机械电气安全　机械电气设备　第 1 部分：通用技术条件（IEC 60204—1：2005，IDT）

GB/T 6388—1986 运输包装收发货标志

GB/T 9969—2008 工业产品使用说明书　总则

GB/T 10335（所有部分）涂布纸和纸板

GB/T 13306—1991 标牌

GB/T 13384—2008 机电产品包装通用技术条件

GB/T 14436—1993 工业产品保证文件　总则

JB/T 6530—2004 印刷机产品型号编制方法

3 术语和定义

下列术语和定义适用于本标准。

3.1　卷筒纸平版商业印刷机 (commercial web offset press)

采用平版并能用涂布纸印刷彩色精细印品的卷筒纸印刷机。

3.2　套印准确度 (register accuracy)

任何两个色版的图像套印的符合程度。

3.3　压印均匀性 (impression uniformity)

印刷机印刷时，纸张在最大印刷幅面内所受印刷压力的一致程度。

3.4　压印稳定性 (impression stability

印刷机连续印刷时，不同纸张同一部位所受印刷压力的一致程度。

3.5　折页准确度 (folding accuracy)

折痕与折标线的符合程度。

3.6　折页精密度 (folding precision)

同批次不同样张折痕彼此相符合的程度。

3.7　最高印刷速度 (max printing speed)

印刷机在本标准规定的试验条件下，以单纸路方式、单位时间内所达到的最多对开印刷张数。单位为张每小时（张 /h）。

4　基本参数、型号和名称

（1）卷筒纸平版商业印刷机由供纸机、印刷机组、折页机三个主要部分及二次张力系统、烘干箱、冷却机组、加硅装置等部分组成。

（2）基本参数按表 1 的规定。

（3）产品型号编制应符合 JB/T 6530—2004 的规定。

表 1　基本参数

卷筒纸幅面	单幅					
裁切尺寸（mm）	546	578	598	620	625	630
最高印刷速度（张 /h）	≥ 40 000					
折页开本	16 开、32 开双联（8 开）					
纸张重量范围（g/m^2）	50 ~ 128					
纸张种类	不低于 GB/T10335 中规定的一等品涂布纸					

5 要求

卷筒纸平版商业印刷机应符合本标准的规定，并应按经规定程序批准的图样和技术文件制造。

5.1 接纸质量

5.1.1 采用零速接纸机，在机器最高印刷速度下，接纸成功率应达到99.5%。

5.1.2 采用高速接纸机，在机器最高印刷速度下，接纸成功率应达到99%。

5.2 印刷质量

5.2.1 实地密度

实地密度值应符合表2的规定。

5.2.2 压印均匀性与压印稳定性

压印均匀性误差不应高于15%，压印稳定性偏差不大于0.04。

5.2.3 套印准确度

套印准确度误差在0.15 mm内，合格率不应低于98%。

5.2.4 网线印刷要求

网线印刷要求网点清晰结实，无墨杠及重影。

5.2.5 图文印刷要求

图文印刷要求文字清晰、墨色均匀、无重影，图案阶调层次清晰。

表2 印刷实地密度测量值

色别	涂布（印刷）纸
黄（Y）	0.85 ~ 1.10
品红（M）	1.25 ~ 1.50
青（C）	1.30 ~ 1.55
黑（K）	1.40 ~ 1.70

5.3 折页质量

5.3.1 折页准确度在 ±1mm内，合格率不应低于98%。

5.3.2 折页精密度不大于0.5 mm。

5.3.3 经三角板及裁切辊裁切的纸边应无强制撕坏的裂口。裁切纸张长度每前后相连两张的长度差不应大于1mm。

5.4 主要部件的装配质量

a）墨斗辊、水斗辊工作面的径向圆跳动不应大于0.015 mm。

b）串墨辊、串水辊工作面的径向圆跳动不应大于0.04mm。

c）印刷滚筒滚枕及工作面的径向圆跳动不应大于0.015 mm。

d）印刷滚筒的轴向窜动量不应大于0.04mm。

e）每一印刷单元中相邻两滚筒的平行度（在全长内）不应大于0.02 mm。

5.5 附机技术要求

5.5.1 二次张力机构

5.5.1.1 张力范围：200 ~ 400N。

5.5.1.2 张力控制精度：± 5 N。

5.5.2 烘干箱

5.5.2.1 烘干箱纸带温度调节范围：100 ~ 180℃，热空气温度调节范围120 ~ 320℃。

5.5.2.2 机器应设置废气二次燃烧装置和废气排放装置，废气排放要达到VOC < 20 mg/m³。

5.5.2.3 烘干箱应保证在最高印刷速度和最大油墨消耗下，其中溶剂浓度不应超过烘箱最低燃烧限度的25%。

5.5.2.4 当印刷机配有自动清洗装置时，应有预防在清洗过程中加热释放出的溶剂蒸汽和雾气被烘干装置加热时产生的任何点燃危险的措施。

5.5.3 冷却机组

5.5.3.1 冷却辊速度相对机器速度应超前，速差调节范围（0 ~ 10）‰。

5.5.3.2 冷却水系统要在印刷机最大热交换量的状态下；出水温度控制在20~25℃。

5.6 噪声

噪声不大于92 dB（A）。

5.7 外观质量

5.7.1 外露非加工表面不应有凸瘤、凹陷和气孔等有损美观的缺陷。外露加工表面不应有磕碰、划伤、锈蚀等现象。

5.7.2 油路、气路及电气线路应排列整齐。

5.7.3 涂漆层应光滑平整牢固、色泽均匀一致，无明显突出颗粒、粘附物和砂纸擦痕，不应有流挂、起泡、发白及失光现象。

5.8 电气质量

5.8.1 电气系统应布线整齐、排列有序、接头牢固；各种标记（如：元件代号、电气符号、接地标志等）应齐全、清晰和正确，符合电气简图图形符号的相关规定。

5.8.2 电气系统工作应正常、灵敏、可靠。

5.8.3 机器启动前声响报警装置应能发出使人听到的声响信号，并延时响应3 s后方可启动。

5.8.4 机器上应安装有红色故障显示灯。

5.8.5 正点动与反点动按钮应有明显区别，按急停按钮后，机器停止运转，印刷滚筒的惯性旋转应小于2/3圈，急停按钮松开后机器仍应停在静止状态。

5.8.6 对于能多处操作的印刷机，其控制应有联锁装置。

5.8.7 所有外露可导电部分都应按 GB 5226.1—2008 中 8.2.1 的要求连接到保护联结电路上。保护联结电路的连续性应符合 GB 5226.1—2008 中 8.2.3 的规定。

5.8.8 在动力电路导线和保护联结电路间施加 DC500V 时，测得的绝缘电阻不小于 1 MΩ。

5.8.9 在动力电路导线和保护联结电路之间施加 1000 V 的电压、时间近似 1 s，不应出现击穿放电现象。

5.9 机器安全要求

5.9.1 机器外侧的运动部件应加装防护罩。

5.9.2 印刷滚筒之间应装有安全防护装置。

5.9.3 滚筒切线方向和防护装置间的夹角推荐为 90°，最小角度不能小于 60°（见图 1）；安全杠与机器的相关部件之间的间隙不应超过 6 mm（见图 2）。

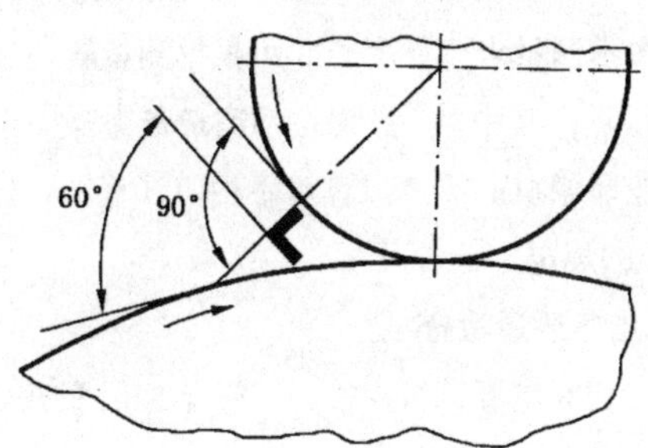

图 1 安全杠与滚筒的夹角

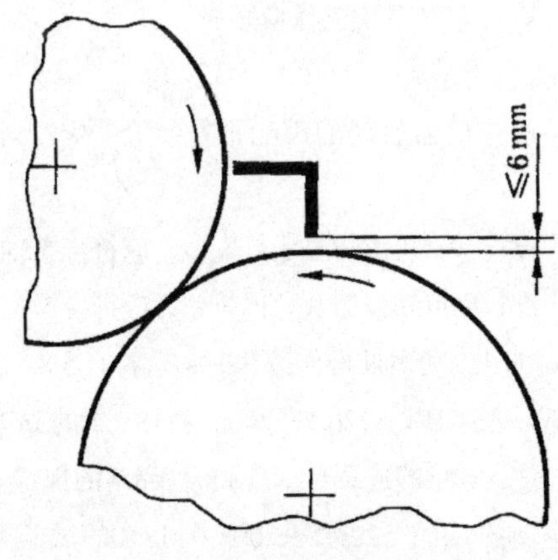

图 2 内旋卷入部位的防护

5.9.4 应有机械与电气的联锁装置。

5.9.5 控制装置应与安全防护装置联锁。

5.9.6 对于能多处操作的印刷机，其控制应有联锁装置。

5.10 空运转性能

5.10.1 机器运转应平稳、传动正常、无异常噪声。

5.10.2 操作机构应灵活可靠、无卡阻和自发性移动。

5.10.3 润滑、液压及气动系统应工作正常，管路畅通，无漏油漏气现象。

5.10.4 安全停车装置应灵活可靠。

5.10.5 轴承温升应不大于 35℃。

6 试验方法

6.1 空运转试验

印刷机应进行不小于 6 h 的空运转试验，其中全速空运转不小于 1 h。检验结果应符合 5.10 的规定。

6.2 印刷试验

6.2.1 试验条件 .

试验条件如下：

a）印刷环境温度（23 ± 5）℃；相对湿度（50 ~ 65）%；

b）印刷试验用纸为（80 ~ 105）g/m^2 的涂布纸。纸卷尺寸应符合机器规定的卷筒纸宽度，纸卷应没有受潮、变形、松紧不一、拉力不均和接头过多等缺陷；

c）印刷试验用版应符合印刷机额定最大印刷幅面并晒有附录 A 规定的试验版图。

6.2.2 印刷质量试验

6.2.2.1 套准试验

6.2.2.1.1 检验印刷色数 本试验适用于四色以上的印刷型式，检验一律按单面四色进行。

6.2.2.1.2 检验速度要求 附录 A 规定的版式，以不低于 70% 的机器最高印刷速度进行印刷，连续取样 100 张。

6.2.2.1.3 套印准确度的检验及计算。用分度值为 0.01 mm 的读数显微镜测量 6.2.2.1.2 规定样张中 a、b、c 三个位置的套准十字线的宽度值，其最大值和单色线宽值之差即为套印准确度误差，按样张计应符合 5.2.3 的规定。

6.2.2.2 压印均匀性与压印稳定性的试验

按附录 A 规定的版式，以不低于 70% 的机器最高印刷速度进行印刷，对于每块印版，在连续印刷中，每隔 10 张样张取一张，每块印版取样 20 张。

用密度计测量样张中每一样张上实地色块的密度值 D_{jin}，实地密度值应符合 5.2.1 的要求。按式（1）计算压印均匀性 μ_{in}；按式（2）计算压印稳定性 R_{fin}，各样张数据中的异常值可运用附录 B 规定的原则予以剔除。机器的压印均匀性为样张中的最大值；机器的压印稳定性为样张的最大值，应符合 5.2.2 的规定。

$$\mu_{in}(\%) = \frac{|D_{jin}-\overline{D}_{jin}|_{max}}{\overline{D}_{jin}} \times 100\% \quad (1)$$

$$R_{jin} = \sqrt{\frac{1}{19}\sum_{i=1}^{20}(D_{ijn}-\overline{D}_{ijn})^2} \quad (2)$$

式中 μ_{in}——压印均匀性，%；

D_{jin}——同一样张上 j 点实地色块密度值；

$\overline{D}_{jin}$——每张同一色组实地色块密度值的测量平均值，$\overline{D}_{jin}=\frac{1}{12}\sum_{j=1}^{12}D_{jin}$；

R_{jin}——压印稳定性；

D_{ijn}——20个样张中同一 j 点位置 i 样张的实地色块密度值；

$\overline{D}_{ijn}$——20个样张中同一 j 点位置实地色块密度值平均值，$\overline{D}_{ijn}=\frac{1}{20}\sum_{i=1}^{20}D_{ijn}$；

j——检验条（实地色块）顺序（j=1，2，3，……，12）；

i——样张顺序（i = 1，2，3，……，20）；

n——色组序（n = 1，2，3，……）。

6.2.2.3　网点质量检查

用5倍放大镜检查6.2.2规定样张中大块网线区中网点质量，应符合5.2.4的规定。

6.2.2.4　图文印刷试验

（1）用在最大印刷幅面的范围内布有插图及文字的印版，以不低于85%机器最高印刷速度进行双面印刷。

（2）目视检查印样质量，应符合5.2.5的规定。

6.3　折页试验

6.3.1　检验和取样方法

用晒有折标线的印版，以90%的机器最高速度进行折页试验，连续取样100张。

6.3.2　折页精密度的检验及计算

用分度值为0.01mm的读数显微镜分别测量6.3.1规定检验样张中每一张上明面两处折标与折缝线之间的距离 I_i，按式（3）计算折页偏差 σ，样本数据中的异常值可运用附录B的原则予以剔除。机器的折页精密度为样张折页偏差的最大值，应符合5.3.2的规定。

$$\sigma=\sqrt{\frac{1}{99}\sum_{i=1}^{100}(I_i-\overline{I})^2} \qquad (3)$$

6.3.3　折页准确度的检查及计算

用分度值为0.01mm的读数显微镜分别测量6.3.1规定检验样张中每一张上明面两处折标与折缝线之间的距离 I_i，按式（4）计算折页误差。机器的折页准确度为样张折页误差的最大值，应符合5.3.1的规定。

$$I=\frac{I_{max}-I_{min}}{2} \qquad (4)$$

6.3.4　裁切质量试验

测量6.3.1规定样张中任意相连两张的裁切长度和目视检查裁切质量，应符合5.3.3的规定。

6.4　噪声测量

在进行6.3规定的折页试验时，用普通声级计测量卷筒纸平版商业印刷机的A声压级噪声，测量点水平位置（见图3），噪声测量点距地面高度为1.5 m，距卷筒纸平版商业印刷机四周外轮廓线1 m处，测量点之间的距离为2 m左右，图示测量点为参考点，可根据测量轨迹长短增加或减少测量点，其中第 i 点为巡回测量最大噪声点，卷筒纸平版商业印刷机的噪声以算术平均值计算，其计算结果应符合5.6的规定。

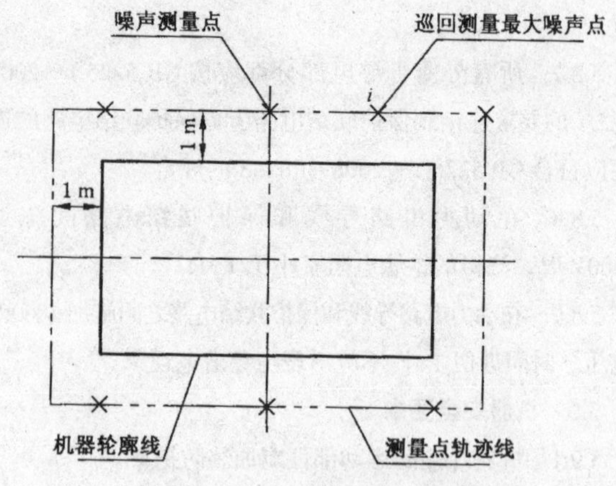

图3　噪声测量点位置图

6.5　电气质量检查

6.5.1　切断电源，目视检查应符合5.8.1的规定。

6.5.2　反复启动、停止机器，检查其运行的准确性与平稳性，并多次调节升降速度，检查升降的平稳性。

——检查电气系统工作应正常、灵敏、可靠，应符合5.8.2的规定。

——检查机器启动的声响报警装置，应符合5.8.3的规定；

——检查印刷机故障显示灯安装，应符合5.8.4的规定；

——正、反点动按钮及急停按钮，应符合5.8.5的规定：

——同时按动多处操作按钮时，应符合5.8.6的规定。

6.5.3　按GB/T 5226.1—2008中18.2.2的试验方法，检查保护联结电路的连续性，应符合5.8.7的规定。

6.5.4　按GB/T 5226.1—2008中18.3的试验方法，检查动力装置的绝缘电阻，应符合5.8.8的规定。

6.5.5　按GB/T 5226.1—2008中18.4的试验方法进行耐压试验，应符合5.8.9的规定。

6.6　机器安全检查

6.6.1　目测检查机器外侧运动部件、印刷滚筒处，应符合5.9.1、5.9.2的规定。

6.6.2　滚筒和防护装置间的最小角度要求；安全杠与机器的相关部件之间的间隙要求应符合5.9.3的要求。

6.6.3　开启机器，检查所有的安全防护联锁装置，应符合 5.9.4 ~ 5.9.6 的规定。

6.7 外观质量检查

目视检查机器外观质量，应符合 5.7 的规定。

6.8 主要部件的装配质量检验

按表 3 检测方法检查主要部件的装配质量，应符合 5.4 的规定。

6.9 接纸试验

在机器最高印刷速度下，应进行不少于一次的接纸试验，除纸张因素外，做到接纸一次性成功。

6.10 附机技术要求检验

6.10.1 根据二次张力机构的数显表，观察二次张力值及精度控制，应符合 5.5.1 的规定。

6.10.2 烘干箱检验：

表 3 主要部件精度检测方法

序号	试验项目		试验方法	测量仪器
1	圆跳动	墨斗辊工作面的径向	在缓慢旋转中，分别检查辊 / 滚筒距两端距离 100 mm 处，取测量最大读数	千分表 / 百分表
2		串墨辊工作面的径向		
3		水斗辊工作面的径向		
4		串水辊工作面的径向		
5		印刷滚筒的径向，包括胶皮 / 印版		
6	平行度	相邻两印刷滚筒： 印版滚筒 / 胶皮滚筒 胶皮滚筒 / 胶皮滚筒	a）有滚枕的可不测量，结构保证 b）没滚枕的测量距滚筒两端 100 mm 处	专用量规
7	轴向窜动	胶皮滚筒 印版滚筒	在滚筒端头处测量垂直于轴中心线的平面轴向窜动，取测量最大读数	千分表 / 百分表

a）根据操控台的温度显示，观察烘干箱内纸带温度及空气温度，应符合 5.5.2.1 的规定 .

b）根据用户所在地环保部门检测，废气排放应符合 5.5.2.2 的规定 .

c）检查是否有安全控制系统，保证当处于有易燃溶剂蒸气被点燃的危险时，烘干箱不能启动。应符合 5.5.2.3 和 5.5.2.4 的规定。

6.10.3 冷却装置检验

a）采用红外速度表，检测冷却滚筒的速度，应符合 5.5.3.1 的规定 .

b）根据冷却系统的检测装置，检测出水温度，应符合 5.5.3.2 的规定。

7 检验规则

7.1 出厂检验

7.1.1 每台机器应按本标准 6.1、6.2.2.1、6.3.3、6.3.4、6.5 ~ 6.9 的规定进行检验，若有一项不合格，该产品为不合格品。

7.1.2 每批产品抽 20% 按 6.2.2.4 检验，每批不得少于一台。若不合格，应再抽一台对该项复检，若仍不合格应逐台对该项目进行检验。

7.1.3 每台产品须经制造厂质量检验部门检验合格后方可出厂。

7.2 型式试验

有下列情况之一时，应对首台、首批中抽一台或生产批中抽一台产品按本标准规定的全部内容进行试验 .

a）新产品或老产品转厂生产的试验定型鉴定；

b）正式生产后，如结构、材料、工艺有较大改变，可能影响产品性能时；

c）产品停产一年后，恢复生产时；

d）每年一次的周期检验。

7.3 用户验收

凡合同中未指明验收条款的产品按 7.1 的规定进行验收。

8 标志

每台印刷机应在明显部位固定铭牌，其要求应符合 GB/T 13306—1991 的规定，产品铭牌的主要内容包括：

a）制造厂名称；

b）产品型号及名称；

c）主要技术参数；

d）产品出厂编号；

e）产品出厂年月。

产品的包装储运图示标志、收发货标志应符合 GB/T 191、GB/T 6388—1986 的规定。

9 包装、运输和贮存

9.1 包装

9.1.1 产品包装前，机件和工具的外露加工面应涂以防锈剂，主要零件的加工面应包防锈纸。防锈方法应符合 GB/T 4879—2008 的有关规定。

9.1.2 产品包装箱内应铺防水材料，产品应牢固地固定在箱内。产品包装箱的制造与装箱要求应符合 GB/T 13384—2008 的规定。

9.1.3 产品随带文件

a）产品合格证：产品合格证的编写应符合 GB/T

14436—1993 的规定。

b）产品使用说明书：产品使用说明书的内容应符合 GB/T 9969—2008 的规定。

c）装箱单。

9.1.4 产品分多箱包装时，随机文件应放在主机箱内。

9.2 运输

产品在运输起吊时，应按包装箱外壁的标记稳起轻放，防止碰撞。

9.3 贮存

产品贮存时应放在干燥通风处，避免受潮。如露天存放应有防雨措施。若存放期超过一年，出厂前应开箱检查，若发现产品包装已不符合有关规定，应重新进行包装。

附 录 A
（规范性附录）
试验版图

A.1 试验版版面图案的布置

印版上测量用图案由布鲁纳尔测试条、平网区、套印十字线折标线组成。布置如图 A.1。

A.2 试验用版图使用说明

使用说明如下：

a）试验版图均用同一版式晒制。

b）图 A.1 所示图案线条应平直光滑；套准十字线长度不大于 20 mm，线宽约 0.1 mm，网线区为 175 线 /in（1in = 25.4mm），采用五成点子网线。

c）折标线图（方式可自定）可布置在检验印版上的相应位置。

A.3 网线及套准十字线印版可分开制作

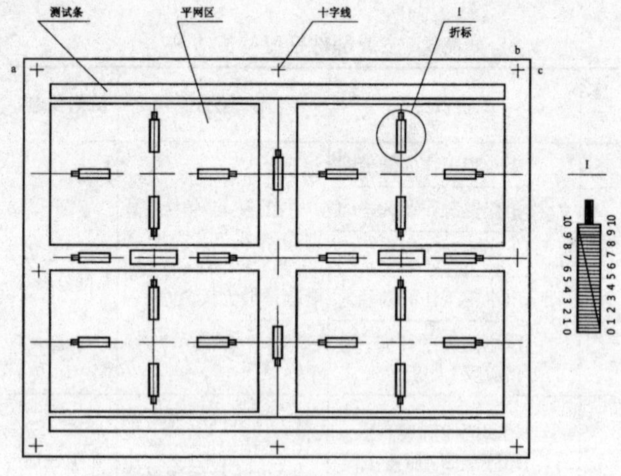

图 A.1 试验版版面图案的布置

附 录 B
（规范性附录）
数据处理剔除方法

B.1 概述

选用标准偏差（σ）处理数据时，对超出一定概率的值允许剔除。

B.2 剔除方法

当数据中出现的最大值大于 $\overline{X}+3\sigma$ 和最小值小于 $\overline{X}-3\sigma$ 时均给予剔除，剔除后重新计算标准偏差，直至不能剔除时为止。平均值 $\overline{X}$ 按各种指标代号代入。

附加说明

本标准附录 A 和附录 B 为规范性附录。

本标准由中国机械工业联合会提出。

本标准由全国印刷机械标准化技术委员会归口。

本标准负责起草单位：北人印刷机械股份有限公司。

本标准参加起草单位：高斯图文印刷系统（中国）有限公司、北京印刷机械研究所。

本标准主要起草人：张素芬、张耀宗和韩晓良。

中华人民共和国机械行业标准

印刷机械　耗电技术条件

JB/T 11016—2010

Printing machinery–Technology conditions of power wasting

中华人民共和国工业和信息化部　2010-02-11 发布　　2010-07-01 实施

1　范围

本标准规定了印刷机械耗电技术条件的术语和定义、设备、要求和节电评价。

本标准适用于制版、印刷、印后加工设备及相关辅助设备。

2　规范性引用文件

下列文件中的条款通过本标准的引用而成为本标准的条款。凡是注日期的引用文件，其随后所有的修改单（不包括勘误的内容）或修订版均不适用于本标准。然而，鼓励根据本标准达成协议的各方研究可使用这些文件的最新版本。凡是不注日期的引用文件，其最新版本适用于本标准。

GB/T 9851.1—2008 印刷技术术语 第 1 部分：基本术语

GB/T 15320—2001 节能产品评价导则

JB/T 3090—2010 印刷机械产品命名与型号编制方法

JB/T 4178—1999 印刷机 基本术语

JB/T 6530—2004 印刷机 产品型号编制方法

JB/T 6933—2004 印刷机 类别划分

3　术语和定义

JB/T 4178—1999 确立的以及下列术语和定义适用于本标准。

3.1　永磁同步电动机 (permasyn motor)

其磁场系统由一个或多个永磁体组成，通常是在用铸铝或铜条焊接而成的笼型转子的内部，按所需的极数装镶有永磁体的磁极。定子结构与异步电动机类似。

3.2　高效节能电动机 (high-efficient and energy saving motor)

高于一般中小型电动机效率的电动机。

3.3　伺服电动机 (servo motor)

伺服电动机又称执行电动机。在自动控制系统中，用作执行元件，把所收到的电信号转换成电动机轴上的角位移或角速度输出。

3.4　无轴传动 (shaftlessdrive)

无轴传动也称为电子轴、或者称为独立传动。特点是每个传动点都有自己独立的驱动电动机，而不是由一个大电动机拖动多个传动点。

3.5　变频器 (transducer)

利用电力半导体器件的通断作用将工频电源变换为另一频率的电能控制装置。

3.6　冷烫印工艺 (cold and hot scamping technics)

传统烫印铝箔工艺是在加温和压力作用下使铝箔和纸张粘合，冷烫印工艺是涂胶后，在压力作用下使铝箔和纸张粘合。

4　设备

印刷机械设备型号编制及类别划分的方法按 GB/T 9851.1—2008、JB/T 6933—2004、JB/T 6530—2004、JB/T 3090—2010 的规定。

4.1　制版设备

本标准包括各种印刷方式的制版机器：

——激光照排机；

——晒版机；

——打样机；

——激光雕刻机；

——直接制版机（CTP 机）。

4.2　印刷设备

本标准包括各种印刷方式的印刷机器：

——凸版印刷机（凸版、柔版）；

——平版印刷机（胶版）；

——凹版印刷机（照像凹版、雕刻凹版）；

——丝网印刷机（孔版）；

——特种印刷机（热转印、移印等）；

——数字印刷机（静电、喷墨、热敏等）。

4.3 印后加工设备

本标准包括各种印刷成品的加工机器：

——书刊装订机；

——报纸堆积传送机；

——包装印刷品成型机；

——纸张加工机等。

4.4 辅助设备

本标准包括印刷机械设备的配套辅助装置：

——输纸、给纸装置；

——张力控制装置（一次、两次）；

——喷粉装置；

——烘干装置（红外线、紫外线）；

——套准装置；

——冷却机组；

——废气治理设备；

——调偏装置等。

5 要求

5.1 概述

机器设计时，应对结构、性能和安全进行优化设计的同时，合理利用电能资源、正确选用电器零部件，达到节约电能的目的也是设计的任务之一。机器以消耗电能为原动力，传动和速度的调整方式应合理使用机械、气动、液动、电气等方法，达到节约电能的目的。机器以电能消耗完成的工艺功能，应以节电为目的采取保温、隔热和热能平衡等措施进行设计。

5.2 机器主电机的确定

5.2.1 功率的确定

机器的主电机功率应等于在最高运行速度下，完成最大规格尺寸的活件所需要的功率，再增加适当的功率储备。

5.2.2 电动机的选择

电动机的选择如下：

——定速传动应优先选择高效节能电动机；

——变速传动应优先选择变频器、变频电动机或高效节能电动机；

——低速大转矩的场合应优先选择永磁同步电动机；

——多机组长轴传动的场合应优先选择伺服电动机实现独立驱动；

——减少辅助操作过程中的电力消耗，间歇作业的机器应设计工作周期全速运行和操作周期低速运行的程序控制；

——卷筒料印刷机的放卷机构所采用的电动机制动放卷，电机在正常工作过程中始终处于发电机状态，产生的电能应回馈本设备中的集中供电电源或工业电网中，避免电能浪费；

——当电动机应用在开卷收卷工位时，应充分利用电动机的转速—转矩特性，合理匹配电动机，避免功率浪费。

注：传统调速方式包括机械调速、直流调速、电磁调速、整流子调速等调速方式。

5.3 机器的独立照明

5.3.1 根据不同场合应选择光效高、显色性好的光源和高效灯具。

5.3.2 照明节电控制手段应包括光源分路控制、使用节电开关等，避免同开同关造成电力浪费和电流冲击。

5.3.3 应选用节能防爆灯具。

5.3.4 灯具的功率选择宜在保证照明的前提下选用小功率。

5.4 配套设备

5.4.1 应选购具有恒压供气的空气压缩机、减少压缩空气排空的消耗。

5.4.2 真空复合气泵、液压泵、水泵、墨泵、胶泵应选择配有压力传感器的节电产品。

5.4.3 不应采用国家明令淘汰的电器配套件。

5.5 印刷或涂布后需烘干处理的机器

5.5.1 概述

凹版印刷机需要在各色组设置干燥及冷却装置。干燥装置的发热元件与介质之间间隙大小决定热效率，干燥箱内走料长度的大小及干燥箱内的温度、风压、风速和风的流量决定干燥时间，干燥箱内各吹风口处各点风量的均匀性和风压强度决定印刷面干燥的速度，多个参数应优化设计，宜采用合理的温度范围中的最低干燥温度，来提高风速进而提高干燥效率，以便减少干燥介质温升所消耗的能量，保证热量的充分利用。冷却装置设计制造时应充分考虑其冷却能力匹配，避免使料膜冷却温度过低，造成介质的冷却能耗过高，以及避免承印材料冷却后重复印刷干燥温升所需的热能而造成循环浪费。

5.5.2 远红外烘干装置

印刷品全部或局部上光涂层和颜料涂层，要求烘干固化，应采取措施减少热量的流失。远红外线烘干装置见图1，为减少热量流失，烘干罩应加反光保温材料，其边缘距承印物应小于3mm。

5.5.3 热风干燥装置

采用换热器的热风干燥装置见图2，吹风口与承印物之间的缝隙小于等于10mm，干燥箱的活动箱与固定箱合

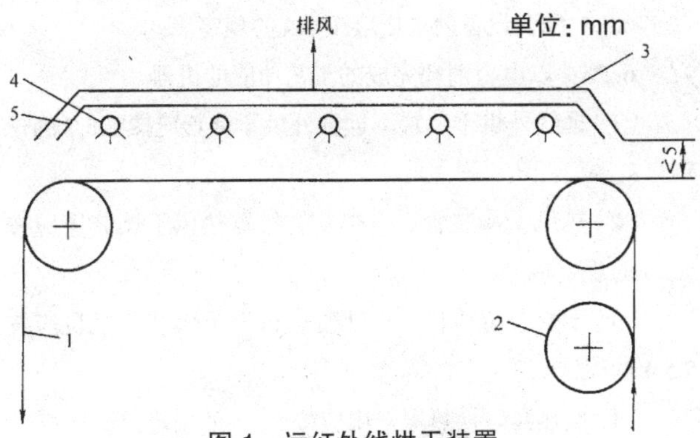

图 1　远红外线烘干装置

1—承印物　2—过辊　3—烘干罩
4—红外线加热器　5—保温反光材料

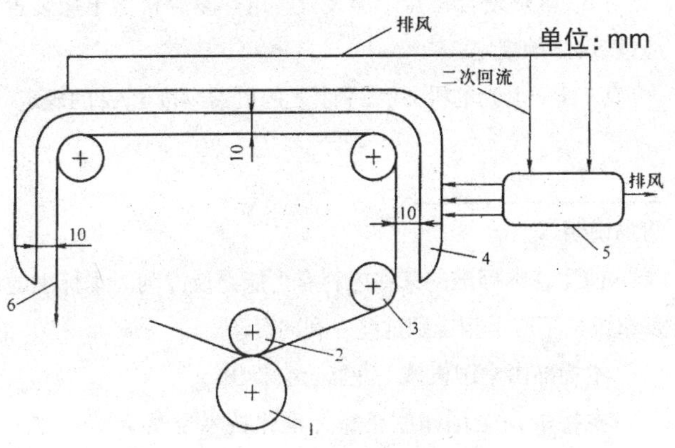

图 2　热风干燥装置

1—版滚筒　2—压印滚筒　3—过辊　4—干燥罩
5—换热器　6—承印物

缝严密；干燥箱壁及所有的热风管道宜加保温层，减少热量扩散；管路设计宜短而顺畅，减少沿程风压损失；还应设置二次回流热风利用装置。

5.5.4　干燥装置风机

（1）干燥装置优先选用变频高效风机，宜采用变频控制以根据需要选用合适的频率工作。

（2）风机功率的选用应与印刷机最大工作速度相匹配，避免供风不足造成无法烘干时提升烘干温度而导致的加热功率损耗增加，避免供风过量造成的风机无功损耗增加以及加热能耗浪费。

5.5.5　加热元件

5.5.5.1　采用电加热或换热器时，流经散热元件表面的风速优先选用经济风速 8kg/m^{2}s，避免造成风压损失过大或热交换效率过低。

5.5.5.2　选用换热系数高，风压损失小的换热器。

5.5.6　干燥装置的废气排放

废气的排放温度宜低于 50℃；为降低印品残留溶剂，二次回流热风应优先采用回流高温废气与进入的低温空气热能置换而不混合的方法。

5.6　电热复合机器

5.6.1　概述

电热复合材料加工机器有以下几种：

——电化铝膜与纸张的复合机器（烟纸、牛奶袋）；

——塑料薄膜与纸张复合的覆膜机器；

——烫印膜与纸张的局部结合的烫印机器（见图 3）。

5.6.2　干燥滚筒装置

印速度较低的凹版印刷机、覆膜机可以采用干燥滚筒装置（见图 4），因干燥效率低、热量传导慢、需先预热才能开始工作，应尽量减少使用。使用这种结构时，要设置保温结构和测温系统。

采用干燥滚筒装置的机器应使用热传导系数较高的材料，并且进行热平衡，以节约能源。

图 3　烫印结构

1—烫印模具　2—蜂窝板　3—热电偶
4—加热板　5—隔热板　6—垫板　7—压力板

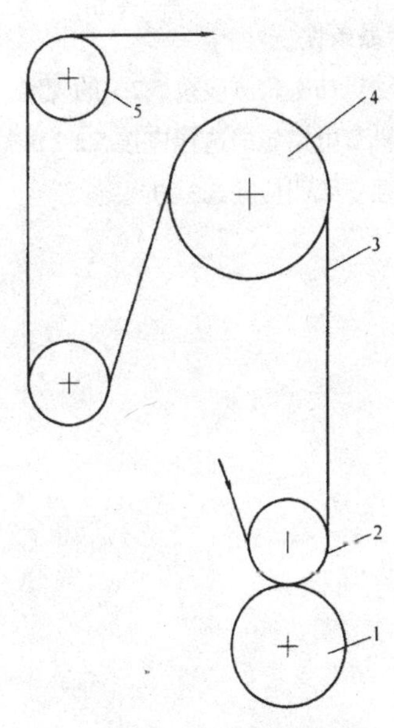

图 4　干燥滚筒装置

1—印版滚筒　2—压印滚筒　3—承印物
4—干燥滚筒　5—过辊

5.6.3 推广冷烫印工艺

传统烫印工艺采用电热的方法，电力消耗较大，可以采用热平衡的办法减少热量的损失。有条件可采用冷烫印的方法，以节约电力。

5.7 UV 上光的机器

5.7.1 概述

UV 上光指印刷品完成印刷以后，联线或离线进行紫外线上光油的涂布和烘干过程，旨在整饰印刷品的表面亮度。

5.7.2 UV 上光的要求

应进行反光罩的曲线设计，最大限度地利用光源，减少电量的消耗。

6 节电评价

6.1 节能产品评价

6.1.1 用户增加回收期

用户增加回收期是评价节能产品经济型指标按 GB/T 15320—2001 的规定，其计算公式如下

$$\alpha = K/M \tag{1}$$

式中 α——用户增加投资回收期，单位为年；

K——使用节能产品用户增加的投资额，单位为元；

M——产品的年节能经济效益，单位为元 / 年。

经济效益的计算应扣除产品寿命期内运行和管理的费用。

6.1.2 节能产品的评价

中国节能产品认证标志（样式）按 GB/T 15320--2001 的规定。

6.2 节能产品条件

6.2.1 主电动机功率检测应按 5.2.1 的规定。

6.2.2 电动机节电措施的选择应按 5.2.2 的规定。

6.2.3 机器独立照明应按 5.3 的规定。

6.2.4 配套设备的选用应按 5.4 的规定。

6.2.5 以电力消耗完成的工艺功能的机器。

（1）远红外烘干装置。远红外烘干装置应按 5.5.2 的规定。

（2）热风干燥装置。电热复合机器热风干燥装置应按 5.5.3 的规定。

（3）干燥装置风机。电热复合机器干燥装置风机应按 5.5.4 的规定。

（4）换热器。换热器选用应按 5.5.5 的规定。

（5）干燥装置的废气排放。干燥装置的废气排放选用应按 5.5.6 的规定。

（6）电热复合机器干燥装置。电热复合机器干燥装置应按 5.6.2 的规定。

（7）UV 上光的机器。UV 上光的机器应按 5.7.2 的规定。

附加说明

请注意本标准的某些内容有可能涉及专利。本标准的发布机构不应承担识别这些专利的责任。

本标准由中国机械工业联合会提出。

本标准由全国印刷机械标准化技术委员会（SAC/TC 192）归口。

本标准负责起草单位：宁波欣达印刷机器有限公司、北京印刷机械研究所。

本标准参加起草单位：辽宁大族冠华印刷科技股份有限公司、潍坊华光精工设备有限公司。

本标准主要起草人：张俊峰、韩晓良、杜玉梅和王丰君。

本标准为首次发布。

中华人民共和国机械行业标准

印刷机械　瓦楞纸板卧式平压模切机

JB/T 11015—2010

Printing machinery–Flatbed platen type diecutting and creasing machine for corrugated board

中华人民共和国工业和信息化部　2010-02-11 发布　　2010-07-01 实施

1　范围

本标准规定了瓦楞纸板卧式平压模切机（以下简称模切机）的型式、基本参数、型号和名称、要求、试验方法、检验规则、标志、包装、运输与贮存。

本标准适用于加工 F、E、B、C、A、AB、ABB 型和彩裱等瓦楞纸板，采用下输纸结构的卧式平压模切机。

2　规范性引用文件

下列文件中的条款通过本标准的引用而成为本标准的条款。凡是注日期的引用文件，其随后所有的修改单（不包括勘误的内容）或修订版均不适用于本标准。然而，鼓励根据本标准达成协议的各方研究可使用这些文件的最新版本。凡是不注日期的引用文件，其最新版本适用于本标准。

GB/T 191—2008 包装储运图示标志（ISO 780：1997，MOD）

GB/T 1184—1996　形状和位置公差　未注公差值（eqv ISO2768-2：1989）

GB 2894—2008 安全标志及其使用导则

GB/T 4728（所有部分）　电气简图用图形符号

GB/T 4879—1999　防锈包装

GB 5226.1—2008　机械电气安全　机械电气设备　第1部分：通用技术条件（IEC 60204-1：2005，IDT）

GB/T 6388—1986 运输包装收发货标志

GB/T 9969—2008 工业产品使用说明书　总则

GB/T 13306—1991 标牌

GB/T 13384—2008 机电产品包装通用技术条件

GB/T 14436—2008 工业产品保证文件　总则

JB/T 3090—2010 印刷机械产品命名与型号编制方法

3　型式、基本参数、型号和名称

3.1　型式

3.1.1　自动模切机

a）由自动下输纸、模切、自动收纸（含高垛、计数堆叠输出式）及电气控制等部分组成；

b）由自动下输纸、模切、自动清废、自动收纸及电气控制等部分组成。

3.1.2　半自动平压模切机

a）由手续式送纸、模切、自动升降输纸台、自动收纸（含高垛、计数堆叠输出式）及电气控制等部分组成；

b）由手续式送纸、模切、自动升降输纸台、自动清废、自动收纸及电气控制等部分组成。

3.2　基本参数

基本参数应按表 1 的规定。

3.3　型号和名称

产品型号和名称应按 JB/T 3090—2010 的规定。

表 1　基本参数

型　式	最大纸板宽度（mm）	最高模切速度（张/h）	最高模切压力（1×10^4N）
自动模切机	>1800	⩾3500	⩾400
	1600 ~ 1800	⩾4000	⩾300
	1280~1600	⩾4500	⩾250
半自动模切机	>2000	⩾3000	⩾350
	1600 ~ 2000	⩾3000	⩾300
	1280 ~ 1600	⩾3500	⩾250

4　要求

4.1　一般要求

模切机应按本标准的规定，并应按经规定程序批准的图样和技术文件制造。

4.2　两工作平板面在工作位置时的平行度

模切机两工作平板面在工作位置时的平行度，不应低于 GB/T 1184—1996 中规定的公差等级 7 级。

4.3 传动系统

传动系统应运转平稳，工作正常。

4.4 操作机构和执行机构

操作机构应灵敏可靠，执行机构协调、正确，无卡阻或自发性移动。自动模切机能够自动检测空张、歪张、双张和多张，收纸主、辅台交接顺畅。

4.5 润滑系统

润滑系统油路应畅通、各润滑点供油充分，无渗漏现象。

4.6 轴承工作温升

轴承工作温升不应大于 35℃。

4.7 噪声

自动模切机整机噪声不应大于声压级 84dB（A），半自动模切机整机噪声不应大于声压级 84dB（A）。

4.8 模切

4.8.1 模切品质量

模切品的切线应切穿，切口光整无毛刺，压痕平实，凹凸清晰，纸张纤维不断，符合制箱包装工艺要求。

4.8.2 模切精度

模切精度应按表 2 的规定。

表 2 模切精度

型 式	最大纸板宽度（mm）	模切切线偏差（mm）
自动模切机	>1800	± 1.00
	1600 ~ 1800	± 0.80
	1280 ~ 1600	± 0.50
半自动模切机	>2000	± 1.00
	1600 ~ 2000	± 0.80
	1280 ~ 1600	± 0.50

4.9 清废

清废部位纸板与模切品应完全分离。

4.10 安全

4.10.1 报警、指示、显示屏和急停装置

（1）模切机应装有启动报警装置，应配置声、光报警，模切机启动前报警装置应能发出一定强度的声、光信号，其强度应明显高于生产现场其他声、光信号，声音持续时间不应少于 3s，延时 3s 后方可启动。

（2）模切机的各种安全警告指示在相应部位应有明显标志。

（3）操作显示屏应有反映模切机安全运行、工作状态、故障等有关信息的指示。

（4）操作、调整和经常维修等部位应配备急停装置，急停装置应能停止所有产生危险的操作和运动，将急停装置复位后不允许引起重新启动，急停开关的形状应区别于一般控制开关，颜色为红色，易于触及。

4.10.2 防护装置

4.10.2.1 固定防护装置

固定防护装置牢固可靠，借助于紧固件（螺栓、螺钉）固定，不用工具不应能拆除或打开。

4.10.2.2 活动防护装置

活动防护装置应借助于铰链或滑道等与模切机中固定零件相连接，使其打开时能稳定在某一位置，开启灵活可靠。

4.10.2.3 联锁防护装置

与联锁装置联用的防护装置（如模切、清废部的安装模版窗口），应保证在防护装置打开状态下，给出停机指令，但防护装置关闭的本身不能启动运行。

4.10.2.4 输纸部驱动轴的防护

输纸部驱动轴应有全封闭的固定防护套，防护套应能满足模切纸板调节范围。

4.10.2.5 收纸部的导纸辊防护

收纸部的导纸辊之间，可采用最小为 120mm 的安全距离；导纸辊与模切机固定部件之间的内旋卷入部位应有安全防护装置，其与导纸辊之间的间隙应小于 6mm。

4.10.2.6 手轮驱动模切机时的防护

用手轮驱动模切机时，手轮的驱动位置应与模切机驱动部分联锁，手动时机动无效。

4.10.3 电气质量

4.10.3.1 电气系统应布线整齐，排列有序、接头牢固；各种标记应齐全、清晰和正确，电气简图用图形符号应按 GB/T 4728（所有部分）的规定。

4.10.3.2 电气系统应安全、灵敏、可靠。

4.10.3.3 所有外露可导电部分都应按 GB 5226.1—2008 中 8.2.1 的要求连接到保护联结电路上。保护联结电路的连续性应按 GB 5226.1—2008 中 8.2.3 的规定。

4.10.3.4 在动力电路导线和保护联结电路间施加 DC500 V 时，测得的绝缘电阻不应小于 1MΩ。

4.10.3.5 在动力电路导线和保护联结电路之间施加 1000V 的电压近似 1s 时间，不应出现击穿放电现象。

4.11 外观质量

4.11.1 外露加工表面不允许有磕碰、划伤和锈斑等缺陷。

4.11.2 外露镀件镀层应细致、均匀，无剥落、起泡、局部无镀层等缺陷。

4.11.3 外露氧化件氧化膜应均匀致密、色泽一致，不允许有未氧化的斑点等缺陷。

4.11.4 外露非加工表面不允许有气孔、凸瘤、凹陷

等有损美观的缺陷。

4.11.5 涂漆件涂层应光滑、平整；颜色、光泽要均匀一致；若采用美术漆，其花纹要均匀一致；漆膜丰满，无明显突出颗粒、粘附物，漆膜不允许有流挂、起泡等缺陷。

4.11.6 气路及油路管道应排列有序。

4.12 使用说明书和产品合格证

4.12.1 使用说明书的编写应按 GB/T 9969—2008 的规定。

4.12.2 产品合格证的编写应按 GB/T 14436—1993 的规定。

5 试验方法

5.1 空运转试验

每台模切机应进行 2h 空运转试验，其中最高速度的75%连续运转不应少于 100 min，再以最高速度连续运转不应少于 20 min，目测运转情况应按 4.3、4.5 的规定。

5.2 两工作平板面在工作位置时的平行度检查

平行度的测量方法有两种：

a）用等高块上加载金属层测量。空运转试验后，按模切机两工作平板面间的距离，在下工作平板面四角处（距平板边缘 20mm），分别放置相应的等高块，并在各等高块上加载延展性能良好、较软金属层（如铅锡或铅锑合金熔丝），上下两工作平板面完全闭合（即工作位置）一次后，分别测量四处等高块和金属层的总高，取最大与最小读数之差作为两平板面间的平行度误差，应按 4.2 的规定。

b）用内径百分表测量。空运转试验后，用内径百分表测量在工作位置时两工作平板面间四角处（距平板边缘 20 mm）距离，取最大与最小读数之差作为两平板面间的平行度误差，应按 4.2 的规定。

当对平行度测量结果有异议时，以 5.2a）的规定作为仲裁测量方法。

5.3 安全检验

5.3.1 报警、指示、显示屏和急停装置的检查

5.3.1.1 启动报警装置并用秒表检查报警的时间，应按 4.10.1.1 的规定。

5.3.1.2 目测各安全警告指示和操作面板的显示屏，应按 4.10.1.2 ~ 3 的规定。

5.3.1.3 按动和目测各部位的急停装置，应按 4.10.1.4 的规定。

5.3.2 防护装置

5.3.2.1 检查固定防护装置的牢固性，应按 4.10.2.1 的规定。

5.3.2.2 开启活动防护装置，检查其操作性能，应按 4.10.2.2 的规定。

5.3.2.3 反复打开、关闭联锁防护装置，检查其联锁功能，应按 4.10.2.3 的规定。

5.3.2.4 转动输纸部的驱动轴，目测应按 4.10.2.4 的规定。

5.3.2.5 用直尺检验收纸部的导纸辊间距和相关的内旋入部位的防护间隙，应按 4.10.2.5 的规定。

5.3.2.6 用手轮驱动模切机，应按 4.10.2.6 的规定。

5.4 电气质量检验

5.4.1 切断电源，目测检查电气系统布线排列、接头、标记，应按 4.10.3.1 的规定。

5.4.2 用一个适当速度，反复进行启动、停止（包括制动、正反点动）动作，再进行速度变换操作，检查电气系统工作情况，应按 4.10.3.2 的规定。

5.4.3 按 GB 5226.1—2008 中 18.2.2 的试验方法，检验保护联结电路的连续性，应按 4.10.3.3 的规定。

5.4.4 按 GB 5226.1—2008 中 18.3 的试验方法，检验动力装置的绝缘电阻，应按 4.10.3.4 的规定。

5.4.5 按 GB 5226.1—2008 中 18.4 的试验方法进行耐压试验，应按 4.10.3.5 的规定。

5.5 轴承工作温升检查

在空运转试验后，用点温计测量轴承工作温度并计算其温升，应按 4.6 的规定。

5.6 走纸试验

每台模切机应按以下规定进行走纸试验。

a）用≥ 75%模切机最大纸板幅面的 AB 型瓦楞纸板，以最高模切速度连续走纸 100 张；

b）用模切机最大纸板幅面的最厚瓦楞纸板，以 75%最高模切速度连续走纸 100 张；

c）用模切机最大纸板幅面的 A 型瓦楞纸板，以 75%最高模切速度连续走纸 100 张；

d）用模切机最小纸板幅面的 E 型瓦楞纸板，以 75%最高模切速度连续走纸 100 张。

试验中，各机构工作正常，应按 4.4 的规定。

5.7 模切试验

5.7.1 试验条件

用模切机最大纸张幅面的 A 型瓦楞纸板，以 75%最高模切速度，连续取样 50 张。

5.7.2 模切品质量检查

按 5.7.1 的试验条件，用实用模板进行模切后，目视检查试样质量，应按 4.8.1 的规定。

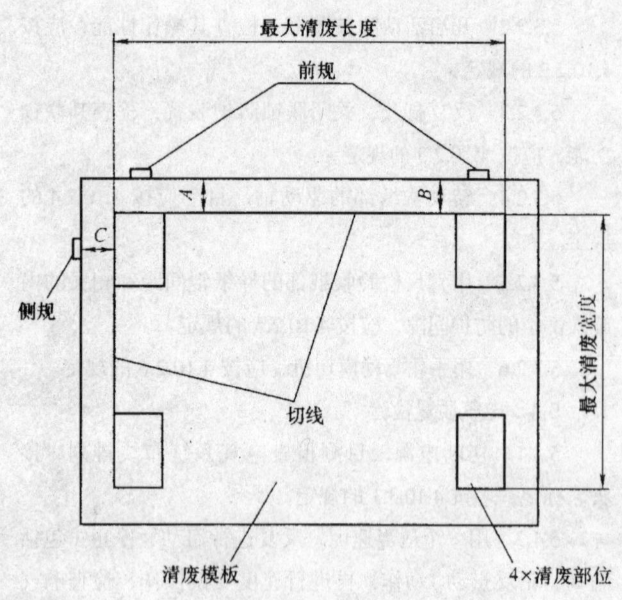

图 1 切线测量位置和清废模板示意图

A、B、C—测量距离

5.7.3 模切切线偏差测试

按 5.7.I 的试验条件，使用测量切线偏差的专用模板进行模切，用游标卡尺测量试样（见图 1）A、B 和 C 的宽度值，按式（1）~ 式（3）分别计算模切切线偏差，应按 4.8.2 中表 2 规定。

$$\Delta A = A_i - \overline{A}_i \quad (1)$$

$$\Delta B = B_i - \overline{B}_i \quad (2)$$

$$\Delta C = C_i - \overline{C}_i \quad (3)$$

式中 ΔA、ΔB、ΔC——切线偏差，单位为 mm；

A_i、B_i、C_i——各样张切线与定位纸边距离；单位为 mm；

$\overline{A}_i$、$\overline{B}_i$、$\overline{C}_i$——各测量点的全部样张切线与定位纸边距离平均值，单位为 mm；

i——样张序号，i=1，2，…，50。

5.8 清废试验

带有清废装置的模切机，当清废机构的各清废框相互平行时，用清废模板（见图 1）与清废模板相匹配的模切品，按 5.7.1 的试验条件，连续清废 50 张，目视检查试样质量，应按 4.9 的规定。

5.9 噪声测量

在空运转试验后，开启模切机的所有声源，在 75% 最高模切速度下，用普通声级计测量模切机噪声。测点距地面高度 1.5 m、距模切机四周对称中心外 1 m，测点的水平分布见图 2，可根据测量轨迹长短增加或减少测量点，其中第 i 点为巡回测量最大噪声点，模切机噪声为测试点噪声值的算术平均值，应按 4.7 的规定。

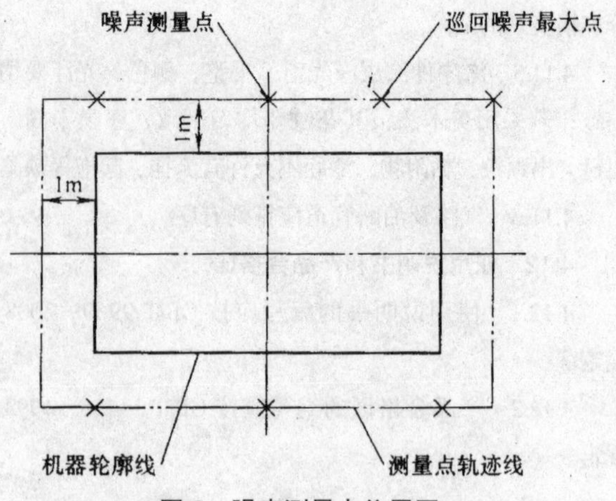

图 2 噪声测量点位置图

5.10 压力试验

压力试验的测试方法有三种。

a）用刀线、痕线测试。按表 1 规定的最高模切压力，以每米刀线、痕线上承受 4×10^4N 模切力的数据折算切线、痕线刀片的长度。模板中装上折算的切线、痕线的刀片长度，按切线、痕线相间的原则，刀片高度 23.8 mm，痕线刀片高度为 23.3 mm，在最大模切尺寸范围内，连续模切 350 g/m^2 白纸板 10 张，不允许出现停车、停转或任何零件损坏。目测试样，应按 4.8.1 的规定。

b）用压力传感器测试。使用 400t 以内显示精度为 100 kg 的压力传感器，在下工作平板面四角处分别放置相应的应变片，按压力传感器使用方法进行压力试验，测试结果应按模切机标定的最大模切压力，并符合表 1 中最高模切压力值。

c）有压力显示装置的测试。有压力显示装置的模切机，在装上供试验用的压切模板后进行压力试验，逐渐加压至表 1 规定的最大模切压力，连续模切 10 张，不允许出现停车、停转或任何零件损坏。目测试样，应按 4.8.1 的规定。

当对压力试验结果有异议时，以 5.10 b）的规定作为仲裁测量方法。

5.11 外观检验

目视检查产品外观质量应按 4.11 的规定。

6 检验规则

6.1 检验分类

产品检验分为出厂检验和型式检验。

6.2 出厂检验

所有产品出厂时应进行出厂检验。

6.2.1 检验项目

检验项目应按表 3 的规定。

表 3 检验项目

序号	检 验 项 目	检验类别
1	按 5.1 空运转试验	必检
2	按 5.2 两工作平板面在工作位置时的平行度检查	必检
3	按 5.3 安全检验	必检
4	按 5.4 电气质量检验	必检
5	按 5.5 轴承工作温升检查	必检
6	按 5.6 走纸试验	必检
7	按 5.7 模切试验	必检
8	按 5.8 清废试验	必检
9	按 5.9 噪声测量	抽检
10	按 5.10 压力试验	抽检
11	按 5.11 外观检验	必检

6.2.2 产品合格判定

(1)必检项目中有不合格项目，直接判该产品为不合格品。

(2)每批产品中抽样 10%（不少于一台）进行检验。抽检中如有不合格项，应再抽两台进行检验，若仍不合格，应判该产品为不合格品。

6.3 型式检验

6.3.1 有下列情况之一时，应在首台、首批中抽一台或生产批中抽一台进行型式检验。

a）新产品和老产品转厂生产的试制定型鉴定；

b）正式生产后，如结构、材料、工艺有较大改变、可能影响产品性能时；

c）停产一年以上又恢复生产时；

d）连续生产时，每年至少一次例行检验；

e）出厂检验结果与上次型式检验发生较大差异时。

6.3.2 型式检验项目应按第 4 章的规定。

7 标志、包装、运输与贮存

7.1 标志

7.1.1 每台产品应在明显部位固定标牌，其要求应按 GB/T 13306—1991 的规定。其内容应包括：

a）制造厂名称、产品原产地；

b）产品型号、名称；

c）产品执行标准编号；

d）产品主要技术参数；

e）出厂编号；

f）出厂日期。

7.1.2 安全标志：应按 GB 2894—2008 的规定，凡是有安全隐患处应制定安全标志。如：当心触电、注意安全、当心机械伤人、当心烫伤等标志。

7.1.3 包装储运图示标志，应按 GB/T 191—2008 的规定正确选用。

7.1.4 运输包装收发货标志应按 GB/T 6388—1986 的规定。

7.2 包装

7.2.1 产品装箱前，机件、工具备件、附件的外露加工面应按 GB/T 4879—1999 中防锈包装等级的 3 级包装，出口包装选用 2 级包装。

7.2.2 产品包装箱的制造与装箱要求，应按 GB/T 13384—2008 的规定。

7.2.3 产品分多箱包装时，随机文件应放在主机箱内，分装箱单应放在相应的包装箱内。

7.2.4 每台产品出厂时应附有下列随机文件。

1）产品合格证；

2）使用说明书；

3）装箱单（含总装箱单和分装箱单）。

7.3 运输

产品在运输起吊时，应按包装箱外壁箱面的标志稳起轻放，防止碰撞。

7.4 贮存

7.4.1 包装箱应贮存在干燥、通风的地方，避免受潮。室外贮存时应有防雨措施。

7.4.2 贮存期超过一年应在出厂前进行开箱检验，若包装损坏不符合有关规定时，应重新包装。

附加说明

请注意本标准的某些内容有可能涉及专利。本标准的发布机构不应承担识别这些专利的责任。

本标准由中国机械工业联合会提出。

本标准由全国印刷机械标准化技术委员会（SAC/TC 192）归口。

本标准负责起草单位：上海旭恒精工机械制造有限公司、北京印刷机械研究所。

本标准主要起草人：朱丽华、覃宗燕、严珠和杨冬梅。

本标准为首次发布。

中华人民共和国机械行业标准

印刷机械产品命名与型号编制方法

JB/T 3090-2010
代替 JB/T 3090-1999

Principle of nomenclature and model for printing machinery

中华人民共和国工业和信息化部 2010-02-11 发布 2010-07-01 实施

1 范围

本标准规定了印刷机械产品命名与型号编制方法的产品的命名、型号编制方法。

本标准适用于制版设备、装订设备、裁切设备、表面整饰与包装设备、配套辅助设备等产品（以下简称印刷机械），不适用于印刷机。

对于本标准未涵盖的印刷机械的产品应参照执行。

2 产品的命名

2.1 命名

产品命名应规范地表示出机器类型或用途、结构特点、自动化程度等主要方面。

2.2 命名原则

2.2.1 产品命名应使用规范中文表示，不允许使用地方俚语（如啤机、柯式机等），不允许在产品命名中注出产品规格。泛指时可使用简称，特指时应使用机器全称。

2.2.2 全称一般可依型号中代号含义从后往前依次读出，对于需要特别说明而型号中未表示出的其他技术特征，在产品分类（组或型）名称前作为产品全称的一部分（见2.4示例1）。

2.3 表述方法

2.3.1 表述顺序

产品命名所表述内容依照下列顺序。

自动化程度——结构特点——机器类型或用途（见2.4示例1～示例10）。

2.3.2 自动化程度

由人工配合协助工作的印刷机械，应在命名中注明手动或半自动，需要时可注明手动对象。自动工作的印刷机械在命名中不必注明自动，亦可根据机器类型具体情况而定（见2.4示例8～示例10）。

2.4 印刷机械名称示例

示例1：全息卧式平压烫印模切机

示例2：书籍烫背机

示例3：局部上光机

示例4：气动式绷网机

示例5：液压切纸机

示例6：吊式照相机

示例7：刀式折页机

示例8：手动切圆角机

示例9：半自动卧式平压模切机

示例10：卧式平压烫印模切机

3 型号编制方法

3.1 型号结构

产品型号由产品识别号、基本型号、附加功能号等三大部分组成。基本型号部分为型号编制中不可缺少的主体要素，产品型号结构的表示方法（见图1）。

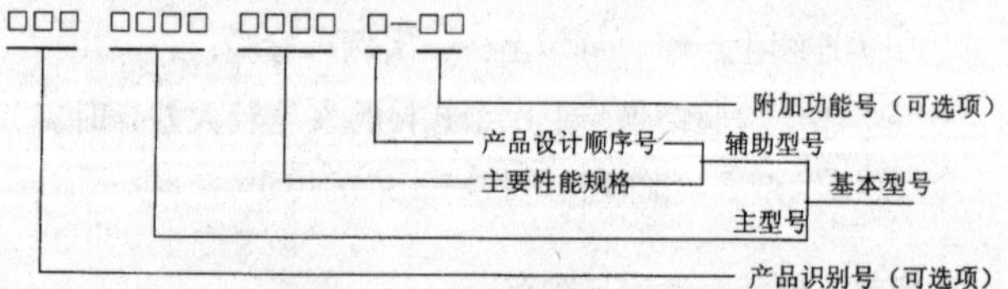

图1 产品型号编制表示方法结构图

3.2 产品识别号

3.2.1 产品识别号主要用于识别产品的生产企业特征，由制造企业用汉语拼音字母、阿拉伯数字任意组合编制，为可选项。

3.2.2 产品识别号由三个以内的字符位（三个数字位）表示。

3.3 基本型号

3.3.1 基本型号组成

基本型号包括：主型号、辅助型号等两部分组成。

3.3.2 主型号

3.3.2.1 主型号分类

主型号按产品分类（组或型）命名中有代表性的一个至四个汉字的第一个拼音字母表示，遇有重号时，可采用第二个拼音字母以示区别（见3.3.2.4示例1～示例4）。两个以上组合功能的机器可以增加主型号拼音字母表示或在功能代号间用短横线“–”隔开表示各种功能（见3.3.2.4示例5～示例6）。

3.3.2.2 主型号一般依次按产品分类名称、结构特点、用途、功能和自动化程度等顺序编制（见3.3.2.4示例1～示例14）。生产联线设备代号排序在产品分类命名之前（见3.3.2.4示例14）。

3.3.2.3 主型号常用代号字母表示方法

a）结构特点

1）型式代号。如：立式——L、卧式——W、圆——Y、椭圆——T、横——H等（见3.3.2.4示例9）。

2）加工材料面数如：三面——S（以中文名称区别）L——两面（双面）（见3.3.2.4示例10~示例11），单面加工材料型号中一般不表示。

b）自动化程度

1）操作程度。如：手动——S、半自动——B、自动——Z等（见3.3.2.4示例12）。

2）控制程度。如：机械式——J、电控——D、气动——Q、液压——Y、程序控制——K、数字显示——X等（见3.3.2.4示例13）。

c）生产联线设备

在主型号前表示，如：联动机——L、自动线（生产线、机组式）——ZX等（见3.3.2.4示例14）。

3.3.2.4 主型号示例

示例1：ZD吊式照相机

示例2：DT铁丝订书机

示例3：TB贴背机

示例4：ZYBW无油润滑真空压力复合气泵

示例5：ZYDY折页搭页机

示例6：FMG–S–Y干湿预涂覆膜机

示例7：PYP扑克牌配页机

示例8：TBS书籍烫背机

示例9：ZW卧式照相机

示例10：FML双面覆膜机

示例11：QS三面切书机

示例12：DTB半自动铁丝订书机

示例13：QZK程序控制切纸机

示例14：LQD骑马装订联动机

3.3.3 辅助型号

3.3.3.1 辅助型号包括：主要性能规格和产品设计顺序号。

3.3.3.2 主要性能规格用阿拉伯数字标准计量单位表示，如：

幅面宽度用：2500、1575、1230、1090、1050、1000、900、700、640、…（单位为mm）表示。

排气量用：25、40、60、100、130、…（单位为m^3/h）表示。

功率用：1、3、8、…（单位为kW）表示。

装订书籍规格用：开本长度尺寸或厚度尺寸数字（单位为mm）表示。

辅助型号无性能规格数值时，在主型号与设计顺序号之间用短横线“–”隔开。

3.3.3.3 产品设计顺序号表示印刷机械产品开发或改进设计顺序，依次用汉语拼音字母A、B、C、…表示，首次开发的产品，型号中不表示。

3.3.4 基本型号示例

印刷机械产品基本型号示例（参见附录A）。

3.3.5 产品分类

印刷机械产品分类（见附录B）。

3.4 附加功能号

3.4.1 附加功能主要用于表示在产品上添加了特殊使用功能。可以根据附加功能特点，在辅助型号之后用短横线“–”隔开，用汉语拼音字母大写简略编制，为可选项（见3.4.4示例1、示例2）。

3.4.2 在产品型号中表明的附加功能（包括产品特殊功能等）一般不在产品名称中重复（见3.4.4示例1、示例2）。

3.4.3 对于产品技术特征需要特别说明的特征，以及专门用途的机型，在产品名称中增加该部分内容（见3.4.4示例3）。

3.4.4 附加功能示例

示例1：MW 1050–C 卧式平压模切机（字母“C”表示带有清废装置）

示例2：MW 1050A–R 卧式平压模切机（字母“R”表示带有热压装置）

示例3：TMW 1050A–Q 全息卧式平压烫印模切机（字母“Q”表示全息装置）

3.5 代号排列

型号中某一位代号不用表示时，后位代号往前排齐，不得留空位。

附 录 A
（资料性附录）
印刷机械基本型号示例

示例 1：ZDZ 1000 A 自动对焦吊式照相机
- A——产品设计顺序号（下同，本例表示第一次改进设计）
- 1000——感光片最大宽度尺寸（1 000mm）

示例 2：MCF 4 A 彩色反射式密度计
- 4——测量密度范围（最大值 4）

示例 3：SB 1380 A 晒版机
- 1380——晒版幅面最大宽度尺寸（1 380mm）

示例 4：BWQ 1650 A 气动绷网机
- 1650——绷网幅面最大宽度尺寸（1 650mm）

示例 5：DYPB 880 A 半自动平版胶印打样机
- 880——纸张幅面宽度尺寸（进纸宽度 880mm）

示例 6：ZYD 1230 A 刀式折页机
- 1230——纸张幅面宽度尺寸（进纸宽度 1 230mm）

示例 7：PYG 440 A 辊式配页机
- 440——书贴长度尺寸（440mm）

示例 8：SXB 440 A 半自动锁线机
- 440——书贴长度尺寸（440mm）

示例 9：DTB 2 20 A 半自动铁丝订书机
- 20——订书厚度尺寸（20mm）
- 2——铁丝钉头数（双头）

示例 10：BBY 25 A 圆盘包本机
- 25——包本厚度尺寸（25mm）

示例 11：LPJR 273 A 平装热溶胶订联动机
- 273——装订书本长度尺寸（273mm）

示例 12：LQD 8 A 骑马装订联动机
- 8——装订书本厚度尺寸（8mm）

示例 13：QZ 1300 A 切纸机
- 1300——切纸最大宽度尺寸（1 300mm）

示例 14：QS 100 A 三面切书机
- 100——最大切书高度尺寸（100mm）

示例 15：TW 1050 A 卧式平压烫印机
- 1050——被烫印物最大宽度尺寸（1 050mm）

示例 16：MLB 750 A 半自动立式模切机
- 750——模切纸板最大宽度尺寸（750mm）

示例 17：ZYBW 60 A 无油润滑真空压力复合气泵
- 60——排气量（$60m^3/h$）

示例 18：FM 1250 A 覆面机
- 1250——覆面最大宽度尺寸（1 250mm）

附 录 B
（规范性附录）
印刷机械产品分类

B.1 制版设备

制版设备见表 B.1。

表 B.1 制版设备产品分类

分类	组	型号	命名
平版制版设备	照相机械	ZD× × × × ×	吊式照相机
		ZDA× × × × ×	吊式凹版照相机
		ZW× × × × ×	卧式照相机
		ZWA× × × × ×	卧式凹版照相机
		ZL× × × × ×	立式照相机
		ZDZ× × × × ×	立式对焦吊式照相机
		ZWZ× × × × ×	自动对焦卧式照相机
		ZWAZ× × × × ×	自动对焦卧式凹版照相机
		ZLZ× × × × ×	自动对焦立式照相机
		ZDK× × × × ×	程序控制吊式照相机
		ZWK× × × ×	程序控制卧式照相机
		ZLK× × × ×	程序控制立式照相机
	电子制版机械	ZBJR× × × × ×	热敏式计算机直接制版机
		ZBJG× × × × ×	光敏式计算机直接制版机
		ZPG× × × × ×	激光照排机
	照相制版检测控制机械	MCF× ×	彩色反射式密度计
		MCT× ×	彩色透射式密度计
		MC× ×	彩色密度计
		MH× ×	黑白密度计
		MHF× ×	黑白反射式密度计
		MHT× ×	黑白透射式密度计
		JG-×	光量积分计
	平版制版辅机	HR× × × ×	软片烘干箱
		QR× × × ×	软片裁切机
	平版成型机械	SB× × × × ×	晒版机
		SBF× × × × ×	翻转晒版机
		SBLL× × × × ×	两面立式晒版机
		SBY× × × × ×	预制感光版晒版机
		SBA× × × × ×	凹版晒版机
		CPGR× × × × ×	辊式软片冲片机
		CPDR× × × × ×	带式软片冲片机
		CBY× × × × ×	预制感光版冲版机
		KB× × × × ×	复制机
		KY× × × × ×	预制感光版烤版机
		ZXYB× × × × ×	预制感光版生产线

（续）

分类	组	型号	命名
凸版制版设备	文字排版机械	PM×××	盲文排版机
	树脂版制版机械	TBSY××××	液体感光树脂版涂布曝光机
		CSY××××	液体感光树脂版冲洗机
		CBSY××××	液体感光树脂版冲洗后曝光机
		HBS××××	感光树脂版后曝光机
		ZBSY××××	液体感光树脂版制版机
		ZBSG××××	固体感光树脂版制版机
		CSG××××	固体感光树脂版冲洗机
凹版制版设备	凹版制版机械	GBA×××××	凹版碳素纸过版机
		CMA×××××	凹版滚筒车磨机床
		DTA×××××	凹版滚筒镀铜机
		DGA×××××	凹版滚筒镀铬机
		FCA×××××	凹版滚筒腐蚀槽
		TGA×××××	凹版滚筒退铬机
		DA×××××	凹版雕刻机
网版制版设备	绷网机械	BWS×××××	手动式绷网机
		BWJ×××××	机械式绷网机
		BWQ×××××	气动式绷网机
	网版制版辅机	HWL××××	立式网版烘干箱
		HWW××××	卧式网版烘干箱
		MB××××	磨版机
		MBS××××	刷子磨版机
	网版成型机械	SBWW×××××	卧式网版晒版机
		SBWL×××××	立式网版晒版机
		SJW×××××	网版上浆机
		CBW×××××	网版冲版机
打样机械		DYP×××××	平版胶印打样机
		DYPB×××××	半自动平版胶印打样机
		DYA×××××	凹版打样机
		DYSR×××××	软片色粉打样机
		DYPM×××××	喷墨打样机

B.2 装订设备

装订设备见表 B.2。

表 B.2 装订设备产品分类

分类	型号	命名
折页机械	ZYD××××	刀式折页机
	ZYZ××××	栅栏式折页机
	ZYZB××××	半自动栅栏式折页机
	ZYH××××	混合式折页机
	ZYHB××××	半自动混合式折页机
	ZYHD××××	电控刀混合式折页机
配页机械	PYQ×××	钳式配页机
	PYG×××	辊式配页机
	PYP×××	扑克牌配页机
	PYL×××	联单配页机
	DY×××	搭页机
	ZYDY×××	折页搭页机
	ZY×××	粘单页机
	CY×××	插页机
	TF×××	套封面机
锁线机械	SX×××	锁线机
	SXB×××	半自动锁线机
	SXS×××	手动锁线机
精装机械	GX×××	供书芯机
	JH×××	刷胶烘干机
	YJ×××	书芯压紧机
	BQ×××	扒圆起脊机
	TB×××	贴背机
	ZSD×××	粘丝带机
	SK×××	上书壳机
	YC×××	压槽成型机
	HSK×××	糊书壳机
订书机械	DQB×××	半自动骑马订书机
	DT×××	铁丝订书机
	DTB×××	半自动铁丝订书机
	DTD×××	台式铁丝订书机
包本机械	BB×××	包本机
	BBT××××	包本烫背机
	BBJ×××	胶订包本机
	BBY×××	圆盘包本机
	BBJT×××	椭圆胶订包本机
	TBS××××	书籍烫背机
	TBSY××××	液压书籍烫背机
压书机械	YS××××	压书机
	YSL××××	螺旋压书机
	YSY××××	圆盘压书机
	YSX××××	压书芯机
装订联动机械	LPY	配页联动机
	LDBT×××	订书包本烫背装订联动机
	LPJR×××	平装热溶胶订联动机
	LSX×××	精装书芯加工联动机
	LQD×××	骑马装订联动机
	LQQ	骑订切联动机
	LBBY	圆盘包本联动机
	ZXJZ××××	精装书籍装订自动线
	ZXPZ××××	平装书籍装订自动线
	ZXJD××××	平装胶订自动线
	ZXQD××××	骑马装订自动线
其他装订机械	ZK×××	书封折前口机
	KSW×××	卧式捆书页机
	KSL×××	立式捆书页机
	DJ×××	堆积计数机
	DBQ××××	气动打包机
	DLF×××	分本打腊机
	SF××××	输送翻转机

B.3 裁切设备

裁切设备见表 B.3。

表 B.3 裁切设备产品分类

分类	组	型号	命名
切纸机械		QZ××××	切纸机
		QZY××××	液压切纸机
		QZK×××××	程序控制切纸机
		QZX×××××	数字显示切纸机
		ZXQ××××	裁切生产线

（续）

分类	组	型号	命名
切书机械		QS××××	三面切书机
		QSB××××	半自动三面切书机
		QSY××××	液压三面切书机
		QY×××	切圆角机
		QYS×××	手动切圆角机
		QWY×××	书边索引挖月机
分（裁）切机械	分切机	QF×××××	分切机
		QFB×××××	半自动分切机
		QFX×××××	旋转刀分切机
		QFS××××	收牌分切机
	裁切机	QH××××	横切机
		QZB×××	纸板裁切机
		QLM×××	拉膜分切机
	冲切机	CBQ×××××	标签冲切机
磨刀机械		MD×××××	磨刀机
		MDD×××××	端面磨刀机
		MDA×××××	凹印磨刀机
		MKD-×	雕刻刀磨床
		MDY×××	液压磨刀机
		MDW×××	网印磨刀机

B.4 表面整饰与包装设备

表面装饰与包装设备见表 B.4。

表 B.4 表面整饰与包装设备产品分类

分类	组	型号	命名
模切及烫印机械	平压模切机	MW××××	卧式平压模切机
		MWB××××	半自动卧式平压模切机
		ML××××	立式平压模切机
		MLB×××	半自动立式平压模切机
	圆压模切机	MY××××	圆压模切机
		MYB×××	半自动圆压模切机
	平压烫印机	TW××××	卧式平压烫印机
		TWB××××	半自动卧式平压烫印机
		TMW	卧式平压烫印模切机
		TL××××	立式平压烫印机
		TLB××××	半自动立式平压烫印机
		TML××××	立式平压烫印模切机
		TMLB××××	半自动立式平压烫印模切机
	圆压烫印机	TY×××	圆压烫印机
		TYB×××	半自动圆压烫印机
	特种烫印机	TP×××	平烫机
		TG×××	滚烫机
		TZ×××	专用烫印机
压纹（平）机械		YW×××	压纹机
		YWS×××	双面压纹机
		YWJ×××	局部压纹机
		YPZ	压平整机
上光机械		SG××××	上光机
		SGJ××××	局部上光机

（续）

分类	组	型号	命名
压光机械		YG××××	压光机
固化机械		GH××××	固化机
覆面（膜）机械		FM××××	覆面机
		FMB××××	半自动覆面机
		FML××××	双面覆膜机
		FMC××××	塑料覆膜机
		FMY×××	预涂膜覆膜机
		FMYB×××	半自动预涂膜覆膜机
		FMS×××	水性膜覆膜机
		FMSB×××	半自动水性膜覆膜机
		FMSC×××	窗式水性膜覆膜机
		FMG-S-Y×××	干湿预涂覆膜机
开槽机械		KC××××	开槽机
粘（订）装机械		ZH××××	粘盒机
		ZX××××	粘箱机
		DZX××××	订纸箱机
涂布机械		TB××××	涂布机
		TBFH××××	涂布复合机
		TBW××××	网版涂布机
复合机械		FHG××××	干法复合机
		FHS××××	湿法复合机
		FHW××××	无溶剂复合机
		FHL××××	流延复合机

B.5 配套辅助设备

配套辅助设备见表 B.5。

表 B.5 配套辅助设备产品分类

分类	型号	命名
气泵	ZYBW××××	无油润滑真空压力复合气泵
	ZYB××××	真空压力复合气泵
捆扎机械	KZ××××	捆扎机
	KZB××××	半自动捆扎机
	KZDB××××	半自动低台型捆扎机
	KCB××××	半自动捆钞机
	JK××××	结扣机
	KZTB××××	半自动台型捆扎机
	KZY××××	压力型捆扎机
	KZD××××	低台型捆扎机
	KZS××××	防水型捆扎机
	KZC××××	小型捆扎机
	LKZ××××	捆扎联动机
打孔机械	DK×××	打孔机
	DL×××	打垄机
	DKP××××	排针打孔机
	DKJH×××	汉字键盘打孔机
	DKJW×××	外文键盘打孔机
	DKR×××	软片打孔机
	DKY××××	预制感光版打孔机

（续）

分类	型号	命名
其他印刷机械	YZ× × ×	运纸车
	SLB× × × ×	包装上腊机
	ZAZ× × × ×	闯纸机
	ZAY× × ×	闯页机
	SZ× × × ×	数纸机
	XZ× × × ×	选纸机
	HXF-×	糊信封机
	CCR-×	软片静电除尘器
	SZP× × × ×	平张纸输纸机
	SJ× × ×	升降机
	HX× × × ×	划线机
	FZ× × × ×	纸垛翻转机
	TMJ× × × × ×	调墨机
	JKD-×	雕刻刀检查仪
	JP× × × ×	检品机
	JPF× × × ×	复卷检品机
	DCS× × × ×	塑料薄膜电火花处理机
印刷机专用配套辅机	XRG× × × × ×	洗水绒布辊机
	HJ× × × ×	金属板烘干机
	LZ× × × ×	晾纸架
	PFQ-×	喷粉器
	CF× × ×	除粉机
	WB× ×	弯版机
	DFB× × ×	报纸堆积计数发送设备

附加说明

本标准代替 JB/T 3090—1999《印刷机械产品型号编制方法》。

本标准与 JB/T 3090—1999 相比，主要变化如下：

（1）将原标准名称《印刷机械产品型号编制方法》修改为《印刷机械产品命名与型号编制方法》（1999 年版；本版）。

（2）将“本标准适用于制版设备、装订设备、其他印刷机械产品型号的编制”修改为“本标准适用于制版设备、装订设备、裁切设备、表面整饰与包装设备、配套辅助设备等产品”（1999 年版的 1；本版的 1）。

（3）增加了条目标题，增加了产品命名全称使用、读法等内容，修改了印刷机械名称示例，并在条文中注明了对应示例号（1999 年版的 2；本版的 2）。

（4）增加了“型号结构”“企业产品识别号编制”“附加功能编制”内容。基本型号为原标准编制方法，其中增加了主型号常用代号字母表示方法，修改了主型号示例，修改了辅助型号部分主要性能规格（1999 年版的 3；本版的 3）。

（5）将原“产品型号示例”修改为“基本型号示例”示例内容调整为标准的资料性附录（1999 年版的 3.4；本版的 3.3.4、附录 A）。

（6）将原“产品分类”修改为“产品型号分类”作为标准的规范性附录，原表中“大类”修改为附录中条目表示，原表中“小类”修改为表中“分类”。删除了原标准中已经退出市场或已经不生产的产品。调整增加了分类项和产品型号与名称（1999 年版的 4；本版的 3.3.5、附录 B）。

请注意本标准的某些内容有可能涉及专利。本标准的发布机构不应承担识别这些专利的责任。

本标准的附录 B 为规范性附录，附录 A 为资料性附录。

本标准由中国机械工业联合会提出。

本标准由全国印刷机械标准化技术委员会（SAC/TC192）归口。

本标准负责起草单位：北京印刷机械研究所。

本标准参加起草单位：北人集团公司、陕西北人印刷机械有限责任公司、上海紫宏机械有限公司、浙江华岳包装机械有限公司、青岛美光机械有限公司、上海紫明机械有限公司、上海申威达机械有限公司、上海新星印刷器材有限公司、辽宁大族冠华印刷科技股份有限公司、宁波欣达印刷机器有限公司、瑞安市质量技术监督检测院和浙江国威印刷机械有限公司。

本标准主要起草人：严珠、李英敏、平瑶、冯斌、车文春、王家水、郑燕萍、蒋兆荣、杜玉梅、苗发成、吴侠和林孝国。

本标准所代替标准的历次版本发布情况为：JB 3090—1982、JB/T 3090—1999。

北京英格条码技术发展有限公司

北京英格条码技术发展有限公司是由国家邮政局科学研究规划院、雅敦投资（香港）有限公司、中国速递服务公司、中国邮电器材集团公司四家公司于1993年共同出资组建的股份制企业。公司以当代自动识别技术（Auto-ID Technology）为先导，在条码生成技术、条码印刷技术、条码技术软件开发及数字化印刷可变信息领域取得瞩目成绩，是定点印刷“邮政特快专递（EMS）详情单”的厂家，是邮政“台湾快件发递单”的著名生产厂商。

作为中国北方地区具有代表性的印刷企业之一，“英格”公司拥有雄厚的经济实力和技术实力，先后注资300万美元，从美国、法国、德国、日本引进一流的条码技术（Scitex 6240, Nipson T800, ALPHA-166、CS-17）和计算机表格印刷设备（四色、五色、八色印刷机），是国内拥有可变信息技术较全面、设备领先的企业。先后引进三代数码技术，不仅大大提高了公司的产能，使多联可变信息表格单的年产量攀上亿套，而且极大地满足了客户在表格使用过程中的多样性需要。在数码领域中我们承诺:只有客户想不到，没有我们做不到。公司凭借强大的技术力量和人员优势，设计水平及产品质量始终保持国内同行业领先地位。

近年来，公司先后派人员到德国、日本、法国和中国台湾的国际知名公司进行参观，学习国外的先进技术和管理经验。目前公司各类专业技术人员占60%，其中大专以上40%，中专占20%。合理的人才结构、科学的管理模式，使“英格”常葆活力与生机。

2004～2005年公司面积发展的重大事项：

一、为实现跨越式的发展，2004年6月公司完成了生产经营场所的搬迁。新址位于北京市昌平区北七家高科技工业园区，占地面积15亩（1亩=666.7m^2），建筑面积8 000m^2。新址的建设立足于高起点，采用了生产在线监控、门禁出入管理、自动喷雾加湿、烟雾报警、现场闭路监控、管理自动化局域网等系统。

二、2004年7月公司从法国引进了世界先进的全幅面（18.5”）数字印刷设备Nipson T800。Nipson T800解析度为480dpi。新设备的引进，使公司在设备和技术的先进性上，走在了同行业的前列。

三、为不断提高产品质量与竞争力，公司自2004年末启动ISO9001：2000质量管理体系认证的工作。并于2005年6月通过GB/T19001—2000、ISO9001：2000质量管理体系认证。为公司打造英格条码印刷精品，提供了质量保证。

四、2005年6月20日公司取得由国家颁发的《国内邮政包裹详情单生产监制证书》，生产监制证书号为：10-10-03。

我们的质量方针是：

诚信守法、规范管理，满足客户需求；持续改进，打造英格条码印刷精品。

地址：北京市昌平区北七家高科技园区　邮编：102209　传真：010-81765061

电话：010-81761166（总机）　010-81765019（销售分公司 李盛义）　010-81765745（市场部 田忆如）

http：//www.bj-eagles.com

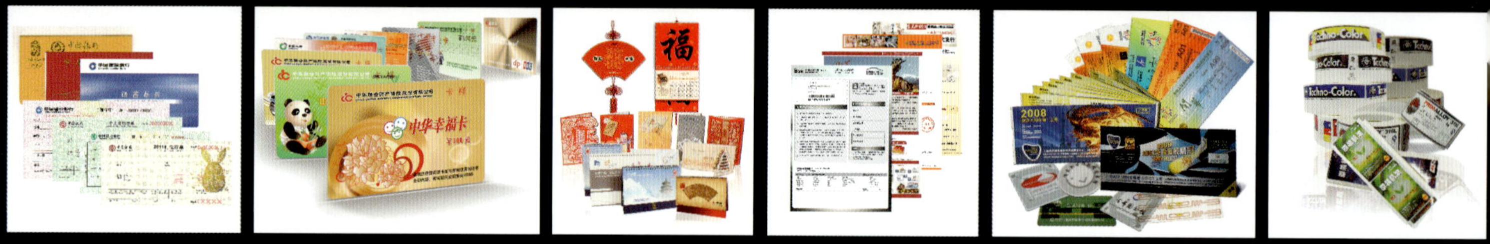

内蒙古爱信达教育印务有限责任公司

内蒙古爱信达教育印务有限公司是由内蒙古教育出版社斥资1.4亿元兴建的国内大型现代化的书刊印刷企业和高档精品印刷企业。

“生产规模大、技术起点高、基础设施完备、印刷设备精良”，作为内蒙古自治区现代化旗舰级印刷企业，内蒙古爱信达教育印务有限公司的建成投产是内蒙古文化大区建设取得突破性成果的一个缩影，代表了内蒙古文化教育事业改革与发展的前进步伐，是内蒙古自治区文化战线上一面鲜艳的旗帜。

我们是天赋的闯者，闯是爱信达的灵魂，闯是激情与果敢，闯是睿智与自信，闯是自豪与坚定，闯是我们敢于为客户提供专业化服务的有力保证！

爱信达向何而去？闯是我们所有的未来！在祖国发展的道路上，让我们一起坚定前行。

电话：0471-3364222

传真：0471-3364833

地址：内蒙古呼和浩特金桥开发区世纪十一路1号

邮编：010020

内蒙古日报印务中心

总经理：郭明星

成立于1946年的内蒙古日报印务中心（以下简称印务中心）是我党率先在少数民族地区创办的党报印刷厂。改革开放30多年来，印务中心乘着国家和内蒙古地区经济快速发展的东风，逐渐发展成为一家集报纸印刷、商务印刷、保密品印刷、包装印刷和印刷物资经销为一体的大型综合印刷企业。2010年，印务中心完成产值1亿元，利润实现1000多万元，固定资产达到2亿元，是内蒙古地区具有较强实力、影响力和竞争力的印刷企业。

印务中心拥有国内一流的印刷设备，主要有以色列800V克里奥大全开书报两用激光照排机一台、日本富士6000对开激光照排机一台、德国25S四开激光照排机一台、德国天马全自动晒版机两台、德国爱克发北极星CTP一台和雕龙CTP一台、德国海德堡滚筒扫描仪一台、爱普森数码打样机一台、德国高宝两个塔八色胶印机生产线一条、上海高斯四个塔八色胶印机生产线一条、德国罗兰彩色轮转机生产线一条、海德堡四色平版胶印机生产线两条。凭借一流的印刷生产设备，印务中心占据着内蒙古报纸印刷、商务印刷、包装印刷市场的制高点。除印刷《内蒙古日报》外，从1997年起印务中心陆续代印了《人民日报》、《参考消息》、《经济日报》、《法制日报》、《环球时报》、《新华每日电讯》等中央党报，内蒙古地区的主要都市报《北方新报》、《晨报》也由印务中心承印。在内蒙古地区的商务印刷市场上，印务中心也具有竞争力和影响力。即将投产的包装印刷将是内蒙古印刷行业投资大、规模较大、生产能力较强、设备现代化程度高的高科技包装生产线。

印务中心于2006年通过ISO 9001：2000国际质量管理体系认证，在管理上引入了先进的ERP管理系统，在生产工艺上采用数字软打样系统，极大地提高了产品印刷质量。印务中心坚持“与时俱进谋发展，科学管理出效益，优质高效求信誉，顾客至上臻完美”的质量方针，树立“持续进取、不断完善”的经营管理理念，内抓管理，外树形象，真诚地为广大新老客户服务，我们愿与全国印刷同仁一道为印刷行业美好的明天而奋斗。

地址：呼和浩特金桥开发区乌尼尔西街（原世纪12路）
邮编：010040
报纸印刷业务部：0471-6635885
商务印刷业务部：0471—6635910
印刷物资经销业务：0471-6635954
保密印刷业务：0471—6635887
包装印刷业务：0471-6635959

新疆新华印刷厂

新疆新华印刷厂是以印制书刊为主的自治区骨干印刷企业。始建于1938年，2005年3月吸纳合并新疆新华印刷三厂，是自治区民特用品定点生产企业和商标、秘密载体及税票、财政票据定点承印单位。可承印维、汉、哈、柯、蒙、锡伯等六种民族文字和英、俄、阿拉伯等外文书刊。已通过ISO 9001质量管理体系认证，先后以控股、参股形式组建了新疆新华华龙印务公司、乌鲁木齐新华诚兴印刷器材公司、新疆新华纸业公司及乌鲁木齐新华融信贸易公司。

近年来，企业先后引进了海德堡、秋山八色机、小森商轮及柯尔布斯精装联动线等一批具有国际领先水平的印装设备，生产能力、装备水平和产品质量位居自治区前列。是全国新闻出版系统先进集体、文明单位、全国诚信印刷企业，自治区文明单位。

联系地址：新疆乌市南湖北路760号

新疆新华印刷厂

邮编：830018　邮箱：XJXHPH@126.com

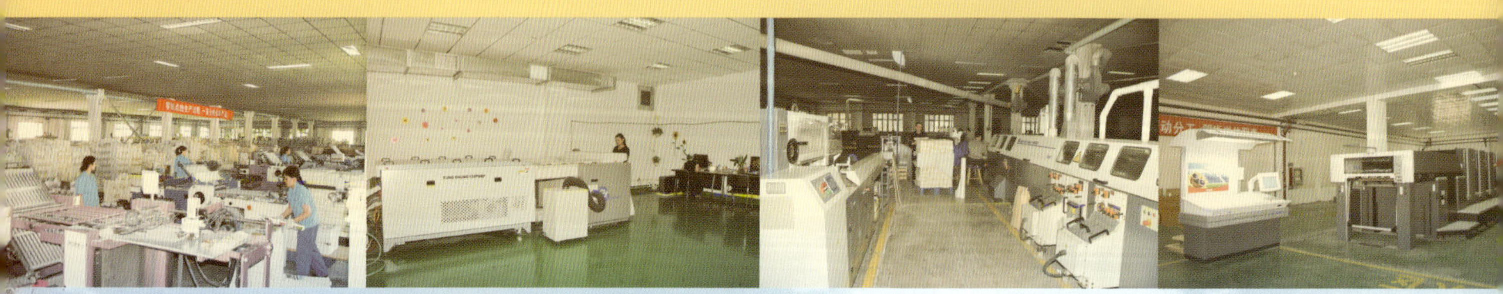

风雨同舟六十载　再铸辉煌享百年

安徽新华印刷股份有限公司建业六十周年

（1950年10月～2010年10月）

董事长、党委书记余世班讲话

六十年，光辉岁月，弹指一挥间；六十年，神州大地，沧桑大巨变。

1950年，安徽新华印刷厂的前身国营皖北印刷厂诞生，随后联友、进化、皖北军区等印刷厂相继并入；1958年起，上海达华、孟福记、振兴等印刷厂相继并入安徽印刷厂；20世纪80年代后期，在全国新华印刷系统名声鹊起，被评为印刷行业国家“二级企业”；2002年，在全国新华印刷系统率先进行改制，设立安徽新华印刷股份有限公司（以下简称公司或安徽新华）。如今，公司已形成了年印刷140万令、装订1.5亿册、精装图书200万册的实际产出。

六十年来，在安徽新华人的不懈努力下，公司发生了翻天覆地的变化！

发展模式发生根本改变。公司先后重组了安徽芜湖新华印刷有限公司、合肥杏花印务股份有限公司和合肥华丰印务有限公司，实现了内涵和外延发展并举的新局面，持续发展能力大大增强。

企业管理得到实质突破。作为一个有着六十年历史的老国企，公司有效解决了机构臃肿、效能低下的老大难问题，实现了员工能进能出；采取竞聘择优、双向选择、岗位轮换、培养锻炼，实现了管理人员能上能下；坚持岗位讲价值、工作讲绩效、上岗靠竞争、收入靠贡献，实现了收入能多能少。

技术装备取得跨越进步。公司始终注意技术进步，建立局域网，实施ERP管理系统，上马CTP和数码印刷机，成立远程传版输出中心，引进多台世界一流的胶印机、胶订生产线和精装生产线。

市场营销迎来崭新局面。公司遵循“以大营销为主，小营销为辅；以集中营销为主，分散营销为辅；以专业营销为主，业余营销为辅；以国内营销为主，海外营销为辅”营销理念，一大批如《全宋文》、《汉语大辞典》、《安徽文史大全》等精装书进入公司印刷，国际业务市场开拓至中东、欧美等地区。

队伍建设获取显著成效。公司大力加强三个队伍建设:一是建设一支善于学习，勤于思考，有激情、在状态、想干事、干成事，胆大心细的管理队伍；二是建设一支懂业务会经营、忠诚公司的营销队伍；三是建设一支有技术、勇于拼搏、敢打胜仗的员工队伍。通过三个队伍的建设，实现了员工与公司共发展、共进步、共成长，为长远发展增添了后劲。

社会影响带来持续提升。近年来，安徽新华市场认可度越来越高，社会影响力逐年上升。在全国印刷行业评比中，获得多项殊荣，连续5年荣登中国印刷企业100强排行榜。

六十年的画卷翻开的是一路豪情万丈，六十年的诗篇书写的是一首壮美史诗！有全国同行朋友的关心厚爱，在全体安徽新华人的共同努力下，安徽新华一定会迎来更加美好灿烂的明天！

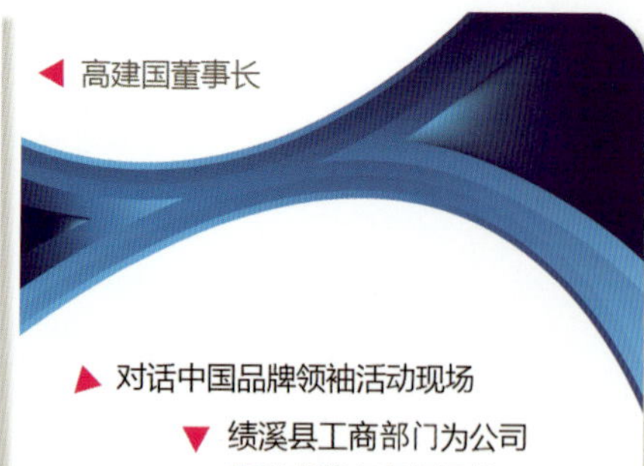
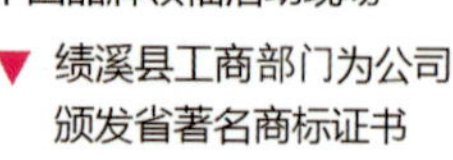

◀ 高建国董事长

▶ 对话中国品牌领袖活动现场

▼ 绩溪县工商部门为公司颁发省著名商标证书

皖南海峰印刷包装（集团）有限公司

Wannan Haifeng Printing And Packaging Co.,LTD.

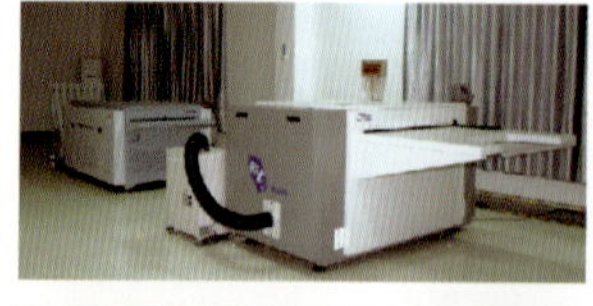

皖南海峰印刷包装(集团)有限公司位于安徽省绩溪县境内，是一家集书刊印刷、彩印包装和特种印刷以及物资供应、旅游服务为一体的综合型骨干企业。公司现有总资产1.2亿元，2010年实现销售1亿元，总占地面积10万平方米，员工450人，并通过ISO9001质量管理体系认证和ISO14001环境管理体系。

企业分别在绩溪和宣城经济技术开发区投资设立了特种印刷、海峰营销两个分公司和宣城海峰印刷包装、海峰物资供应、海峰山庄、海峰旅行社四个子公司，并在上海市投资合办了“上海泓湫文化传播有限公司”。近年来公司被相继评为“安徽省印刷企业‘十强’”、“安徽省保密工作先进单位”、“安徽省模范职工之家”、“安徽省著名商标”单位和“宣城市新成长型20强企业”。

公司所属的两个生产公司主要承担国家秘密载体复制业务及书刊、报纸、商标标识印刷，各类信息卡、贺卡、DM广告及各类信封、彩印包装箱盒印制服务。

主要生产设备有：CTP系统、苹果电脑、数码打样机、晒版机等印前设备；小森大对开五色机、小森大对开四色机、四开四色胶印机、号码印刷机等印刷设备；全自动上光机、模切机，全自动信封、信卡机、特快专递信封机、程控切纸机等印后设备。

在新的起点上，海峰人在新中国百名杰出贡献印刷企业家、安徽省劳动模范、公司董事长兼总经理高建国的带领下向更高的目标迈进：以特种印刷、邮资票品印刷、包装装潢为主业，力求在秘密载体复制和邮资票品印刷领域做成国家产业龙头，把海峰建设成具有坚强实力的集团公司，以回报社会各界新老朋友和广大客户对海峰的信任和支持。

地址：安徽省绩溪县扬溪镇　联系电话：86-0563-8350019　传真：86-0563-8350020　网址：www.wnhf.com

常德金鹏印务有限公司

常德金鹏印务有限公司创建于1995年，坐落在美丽的沅水之滨，是中国早期从事中高档卷烟包装设计、制版、彩印、特种后加工的专业印刷企业之一，主要投资方为湖南中烟工业有限公司、常德芙蓉投资有限公司、香港贵联发展有限公司与深圳鹤韵投资有限公司。公司占地面积47000多平方米，建筑面积53000多平方米，注册资本16305.2万元，固定资产7.5亿元。经过16年高速发展，公司已成为国内专业从事中高档卷烟包装印制加工的先锋企业之一，年产值达11亿元人民币，跻身“中国包装龙头企业”之列，是拥有“白沙”、“芙蓉王”两大品牌的湖南中烟工业有限责任公司的长期战略合作伙伴。

作为一家致力于高端发展的印刷企业，公司自筹建伊始，始终围绕规模生产、核心技术、品质保障等方面不断导入全新理念和措施，构筑现代经营管理体系，为企业可持续发展奠定基础。

公司先后历经7次技术改造，形成64台套国际知名企业性能卓越的生产设备机群，年卷烟包装生产能力超过200万大箱。2008年，总投资1.8亿元的第七期技术改造，率先创建国际卷到卷离线大幅宽卷筒纸高速定位全息商标烫印生产线，与传统生产方式相比，作业效率更高、产品品质更佳、低量资源利用，具有划时代意义。

2000年，公司率先组建国内集技术研发、产品设计、印前制作、打样制版、材料检测于一体的现代化技术中心。2006年，新建VOCs检测实验室，拥有目前最先进的VOCs检测设备——安捷伦气相、气质联动色谱仪，在环保纸张、水性油墨及VOCs控制的实质性研究与应用方面走在国内同行业前列。多年来，公司始终把构筑核心技术优势作为实现可持续发展的重要战略任务来抓，先后取得34项行业技术创新和技术改进成果，14项自主知识产权，参与多项国家、行业标准制订。2009年，继成功进入“湖南省第三批知识产权优势培育企业”工程后，又被认定为“国家高新技术企业”。

在不断创新管理模式的基础上，公司多年来采取实践中检验与完善的方式，不断实行改进与规范。1998年，公司率先在印刷行业通过ISO9000质量体系认证。2007年，引进ISO14001环境和OHSAS18001职业健康安全管理体系，实行三体系整合运行，并于当年成功通过北京中质协质量管理中心第三方外部审核认证。面对行业日趋复杂和开放型市场竞争的发展态势，金鹏印务正在全力推进新时期发展战略：立足湖南本土市场，着眼全国竞争格局，以创“大企业、大市场、大品牌”为目标，大力巩固主营业务优势，全面提升产业整合能力，建成以“一流的管理、一流的技术、一流的质量、一流的人才、一流的效益”为核心竞争力和品牌形象的现代化大型卷烟包装印刷集团。

“承诺是金，志向如鹏”，金鹏总经理李四清先生率全体员工热切希望与您携手，共同传播美好“印”象。

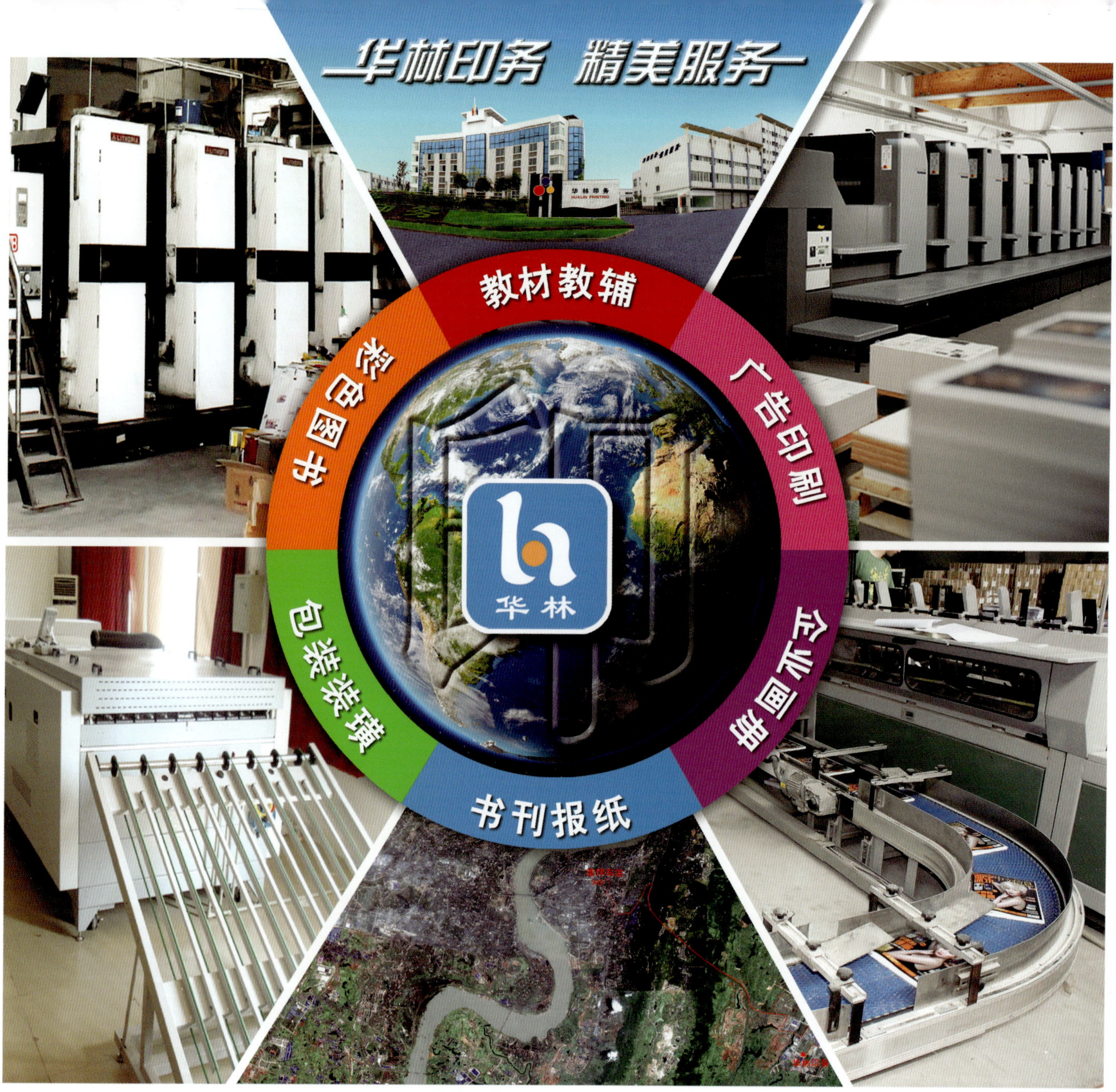

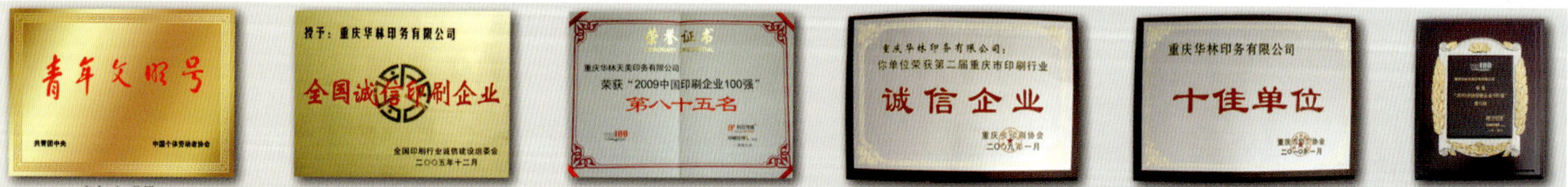

青年文明号　全国诚信印刷企业　中国印刷企业100强　重庆印刷诚信企业　2010年度十佳企业　2010中国印刷100强

华林印务旗下拥有重庆华林印务有限公司、重庆华林天美印务有限公司、香河华林印务有限公司3个公司，形成南北呼应，区域、市场优势互补的发展态势，为华林立足重庆，走向全国奠定了坚实基础。公司始建于1990年8月。公司主要从事各种彩色书、报、刊、商标、广告、各种印刷出版物。在企业内部，公司以科学的发展观统率企业管理，顺利通过了国家质量管理体系ISO 9001:2000的认证。并建立了完善的各项规章制度，实施了企业管理规范化、制度化、程序化、数据化。2006年公司实施集约式发展战略，投资2.5亿元在南岸茶园新区迎春路9号征地108亩(1亩＝666.6m²)，修建工业厂房及相关配套设施38000平方米，将分散在巴南区、渝中区、南岸区的“二个分公司一个厂”整体迁入。公司利用搬迁契机，引进国外先进印刷、装订设备，与现有设备形成强大的硬件实力。目前，华林公司共拥有制版系统：宽带网络，多套远距离传版专线、多套方正激光照排、CTP直接制版系统；印刷设备：拥有7台商业轮转机、日本小三双胶印轮转机、北人双色胶印轮转机、海德堡四色、五色、八色胶印机；装订设备：拥有2台日本骑马联动机、3台（套）瑞士马天尼全自动胶订联动线等五十余台套国内外先进的排、印、装大型印刷设备。

我们的服务范围：重庆出版社、西南师范大学出版社、重庆大学出版社等数十种教材教辅及图书；政府类书籍；《重庆晨报》、《重庆青年报》、《巴南报》、《江津报》等多家报纸；刊类有《党风廉政》、《企业文明》等；家乐福DM单等宣传印刷品。

乘车路线：南坪坐345路公交车到茶园华林印务下车

重庆地区：　地址：重庆市南岸区迎春路9号　电话：(023)68815000　传真：(023)62907886　邮政编码：401336

河北地区：　地址：河北通州南香河经济技术开发区　电话：(0316)8218506/7/8/9　传真：(0316)8218509　邮政编码：065402

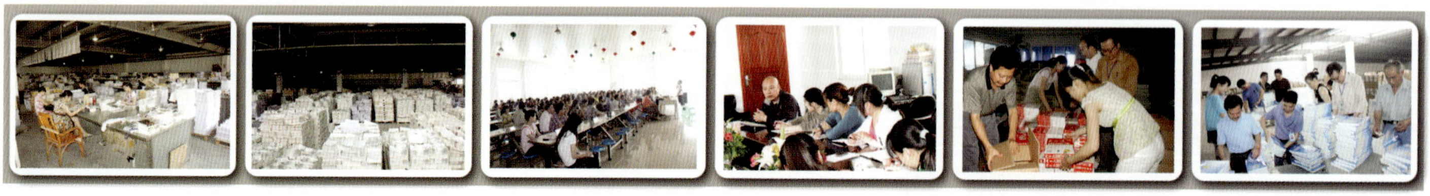

介绍

上海紫丹印务有限公司是由上海紫江企业集团股份有限公司全资控股的一家纸包装，广告宣传品印刷专业公司。坐落于闵行经济技术开发区近邻的“紫江工业城内”，占地面积3.5万平方米，建筑面积1.68万平方米，绿化面积50%以上。公司总投资2998万美元，注册资本1200万美元，装备了当今世界颇具水准的印前制作，彩色印刷，印后加工等工艺设备，设计年产值可达3.2亿元。

立足高起点，营造高品位的上海紫丹印务有限公司诞生于1996年，腾飞在新世纪。

产品

设备

上海紫丹印務有限公司
SHANGHAI ZIDAN PRINTING CO., LTD.

介绍

上海紫丹食品包装印刷有限公司是由上海紫江企业集团股份有限公司、伊达控股（香港）有限公司共同投资组建的一家专业的食品纸包装印刷公司，坐落于上海市闵行区北松路888号，占地面积4.1万平方米，建筑面积3.1万平方米。

我们装备了当今世界颇具水准的柔印版印刷机、立体糊盒机、平面糊盒机、纸袋机等设备，设计年产值达4亿元人民币。

我们建立了专门的检测中心、质量管理队伍，对原材料质量及产品质量进行的全面控制。在行业中率先建立了符合食品卫生要求的GMP车间和仓库，以确保该类产品生产环境和储存条件符合食品安全法的要求。

产品

设备

上海紫丹食品包装印刷有限公司
SHANGHAI ZIDAN FOOD PACKAGING & PRINTING CO., LTD.

四川新财印务有限公司

四川新财印务有限公司成立十余年来，一直坚持“诚信做人、踏实做事、勇于创新、持续进步”的经营理念，把客户满意作为企业不懈追求的目标。在经历传统印刷企业向现代高科技企业转型的同时，把提高全员服务意识贯穿于企业生产的各个环节，使过去单纯的生产型企业成为了生产加服务的复合型企业。四川新财印务有限公司已成为西部票据印刷行业内规模较大、设备先进、技术完善、效益卓越的企业。

目前，公司拥有十一色高速轮转票据印刷机，可变信息喷印设备，北大方正印捷数码快印系统，德国海德堡印通管理系统、CTP和海德堡四色印刷机等先进的专业设备30多台（套），拥有很强的票据印刷实力及快印、彩印领域的竞争力。同时，公司还具备开发各层次数码防伪管理系统配套软件的能力，已研发软件均受到用户的一致好评。

企业宗旨：客户满意是我们不懈追求的目标！

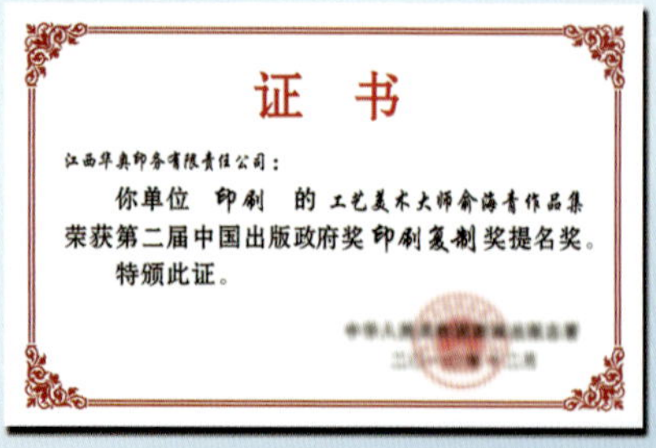

河南省瑞光印务股份有限公司
HENAN RUIGUANG PRINTING Co.,LTD.

河南省瑞光印务股份有限公司是专业从事图书报刊、广告画册和包装装潢印刷的企业，通过了ISO 9001:2000质量管理体系认证。公司下设了**郑州瑞光包装印刷有限公司**和**郑州瑞光印刷物资有限公司**两家子公司，初步形成了集团化发展的格局，自改制至今，公司已向国家缴纳各项税金超亿元，曾被国家税务管理部门列为全国印刷业纳税百强之一，为国家和地区经济发展做出了贡献。

公司拥有国际领先水平的印前、印刷、印后加工配套设备。公司承印的中小学教材和河南省内及北京、上海、广东等地的期刊杂志数十种，多年来获署优、省优的产品有数千个品种，企业规模和实力居河南省印刷业前列。

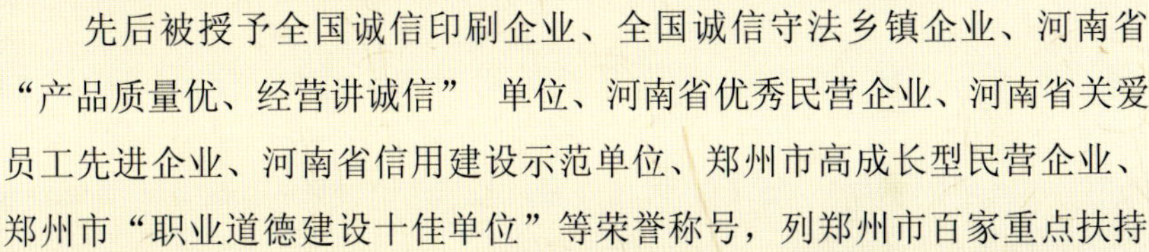

先后被授予全国诚信印刷企业、全国诚信守法乡镇企业、河南省“产品质量优、经营讲诚信” 单位、河南省优秀民营企业、河南省关爱员工先进企业、河南省信用建设示范单位、郑州市高成长型民营企业、郑州市“职业道德建设十佳单位”等荣誉称号，列郑州市百家重点扶持非公有制企业之一。公司还积极致力于社会公益事业，对慈善事业、抗震救灾、希望工程、光彩事业等公益活动积极捐款捐物，获得了有关部门的嘉奖和好评。

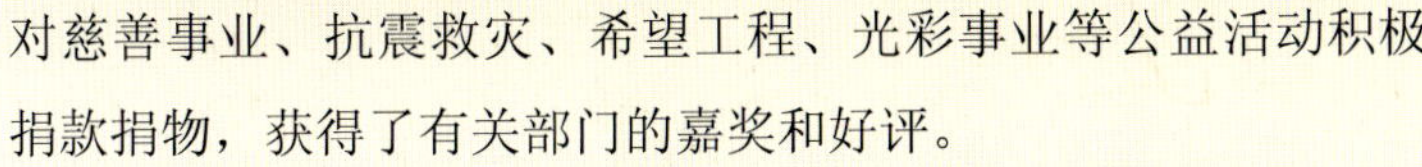

公司下设的**郑州瑞光印刷物资有限公司**是专业经营印刷纸张、印刷器材、印刷机械、配件和设备维修的贸易型企业。专注于国际、国内知名品牌的印前、印刷、印后设备及相关辅助设备、零部件的销售和维修；为国内多家知名设备和物资的河南省总代理及售后技术服务网点。

地址：郑州市二环支路35号 ◆ 网址：www.ruiguang1997.com ◆ 电子信箱：ruiguang@vip.163.com

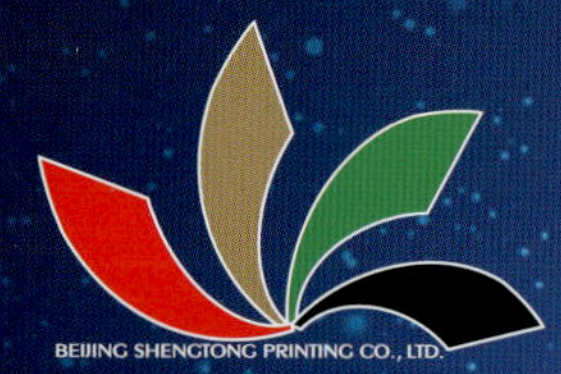

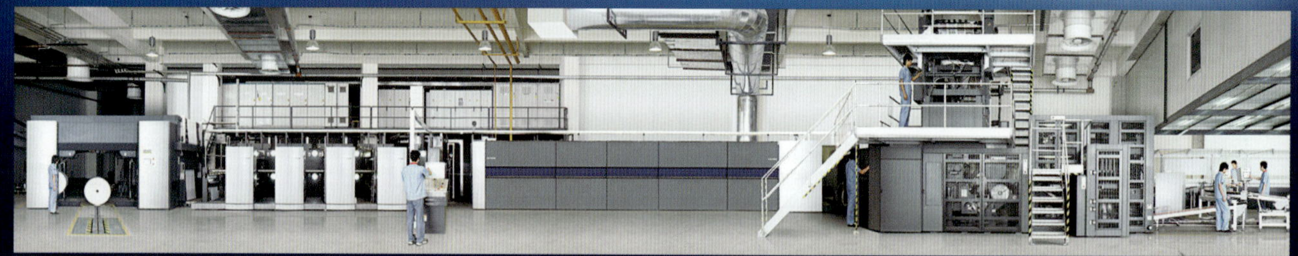

高斯SUNDAY 2000商业轮转机

中国印刷百强企业

中国出版政府奖之印刷复制奖

部分印刷产品

西安西正印制有限公司

XI' AN XIZHENG PRINTING CO., LTD.

地址：西安市高新六路 39 号　邮政编码：710075
电话：（029）87660315（客服）　87660328（综合业务）
87660301（票据业务）　84273240（印包业务）
87660320（不干胶业务）　84273249（纪念品业务）
传真：（029）87660358

公司简介 COMPANY PROFILE

西安西正印制有限公司是中国印钞造币总公司和西安印钞厂下属的多元经营企业，公司位于西安市高新技术开发区，占地面积100余亩（1亩＝666.6m²），建筑面积超过5万平方米。

西正公司具备国家秘密载体复制资格，是银行、邮政、税务的各类重要空白凭证的定点印制企业，拥有国内市场较先进、较大的物流车队，是全国一家同时具有银行汇票、支票、本票印制资格和税票、存折及防伪标签、高档烟标设计生产能力的大型综合安全防伪印制企业。公司是国家防伪技术协会和防伪行业协会会员单位、不干胶协会常务理事单位，能够设计生产国内、国际领先水平的防伪印刷品，其产品遍及全国金融、烟草、化工、农业、电子、医药及食品等行业领域。

西正公司具有国际先进的计算机钞券、票据设计、CTP制版系统和资深平面设计能力，拥有大型进口设备50余台（套）及先进的国产设备300余台（套），形成完整的现代化票据生产线、印包生产线和西北首条不干胶标签生产线，年生产能力可达平张100万色令、卷筒10亿折页、各类存折证照1亿本。

西正公司坚持“以正兴业　以正塑形”的核心理念，秉承印钞企业的管理理念和方法，先后一次性通过GB/T19001－2000质量管理、GB/T28001－2001职业健康安全管理和GB/T24001－2004环境管理一体化认证及GB/T27001－2005信息安全管理体系认证。以先进设备、优秀人才、科学管理和精良品质，塑造企业“防伪印制专家、卓越服务典范”的品牌形象，竭诚为社会各界提供超值服务。

江西四维印务有限公司

公司简介

江西四维印务有限公司秉承“以质量求生存，以科技谋发展”的宗旨，致力于塑料软包装印刷工业的技术进步与“清洁生产”新工艺创新，是江西省工业和信息化管理部门授牌的江西省优秀包装企业。

水性油墨印刷是印刷工业的一次重大革命，可从源头上破解溶剂型油墨印刷导致的严重生态与安全问题。江西四维印务有限公司针对目前高分子材料水性凹版印刷中速度和印品品质相矛盾，严重制约绿色、低碳技术产业化应用的“瓶颈”，与浙江大学、武汉大学等高校及油墨、制版、设备上游企业协同研发，采用“关键技术系统集成攻关”的途径，经过六年努力，原创性地率先开发成功国内软塑包装高速水性凹印生产线，并制订了相应的“清洁生产”工艺。采用该工艺生产的食品、药品包装经江西省产品质量监督检测机关检测，有毒有害溶剂残留均为：“未检出”。该技术2009年通过江西省科技部门技术鉴定；上海科技情报研究院查新结果为“国内领先，国际先进”。2010年获中小企业创新基金的满额支持及包装行业高新技术研发资金立项。2010年以来，获得了第十一届毕昇印刷技术新人奖、中国包装科技创新优秀奖、江西省宜春市科学进步一等奖等重要奖励。研究论文《软塑包装水性油墨水性油墨凹印新技术的研发与应用》获《第十三届全国包装工程学术会议》优秀论文奖，并被国际三大权威科技检索机构之一的ISTP收录。

公司率先拥有绿色环保水性塑料凹版八色高速印刷生产线，以无有毒有机溶剂污染的企业通过环境评介且获食品包装生产许可QS认证。主要为食品及药品等大中型企业供应无印刷溶剂残留的安全级各类塑料软包装。

公司地址：江西省上高工业园区翠霞路11号 邮政编码：336400
联系电话：0795-2505768 传真：0795-2505769
电子邮箱：jxswyw@163.com

全国大型数字印刷连锁机构
杭州日报盛元印务有限公司

杭州日报报业集团盛元印务有限公司位于风景如画的钱塘江北岸，杭州下沙经济开发区的入口处，是由杭报集团打造的集产品设计策划、印前处理、印刷、印后加工装订、物流配送及印刷设备物资代理于一体的全新现代化印刷企业。

2010年，创意印刷横空出世，一跃成为新的经济增长点。公司嫁接传统印刷与创意策划，成立了盛元数码图文工场，目前数码图文工场已实现盈利，并稳步开展全国连锁经营。成立一年的YUNPIX创意印刷网站正如火如荼发展，因提供给客户超炫的创意颇受好评。

通过线上和线下方式积极发展连锁数码，盛元正致力于在全国发展连锁数码印刷，争取连锁经营网络在“十二·五”末在全国拥有20家左右。除此之外，盛元还着重在线上和线下打造数码印刷服务、出版影像和印刷品牌等衍生品，这带给盛元的将是效益和品牌双重效应 。

公司电话：0571-86909358
公司传真：0571-86909329
公司地址：杭州市江干区下沙路1117号

广东科普印刷厂

广东科普印刷厂：属全资国有企业
上级主管单位：广东省出版集团有限公司
时任广东省印刷复制业协会副监事长单位
企业是广东省教材定点厂。主要印刷中、小、大学教材、教辅、期刊、书刊产品。
省优质产品评定，2009年为广东省行业第三名。
企业拥有目前具国内领先技术的八色轮转机及印后各类设备。
近年获奖情况：
2007年省优产品获奖品种：30个
2008年省优产品获奖品种：31个
2009年省优产品品种：30个
主要业绩及企业特色：
企业已通过ISO 9001：2000质量认证；
企业获中国质量信用评价中心：“AAA+”中国企业；
广东省信用研究会：广东信用企业；
中国行业发展调查评价中心：“全国质量、服务十佳”信誉示范单位；
中国商品质量名优品牌推广中心：中国著名品牌；
广东省企业联合会、广东省企业家协会：广东省诚信示范单位
（2005～2009年·连续四年）；

中国品牌领先企业调查组委会：中国印刷行业自主创新品牌；
广东省出版集团：2009年度教材、教辅省外印制工作综合评估一等奖；
工厂从2003年至2009年，连续8年赢利。8年间工厂实现设备更新，全部淘汰了旧国有企业过程中的20年甚至30年的旧设备，全部使用国内先进的设备，使产能、产品质量飞跃向前，解决了国有企业老化、停滞不前的弊病，使企业焕然一新。
企业抓管理，走高速、规模、多色生产的持续发展之路，从生产型厂家向生产服务型转变，增强服务能力、提高服务水准。成为广东省2万家印刷企业中一个充满活力的企业。

四川日报报业集团印务公司

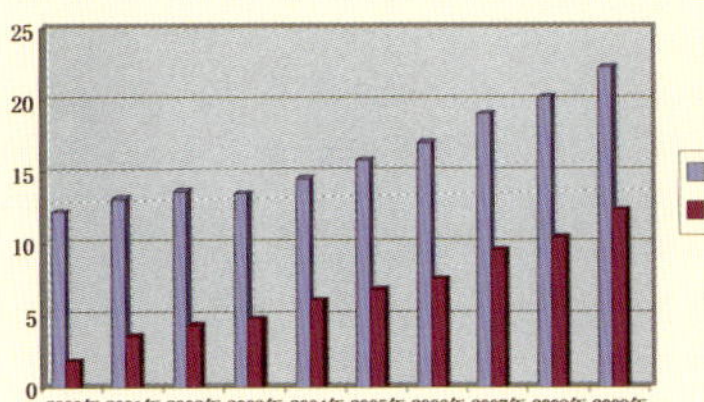

四川日报报业集团印务公司的前身是随1952年《四川日报》社成立时，诞生的四川日报社印刷厂。2005年1月1日，四川日报报业集团印务公司新厂区正式建成并投入生产，新厂区坐落于四川省成都市锦江工业开发园区内，占地近百亩，建筑面积30600m²。

川报集团印务公司是一个以报刊为主，书刊、商务以及各类杂件印刷为辅的大型综合性印刷企业，目前承印的报刊有《人民日报》、《参考消息》、《四川日报》、《四川农村日报》、《华西都市报》、《天府早报》、《文摘周报》等60余种报纸，日均产量在600万对开张以上，其中彩印达400万对开张，年印量在21亿对开张以上，印刷能力名列西部前茅。2005年公司被国家印刷行业诚信建设组委会评为全国诚信印刷企业，2008年，公司通过了ISO9 000质量管理体系认证，全面提升产品质量，企业产品在国内各种评比中名列前茅。

川报集团印务公司目前装备有当今世界先进水平的印前制作、彩色印刷、印后加工等工艺设备，主要设备有：KRAUSE（克劳斯）CTP、富士F6000照排机、德国曼·罗兰公司UNISET 75型彩色高速胶印轮转机、UNISET 80型带半商功能的彩色高速胶印轮转机、瑞士马天尼公司报纸自动输送系统等先进设备。

川报集团印务公司坚持“以客为尊、全员参与、优质高效、精益求精”的管理理念，竭诚为新、老客户提供优质的产品和服务。

地址：四川省成都市锦江工业园区三色路288号
电话：028-85952011　028-85952080
传真：028-85952018

山西闻兴印务有限责任公司是山西日报报业集团和晋城煤业集团共同出资组建的印刷企业，2006年8月1日挂牌成立，注册资金6200万元。公司前身是与1949年4月26日创刊的《山西日报》同时成立的山西日报印刷厂，经过60年的发展，公司现已成为山西省规模庞大、设备先进、实力雄厚的现代化综合性印刷企业之一。2009年9月16日，占地45亩（1亩＝666.6m²），总投资9400万元的公司新厂一期工程（山西日报报业集团印报基地）竣工投产。公司现有员工260多人，其中具有高、中级职称的专业人员一百多人。公司秉承“诚信、进取、敏锐、前瞻”的经营理念，依托雄厚的集团力量、独特的管理理念、科学的决策机制和深厚的社会资源，形成了领先省内印刷行业的核心竞争力。

地址：山西·太原经济技术开发区·康寿街19号
邮编：030032
电话：0351—4282384（业务服务部）

山西闻兴印务有限责任公司

- 山西日报报业集团印报基地
- 山西省重点建设的文化产业基地
- 山西省重点扶持的文化市场主体
- 山西省服务行业“10+1”工程
- 山西省文化体制改革先进单位
- 全国诚信印刷企业

让世人「惊讶的」一印

着有痕迹称之为印，涂擦于物称之为刷，印刷，即用刷涂方法使痕迹着于物质之上。早期的雕刻印刷由公元前7世纪的“拓石”和公元前4世纪的印章盖印这两种中国发明结合演变而成，乃印刷术的先驱，全球为之受益。“金雅迪”有幸诞生于这伟大发明的故土，其发展之道与奥运精神相通，追求纸上的艺术，拒绝千人一面的平庸。

天道酬勤，信而无欺，金雅迪彩印深知“得到”一定是“付出”的终极。于是每一步都注入心血，用思想的训练有素来引领行为的训练有素；以人为本，以事为先，印制了属于自己的时间册页：风吹过，猎猎作响的是企业的生命和情怀——没有精彩的细部，就没有壮观的全局；我们只做那些让我们感觉到充满激情的事；我们明白，在本行业中我们能成为更优秀的。

金雅迪彩印
ARTPAP COLOUR PRINTING

地址：重庆市江北区建新南路西普大厦23楼
电话：(023) 67703677 67879595 67879696 67853058 67766376 67766556 传真：(023) 67726868 67731818
邮编：400020 www.amazed.com.cn E-mail：artron2002@163.com

设计：四川美院坦克库 · 火力发电创意空间 电话：(023)68511668 68511669

统计

Statistic

2010年1 ~ 11月全国规模以上印刷

地区	企业数（家）	亏损企业数（家）	资产总计	产成品	流动资产平均余额	负债合计	主营业务收入	主营业务成本	主营业务税金及附加
全国	6 779	1 075	31 971 742.8	1 403 324.2	17 177 936.9	15 598 238.0	31 073 080.0	25 604 603.0	156 284.1
北京市	337	134	2 131 194.3	93 528.7	1 112 727.1	1 028 888.1	1 257 178.2	992 152.1	4 238.9
天津市	110	22	515 502.7	11 302.8	259 201.8	313 438.9	355 115.5	301 328.4	1 116.9
河北省	125	25	737 397.8	48 951.2	345 312.4	313 434.6	1 040 696.9	858 106.3	3 937.4
山西省	26	9	162 634.2	8 154.1	95 058.2	94 658.6	102 821.9	87 670.3	302.1
内蒙古自治区	23	6	63 136.2	3 371.6	26 183.3	30 434.8	88 104.9	76 164.1	307.3
辽宁省	192	44	633 593.4	23 476.8	282 082.1	319 528.0	981 251.1	821 623.1	3 664.4
吉林省	68	10	433 880.0	6 682.4	125 252.6	121 646.1	212 119.5	182 765.1	1 806.6
黑龙江省	54	17	176 042.7	6 410.0	101 229.3	94 718.4	125 700.8	105 417.9	492.7
上海市	413	101	2 478 288.3	103 074.1	1 361 358.5	1 077 984.2	1 922 239.6	1 539 735.9	4 348.5
江苏省	612	77	2 694 515.2	104 139.6	1 470 781.2	1 415 558.6	2 482 089.8	2 043 073.9	9 713.9
浙江省	1 051	113	4 235 996.9	102 229.2	2 449 510.1	2 561 244.3	2 966 355.5	2 515 365.0	13 138.3
安徽省	219	24	993 289.3	72 091.1	522 158.1	464 250.9	959 478.0	789 776.0	4 633.7
福建省	261	52	820 133.4	42 736.7	454 342.9	411 573.7	943 069.0	800 555.7	4230.2
江西省	89	7	556 034.5	16 314.4	209 860.8	197 285.1	805 769.9	636 779.8	4 593.6
山东省	514	46	1 942 900.5	76 828.8	881 741.8	830 798.0	3 196 907.8	2 701 314.5	33 701.6
河南省	218	11	827 526.0	33 273.2	393 707.0	302 922.7	1 300 008.3	1 065 525.2	9 491.3
湖北省	229	41	953 192.8	92 452.9	529 437.1	528 887.4	983 283.2	777 965.9	6 522.9
湖南省	153	6	672 125.6	52 063.6	344 180.4	242 117.1	981 099.3	754 773.4	13 919.2
广东省	1 467	214	7 232 154.4	291 652.4	4 372 280.0	3 583 280.0	7 096 801.1	6 031 627.0	15 944.9
广西壮族自治区	95	22	355 861.9	24 622.1	190 680.6	190 905.0	415 766.7	342 897.3	1 600.4
海南省	13	7	43 821.1	1 271.6	25 501.5	15 334.0	21 739.6	15 504.7	101.0
重庆市	87	16	497 673.9	22 118.5	253 875.8	292 366.6	468 836.2	391 659.3	1 219.6
四川省	198	20	1 047 029.9	62 404.7	486 031.0	458 233.1	1 214 901.4	956 890.5	10 928.9
贵州省	27	7	196 955.5	9 782.6	88 878.3	79 231.6	107 002.8	71 148.7	661.6
云南省	71	12	678 428.1	51 474.9	387 525.9	279 289.9	454 249.3	312 813.6	1 441.6
西藏自治区	6	2	34 385.9	122.3	12 849.2	7 559.1	18 629.8	13 057.0	86.4
陕西省	51	13	578 396.1	29 551.3	260 488.4	198 408.3	411 535.9	289 945.3	3 498.7
甘肃省	18	7	91 750.8	4 717.7	39 278.3	36 675.3	38 661.5	29 570.8	306.1
青海省	9	1	30 532.5	1 078.9	13 650.6	17 625.7	38 634.1	31 267.6	42.0
宁夏回族自治区	12	2	46 672.0	3 994.9	27 776.2	32 979.6	30 733.4	25 333.8	57.8
新疆维吾尔自治区	31	7	110 696.9	3 451.1	54 996.4	56 980.3	52 299.0	42 794.8	235.6

行业企业主要经济指标统计表

（印刷、传媒、复制业）

单位：万元

营业费用	管理费用	利润总额	亏损企业亏损额	利税总额（利润总额＋应缴增值税）	从业人员平均人数（人）	资产负债率（%）	成本费用利润率（%）	资金利润率（%）	资本保值增值率（%）	人均主营业务收入（元/人）
696 620.1	1 748 627.3	2 379 599.1	142 158.6	3 321 097.9	830 961	48.79	8.40	7.44	114.47	373 941.50
37 602.1	156 159.0	91 047.5	23 906.1	147 266.3	43 327	48.28	7.64	4.27	106.27	290 160.45
10 160.6	27 188.7	1 2971.8	3 439.3	22 698.2	11 901	60.80	3.82	2.52	101.29	298 391.31
15 241.6	46 944.0	87 714.6	2 537.3	119 432.3	21 371	42.51	9.47	11.90	119.37	486 966.87
2 053.7	9 614.6	1 898.8	1 991.5	4 918.4	5 136	58.20	1.89	1.17	95.07	200 198.40
762.0	3 641.0	7 244.6	1 082.1	8 643.5	2 037	48.20	8.96	11.47	108.35	432 522.83
20 294.6	49 155.6	43 257.7	7 829.1	56 253.9	15 837	50.43	4.83	6.83	120.81	619 594.05
3 803.5	10 824.0	21 030.4	4 935.8	25 971.6	6 480	28.04	10.48	4.85	132.11	327 344.91
1 859.3	11 848.8	5 961.5	1 301.9	10 038.4	5 540	53.80	4.97	3.39	105.22	226 896.75
50 169.1	162920.3	180 898.7	14 409.5	249 275.1	47 111	43.50	10.24	7.30	95.95	408 023.52
64 119.1	136 311.0	218 767.3	14 881.3	303 682.8	68 171	52.53	9.64	8.12	114.00	364 097.61
63 583.1	162 489.3	184 706.2	9 077.6	267 895.4	81 946	60.46	6.61	4.36	110.21	361 989.05
31 167.8	49 014.7	75 739.1	1 597.7	100 988.1	23 365	46.74	8.62	7.63	122.58	410 647.55
22 438.5	46 884.6	54 253.5	3 718.8	84 880.3	29 073	50.18	6.17	6.62	108.67	324 379.66
15 114.6	36 791.6	76 997.0	857.9	105 451.9	13 212	35.48	11.06	13.85	150.81	609 877.31
61 138.9	97 065.1	224 325.2	5 363.4	324 248.7	56 308	42.76	7.77	11.55	150.97	567 753.75
28 846.3	45 705.4	139 052.7	553.1	187 178.9	25 848	36.61	12.08	16.80	117.62	502 943.48
30 622.3	62 692.1	79 039.3	5 452.9	106 386.1	27 743	55.49	8.96	8.29	131.16	354 425.69
16 822.8	38 181.9	95 757.9	287.9	131 402.6	15 972	36.02	11.76	14.25	138.15	614 262.02
147 756.4	354 414.0	393 869.0	23 095.8	544 187.6	243 915	49.55	5.99	5.45	113.39	290 953.86
6 874.5	21 129.4	35 887.1	1 258.7	46 696.3	9 238	53.65	9.50	10.08	101.45	450 061.38
329.6	2 607.1	3 440.5	628.6	4 477.1	918	34.99	18.70	7.85	91.21	236 814.81
11 630.9	25 123.5	30 264.9	2 727.3	45 827.1	10 317	58.75	6.97	6.08	107.81	454 430.75
26 806.5	77 190.9	128 591.4	2 788.1	177 031.9	26 837	43.77	12.02	12.28	119.19	452 696.43
2 094.9	9 349.4	30 135.6	1 033.4	37 421.9	3 663	40.23	36.05	15.30	113.26	292 117.94
8 260.1	38 511.2	91 250.7	1 622.3	117 612.2	12 871	41.17	25.13	13.45	104.94	352 924.64
62.6	2 986.3	1 455.5	192.2	2 050.6	1 192	21.98	9.03	4.23	110.79	156 290.27
13 404.8	42 880.1	58 358.9	3 559.3	78 194.0	12 115	34.30	16.58	10.09	111.85	339 691.21
1 650.1	8 698.8	−676.7	1 279.1	366.6	3 736	39.97	−1.68	−0.74	112.97	103 483.67
602.4	2 890.8	1 526.0	6.2	3 114.9	1 210	57.73	4.38	5.00	73.13	319 290.08
335.9	1 949.6	1 380.4	165.2	1 745.1	1 574	70.66	4.84	2.96	118.01	195 256.67
1 011.5	7 464.5	3 452.0	579.2	5 760.1	2 997	51.47	6.67	3.12	106.68	174 504.50

2010年1～11月全国规模以上印刷

地区	企业数（家）	亏损企业数（家）	资产总计	产成品	流动资产平均余额	负债合计	主营业务收入	主营业务成本	主营业务税金及附加
全国	6 399	990	29 649 115.6	1 309 167.6	16021486.3	14 723 743.5	29 226 174.9	24 127 572.2	149 446.7
北京市	311	121	2 001 462.4	89 564.5	1049159.4	972 694.1	1 200 853.3	949 770.6	4 112.9
天津市	103	19	493 919.2	9 462.6	248677.9	303 886.8	340 043.8	289 304.0	899.7
河北省	118	23	695 732.9	45 651.3	328151.8	289 785.7	1 016 649.3	839 411.6	3 847.3
山西省	26	9	162 634.2	8 154.1	95058.2	94 658.6	102 821.9	87 670.3	302.1
内蒙古自治区	23	6	63 136.2	3 371.6	26183.3	30 434.8	88 104.9	76 164.1	307.3
辽宁省	183	42	613 868.2	23 084.7	271132.1	314 352.7	957 195.1	804 375.0	3 503.9
吉林省	62	8	349 713.9	5 315.0	99438.5	107 842.8	183 180.4	155 905.3	1 766.1
黑龙江省	49	13	165 942.5	6 151.7	97663.8	88 358.4	121 963.3	102 138.2	471.4
上海市	374	92	1 933 692.9	77 041.6	1054515.3	940 737.0	1 555 765.4	1 280 070.7	2 797.7
江苏省	580	72	2 512 777.4	99 552.0	1396653.9	1 363 129.0	2 344 984.3	1 932 095.4	9 000.4
浙江省	1 012	106	4 045 027.9	96 922.8	2336996.9	2 447 477.3	2 801 369.8	2 371 137.0	12 788.3
安徽省	216	23	987 525.1	71 973.3	519039.2	461 702.2	952 366.6	783 696.0	4 600.5
福建省	252	49	766 203.4	35 591.4	417168.0	392 130.3	880 975.4	746 249.5	4 123.3
江西省	86	7	534 210.4	15 690.2	198632.0	190 360.4	794 476.7	627 486.8	4 581.7
山东省	487	43	1 801 881.9	69 430.8	826501.4	767 919.0	3 004 006.5	2 534 670.4	33 039.2
河南省	207	11	792 631.9	32 843.5	380917.9	297 976.4	1 253 473.4	1 030 197.5	9 241.3
湖北省	208	35	901 508.8	86 699.7	496296.4	508 847.3	939 670.9	749 517.4	6 074.5
湖南省	147	5	651 314.8	51 178.7	335068.9	231 393.5	961 906.3	738 911.0	13 757.5
广东省	1 369	199	6 666 721.6	272 262.6	4078929.1	3 337 291.9	6 620 373.9	5 642 423.9	14 843.1
广西壮族自治区	87	20	328 061.8	22 452.0	178947.0	166 965.1	349 707.7	290 806.5	941.1
海南省	11	5	35 289.5	981.6	24356.8	11 311.0	20 486.4	14 446.7	99.0
重庆市	84	14	489 744.8	21 891.6	250771.9	285 295.8	466 877.2	389 219.3	1 218.0
四川省	187	20	916 150.7	59 851.0	433293.4	413 124.8	1 122 090.3	879 861.7	10 817.3
贵州省	26	7	182 177.5	9 782.6	88878.3	79 231.6	107 002.8	71 148.7	661.6
云南省	67	11	668 743.3	51 350.5	381356.4	277 423.0	451 087.0	310 496.1	1 434.3
西藏自治区	5	2	33 663.1	122.3	12589.0	7 541.4	18 198.1	12 741.8	84.1
陕西省	51	13	578 396.1	29 551.3	260488.4	198 408.3	411 535.9	289 945.3	3 498.7
甘肃省	18	7	91 750.8	4 717.7	39278.3	36 675.3	38 661.5	29 570.8	306.1
青海省	9	1	30 532.5	1 078.9	13650.6	17 625.7	38 634.1	31 267.6	42.0
宁夏回族自治区	12	2	46 672.0	3 994.9	27776.2	32 979.6	30 733.4	25 333.8	57.8
新疆维吾尔自治区	29	5	108 027.9	3 451.1	53916.0	56 183.7	50 979.3	41 539.2	228.5

行业企业主要经济指标统计表

（综合印刷）

单位：万元

营业费用	管理费用	利润总额	亏损企业亏损额	利税总额（利润总额+应缴增值税）	从业人员平均人数（人）	资产负债率（%）	成本费用利润率（%）	资金利润率（%）	资本保值增值率（%）	人均主营业务收入（元/人）
645 535.8	1 621 453.4	2 218 736.6	125 723.9	3 106 235.7	785 235	49.66	8.33	7.48	116.57	372 196.54
35 221.6	146 624.9	87 727.5	22 479.2	141 614.2	40 774	48.60	7.72	4.38	106.27	294 514.47
9 462.9	26 116.3	12 323.7	3 177.8	21 698.3	11 339	61.53	3.78	2.50	101.38	299 888.70
14 718.6	44 951.4	85 433.3	2 019.1	116 755.4	20 586	41.65	9.44	12.28	119.29	493 854.71
2 053.7	9 614.6	1 898.8	1 991.5	4 918.4	5 136	58.20	1.89	1.17	95.07	200 198.40
762.0	3 641.0	7 244.6	1 082.1	8 643.5	2 037	48.20	8.96	11.47	108.35	432 522.83
19 695.2	47 226.3	39 866.6	7 766.9	52 544.4	14 653	51.21	4.55	6.49	121.07	653 241.73
2 941.3	8 291.8	24 363.6	874.0	29 075.0	5 630	30.84	14.34	6.97	123.16	325 364.83
1 812.9	11 324.4	6 233.5	1 019.3	9 934.5	5 218	53.25	5.38	3.76	103.26	233 735.72
42 045.7	124 113.0	123 650.6	13 659.2	174 495.1	40 663	48.65	8.47	6.39	107.65	382 599.76
58 232.1	125 010.2	206 969.8	14 632.3	288 089.6	65 357	54.25	9.67	8.24	120.86	358 796.20
58 263.7	153 008.3	181 282.4	7 454.6	262 100.6	78 305	60.51	6.89	4.48	110.48	357 751.08
30 973.5	48 791.7	75 308.0	1 591.5	100 275.8	23 174	46.75	8.64	7.63	120.60	410 963.41
20 998.6	43 778.6	51 628.9	3 593.2	81 303.0	27 264	51.18	6.29	6.74	105.85	323 127.71
14 772.4	36 687.6	76 535.9	857.9	104 788.1	13 020	35.63	11.15	14.33	146.28	610 197.16
55 765.3	89 531.8	212 583.0	4 917.4	304 081.7	52 887	42.62	7.86	11.80	155.41	568 004.71
28 359.0	44 593.1	132 052.7	553.1	179 384.0	24 739	37.59	11.85	16.66	117.94	506 679.09
27 598.1	58 375.9	75 410.0	3 930.6	100 975.1	26 098	56.44	8.92	8.36	133.46	360 054.76
15 851.7	36 840.8	94 671.2	267.6	129 793.5	15 360	35.53	11.89	14.54	138.53	626 241.08
136411.2	331 123.6	347 740.0	19 725.7	487 735.3	228 934	50.06	5.65	5.22	114.27	289 182.64
5 984.2	18 194.1	29 644.8	1 257.3	39 651.1	8 674	50.89	9.31	9.04	108.28	403 167.74
309.3	2 147.1	3 689.1	380.0	4 713.2	835	32.05	21.90	10.45	93.71	245 346.11
11 436.1	24 733.3	31 385.4	1 602.0	46 908.0	10 158	58.25	7.27	6.41	108.37	459 615.28
24 791.3	72 707.2	124 173.8	2 788.1	170 639.4	25 385	45.09	12.60	13.55	120.07	442 028.88
2 094.9	9 349.4	30 135.6	1 033.4	37421.9	3 621	43.49	36.05	16.54	99.04	295 506.21
7 932.3	38 112.3	91 155.2	1 458.0	117 380.1	12 698	41.48	25.32	13.63	105.31	355 242.56
43.5	2 929.0	1 418.9	192.2	2 011.7	1 140	22.40	9.03	4.22	109.80	159 632.46
13 404.8	42 880.1	58 358.9	3 559.3	78 194.0	12 115	34.30	16.58	10.09	111.85	339 691.21
1 650.1	8 698.8	–676.7	1 279.1	366.6	3 736	39.97	–1.68	–0.74	112.97	103 483.67
602.4	2 890.8	1 526.0	6.2	3 114.9	1 210	57.73	4.38	5.00	73.13	319 290.08
335.9	1 949.6	1 380.4	165.2	1 745.1	1 574	70.66	4.84	2.96	118.01	195 256.67
1 011.5	7 216.4	3621.1	410.1	5 884.2	2 915	52.01	7.20	3.35	107.27	174 886.11

2010年1～11月全国规模以上印刷

地区	企业数（家）	亏损企业数（家）	资产总计	产成品	流动资产平均余额	负债合计	主营业务收入	主营业务成本	主营业务税金及附加
全国	1556	354	7 690 106.6	255 077.1	3 825 302.5	4 059 266.7	6 729 275.5	5 688 283.0	33 218.5
北京市	193	83	1 050 792.2	43 836.0	540 182.2	668 299.7	558 921.2	487 746.9	1 754.8
天津市	25	5	85 348.0	1 887.3	39 178.4	48 900.3	50 884.9	44 033.0	178.6
河北省	56	9	266 107.3	20 988.3	115 349.9	112 231.3	557 399.0	480 632.6	2 037.6
山西省	14	5	66 788.7	2 867.0	32 369.2	39 929.8	44 795.3	37 504.4	234.2
内蒙古自治区	9	3	33 623.8	473.7	10 226.5	18 956.7	19 135.6	14717.4	68.9
辽宁省	65	19	288 431.0	7 809.7	133 764.6	151 541.9	339 817.0	286 694.2	1 191.6
吉林省	17	5	54 899.1	2 394.9	16 367.7	21 921.4	41 630.6	37 056.5	854.9
黑龙江省	21	5	72 557.8	1 300.9	35 025.9	33 604.6	54 672.4	45 963.6	245.2
上海市	50	18	303 497.9	6 077.0	153 964.1	141 160.3	167 610.1	144 428.0	265.5
江苏省	136	25	513 093.1	14 188.4	251 722.4	299 849.8	441 574.5	372 606.6	1 979.6
浙江省	144	15	653 090.7	12 718.3	333 727.0	381 074.1	400 872.6	336 845.8	3 101.6
安徽省	47	9	239 966.8	8 999.0	118 022.8	135 107.7	204 860.8	177 724.7	840.4
福建省	84	22	247 996.7	11 105.8	140 848.8	121 861.8	283 421.6	242 655.0	1 425.2
江西省	29	2	246 150.6	5 532.9	77 698.1	96 024.9	271 350.8	223 586.4	1 491.9
山东省	109	23	496 670.9	13 697.5	230 191.0	268 422.3	603 885.9	506 873.3	4 167.0
河南省	48	2	146 482.7	4 379.2	64 338.0	56 948.0	233 718.9	188 287.6	1 117.2
湖北省	70	18	273 026.6	10 283.8	118 203.4	161 956.4	233 931.6	184 224.1	1 866.0
湖南省	41	0	175 423.2	6 993.3	61 733.5	77 892.1	232 528.8	187 947.9	2 337.1
广东省	196	37	1 467 228.2	33 666.2	877 061.8	674 330.7	1 265 530.7	1 105 744.5	1 791.9
广西壮族自治区	31	7	173 214.2	12 262.7	81 514.3	86 645.4	134 970.3	110 412.5	505.6
海南省	0	1	14 011.2	0.0	7 945.5	5 802.2	8 140.7	5 576.3	12.2
重庆市	25	5	93 614.0	3 252.3	48 634.8	63 524.0	85 162.4	75 461.3	185.3
四川省	52	13	244 912.0	9 649.5	122 962.9	168 665.2	245 509.4	201 309.3	3 664.0
贵州省	10	3	44 689.3	3 702.4	23 031.7	20 294.9	32 398.1	24 425.3	72.1
云南省	16	5	64 180.1	1 435.8	31 187.6	33 251.3	35 356.8	26 160.2	169.6
西藏自治区	0	2	19 156.3	122.3	5 381.0	4 394.2	4 736.2	5 790.1	43.9
陕西省	20	3	171 359.7	7 780.9	72 662.6	80 642.6	96 248.1	70 812.1	1 122.3
甘肃省	12	6	81 275.8	4 466.8	34 557.6	32 585.9	33 680.3	25 328.6	290.8
青海省	6	1	12 822.7	221.3	7 925.3	8 486.6	10 595.3	8 599.1	32.9
宁夏回族自治区	4	0	12 965.4	2.0	5 550.6	5 190.5	6 547.9	5 192.7	13.2
新疆维吾尔自治区	20	3	76 730.6	2 981.9	33 973.3	39 770.1	29 387.7	23 943.0	157.4

行业企业主要经济指标统计表

（出版物印刷）

单位：万元

营业费用	管理费用	利润总额	亏损企业亏损额	利税总额（利润总额＋应缴增值税）	从业人员平均人数（人）	资产负债率（%）	成本费用利润率（%）	资金利润率（%）	资本保值增值率（%）	人均主营业务收入（元/人）
128 037.1	451 767.4	317 695.8	57 166.8	491 095.0	230 424	52.79	5.02	4.13	115.12	292 038.83
14 272.4	66 992.9	7591.4	14 582.2	25 973.9	25 725	63.60	1.33	0.72	99.77	217 267.72
1 446.5	5 226.5	−715.1	1 972.0	475.6	2 567	57.30	−1.40	−0.84	100.65	198 227.11
5 180.5	16 154.9	32 418.7	769.5	48 417.3	10 582	42.18	6.43	12.18	122.16	526 742.58
197.4	7 017.3	−541.1	1 367.4	1 279.2	3 355	59.79	−1.20	−0.81	98.41	133 518.03
281.6	1 864.6	2 667.9	583.8	2 960.1	1 137	56.38	15.79	7.93	100.41	168 299.03
4 956.7	15 832.6	8 588.4	4 821.9	13 421.3	6 342	52.54	2.77	2.98	115.69	535 819.93
611.1	2 438.4	596.1	784.7	1 575.7	1 886	39.93	1.47	1.09	145.10	220 734.89
589.4	5 649.8	2 253.4	514.3	4 149.6	3 125	46.31	4.29	3.11	90.28	174 951.68
4 183.4	15 044.4	6 179.2	3 113.6	10 254.1	5 315	46.51	3.73	2.04	108.96	315 352.96
9 680.5	29 683.9	23 058.5	4 165.4	37 356.8	15 700	58.44	5.52	4.49	113.24	281 257.64
10 403.0	28 478.2	21 808.0	1 644.2	31 506.9	11 921	58.35	5.68	3.34	113.79	336 274.31
3 763.2	13 241.2	7 590.3	804.2	11 639.9	6 925	56.30	3.85	3.16	110.86	295 827.87
6 840.1	17 703.7	9 597.6	1 967.2	22 568.9	8 590	49.14	3.55	3.87	102.87	329 943.66
6 933.6	14 230.1	13 610.9	647.3	21 902.4	4 908	39.01	5.45	5.53	198.83	552 874.49
7 064.3	24 008.7	25 552.0	3 787.9	40 707.1	14 260	54.04	4.69	5.14	120.50	423 482.40
6 175.1	11 080.6	26 137.9	134.1	35 387.1	7 016	38.88	12.63	17.84	93.90	333 122.72
5 994.0	17 887.2	9 882.4	1 110.2	14 299.5	9 261	59.32	4.70	3.62	146.72	252 598.64
3 533.4	9 049.1	16 460.9	0	23 398.3	5 208	44.40	8.12	9.38	130.56	446 483.87
20 705.8	82 903.7	50 480.5	3 638.3	67 759.4	57 072	45.96	4.16	3.44	119.13	221 742.83
2 858.9	9 378.5	9 767.3	658.6	13 789.0	4 510	50.02	7.81	5.64	107.59	299 268.96
47.3	577.0	1 936.8	213.2	2 041.2	289	41.41	31.18	13.82	97.12	281 685.12
1 766.8	5 226.1	3 159.7	1 315.6	4 764.6	3 113	67.86	3.79	3.38	109.35	273 570.19
3 770.2	13 224.9	21 657.2	2 510.3	28 826.6	6 709	68.87	9.82	8.84	134.26	365 940.38
312.3	3 769.6	4 498.0	969.5	6 371.0	1 505	45.41	15.61	10.07	88.54	215 269.77
456.3	5 385.9	1 080.0	305.0	2 286.3	2 058	51.81	3.35	1.68	101.95	171 801.75
7.1	2 543.5	442.0	192.2	697.6	724	22.94	5.30	2.31	107.69	65 417.13
3 598.3	10 745.8	10 236.9	3 055.3	12 483.5	4 220	47.06	11.90	5.97	116.65	228 076.07
1 576.0	8 364.7	−882.8	1 207.9	37.3	3 318	40.09	−2.48	−1.09	108.06	101 507.84
139.5	1 671.9	794.6	6.2	1 373.1	517	66.18	7.63	6.20	105.37	204 938.10
60.1	704.8	626.8	0	709.6	287	40.03	10.46	4.83	130.52	228 149.83
632.3	5 686.9	1 161.4	324.8	2 682.1	2 279	51.83	3.78	1.51	106.26	128 949.98

2010年1～11月全国规模以上印刷

地区	企业数（家）	亏损企业数（家）	资产总计	产成品	流动资产平均余额	负债合计	主营业务收入	主营业务成本	主营业务税金及附加
全国	393	48	1 929 220.1	92 673.3	925 738.4	917 590.3	1 989 457.8	1 646 968.1	9 478.6
北京市	12	5	78 952.1	13 456.1	38 133.5	59 363.8	34 920.7	31 177.4	54.8
天津市	5	1	4 403.7	4.0	3 365.4	2 571.8	5 801.7	4 983.7	83.5
河北省	5	1	23 420.4	3 000.7	11 706.3	13 587.6	17 583.7	13 231.1	101.4
山西省			9 648.1	0.0	7 047.4	5 271.3	5 168.6	4 488.9	10.6
内蒙古自治区			9 643.3	789.6	4 901.6	3 074.9	3 504.6	1 284.3	49.4
辽宁省	15	1	27 850.0	866.8	9 072.0	10 155.6	84 062.1	67 866.8	399.3
吉林省	6	2	8 869.0	51.2	2 005.3	3 232.1	9 867.3	8 556.1	130.8
黑龙江省			20 037.1	1 481.1	13 876.4	6 963.8	12 141.2	10 220.3	57.2
上海市	21	4	155 219.2	8 988.1	85 744.8	73 088.9	112 241.4	93 830.1	47.6
江苏省	33	4	245 275.9	11 929.2	125 250.1	99 551.4	202 711.1	160 692.0	658.9
浙江省	46	2	271 688.0	10 223.7	133 110.4	135 465.1	277 070.4	250 312.2	1 151.0
安徽省	27	1	34 216.7	2 914.4	15 280.8	16 441.8	35 839.4	31 318.5	165.3
福建省	6	1	96 800.4	2 355.2	34 754.3	44 905.0	61 217.1	50 877.7	180.2
江西省	12	2	35 450.8	1 227.1	13 873.8	18 388.7	85 007.0	69 906.9	401.2
山东省	39	1	198 061.7	4 941.5	66 492.1	66 615.6	299 250.3	248 222.0	1 612.4
河南省	15	1	20 398.6	483.8	8 499.9	7 454.2	61 150.7	48 379.6	931.0
湖北省	21	3	103 430.3	4 057.1	54 102.8	57 889.0	90 792.3	72 271.5	804.3
湖南省	18		47 532.9	2 491.4	10 704.2	9 348.5	92 534.2	69 119.3	623.0
广东省	61	14	394 811.0	13 382.9	210 255.6	237 509.4	326 502.7	283 325.2	502.6
广西壮族自治区	10	2	19 298.2	2 367.6	9 087.1	9 859.5	37 345.1	31 115.6	81.9
海南省			10 018.2	267.8	8 635.6	348.2	5 179.9	2 188.5	71.9
重庆市	4		30 274.2	1 138.6	18 103.2	5 307.2	18 187.4	12 978.6	114.0
四川省	17		22 787.4	3 585.1	12 396.6	9 870.2	64 607.8	51 166.4	766.8
贵州省			3 549.8	6.0	1 555.9	2 467.4	1 284.5	1 178.2	6.8
云南省			2 321.0	128.5	1 031.3	1 662.0	1 872.9	1 605.7	5.0
西藏自治区			1 979.9	0	1 245.1	176.8	6 524.1	966.7	3.7
陕西省			41 673.4	2 188.0	21 325.1	10 891.9	32 824.4	22 270.2	435.4
青海省			3 572.4	245.7	653.7	1 444.8	794.8	553.8	9.1
新疆维吾尔自治区			8 036.4	102.1	3 528.1	4 683.8	3 470.4	2 880.8	19.5

行业企业主要经济指标统计表

（本册印刷）

单位：万元

营业费用	管理费用	利润总额	亏损企业亏损额	利税总额（利润总额＋应缴增值税）	从业人员平均人数（人）	资产负债率（%）	成本费用利润率（%）	资金利润率（%）	资本保值增值率（%）	人均主营业务收入（元／人）
50 411.3	95 278.3	142 116.7	4 460.6	191 184.2	55 165	47.56	7.84	7.37	112.17	360 637.69
1 602.0	3 505.5	−2 095.0	2 212.7	−1 378.5	1 691	75.19	−5.59	−2.65	93.92	206 509.17
277.3	387.8	198.0	8.6	333.1	382	58.40	3.51	4.50	115.82	151 876.96
658.0	2 262.0	1 150.8	18.3	2 182.8	1 004	58.02	7.03	4.91	121.79	175 136.45
1.1	336.9	66.8		172.3	189	54.64	1.38	0.69	33.37	273 470.90
107.3	709.5	1 223.8		1 374.7	119	31.89	56.40	12.69	159.03	294 504.20
1 783.4	3 044.4	6 864.9	2.5	7 797.7	882	36.47	9.41	24.65	199.07	953 085.03
82.9	624.8	179.2	28.6	379.2	412	36.44	1.92	2.02	108.14	239 497.57
220.3	695.9	1 023.7	0	1 352.3	278	34.75	9.08	5.11	110.43	436 733.81
4 953.0	7 270.0	7 548.7	267.6	9 490.8	3 083	47.09	7.07	4.86	113.84	364 065.52
5 910.5	11 473.2	23 423.2	688.5	31 081.9	6 494	40.59	13.04	9.55	112.17	312 151.37
2 707.7	11 206.1	13 148.0	18.9	18 660.2	7 016	49.86	4.92	4.84	104.77	394 912.20
1 743.0	1 623.8	2 216.8	2.1	2 765.5	1 223	48.05	6.33	6.48	225.78	293 044.97
2 068.2	2 437.7	5 300.9	60.0	7 134.8	2 211	46.39	9.40	5.48	88.63	276 875.17
1 149.1	2 151.6	4 564.9	25.6	6 068.4	1 336	51.87	6.22	12.88	133.45	636 279.94
4 892.3	10 824.8	31 729.0	126.6	37 527.9	4 344	33.63	11.90	16.02	159.42	688 881.91
2 287.4	1 543.2	7 290.5	54.8	9 648.7	753	36.54	13.78	35.74	93.49	812 094.29
4 633.2	4 020.7	6 738.5	12.5	9 155.0	3 007	55.97	8.10	6.52	132.17	301 936.48
1 259.6	2 226.4	3 554.1	0	5 577.9	1 677	19.67	4.87	7.48	178.57	551 784.14
7 020.8	17 256.9	10 072.8	545.3	15 043.1	13 904	60.16	3.23	2.55	88.49	234 826.45
1 255.8	1 802.6	2 895.1	272.3	3 753.2	849	51.09	8.43	15.00	128.31	439 871.61
161.9	1 084.3	1 741.0		2 510.1	215	3.48	52.06	17.38	97.98	240 925.58
876.6	1 455.7	2 720.4		3 522.4	508	17.53	17.59	8.99	115.14	358 019.69
2 696.5	2 916.2	4 821.6		8 499.2	1 427	43.31	8.42	21.16	88.33	452 752.63
0.0	64.4	−25.5	30.4	28.3	271	69.51		−0.72	96.48	47 398.52
25.1	118.6	92.9		154.0	106	71.61	5.23	4.00	83.59	176 688.68
29.7	212.5	311.5		348.3	136	8.93	25.77	15.73	120.87	479 713.24
1 912.9	3 277.7	5 240.4		7 618.4	1 225	26.14	19.08	12.57	118.75	267 954.29
46.1	319.9	32.7		117.4	223	40.44	3.54	0.92	90.41	35 641.26
49.6	425.2	87.0	85.3	265.1	200	58.28	2.59	1.08	184.87	173 520.00

2010 年 1 ~ 11 月全国规模以上印刷

地区	企业数（家）	亏损企业数（家）	资产总计	产成品	流动资产平均余额	负债合计	主营业务收入	主营业务成本	主营业务税金及附加
全国	4 450	588	20 029 788.9	961 417.2	11 270 445.4	9 746 886.5	20 507 441.6	16 792 321.1	106 749.6
北京市	106	33	8 71 718.1	32 272.4	470 843.7	245 030.6	607 011.4	430 846.3	2 303.3
天津市	73	13	404 167.5	7 571.3	206 134.1	252 414.7	283 357.2	240 287.3	637.6
河北省	57	13	406 205.2	21 662.3	201 095.6	163 966.8	441 666.6	345 547.9	1 708.3
山西省	10	4	86 197.4	5 287.1	55 641.6	49 457.5	52 858.0	45 677.0	57.3
内蒙古自治区	12	3	19 869.1	2 108.3	11 055.2	8 403.2	65 464.7	60 162.4	189.0
辽宁省	103	22	297 587.2	14 408.2	128 295.5	152 655.2	533 316.0	449 814.0	1 913.0
吉林省	39	1	285 945.8	2 868.9	81 065.5	82 689.3	131 682.5	110 292.7	780.4
黑龙江省	25	8	73 347.6	3 369.7	48 761.5	47 790.0	55 149.7	45 954.3	169.0
上海市	303	70	1 474 975.8	61 976.5	814 806.4	726 487.8	1 275 913.9	1 041 812.6	2 484.6
江苏省	411	43	1 754 408.4	73 434.4	1 019 681.4	963 727.8	1 700 698.7	1 398 796.8	6 361.9
浙江省	822	89	3 120 249.2	73 980.8	1 870 159.5	1 930 938.1	2 123 426.8	1 783 979.0	8 535.7
安徽省	142	13	713 341.6	60 059.9	385 735.6	310 152.7	711 666.4	574 652.8	3 594.8
福建省	162	26	421 406.3	22 130.4	241 564.9	225 363.5	536 336.7	452 716.8	2 517.9
江西省	45	3	252 609.0	8 930.2	107 060.1	75 946.8	438 118.9	333 993.5	2 688.6
山东省	339	19	1 107 149.3	50 791.8	529 818.3	432 881.1	2 100 870.3	1 779 575.1	27 259.8
河南省	144	8	625 750.6	27 980.5	308 080.0	233 574.2	958 603.8	793 530.3	7 193.1
湖北省	117	14	525 051.9	72 358.8	323 990.2	289 001.9	614 947.0	493 021.8	3 404.2
湖南省	88	5	428 358.7	41 694.0	262 631.2	144 152.9	636 843.3	481 843.8	10 797.4
广东省	1 112	148	4 804 682.4	225 213.5	2 991 611.7	2 425 451.8	5 028 340.5	4 253 354.2	12 548.6
广西壮族自治区	46	11	135 549.4	7 821.7	88 345.6	70 460.2	177 392.3	149 278.4	353.6
海南省	7	4	11 260.1	713.8	7 775.7	5 160.6	7 165.8	6 681.9	14.9
重庆市	55	9	365 856.6	17 500.7	184 033.9	216 464.6	363 527.4	300 779.4	918.7
四川省	118	7	648 451.3	46 616.4	297 933.9	234 589.4	811 973.1	627 386.0	6 386.5
贵州省	14	3	133 938.4	6 074.2	64 290.7	56 469.3	73 320.2	45 545.2	582.7
云南省	49	6	602 242.2	49 786.2	349 137.5	242 509.7	413 857.3	282 730.2	1 259.7
西藏自治区			12 526.9		5 962.9	2 970.4	6 937.8	5 985.0	36.5
陕西省	29	10	365 363.0	19 582.4	166 500.7	106 873.8	282 463.4	196 863.0	1 941.0
甘肃省	6	1	10 475.0	250.9	4 720.7	4 089.4	4 981.2	4 242.2	15.3
青海省			14 137.4	611.9	5 071.6	7 694.3	27 244.0	22 114.7	
宁夏回族自治区	8	2	33 706.6	3 992.9	22 225.6	27 789.1	24 185.5	20 141.1	44.6
新疆维吾尔自治区	6		23 260.9	367.1	16 414.6	11 729.8	18 121.2	14 715.4	51.6

行业企业主要经济指标统计表

（包装装潢及其他印刷）

单位：万元

营业费用	管理费用	利润总额	亏损企业亏损额	利税总额（利润总额+应缴增值税）	从业人员平均人数（人）	资产负债率（%）	成本费用利润率（%）	资金利润率（%）	资本保值增值率（%）	人均主营业务收入（元/人）
467 087.4	107 4407.7	1 758 924.1	64 096.5	2 423 956.5	499 646	48.66	9.50	8.78	117.55	410 439.42
19 347.2	76 126.5	82 231.1	5 684.3	117 018.8	13 358	28.11	15.61	9.43	111.14	454 417.88
7 739.1	20 502.0	12 840.8	1 197.2	20 889.6	8 390	62.45	4.77	3.18	101.40	337 732.06
8 880.1	26 534.5	51 863.8	1 231.3	66 155.3	9 000	40.37	13.49	12.77	117.44	490 740.67
1 855.2	2 260.4	2 373.1	624.1	3 466.9	1 592	57.38	4.71	2.75	118.16	332 022.61
373.1	1 066.9	3 352.9	498.3	4 308.7	781	42.29	5.43	16.87	100.20	838 216.39
12 955.1	28 349.3	24 413.3	2 942.5	31 325.4	7 429	51.30	4.95	8.20	120.59	717 883.97
2 247.3	5 228.6	23 588.3	60.7	27 120.1	3 332	28.92	19.65	8.25	120.67	395 205.58
1 003.2	4 978.7	2 956.4	505.0	4 432.6	1 815	65.16	5.67	4.03	126.86	303 855.10
32 909.3	101 798.6	109 922.7	10 278.0	154 750.2	32 265	49.25	9.26	7.45	106.73	395 448.29
42 641.1	83 853.1	160 488.1	9 778.4	219 650.9	43 163	54.93	10.40	9.15	124.91	394 017.72
45 153.0	113 324.0	146 326.4	5 791.5	211 933.5	59 368	61.88	7.39	4.69	110.43	357 671.94
25 467.3	33 926.7	65 500.9	785.2	85 870.4	15 026	43.48	10.24	9.18	120.88	473 623.32
12 090.3	23 637.2	36 730.4	1 566.0	51 599.3	16 463	53.48	7.44	8.72	113.84	325 783.09
6 689.7	20 305.9	58 360.1	185.0	76 817.3	6 776	30.06	16.07	23.10	120.36	646 574.53
43 808.7	54 698.3	155 302.0	1 002.9	225 846.7	34 283	39.10	8.20	14.03	171.38	612 802.35
19 896.5	31 969.3	98 624.3	364.2	134 348.2	16 970	37.33	11.55	15.76	126.43	564 881.44
16 970.9	36 468.0	58 789.1	2 807.9	77 520.6	13 830	55.04	10.64	11.20	128.24	444 647.14
11 058.7	25 565.3	74 656.2	267.6	100 817.3	8 475	33.65	14.34	17.43	137.27	751 437.52
108 684.6	230 963.0	287 186.7	15 542.1	404 932.8	157 958	50.48	6.21	5.98	114.92	318 334.02
1 869.5	7 013.0	16 982.4	326.4	22 108.9	3 315	51.98	10.67	12.53	106.78	535 120.06
100.1	485.8	11.3	166.8	161.9	331	45.83	0.16	0.10	83.94	216 489.43
8 792.7	18 051.5	25 505.3	286.4	38 621.0	6 537	59.17	7.67	6.97	107.13	556 107.39
18 324.6	56 566.1	97 695.0	277.8	133 313.6	17 249	36.18	13.80	15.07	119.08	470 736.33
1 782.6	5 515.4	25 663.1	33.5	31 022.6	1 845	42.16	47.96	19.16	102.93	397 399.46
7 450.9	32 607.8	89 982.3	1 153.0	114 939.8	10 534	40.27	27.60	14.94	105.66	392 877.63
6.7	173.0	665.4		965.8	280	23.71	10.79	5.31	111.24	247 778.57
7 893.6	28 856.6	42 881.6	504.0	58 092.1	6 670	29.25	17.98	11.74	109.52	423 483.36
74.1	334.1	206.1	71.2	329.3	418	39.04	4.35	1.97	172.86	119 167.46
416.8	899.0	698.7		1 624.4	470	54.43	2.97	4.94	57.62	579 659.57
275.8	1 244.8	753.6	165.2	1 035.5	1 287	82.44	3.34	2.24	104.82	187 921.52
329.6	1 104.3	2 372.7		2 937.0	436	50.43	14.64	10.20	98.28	415 623.85

2010 年 1 ~ 11 月全国规模以上印刷

地区	企业数（家）	亏损企业数（家）	资产总计	产成品	流动资产平均余额	负债合计	主营业务收入	主营业务成本	主营业务税金及附加
全国	293	49	1 313 933.2	53 713.6	648 828.1	437 128.0	1 250 016.2	979 474.6	5 315.5
北京市	15	6	24 903.0	97.4	12 015.9	17 317.7	14 168.9	11 772.0	52.3
天津市	5	1	8 134.3	60.0	5 076.9	2 690.9	10 366.7	8 173.1	216.5
河北省	4	1	7 408.1	793.4	3 296.1	4 417.3	11 630.1	10 681.2	18.7
辽宁省	9	2	19 725.2	392.1	10 950.0	5 175.3	24 056.0	17 248.1	160.5
吉林省			27 555.2	671.5	1 996.3	1 979.9	10 448.4	7 074.5	32.5
黑龙江省	5	4	10 100.2	258.3	3 565.5	6 360.0	3 737.5	3 279.7	21.3
上海市	28	8	344 180.8	15 077.4	150 386.4	73 390.3	272 414.9	190 868.5	1 415.6
江苏省	25	4	65 435.5	2 024.6	34 569.5	26 578.0	60 276.5	49 744.5	550.2
浙江省	33	3	81 732.9	2 927.5	40 161.9	41 936.3	56 352.5	46 633.6	268.8
安徽省			5 764.2	117.8	3 118.9	2 548.7	7 111.4	6 080.0	33.2
福建省	7	2	36 108.1	6 858.0	23 586.9	17 431.4	57 801.7	50 182.9	105.0
江西省			545.7	120.4	414.5	157.5	2 210.2	1 620.4	2.8
山东省	23	1	120 374.7	4 301.1	46 832.0	51 773.2	166 424.6	142 965.9	509.9
河南省	11		34 894.1	429.7	12 789.1	4 946.3	46 534.9	35 327.7	250.0
湖北省	20	5	47 992.5	5 126.0	30 468.2	16 942.8	41 601.2	26 205.8	448.4
湖南省	4		14 423.7	689.1	6 103.3	4 440.0	11 308.5	9 185.3	95.1
广东省	73	5	311 121.2	11 332.4	207 257.2	115 685.4	351 644.8	277 285.3	979.8
广西壮族自治区	5	2	2 346.7	60.8	589.4	951.6	4 004.1	3 744.9	25.0
重庆市			1 072.7	49.7	382.8	1 018.9	1 483.4	1 362.1	1.6
四川省	10		122 259.8	2 202.0	47 757.2	38 705.3	91 526.2	76 150.8	111.6
贵州省			14 778.0						
云南省	4	1	9 684.8	124.4	6 169.5	1 866.9	3 162.3	2 317.5	7.3
西藏自治区			722.8	0	260.2	17.7	431.7	315.2	2.3
新疆维吾尔自治区			2 669.0	0	1 080.4	796.6	1 319.7	1 255.6	7.1

数据来源：①国家统计局信息咨询中心。

②企业数小于 4 家，不做填报。

行业企业主要经济指标统计表

（装订及其他印刷服务）

单位：万元

营业费用	管理费用	利润总额	亏损企业亏损额	利税总额（利润总额＋应缴增值税）	从业人员平均人数（人）	资产负债率（%）	成本费用利润率（%）	资金利润率（%）	资本保值增值率（%）	人均主营业务收入（元/人）
31 482.6	81 793.8	134 288.9	3 901.3	178 409.9	34 561	33.27	12.22	10.22	112.49	361 684.04
639.1	1 517.3	143.2	95.4	869.1	1 035	69.54	1.02	0.58	115.50	136 897.58
529.5	533.0	903.6	6.0	1 195.5	369	33.08	9.76	11.11	105.60	280 940.38
78.8	275.3	353.4	19.7	376.6	351	59.63	3.19	4.77	89.27	331 341.88
599.4	1 929.3	3 391.1	62.2	3 709.5	1 184	26.24	17.06	17.19	115.71	203 175.68
420.0	596.9	705.3		862.8	203	7.19	8.72	2.56	868.34	514 699.51
46.4	524.4	−272.0	282.6	103.9	322	62.97	−6.99	−2.69	173.32	116 071.43
3 827.8	31 745.7	47 530.8	653.7	63 033.0	4 930	21.32	20.90	13.81	107.09	552 565.72
2 755.7	3 044.6	2 737.7	155.4	5 149.4	1 599	40.62	4.91	4.18	100.73	376 963.73
1 609.1	3 858.4	2 455.5	558.4	4 551.3	3 114	51.31	4.58	3.00	102.30	180 965.00
194.3	223.0	431.1	6.2	712.3	191	44.22	6.58	7.48	−72.59	372 324.61
1 365.9	2 902.3	2 721.8	9.2	3 662.0	1 425	48.28	4.95	7.54	129.44	405 625.96
7.5	9.6	145.2		148.7	49	28.86	8.83	26.61	140.91	451 061.22
3 941.3	6 126.4	11 263.8	36.1	18 042.0	2 987	43.01	7.27	9.36	112.46	557 163.04
487.3	1 112.3	7 000.0		7 794.9	1 109	14.18	18.84	20.06	112.57	419 611.36
2 868.6	4 029.3	4 317.6	834.0	6 099.3	1 394	35.30	12.94	9.00	113.98	298 430.42
770.9	825.0	1 045.8		1 409.0	491	30.78	9.67	7.25	120.93	230 315.68
8 890.9	17 201.9	45 349.2	612.1	54 394.9	11 789	37.18	14.96	14.58	100.29	298 282.13
39.1	127.1	12.8	1.4	44.3	238	40.55	0.33	0.55	313.65	168 239.50
129.2	195.9	−230.7	235.5	−191.1	80	94.98	−13.65	−21.51	26.31	185 425.00
1 934.9	4 311.8	4 320.7		6 295.6	1 352	31.66	5.23	3.53	109.51	676 968.93
					42					
327.8	398.9	95.5	164.3	232.1	173	19.28	3.12	0.99	89.46	182 791.91
19.1	57.3	36.6		38.9	52	2.45	9.34	5.06	166.10	83 019.23
0	248.1	−169.1	169.1	−124.1	82	29.85		−6.34	92.64	160 939.02

2010 年全国 121 家骨干书刊印刷（含其他印刷）

单 位 名 称	工业经济效益综合指数 (%)		总资产贡献率 (%)		资产保值增值率 (%)	
	2010 年	2009 年	2010 年	2009 年	2010 年	2009 年
北京隆达印刷包装集团	111.1	90.9	6.0	4.2	97.0	95.0
北京印刷一厂	72.6	68.5	3.3	3.3	100.1	87.1
北京印刷二厂	113.2	113.4	6.7	9.6	109.6	89.5
北京北人羽新胶印有限公司	16.3	0.7	0.1	–2.8	9.0	87.5
北京利丰雅高长城印刷公司	132.8	111.1	6.9	4.0	105.7	99.1
北京宝岛包装有限公司	120.0	110.2	6.9	5.9	100.1	98.1
天津新闻出版局	–38.2	–19.9	–7.0	–2.8	79.3	95.0
天津新华一印刷有限公司	–97.6	–87.5	–12.7	–7.8	69.8	100.0
天津新华二印刷有限公司	–150.1	–128.4	–15.6	–9.0	–294.7	25.8
天津新华印刷三厂	72.6	71.5	7.1	6.5	100.7	100.5
天津金彩美术印刷有限公司	84.6	106.0	1.3	5.4	100.8	101.7
天津高教出版社印刷厂	118.3	118.9	11.9	10.0	99.7	104.4
上海印刷（集团）公司	100.5	86.0	1.3	2.8	99.6	93.9
上海新华印刷有限公司	165.9	90.2	4.6	2.5	96.9	100.0
上海市印刷三厂	129.8	143.4	4.1	8.8	99.9	57.5
上海中华印刷有限公司	76.5	61.1	0.8	2.1	99.4	100.0
上海市印刷四厂	123.3	126.8	5.7	6.7	110.5	100.0
北京新华印刷有限公司			0.3			
中印南方印刷有限公司	2001.8	98.5	1.1	10.0	14382.6	4.8
北京一二〇一印刷厂	80.5	103.9	2.7	6.1	98.7	101.1
解放军一二〇五工厂	105.4	98.9	2.1	1.6	101.4	100.7
解放军报印刷厂	157.0	155.9	5.4	4.4	97.6	98.8
北京凌奇印刷有限公司	89.9	89.8	4.2	3.9	100.6	100.6
北京金盾印刷厂	121.6	106.2	2.4	5.3	101.7	100.4
海军政治部印刷厂	89.7	82.8	–3.1	1.4	71.5	99.4
廊坊一二〇六印刷厂	106.9	80.6	4.4	3.3	104.2	97.5
北京国防印刷厂	63.7	54.9	1.5	4.6	99.8	100.2
北京交通印务实业公司	85.5	80.1	6.8	5.5	99.9	94.3
人民教育出版社印刷厂	111.9	60.5	5.0	1.1	96.0	101.2
人民日报社印刷厂	175.5	76.9	3.9	–1.8	45.3	98.4
煤炭工业出版社印刷厂	39.8	43.7	0.4	1.1	90.5	93.0
中国农业出版社印刷厂	78.3	72.8	4.0	4.4	100.1	25.0

企业经济效益完成情况汇总表（一）

资产负债率 (%)		流动资产周转率 (%)		成本费用利润率 (%)		全员劳动生产率 (元 / 人)		产品销售率 (%)	
2010 年	2009 年	2010 年	2009 年	2010 年	2009 年	2010 年	2009 年	2010 年	2009 年
56.8	51.7	1.4	1.2	3.2	0.0	60 024.6	55 455.8	96.9	97.7
57.7	63.3	1.0	0.8	0.1	0.7	28 435.4	24 120.8	100.0	100.0
63.4	51.2	1.5	1.7	2.6	1.0	60 643.3	60 339.9	95.1	106.6
95.5	67.4	0.4	0.4	−5.8	−11.9	10 836.4	16 638.7	103.0	99.3
50.1	44.6	1.5	1.3	4.9	1.4	78 009.1	79 045.6	96.1	94.0
47.5	50.9	1.8	1.7	0.1	0.1	83 198.0	72 205.9	100.0	100.0
65.7	54.2	0.5	0.6	−23.7	−20.2	38 136.2	29 513.0	100.0	100.0
64.9	50.0	0.5	0.5	−37.8	−36.5	48 169.8	34 907.4	100.0	100.0
112.3	95.7	0.6	0.7	−35.3	−41.2	33 087.2	13 533.5	100.0	100.0
29.5	29.6	0.8	0.8	1.1	0.6	13 857.1	16 118.7	100.0	100.0
46.0	36.8	0.4	0.5	2.2	4.9	50 904.3	55 521.4	100.0	100.0
22.3	24.6	1.7	1.5	6.7	7.8	24 382.7	26 568.9	100.0	100.0
53.3	43.8	0.7	0.5	0.1	0.6	85 811.7	58 444.4	96.7	98.8
35.9	26.1	2.0	1.6	−1.4	−3.4	173 048.8	70 256.4	97.6	108.7
44.7	46.4	1.1	1.1	0.1	2.7	119 019.4	120 681.4	100.0	100.1
54.2	43.4	0.6	0.4	0.0	0.1	50 572.5	24 375.0	95.5	96.0
66.3	65.9	0.6	0.5	9.1	9.3	53 494.0	58 250.0	100.7	98.8
22.3		0.3		−15.6		7 410.5		100.0	
36.3	98.6	2.0	1.8	0.1	1.5	60 415.1	48 097.8	97.3	111.9
51.0	15.1	2.0	4.2	1.8	1.9	15 982.3	7 394.7	100.0	100.0
15.5	12.6	0.9	0.8	6.9	6.5	47 890.5	40 676.7	88.6	101.6
14.3	19.7	1.3	1.1	2.2	0.5	143 871.6	157 790.2	100.0	100.0
45.0	39.3	0.9	1.3	0.8	0.8	33 981.6	27 929.1	177.3	179.2
22.8	25.4	1.2	1.9	2.0	1.3	105 595.7	58 909.1	62.1	85.3
73.3	63.4	1.5	1.3	−3.8	−0.3	98 122.0	49 624.1	100.0	100.0
53.7	54.9	1.0	1.0	1.9	0.4	65 831.0	38 583.3	112.8	106.3
26.6	34.8	2.3	2.0	0.1	0.3	−2 264.2	−21 782.2	100.0	100.0
18.3	24.4	1.3	1.2	0.1	0.0	34 855.5	33 107.5	100.0	100.0
23.9	19.0	0.8	0.8	0.2	−7.8	92 373.3	67 326.5	100.0	100.0
14.6	3.5	0.6	0.4	6.7	−14.5	174 310.5	152 712.5	100.0	100.0
64.3	63.1	1.6	1.6	−6.5	−5.4	874.5	1 630.9	173.4	151.7
83.5	84.0	1.1	1.0	0.1	0.1	24 603.2	39 228.0	141.6	112.7

单 位 名 称	工业经济效益综合指数 (%)		总资产贡献率 (%)		资产保值增值率 (%)	
	2010 年	2009 年	2010 年	2009 年	2010 年	2009 年
北京建筑工业印刷厂	34.3	−282.6	1.3	−0.3	176.8	
北京机工印刷厂	112.3	100.6	11.4	7.5	109.5	101.8
中青印刷厂	0.7	−2.8	−8.4	−9.8	86.1	87.8
文物出版社印刷厂	59.5	−45.9	3.9	−8.7	101.5	94.8
北京中科印刷有限公司	137.5	207.9	6.2	6.7	90.9	674.7
北京外文印刷厂	31.4	70.2	−5.9	4.1	86.4	101.4
北京人卫印刷厂	101.6	89.1	4.8	4.2	100.0	101.0
新华通讯社印刷厂	386.7	362.2	15.2	10.7	108.5	108.8
北京京安印刷厂	−0.5	3.7	−4.6	−5.1	86.1	88.8
中国电影出版社印刷厂	146.9	132.9	5.5	2.5	68.8	151.1
北京轻工印刷厂	22.4	40.8	−0.7	1.8	100.6	98.6
北京和平印刷有限公司	130.0	120.7	12.3	12.2	100.2	100.7
北京中兴印刷有限公司	100.6	91.6	5.9	6.9	100.7	101.0
清华大学印刷厂	123.2	110.4	12.2	9.3	102.8	102.9
北京大学印刷厂	−90.4	77.7	2.3	7.9	77.8	99.4
北京毕诚彩印厂	77.6	82.2	4.4	4.7	70.7	49.3
佳信达欣艺术印刷有限公司	59.1	61.7	1.1	1.2	101.3	100.4
北京华联印刷有限公司	107.3	204.7	7.5	10.8	105.3	109.3
北京日邦印刷有限公司	176.4	186.7	4.6	5.9	101.1	101.3
北京市世界知识印刷厂	45.8	0.4	12.1	9.2	165.8	−283.4
北京画中画印刷有限公司	95.1	103.3	4.1	2.7	−1.3	100.2
北京雅昌彩色印刷有限公司	203.1	187.9	15.0	15.2	157.3	115.9
化学工业出版社印刷厂	−185.9	75.2	−3.1	1.8	79.5	100.1
北京盛通印刷股份有限公司	226.3	201.8	13.9	13.6	124.5	114.1
中国铁道出版社印刷厂	−7.9	−68.5	−2.1	−4.2	93.6	91.9
北京东港安全印刷有限公司	409.7	565.0	23.2	11.2	171.6	80.6
山东新华印刷厂	23.8	53.2	8.4	10.5	40.2	87.3
山东临沂新华印刷物流集团	139.7	103.6	9.9	8.9	185.4	97.7
山东新华印刷厂潍坊厂	41.4	−1.7	0.5	−4.8	87.5	105.8
山东新华印刷厂德州厂	99.1	150.4	5.3	15.3	103.0	119.3
中闻集团济南印务有限公司	86.6	100.5	2.0	5.7	126.3	73.4
河北新华第一印刷有限公司	93.6	85.7	4.8	5.6	164.3	100.0
河北新华第二印刷有限公司	67.2	67.5	5.9	5.3	101.1	101.5
中国标准社秦皇岛印刷厂	143.4	121.2	17.0	9.9	100.0	10.5
保定五四三印刷厂	185.7	170.7	18.2	19.9	123.5	121.6
山西新华印业有限公司	69.2	61.4	2.0	0.8	97.4	99.7
山西人民印刷有限公司	142.8	108.4	11.6	9.4	103.5	99.5

（续）

资产负债率 (%)		流动资产周转率 (%)		成本费用利润率 (%)		全员劳动生产率 （元/人）		产品销售率 (%)	
2010 年	2009 年	2010 年	2009 年	2010 年	2009 年	2010 年	2009 年	2010 年	2009 年
107.3	104.0	0.5	0.5	−11.8	−15.9	37 075.0	31 188.4	100.0	100.0
37.5	49.2	3.6	3.4	0.1	0.1	23 773.2	21 946.8	100.0	100.0
35.1	31.6	1.7	1.8	−13.4	−13.6	22 152.7	19 543.7	100.0	100.0
20.8	23.3	0.3	0.2	0.5	−18.6	2 824.4	2 647.1	151.5	88.2
30.4	29.4	1.2	1.0	7.0	6.7	82 727.0	73 616.1	100.0	100.0
10.8	30.4	1.1	1.0	−11.7	0.2	48 853.0	19 870.5	168.3	103.6
8.6	9.0	0.1	0.1	6.1	3.5	48 581.9	42 957.1	104.0	118.0
19.7	31.9	0.6	0.5	37.2	35.7	284 704.3	267 356.0	100.0	100.0
62.5	57.0	1.5	1.4	−16.8	−14.8	31 747.0	30 000.0	100.0	100.0
82.5	74.5	6.3	5.0	0.7	0.6	52 095.2	40 952.4	136.1	146.3
36.5	35.8	0.7	0.6	−6.4	−2.3			117.0	115.8
24.3	31.9	2.7	2.5	1.8	2.0	57 000.0	44 259.3	100.0	100.0
19.6	18.1	1.1	0.9	2.7	3.3	48 450.5	30 371.7	100.0	100.0
52.1	53.3	1.3	1.2	2.1	2.4	67 116.3	54 474.9	97.6	98.1
36.3	24.3	0.4	0.6	−36.2	−1.2	1 619.0	32 232.1	106.4	124.5
48.1	21.4	1.0	2.0	4.6	4.2	11 944.4	9 680.9	100.0	100.0
96.8	96.8	0.7	0.9	0.1	0.1	17 454.5	18 909.1	100.0	100.0
34.0	33.0	1.9	2.0	6.5	9.7	12 771.1	144 193.5	115.6	109.3
23.3	22.9	1.3	1.4	1.9	3.0	179 034.5	183 381.5	102.0	101.6
337.2	160.6	0.5	0.3	−12.6	−6.5	30 120.8	27 387.8	100.0	100.0
100.7	68.1	1.2	1.1	0.2	1.0	81 268.0	74 456.5	100.0	100.0
56.3	68.7	1.8	1.5	10.6	9.4	117 364.7	112 306.0	99.8	100.0
24.2	20.1	0.8	0.8	−63.6	1.1	25 816.2	33 566.7	103.1	107.5
64.6	61.2	0.9	0.9	14.5	15.0	156 448.1	115 980.5	100.0	100.0
60.0	59.8	0.5	0.5	−15.5	−32.5	17 923.3	23 973.5	106.0	132.2
37.6	59.9	0.7	0.6	27.6	48.3	341 075.0	529 527.8	99.7	91.2
95.6	89.4	0.6	0.7	−11.6	−7.3	24 294.3	27 732.7	102.3	101.2
79.8	83.6	1.3	1.2	8.0	2.5	48 266.4	46 580.4	91.4	96.0
63.2	60.2	2.1	1.6	−9.3	−17.3	30 333.3	26 329.2	91.1	113.1
68.6	62.5	1.7	1.8	2.4	8.1	36 732.5	50 066.7	109.6	111.5
51.3	52.0	2.7	2.0	−5.1	0.9	53 889.4	51 965.4	100.0	100.0
38.2	52.9	1.4	1.1	0.3	0.2	37 500.4	40 541.7	100.0	100.0
28.9	31.3	1.2	1.1	1.3	2.1			100.0	100.0
19.8	31.5	4.3	5.4	0.4	1.1	47 271.9	31 070.0	100.0	100.0
36.9	33.6	2.0	2.3	9.9	8.0	87 750.3	63 211.0	94.3	104.4
49.0	42.9	1.7	1.4	−1.9	−5.1	28 169.2	43 819.6	100.0	100.0
33.1	34.2	1.8	1.5	3.4	1.8	87 832.6	51 070.3	87.1	95.6

单 位 名 称	工业经济效益综合指数 (%)		总资产贡献率 (%)		资产保值增值率 (%)	
	2010 年	2009 年	2010 年	2009 年	2010 年	2009 年
辽宁美术印刷厂	9.4	-61.4	-2.5	-8.7	82.5	75.1
沈阳新华印刷厂	34.5	-48.7	-2.6	-8.2	93.4	84.3
东北印刷厂	69.1	117.6	1.6	10.3	96.5	99.4
长春新华印刷集团有限公司	144.2	154.7	8.4	8.9	104.1	108.1
延边新华印刷有限公司	117.9	120.0	9.1	9.7	103.8	101.9
长春第二新华印刷有限公司	144.5	140.9	8.9	8.2	105.2	98.3
黑龙江新华印刷厂	51.2	-22.7	-4.5	-0.3	78.8	37.5
黑龙江新华印刷二厂	110.1	78.9	8.8	7.8	102.4	68.6
安徽新华印刷股份公司	272.2	228.6	9.4	10.2	152.6	96.5
合肥远东印务有限公司	232.5	219.3	7.0	6.3	98.2	105.1
江西新华九江印刷总厂			8.9	13.9	41.9	645.6
海南志成彩色印刷有限公司	45.3	193.3	-3.3	15.3	91.3	112.3
江苏新华印刷厂	128.6	111.5	8.0	4.6	96.8	250.6
江苏淮阴新华印刷厂	55.0	-1.5	5.5	-1.1	95.0	81.5
江苏徐州新华印刷厂	54.6	46.5	2.8	1.3	60.3	67.4
丹阳市教育印刷厂	72.4	90.4	17.0	7.4	22.7	174.6
南通韬奋印刷有限公司	66.7	52.2	2.1	0.4	95.8	86.5
南京爱德印刷有限公司	169.8	202.4	7.9	15.2	109.1	124.6
中闻集团南京印务有限公司	93.4	123.1	1.8	1.6	137.8	340.4
浙江印刷集团有限公司	190.6	171.5	5.2	5.1	101.3	102.0
常熟市华通印刷有限公司	100.8	127.9	3.8	6.7	140.3	260.0
福建新华印刷有限公司			3.6	1.3	97.7	90.8
中闻集团福州印务有限公司	182.9	98.2	4.1	11.2	720.7	100.4
湖北新华印务有限公司	159.9	185.3	7.8	8.8	99.1	133.7
湖北日报楚天印务总公司	158.2	69.0	4.6	0.3	100.1	100.0
中闻集团武汉印务有限公司	152.6	113.2	3.4	5.9	427.3	100.3
湖北长江印务有限公司	139.3	184.7	10.8	11.9	99.6	102.8
河南新华印刷集团有限公司	117.4	160.5	7.1	12.3	130.3	113.0
湖南天闻新华印务有限公司	222.4	217.4	16.1	16.0	105.0	122.6
广东新华印刷有限公司	261.8	165.5	18.0	8.4	87.2	215.8
广州华南印刷厂有限公司	112.0	94.1	5.4	1.3	106.2	103.1
东莞金杯印刷有限公司	70.2	139.3	3.1	0.2	110.3	105.0
广西民族印刷厂	116.9	103.7	5.9	5.9	101.4	94.4
广西新华印刷厂	212.4	42.3	9.6	0.6	-60.3	-188.3
重庆新华印刷厂	-94.9	-115.8	-9.4	-11.9	68.5	73.3
成都君区印务有限公司	187.9	213.2	1.9	2.0	96.4	96.5
四川新华印刷厂	-244.3	-13.6	-2.9	2.5	100.0	-14.2

（续）

资产负债率 (%)		流动资产周转率 (%)		成本费用利润率 (%)		全员劳动生产率 (元/人)		产品销售率 (%)	
2010 年	2009 年	2010 年	2009 年	2010 年	2009 年	2010 年	2009 年	2010 年	2009 年
63.6	58.0	1.1	1.3	-18.5	-30.4	57 451.6	30 277.8	112.7	120.7
34.4	32.4	1.2	1.0	-10.3	-28.5	45 528.1	44 056.8	106.1	104.8
28.6	28.3	2.0	2.9	-5.5	-0.9	48 216.2	57 427.1	96.9	98.9
67.1	64.8	2.0	2.1	8.5	11.1	59 315.8	57 779.7	105.4	106.2
33.9	36.5	1.3	1.1	5.9	5.8	43 416.1	49 910.4	103.0	98.0
55.2	57.2	1.1	1.1	11.4	11.6	54 021.7	49 853.7	111.7	112.5
73.3	64.3	1.2	0.8	-0.9	-19.1	26 214.6	25 027.5	97.3	72.6
13.5	11.7	1.6	1.0	5.0	0.7	34 493.0	31 526.1	94.6	82.9
45.5	54.9	2.1	1.9	11.5	10.8	238 934.4	184 018.3	100.0	100.0
75.1	75.2	1.2	1.1	9.1	8.2	223 928.6	209 800.0	89.1	88.5
31.0	17.3	1.6	1.9					100.0	100.0
41.0	35.7	1.9	1.8	-9.4	21.1	52 873.6	46 274.5	89.0	89.1
33.7	29.5	2.0	0.9	3.1	2.8	73 195.0	41 671.0	93.7	96.5
53.0	55.1	0.9	1.3	-3.1	-12.5	17 727.3		85.0	85.1
85.6	75.3	2.3	2.4	-8.4	-10.4	39 000.0	38 885.4	109.0	110.3
92.6	75.1	1.1	1.1	-1.5	1.6	12 000.0	18 750.0	93.4	93.9
81.7	79.1	1.4	1.8	-1.4	-5.0	27 047.6	23 632.1	94.8	106.0
52.4	45.3	1.9	2.0	6.3	16.9	119 879.5	80 640.3	96.0	92.9
54.9	61.4	0.8	0.9	0.4	0.8	59 259.3	61 564.6	102.7	100.0
26.5	23.1	2.1	2.7	3.4	3.5	178 102.6	136 824.3	102.9	103.6
63.3	59.7	1.3	1.3	0.6	1.6	56 725.5	59 913.9	100.0	100.0
43.1	43.4			-1.2	-4.1	98 996.1	32 957.8	105.6	114.8
31.2	74.8	2.0	1.1	0.1	0.6	54 637.7	40 675.7	98.7	102.9
49.8	43.1	1.4	2.3	11.6	12.2	81 479.6	94 127.2	100.0	100.0
96.1	96.5	2.0	3.7	5.4	-1.8	116 759.7		100.0	100.0
9.0	58.5	2.1	2.4	0.7	0.6	66 323.1	60 891.9	100.0	100.0
63.4	60.9	1.4	1.5	13.6	22.8	25 291.5	37 043.5	100.0	100.0
6.1	6.6	1.5	2.2	5.0	9.7	42 074.6	60 735.4	118.8	110.0
47.7	47.5	2.1	2.2	12.7	12.3	138 229.2	127 396.2	100.0	100.0
35.2	8.4	1.0	1.2	27.7	3.3	127 274.1	112 985.1	92.4	117.7
55.7	60.2	1.6	1.5	5.6	0.9	41 766.1	57 111.1	100.3	98.8
17.4	13.8	1.7	1.5	1.1	0.1	5 712.9	136 240.0	100.3	112.9
49.6	54.2	1.8	1.4	1.1	2.0	72 992.9	54 884.4	100.0	100.0
90.9	113.6	8.8	0.8	3.7	0.1	121 629.2	61 311.5	121.3	68.2
75.8	62.4	0.5	0.6	-29.9	-35.2	3 987.8	7 750.9	50.3	50.9
78.4	77.9	0.2	0.1	32.5	44.6	25 147.1	5 797.1	148.0	84.1
99.8	99.7	0.7	1.1	-90.7	-30.0	99 718.3	108 028.2	76.8	66.5

单位名称	工业经济效益综合指数(%)		总资产贡献率(%)		资产保值增值率(%)	
	2010年	2009年	2010年	2009年	2010年	2009年
自贡新华印刷厂	18.0	6.6	0.7	0.3	108.4	109.2
云南新华印刷实业总公司	151.2	200.3	5.9	7.7	117.1	89.4
云南国防印刷厂	160.2	136.4	8.0	8.3	107.7	106.6
贵州新华印刷厂	63.3	45.7	1.0	0.4	98.1	99.7
西安新华印务有限公司	95.4	103.5	4.5	5.9	100.1	101.2
中闻集团西安印务有限公司	102.1	105.3	1.8	4.4	219.4	94.1
甘肃新华印刷厂	83.0	91.6	2.1	5.2	101.4	101.2
兰州新华印刷厂	109.7	100.7	5.7	6.1	103.2	100.5
天水新华印刷厂	75.3	66.2	4.4	4.0	100.8	103.7
青海新华印刷厂	171.4	160.1	60.4	60.4	100.0	105.2
新疆新华印刷厂	109.1	103.3	5.8	5.1	99.3	107.0
新疆八艺印刷厂	78.8	87.1	1.5	4.7	101.3	109.0
新疆新华印刷二厂	6.5	17.6	–2.4	–1.0	95.2	97.5
西藏新华印刷厂	95.3	114.3	2.8	7.7	118.3	94.7
内蒙古爱信达教育印务公司	281.7	212.3	14.1	11.7	108.6	107.9

数据来源：中国印刷及设备器材工业协会书刊印刷专业委员会

（续）

资产负债率 (%)		流动资产周转率 (%)		成本费用利润率 (%)		全员劳动生产率 (元/人)		产品销售率 (%)	
2010 年	2009 年	2010 年	2009 年	2010 年	2009 年	2010 年	2009 年	2010 年	2009 年
253.9	249.4	1.8	1.5	−15.1	−18.2	25 551.5	33 173.4	100.0	100.0
50.7	53.1	1.2	1.6	11.3	21.4	73 906.3	86 584.4	99.9	99.5
40.2	28.3	1.9	2.9	6.7	5.3	101 790.3	54 373.5	99.9	99.4
45.6	35.2	1.4	1.5	−5.7	−7.7	53 115.0	32 663.6	84.5	103.6
91.3	91.4	1.2	1.4	1.3	1.9	52 031.9	56 007.8	94.7	88.7
62.5	80.3	1.4	2.0	−2.0	0.5	61 685.5	63 502.5	97.2	93.9
55.5	54.3	1.9	1.5	0.6	0.7	32 844.7	40 283.6	95.2	105.0
52.2	52.6	2.8	2.4	0.3	0.3	44 183.5	38 423.8	127.1	115.4
67.8	65.6	0.6	0.6	2.5	0.2	20 626.0	20 113.5	99.8	100.5
42.1	41.6	1.6	1.5	0.1	−2.9			129.7	125.8
50.7	43.2	1.1	1.5	2.4	2.4	65 290.0	50 014.4	101.7	100.7
86.8	73.3	0.3	0.5	2.1	3.4	42 951.8	32 965.1	100.0	100.0
27.6	41.2	0.5	0.6	−13.1	−11.3	28 150.7	25 819.2	100.3	110.0
32.4	14.5	1.2	2.6	0.0	0.0	60 726.5	59 788.1	100.0	100.0
39.8	41.7	2.7	3.2	31.9	17.4	115 451.0	91 117.9	85.5	85.5

2010 年全国 121 家骨干书刊印刷（含其他印刷）

单位名称	实现利税（万元）			利润总额（万元）		
	2010 年	2009 年	同比（%）	2010 年	2009 年	同比（%）
北京隆达印刷包装集团	3 500.4	2 242.4	156.1	1 408.2	14.7	9 579.6
北京印刷一厂	202.1	229.1	88.2	2.0	20.4	9.8
北京印刷二厂	821.8	807.3	101.8	200.2	64.3	311.4
北京北人羽新胶印有限公司	4.5	–186	102	–90.0	–320	70
北京利丰雅高长城印刷公司	2 035	995	204.5	1 290.0	245	526.5
北京宝岛包装有限公司	437	397	110.1	6.0	5	120.0
天津新闻出版局	–1 562.8	–628.1	–150	1 966.3	–1 331.3	50
天津新华一印刷有限公司	–1 056	–677	–60	–1 232.0	–855	–40
天津新华二印刷有限公司	–742	–415.1	–80	–785.6	–573.4	–40
天津新华印刷三厂	135	123	109.8	11.0	6	183.3
天津金彩美术印刷有限公司	100.2	341	29.4	40.3	91.1	44.2
天津高教出版社印刷厂	595	524	113.5	217.0	201	108.0
上海印刷（集团）公司	889	838.3	106.0	41.1	129.1	31.8
上海新华印刷有限公司	128.1	61.2	209.3	–56.1	–98.2	–40
上海市印刷三厂	266.9	599.8	44.5	7.2	138.6	5.2
上海中华印刷有限公司	347	23.3	1 489.3	8.0	19.7	40.6
上海市印刷四厂	147	154	95.5	82.0	69	118.8
北京新华印刷有限公司	81			–592.0		
中印南方印刷有限公司	121	349.1	34.7	4.0	63.2	6.3
北京一二〇一印刷厂	318	415.5	76.5	102.0	115.6	88.2
解放军一二〇五工厂	307.9	243	126.7	226.9	176.2	128.8
解放军报印刷厂	856.3	748.1	114.5	213.9	50.7	421.9
北京凌奇印刷有限公司	568.1	459.3	123.7	57.2	57.2	100.0
北京金盾印刷厂	152	342	44.4	60.0	58	103.4
海军政治部印刷厂	–74	35	–310	–95.0	–5.3	–1 690
廊坊一二〇六印刷厂	373.7	286.2	130.6	85.9	16.5	520.6
北京国防印刷厂	19	65	29.2	2.0	5	40.0
北京交通印务实业公司	267	234.8	113.7	2.0	1.1	181.8
人民教育出版社印刷厂	633	139	455.4	8.0	–383	102
人民日报社印刷厂	779.6	–702.6	210	779.6	–1 824.6	140
煤炭工业出版社印刷厂	9.1	29.1	31.3	–87.8	–69.6	–30
中国农业出版社印刷厂	321.6	370.3	86.8	2.7	3.8	71.1
北京建筑工业印刷厂	31.2	–37	180	–133.0	–158.3	20

企业经济效益完成情况汇总表（二）

全部从业人员平均人数（人）			流动资产累计平均余额（万元）			固定资产净值累计平均余额（万元）		
2010 年	2009 年	同比（%）	2010 年	2009 年	同比（%）	2010 年	2009 年	同比（%）
1 992	1 935	102.9	30 935	28 250	109.5	19 780	19 513	101.4
395	414	95.4	2 484	2 585	96.1	4 369	4 449	98.2
356	356	100.0	4 496	3 403	132.1	3 460	3 491	99.1
165	238	69.3	3 560	5 286	67.3	990	1 357	72.9
879	723	121.6	17 266	13 744	125.6	8 606	7 494	114.8
197	204	96.6	3 129	3 232	96.8	2 355	2 722	86.5
1 138	1349	84.4	13 328	12 423	107.3	6 954	5 850	118.9
377	432	87.3	5 186	5 061	102.5	2 565	2 747	93.4
321	418	76.8	2 347	2 133	110.0	1 630	1 158	140.7
210	219	95.9	1 282	1 190	107.7	622	697	89.2
230	280	82.1	4 513	4 039	111.8	2 137	1 247	171.3
324	341	95.0	1 878	1 666	112.7	3 956	3 577	110.6
977	981	99.6	40 899	36 038	113.5	27 813	14 991	185.5
164	195	84.1	1 975	1 563	126.4	664	767	86.6
206	226	91.2	4 713	5 051	93.3	2 165	1 379	157.0
524	480	109.2	32 465	27 742	117.0	24 209	12 542	193.0
83	80	103.8	1 746	1 682	103.8	775	303	255.8
363			9 908			3 625		
265	368	72.0	2 343	2 340	100.1	8 301	1 142	727.1
453	489	92.6	2 874	1 382	208.0	4 552	4 752	95.8
137	133	103.0	2 390	2 334	102.4	11 012	10 624	103.6
296	305	97.0	7 622	8 132	93.7	5 682	7 943	71.5
488	494	98.8	6 094	4 664	130.7	6 418	6 444	99.6
329	385	85.5	2 955	2 399	123.2	4 004	3 645	109.8
123	133	92.5	1 461	1 532	95.4	948	1 024	92.6
213	216	98.6	4 386	3 775	116.2	3 089	3 342	92.4
106	101	105.0	638	772	82.6	680	870	78.2
173	186	93.0	1 661	1 780	93.3	2 114	2 289	92.3
434	490	88.6	5 754	5 088	113.1	6 009	6 435	93.4
512	546	93.8	19 002	28 321	67.1	9 470	10 288	92.1
231	233	99.1	1 060	1 057	100.3	1 180	1 339	88.1
431	421	102.4	3 162	3 298	95.9	4 350	4 527	96.1
160	138	115.9	2 094	1 885	111.1	2 161	2 306	93.7

单位名称	实现利税（万元）			利润总额（万元）		
	2010年	2009年	同比（%）	2010年	2009年	同比（%）
北京机工印刷厂	173.2	126.8	136.6	3.2	0.9	355.6
中青印刷厂	–558	–713.9	20	–847.2	–844.6	0.0
文物出版社印刷厂	154.5	–350	140	4.5	–209	102.0
北京中科印刷有限公司	1442	1 617	89.2	452.0	430	105.1
北京外文印刷厂	–530.5	590.8	–190	–1 134.1	16.2	–7 100.0
北京人卫印刷厂	513	455	112.7	207.0	122	169.7
新华通讯社印刷厂	4 700	4 085	115.1	3 396.0	3024	112.3
北京京安印刷厂	–152	–150		–286.0	–270	–10.0
中国电影出版社印刷厂	93	15	620.0	14.0	10	140.0
北京轻工印刷厂	–14.4	40.1	–140	–70.3	–23.5	–200.0
北京和平印刷有限公司	68	71	95.8	15.0	15	100.0
北京中兴印刷有限公司	88.6	85.5	103.6	11.5	16.4	70.1
清华大学印刷厂	268	205	130.7	37.0	41	90.2
北京大学印刷厂	45	165	27.3	–365.0	–12	–2 940.0
北京华诚彩印厂	47	47	100.0	30.0	31	96.8
佳信达欣艺术印刷有限公司	32	53	60.4	4.0	5	80.0
北京华联印刷有限公司	3 488	4 516	77.2	2 405.0	3 194	75.3
北京日邦印刷有限公司	1 160.1	1 417.6	81.8	387.5	570.6	67.9
北京市世界知识印刷厂	371.7	256.9	144.7	–357.0	–123.5	–190
北京画中画印刷有限公司	269	282	95.4	28.6	76.8	37.2
北京雅昌彩色印刷有限公司	9 437	8 418	112.1	5 632.0	4 375	128.7
化学工业出版社印刷厂	–275.5	183.5	–250	–413.5	3.7	–1220
北京盛通印刷股份有限公司	7 569.5	5 437.5	139.2	5 603.9	4 119.6	136.0
中国铁道出版社印刷厂	–336	–720	50	–445.0	–796	40
北京东港安全印刷有限公司	2 832.9	1 061.2	267.0	2 263.2	491.6	460.4
山东新华印刷厂	–476	–24	–1 880	–651.0	–452	–40
山东临沂新华印刷物流集团	2 280	1 205	189.2	1 261.6	200	630.8
山东新华印刷厂潍坊厂	–93	–526	80	–398.0	–827	50
山东新华印刷厂德州厂	524	1 357	38.6	151.0	464	32.5
中闻集团济南印务有限公司	118.6	386	30.7	–243.0	35.6	–780
河北新华第一印刷有限公司	851.7	657	129.6	26.7	13.4	199.3
河北新华第二印刷有限公司	867	741	117.0	106.0	104	101.9
中国标准社秦皇岛印刷厂	157.6	105	150.1	8.1	15	54.0
保定五四三印刷厂	2 870	2 412	119.0	1 726.0	1 329	129.9
山西新华印业有限公司	231	68	339.7	–175.0	–404	60
山西人民印刷有限公司	1 091	840	129.9	302.0	130	232.3
辽宁美术印刷厂	–387	–1 151	70	–848.0	–1 612	50
沈阳新华印刷厂	–523	–1 480	60	–782.0	–2 210	60

（续）

全部从业人员平均人数（人）			流动资产累计平均余额（万元）			固定资产净值累计平均余额（万元）		
2010 年	2009 年	同比（%）	2010 年	2009 年	同比（%）	2010 年	2009 年	同比（%）
269	301	89.4	416	453	91.8	1 289	1 337	96.5
393	412	95.4	2 822	2 645	106.7	4 295	4 880	88.0
131	136	96.3	1 773	1 730	102.5	1 352	1 515	89.2
630	620	101.6	8 079	8 758	92.2	17 914	11 995	149.3
449	533	84.2	6 864	5 867	117.0	5 339	6 107	87.4
409	443	92.3	40 925	41 348	99.0	76 853	74 128	103.7
372	382	97.4	21 361	20 956	101.9	7 235	7 006	103.3
166	178	93.3	762	989	77.0	1 124	1 153	97.5
105	105	100.0	364	427	85.2	1 659	1 392	119.2
124	152	81.6	802	726	110.5	1 352	1 411	95.8
50	54	92.6	310	316	98.1	289	349	82.8
91	113	80.5	621	798	77.9	830	766	108.4
215	219	98.2	1 382	1 429	96.7	745	825	90.3
105	112	93.8	1 538	1 708	90.0	351	401	87.5
36	47	76.6	609	385	158.2	372	758	49.1
275	275	100.0	3 383	4 153	81.5	3 927	3 826	102.6
581	558	104.1	19 242	18 308	105.1	24 754	25 922	95.5
232	249	93.2	15 579	13 496	115.4	9 308	10 476	88.8
298	343	86.9	4 945	7 522	65.7			
347	368	94.3	9 655	7 422	130.1	5 529	6 449	85.7
1958	1843	106.2	32 316	32 327	100.0	21 040	20 913	100.6
272	300	90.7	1 756	2 037	86.2	5 727	690	830.4
944	820	115.1	51 390	35 588	144.4	26283	19 307	136.1
313	302	103.6	7 802	7 384	105.7	8 386	7 329	114.4
80	36	222.2	7 641	6 901	110.7	2 096	2 112	99.2
666	666	100.0	10 566	10 125	104.4	9 818	5 172	189.8
946	889	106.4	12 495	8 448	147.9	7 165	8 441	84.9
546	565	96.6	1 223	1 708	71.6	5 919	5 919	100.0
759	750	101.2	3 760	3 831	98.1	5 124	4 774	107.3
407	433	94.0	2 083	2 515	82.8	3 349	4 973	67.3
1117	923	121.0	6 858	7 106	96.5	6 129	11 072	55.4
918	956	96.0	6 217	6 073	102.4	7 390	9 579	77.1
228	243	93.8	472	374	126.1	487	595	81.8
809	872	92.8	9 447	7 833	120.6	4 556	4 167	109.3
721	754	95.6	4 887	5 038	97.0	5 986	6 296	95.1
669	654	102.3	5 143	4 829	106.5	3 336	3 645	91.5
310	324	95.7	3 298	3 453	95.5	7 341	7 909	92.8
606	599	101.2	5 456	6 162	88.5	10 518	10 272	102.4

单 位 名 称	实现利税（万元）			利润总额（万元）		
	2010 年	2009 年	同比（%）	2010 年	2009 年	同比（%）
东北印刷厂	98	444	22.1	−191.0	−34	−460
长春新华印刷集团有限公司	1 503	1 452	103.5	1 039.0	1 029	101.0
延边新华印刷有限公司	423	449	94.2	160.0	161	99.4
长春第二新华印刷有限公司	345	322	107.1	126.0	128	98.4
黑龙江新华印刷厂	−400	−25.5	−1 470	−21.0	−460	95
黑龙江新华印刷二厂	557	463	120.3	178.0	22	809.1
安徽新华印刷股份公司	6 715.8	5 596.9	120.0	4 217.0	3 236.6	130.3
合肥远东印务有限公司	612	578	105.9	417.0	350	119.1
江西新华九江印刷总厂	303	920	32.9	303.0	920	32.9
海南志成彩色印刷有限公司	−82	381	−120	−141.0	268	−150
江苏新华印刷厂	3 841	2 031	189.1	873.0	305	286.2
江苏淮阴新华印刷厂	208	−126	270	−107.0	−514	80
江苏徐州新华印刷厂	56	26	215.4	−190.0	233	20
丹阳市教育印刷厂	120	153	78.4	−18.0	23	−180
南通韬奋印刷有限公司	51	8	637.5	−19.0	−71	70
南京爱德印刷有限公司	1 461	2 591	56.4	1 345.0	2 067	65.1
中闻集团南京印务有限公司	378	256	147.7	27.0	51	52.9
浙江印刷集团有限公司	3 284	3 088	106.3	1 617.0	1 407	114.9
常熟市华通印刷有限公司	28.6	280.5	10.2	28.6	66.1	43.3
福建新华印刷有限公司	217	25	868.0	−87.0	−298	70
中闻集团福州印务有限公司	404	395	102.3	5.0	24	20.8
湖北新华印务有限公司	3 256	3 273	99.5	2 514.0	2 356	106.7
湖北日报楚天印务总公司	2 815	193	1 458.5	2 010.0	−638	420
中闻集团武汉印务有限公司	434	374	116.0	37.0	35	105.7
湖北长江印务有限公司	135	130	103.8	241.0	230	104.8
河南新华印刷集团有限公司	2 622	3 532.2	74.2	742.7	1 480.2	50.2
湖南天闻新华印务有限公司	10 900	10 510	103.7	7 505.0	6 605	113.6
广东新华印刷有限公司	3 015	1 138.3	264.9	2 230.0	259.2	860.3
广州华南印刷厂有限公司	918	170	540.0	451.0	66	683.3
东莞金杯印刷有限公司	778.7	102	763.4	187.0	9	2 077.8
广西民族印刷厂	864	966	89.4	132.0	249	53.0
广西新华印刷厂	155	2	7 750.0	133.0	2	6 650.0
重庆新华印刷厂	−1 266	−1 541	20	−1 470.0	−1748	20
成都君区印务有限公司	391	434	90.1	215.0	270	79.6
四川新华印刷厂	−707	430	−260	−1 952.0	−591	−230
自贡新华印刷厂	−129	−141	10	−382.0	−387	
云南新华印刷实业总公司	1 356	1 593	85.1	419.0	603	69.5
云南国防印刷厂	1 102	892	123.5	638.0	481	132.6

（续）

全部从业人员平均人数（人）			流动资产累计平均余额（万元）			固定资产净值累计平均余额（万元）		
2010 年	2009 年	同比（%）	2010 年	2009 年	同比（%）	2010 年	2009 年	同比（%）
370	377	98.1	1 983	1 718	115.4	5 409	5 413	99.9
570	590	96.6	6 226	5 436	114.5	7 182	6 563	109.4
322	335	96.1	2 200	2 541	86.6	2 758	2 172	127.0
184	205	89.8	1 631	1 593	102.4	2 491	2 516	99.0
671	728	92.2	2 631	3 824	68.8	5 428	5 763	94.2
503	747	67.3	2 316	2 949	78.5	3 742	4 162	89.9
1586	1582	100.3	25 276	22 921	110.3	22 306	19 774	112.8
196	200	98.0	4 181	4 286	97.6	4 386	3 102	141.4
334	347	96.3	3 200	3 294	97.1	2 951	2 862	103.1
87	102	85.3	720	852	84.5	1382	1 297	106.6
1928	1532	125.8	14 280	12 429	114.9	27 475	31 557	87.1
352	366	96.2	2 482	2 380	104.3	2 278	2 862	79.6
290	323	89.8	875	787	111.2	938	1 123	83.5
150	160	93.8	1 108	1 150	96.3	1 151	1 680	68.5
210	212	99.1	910	675	134.8	1 288	1 600	80.5
498	531	93.8	11 706	8 705	134.5	11 401	9 344	122.0
297	294	101.0	6 083	6 166	98.7	13 080	10 132	129.1
585	592	98.8	23 340	15 530	150.3	20 468	20 493	99.9
306	244	125.4	4 077	3 514	116.0	5 762	3 255	177.0
509	545	93.4						
276	296	93.2	1 715	3 455	49.6	4 436	3 003	147.7
784	613	127.9	16 935	9 249	183.1	15 782	8 707	181.3
466	494	94.3	21 808	10 668	204.4	38 389	39 052	98.3
359	370	97.0	2 405	2 211	108.8	4 732	3 933	120.3
223	230	97.0	1 541	1 346	114.5	1 885	1 895	99.5
1220	1323	92.2	10 783	7 821	137.9	11 192	15 782	70.9
1728	1878	92.0	34 400	29 361	117.2	28 772	29 259	98.3
591	469	126.0	10 351	6 174	167.7	3 042	15 974	19.0
419	405	103.5	5 848	6 194	94.4	3 931	4 630	84.9
700	750	93.3	10 251	8 470	121.0	12 113	12 158	99.6
705	735	95.9	6 304	8 942	70.5	9 226	9 600	96.1
178	183	97.3	371	1 759	21.1	107		
820	867	94.6	6 065	4 741	127.9	6 134	6 623	92.6
68	69	98.6	5 107	6 309	80.9	2 052	2 026	101.3
213	213	100.0	3 586	2 155	166.4	13 371	5 070	263.7
272	271	100.4	974	1 060	91.9	2 239	1 959	114.3
832	729	114.1	11 609	8 745	132.8	8 610	10 330	83.3
391	407	96.1	5 354	3 351	159.8	5 241	5 575	94.0

单位名称	实现利税（万元）			利润总额（万元）		
	2010 年	2009 年	同比（%）	2010 年	2009 年	同比（%）
贵州新华印刷厂	118	–7	1 790	–456.0	–518	10
西安新华印务有限公司	528	741	71.3	95.0	152	62.5
中闻集团西安印务有限公司	68.1	297.4	22.9	–133.1	35.1	–480
甘肃新华印刷厂	204	460	44.3	42.0	51	82.4
兰州新华印刷厂	456.6	457.6	99.8	12.8	11.6	110.3
天水新华印刷厂	345	270	127.8	144.0	12	1 200.0
青海新华印刷厂	92	71	129.6	0.5	–17	103
新疆新华印刷厂	1 150	884	130.1	189.0	169	111.8
新疆八艺印刷厂	217	314	69.1	39.0	67	58.2
新疆新华印刷二厂	–93	–48	–90	–176.0	–157	–12
西藏新华印刷厂	120	223	53.8	1.0	1	100.0
内蒙古爱信达教育印务公司	1 610.3	1 225.4	131.4	821.0	574.4	142.9

注：2009 年或 2010 年“实现利税”、“利润总额”为负数的，“同比”值用“同比增长”值代替。

（续）

全部从业人员平均人数（人）			流动资产累计平均余额（万元）			固定资产净值累计平均余额（万元）		
2010 年	2009 年	同比（%）	2010 年	2009 年	同比（%）	2010 年	2009 年	同比（%）
748	770	97.1	5 006	4 048	123.7	5 178	5 209	99.4
502	516	97.3	5 490	5 531	99.3	2 728	3 582	76.2
372	398	93.5	4 574	3 308	138.3	7 078	6 094	116.2
805	811	99.3	3 786	4 391	86.2	5 477	5 961	91.9
741	774	95.7	2 768	2 783	99.5	5 475	5 414	101.1
623	617	101.0	8 885	7 770	114.4	4 341	4 202	103.3
235	245	95.9	648	521	124.4	295	301	98.0
569	693	82.1	6 164	4 406	139.9	15 634	14 657	106.7
166	172	96.5	5 567	3 258	170.9	2 784	3 118	89.3
146	177	82.5	2 000	1 938	103.2	2 743	2 872	95.5
234	236	99.2	2 629	1 240	212.0	2 049	1 888	108.5
255	280	91.1	1 717	1 155	148.7	9 967	10 277	97.0

2010 年全国 121 家骨干书刊印刷（含其他印刷）

单位名称	工业总产值（万元）			工业销售产值（万元）		
	2010 年	2009 年	同比（%）	2010 年	2009 年	同比（%）
北京隆达印刷包装集团	43 789.3	33 595.4	130.3	42 422.1	32 831.5	129.2
北京印刷一厂	2 526.5	2 136.8	118.2	2 526.5	2 136.8	118.2
北京印刷二厂	6 936.9	5 439.6	127.5	6 598.7	5 796.7	113.8
北京北人羽新胶印有限公司	1 451.9	2 011.0	72.2	1 494.9	1 997.0	74.9
北京利丰雅高长城印刷公司	27 328.0	18 604.0	146.9	26 256.0	17 497.0	150.1
北京宝岛包装有限公司	5 546.0	5 404.0	102.6	5 546.0	5 404.0	102.6
天津新闻出版局	6 712.7	6 872.4	97.7	6 712.7	6 872.4	97.7
天津新华一印刷有限公司	2 480.0	2 442.0	101.6	2 480.0	2 442.0	101.6
天津新华二印刷有限公司	1 414.8	1 455.4	97.2	1 414.8	1 455.4	97.2
天津新华印刷三厂	1 017.0	1 007.0	101.0	1 017.0	1 007.0	101.0
天津金彩美术印刷有限公司	1 800.9	1 968.0	91.5	1 800.9	1 968.0	91.5
天津高教出版社印刷厂	2 817.0	2 496.0	112.9	2 817.0	2 496.0	112.9
上海印刷（集团）公司	31 122.1	19 381.8	160.6	30 093.6	19 140.7	157.2
上海新华印刷有限公司	4 001.1	2 302.0	173.8	3 904.6	2 503.2	156.0
上海市印刷三厂	5 058.0	5 311.8	95.2	5 058.0	5 315.5	95.2
上海中华印刷有限公司	21 032.0	10 845.0	193.9	20 093.0	10 410.0	193.0
上海市印刷四厂	1 031.0	923.0	111.7	1 038.0	912.0	113.8
北京新华印刷有限公司	885.0			885.0		
中印南方印刷有限公司	5 378.0	3 517.0	152.9	5 234.0	3 934.0	133.0
北京一二〇一印刷厂	3 758.0	3 755.0	100.1	3 758.0	3 755.0	100.1
解放军一二〇五工厂	2 203.0	1 642.8	134.1	1 952.4	1 669.5	116.9
解放军报印刷厂	10 049.5	9 256.7	108.6	10 049.5	9 256.7	108.6
北京凌奇印刷有限公司	5 370.4	5 944.8	90.3	9 522.7	10 651.7	89.4
北京金盾印刷厂	5 698.0	5 333.0	106.8	3 536.0	4 548.0	77.7
海军政治部印刷厂	2 264.0	1 920.0	117.9	2 264.0	1 920.0	117.9
廊坊一二〇六印刷厂	4 092.0	3 645.0	112.3	4 616.0	3 873.8	119.2
北京国防印刷厂	1 486.0	1 510.0	98.4	1 486.0	1 510.0	98.4
北京交通印务实业公司	2 185.9	2 217.7	98.6	2 185.9	2 217.7	98.6
人民教育出版社印刷厂	4 472.0	4 170.0	107.2	4 472.0	4 170.0	107.2
人民日报社印刷厂	10 874.0	10 669.5	101.9	10 874.0	10 669.5	101.9
煤炭工业出版社印刷厂	1 223.5	1 450.0	84.4	2 121.7	2 199.6	96.5
中国农业出版社印刷厂	2 537.4	2 904.8	87.4	3 592.7	3 274.8	109.7
北京建筑工业印刷厂	1 070.4	1 107.0	96.7	1 070.4	1 107.0	96.7

企业经济效益完成情况汇总表（三）

工业增加值（万元）			主营业务收入（万元）			成本费用总额（万元）		
2010 年	2009 年	同比（%）	2010 年	2009 年	同比（%）	2010 年	2009 年	同比（%）
11 956.9	10 730.7	111.4	42 422.1	32 831.5	129.2	44 390.3	35 271.3	125.9
1 123.2	998.6	112.5	2 526.5	2 136.8	118.2	3 377.4	3 055.2	110.5
2 158.9	2 148.1	100.5	6 598.7	5 796.7	113.8	7 554.9	6 610.1	114.3
178.8	396.0	45.2	1 494.9	1 997.0	74.9	1 559.0	2 683.0	58.1
6 857.0	5 715.0	120.0	26 256.0	17 497.0	150.1	26 413.0	17 540.0	150.6
1 639.0	1 473.0	111.3	5 546.0	5 404.0	102.6	5 486.0	5 383.0	101.9
4 339.9	3 981.3	109.0	6 712.7	6 872.7	97.7	8 299.4	6 594.2	125.9
1 816.0	1 508.0	120.4	2 480.0	2 442.0	101.6	3 259.0	2 343.0	139.1
1 062.1	565.7	187.7	1 414.8	1 455.4	97.2	2 226.6	1 392.3	159.9
291.0	353.0	82.4	1 017.0	1 007.0	101.0	1 007.0	990.0	101.7
1 170.8	1 554.6	75.3	1 800.9	1 968.3	91.5	1 806.8	1 868.9	96.7
790.0	906.0	87.2	3 251.0	2 568.0	126.6	3 237.0	2 573.0	125.8
8 383.8	5 733.4	146.2	30 061.6	18 784.0	160.0	32 966.8	22 208.6	148.4
2 838.0	1 370.0	207.2	3 904.6	2 503.2	156.0	3 997.0	2 867.0	139.4
2 451.8	2 727.4	89.9	5 058.0	5 311.8	95.2	5 053.8	5 091.6	99.3
2 650.0	1 170.0	226.5	20 093.0	10 104.0	198.9	23 011.0	13 511.0	170.3
444.0	466.0	95.3	1 006.0	865.0	116.3	905.0	739.0	122.5
269.0			3 218.0			3 804.5		
1 601.0	1 770.0	90.5	4 766.0	4 114.4	115.8	4 783.0	4 259.6	112.3
724.0	361.6	200.2	5 856.0	5 839.1	100.3	5 555.0	5 958.2	93.2
656.1	541.0	121.3	2 148.7	1 766.2	121.7	3 295.5	2 700.3	122.0
4 258.6	4 812.6	88.5	10 049.5	9 256.7	108.6	9 901.5	9 218.7	107.4
1 658.3	1 379.7	120.2	5 505.0	6 110.0	90.1	7 073.1	7 192.1	98.3
3 474.1	2 268.0	153.2	3 536.0	4 548.0	77.7	3 065.6	4 437.0	69.1
1 206.9	660.0	182.9	2 264.0	1 920.0	117.9	2 490.0	1 921.0	129.6
1 402.2	833.4	168.3	4 577.3	3 885.0	117.8	4 464.2	3 866.4	115.5
−24.0	−220.0	90	1 486.0	1 510.0	98.4	1 957.0	1 578.0	124.0
603.0	615.8	97.9	2 102.5	2 089.4	100.6	2 757.0	2 686.0	102.6
4 009.0	3 299.0	121.5	4 472.0	4 170.0	107.2	4 938.0	4 896.0	100.9
8 924.7	8 338.1	107.0	10 874.0	10 669.5	101.9	11 614.3	12 607.6	92.1
20.2	38.0	53.2	1 676.8	1 695.8	98.9	1 345.0	1 298.9	103.5
1 060.4	1 651.5	64.2	3 592.7	3 274.8	109.7	3 842.6	3 502.0	109.7
593.2	430.4	137.8	999.9	978.8	102.2	1 130.5	993.3	113.8

单位名称	工业总产值（万元）			工业销售产值（万元）		
	2010年	2009年	同比（%）	2010年	2009年	同比（%）
北京机工印刷厂	1 511.7	1 557.3	97.1	1 511.7	1 557.3	97.1
中青印刷厂	4 348.1	3 418.8	127.2	4 348.1	3 418.8	127.2
文物出版社印刷厂	388.0	465.0	83.4	588.0	410.0	143.4
北京中科印刷有限公司	9 560.2	8 304.3	115.1	9 560.2	8 304.3	115.1
北京外文印刷厂	4 403.1	5 776.1	76.2	7 411.9	5 986.8	123.8
北京人卫印刷厂	3 228.0	2 944.0	109.6	3 357.0	3 473.0	96.7
新华通讯社印刷厂	11 774.0	11 006.0	107.0	11 774.0	11 006.0	107.0
北京京安印刷厂	1 178.0	1 374.0	85.7	1 178.0	1 374.0	85.7
中国电影出版社印刷厂	1 697.0	1 454.0	116.7	2 309.0	2 127.0	108.6
北京轻工印刷厂	577.0	368.0	156.8	675.0	426.0	158.5
北京和平印刷有限公司	836.0	791.0	105.7	836.0	791.0	105.7
北京中兴印刷有限公司	667.0	651.0	102.5	667.0	651.0	102.5
清华大学印刷厂	1 756.0	1 758.0	99.9	1 714.0	1 725.0	99.4
北京大学印刷厂	609.0	812.0	75.0	648.0	1 011.0	64.1
北京华诚彩印厂	686.0	763.0	89.9	686.0	763.0	89.9
佳信达欣艺术印刷有限公司	2 397.0	3 611.0	66.4	2 397.0	3 611.0	66.4
北京华联印刷有限公司	32 400.0	32 772.0	98.9	37 454.0	35 816.0	104.6
北京日邦印刷有限公司	19 823.0	18 772.2	105.6	20 224.8	19 064.2	106.1
北京市世界知识印刷厂	2 374.0	2 439.9	97.3	2 374.0	2 439.9	97.3
北京画中画印刷有限公司	11 527.4	7 898.5	145.9	11 527.4	7 898.5	145.9
北京雅昌彩色印刷有限公司	58 068.0	50 851.0	114.2	57 947.0	50 838.0	114.0
化学工业出版社印刷厂	1 308.0	1 436.0	91.1	1 348.0	1 543.0	87.4
北京盛通印刷股份有限公司	44 583.2	31 455.8	141.7	44 583.2	31 455.8	141.7
中国铁道出版社印刷厂	3 476.0	2 915.0	119.2	3 683.0	3 855.0	95.5
北京东港安全印刷有限公司	5 505.8	4 521.2	121.8	5 488.7	4 121.6	133.2
山东新华印刷厂	6 253.0	6 811.0	91.8	6 395.0	6 894.0	92.8
山东临沂新华印刷物流集团	14 490.0	8 833.0	164.0	13 241.0	8 484.0	156.1
山东新华印刷厂潍坊厂	3 287.5	2 698.6	121.8	2 995.3	3 052.0	98.1
山东新华印刷厂德州厂	5 982.0	6 284.0	95.2	6 556.0	7 008.0	93.6
中闻集团济南印务有限公司	5 619.8	5 127.9	109.6	5 619.8	5 127.9	109.6
河北新华第一印刷有限公司	7 793.4	7 149.0	109.0	7 793.4	7 149.0	109.0
河北新华第二印刷有限公司	7 204.0	5 794.0	124.3	7 204.0	5 794.0	124.3
中国标准社秦皇岛印刷厂	2 035.9	2 003.3	101.6	2 035.9	2 003.3	101.6
保定五四三印刷厂	20 355.0	17 129.0	118.8	19 192.0	17 879.0	107.3
山西新华印业有限公司	8 256.0	6 049.0	136.5	8 256.0	6 049.0	136.5
山西人民印刷有限公司	10 460.0	7 559.0	138.4	9 112.0	7 226.0	126.1
辽宁美术印刷厂	3 204.0	3 735.0	85.8	3 611.0	4 509.0	80.1
沈阳新华印刷厂	6 129.0	6 081.0	100.8	6 500.0	6 373.0	102.0

（续）

工业增加值（万元）			主营业务收入（万元）			成本费用总额（万元）		
2010 年	2009 年	同比（%）	2010 年	2009 年	同比（%）	2010 年	2009 年	同比（%）
639.5	660.6	96.8	1 511.7	1 557.3	97.1	2 444.3	1 555.5	157.1
870.6	805.2	108.1	4 729.4	4 671.2	101.2	6 321.0	6 232.4	101.4
37.0	36.0	102.8	495.0	383.0	129.2	994.0	1 126.0	88.3
5 211.8	4 564.2	114.2	9 459.0	8 935.0	105.9	6 425.0	6 466.0	99.4
2 193.5	1 059.1	207.1	7 411.9	5 986.8	123.8	9 679.7	7 997.2	121.0
1 987.0	1 903.0	104.4	3 357.0	3 473.0	96.7	3 418.0	3 534.0	96.7
10 591.0	10 213.0	103.7	11 774.0	11 006.0	107.0	9 136.0	8 459.0	108.0
527.0	534.0	98.7	1 178.0	1 374.0	85.7	1 700.0	1 820.0	93.4
547.0	430.0	127.2	2 309.0	2 127.0	108.6	1 875.0	1 656.0	113.2
			534.0	410.0	130.2	1 098.3	1 000.5	109.8
285.0	239.0	119.2	835.0	791.0	105.6	812.0	765.0	106.1
440.9	343.2	128.5	689.3	728.4	94.6	426.3	502.4	84.9
1 443.0	1 193.0	121.0	1 777.0	1 725.0	103.0	1 727.0	1 713.0	100.8
17.0	361.0	4.7	648.0	1 011.0	64.1	1 008.0	1 008.0	100.0
43.0	45.5	94.5	615.0	763.0	80.6	656.0	732.0	89.6
480.0	520.0	92.3	2 393.0	3 611.0	66.3	2 755.0	4 198.0	65.6
742.0	8 046.0	9.2	37 454.0	35 816.0	104.6	36 923.0	33 043.0	111.7
4 153.6	4 566.2	91.0	20 224.8	19 064.2	106.1	20 220.1	18 864.8	107.2
897.6	939.4	95.6	2 381.0	2 439.9	97.6	2 831.0	1 909.5	148.3
2 820.0	2 740.0	102.9	11 527.4	7 898.5	145.9	11 524.9	7 929.4	145.3
22 980.0	20 698.0	111.0	57 299.0	48 975.0	117.0	53 148.0	46 518.0	114.3
702.2	1 007.0	69.7	1 348.5	1 543.9	87.3	650.4	334.1	194.7
14 768.7	9 510.4	155.3	44 939.0	31 690.6	141.8			
561.0	724.0	77.5	3 683.0	3 855.0	95.5	2 878.0	2 452.0	117.4
2 728.6	1 906.3	143.1	5 488.7	4 121.6	133.2	8 200.5	1 018.5	805.2
1 618.0	1 847.0	87.6	6 445.0	7 149.0	90.2	5 593.0	6 198.0	90.2
4 566.0	4 141.0	110.3	15 934.0	9 733.0	163.7	15 789.0	8 044.0	196.3
1 656.2	1 487.6	111.3	2 617.0	2 657.3	98.5	4 300.0	4 768.0	90.2
2 788.0	3 755.0	74.2	6 556.0	7 008.0	93.6	6 284.0	5 756.0	109.2
2 193.3	2 250.1	97.5	5 696.8	4 992.2	114.1	4 767.5	3 881.2	122.8
4 188.8	3 742.0	111.9	9 345.8	8 020.0	116.5	9 293.4	8 277.0	112.3
			7 760.0	6 575.0	118.0	8 265.0	4 998.0	165.4
1 077.8	755.0	142.8	2 035.9	2 003.3	101.6	2 001.4	1 389.0	144.1
7 099.0	5 512.0	128.8	19 192.0	17 879.0	107.3	17 505.0	16 541.0	105.8
2 031.0	3 304.0	61.5	8 484.0	6 923.0	122.5	8 985.0	7 991.0	112.4
5 876.0	3 340.0	175.9	9 112.0	7 226.0	126.1	8 995.0	7 254.0	124.0
1 781.0	981.0	181.5	3 611.0	4 509.0	80.1	4 577.0	5 304.0	86.3
2 759.0	2 639.0	104.5	6 500.0	6 373.0	102.0	7 578.0	7 750.0	97.8

单位名称	工业总产值（万元）			工业销售产值（万元）		
	2010年	2009年	同比（%）	2010年	2009年	同比（%）
东北印刷厂	4 079.0	4 896.0	83.3	3 951.0	4 842.0	81.6
长春新华印刷集团有限公司	12 083.0	10 546.0	114.6	12 738.0	11 195.0	113.8
延边新华印刷有限公司	2 624.0	2 718.0	96.5	2 704.0	2 663.0	101.5
长春第二新华印刷有限公司	1 590.0	1 595.0	99.7	1 776.0	1 794.0	99.0
黑龙江新华印刷厂	2 592.0	3 474.0	74.6	2 521.0	2 521.0	100.0
黑龙江新华印刷二厂	3 834.0	3 641.0	105.3	3 628.0	3 018.0	120.2
安徽新华印刷股份公司	60 523.7	46 621.2	129.8	60 523.7	46 621.2	129.8
合肥远东印务有限公司	8 753.0	8 101.0	108.0	7 802.0	7 168.0	108.8
江西新华九江印刷总厂	2 663.0	2 623.0	101.5	2 663.0	2 623.0	101.5
海南志成彩色印刷有限公司	1 533.0	1 546.0	99.2	1 365.0	1 378.0	99.1
江苏新华印刷厂	30 614.0	11 396.0	268.6	28 696.0	10 995.0	261.0
江苏淮阴新华印刷厂	2 198.0	2 262.0	97.2	1 868.0	1 924.0	97.1
江苏徐州新华印刷厂	1 842.0	1 807.0	101.9	2 008.0	1 994.0	100.7
丹阳市教育印刷厂	1 520.0	1 810.0	84.0	1 420.0	1 700.0	83.5
南通韬奋印刷有限公司	1 350.0	1 177.0	114.7	1 280.0	1 248.0	102.6
南京爱德印刷有限公司	23 883.0	18 716.0	127.6	22 929.0	17 383.0	131.9
中闻集团南京印务有限公司	5 068.0	5 479.0	92.5	5 203.0	5 478.0	95.0
浙江印刷集团有限公司	30 737.0	28 167.0	109.1	31 642.0	29 176.0	108.5
常熟市华通印刷有限公司	5 317.8	4 478.1	118.8	5 317.8	4 478.1	118.8
福建新华印刷有限公司	6 487.9	5 766.8	112.5	6 852.0	6 619.8	103.5
中闻集团福州印务有限公司	3 554.0	3 808.0	93.3	3 508.0	3 918.0	89.5
湖北新华印务有限公司	20 729.0	18 576.0	111.6	20 729.0	18 576.0	111.6
湖北日报楚天印务总公司	43 401.0	39 206.0	110.7	43 401.0	39 206.0	110.7
中闻集团武汉印务有限公司	5 295.0	6 809.0	77.8	5 295.0	6 809.0	77.8
湖北长江印务有限公司	3 000.0	2 800.0	107.1	3 000.0	2 800.0	107.1
河南新华印刷集团有限公司	11 461.9	13 388.6	85.6	13 612.4	14 728.7	92.4
湖南天闻新华印务有限公司	72 444.0	65 673.0	110.3	72 444.0	65 673.0	110.3
广东新华印刷有限公司	13 710.0	11 078.0	123.8	12 662.0	13 043.0	97.1
广州华南印刷厂有限公司	8 636.0	8 452.0	102.2	8 665.0	8 350.0	103.8
东莞金杯印刷有限公司	17 051.4	11 176.0	152.6	17 110.7	12 621.0	135.6
广西民族印刷厂	12 269.0	12 540.0	97.8	12 269.0	12 540.0	97.8
广西新华印刷厂	3 043.0	3 509.0	86.7	3 692.0	2 393.0	154.3
重庆新华印刷厂	5 899.0	5 494.0	107.4	2 966.0	2 798.0	106.0
成都君区印务有限公司	342.0	309.0	110.7	506.0	260.0	194.6
四川新华印刷厂	2 538.0	2 760.0	92.0	1 949.0	1 835.0	106.2
自贡新华印刷厂	1 732.0	1 545.0	112.1	1 732.0	1 545.0	112.1
云南新华印刷实业总公司	13 105.0	12 960.0	101.1	13 088.0	12 896.0	101.5
云南国防印刷厂	10 013.0	8 454.0	118.4	10 000.0	8 400.0	119.0

（续）

工业增加值（万元）			主营业务收入（万元）			成本费用总额（万元）		
2010 年	2009 年	同比（%）	2010 年	2009 年	同比（%）	2010 年	2009 年	同比（%）
1 784.0	2 165.0	82.4	3 971.0	4 907.0	80.9	3 452.0	3 916.0	88.2
3 381.0	3 409.0	99.2	12 738.0	11 195.0	113.8	12 169.0	9 253.0	131.5
1 398.0	1 672.0	83.6	2 758.0	2 831.0	97.4	2 698.0	2 787.0	96.8
994.0	1 022.0	97.3	1 776.0	1 794.0	99.0	1 103.0	1 100.0	100.3
1 759.0	1 822.0	96.5	3 037.0	3 026.0	100.4	2 424.0	2 412.0	100.5
1 735.0	2 355.0	73.7	3 628.0	3 018.0	120.2	3 580.0	2 974.0	120.4
37 895.0	29 111.7	130.2	52 586.2	43 569.7	120.7	36 761.4	29 964.2	122.7
4 389.0	4 196.0	104.6	5 215.0	4 901.0	106.4	4 587.0	4 250.0	107.9
			5 003.0	6 281.0	79.7			
460.0	472.0	97.5	1 365.0	1 547.0	88.2	1 499.0	1 269.0	118.1
14112.0	6 384.0	221.1	28 940.0	10 995.0	263.2	27 934.0	11 070.0	252.3
624.0			2 354.0	3 207.0	73.4	3 482.0	4 113.0	84.7
1131.0	1 256.0	90.0	2 008.0	1 905.0	105.4	2 262.0	2 232.0	101.3
180.0	300.0	60.0	1 274.0	1 305.0	97.6	1 220.0	1 450.0	84.1
568.0	501.0	113.4	1 275.0	1 246.0	102.3	1 406.0	1 413.0	99.5
5970.0	4 282.0	139.4	22 500.0	17 749.0	126.8	21 236.0	12 241.0	173.5
1760.0	1 810.0	97.2	5 068.0	5 478.0	92.5	6 579.0	6 167.0	106.7
10419.0	8 100.0	128.6	48 720.0	41 392.0	117.7	47 696.0	40 089.0	119.0
1735.8	1 461.9	118.7	5 317.8	4 478.1	118.8	4 866.6	4 008.2	121.4
5038.9	1 796.2	280.5	6 852.0	6 620.0	103.5	7 353.0	7 304.0	100.7
1508.0	1 204.0	125.2	3 508.0	3 918.0	89.5	3 906.0	4 219.0	92.6
6388.0	5 770.0	110.7	23 189.0	20 822.0	111.4	21 744.0	19 273.0	112.8
5441.0			43 401.0	39 206.0	110.7	37 337.0	36 026.0	103.6
2381.0	2 253.0	105.7	5 118.0	5 401.0	94.8	5 515.0	5 910.0	93.3
564.0	852.0	66.2	2 155.0	2 000.0	107.8	1 776.0	1 009.0	176.0
5133.1	8 035.3	63.9	15 908.9	17 406.4	91.4	14 993.4	15 208.7	98.6
23886.0	23 925.0	99.8	72 444.0	65 673.0	110.3	58 870.0	53 811.0	109.4
7521.9	5 299.0	141.9	10 786.0	7 554.7	142.8	8 053.0	7 766.2	103.7
1 750.0	2 313.0	75.7	9 267.0	9 107.0	101.8	8 017.0	7 379.0	108.6
399.9	10 218.0	3.9	17 110.7	12 621.0	135.6	16 898.4	11 909.0	141.9
5 146.0	4 034.0	127.6	11 637.0	12 311.0	94.5	11 642.0	12 236.0	95.1
2 165.0	1 122.0	193.0	3 246.0	1 379.0	235.4	3 594.0	3 046.0	118.0
327.0	672.0	48.7	3 061.0	2 909.0	105.2	4 924.0	4 959.0	99.3
171.0	40.0	427.5	875.0	901.0	97.1	662.0	605.0	109.4
2 124.0	2 301.0	92.3	2 560.0	2 311.4	110.8	2 153.0	1 968.0	109.4
695.0	899.0	77.3	1 795.0	1 576.0	113.9	2 535.5	2 122.7	119.4
6 149.0	6 312.0	97.4	13 758.0	13 640.0	100.9	3 720.0	2 824.0	131.7
3 980.0	2 213.0	179.8	9 927.0	9 583.0	103.6	9 498.0	9 070.0	104.7

单位名称	工业总产值（万元）			工业销售产值（万元）		
	2010年	2009年	同比（%）	2010年	2009年	同比（%）
贵州新华印刷厂	8 329.0	5 990.6	139.0	7 037.0	6 208.4	113.3
西安新华印务有限公司	7 157.0	8 619.0	83.0	6 781.0	7 645.0	88.7
中闻集团西安印务有限公司	6 795.7	6 924.5	98.1	6 603.6	6 504.9	101.5
甘肃新华印刷厂	6 194.0	6 500.0	95.3	5 895.0	6 823.0	86.4
兰州新华印刷厂	6 313.0	5 870.0	107.5	8 022.0	6 773.0	118.4
天水新华印刷厂	5 432.0	4 977.0	109.1	5 420.0	5 002.0	108.4
青海新华印刷厂	782.0	632.0	123.7	1 014.0	795.0	127.5
新疆新华印刷厂	6 446.0	6 370.0	101.2	6 556.0	6 412.0	102.2
新疆八艺印刷厂	1 544.0	1 689.0	91.4	1 544.0	1 689.0	91.4
新疆新华印刷二厂	1 009.0	1 142.0	88.4	1 012.0	1 256.0	80.6
西藏新华印刷厂	3 163.0	3 190.0	99.2	3 163.0	3 190.0	99.2
内蒙古爱信达教育印务公司	5 485.0	4 350.3	126.1	4 688.0	3 718.2	126.1

注：2009年或2010年的数据为负数的，“同比”值用“同比增长”值代替。

（续）

工业增加值（万元）			主营业务收入（万元）			成本费用总额（万元）		
2010 年	2009 年	同比（%）	2010 年	2009 年	同比（%）	2010 年	2009 年	同比（%）
3 973.0	2 515.1	158.0	7 093.0	6 051.0	117.2	8 059.0	6 761.0	119.2
2 612.0	2 890.0	90.4	6 784.0	7 814.0	86.8	7 113.0	7 995.0	89.0
2 294.7	2 527.4	90.8	6 603.6	6 504.9	101.5	6 823.5	6 691.0	102.0
2 644.0	3 267.0	80.9	7 152.0	6 711.0	106.6	7 260.0	6 932.0	104.7
3 274.0	2 974.0	110.1	7 869.0	6 714.0	117.2	4 016.0	3 663.0	109.6
1 285.0	1 241.0	103.5	5 420.0	5 002.0	108.4	5 712.0	5 437.0	105.1
			1 011.0	794.0	127.3	735.0	592.0	124.2
3 715.0	3 466.0	107.2	6 556.0	6 421.0	102.1	7 789.0	6 920.0	112.6
713.0	567.0	125.7	1 689.0	1 739.0	97.1	1 861.0	1 948.0	95.5
411.0	457.0	89.9	1 012.0	1 256.0	80.6	1 346.0	1 391.0	96.8
1 421.0	1 411.0	100.7	3 163.0	3 190.0	99.2	2 748.0	2 442.0	112.5
2 944.0	2 551.3	115.4	4 688.0	3 718.2	126.1	2 575.0	3 308.9	77.8

2010年全国121家骨干书刊印刷（含其他印刷）

单位名称	工业中间投入（万元）			工资总额（万元）		
	2010年	2009年	同比（%）	2010年	2009年	同比（%）
北京隆达印刷包装集团	33 425.8	23 588.0	141.7	6 401.3	5 464.1	117.2
北京印刷一厂	1 520.1	1 261.7	120.5	947.3	933.6	101.5
北京印刷二厂	5 131.6	3 783.3	135.6	1 297.6	997.5	130.1
北京北人羽新胶印有限公司	1 359.1	1 744.0	77.9	478.4	538.0	88.9
北京利丰雅高长城印刷公司	21 140.0	12 528.0	168.7	3 039.0	2 396.0	126.8
北京宝岛包装有限公司	4 275.0	4 271.0	100.1	639.0	599.0	106.7
天津新闻出版局	3 031.8	3 206.3	94.6	2 447.7	2 541.2	96.3
天津新华一印刷有限公司	800.0	1 061.0	75.4	886.0	938.0	94.5
天津新华二印刷有限公司	722.4	761.2	94.9	618.6	602.2	102.7
天津新华印刷三厂	839.0	758.0	110.7	340.0	318.0	106.9
天津金彩美术印刷有限公司	670.4	626.1	107.1	603.1	683.0	88.3
天津高教出版社印刷厂	2 277.0	1 801.0	126.4	818.0	741.0	110.4
上海印刷（集团）公司	23 755.9	13 944.3	170.4	4 232.8	3 609.7	117.3
上海新华印刷有限公司	1 546.6	731.7	211.4	501.0	560.0	89.5
上海市印刷三厂	2 848.3	3 003.6	94.8	1 019.8	969.7	105.2
上海中华印刷有限公司	18 714.0	9 678.0	193.4	2 431.0	1 830.0	132.8
上海市印刷四厂	647.0	531.0	121.8	281.0	250.0	112.4
北京新华印刷有限公司	634.7			659.0		
中印南方印刷有限公司	2 461.0	1 936.4	127.1	383.0	1 180.9	32.4
北京一二〇一印刷厂	3 088.0	3 424.2	90.2	1 415.0	1 440.4	98.2
解放军一二〇五工厂	1 605.2	1 140.4	140.8	695.6	601.5	115.6
解放军报印刷厂	6 079.3	5 078.1	119.7	1 324.6	1 046.3	126.6
北京凌奇印刷有限公司	3 980.1	4 868.9	81.7	1 779.0	1 700.0	104.6
北京金盾印刷厂	2 135.9	3 207.0	66.6	974.5	798.0	122.1
海军政治部印刷厂	1 076.0	1 297.0	83.0	367.0	334.0	109.9
廊坊一二〇六印刷厂	2 947.8	3 055.2	96.5	766.4	720.4	106.4
北京国防印刷厂	1 832.0	1 057.0	173.3	310.0	316.0	98.1
北京交通印务实业公司	1 763.9	1 747.4	100.9	575.0	557.9	103.1
人民教育出版社印刷厂	983.0	1 286.0	76.4	1 541.0	1 692.0	91.1
人民日报社印刷厂	3 089.5	3 332.1	92.7	4 546.4	3 698.3	122.9
煤炭工业出版社印刷厂	1 300.1	1 248.9	104.1	466.8	426.9	109.3
中国农业出版社印刷厂	1 751.0	1 570.7	111.5	1 215.4	1 181.9	102.8
北京建筑工业印刷厂	545.6	736.6	74.1	367.8	366.2	100.4

企业经济效益完成情况汇总表（四）

资产总额（万元）			负债总额（万元）			期末所有者权益（万元）			应交增值税（万元）		
2010年	2009年	同比（%）	2010年	2009年	同比（%）	2010年	2009年	同比（%）	2010年	2009年	同比（%）
58 426	53 880	108.4	33 190	27 864	119.1	25 236	26 016	97.0	1 594	1 830	87.1
6 229	7 170	86.9	3 594	4 537	79.2	2 635	2 633	100.1	117	124	94.6
12 249	8 398	145.9	7 761	4 303	180.3	4 489	4 095	109.6	354	492	71.9
4 372	6 650	65.7	4 176	4 485	93.1	196	2 165	9.0	86	129	66.6
29 314	24 965	117.4	14 688	11 129	132.0	14 626	13 836	105.7	670	747	89.7
6 261	6 697	93.5	2 971	3 410	87.1	3 290	3 287	100.1	368	339	108.6
22 128	20 892	105.9	14 545	11 331	128.4	7 583	9 560	79.3	226	485	46.6
8 083	8 138	99.3	5 242	4 065	129.0	2 841	4 073	69.8	136	25	544.0
4 757	4 604	103.3	5 343	4 405	121.3	–587	199	395.0	–64	143	-140.0
1 907	1 895	100.6	562	560	100.4	1 345	1 335	100.7	113	104	108.7
7 381	6 254	118.0	3 398	2 301	147.7	3 983	3 953	100.8	40	212	19.0
5 016	5 184	96.8	1 119	1 274	87.8	3 897	3 910	99.7	250	211	118.5
90 568	75 599	119.8	48 256	33 102	145.8	42 312	42 497	99.6	817	659	124.0
2 762	2 471	111.8	993	645	153.8	1 770	1 826	96.9	184	159	115.6
6 696	6 912	96.9	2 994	3 204	93.4	3 702	3 708	99.9	242	419	57.8
78 532	63 909	122.9	42 562	27 732	153.5	35 970	36 177	99.4	332	3	
2 578	2 307	111.7	1 708	1 520	112.4	870	787	110.5	59	77	76.6
31 657			7 062			24 595			49		
11 445	3 498	327.2	4 153	3 447	120.5	7 292	51	14 198.0	60	189	31.7
11 677	6 829	171.0	5 957	1 032	577.1	5 720	5 797	98.7	81	31	263.8
13 650	13 019	104.8	2 119	1 643	129.0	11 531	11 376	101.4	58	39	151.0
16 473	18 003	91.5	2 363	3 548	66.6	14 110	14 455	97.6	614	634	96.8
13 147	11 845	111.0	5 913	4 654	127.0	7 234	7 191	100.6	170	213	79.6
6 320	6 431	98.3	1 441	1 632	88.3	4 879	4 799	101.7	88	250	35.2
2 387	2 438	97.9	1 749	1 546	113.1	638	892	71.5	19	37	51.1
7 496	7 374	101.6	4 029	4 046	99.6	3 467	3 328	104.2	258	243	106.0
1 238	1 398	88.6	329	487	67.6	909	911	99.8	15	53	28.3
3 876	4 192	92.5	710	1 022	69.5	3 166	3 169	99.9	181	146	124.3
12 754	12 483	102.2	3 042	2 370	128.4	9 712	10 113	96.0	520	415	125.3
19 875	38 813	51.2	2 904	1 372	211.6	16 971	37 441	45.3	1 125	1001	112.4
2 352	2 508	93.8	1 513	1 582	95.7	839	926	90.5	97	99	98.2
8 127	8 413	96.6	6 782	7 070	95.9	1 345	1 344	100.1	274	317	86.4
4 206	4 354	96.6	4 512	4 527	99.7	–306	–173	0.0	69	60	114.0

单位名称	工业中间投入（万元）			工资总额（万元）		
	2010 年	2009 年	同比（%）	2010 年	2009 年	同比（%）
北京机工印刷厂	954.3	969.8	98.4	739.1	688.2	107.4
中青印刷厂	3 714.5	2 724.7	136.3	1 087.7	1 034.0	105.2
文物出版社印刷厂	460.0	450.0	102.2	350.0	406.0	86.2
北京中科印刷有限公司	5 063.4	4 585.1	110.4	1 737.0	1 618.0	107.4
北京外文印刷厂	2 504.4	4 951.2	50.6	1 499.6	1 413.3	106.1
北京人卫印刷厂	1 241.0	1 041.0	119.2	987.0	876.0	112.7
新华通讯社印刷厂	2 337.0	1 755.0	133.2	2 886.0	2 269.0	127.2
北京京安印刷厂	752.0	936.0	80.3	527.0	496.0	106.3
中国电影出版社印刷厂	1 219.0	1 076.0	113.3	376.0	347.0	108.4
北京轻工印刷厂	607.2	441.6	137.5	381.3	340.1	112.1
北京和平印刷有限公司	598.0	557.0	107.4	114.0	103.0	110.7
北京中兴印刷有限公司	285.1	375.8	75.9	189.5	197.7	95.9
清华大学印刷厂	612.0	1 035.0	59.1	784.0	735.0	106.7
北京大学印刷厂	586.0	465.0	126.0	396.0	422.0	93.8
北京毕诚彩印厂	656.0	732.0	89.6	108.0	84.0	128.6
佳信达欣艺术印刷有限公司	1 945.0	3 141.0	61.9	188.0	538.0	34.9
北京华联印刷有限公司	32 610.0	26 044.0	125.2	2 724.0	2 282.0	119.4
北京日邦印刷有限公司	16 362.5	14 989.1	109.2	1 436.4	1 499.1	95.8
北京市世界知识印刷厂	1 572.6	1 741.4	90.3	918.8	789.9	116.3
北京画中画印刷有限公司	1 345.8	6 911.3	19.5	1 454.4	1 463.7	99.4
北京雅昌彩色印刷有限公司	36 815.0	31 417.0	117.2	9 601.0	7 007.0	137.0
化学工业出版社印刷厂	733.8	608.5	120.6	527.4	539.4	97.8
北京盛通印刷股份有限公司	29 814.5	21 945.4	135.9	3 946.0	2 903.0	135.9
中国铁道出版社印刷厂	2 915.0	2 191.0	133.0	1 049.0	1 048.0	100.1
北京东港安全印刷有限公司	3 346.9	2 960.0	113.1	430.5	152.6	282.1
山东新华印刷厂	4 712.0	6 557.0	71.9	1 320.0	1 294.0	102.0
山东临沂新华印刷物流集团	9 924.0	7 040.0	141.0	2 274.0	1 805.0	126.0
山东新华印刷厂潍坊厂	1 867.3	1 441.0	129.6	903.0	953.0	94.8
山东新华印刷厂德州厂	3 504.0	3 245.0	108.0	1 415.0	1 416.0	99.9
中闻集团济南印务有限公司	3 691.3	3 146.5	117.3	869.0	867.1	100.2
河北新华第一印刷有限公司	4 352.3	3 994.0	109.0	1 952.3	1 805.5	108.1
河北新华第二印刷有限公司	0.0	0.0		1 943.0	1 921.0	101.1
中国标准社秦皇岛印刷厂	1 067.5	1 334.0	80.0	557.1	608.0	91.6
保定五四三印刷厂	13 610.6	12 932.5	105.2	2 215.0	2 228.0	99.4
山西新华印业有限公司	4 168.0	3 110.0	134.0	1 634.0	1 552.0	105.3
山西人民印刷有限公司	5 294.0	4 309.0	122.9	1 665.0	1 397.0	119.2
辽宁美术印刷厂	1 736.0	2 989.0	58.1	978.0	923.0	106.0
沈阳新华印刷厂	3 925.0	3 966.0	99.0	1 635.0	1 604.0	101.9

（续）

资 产 总 额（万元）			负 债 总 额（万元）			期末所有者权益（万元）			应 交 增 值 税（万元）		
2010 年	2009 年	同比（%）	2010 年	2009 年	同比（%）	2010 年	2009 年	同比（%）	2010 年	2009 年	同比（%）
1 507	1 693	89.1	566	833	67.9	941	860	109.5	82	73	112.3
6 658	7 333	90.8	2 337	2 315	100.9	4 321	5 018	86.1	237	111	213.3
3 964	4 032	98.3	825	938	88.0	3 139	3 094	101.5	1		
28 124	30 529	92.1	8 543	8 980	95.1	19 581	21 549	90.9	715	845	84.6
9 420	13 985	67.4	1 014	4 254	23.8	8 406	9 731	86.4	295	234	125.9
10 271	10 316	99.6	879	925	95.0	9 392	9 391	100.0	292	295	99.0
28 427	30 913	92.0	5 588	9 858	56.7	22 839	21 055	108.5	659	962	68.5
2 611	2 644	98.8	1 632	1 507	108.3	979	1 137	86.1	101	96	105.2
2 417	2 414	100.1	1 994	1 799	110.8	423	615	68.8	69	52	132.7
2 305	2 268	101.6	842	813	103.6	1 464	1 455	100.6	26	31	83.5
577	640	90.2	140	204	68.6	437	436	100.2	47	47	100.0
1 489	1 452	102.6	292	262	111.1	1 198	1 189	100.7	65	68	95.7
2 180	2 175	100.2	1 136	1159	98.0	1 044	1 016	102.8	210	135	155.6
1 937	2 093	92.5	704	508	138.6	1 233	1 585	77.8	–6	14	–143.0
1 077	1 007	107.0	518	216	239.8	559	791	70.7	13	15	89.7
7 175	7 056	101.7	6 946	6830	101.7	229	226	101.3	28	47	59.6
47 253	44 225	106.8	16 057	14608	109.9	31 196	29 617	105.3	910	1214	75.0
25 509	25 101	101.6	5 946	5753	103.4	19 563	19 348	101.1	693	783	88.5
3 117	7 357	42.4	10 512	11817	89.0	–7 395	–4 460	–70.0	238	226	105.5
11 557	18 809	61.4	11 636	12807	90.9	–79	6 002	–101.0	183	139	131.6
67 384	59 795	112.7	37 959	41086	92.4	29 425	18 709	157.3	3422	2969	115.3
8 648	10 321	83.8	2 095	2076	100.9	6 554	8 245	79.5	128	180	71.2
59 354	43 426	136.7	38 370	26570	144.4	20 983	16 856	124.5	537	949	56.6
16 164	17 164	94.2	9 705	10260	94.6	6 459	6 904	93.6	109	76	143.4
12 742	11 559	110.2	4 791	6926	69.2	7 952	4 633	171.6	570	345	165.1
29 251	29 962	97.6	27 978	26794	104.4	1 273	3 168	40.2	99	353	28.0
29 543	19 629	150.5	23 585	16415	143.7	5 958	3 214	185.4	791	648	122.1
7 554	7 996	94.5	4 772	4815	99.1	2 782	3 181	87.5	236	230	102.6
11 752	9 559	122.9	8 061	5976	134.9	3 691	3 583	103.0	310	716	43.3
8 590	6 892	124.6	4 409	3582	123.1	4 181	3 310	126.3	265	269	98.6
22 466	17 941	125.2	8 582	9491	90.4	13 884	8 451	164.3	748	587	127.4
16 458	16 838	97.7	4 755	5268	90.3	11 703	11 570	101.1	516	460	112.2
959	1 123	85.4	190	354	53.6	769	769	100.0	109	89	122.9
15 749	12 119	130.0	5 815	4 076	142.7	9 934	8 043	123.5	888	851	104.3
13 923	12 765	109.1	6 817	5 473	124.6	7 106	7 292	97.4	340	406	83.7
9 316	9 145	101.9	3 088	3 130	98.7	6 228	6 015	103.5	710	423	167.8
11 018	11 575	95.2	7 003	6 711	104.4	4 015	4 864	82.5	312	235	132.8
16 931	17 571	96.4	5 832	5 690	102.5	11 099	11 881	93.4	555	524	105.9

单位名称	工业中间投入（万元）			工资总额（万元）		
	2010年	2009年	同比（%）	2010年	2009年	同比（%）
东北印刷厂	2 476.0	3 076.0	80.5	893.0	700.0	127.6
长春新华印刷集团有限公司	9 046.0	7 339.0	123.3	1 501.0	1 383.0	108.5
延边新华印刷有限公司	1 451.0	1 283.0	113.1	739.0	741.0	99.7
长春第二新华印刷有限公司	699.0	711.0	98.3	380.0	421.0	90.3
黑龙江新华印刷厂	1 320.0	1 846.0	71.5	800.0	891.0	89.8
黑龙江新华印刷二厂	2 347.0	1 674.0	140.2	913.0	841.0	108.6
安徽新华印刷股份公司	21 027.5	19 912.0	105.6	4 007.3	3 541.6	113.1
合肥远东印务有限公司	3 913.0	3 785.0	103.4	364.0	355.0	102.5
江西新华九江印刷总厂				634.0	919.0	69.0
海南志成彩色印刷有限公司	1 126.0	1 175.0	95.8	165.0	163.0	101.2
江苏新华印刷厂	19 002.0	4 769.0	398.4	6 281.0	2 564.0	245.0
江苏淮阴新华印刷厂	1 793.0	2 869.0	62.5	752.0	816.0	92.2
江苏徐州新华印刷厂	917.0	768.0	119.4	796.0	720.0	110.6
丹阳市教育印刷厂	1 060.0	1 250.0	84.8	282.0	299.0	94.3
南通韬奋印刷有限公司	836.0	730.0	114.5	352.0	325.0	108.3
南京爱德印刷有限公司	17 913.0	13 101.0	136.7	1 948.0	2 036.0	95.7
中闻集团南京印务有限公司	3 571.0	3 792.0	94.2	1 277.0	1 050.0	121.6
浙江印刷集团有限公司	21 571.0	21 308.0	101.2	2 728.0	2 299.0	118.7
常熟市华通印刷有限公司	3 582.0	3 219.6	111.3	614.5	469.0	131.0
福建新华印刷有限公司	6 280.5	4 286.6	146.5	1 174.6	1 143.9	102.7
中闻集团福州印务有限公司	493.0	479.0	102.9	610.0	536.0	113.8
湖北新华印务有限公司	14 987.0	13 583.0	110.3	2 726.0	2 302.0	118.4
湖北日报楚天印务总公司	39 207.0	45 000.0	87.1	1 048.0	1 092.0	96.0
中闻集团武汉印务有限公司	3 133.0	4 770.0	65.7	1 006.0	944.0	106.6
湖北长江印务有限公司	1 713.0	1 114.0	153.8	318.0	300.0	106.0
河南新华印刷集团有限公司	8 406.9	7 997.7	105.1	4 638.7	5 054.5	91.8
湖南天闻新华印务有限公司	51 394.0	45 064.0	114.0	6 984.0	6 336.0	110.2
广东新华印刷有限公司	6 508.7	6 526.0	99.7	2 142.0	1 944.5	110.2
广州华南印刷厂有限公司	4 500.0	5 597.0	80.4	1 332.0	469.0	284.0
东莞金杯印刷有限公司	16 883.3	727.0	2 322.3	2 145.2	1 563.0	137.2
广西民族印刷厂	7 568.0	8 396.0	90.1	1 996.0	2 117.0	94.3
广西新华印刷厂	2 708.0	2 160.0	125.4	425.0	533.0	-20.0
重庆新华印刷厂	1 990.0	2 126.0	93.6	910.0	1 042.0	87.3
成都君区印务有限公司	183.0	300.0	61.0	186.0	143.0	130.1
四川新华印刷厂	1 652.0	1 255.0	131.6	261.0	235.0	111.1
自贡新华印刷厂	1 205.0	809.8	148.8	601.0	532.0	113.0
云南新华印刷实业总公司	7 832.0	6 863.0	114.1	2 617.0	2 175.0	120.3
云南国防印刷厂	7 075.0	6 541.0	108.2	1 455.0	1 490.0	97.7

（续）

资产总额（万元）			负债总额（万元）			期末所有者权益（万元）			应交增值税（万元）		
2010年	2009年	同比（%）	2010年	2009年	同比（%）	2010年	2009年	同比（%）	2010年	2009年	同比（%）
7 410	7 647	96.9	2 122	2 167	97.9	5 288	5 480	96.5	180	343	52.5
21 083	18 911	111.5	14 157	12 256	115.5	6 926	6 655	104.1	279	202	138.1
5 065	5 079	99.7	1 718	1 855	92.6	3 347	3 224	103.8	226	238	95.0
4 250	4 226	100.6	2 347	2 417	97.1	1 903	1 809	105.2	169	138	122.5
8 811	8 351	105.5	6 459	5 368	120.3	2 352	2 983	78.8	227	303	74.9
6 195	5 925	104.6	835	692	120.7	5 360	5 233	102.4	272	388	70.1
73 054	57 767	126.5	33 257	31 693	104.9	39 798	26 074	152.6	3 052	2 403	127.0
11 163	11 397	97.9	8 382	8 565	97.9	2 781	2 832	98.2	157	168	93.5
4 115	8 186	50.3	1 276	1 414	90.2	2 839	6 772	41.9	40	47	85.1
2 480	2 493	99.5	1 017	890	114.3	1 463	1 603	91.3	53	101	52.5
49 904	48 477	102.9	16 803	14 296	117.5	33 101	34 181	96.8	1 981	1 099	180.3
4 788	5 285	90.6	2 536	2 914	87.0	2 252	2 371	95.0	219	255	85.9
2 011	1 951	103.1	1 721	1 470	117.1	290	481	60.3	206	217	94.9
2 269	2 954	76.8	2 102	2 217	94.8	167	737	22.7	109	108	100.9
2 381	2 177	109.4	1 946	1 723	112.9	435	454	95.8	56	54	103.7
24 931	19 876	125.4	13 064	9 000	145.2	11 867	10 876	109.1		284	
23 449	19 859	118.1	12 876	12 187	105.7	10 573	7 672	137.8	263	122	215.6
64 312	60 708	105.9	17 019	14 020	121.4	47 293	46 688	101.3	1 253	1 241	101.0
10 272	6 655	154.3	6 506	3 972	163.8	3 766	2 684	140.3		203	
6 476	6 661	97.2	2 792	2 890	96.6	3 684	3 771	97.7	296	316	93.7
11 557	4 378	264.0	3 601	3 274	110.0	7 956	1 104	720.7	204	251	81.3
41 549	37 037	112.2	20 680	15 972	129.5	20 869	21 065	99.1	612	776	78.9
61 676	67 175	91.8	59 292	64 794	91.5	2 384	2 381	100.1	1 247	798	156.3
12 475	6 397	195.0	1 127	3 741	30.1	11 348	2 656	427.3	287	214	134.1
4 296	4 044	106.2	2 722	2 463	110.5	1 574	1 581	99.6	135	130	103.8
37 180	28 690	129.6	2 285	1 901	120.3	34 895	26 789	130.3	1 332	1 477	90.2
71 879	68 201	105.4	34 290	32 403	105.8	37 589	35 798	105.0	2 836	3 316	85.5
16 713	13 571	123.2	5 883	1 145	513.8	10 830	12 426	87.2	698	747	93.5
17 115	17 945	95.4	9 532	10 805	88.2	7 583	7 140	106.2	238	443	53.7
24 929	21 663	115.1	4 333	2 995	144.7	20 597	18 668	110.3	232	−231	200.0
18 331	19 875	92.2	9 089	10 764	84.4	9 242	9 111	101.4	445	537	82.9
1 926	2 133	90.3	1 751	2 423	72.3	175	−290	160.0	208	37	563.2
13 570	12 745	106.5	10 286	7 953	129.3	3 284	4 792	68.5	204	207	98.6
12 974	13 147	98.7	10 178	10 246	99.3	2 796	2 901	96.4	15	−32	150.0
22 585	19 238	117.4	22 531	19 184	117.4	54	54	100.0	1238	1013	122.2
3 218	3 060	105.2	8 172	7 632	107.1	−4 954	−4 572	−10.0	168	164	102.4
26 335	23 651	111.3	13 357	12 570	106.3	12 978	11 081	117.1	576	659	87.4
13 637	10 575	129.0	5 476	2 995	182.8	8 161	7 580	107.7	350	307	114.0

单位名称	工业中间投入（万元）			工资总额（万元）		
	2010年	2009年	同比（%）	2010年	2009年	同比（%）
贵州新华印刷厂	4 356.0	3 879.1	112.3	1 891.0	1 805.0	104.8
西安新华印务有限公司	4 820.0	6 176.0	78.0	1 095.0	1 035.0	105.8
中闻集团西安印务有限公司	4 396.6	4 206.2	104.5	1 132.8	1 025.6	110.5
甘肃新华印刷厂	3 683.0	3 572.0	103.1	1 664.0	1 606.0	103.6
兰州新华印刷厂	4 748.0	4 366.0	108.7	1 699.0	1 497.0	113.5
天水新华印刷厂	3 932.0	4 040.0	97.3	1 232.0	1 184.0	104.1
青海新华印刷厂				435.8	388.8	112.1
新疆新华印刷厂	3 367.0	3 280.0	102.7	1 749.0	1 740.0	100.5
新疆八艺印刷厂	962.0	1 240.0	77.6	493.0	415.0	118.8
新疆新华印刷二厂	619.0	767.0	80.7	298.0	310.0	96.1
西藏新华印刷厂	1 656.0	1 760.0	94.1	829.0	750.0	110.5
内蒙古爱信达教育印务公司	800.0	776.2	103.1	808.0	678.0	119.2

注：2009年或2010年的数据为负数的，“同比”值用“同比增长”值代替。

（续）

资产总额（万元）			负债总额（万元）			期末所有者权益（万元）			应交增值税（万元）		
2010年	2009年	同比（%）	2010年	2009年	同比（%）	2010年	2009年	同比（%）	2010年	2009年	同比（%）
11 483	9 822	116.9	5 241	3 457	151.6	6 242	6 365	98.1	281	404	69.6
12 969	13 095	99.0	11 837	11 964	98.9	1 132	1 131	100.1	275	446	61.7
14 501	12 596	115.1	9 066	10 120	89.6	5 435	2 477	219.4	80	168	47.9
10 097	9 708	104.0	5 602	5 275	106.2	4 495	4 433	101.4	133	339	39.2
8 573	8 363	102.5	4 479	4 397	101.9	4 094	3 966	103.2	350	360	97.2
14 538	13 539	107.4	9 852	8 888	110.8	4 686	4 651	100.8	279	219	127.4
3 621	3 588	100.9	1 526	1 493	102.2	2 095	2 095	100.0	92	71	129.6
22 716	19 871	114.3	11 516	8 587	134.1	11 200	11 284	99.3	636	376	169.1
15 841	7 720	205.2	13 749	5 655	243.1	2 092	2 065	101.3	131	118	111.0
3 820	4 945	77.2	1 054	2 039	51.7	2 766	2 906	95.2	59	82	72.0
4 680	3 128	149.6	1 517	455	333.4	3 163	2 673	118.3	124	202	61.4
12 910	12 289	105.1	5 134	5 125	100.2	7 776	7 164	108.6	511	366	139.7

2010年全国121家骨干书刊印刷（含其他印刷）

单位名称	人均利税（元/人）			人均工资（元/人）		
	2010年	2009年	同比（%）	2010年	2009年	同比（%）
北京隆达印刷包装集团	17 572	11 589	151.6	32 135	28 238	113.8
北京印刷一厂	5 116	5 534	92.5	23 982	22 551	106.3
北京印刷二厂	23 084	22 677	101.8	36 449	28 020	130.1
北京北人羽新胶印有限公司	273	−7 815	100.0	28 994	22 605	128.3
北京利丰雅高长城印刷公司	23 151	13 762	168.2	34 573	33 140	104.3
北京宝岛包装有限公司	22 183	19 461	114.0	32 437	29 363	110.5
天津新闻出版局	−13 733	−4 656	−190.0	21 509	18 838	114.2
天津新华一印刷有限公司	−28 011	−15 671	−80.0	23 501	21 713	108.2
天津新华二印刷有限公司	−23 115	−9 931	−133.0	19 271	14 407	133.8
天津新华印刷三厂	6 429	5 616	114.5	16 190	14 521	111.5
天津金彩美术印刷有限公司	4 357	12 179	35.8	26 222	24 393	107.5
天津高教出版社印刷厂	18 364	15 367	119.5	25 247	21 730	116.2
上海印刷（集团）公司	9 099	8 545	106.5	43 324	36 796	117.7
上海新华印刷有限公司	7 811	3 138	248.9	30 549	28 718	106.4
上海市印刷三厂	12 956	26 540	48.8	49 505	42 907	115.4
上海中华印刷有限公司	6 622	485	1364.2	46 393	38 125	121.7
上海市印刷四厂	17 711	19 250	92.0	33 855	31 250	108.3
北京新华印刷有限公司	2 231			18 154		
中印南方印刷有限公司	4 566	9 486	48.1	14 453	32 090	45.0
北京一二〇一印刷厂	7 020	8 497	82.6	31 236	29 456	106.0
解放军一二〇五工厂	22 474	18 271	123.0	50 774	45 226	112.3
解放军报印刷厂	28 929	24 528	117.9	44 750	34 305	130.4
北京凌奇印刷有限公司	11 641	9 298	125.2	36 455	34 413	105.9
北京金盾印刷厂	4 620	8 883	52.0	29 620	20 727	142.9
海军政治部印刷厂	−6 016	2 632	−330.0	29 837	25 113	118.8
廊坊一二〇六印刷厂	17 545	13 250	132.4	35 981	33 352	107.9
北京国防印刷厂	1 792	6 436	27.9	29 245	31 287	93.5
北京交通印务实业公司	15 434	12 624	122.3	33 237	29 995	110.8
人民教育出版社印刷厂	14 585	2 837	514.2	35 507	34 531	102.8
人民日报社印刷厂	15 227	−12 868	220.0	88 797	67 734	131.1
煤炭工业出版社印刷厂	394	1 249	31.5	20 208	18 322	110.3
中国农业出版社印刷厂	7 462	8 796	84.8	28 200	28 074	100.4
北京建筑工业印刷厂	1 950	−2 681	170.0	22 988	26 536	86.6

企业经济效益完成情况汇总表（五）

排字						书刊印刷					
产量（万字）			产值（万元）			产量（万令）			产值（万元）		
2010 年	2009 年	同比（%）	2010 年	2009 年	同比（%）	2010 年	2009 年	同比（%）	2010 年	2009 年	同比（%）
						10.4	10.1	103.0	402.7	410.9	98.0
						6.5	6.5	100.0	201.5	186.7	107.9
						3.9	3.6	108.3	201.2	224.2	89.7
3 625	3 218	112.6	41.2	41.4	99.5	8.1	9.3	87.1	228.1	194.3	117.4
						2	3	66.7	28	36	77.8
3 293	2 920	112.8	25.2	26.4	95.5	5.7	5.9	96.6	195.6	153.8	127.2
332	298	111.4	16	15	106.7	0.4	0.4	100.0	4.5	4.5	100.0
						24	22	109.1	582	508	114.6
431	571	75.5	4	6	66.7	6.9	14.5	47.6	263.7	306.2	86.1
431	571	75.5	4	6	66.7	4.9	11.6	42.2	139.7	142.5	98.0
							0.9			41.7	
						2	2	100.0	124	122	101.6
7 786			51.7			1.2			48.8		
						26	34	76.5	2099	758.1	276.9
4 502	3 634	123.9	26.5	36.8	72.0	9	13.2	68.2	275.2	939.5	29.3
1 435	1 641	87.4	109.6	115.4	95.0	30	30.7	97.7	1005.7	1018.1	98.8
10 776	5 486	196.4	141.5	131	108.0	15.3	14	109.3	433	425	101.9
2960	2 850	103.9	42	39	107.7	5.1	4.8	106.3	248	233	106.4
1 500	1 900	78.9	63	78.8	79.9	9.1	8	113.8		580	
						3.4	5.9	57.6	129	286.6	45.0
1 284	1 964	65.4	14	30	46.7	32	27	118.5	650	859	75.7
4 908	4 643	105.7	57.2	58.6	97.6	0.6	0.8	75.0	10.8	16.2	66.7
						4.7	4.1	114.6	209.5	163.5	128.1
11 914	8 751	136.1	115.2	105.9	108.8	27.3	30.8	88.6	1201.9	1414.5	85.0
						4.9	5.3	92.5	366	390.6	93.7

单位名称	人均利税（元/人）			人均工资（元/人）		
	2010年	2009年	同比（%）	2010年	2009年	同比（%）
北京机工印刷厂	6 439	4 213	152.8	27 476	22 864	120.2
中青印刷厂	−14 198	−17 328	20.0	27 677	25 097	110.3
文物出版社印刷厂	11 794	−25 735	150.0	26 718	29 853	89.5
北京中科印刷有限公司	22 889	26 081	87.8	27 571	26 097	105.7
北京外文印刷厂	−11 815	11 084	−210.0	33 399	26 516	126.0
北京人卫印刷厂	12 543	10 271	122.1	24 132	19 774	122.0
新华通讯社印刷厂	126 344	106 937	118.1	77 581	59 398	130.6
北京京安印刷厂	−9 157	−8 427	−10.0	31 747	27 865	113.9
中国电影出版社印刷厂	8 857	1 429	620.0	35 810	33 048	108.4
北京轻工印刷厂	−1 161	2 638	−140.0	30 750	22 375	137.4
北京和平印刷有限公司	13 600	13 148	103.4	22 800	19 074	119.5
北京中兴印刷有限公司	9 736	7 566	128.7	20 824	17 496	119.0
清华大学印刷厂	12 465	9 361	133.2	36 465	33 562	108.7
北京大学印刷厂	4 286	14 732	29.1	37 714	37 679	100.1
北京毕诚彩印厂	13 056	10 000	130.6	30 000	17 872	167.9
佳信达欣艺术印刷有限公司	1 164	1 927	60.4	6 836	19 564	34.9
北京华联印刷有限公司	60 034	80 932	74.2	46 885	40 896	114.6
北京日邦印刷有限公司	50 004	56 932	87.8	61 914	60 205	102.8
北京市世界知识印刷厂	12 473	7 490	166.5	30 832	23 029	133.9
北京画中画印刷有限公司	7 752	7 663	101.2	41 914	39 774	105.4
北京雅昌彩色印刷有限公司	48 197	45 676	105.5	49 035	38 020	129.0
化学工业出版社印刷厂	−10 129	6 117	−270.0	19 390	17 980	107.8
北京盛通印刷股份有限公司	80 185	66 311	120.9	41 801	35 402	118.1
中国铁道出版社印刷厂	−10 735	−23 841	50.0	33 514	34 702	96.6
北京东港安全印刷有限公司	354 113	294 778	120.1	53 813	42 389	126.9
山东新华印刷厂	−7 147	−360	−1 890.0	19 820	19 429	102.0
山东临沂新华印刷物流集团	24 101	13 555	177.8	24 038	20 304	118.4
山东新华印刷厂潍坊厂	−1 703	−9 310	80.0	16 538	16 867	98.1
山东新华印刷厂德州厂	6 904	18 093	38.2	18 643	18 880	98.7
中闻集团济南印务有限公司	2 914	8 915	32.7	21 351	20 025	106.6
河北新华第一印刷有限公司	7 625	7 118	107.1	17 478	19 561	89.4
河北新华第二印刷有限公司	9 444	7 751	121.8	21 166	20 094	105.3
中国标准社秦皇岛印刷厂	6 912	4 321	160.0	24 434	25 021	97.7
保定五四三印刷厂	35 476	27 661	128.3	27 379	25 550	107.2
山西新华印业有限公司	3 204	902	355.3	22 663	20 584	110.1
山西人民印刷有限公司	16 308	12 844	127.0	24 888	21 361	116.5
辽宁美术印刷厂	−12 484	−35 525	60.0	31 548	28 488	110.7
沈阳新华印刷厂	−8 630	−24 708	70.0	26 980	26 778	100.8

（续）

排字						书刊印刷					
产量（万字）			产值（万元）			产量（万令）			产值（万元）		
2010 年	2009 年	同比（%）	2010 年	2009 年	同比（%）	2010 年	2009 年	同比（%）	2010 年	2009 年	同比（%）
12 460	4 721	263.9	248	141.6	175.1	12.6	11.2	112.5	83.8	80.9	103.6
						18.3	16.8	108.9	364.2	345	105.6
						3	4	75.0	81	108	75.0
						47.7	48.2	99.0	1135	1 058	107.3
79	93	85.3	0.8	0.7	114.3	25.5	27.9	91.4	833.9	789.9	105.6
20 581	20 460	100.6	360	348	103.4	26	23	113.0	761	646	117.8
6 270	9 436	66.4	453	585	77.4	21	21	100.0	1284	900	142.7
6 218	6 236	99.7	99.5	101	98.5	1.8	2.7	66.7	44.1	62.3	70.8
						38	34	111.8	2309	2127	108.6
4 300	4 200	102.4	68	67	101.5	6.8	5.1	133.3	360	339	106.2
488	1 275	38.3	4.4	11.8	37.3	5.8	5.9	98.3	301.1	300.4	100.2
			370	358	103.4	16	17	94.1	290	304	95.4
						4.5	5.2	86.5	84	103	81.6
						18	17	105.9	284	267	106.4
						4	21	19.0	72	694	10.4
						26	24	108.3	1217	1 200	101.4
						18.8	16.7	112.6	5 870.1	5 131.5	114.4
7 925	8 579	92.4	83.9	89.8	93.4	14.4	16.7	86.2	949.7	1 038.9	91.4
6 383	8 088	78.9	50.9	69	73.8	1	1.5	66.7	16.9	22	76.8
8 228	10 186	80.8	173	95.4	181.3	11.6	13.4	86.6	231	308.9	74.8
8 359	6 608	126.5	118.7	114	104.1	20.7	21	98.6	370	610	60.7
4 601	3 910	117.7	35.7	46.6	76.6	5.7	4.2	135.7	103.5	77.7	133.2
3 987	3 653	109.1	0	63.7	0.0	14	15.3	91.5	0	367.9	0.0
1 043	1 492	69.9	8.3	13.4	61.9	33.6	30	112.0	1224	1 039.3	117.8
2 307	4 724	48.8	31.2	49	63.7	25	29	86.2	577.6	636	90.8
4 105	4 036	101.7	33	31	106.5	12	16	75.0	574	352	163.1
6 990	5 470	127.8	68.6	79.4	86.4	9.5	8.6	110.5	677.9	723.6	93.7
1 793	3 573	50.2	15	57	26.3	9	11	81.8	189	326	58.0
						15	12.6	119.0	597	389	153.5
15 046	13 120	114.7	98	68	144.1	31	33	93.9	626	665	94.1

单位名称	人均利税（元/人）			人均工资（元/人）		
	2010年	2009年	同比（%）	2010年	2009年	同比（%）
东北印刷厂	2 649	11 777	22.5	24 135	18 568	130.0
长春新华印刷集团有限公司	26 368	24 610	107.1	26 333	23 441	112.3
延边新华印刷有限公司	13 137	13 403	98.0	22 950	22 119	103.8
长春第二新华印刷有限公司	18 750	15 707	119.4	20 652	20 537	100.6
黑龙江新华印刷厂	−5 961	−350	−1 600.0	11 923	12 239	97.4
黑龙江新华印刷二厂	11 074	6 198	178.7	18 151	11 258	161.2
安徽新华印刷股份公司	42 344	35 379	119.7	25 267	22 387	112.9
合肥远东印务有限公司	31 224	28 900	108.0	18 571	17 750	104.6
江西新华九江印刷总厂	9 072	26 513	34.2	18 982	26 484	71.7
海南志成彩色印刷有限公司	−9 425	37 353	−130.0	18 966	15 980	118.7
江苏新华印刷厂	19 922	13 257	150.3	32 578	16 736	194.7
江苏淮阴新华印刷厂	5 909	−3 443	270.0	21 364	22 295	95.8
江苏徐州新华印刷厂	1 931	805	239.9	27 448	22 291	123.1
丹阳市教育印刷厂	8 000	9 563	83.7	18 800	18 688	100.6
南通韬奋印刷有限公司	2 429	377	643.6	16 762	15 330	109.3
南京爱德印刷有限公司	29 337	48 795	60.1	39 116	38 343	102.0
中闻集团南京印务有限公司	12 727	8 707	146.2	42 997	35 714	120.4
浙江印刷集团有限公司	56 137	52 162	107.6	46 632	38 834	120.1
常熟市华通印刷有限公司	935	11 496	8.1	20 082	19 221	104.5
福建新华印刷有限公司	4 263	459	929.4	23 077	20 989	109.9
中闻集团福州印务有限公司	14 638	13 345	109.7	22 101	18 108	122.1
湖北新华印务有限公司	41 531	53 393	77.8	34 770	37 553	92.6
湖北日报楚天印务总公司	60 408	3 907	1546.2	22 489	22 105	101.7
中闻集团武汉印务有限公司	12 089	10 108	119.6	28 022	25 514	109.8
湖北长江印务有限公司	6 054	5 652	107.1	14 260	13 043	109.3
河南新华印刷集团有限公司	21 492	26 698	80.5	38 022	38 205	99.5
湖南天闻新华印务有限公司	63 079	55 964	112.7	40 417	33 738	119.8
广东新华印刷有限公司	51 015	24 271	210.2	36 244	41 461	87.4
广州华南印刷厂有限公司	21 909	4 198	522.0	31 790	11 580	274.5
东莞金杯印刷有限公司	11 124	1 360	818.0	30 646	20 840	147.1
广西民族印刷厂	12 255	13 143	93.2	28 312	28 803	98.3
广西新华印刷厂	8 708	109	7 967.7	23 876	29 126	−18.0
重庆新华印刷厂	−18 280	−19 931	10.0	11 098	12 018	92.3
成都君区印务有限公司	57 500	62 899	91.4	27 353	20 725	132.0
四川新华印刷厂	−33 192	20 188	−260.0	12 254	11 033	111.1
自贡新华印刷厂	−4 743	−5 203	10.0	22 096	19 631	112.6
云南新华印刷实业总公司	16 298	21 852	74.6	31 454	29 835	105.4
云南国防印刷厂	28 184	21 916	128.6	37 212	36 609	101.6

（续）

排字						书刊印刷					
产量（万字）			产值（万元）			产量（万令）			产值（万元）		
2010 年	2009 年	同比（%）	2010 年	2009 年	同比（%）	2010 年	2009 年	同比（%）	2010 年	2009 年	同比（%）
202	197	102.5	20	11	181.8	18	17	105.9	313	309	101.3
59	119	49.6	10	9	111.1	18	18	100.0	369	314	117.5
3 430	2 429	141.2	12	10	120.0	9	9	100.0	180	176	102.3
20	20	100.0	1	1	100.0	7	8	87.5	176	184	95.7
84	27	311.1	3	0.2	1 500.0	2.2	2.7	81.5	133	176	75.6
						6	7	85.7	231	264	87.5
						348.4	268	130.0	24 137.5	18 567.2	130.0
						41	38	107.9	1 745	1 626	107.3
						19.1	15.6	122.4			
14 361	5 181	277.2	316	114	277.2	179	143	125.2	7 310	5 872	124.5
						10	11	90.9	1 131	1 198	94.4
						12.5	11	113.6	987	892	110.7
3 460	3 500	98.9	32.8	32	102.5	15	15.5	96.8	660	700	94.3
						3	2	150.0	105	70	150.0
						83	81	102.5	1 165	1 134	102.7
599	774	77.4	3	3	100.0	40	42	95.2	3 379	3 704	91.2
						20	22	90.9	562	480	117.1
						12.2	11.2	108.9	1 086.2	913.9	118.9
2 309	3 246	71.1	31.2	38.6	80.8	27.3	26.5	103.0	1 894.3	2 113.8	89.6
2 523	2 899	87.0	35	40	87.5	28	25	112.0	626	548	114.2
						90	80	112.5	6 768	6 146	110.1
						51	54	94.4	474	502	94.4
77 503	74 146	104.5	215	300	71.7	42	41	102.4	3 200	3 700	86.5
						21	14	150.0	1 271	1 208	105.2
4 878	5 897	82.7	41.4	45.9	90.2	67.9	75.4	90.1	5 554.6	5 751.5	96.6
15 095	12 507	120.7	73.4	60.8	120.7	156	138	113.0	6 240.9	5 520.8	113.0
						74.9	50.4	148.6			
906	1 018	89.0	14	15	93.3	215	122	176.2	1 772	1 639	108.1
530	7 251	7.3	49	104	47.1	42	41	102.4	2625	2 894	90.7
						19.9	12.7	156.7	586		
2	1	200.0	38	35	108.6	68	17	400.0	1876	981	191.2
1 000	890	112.4	12	9	133.3	3.5	2	175.0	160	120	133.3
288	927	31.1				6.6	9.5	69.5			
540	901	59.9	5	8.3	60.2	3	2.6	115.4	196	100	196.0
0	252	0.0	0	86	0.0	22	26	84.6	3696	3 388	109.1
2 410	2116	113.9	41	36	113.9	45	46	97.8	4470	3 783	118.2

单位名称	人均利税（元/人）			人均工资(元/人)		
	2010年	2009年	同比（%）	2010年	2009年	同比（%）
贵州新华印刷厂	1 578	−91	1 830.0	25 281	23 442	107.8
西安新华印务有限公司	10 518	14 360	73.2	21 813	20 058	108.7
中闻集团西安印务有限公司	1 831	7 472	24.5	30 452	25 769	118.2
甘肃新华印刷厂	2 534	5 672	44.7	20 671	19 803	104.4
兰州新华印刷厂	6 162	5 912	104.2	22 928	19 341	118.5
天水新华印刷厂	5 538	4 376	126.5	19 775	19 190	103.1
青海新华印刷厂	3 915	2 898	135.1	18 545	15 869	116.9
新疆新华印刷厂	20 211	12 756	158.4	30 738	25 108	122.4
新疆八艺印刷厂	13 072	18 256	71.6	29 699	24 128	123.1
新疆新华印刷二厂	−6 370	−2 712	−130.0	20 411	17 514	116.5
西藏新华印刷厂	5 128	9 449	54.3	35 427	31 780	111.5
内蒙古爱信达教育印务公司	63 149	43 764	144.3	31 686	24 214	130.9

注：2009 年或 2010 年的数据为负数的，“同比”值用“同比增长”值代替。

（续）

排字						书刊印刷					
产量（万字）			产值（万元）			产量（万令）			产值（万元）		
2010年	2009年	同比（%）	2010年	2009年	同比（%）	2010年	2009年	同比（%）	2010年	2009年	同比（%）
3 220	2 814	114.4	26	24.5	106.1	8	9.1	87.9	152	193.2	78.7
						8	8	100.0	493	634	77.8
						48.7	44.4	109.7	681.2	621.5	109.6
5 528	5 276	104.8	18	29	62.1	35	36	97.2	1 787	1 871	95.5
3 543	2 255	157.1	53	34	155.9	27	25	108.0	1 486	1 387	107.1
165	680	24.3	39	135	28.9	24	19	126.3	1 620	1 514	107.0
16 587	16 336	101.5	88	78.8	111.7	4	6.7	59.7	86	115.8	74.3
767	954	80.4	29	39	74.4	12.9	11.8	109.3	617	607	101.6
700	1 012	69.2	7	10.1	69.3	26	26.1	99.6	561	532	105.5
						2	2	100.0			
						6.2	8.1	76.5	225	300	75.0

2010年全国121家骨干书刊印刷（含其他印刷）

单位名称	胶印印刷					
	产量（万对开色令）			产值（万元）		
	2010年	2009年	同比（%）	2010年	2009年	同比（%）
北京隆达印刷包装集团	646.3	411.4	157.1	9 253.6	7 525.4	123.0
北京印刷一厂	17.9	17.0	105.3	511.3	548.3	93.3
北京印刷二厂	11.4	10.7	106.5	1 528.8	1 154.1	132.5
北京北人羽新胶印有限公司	34.5	34.6	99.7	1 186.5	1 491.0	79.6
北京利丰雅高长城印刷公司	516.0	298.0	173.2	6 027.0	4 332.0	139.1
北京宝岛包装有限公司	66.5	51.1	130.1			
天津新闻出版局	76.8	70.4	109.1	2 666.9	2 539.9	105.0
天津新华一印刷有限公司	16.0	18.0	88.9	432.0	421.0	102.6
天津新华二印刷有限公司	35.1	23.2	151.3	832.7	546.4	152.4
天津新华印刷三厂	7.6	7.9	96.2	190.0	197.5	96.2
天津金彩美术印刷有限公司	18.1	21.3	85.0	1 212.2	1 375.0	88.2
天津高教出版社印刷厂	48.0	41.0	117.1	989.0	731.0	135.3
上海印刷（集团）公司	452.1	293.7	153.9	7 320.6	4 763.9	153.7
上海新华印刷有限公司	34.1	26.7	127.7	886.6	694.2	127.7
上海市印刷三厂	0.0	3.0			122.7	
上海中华印刷有限公司	408.0	256.0	159.4	6 138.0	3 717.0	165.1
上海市印刷四厂	10.0	8.0	125.0	296.0	230.0	128.7
北京新华印刷有限公司	18.1			533.0		
中印南方印刷有限公司	10.0	23.6	42.4	908.0	545.1	166.6
北京一二〇一印刷厂	6.0	23.7	25.3	193.8	610.4	31.7
解放军一二〇五工厂	17.4	17.4	100.0	652.6	627.9	103.9
解放军报印刷厂						
北京凌奇印刷有限公司	38.4	39.6	97.0	1 257.2	1 455.0	86.4
北京金盾印刷厂	40.5	37.0	109.5	917.1	931.0	98.5
海军政治部印刷厂	2.2	1.8	122.2	62.0	55.0	112.7
廊坊一二〇六印刷厂	37.2	45.0	82.7	1 205.0	1 134.0	106.3
北京国防印刷厂	6.6	22.0	30.0	128.0	420.0	30.5
北京交通印务实业公司	3.4	5.6	60.7	8.8	172.6	5.1
人民教育出版社印刷厂	62.0	60.0	103.3	3 280.0	2 869.0	114.3
人民日报社印刷厂	0.1	1.3	7.7	26.0	61.8	42.1
煤炭工业出版社印刷厂	11.4	11.7	97.4	377.4	381.6	98.9
中国农业出版社印刷厂	19.9	21.4	93.0	723.6	820.3	88.2
北京建筑工业印刷厂	1.4	1.6	87.5	173.3	191.3	90.6

企业经济效益完成情况汇总表（六）

书刊装订						照相制版					
产量（万令）			产值（万元）			产量（四开块）			产值（万元）		
2010 年	2009 年	同比（%）	2010 年	2009 年	同比（%）	2010 年	2009 年	同比（%）	2010 年	2009 年	同比（%）
57.3	33.5	171.0	3 985	2109	188.9	109 160	75 500	144.6	2183	1510	144.6
6.3	6.5	96.9	146	146	100.0						
51.0	27.0	188.9	3839	1963	195.6	109 160	75 500	144.6	2183	1510	144.6
14.8	15.5	95.5	369	346	106.4	18 033	23 899	75.5	153	186	81.9
3.0	3.0	100.0	39	40	97.5	6 032	10 187	59.2	13	14	92.9
7.9	8.6	91.9	232	196	118.7	4 715	5 877	80.2	97	118	82.8
1.6	1.0	160.0	17	11	159.8						
2.3	2.9	79.3	80	100	80.1	7 286	7 835	93.0	42	55	77.0
19.0	15.0	126.7	416	378	110.1	1 663	1 878	88.6	33	37	89.2
44.6	29.8	149.7	1562	993	157.3	191 438	68 037	281.4	205	247	83.0
7.2	6.3	114.3	166	145	114.3	510	532	95.9	8	9	96.5
	1.3			159							
37.4	22.2	168.5	1396	689	202.6	183 554	64 343	285.3	156	199	78.1
						7 374	3 162	233.2	41	39	105.1
6.8			208								
21.0	34.6	60.7	689	733	94.0						
3.0	5.5	54.5	109	224	48.7	4 355	6 413	67.9	80	159	50.1
						8 498	9 288	91.5	151	157	96.4
29.3	30.9	94.8	682	696	98.0	12 606	12 904	97.7	164	168	97.7
17.1	15.0	114.0	640	506	126.5	12 161	15 728	77.3	74	75	98.9
2.3	1.8	127.8	40	36	111.1	38 200	37 900	100.8	77	74	104.1
0.9	0.4	225.0	47	21	223.9	62 624	70 622	88.7	313	353	88.7
2.5	2.0	125.0	104	82	126.8		1 800				
19.0	17.0	111.8	472	412	114.6				789	684	115.4
4.5	5.1	88.2	38	51	73.5	4 392.2	3 967.2	110.7	30	39	75.6
2.3	2.2	104.5	71	70	101.3	16 402	18 009	91.1	30	30	99.3
20.8	21.7	95.9	894	1009	88.6						
3.1	2.9	106.9	96	85	112.9	209.5	270.5	77.4	17	22	77.4

单位名称	胶印印刷					
	产量（万对开色令）			产值（万元）		
	2010 年	2009 年	同比（%）	2010 年	2009 年	同比（%）
北京机工印刷厂						
中青印刷厂	38.8	38.8	100.0	1 473.1	1 433.1	102.8
文物出版社印刷厂	18.0	20.4	88.2	225.0	256.0	87.9
北京中科印刷有限公司	102.6	94.6	108.5	3 199.8	2 972.2	107.7
北京外文印刷厂	0.0	21.0			517.7	
北京人卫印刷厂	46.0	41.0	112.2	1 443.0	1 344.0	107.4
新华通讯社印刷厂	1.0	1.0	100.0	23.0	10.0	230.0
北京京安印刷厂	3.1	3.8	81.6	55.8	69.1	80.8
中国电影出版社印刷厂						
北京轻工印刷厂						
北京和平印刷有限公司	5.8	5.4	107.4	220.0	211.0	104.3
北京中兴印刷有限公司	0.3	0.3	100.0	36.6	37.3	98.1
清华大学印刷厂	11.0	7.2	152.8	345.0	311.0	110.9
北京大学印刷厂	13.3	15.8	84.2	215.0	316.0	68.0
北京毕诚彩印厂	20.0	21.0	95.2	316.0	330.0	95.8
佳信达欣艺术印刷有限公司	97.0	159.0	61.0	1 290.0	1 289.0	100.1
北京华联印刷有限公司	1 408.0	991.0	142.1	32 400.0	32 772.0	98.9
北京日邦印刷有限公司	701.6	639.8	109.7	19 823.0	18 772.2	105.6
北京市世界知识印刷厂	30.5	28.8	105.9	1 287.0	1 239.0	103.9
北京画中画印刷有限公司						
北京雅昌彩色印刷有限公司	73.8	63.9	115.5	5 870.1	5131.5	114.4
北京人铁报印刷厂						
化学工业出版社印刷厂	27.2	31.4	86.6	739.8	766.6	96.5
北京盛通印刷股份有限公司	886.0	715.0	123.9			
中国铁道出版社印刷厂	8.4	7.5	112.0	504.0	389.0	129.6
北京东港安全印刷有限公司	8.7	4.6	189.1			
山东新华印刷厂	170.0	166.0	102.4	2 709.0	2 774.4	97.6
山东临沂新华印刷物流集团	245.7	210.0	117.0	2 231.9	3 520.0	63.4
山东新华印刷厂潍坊厂	114.3	98.7	115.8	2 302.1	1 993.0	115.5
山东新华印刷厂德州厂	163.0	159.2	102.4		2 678.4	
中闻集团济南印务有限公司	41.1	38.4	107.0	914.8	846.3	108.1
河北新华第一印刷有限公司	216.5	177.0	122.3	5 150.2	3 720.0	138.4
河北新华第二印刷有限公司	235.0	175.0	134.3	4 470.0	3 683.0	121.4
中国标准社秦皇岛印刷厂	12.7	12.3	103.3	381.0	438.4	86.9
保定五四三印刷厂	76.0	73.2	103.8	20 300.0	17 090.0	118.8
山西新华印业有限公司	144.0	130.0	110.8	2 173.0	2 308.0	94.2
山西人民印刷有限公司	165.0	158.5	104.1	8 274.0	6 050.0	136.8
辽宁美术印刷厂	100.0	118.0	84.7	1 769.0	2 042.0	86.6

（续）

书刊装订						照相制版					
产量（万令）			产值（万元）			产量（四开块）			产值（万元）		
2010 年	2009 年	同比（%）	2010 年	2009 年	同比（%）	2010 年	2009 年	同比（%）	2010 年	2009 年	同比（%）
11.6	12.5	92.8	233	214	108.6	7081	8560	82.7	95	70	135.9
0.8	0.8	100.0	30	32	93.8						
40.7	35.1	116.0	1 912	1 681	113.7	111 750	101 650	109.9	2235	2033	109.9
19.6	21.4	91.6	662	682	97.0				201	252	79.7
20.0	18.0	111.1	486	418	116.3	27 436	34 475	79.6	43	52	82.7
5.0	5.0	100.0	220	89	247.2	28 819	32 305	89.2	576	646	89.2
1.1	0.5	220.0	14	6	221.9						
5.8	5.5	105.5	137	134	102.2	10 000	8 000	125.0	50	40	125.0
5.8	5.5	105.5	155	150	103.8						
9.5	9.4	101.1	203	185	109.7						
						88 932	110 648	80.4	286	355	80.6
20.0	21.0	95.2	120	122	98.4	3 200	3 300	97.0	64	66	97.0
17.0	35.2	48.3	925	1084	85.3	18			500		
						11 103	11 160	99.5	222	223	99.5
18.8	16.7	112.6	6164	5388	114.4	161 430	141 115	114.4	3229	2822	114.4
10.3	10.8	95.4	359	355	100.9						
7.3	7.0	104.3	217	222	97.6	53 938	40 654	132.7	167	123	136.3
35.6	34.5	103.2	1360	900	151.1						
64.3	57.0	112.8	1997	1827	109.3	39 758	47 935	82.9	280	310	90.4
22.1	18.6	118.8	780	536	145.4	36 704	19 210	191.1	67	45	147.0
37.0	39.0	94.9		798		20 934	27 100	77.2		166	
20.7	22.4	92.4	329	351	93.9	698	842	82.9	4	3	134.4
54.2	52.0	104.2	1358	1385	98.1	50 351	42 611	118.2	313	218	143.5
42.0	38.0	110.5	847	959	88.3	20 974	22 941	91.4	133	183	72.7
6.9	7.2	95.8	250	246	101.5	480	114	421.1	15	12	124.2
						1 207	3 119	38.7	55	39	141.0
29.0	25.0	116.0	566	494	114.6	10 696	10 429	102.6	40	41	97.6
37.6	34.0	110.6	1 589	1 120	141.9						
13.0	16.0	81.3	345	432	79.9	46 633	47 944	97.3	257	224	114.7

单位名称	胶印印刷					
	产量（万对开色令）			产值（万元）		
	2010年	2009年	同比（%）	2010年	2009年	同比（%）
沈阳新华印刷厂	149.0	145.0	102.8	2 722.0	2 790.0	97.6
东北印刷厂	19.0	21.0	90.5	391.0	432.0	90.5
长春新华印刷集团有限公司	212.0	209.0	101.4	3 478.0	3 347.0	103.9
延边新华印刷有限公司	49.0	55.0	89.1	856.0	959.0	89.3
长春第二新华印刷有限公司	45.0	43.0	104.7	910.0	903.0	100.8
黑龙江新华印刷厂	52.0	69.0	75.4	1 164.0	1 683.0	69.2
黑龙江新华印刷二厂	103.0	97.0	106.2	2 118.0	2 040.0	103.8
安徽新华印刷股份公司	620.5	476.9	130.1	19 235.8	14 782.7	130.1
合肥远东印务有限公司	63.0	59.0	106.8	2 214.0	2 048.0	108.1
海南志成彩色印刷有限公司				1 533.0	1 546.0	99.2
江苏新华印刷厂	345.0	92.0	375.0	14 765.0	2 497.0	591.3
江苏淮阴新华印刷厂	22.8	24.0	95.0	526.0	541.0	97.2
江苏徐州新华印刷厂	48.0	47.0	102.1	987.0	892.0	110.7
丹阳市教育印刷厂	21.6	22.0	98.2	500.0	510.0	98.0
南通韬奋印刷有限公司	32.0	29.0	110.3	736.0	700.0	105.1
南京爱德印刷有限公司						
中闻集团南京印务有限公司	32.0	32.0	100.0	1 380.0	1 484.0	93.0
浙江印刷集团有限公司	453.0	356.0	127.2	15 690.0	13 094.0	119.8
常熟市华通印刷有限公司	46.4	42.8	108.4	3 291.3	2 760.1	119.2
福建新华印刷有限公司	30.0	34.5	87.0	611.7	713.3	85.8
中闻集团福州印务有限公司	33.0	33.0	100.0	669.0	676.0	99.0
湖北新华印务有限公司	66.0	74.0	89.2	1 297.0	1 466.0	88.5
湖北日报楚天印务总公司	268.0	250.0	107.2	36 188.0	32 927.0	109.9
中闻集团武汉印务有限公司	21.0	25.0	84.0	1 500.0	2 409.0	62.3
湖北长江印务有限公司	45.0	35.0	128.6	1 288.0	1 225.0	105.1
河南新华印刷集团有限公司	79.7	85.4	93.3	2 515.7	2 481.9	101.4
湖南天闻新华印务有限公司	1 541.5	898.8	171.5	26 455.0	23 816.9	111.1
广东新华印刷有限公司	29.3	18.2	161.0			
广州华南印刷厂有限公司	30.0	28.0	107.1	550.0	509.0	108.1
东莞金杯印刷有限公司	180.9	127.0	142.4		12621.0	
广西民族印刷厂	36.0	39.0	92.3	894.0	1305.0	68.5
广西新华印刷厂	13.8	18.1	76.2	273.8		
重庆新华印刷厂	13.0	18.0	72.2	294.0	449.0	65.5
成都君区印务有限公司	8.0	7.0	114.3	90.0	64.0	140.6
四川新华印刷厂	49.3	66.6	74.0			
自贡新华印刷厂	53.0	46.0	115.2	1142.0	900.0	126.9
云南新华印刷实业总公司	136.0	88.0	154.5	4080.0	2472.0	165.0
云南国防印刷厂	75.0	68.0	110.3	3772.0	3445.0	109.5

（续）

书刊装订						照相制版					
产量（万令）			产值（万元）			产量（四开块）			产值（万元）		
2010 年	2009 年	同比（%）	2010 年	2009 年	同比（%）	2010 年	2009 年	同比（%）	2010 年	2009 年	同比（%）
57.0	56.0	101.8	1 511	1 489	101.5	5	4	125.0	227	201	112.9
14.0	14.0	100.0	350	334	104.8	1 929	3 124	61.7	24	39	61.5
39.0	38.0	102.6	1 066	1 212	88.0	86 468	96 469	89.6	216	148	145.9
19.0	20.0	95.0	372	410	90.7	3 973	3 820	104.0	24	25	96.0
12.0	13.0	92.3	347	353	98.3	100	523	19.1	3	13	23.1
2.2	2.7	81.5	9	48	19.6	4 722	3 312	142.6	37	31	119.4
21.0	21.0	100.0	555	682	81.4	21 712	23 328	93.1	214	238	89.9
310.6	237.0	131.1	11 547	8 833	130.7	310 967	233 356	133.3	2 349	1 763	133.3
46.0	41.0	112.2	1 003	891	112.6						
110.0	63.0	174.6	2792	1416	197.2	69 871	34 625	201.8	937	554	169.1
11.0	12.0	91.7	339	390	86.9	25 000	28 000	89.3	88	98	89.3
12.5	11.0	113.6	465	406	114.5						
15.0	15.5	96.8	500	520	96.2						
6.0	6.0	100.0	145	145	100.0						
93.0	90.0	103.3	2 046	1 980	103.3	136 094	106 756	127.5	1 769	1 388	127.4
18.0	20.0	90.0	300	280	107.1				6	7	85.7
69.0	63.0	109.5	2 194	1 753	125.2						
12.2	11.2	108.9	494	416	118.6						
27.6	27.3	101.1	577	559	103.2	4 869	4 465	109.0	100	81	122.9
10.0	11.0	90.9	189	203	93.1	4 245	4 026	105.4	8	8	100.0
44.0	44.0	100.0	828	844	98.1	161 577	116 147	139.1	309	210	147.1
20.0	28.0	71.4	342	479	71.4	302 514	250 519	120.8	6 397	5 298	120.7
15.0	17.0	88.2	160	280	57.1	19 819	17 213	115.1	220	300	73.3
21.0	14.0	150.0	387	324	119.4	15 388	12 784	120.4	54	43	125.6
78.2	86.3	90.6	2 160	2 286	94.5	80 094	87 394	91.6	350	373	93.7
204.4	178.4	114.6	3 597	3 141	114.5	98 125	86 160	113.9	1 079	948	113.9
71.4	47.5	150.3									
34.0	31.0	109.7	624	554	112.6	30 424	30 014	101.4	498	600	83.0
64.4											
45.0	47.0	95.7	729	1196	61.0	8 722	30 142	28.9	178	234	76.1
20.0	15.2	131.6	451								
20.0	19.0	105.3	454	432	105.1	881	740	119.1	32	27	118.5
3.0	4.0	75.0	45	25	180.0						
14.0	17.0	82.4				211	1 471	14.3			
13.0	12.0	108.3	358	330	108.5	8 970	6 643	135.0	9	7	138.5
38.0	37.0	102.7	2 145	2 009	106.8		9 008	0.0		86	0.0
13.0	13.0	100.0	490	401	122.2	766	555	138.0	52	42	123.8

单 位 名 称	胶 印 印 刷					
	产量（万对开色令）			产值（万元）		
	2010 年	2009 年	同比（%）	2010 年	2009 年	同比（%）
贵州新华印刷厂	191.6	128.3	149.3	4 038.0	2 575.8	156.8
西安新华印务有限公司	164.0	172.0	95.3	5 459.0	6 442.0	84.7
中闻集团西安印务有限公司	38.9	39.5	98.5	728.7	723.3	100.7
甘肃新华印刷厂	36.0	32.0	112.5	800.0	800.0	100.0
兰州新华印刷厂	48.0	37.0	129.7	945.0	686.0	137.8
天水新华印刷厂	116.0	105.0	110.5	289.0	363.0	79.6
青海新华印刷厂						
新疆新华印刷厂	144.7	144.5	100.1	3 936.0	3 950.0	99.6
新疆八艺印刷厂	19.9	23.1	86.1	563.0	699.0	80.5
新疆新华印刷二厂	0.4	1.0	40.0	8.0	11.0	72.7
西藏新华印刷厂	34.0	32.0	106.3			
内蒙古爱信达教育印务公司	164.0	160.6	102.1	3 945.0	3 037.5	129.9

注：1. 参加资料汇编企业情况。本资料共汇集了全国 121 家书刊印刷（含其他印刷）企业 2010 年主要经济效益指标完成情况。这些企业分布在全国 31 个省、自治区、直辖市。其中：北京隆达印刷包装集团 6 家，天津新闻出版局 5 家，上海印刷（集团）有限公司 5 家，在京部队印刷企业 8 家，中央在京各部委印刷企业及其他在京印刷企业 31 家，分布在各省的印刷企业 66 家。

2. 主要经济指标总量完成情况。工业总产值：107.2 亿元，工业销售产值：107.3 亿元，工业增加值：39 亿元，主营业务收入：109.1 亿元，实现利税：10.1 亿元，实现利润：4.1 亿元，人均创利税：17 868 元 / 人，人均工资：30 059 元 / 人。

3. 主要产品产量完成情况。照相排字：33.7 亿字，书刊印刷：2768 万令，胶印印刷：13837 万对开色令，书刊装订：2800 万令。

4. 印刷企业盈利情况。①盈利企业 100 家，占 85%，其中：100 万元以上的企业 46 家，200 万元以上企业 35 家，300 万元以上企业 28 家，500 万元以上企业 21 家，1 000 万元以上企业 16 家。②实现利税完成千万元以上的企业 25 家，完成 500 万元以上的企业 41 家。

5. 2009 年或 2010 年的数据为负数的，“同比”值用“同比增长”值代替。

（供稿单位：中国印工协书刊印刷专业委员会、北京印刷协会、中国人民解放军印刷协会）

（续）

书刊装订						照相制版					
产量（万令）			产值（万元）			产量（四开块）			产值（万元）		
2010年	2009年	同比（%）	2010年	2009年	同比（%）	2010年	2009年	同比（%）	2010年	2009年	同比（%）
35.7	32.3	110.5	1051	912	115.3	24 447	10 565	231.4	157	97	162.1
30.0	33.0	90.9	499	612	81.5	58 574	60 473	96.9	213	218	97.7
18.4	18.3	100.5	234	229	102.0	1 328	445	298.4	17	6	298.3
27.0	26.0	103.8	468	494	94.7	103 707	98 011	105.8	235	242	97.1
34.0	31.0	109.7	609	540	112.8	17 298	14 803	116.9	230	192	119.8
19.0	20.0	95.0	387	482	80.3	2 264	5 516	41.0	136	82	165.9
24.5	30.3	80.9	613	720	85.2	45 135	44 533	101.4	236	261	90.4
5.4	7.5	72.0	111	156	71.2	28 921	21 151	136.7	203	178	114.0
8.0	9.8	81.6	118	147	80.3	1 059	1 200	88.3	6	7	83.3
5.0	5.0	100.0									
28.6	28.7	99.7	1315	1013	129.8						

2010 年全国 133 家包装印刷企业经济效益调查汇总表

（按销售收入排序）

单位：万元

企业名称	职工人数	工业总产值	工业增加值	销售收入	利税总额	利润	资产总额	出口总额	负债总额
浙江广博集团股份有限公司	5 088	246 818	48 742	445 269	32 937	25 924	466 912		337 891
上海界龙实业集团股份有限公司	2 296	196 702	35 236	183 670	11 680		261 676		
四川省宜宾丽彩集团有限公司	841	56 115	24 940	101 761	16 344		79 551		
北京隆达印刷包装集团有限公司	4 047	75 086	19 004	90 964	7 598	3 448	161 127		
浙江立可达包装材料有限公司	520	63 234	14 275	60 091	13 679	9 334	72 539		46 145
力嘉包装（深圳）有限公司	2 244	45 616	15 207	46 310	1 447	1 159	27 347	40 276	
温州康尔达印刷器材有限公司	392	27 200	3 826	40 500	3 455	1 450	39 776		25 774
宁波三 A 集团有限公司	712	37 894	7 942	36 400	1 035	886.6	56 331		40 672
湖州天外绿色包装印刷有限公司	553	35 985	20 165	32 981	11 220	8 682	58 343	309	
浙江新大力纺织股份有限公司	390	34 715	9 720	29 621	1 675	1 137	20 540		11 401
宁波成路纸品制造有限公司	962	27 291	8 405	28 459	2 126	1 670	21 497		13 425
北京利丰雅高长城印刷有限公司	1 013	27 328	6 857	26 256	2 035	1 290	29 314		14 688
浙江桐乡印刷有限公司	85	25 907		25 907	4 441	4 298	13 374		6 461
浙江新雅投资集团有限公司	727	24 900	4 810	24 900	1 960	630	72 476		60 300
浙江直立锻造有限公司	286	26 300	3 361	24 780	1 568	865	71 432		59 581
浙江东经包装有限公司	256	23 561	3 348	22 059	578	434	26 758		18 279
浙江曙光印刷有限公司	350	21 459	4 031	21 459	1 978	1 029	45 082		31 776
宁波日报社印刷发展有限公司	395	21 047	5 650	21 171	2 927	2 750	20 229		16 350
浙江兰溪万盛达印刷有限公司	582	20 095	2 672.3	20 087.3	649.1	277.9	21 279.9		13 999.3
浙江富康包装印刷有限公司	345	18 917	5 774	18 917	2 711	1 845	24 973		7 530
北京德宝商三包装印刷有限公司	258	17 852.6	4 442.6	17 348	556	149.8	13 918		
浙江伟博包装印刷有限公司	225	17 150	6 726	17 145	5 210	4.1	19 056		5 746
浙江三浃包装有限公司	556	15 623	1 829	13 353	356	267	13 404		10 628
嘉兴海鸥纸品有限公司	300	12 088	2 367	12 354	707	622	8 541		5 478
浙江金石包装有限公司	204	12 727	2 915	12 282	653	245	7 953		4 070
上海古林国际印务有限公司	328	11 689	3 659.6	11 689	1 894.3	890.2	10 927.6		
湖州达多塑料制品有限公司	213	11 525	3 733	11 317	–258	–490	23 894		14 075
温州新华印刷有限公司	139	10 977	3 715	11 269	391	280	9 417		7 756
浙江兰溪凯迪恩印刷有限公司	181	10 055	1 684	10 606	600	127	21 169		17 711.6
上海人民印刷八厂	411	10 293.6	3 069.7	10 293.6	426.9	18.5	29 599.8		
宁波长江印业发展有限公司	340	9 543	2 987	9 158	616	116	15 841		9 522
上海人民塑料印刷厂	202	8 869.7	1 717.4	8 869.7	543	261.5	13 328.2	235.4	
金华百汇包装有限公司	62	8 510	313	7 142	–200	–1 201	24 093		21 632
北京印刷集团有限责任公司印刷二厂	429	6 936.9	2 159.9	6 598.7	821.8	200.2	12 249		7 761
浙江港发软包装有限公司	200	6 458	1 356	6 458	480	156	3 546		1 490

（续）

企业名称	职工人数	工业总产值	工业增加值	销售收入	利税总额	利润	资产总额	出口总额	负债总额
北京轻联富文新特印刷有限公司	177	5 671.5	–856.1	6 078	90	–62.9	8 817		
海宁华联印刷有限公司	151	5 710	830	5 708	157	94	4 355		3 053
北京宝岛包装印刷有限公司	193	5 546	1 639	5 546	437	6	6 261		2 971
北京印刷集团有限责任公司京华印刷厂	242	5 020.6	5 826.6	5 021	2 939.5	1 502.8	11 182		
浙江奉化曙光印务有限公司	203	5 000	1 164	5 005	429	171	5 254		3 498
浙江文华印业有限公司	188	5 384.8	1 615.4	4 832.8	241.89	158.5	4 509		2 875
湖州金洁实业有限公司	108	4 336	676	4 720	274.5	160	16 250		9 994
浙江永通彩印有限公司	97	4 830	447	4 620	33.6	2.3	8 874		7 419
温州天虹印业有限公司	163	4 590	1 147	4 590	385	168	3 465		1 681
金华新风景塑料印刷有限公司	152	4 360	472	4 425	202	172	6 973		3 794
上海凹凸世知印务有限公司	256	4 151.7	219.8	4 151.7	–744	–835.2	5 465.8		
嘉兴日报印刷有限公司	71	4 216	2 635	4 039	1 605	1 346.3	3 901		381
浙江嘉盛特种印刷有限公司	121	3 852	942	3 874	341	113	4 424		1 389
北京联合印刷纸器有限公司		2 920.2	927	3 753	–193	–413			
宁波德邦印务有限公司	137	3 751	1 248	3 750	1 212	322	11 670		8 758
宁波群英印务有限公司	130	3 594	1 190	3 573	277	82	4 180		2 696
金华光华印刷有限公司	97	4 176.5	755.7	3 538.7	84.6	54.77	8 100		5 646.5
宁波三和印刷有限公司	86	3 720	6 203	3 515	100.9	97.7	4 536		3 564
浙江南方印业有限公司	122	3 438	706	3 438	104	79	3 765		2 279
温州宝光印务有限公司	120	2 995	736	2 998	247	110	4 035		2 835
宁波新华印刷有限公司	85	2 501	831	2 660	496	315	12 835		9 868
湖州立方教育用品有限公司	79	2 644	403	2 644	397	282	3 329		1 332
平湖汇通印刷有限公司	201	2 616.4	648	2 600	930.32	433	11 432.6		7 793.1
平湖新仑印刷有限公司	126	2 569	575	2 557	256	124	3 920		1 329
北京印刷集团有限责任公司印刷一厂	385	2 526.5	1 123.2	2 526.5	202.1	2	6 229		3 594
宁波大梁山彩印有限公司	123	2 450	671	2 450	192	52	4 989		3 685
上海画中画包装印刷有限公司	58	2 017.8	372	2 411.1	–75.8	–162.2	2 874.3		
上海永新塑料制品有限公司	119	2 406	745.6	2 406	414.3	287.9	2 148.2	472.9	
温州宋氏印刷包装有限公司	85	2 311	2 447	2 352	94	40.5	4 584		3 973
宁波美达柯式印刷有限公司	63	2 205	366	2 302	10	10	4 555		1 272
湖州万隆印刷有限公司	17	2 274	195	2 299	44	20	2 200		1 839
金华日报社印刷厂	90	6 321	1 482	2 293.3	800.29	743.69	3 015		815
温州市北大方印务有限公司	90	2 274	428	2 274	68	51	4 943		3 141
湖州新星彩印有限公司	36	2 044	320	2 044	146	50	1 320		298
湖州日报印务有限公司	87	2 011	692	2 011	216	151	1 603		489
金华天翔包装彩印厂	78	1 912.1	185.2	2 000.4	–8.5	–70	2 385.9		2 228.5
金华双溪印业有限公司	97	1 892	427	1 892	188.37	62.31	26 116		930
上海人民印刷二厂有限公司	75	1 837.9	826.7	1 837.9	294.3	100.2	1 888.1		
金华环球印刷有限公司	55	1 742	0	1 676	52	12.2	700		
台州印刷厂（有限公司）	120	1 658	912	1 658	559.96	385.05	2 200		783
宁波银行印刷厂	66	1 642	574	1 638	194	89.5	583		43
宁波大港印务有限公司	77	1 515.8	485	1 515.8	80.5	–42.2	4 541.5		4 301.9

（续）

企业名称	职工人数	工业总产值	工业增加值	销售收入	利税总额	利润	资产总额	出口总额	负债总额
北京北人羽新胶印有限责任公司	165	1 451.9	1 493.6	1 495	186.4	30	4 301		
金华远大印刷有限公司	53	1 572	193	1 472	169	100	2 054		1623
宁波港舜现代印务有限公司	62	1 776	608	1 468	394	217	1 983		249
浙江兴业集团包装事业部	63	992	254.2	1 434	12.6	–36	478		390
浙江黄龙纸塑包装有限公司	71	1 373	291	1 423	82	13	2 350		1 751
安吉科达印刷有限公司	40	1 408	341	1 408	293	207	4 216		2 767
绍兴市越生彩印有限公司	57	1 312	562	1 280	90	46	955		450
安吉盛宇彩印包装有限公司	49	1 497	157	1 279	98	58	1 548		1 031
宁波天臣印务实业有限公司	43	1 238	384	1 184	123	76	1 366		796
嘉兴德伊印刷厂	100	1 180	0	1 180	13.5	21	30 705		2 505
金华三箭印业公司	40	0	0	1 176	42	2	971		
慈溪日报报业有限公司	135	1 150	234	1 150	–35	–35	3 578		1649
嘉兴市大雪印刷有限公司	44	1 072.59	0	1 074.99	0	12.32	810.64		600.37
湖州怡和商标印刷有限公司	67	1 222	185	1 045	102	39	2 857		914
浙江三彩印业有限公司	47	910	205	1 041	61.3	17.83	557		309
嘉兴新海制品厂	84	1 032.5	181	1 032.5	134.6	616	986.7		99.2
金华金东彩印厂	78	1 029	153	1 020	45.27	5.37	1 067		440
金华方正印刷有限公司	49	881	192	978	49.54	9.08	1 001		460
浙江康乐彩印有限公司	50	997	90	977	71.8	66	1 976		833
北京轻联富诚彩色印刷有限公司	154	967	1 084.7	967	373.3	14.6	9 784		
宁波海曙德利印刷有限公司	46	962	211	962	27	–1	1 015		812
舟山海力生包装有限公司	33	859	0	855.2	47.74	17.13	301.4		194.5
宁波天华印刷有限公司	82	807	192	789	8	6	2 745		2 454
宁波江北丰穗纸制品厂	60	680	767	765	2.1	3.6	500		409
金华曙光印务有限公司	32	916	409	737	35	1	1 050		842
浙江定海同润印刷中心	56	720	455	720	64.5	34	836		70
温州家族印务有限公司	40	719	111	719	47	17	1 514		350
绍兴市财税印刷厂	56	702	779	702	80	61	889		366
浙江浦江求真印务有限公司	55	683.5		683.5	61.2	32.6	640		243
海宁中艺印刷实业有限公司	73	683		683	96	24	803		592
金华金点子广告公司	11			644	48.85	4.7	196		118
金华婺西印务有限公司	43	630	100.8	638	49.2	24	791		629
温州鹿城东方印刷厂	35	603	133	576	41	10	1 848		1 683
浦江华鑫印务有限公司	39	695	246	520	26	19	1 294		1 049
金华科教彩印厂	40	534	140	503	25	3	440		251
嘉兴大桥印刷厂	35	465	184	465	44.5	13.4	294		114
金华精美印刷有限公司	23	538	430	460	5	–14	1 105		814
绍兴义鸣彩印包装厂	45	453.6	41.26	453.6	55.86	33.53	570.19		201.67
浙江兰溪信大包装印刷公司	24	515		450	21	0.85	870.57		556.75
嘉兴塘汇印刷厂	31	443	121	443	62	48	738		54
绍兴邮电印刷厂	40	532	158	438	66.5	21.7	280		167
平湖鼎力印刷工贸有限公司	32	437	117	437	31.81	2.4	372		258

（续）

企业名称	职工人数	工业总产值	工业增加值	销售收入	利税总额	利润	资产总额	出口总额	负债总额
嘉善众泰印刷有限公司	31	441	145	398	−3	−10	685		202
宁波甬贸包装有限公司	28	384	116	384	15.9		888		385
浙江港乾印刷有限公司	62	362	223	360	−85	−85	1 514		189
海宁金鸿印刷有限公司	25	319		319	−18		420		231
温州市一村印务有限公司	60	300	10	280	20	10	984		818
宁波公运集团股份有限公司	11	257	113	256	33.71	12.46	139		126
北京市纸箱厂	27	7.9	173.1	187	−346.5	−579.2	7 049		
瑞安印刷总厂	20	200	40	166.2	16.8	4.8	245		35
浙江定海和平海洋生物制品厂	30	193	48.3	144.5	15.2	−14.2	656		766.9
舟山市金融印刷厂	29	153	143	144	4	−37	335		303
北京印刷集团有限责任公司制版厂	81	113	−11.5	113	41.6		2417		
北京乾沣印刷有限公司	167		955.1	5	322.1	10.3	5337		
嘉善人民印刷包装有限公司	110				231.19	53.46	4 790.67		2 209.49
舟山人民印刷有限公司	41	628	117	−8.6	33	13	1355		596

注：1. 本统计资料汇集了全国 133 家包装印刷企业 2010 年经济效益指标完成情况。这些企业分布在全国不同的省份和地区，能够反映出包装印刷企业的销售、利润、利税、资产及出口情况等企业运行的情况。企业规模包含了大、中、小型包装印刷企业。

2. 本次统计资料以销售情况进行了排序。本次统计数据因省份、地区的不同，包装印刷的市场需求也不同，故不再进行企业的排序。另外，由于各包装企业所属性质差异（如：上市公司或民营企业），统计数据存在差异，以及不完整等原因，我会收集的 2010 年数据不再与上年数据进行比较。

3. 主要经济指标完成情况。①销售总额 164.3145 亿元，②利税总额 15.2148 亿元，③资产总额 210.8548 亿元，④从业人数 34 262 人。

4. 销售完成情况。10 000 万以上的企业 30 家，占统计企业总数的 22%，5 000 万元以上的企业 40 家，占统计企业总数的 30%，1 000 万元以上的企业 94 家，占统计企业总数的 71%。

（供稿单位：中国印刷及设备器材工业协会包装印刷分会）

2009年11月～2010年10月全国参评报纸印刷质量检测成绩表

报纸名称	类别	月检测情况												2010年平均分数	2009年平均分数	2010年比2009年增减分数
		2009年		2010年												
		十一月	十二月	一月	二月	三月	四月	五月	六月	七月	八月	九月	十月			
人民日报	精品级共23家	96.33	96.10	95.96	96.11	96.24	96.37	96.24	96.24	95.86	96.11	96.10	96.10	96.15	96.12	+0.03
解放军报		95.83	96.10	96.29	96.10	96.29	96.10	96.24	96.09	96.23	96.23	96.10	96.10	96.14	96.10	+0.04
深圳特区报		96.09	95.98	95.85	96.10	96.10	96.09	95.84	95.85	96.10	96.10	95.98	95.98	96.01	95.78	+0.23
浙江日报		95.63	95.74	95.87	95.83	95.85	95.87	95.88	95.86	95.62	95.73	95.86	96.18	95.83	95.71	+0.12
华商报		95.73	95.87	95.83	95.85	95.60	95.96	95.70	95.85	95.86	95.83	95.86	95.84	95.82	95.67	+0.15
宁波日报		95.99	95.98	95.98	96.11	95.72	95.86	95.61	95.60	95.34	96	95.59	95.85	95.80	95.74	+0.06
中国青年报		95.83	95.83	95.73	95.72	95.90	95.84	95.83	95.70	95.72	95.57	95.71	96.10	95.79	95.59	+0.20
广州日报		95.58	95.73	95.46	95.57	95.61	95.84	95.83	95.83	96.12	96.11	95.86	95.86	95.78	95.53	+0.25
郑州日报		95.73	95.98	95.97	95.86	95.31	95.85	95.84	95.85	95.70	95.84	95.73	95.71	95.78	95.91	−0.13
西安日报		95.68	95.71	95.54	95.85	95.51	95.93	95.85	95.65	95.60	95.93	95.99	96.10	95.78	95.61	+0.17
河南日报		95.60	95.85	95.59	95.70	95.65	95.83	95.73	95.61	95.85	95.84	95.59	95.99	95.74	95.35	+0.39
新文化报		95.60	95.72	95.60	95.83	95.84	95.58	95.71	95.60	95.84	95.86	95.32	96.10	95.72	95.51	+0.21
杭州日报		95.49	95.60	95.87	95.62	95.51	95.71	95.84	95.73	95.87	95.85	95.72	95.61	95.70	95.62	+0.08
光明日报		95.46	95.57	95.83	95.57	95.44	95.59	95.60	95.46	95.59	95.72	95.86	96.10	95.65	95.32	+0.33
新华日报		95.75	95.87	95.71	95.07	95.51	95.62	95.61	95.85	95.61	95.49	95.84	95.60	95.63	95.66	−0.03
南方日报		95.57	95.60	95.57	95.87	95.59	95.58	95.59	95.57	95.73	95.70	95.59	95.58	95.63	95.52	+0.11
新民晚报		95.57	95.71	95.58	95.59	95.45	95.59	95.58	95.60	95.60	95.86	95.60	95.71	95.62	95.14	+0.48
哈尔滨日报		95.23	95.73	95.49	95.85	95.51	95.70	95.59	95.60	95.73	95.45	95.59	95.87	95.61	95.14	+0.47
珠海特区报		95.52	95.60	95.58	95.07	95.76	95.62	94.99	95.61	95.38	95.75	95.88	95.85	95.55	95.09	+0.46
文汇报		95.32	95.47	95.32	95.58	95.59	95.46	95.59	95.59	95.45	95.85	95.71	95.65	95.55	95.14	+0.41
经济日报		95.34	95.40	95.58	95.18	95.70	95.58	95.57	95.59	95.59	95.57	95.58	95.90	95.55	95.05	+0.50
湖北日报		95.61	95.47	95.71	95.31	95.51	95.58	95.34	94.80	95.46	95.86	95.77	96.10	95.54	95.19	+0.35
黑龙江日报		95.83	95.19	95.70	95.33	95.45	95.58	95.57	95.71	95.57	95.47	95.58	95.33	95.53	95.66	−0.13
江西日报	优质级共40家	95.60	95.49	95.47	95.48	95.60	95.59	94.95	95.45	95.60	95.34	95.59	95.60	95.48	95.13	+0.35
今晚报		94.84	95.45	95.23	95.47	95.40	95.35	95.64	95.64	95.86	95.61	95.37	95.74	95.47	95.07	+0.40
安徽日报		95.46	95.12	95.46	95.21	95.70	95.65	95.45	95.31	95.45	95.46	95.60	95.71	95.47	95.09	+0.38
青岛日报		95.11	95.36	95.23	95.49	95.12	95.35	95.32	95.60	95.60	95.60	95.60	95.71	95.42	95.17	+0.25
羊城晚报		94.60	95.21	94.98	95.24	95.46	95.34	95.49	95.74	95.61	95.85	95.85	95.63	95.42	94.96	+0.46
北京日报		94.70	95.47	95.31	95.32	95.21	95.34	95.61	95.46	95.37	95.52	95.51	95.71	95.38	94.69	+0.69
天津日报		95.08	95.65	95.32	95.33	95.12	95.57	95.12	94.80	95.61	95.61	95.58	95.60	95.37	95.15	+0.22
解放日报		94.73	95.31	95.07	95.19	95.18	95.32	95.59	94.48	95.58	95.72	95.83	96.01	95.33	95.18	+0.15
重庆时报		95.11	95.36	95.71	95.45	95.09	95.21	95.59	94.67	95.35	95.38	95.08	95.85	95.32	94.91	+0.41

（续）

合肥日报	优质级共40家	95.10	94.87	94.76	95.40	95.31	95.40	95.45	95.35	95.65	95.49	95.06	95.70	95.30	94.99	+0.31
厦门日报		94.45	94.84	94.83	95.31	95.45	95.63	95.08	95.33	95.24	95.22	95.36	95.76	95.21	94.81	+0.40
四川日报		95.22	94.93	94.14	94.80	94.67	95.61	95.34	95.60	95.35	95.34	95.88	95.60	95.21	94.93	+0.28
河北日报		95.26	95.47	95.32	94.93	94.53	95.20	95.32	95.46	95.19	94.55	95.48	95.70	95.20	94.99	+0.21
山西日报		95.06	94.87	95.59	95.08	94.67	95.33	95.34	95.19	94.96	95.45	95.09	95.60	95.19	95.14	+0.05
海南日报		95.21	95.37	94.93	94.80	94.80	94.82	95.35	95.33	95.48	95.20	95.45	95.46	95.18	94.98	+0.20
福建日报		95.48	94.71	94.58	94.94	94.92	95.32	95.62	94.87	95.09	95.59	95.32	95.71	95.18	94.71	+0.47
沈阳日报		95.09	94.56	95.85	94.69	94.95	94.95	95.34	95.59	95.49	95.62	95.61	95.21	95.16	94.94	+0.22
法制日报		94.81	94.56	94.34	94.87	94.95	95.06	95.87	95.45	95.34	95.57	95.19	95.71	95.14	94.66	+0.47
甘肃日报		94.28	94.82	95.06	95.06	95.31	95.51	95.07	95.20	95.33	95.45	95.12	95.32	95.13	94.71	+0.42
重庆日报		95.59	94.42	95.19	94.48	95.32	95.58	95.40	94.87	95.20	95.18	94.92	95.31	95.12	94.76	+0.36
长江日报		94.60	94.51	95.06	94.69	94.96	94.84	95.60	95.60	95.36	94.96	95.60	95.60	94.12	94.50	+0.62
西藏日报（藏文报）		94.82	94.05	94.48	94.87	95.06	95.60	95.24	95.31	95.06	95.31	95.06	95.60	95.04	94.06	+0.98
汕头日报		94.80	94.76	94.93	94.94	94.67	94.93	95.32	95.21	94.98	95.21	95.10	95.60	95.04	94.57	+0.47
内蒙古日报		95.20	95.10	95.01	94.28	94.67	94.81	95.36	95.29	95.21	94.70	95.09	95.60	95.03	94.76	+0.27
宁夏日报		95.19	94.97	94.19	95.06	95.45	95.06	95.10	95.09	95.21	95.08	94.55	95.06	95	94.25	+0.75
湖南日报		94.70	94.72	95.58	94.95	94.68	94.93	95.07	95.06	95	94.83	95.48	94.95	95	94.57	+0.43
济南日报		95.07	95.32	94.21	94.46	94.42	95.31	95.11	95.06	94.96	95.24	95.21	95.32	94.97	94.67	+0.30
陕西日报		94.58	94.85	95.11	94.83	94.56	94.81	94.82	94.70	95.34	95.07	95.35	95.50	94.96	94.68	+0.28
大众日报		94.43	95.12	95.19	94.42	94.53	94.55	95.10	94.83	95.01	95.09	95.33	95.85	94.95	94.66	+0.29
西藏日报（汉文版）		94.56	94.42	94.76	94.48	95.31	95.40	94.81	95.21	94.92	95.01	95.46	95.07	94.95	94.09	+0.86
广西日报		94.80	94.93	95.18	94.04	94.55	94.92	94.55	95.33	94.94	95.08	95.44	95.31	94.92	93.86	+1.06
辽宁日报		94.56	94.29	95.49	94.59	94.13	94.98	94.87	95.13	95.10	94.88	95.13	95.54	94.92	94.48	+0.44
成都日报		94.37	94.21	94.61	94.92	94.83	94.81	94.96	94.99	94.96	94.82	95.73	95.60	94.90	94.46	+0.44
人民铁道报		94.65	94.65	95.10	94.17	94.53	95.06	95.07	94.71	94.76	95.24	95.21	95.45	94.88	94.59	+0.29
呼伦贝尔日报		94.14	94.92	94.81	94.92	94.28	94.81	94.81	94.42	94.96	94.87	95.10	95.07	94.76	94.27	+0.49
新疆日报		94.46	94.62	93.91	94.28	95.20	94.92	94.54	94.94	94.67	94.84	95.08	95.60	94.76	94.59	+0.17
云南日报		94.45	93.66	94.55	94.44	95.06	94.84	94.84	94.81	94.71	95.08	94.80	95.06	94.69	93.78	+0.91
吉林日报		94.42	94.81	94.83	94.23	94.12	94.56	94.82	94.89	95.10	94.87	94.86	94.70	94.68	94.09	+0.59
乌鲁木齐晚报		94.55	94.80	94.27	94.31	94.80	94.55	94.58	94.07	94.84	94.32	95.24	95.49	94.65	94.54	+0.11
农民日报		94.62	94.42	94.53	94.09	94.28	94.92	94.81	94.67	94.42	94.28	94.28	95.85	94.60	94.26	+0.34
贵州日报	良好级共2家	93.98	94.42	94.08	94.07	94.28	94.45	94.43	95.22	94.44	94.08	94.73	95.31	94.46	94.14	+0.32
青海日报		94.14	94.67	94.14	93.75	94.28	94.28	94.67	94.42	94.42	94.62	94.53	95.07	94.42	93.84	+0.58

数据来源：中国报协报纸印刷工作委员会

2009～2010 年全国报纸印刷厂报纸年印量统计表（一）

（年印量 10 亿印张以上的单位）

排名顺序	单位名称	年印刷量			
		2010 年		2009 年	
		印量（亿印张）	比上年增长（%）	印量（亿印张）	比上年增长（%）
1	广州日报社印务中心	65.92	−1.39	66.85	−11.89
2	广东南方报业传媒控股有限公司印务 分公司	43.69	1.56	43.02	−3.69
3	半岛都市报社印刷厂	41.64	4.00	40.04	6.49
4	浙江日报报业集团印务有限公司	36.20	26.80	28.55	26.05
5	文汇新民联合报业印务中心	35.80	13.69	31.49	−10.36
6	辽宁新闻印刷集团	35.50	7.58	33.00	4.93
7	湖北日报传媒集团楚天印务总公司	30.16	5.05	28.71	−12.26
8	成都博瑞传播股份有限公司印务分公司	30.10	36.82	22.00	−2.22
9	杭报集团盛元印务有限公司	29.78	5.38	28.26	7.17
10	四川日报报业集团印务公司	26.39	18.29	22.31	10.45
11	深圳报业集团印务有限公司	25.33	11.00	22.82	−9.52
12	羊城晚报社印刷厂	23.20	41.98	16.34	−25.05
13	河南日报报业集团印务中心	22.94	13.56	20.20	−7.34
14	华商数码信息股份有限公司	19.10	14.99	16.61	3.68
15	长江日报报业集团印务总公司	18.31	7.96	16.96	11.80
16	福建日报报业集团印务中心	17.95	11.70	16.07	−6.95
17	今晚报印刷厂	17.38	12.56	15.44	11.08
18	人民日报印刷厂	17.00	0.59	16.90	−16.25
19	山东大众华泰印务有限责任公司	15.31	16.43	13.15	−6.74
20	重报集团产业有限责任公司印务中心	14.40	13.39	12.70	−13.43
21	新华社印刷厂	13.90	−2.80	14.30	−24.74
22	江西日报社印务中心	13.30	25.47	10.60	10.42
23	新华日报报业集团印务中心	13.10	3.97	12.60	−13.10
24	解放军报印刷厂	12.97	13.28	11.45	−5.22
25	云南日报印刷厂	12.91	12.46	11.48	−3.12
26	解放日报报业集团印刷厂	12.30	−15.17	14.50	−10.66
27	青岛日报报业集团印务中心	12.00	25.26	9.58	19.75
28	广西日报社印刷厂	11.80	1.72	11.60	1.84
29	宁波报业印刷发展有限公司	11.80	14.45	10.31	−6.02
30	黑龙江龙江传媒有限责任公司	11.79	14.47	10.30	10.52
31	南京时代传媒股份有限公司	11.40	12.87	10.10	−5.61
32	北京日报印务中心	11.05	6.66	10.36	−27.65
33	哈尔滨报达印务股份有限公司	10.20	4.08	9.80	6.64
总计	33 家	724.62	10.06	658.40	

数据来源：中国报协报纸印刷工作委员会

2009 ~ 2010 年全国报纸印刷厂报纸年印量统计表（二）

（年印量 5 亿 ~ 10 亿印张以上的单位）

排名顺序	单位名称	年印刷量			
		2010 年		2009 年	
		印量（亿印张）	比上年增长（%）	印量（亿印张）	比上年增长（%）
1	天津北方报业印务股份有限公司	9.64	1.26	9.52	-37.94
2	长沙晚报报业集团印务公司	9.60	60.27	5.99	1.53
3	温州日报报业集团有限公司	9.56	8.88	8.78	-4.88
4	湖南日报报业集团印务中心	9.53	10.17	8.65	-1.70
5	上海解放传媒印务公司	8.95	-11.91	10.16	-9.93
6	苏州日报印刷中心	8.73	18.61	7.36	-0.94
7	无锡报业发展有限公司印务分公司	8.40	23.53	6.80	18.26
8	沈阳日报报业集团印务中心	8.20	46.43	5.60	-9.68
9	贵州日报印刷厂	8.17	6.24	7.69	-0.52
10	大连晚报社印务中心	8.00	0.00	8.00	-33.33
11	新安传媒有限公司印务公司	7.84	0.77	7.78	14.24
12	太报传媒有限公司印务分公司	7.60	8.57	7.00	0.00
13	甘肃日报社印务中心	7.53	8.35	6.95	4.98
14	海南日报报业集团印刷厂	7.48	7.63	6.95	5.30
15	吉林华商数码印务有限公司	7.42	11.08	6.68	4.05
16	中国青年报社印刷厂	7.26	23.47	5.88	-20.43
17	合肥报业传媒有限公司印务分公司	7.15	13.49	6.30	-0.79
18	新疆日报社印务中心	7.00	-3.31	7.24	-3.47
19	贵阳晚报印刷厂	7.00	2.04	6.86	-20.23
20	华商数码信息股份有限公司重庆分公司	6.92	58.72	4.36	10.10
21	经济日报印刷厂	6.91	-10.14	7.69	-21.21
22	石家庄日报社印刷厂	6.60	13.79	5.80	-10.49
23	河北日报报业集团印务中心	6.58	-0.15	6.59	-5.86
24	山西闻兴印务有限责任公司	6.40	-1.54	6.50	-5.80
25	泉州晚报印务中心	6.30	14.55	5.50	-0.36
26	重庆商报印务有限公司	6.08	7.04	5.68	0.35
27	大连日报社印刷厂	5.83	0.87	5.78	-29.51
28	工人日报社印刷厂	5.80	5.07	5.52	12.20
29	昆明日报印刷厂	5.50	45.89	3.77	-16.78
30	济南日报社印刷厂	5.47	3.21	5.30	-0.75
31	中国日报社印刷厂	5.40	22.45	4.41	-20.25
32	西安日报社印务中心	5.30	4.13	5.09	6.49
33	成都日报社印刷厂	5.27	17.63	4.48	-19.57
34	吉林日报社印务中心	5.04	-1.95	5.14	-14.90
总计	34 家	244.46	10.22	221.80	

2009 ~ 2010 年全国报纸印刷厂报纸年印量统计表（三）

（年印量 2 亿 ~ 5 亿印张以上的单位）

排名顺序	单位名称	年印刷量			
		2010 年		2009 年	
		印量（亿印张）	比上年增长（%）	印量（亿印张）	比上年增长（%）
1	烟台报捷新闻印刷有限责任公司	4.98	5.51	4.72	–3.28
2	厦门日报社印刷厂	4.91	5.36	4.66	–25.20
3	郑州日报社印刷厂	4.89	–1.21	4.95	–13.16
4	陕西日报社印刷厂	4.75	8.70	4.37	–5.21
5	扬州日报印刷有限责任公司	4.40	10.00	4.00	
6	宁夏报业传媒印刷有限公司	4.16	10.93	3.75	56.25
7	台州日报印刷厂	4.14	7.81	3.84	1.86
8	镇江报业印务有限公司	4.00	–4.76	4.20	
9	劳动报社印务中心	3.93	3.15	3.81	–14.77
10	金华日报社印刷厂	3.80	11.76	3.40	–2.86
11	内蒙古日报印务中心	3.71	8.16	3.43	–5.77
12	东莞日报印刷厂	3.43	10.65	3.10	
13	浙江嘉报设计印刷有限公司	3.41	5.57	3.23	15.36
14	福州晚报印刷厂	3.30	6.45	3.10	–29.55
15	泰州日报社印务有限公司	3.25	1.56	3.20	0.00
16	海门市海门日报印务中心	3.19	–21.23	4.05	
17	洛阳市报业印刷有限责任公司	3.17	21.92	2.60	11.11
18	新疆乌鲁木齐晚报社印务中心	3.10	14.81	2.70	17.90
19	湛江日报社印刷厂	2.95	13.03	2.61	100.77
20	汕头经济特区报社印务中心	2.90	5.84	2.74	32.37
21	大庆日报社印刷厂	2.86	7.92	2.65	–9.56
22	光明日报社印厂	2.60	–8.77	2.85	–13.64
23	佛山珠江传媒印务有限公司	2.60	9.70	2.37	27.42
24	珠海特区报印刷厂	2.59	5.28	2.46	–16.33
25	上海证券报印务中心	2.57	52.98	1.68	–6.15
26	保定日报社印刷厂	2.56	4.07	2.46	–16.61
27	南宁日报社印刷厂	2.33	2.64	2.27	
28	长春日报社印刷厂	2.25	–2.17	2.30	–4.17
29	临沂日报社印刷厂	2.10	–4.55	2.20	–14.73
30	常州日报社印刷厂	2.10	5.00	2.00	–45.95
31	湖北日报传媒集团三峡印务有限公司	2.04	2.00	2.00	–4.76
总计	31 家	102.97	5.39	97.70	

2009 ~ 2010 年全国报纸印刷厂报纸年印量统计表（四）

（年印量 1 亿 ~ 2 亿印张以上的单位）

排名顺序	单位名称	年印刷量			
		2010 年		2009 年	
		印量（亿印张）	比上年增长（%）	印量（亿印张）	比上年增长（%）
1	泸州日报社印刷厂	1.89	45.38	1.30	8.33
2	绍兴日报报业印务有限公司	1.80	2.86	1.75	-17.84
3	法制日报社印刷厂	1.80	5.88	1.70	
4	青海日报社印刷厂	1.71	17.93	1.45	2.11
5	邯郸日报印刷厂	1.70	6.25	1.60	-12.09
6	中山日报社印务中心	1.63	7.24	1.52	
7	中国体育报印刷厂	1.60	0.00	1.60	166.67
8	沧州日报社印务中心	1.60	6.67	1.50	
9	宜宾日报社印刷中心	1.52	-17.39	1.84	
10	唐山劳动日报社印刷厂	1.45	5.07	1.38	6.98
11	河北经济日报社印务中心	1.44	-4.64	1.51	-2.58
12	农民日报社印刷厂	1.37	28.04	1.07	-24.65
13	宜兴报业印务有限公司	1.26	16.67	1.08	
14	桂林日报印刷厂	1.25	-4.65	1.31	6.96
15	北京人铁报印刷厂	1.24	0.00	1.24	6.90
16	南阳日报社印刷厂	1.22	-29.89	1.74	-6.95
17	芜湖日报报业集团印务有限公司	1.20	0.00	1.20	
18	秦皇岛日报社印刷厂	1.09	-3.54	1.13	
总计	18 家	26.77	3.28	25.92	

注：在调查的 116 家企业中：①上报 2009 年制版数据的企业 81 家，另有 54 家未上报 2009 年数据；因此，两年总量的比较没有参考意义；②原 142 家上报数据的企业中，删除 2009、2010 年无制版数据的 5 家；删除无 2010 年数据的 2 家（湖南日报报业集团印务中心总制版量 100 764 张，PS 版制版量 100 194 张，CTP 制版量 570 张）。③ 2009 年全国报业制版量情况，全国 98 家主要报纸印刷厂中，配有 CTP 设备的单位 60 家。这 98 家总制版量为 19 892 000 张，PS 版制版量为 16 690 656 张，CTP 制版量为 3 201 344 张。

2010年全国报业制版量统计表

序号	单位名称	2010年					2009年			
		总制版量（张）	较2009年增长（%）	PS版制版量（张）	CTP制版量（张）	CTP制版占比（%）	总制版量（张）	PS版制版量（张）	CTP制版量（张）	CTP制版占比（%）
1	广州日报社印务中心	720 403	5.87	220 984	499 419	69.32	680 451	344 988	335 463	49.30
2	广东南方报业传媒控股有限公司印务分公司	548 156	3.43	502 945	45 211	8.25	530 000	530 000		
3	半岛都市报社印刷厂	227 328	3.52	114 262	113 066	49.74	219 600	109 600	110 000	50.09
4	浙江日报报业集团印务有限公司	450 000	87.51	250 000	200 000	44.44	239 984	122 273	117 711	49.05
5	文汇新民联合报业印务中心	550 000	10.00	150 000	400 000	72.73	500 000	350 000	150 000	30.00
6	辽宁新闻印刷集团	553 000	5.13	553 000			526 000	526 000		
7	湖北日报传媒集团楚天印务总公司	387 409	55.09	109 445	277 964	71.75	249 800	3 691	212 885	85.22
8	成都博瑞传播股份有限公司	155 239	147.16	25 400	129 839	83.64	62 810	3 643	59 167	94.20
9	杭报集团盛元印务有限公司	318 469	−0.96	162 455	156 014	48.99	321 544	215 000	105 944	32.95
10	四川日报报业集团印务公司	449 809	16.30	449 809			386 778	386 778		
11	深圳报业集团印务有限公司	420 000	4.63		420 000	100.00	401 429	67 630	333 799	83.15
12	羊城晚报社印刷厂	415 000	30.74		415 000	100.00	317 413	6 136	311 277	98.07
13	河南日报报业集团印务中心	210 664	9.44	168 930	41 734	19.81	192 497	192 497		
14	华商数码信息股份有限公司	200 000	9.89	200 000			182 000	180 000	2 000	1.10
15	长江日报报业集团印务总公司	254 000	−18.59	254 000			312 000	312 000		
16	福建日报报业集团印务中心	139 879	−22.89	138 036	1 843	1.32	181 401	167 372	14 029	7.75
17	今晚报印刷厂	292 429	16.64	256 685	35 744	12.22	250 703	248 929	1 774	0.74
18	人民日报印刷厂	439 140	9.79	225 100	214 040	48.74	400 000	210 000	190 000	47.50
19	山东大众华泰印务有限责任公司	271 845		271 845						
20	重报集团产业有限责任公司印务中心	250 000	21.41	184 000	66 000	26.40	205 916	182 444	23 472	11.40
21	新华社印刷厂	163 000	−1.81	140 000	23 000	14.11	166 000	160 000	6 000	3.61
22	江西日报社印务中心	132 010		106 200	25 810	19.55				
23	新华日报报业集团印务中心	234 000	2.63	234 000			228 000	228 000		
24	解放军报印刷厂	263 700	14.65	189 400	74 300	28.18	230 000	170 000	60 000	26.09
25	云南日报印刷厂	152 390	8.59	91 710	60 680	39.82	140 330	140 330		
26	解放日报报业集团印刷厂	238 300	10.75	62 500	175 800	73.77	215 161	70 115	145 046	67.41
27	青岛日报报业集团印务中心	239 000	−4.02	206 000	33 000	13.81	249 000	217 000	32 000	12.85
28	宁波报业印刷发展有限公司	174 190	6.40	115 220	58 970	33.85	163 718	151 650	12 068	7.37
29	广西日报社印刷厂	212 138	−3.34	199 204	12 934	6.10	219 463	190 146	29 317	13.36
30	黑龙江龙江传媒有限责任公司	182 000	−22.28	182 000			234 184	227 283	6 901	2.95
31	南京时代传媒股份有限公司	199 110	22.13	102 000	97 110	48.77	163 028	163 028		
32	北京日报印务中心	252 266	2.77	252 266			245 462	244 736	726	0.30
33	哈尔滨报达印务股份有限公司	152 000	5.70	2 000	150 000	98.68	143 801	95 550	48 251	33.55
34	天津北方报业印务股份有限公司	180 714		18 071						
35	温州日报报业集团有限公司印务公司	95 420		95 420						

（续）

序号	单位名称	2010 年					2009 年			
		总制版量（张）	较2009年增长（%）	PS 版制版量（张）	CTP 制版量（张）	CTP 制版占比（%）	总制版量（张）	PS 版制版量（张）	CTP 制版量（张）	CTP 制版占比（%）
36	上海解放传媒印务公司	86 720	33.42		86 720	100.00	65 000		65 000	100.00
37	苏州日报印刷中心	137 386		58 776	78 610	57.22				
38	无锡报业发展有限公司印务分公司	104 727	162.06	56 828	47 899	45.74	39 963	22 520	17 443	43.65
39	沈阳日报报业集团印务中心	115 837	52.75	103 814	12 023	10.38	75 834	75 834		
40	贵州日报印刷厂	129 376	13.79	129 376		0.00	113 700	113 700		
41	大连晚报社	121 857		35 621	86 236	70.77				
42	新安传媒有限公司印务公司	140 681	−1.90	140 681			143 400	143 400		
43	太报传媒有限公司印务分公司	150 704	11.63	78 288	72 416	48.05	135 000	60 000	75 000	55.56
44	甘肃日报社印务中心	133 653	10.03	118 410	15 243	11.40	121 465	121 465		
45	海南日报报业集团印刷厂	132 828			132 828	100.00				
46	吉林华商数码屯务有限公司	123 969	14.82	123 969			107 972	10 972		
47	中国青年报社印刷厂	173 235	73.24	84 502	88 733	51.22	100 000	75 000	25 000	25.00
48	合肥报业传媒有限公司印务分公司	124 309			124 309	100.00				
49	新疆日报社印务中心	130 000	50.10	60 000	70 000	53.85	86 607	49 400	37 207	42.96
50	华商数码信息股份有限公司重庆分公司	111 690	138.12	111 690			46 905	46 905		
51	经济日报印刷厂	111 570	−7.03	65 700	45 870	41.11	120 000	100 000	20 000	16.67
52	石家庄日报社印刷厂	84 500	20.71	37 284	47 216	55.88	70 000	65 000	5 000	7.14
53	河北日报报业集团印务中心	82 264	9.47	18 453	63 811	77.57	75 145	23 972	51 173	68.10
54	山西闻兴印务有限责任公司	118 000	8.53	75 000	43 000	36.44	108 722	102 490	6 232	5.73
55	泉州晚报印务中心	45 000			45 000	100.00				
56	大连日报社印刷厂	65 500		35 500	30 000	45.80				
57	工人日报社印刷厂	98 390		10 330	88 060	89.50				
58	济南日报社印刷厂	96 000	9.71	31 000	65 000	67.71	87 506	27 156	60 350	68.97
59	中国日报社印刷厂	84 000		10 000	74 000	88.10				
60	西安日报社印务中心	41 227	3.07	41 227			40 000	40 000		
61	成都日报报社印刷厂	69 000		69 000						
62	吉林日报社印务中心	109 098	15.48	109 098			94 475	94 475		
63	烟台报捷新闻印刷有限责任公司	75 962	−4.60		75 962	100.00	79 625	7 124	72 501	91.05
64	厦门日报社印刷厂	80 000		80 000						
65	郑州日报社印刷厂	83 743	−36.75	35 284	48 459	57.87	132 400	82 000	50 400	38.07
66	陕西日报社印刷厂	131 655	16.66	70 477	61 178	46.47	112 853	90 333	22 520	19.96
67	扬州日报印刷有限责任公司	51 000		30 000	21 000	41.18				
68	昆明日报印刷厂	44 000		44 000						
69	宁夏报业传媒印刷有限公司	83 600	39.33		83 600	100.00	60 000		60 000	100.00
70	台州日报社印刷厂	30 800		30 800						
71	镇江报业印务有限公司	60 000		40 000	20 000	33.33				
72	劳动报社印务中心	61 810	24.14	57 400	4 410	7.13	49 790	42 650	7 140	14.34
73	金华日报社印刷厂	34 679	4.53	34 679			33 175	33 175		

（续）

序号	单位名称	2010年					2009年			
		总制版量（张）	较2009年增长（%）	PS版制版量（张）	CTP制版量（张）	CTP制版占比（%）	总制版量（张）	PS版制版量（张）	CTP制版量（张）	CTP制版占比（%）
74	内蒙古日报印刷厂	90 000	9.76	70 000	20 000	22.22	82 000	82 000		
75	东莞日报印刷厂	50 000		50 000						
76	浙江嘉报设计印刷有限公司	54 166	8.45	54 166			49 947	49 947		
77	福州晚报印刷厂	50 423		50 423						
78	泰州日报社印务有限公司	56 000		56 000						
79	海门市海门日报印务中心	10 300		10 300						
80	洛阳市报业印刷有限责任公司	54 649	12.69	54 649			48 497	48 497		
81	新疆乌鲁木齐晚报社印务中心	64 174	27.89	36 678	27 496	42.85	50 181	48 132	2 049	4.08
82	湛江日报社印刷厂	41 904	267.58	41 904			11 400	3 800	7 600	66.67
83	汕头经济特区报社印务中心	51 207	–4.68		51 207	100.00	53 723	3 200	50 523	94.04
84	大庆日报社印刷厂	31 810	22.35	5 100	26 710	83.97	26 000		26 000	100.00
85	光明日报社印刷厂	42 000	624.14	21 000	21 000	50.00	5 800	1 800	4 000	68.97
86	珠海特区报社印务中心	58 719	9.10	24 135	34 584	58.90	53 822	51 372	2 450	4.55
87	上海证券报印务中心	39 433	27.06		39 433	100.00	31 035	1 689	29 346	94.56
88	保定日报社印刷厂	26 100	19.45	20 100	6 000	22.99	21 850	21 850		
89	南宁日报社印刷厂	61 300		61 300						
90	长春日报社印刷厂	36 300	7.88	300	36 000	99.17	33 650	8 250	25400	75.48
91	临沂日报社印刷厂	41 810	3.39	10 600	31 210	74.65	40 440	28 800	11640	28.78
92	湖北日报传媒集团三峡印务有限公司	33 759	35.04	33 759		0.00	25 000	25 000		
93	泸州日报社印刷厂	39 600	49.15	3 600	36 000	90.91	26 550	26 550		
94	法制日报社印刷厂	60 000		60 000						
95	绍兴日报报业印务有限公司	19 500	2.63	19 500			19 000	19 000		
96	青海日报社印刷厂	48 463	35.75	40 893	7570	15.62	35 700	35 700		
97	邯郸日报社印刷厂	23 600	21.03	7 866	15734	66.67	19 500	12 500	7 000	35.90
98	中山日报社印务中心	25 000		21 000	4 000	16.00				
99	中国体育报印刷厂	41 000	45.39	15 000	26 000	63.41	28 200	8 600	19 600	69.50
100	沧州日报社印务中心	17 500		17 500						
101	宜宾日报社印刷中心	31 988		3 396	28 592	89.38				
102	唐山劳动日报社印刷厂	9 350	0.97	9 350			9 260	9 260		
103	河北经济日报社印务中心	23 258		23 258						
104	农民日报社印刷厂	9 695	−13.53	9 695			11 212	11 212		
105	宜兴报业印务有限公司	30 000		18 000	12000	40.00				
106	桂林日报印刷厂	21 064	−23.26	21 064		0.00	27 450	27 450		
107	北京人铁报印刷厂	15 150	−8.73	1 450	13700	90.43	16 600	600	16 000	96.39
108	南阳日报报社印刷厂	11 950			11 950	100.00				
109	芜湖日报报业集团印务有限公司	36 000		18 000	18 000	50.00				
110	秦皇岛日报社印刷厂	25 000		25 000						
111	呼和浩特日报社印刷厂	45 000	40.63		45 000	100.00	32 000	12 000	20 000	62.50

（续）

序号	单位名称	2010年					2009年			
		总制版量（张）	较2009年增长（%）	PS版制版量（张）	CTP制版量（张）	CTP制版占比（%）	总制版量（张）	PS版制版量（张）	CTP制版量（张）	CTP制版占比（%）
112	新疆日报社南疆印务中心	30 000		30 000						
113	西藏日报印刷厂	23 054	16.09	1 041	22 013	95.48	19 859	2 659	17 200	86.61
114	承德日报社印刷厂	14 400		14 400						
115	许昌日报社印务中心	19 000		1 000	18 000	94.74				
116	衡水日报社印刷厂	12 000		12 000						
117	廊坊报业印务有限公司	13 000		13 000						
118	荆州日报社印刷厂	11 000		11 000						
119	河北张家口日报社印刷厂	10 000		6 000	4 000	40.00				
120	襄樊日报社印刷厂	52 992			52 992	100.00				
121	青海西宁印刷厂	5 400		5 400						
122	包头日报社印刷厂	17 311			17 311	100.00				
123	长治日报印刷厂	13 390			13 390	100.00				
124	上海一众印务中心	6 758	–50.60	6 758			13 679	13679		
125	齐齐哈尔日报社印刷厂	9 134		9 134						
126	商丘京九印务有限公司	5 000		5 000						
127	周口日报社印务中心	6 000		6 000						
128	延边报捷印务有限公司	18 500			18 500	100.00				
129	赤峰日报印刷厂	18 600	–13.89		18 600	100.00	21 600	3 600	18 000	83.33
130	南平市武夷美彩印中心	4 800		4 800						
131	玉溪日报社印刷厂	7 500			7500	100.00				
132	呼伦贝尔日报社出版印务中心	13 867	6.94	13 867			12 967	12 967		
133	信阳日报社印刷厂	6 000		6 000						
134	延安日报社印刷厂	6 516			6516	100.00				
135	汉中日报社印刷厂	2 500		2 500						
总计	135 家（其中配有 CTP 设备的单位 90 家）	15 535 672	35.27	94 85 603	6 050 069	38.94	11 484 932	8 345 328	3 139 604	27.34

数据来源：中国报协报纸印刷工作委员会

2010年全国68家骨干印刷机械制造企业

单位名称	工业总产值（万元）	工业销售产值（万元）	工业增加值（万元）	平均人数（人）	产品销售收入（万元）	实现利税（万元）	利润总额（万元）	利息支出（万元）
上海电气集团印刷包装机械有限公司	127 759	131 744	36 870	2 189	148 064	15 254	9 191	915
北人集团公司	87 259	100 243	16 000	2 064	104 064	12 377	5 618	1 658
北京北人富士印刷机械有限公司	5 571	5 549	2 328	154	5 549	389	85	78
海门北人富士印刷机械有限公司	1 306	1 791	194	160	1 629	–197	–372	72
陕西北人印刷机械有限责任公司	30 910	30 910	9 617	1026	30 491	2 955	1 448	443
高斯图文印刷系统（中国）有限公司	48 453	52 122	16 212	612	52 305	9 105	6 944	–111
上海光华印刷机械有限公司	42 952	41 930	11 055	556	44 854	2 934	1 465	468
上海紫明印刷机械有限公司	7 872	7 872	1 944	168	7 872	719	391	90
上海申威达机械有限公司	8 138	7 969	3 660	259	8 007	787	164	24
上海亚华印刷机械有限公司	13 869	15 073	1 739	289	15 011	963	451	97
上海紫宏机械有限公司	8 505	9 206	3 359	203	9 714	1 245	600	–124
上海德拉根印刷机械有限公司	6 090	6 090	680	187	6 090	410	230	
上海紫光机械有限公司	11 742	12 014	4 428	322	12 271	2 574	1 624	–32
上海爱凯思机械刀片有限公司	6 700	6 805	2 355	123	6 836	1 143	673	37
上海新星印刷器材有限公司	5 921	5 926	1 646	98	5 879	795	639	35
上海华太数控技术有限公司	5 858	7 602	425	210	10 510	632	425	118
好利旺机械（上海）有限公司	4 211	5 581	1 336	55	5 581	1 212	908	
天津长荣印刷设备股份有限公司	38 123	38 123	16 491	440	39 805	12 063	9 153	539
江苏昌昇集团股份有限公司	23 813	21 915	5311	758	21 551	1 643	793	458
中外合资镇江斯伊格机械有限公司	113	112	744	162	1 104		–525	
常州市永盾机械有限公司	3 458	3 366	683	68	3 318	223	137	15
南通海盟罗兰机械有限公司	1 716	1 656	595	36	1 656	182	98	19
无锡长城机器制造有限公司	2 456	2 113	881	155	2 359	234	93	4
无锡光华印刷机械有限公司	1 632	1 608	668	146	1 675	48	–66	0
江西中景集团有限公司	26 536	26 481	9 713	551	23 752	4 007	3 079	59
江西通达印刷机有限公司	1 587	1 735	320	170	2 015	216	20	67
神力集团有限公司	9 276	9 765	469	220	9 765	678	203	40
温州市瑞龙机械成套有限公司	437	444	66	23	444	42	17	
浙江通业印刷机械有限公司	6 698	6 526	2 767	153	7 034	609	376	309
浙江飞云机械有限公司	2 108	2 040	632	96	2 040	111	44	47
浙江蓝宝机械有限公司	9 155	9 116	2 932	141	8 050	1 005	547	546
浙江华岳包装机械有限公司	4 490	4 280	1 080	185	4 280	413	222	108
浙江国威印刷机械有限公司	2 390	2 308	1 030	75	2 308	156	74	30
瑞安市华威印刷机械有限公司	5 789	5 058	1 308	183	5 058	587	309	45
温州正博印刷机械有限公司	5 480	5 168	1 109	149	5 168	486	310	34

综合经济指标完成情况统计表

平均固定资产净值（万元）	平均流动资产（万元）	平均资产总额（万元）	成本费用总额（万元）	期末所有者权益（万元）	上年期末所有者权益（万元）	期末负债总额（万元）	期末资产总额（万元）	工资总额（万元）	人均收入（元/人）
32 311	133 986	229 295	144 311	129 471	127 811	106 060	235 531	15 914	72 699.86
71 329	135 396	287 236	107 339	177 253	173 656	101 933	279 186	8 500	41 182.17
416	7 413	8 493	5 705	2 728	3 969	5 760	8 488	788	51 168.83
1 383	4 008	5 845	1 980	953	1 324	4 490	5 443	271	16 937.50
11 035	20 659	33 865	29 054	14 253	13 483	20 200	34 453	3 851	37 534.11
4 509	60 096	65 981	46 047	28 962	28 319	42 623	71 585	5 420	88 562.09
15 962	28 107	46 967	44 503	16 704	16 239	27 726	44 430	3 923	70 557.55
2 527	6 674	9 261	4 931	3 225	2 894	5 164	8 389	731	43 511.90
1 483	6 759	8 108	7 797	3 506	2 978	5 568	9 074	1318	50 888.03
3 397	11 765	15 627	15 006	7 345	7 217	9 656	17 001	1982	68 581.31
1 150	10 796	12 437	8 985	8 704	8 140	4 007	12 711	1052	51 822.66
3 890	1 460	4 500	3 550	3 320	3 100	1 180	4 500	680	36 363.64
1 196	12 908	15 137	12 143	11 049	9 696	4 652	15 701	1 996	61 987.58
3 610	4 109	8 198	6 307	5 952	5 747	2 495	8 447	564	45 853.66
1 043	4 743	7 001	5 329	4 527	4 524	2 987	7 514	339	34 591.84
2 789	8508	11 260	10 085	5 256	4 964	5 851	11 107	763	36 333.33
737	4461	5 211	4 644	4 103	4 007	1 221	5 324	222	40 363.64
5 023	26927	39 231	74 868	20 854	13 171	25 407	46 261	2 197	49 931.82
5 374	15500	23 976	20 800	7 989	7 753	17 907	25 896	2 118	27 941.95
623	1829	2 659	1 705	–74	440	2 665	2 591	334	20 617.28
693	1446	2 053	1 713	715	706	1 045	1 760	225	33 088.24
851	471	1 322	1 558	887	816	429	1 316	84	23 333.33
1 048	1105	2 539	2 341	1 646	1 552	1 041	2 687	304	19 612.90
370	713	1 483	1 724	771	769	686	1 457	439	30 068.49
8 095	10 228	30 640	15 489	25 380	24 655	5 495	30 875	1 762	31 978.22
1 011	3 688	4 779	1 998	2 520	2 592	2 098	4 618	304	17 882.35
15 720	12 823	28 897	9 491	13 590	17 850	11 895	25 485	435	19 772.73
95	150	172	427	100	98	70	170	47	20 434.78
4 332	4 507	8 596	6 658	4 440	4 120	4 098	8 538	528	34 509.80
672	2 526	3 189	1 987	1 022	1 019	2 299	3 321	168	17 500.00
2 295	2 710	5 848	7 503	1 964	1 440	4 320	6 284	756	53 617.02
1 800	1 933	2 610	3 581	2 377	2 246	3 523	5 900	506	27 351.35
1 113	1 023	2 879	2 274	2 182	726	1 285	3 467	185	24 666.67
912	1 838	3 515	4 749	2 146	1 964	1 386	3 532	331	18 087.43
997	1 015	2 013	4 003	1 305	1 120	799	2 104	485	32 550.34

单位名称	工业总产值（万元）	工业销售产值（万元）	工业增加值（万元）	平均人数（人）	产品销售收入（万元）	实现利税（万元）	利润总额（万元）	利息支出（万元）
潍坊华光精工设备有限公司	18 379	18 265	6 489	597	18 196	2 808	2 153	306
潍坊东航精密机械有限公司	10 893	10 707	5 205	320	9 231	2 146	1 488	453
潍坊华田精工设备有限公司	1 650	1 547	210	33	1 547	135	105	0
青岛瑞普电气有限责任公司	9 793	8 928	1 761	389	9 823	1 043	575	130
菏泽生建机械厂	10 990	10 501	2 101	573	10 129	595	164	41
威海印刷机械有限公司	16 454	14 017	8 373	307	12 320	1 638	966	283
威海滨田印刷机械有限公司	6 750	8 030	1 402	155	8 008	490	241	5
晋城市天泽太行机械制造有限公司	3 631	3 603	1 207	271	3 652	336	104	0
渭南科赛机电设备有限责任公司	2 269	2 260	930	121	2 260	300	94	12
咸阳印刷包装机械厂	327	327	0	54	44	–391	–384	0
咸阳超越离合器有限公司	6 443	6 247	3 359	412	6 247	993	700	27
湖南新邵印刷机器有限公司	5 286	4 810	1 480	245	4 652	267	48	73
大连大地印刷机械有限公司	600	730	180	22	750	133	113	24
辽宁大族冠华印刷科技股份有限公司	46 678	46 584	19 316	718	38 074	15 557	13 161	471
长春印刷机械有限责任公司	5 162	5 097	1 961	277	5 068	468	179	140
白山市轻工机械厂	472	410	80	90	470	18	–2	0
哈尔滨三环印刷包装机械有限责任公司	3 316	3 035	1 630	338	2 001	206	155	0
德阳市利通印刷机械有限公司	6 115	6 080	2 326	163	6 052	911	370	185
舞阳雷世奥印刷机械有限责任公司	1 730	1 667	586	113	1 659	137	32	12
中山市松德包装机械股份有限公司	25 099	23 584	5 750	464	20 158	4 261	3 537	252
广东汕漳轻工机械有限公司	11 038	9 745	832	156	9 745	1 272	786	9
深圳市精密达机械有限公司	13 976	12 951	6 513	295	12 951	1 670	1 163	85
深圳嘉洛激光工艺有限公司	608	556	665	59	615	85	8	3
汕头韩江实业（集团）公司	1 460	1 080	894	154	1 112	64	20	0
汕头市欧格包装机械有限公司	1 408	1 408	323	48	1 408	200	131	3
平凉亨达机械制造有限责任公司	1 980	1 484	216	270	1 131	140	35	0
宜昌市东方印刷机械有限公司	1 053	1 004	221	61	1 004	83	70	2
河北海贺胜利印刷机械集团有限公司	9 169	9 702	2 936	291	9 641	1 002	953	121
河北玉田兴业印刷机械有限公司	2 861	2 466	708	208	2 466	205	–200	–1
淮南光华光神机械电子有限公司	5 677	6 352	1 695	245	6 531	1 499	1 082	199
淮南市鑫盛印刷包装机械厂	88	75	90	12	75	6	3	0
淮南市耀华机械厂	763	681	227	47	646	95	81	7
南宁七彩虹印刷机械有限责任公司	477	466	30	73	705	–57	–91	0
68 家企业总计	673 209	682 896	203 473	17 778	676 416	99 061	64 017	8 015

数据来源：中国印刷及设备器材工业协会印刷机械分会

（续）

平均固定资产净值（万元）	平均流动资产（万元）	平均资产总额（万元）	成本费用总额（万元）	期末所有者权益（万元）	上年期末所有者权益（万元）	期末负债总额（万元）	期末资产总额（万元）	工资总额（万元）	人均收入（元/人）
4 969	11 149	17 059	16 043	7 744	7 778	10 206	17 950	1 528	25 594.64
8 208	12 453	16 257	8 890	9 085	8 935	9 115	18 200	990	30 937.50
150	750	900	1 442	880	775	170	1 050	66	20 000.00
5 249	21 333	32 536	3 713	4 378	6 120	28 158	32 536	1 134	29 151.67
2 609	9 471	12 308	8 555	6 050	4 408	7 136	13 186	2 182	38 080.28
4 183	8 971	14 500	11 362	6 175	9 702	8 835	15 010	675	21 986.97
1 875	13 010	15 132	7 568	6 193	5 719	1 758	7 951	660	42 580.65
705	6 496	7 284	2 916	2 478	2 473	5 003	7 481	643	23 726.94
850	2 122	2 367	2 145	766	935	1 884	2 650	309	25 537.19
5 112	409	5 753	547	684	1 068	5 038	5 722	103	19 074.07
2 151	2 412	3 418	5 547	2 303	2 012	1 389	3 692	833	20 218.45
188	1 809	5 272	4 421	3 135	3 394	2 324	5 459	591	24 122.45
4 964	1 614	6 578	617	5 098	4 985	1 480	6 578	20	9 090.91
7 258	29 419	46 956	29 946	28 566	20 418	21 748	50 314	3 565	49 651.81
4 355	2 863	9 705	4 751	5 097	4 918	4 697	9 794	547	19 747.29
80	286	710	472	10	11	747	757	150	16 666.67
858	3 306	4 166	1 841	1 417	1 142	3 546	4963	540	15 976.33
1 902	3 708	7 611	5 685	3 942	3 857	3 389	7331	521	31 963.19
6 942	3 673	7 983	1 240	3 603	3 622	4 499	8 102	178	15 752.21
11 375	20 299	26 721	16 615	14 916	13 468	19 064	33 980	1 497	32 262.93
1 826	4 548	6 832	8 369	4 926	4 567	2 086	7 012	584	37 435.90
2 355	6 987	9 342	11 774	5 359	4 276	5 358	10 717	1 291	43 762.71
685	380	850	550	657	660	203	860	130	22 033.90
2 774	1 337	4 345	1 048	2 746	2 707	1 824	4 570	164	10 649.35
342	678	705	1 113	377	310	306	683	117	24 375.00
990	1 446	2 459	650	607	597	1 825	2 432	360	13 333.33
629	599	1 727	928	1 107	1 077	776	1 883	149	24 426.23
3 374	5 812	9 749	9 247	5 037	4 229	6 042	11 079	651	22 371.13
1 665	3 551	5 917	2 656	4 657	4 060	1 491	6 148	563	27 067.31
1 090	5 584	8 342	5 802	2 986	2 890	5 653	8 639	527	21 510.20
2	106	107	69	2	5	105	107	22	18 333.33
964	620	1 018	565	693	676	340	1 033	92	19 574.47
888	1 697	7 121	740	906	926	6 993	7 899	137	18 767.12
269 047	**607 192**	**1 013 258**	**604 101**	**530234**	**506014**	**505 149**	**1 035 383**	**65 127**	**31 877.16**

2010年全国68家骨干印刷机械制造企业

单位名称	经济效益综合指数（%）	总资产贡献率（%）	资本保值增值率（%）	资产负债率（%）	流动资产周转率（次）
上海电气集团印刷包装机械有限公司	187.61	7.05	101.3	45.03	1.11
北人集团公司	120.96	4.89	102.07	36.51	0.77
北京北人富士印刷机械有限公司	149.36	5.50	68.73	67.86	0.75
海门北人富士印刷机械有限公司	–26.91	–2.14	71.98	82.49	0.41
陕西北人印刷机械有限责任公司	149.20	10.03	105.71	58.63	1.48
高斯图文印刷系统（中国）有限公司	292.60	13.63	102.27	59.54	0.87
上海光华印刷机械有限公司	201.76	7.24	102.86	62.40	1.60
上海紫明印刷机械有限公司	169.63	8.74	111.44	61.56	1.18
上海申威达机械有限公司	166.08	10.00	117.73	61.36	1.18
上海亚华印刷机械有限公司	113.71	6.78	101.77	56.80	1.28
上海紫宏机械有限公司	187.41	9.01	106.93	31.52	0.90
上海德拉根印刷机械有限公司	138.65	9.11	107.10	26.22	4.17
上海紫光机械有限公司	210.48	16.79	113.95	29.63	0.95
上海爱凯思机械刀片有限公司	234.01	14.39	103.57	29.54	1.66
上海新星印刷器材有限公司	217.18	11.86	100.07	39.75	1.24
上海华太数控技术有限公司	96.21	6.66	105.88	52.68	1.24
好利旺机械（上海）有限公司	314.20	23.26	102.40	22.93	1.25
天津长荣印刷设备股份有限公司	487.21	32.12	158.33	54.92	1.48
江苏昌昇集团股份有限公司	124.65	8.76	103.04	69.15	1.39
中外合资镇江斯伊格机械有限公司	–71.79	0.00	–16.82	102.86	0.60
常州市永盾机械有限公司	174.80	11.59	101.27	59.38	2.29
南通海盟罗兰机械有限公司	221.97	15.20	108.70	32.60	3.52
无锡长城机器制造有限公司	122.34	9.37	106.06	38.74	2.13
无锡光华印刷机械有限公司	79.53	3.24	100.26	47.08	2.35
江西中景集团有限公司	261.27	13.27	102.94	17.80	2.32
江西通达印刷机有限公司	69.49	5.92	97.22	45.43	0.55
神力集团有限公司	67.84	2.48	76.13	46.67	0.76
温州市瑞龙机械成套有限公司	143.78	24.42	102.04	41.18	2.96
浙江通业印刷机械有限公司	204.32	10.68	107.77	48.00	1.56
浙江飞云机械有限公司	103.48	4.95	100.29	69.23	0.81
浙江蓝宝机械有限公司	275.74	26.52	136.39	68.75	2.97
浙江华岳包装机械有限公司	157.76	19.96	105.83	59.71	2.21
浙江国威印刷机械有限公司	165.12	6.46	104.27	37.06	2.26
瑞安市华威印刷机械有限公司	163.67	17.98	109.27	39.24	2.75
温州正博印刷机械有限公司	209.62	25.83	116.52	37.98	5.09

综合经济指标完成情况统计表（二）

成本费用利润率（%）	全员劳动生产率（元/人）	产品销售率（%）	按经济效益综合指数排序	新产品产值（万元）	出口交货值（万元）	自营出口创汇（万美元）
6.37	168 433.1	103.12	23	109 283	14 251	2 806
5.23	77 519.4	114.88	46	20 652	6 266	539
1.49	151 168.8	99.61	34	175	1 033	152
−18.79	12 125.0	137.14	66			
4.98	93 732.9	100.00	35	4 199	2 248	332
15.08	264 902.0	107.57	4	46 626	8 450	1 245
3.29	198 830.9	97.62	20	37 989	303	
7.93	115 714.3	100.00	27	1 843	664.5	97.3
2.10	141 312.7	97.92	28	5 983	270	41
3.01	60 173.0	108.68	49	10 661	4 685	616
6.68	165 468.0	108.24	24		776	121
6.48	36 363.6	100.00	40	1 550	2 400	260
13.37	137 515.5	102.32	15	7 860	491	73
10.67	191 463.4	101.57	11	516	870.2	128
11.99	167 959.2	100.08	13		896	131
4.21	20 238.1	129.77	54	3 510	43	6
19.55	242 909.1	132.53	3		666	89
36.81	374 795.5	100.00	1	27 784	2 417.3	355.5
3.81	70 066.0	92.03	43	18 649		
−30.79	45 925.9	99.12	67	20		
8.00	100 441.2	97.34	26	1 069	428	62.9
6.29	165 277.8	96.50	12	1 120		
3.97	56 838.7	86.03	45			
−3.83	45 753.4	98.53	59			
19.88	176 279.5	99.79	8	24 413	78	
1.00	18 823.5	109.33	61	100		
2.14	21 318.2	105.27	62	3 469	3 575	537
3.98	28 695.7	101.60	38		42	
5.65	180 849.7	97.43	18	4 185	22	3
2.21	65 833.3	96.77	52			
7.29	207 943.3	99.57	5	7 820	3 474	514
6.20	58 378.4	95.32	32	2 785	1 924	216
3.25	137 333.3	96.57	29	1 927	517	76
6.51	71 475.4	87.37	30	3 890	1 215	143
7.74	74 429.5	94.31	16	2 045	208	

单位名称	经济效益综合指数（%）	总资产贡献率（%）	资本保值增值率（%）	资产负债率（%）	流动资产周转率（次）
潍坊华光精工设备有限公司	205.74	18.25	99.56	56.86	1.63
潍坊东航精密机械有限公司	236.71	15.99	101.68	50.08	0.74
潍坊华田精工设备有限公司	146.36	15.00	113.55	16.19	2.06
青岛瑞普电气有限责任公司	125.69	3.61	71.54	86.54	0.46
菏泽生建机械厂	92.59	5.17	137.25	54.12	1.07
威海印刷机械有限公司	268.26	13.25	63.65	58.86	1.37
威海滨田印刷机械有限公司	115.07	3.27	108.29	22.11	0.62
晋城市天泽太行机械制造有限公司	93.39	4.61	100.20	66.88	0.56
渭南科赛机电设备有限责任公司	128.32	13.18	81.93	71.09	1.07
咸阳印刷包装机械厂	–248.29	–6.80	64.04	88.05	0.11
咸阳超越离合器有限公司	215.16	29.84	114.46	37.62	2.59
湖南新邵印刷机器有限公司	112.11	6.45	92.37	42.57	2.57
大连大地印刷机械有限公司	163.45	2.39	102.27	22.50	0.46
辽宁大族冠华印刷科技股份有限公司	447.18	34.13	139.91	43.22	1.29
长春印刷机械有限责任公司	123.97	6.26	103.64	47.96	1.77
白山市轻工机械厂	50.07	2.54	90.91	98.68	1.64
哈尔滨三环印刷包装机械有限责任公司	116.19	4.94	124.08	71.45	0.61
德阳市利通印刷机械有限公司	191.30	14.40	102.20	46.23	1.63
舞阳雷世奥印刷机械有限责任公司	87.40	1.87	99.48	55.53	0.45
中山市松德包装机械股份有限公司	236.37	16.89	110.75	56.10	0.99
广东汕漳轻工机械有限公司	157.04	18.75	107.86	29.75	2.14
深圳市精密达机械有限公司	264.58	18.79	125.33	50.00	1.85
深圳嘉洛激光工艺有限公司	140.32	10.35	99.55	23.60	1.62
汕头韩江实业（集团）公司	85.54	1.47	101.44	39.91	0.83
汕头市欧格包装机械有限公司	199.13	28.79	121.61	44.80	2.08
平凉亨达机械制造有限责任公司	77.21	5.69	101.68	75.04	0.78
宜昌市东方印刷机械有限公司	111.88	4.92	102.79	41.21	1.68
河北海贺胜利印刷机械集团有限公司	180.01	11.52	119.11	54.54	1.66
河北玉田兴业印刷机械有限公司	38.11	3.45	114.70	24.25	0.69
淮南光华光神机械电子有限公司	203.14	20.35	103.32	65.44	1.17
淮南市鑫盛印刷包装机械厂	97.89	5.61	40.00	98.13	0.71
淮南市耀华机械厂	145.5	10.02	102.51	32.91	1.04
南宁七彩虹印刷机械有限责任公司	–9.08	–0.80	97.84	88.53	0.42
总　计	178.48	10.57	104.79	48.79	1.11

注：①新增企业：浙江国威、深圳市精密达。

②汕漳轻工更名。

③南宁七彩虹所报是 2010 年 1 ~ 3 季数据。

（续）

成本费用利润率（%）	全员劳动生产率（元/人）	产品销售率（%）	按经济效益综合指数排序	新产品产值（万元）	出口交货值（万元）	自营出口创汇（万美元）
13.42	108 693.5	99.38	17	14 519	563	84.2
16.74	162 656.3	98.29	9	8 844	405.4	64.4
7.28	63 636.4	93.76	36	250	180	30
15.49	45 269.9	91.17	42	5 139	4 603	
1.92	36 666.7	95.55	56			
8.50	272 736.2	85.19	6	11 166	253.3	37.4
3.18	90 451.6	118.96	48	4 259	2 161.5	396
3.57	44 538.7	99.23	55	1 745		
4.38	76 859.5	99.60	41			
−70.20	0.0	100.00	68			
12.62	81 529.1	96.96	14	5 463		
1.09	60 408.2	91.00	50	4 493		
18.31	81 818.2	121.67	31			
43.95	269 025.1	99.80	2	37 615	2 575	361
3.77	70 794.2	98.74	44	1 807	53	10
−0.42	8 888.9	86.86	63			
8.42	48 224.9	91.53	47	340		
6.51	142 699.4	99.43	22	5 577	578	87
2.58	51 858.4	96.36	57			
21.29	123 922.4	93.96	10	5 392	1 340.9	196
9.39	53 333.3	88.29	33	8 213	1 125	169
9.88	220 779.7	92.67	7	10 186	799	119
1.45	112 711.9	91.45	39	82		
1.91	58 051.9	73.97	58			
11.77	67 291.7	100.00	21	467	380	56
5.38	8 000.0	74.95	60	70		
7.54	36 229.5	95.35	51	420		
10.31	100 893.5	105.81	24		171	25
−7.53	34 038.5	86.19	64	350		
18.65	69 183.7	111.89	19	3 760	58.4	8.6
4.35	75 000.0	85.23	53		46	
14.34	48 297.9	89.25	37	277		
−12.30	4 109.6	97.69	65			
10.60	114 452.1	101.44		371 274	59 254.5	7 381.3

2010 年全国印刷机械制造主要企业产品完成情况汇总表

单位名称	产品型号及名称	产量（台/t）	产品型号及名称	产量（台/t）	产品型号及名称	产量（台/t）	产量合计（台/t）
北人集团公司	平张纸单双色胶印机	353/3 254	卷筒纸胶印机	67/2 676	小胶印机	19/152	印刷机械产量合计 499/7 296 其中，印刷机产量合计 474/6 988
	平张纸多色胶印机	35/906	TSK 联动线	11/209	其它印后设备	14/99	
高斯图文印刷系统（中国）有限公司	SSC 卷筒纸胶印机	85/4 044	WS–C 胶印机	5/219	WD–B 胶印机	1/23	93/4 343
	SG–104 四色机	1/30	WS–A 胶印机	1/27			
北京北人富士印刷机械有限公司	BF 系列表格印刷机	295 色组	BFF 系列表格印刷机	65 色组			360 色组
上海光华印刷机械有限公司	单、双色胶印机	63/325	多色胶印机	159/3 916			222/4241
上海紫明印刷机械有限公司	平版印刷机	104/1 445	凹版印刷机	1/9	其它辅机	10/104	115/1558
江西中景集团有限公司	单色胶印机	300 台	双色胶印机	60 台	四色胶印机	140 台	500 台
江苏昌昇集团股份有限公司	YP 系列胶印机	90/1 508	CS 系列胶印机	185/4 574			275/6082
	其中：双色机	90/1 508	其中：多色机	27/1 261			
			双色机	158/3 313			
河南舞阳雷世奥印刷机械有限责任公司	YP1A2–5 四开单色胶印机	35/158	QZKF920 对开双液压数显切纸机	35/156	QZYX920 对开液压数显切纸机	75/263	切纸机合计 192/567 胶印机合计 68/318
	YP1740 四开单色胶印机	33/160	QZX920 对开数显切纸机	82/148			
江西通达印刷机有限公司	J2108–II 对开单色胶印机	46/391	J2205– Ⅰ对开双色胶印机	8/88	D05–1040 大对开双色胶印机	2/26	56/505
大连大地印刷机械有限公司	YP2S1A1C 高速双面软压						20 台
陕西北人印刷机械有限责任公司	AZJ 系列机组式塑凹机	75/4 747	TAZJ 系列机组式纸凹机	31/1 340	GFH 系列复合机系列	44/825	169/7 007
	QFZ 系列分切机系列	19/95					
海门北人富士印刷机械有限公司	J4105 四开单色胶印机	14/42	PZ1740 四开单色胶印机	5/20	N325 四开双色胶印机	1/11	28/201
	YP4B2B 四开四色胶印机	4/64	新版四色	4/64			
无锡长城机器制造有限公司	PSL21206B 对开十二色机	2/48	PSL21206B 对开十五色机	1/28	YPT787 型塔式轮转机	2/80	8/188
	YP878 书报两用轮转机	1/12	PSL2305E 对开三色轮转机	1/5	PSL2906B 对开九色轮转机	1/15	
青岛瑞普电气有限责任公司	25 系列双色胶印乩	11/39	25 系列四色胶印机	41/409	25 系列五色胶印机	3/30	56/488
	28 系列多色胶印机	1/10					
浙江飞云机械有限公司	FYS102A	33 台	YPS1A1–G 胶印机	26 台			59 台

（续）

单位名称	产品型号及名称	产量（台/t）	产品型号及名称	产量（台/t）	产品型号及名称	产量（台/t）	产量合计（台/t）
哈尔滨三环印刷包装机械有限责任公司	YPS1A1B 对开双面胶印机	4/28	YPS1AC1E 对开双面胶印机	36/306	YPS1A1F 对开双面胶印机	1/9	72/475
	YPS1B1 对开双面胶印机	5/50	混合式折页机 ZYH680	6/15	糊盒机	20/67	
潍坊华光精工设备有限公司	WF47 系列胶印机	223/139	HG452 系列多色胶印机	164/1 311	HG52 单色胶印机	16/32	535/2 226
	HG452 以上系列多色胶印机	71/719	WF62 系列胶印机	15/14	印后设备	46/11	
			其中：多色机	235/2 030			
辽宁大族冠华印刷科技股份有限公司	GH47 系列胶印机	64/64	GH 66 系列胶印机	85/1 162	GH52 系列胶印机	354/3 081	1 450/4 519
	GH18 系列胶印机	113/46	其中：多色机	443 台	打孔机等	834/166	
			单色机	173 台			
威海印刷机械有限公司	WIN50 系列胶印机	192/1 292	DK 系列打孔机	12/13			204/1 305
	其中：单色胶印机	36 台					
	多色胶印机	156 台					
威海滨田印刷机械有限公司	WH30 系列胶印机	23/42	WH66 系列胶印机	78/998	52 系列胶印机	15/300	396/4 313
	WH47 系列胶印机	240/634	WH452 系列	26/169	WH466	14/2 170	
山东潍坊东航精密机械有限公司	DH47NP 胶印机	67/50	DH47 Ⅱ S–NP 胶印机	19/17	DH66 胶印机	9/27	524/1 149
	DH47 Ⅱ胶印机	68/41	DH47L 胶印机	25/15	双色 DH252	2/4	
	DH47 Ⅱ –NP 胶印机	111/83	DH56 Ⅱ SNP 胶印机	12/10	柔版印刷机	30/125	
	DH56 Ⅱ NP 胶印机	31/25	DH452 四色	81/608	DH56 Ⅱ S 胶印机	5/4	
	DH56 Ⅱ胶印机	45/27	XY47SNP	3/2	DH47 Ⅱ S 胶印机	2/2	
	DH456	14/109					
潍坊华田精工设备有限公司	CF47I 胶印机	30 台	CF56II 胶印机	22 台	CF56I 胶印机	3 台	526 台
	CF47 Ⅱ胶印机	44 台	CF620C 胶印机	30 台	CF450PY 配页机	13 台	
	CF47I–NP 胶印机	156 台	CF56II–NP 胶印机	14 台	CF380 折页机	27 台	
	CF47II–NP 胶印机	147 台	CF56 Ⅰ –NP 胶印机	13 台	CF56IINP–2 双色胶印机	2 台	
	CF47 Ⅱ –2 双色胶印机	8 台	CF470SPJ 追印机	1 台	CF56II–2 双色胶印机	7 台	
	CF62–NP 胶印机	9 台					
南宁七彩虹印刷机械有限责任公司	YPIB2A 单色胶印机	1/4	YPIB2B 单色胶印机	1/4			2/8

（续）

单位名称	产品型号及名称	产量（台/t）	产品型号及名称	产量（台/t）	产品型号及名称	产量（台/t）	产量合计（台/t）
山西晋城市天泽太行机械制造有限公司	LYNQ4230-01 标签机	10/37	LYNQ4230S-01 标签机数控	17/63	YT300W	14/98	73/355
	YZW4230	2/10	5250	1/8	YT300 机组式标签机	5/35	
	YT4210	7/18	YP330	1/10	6250	4/40	
	MWS300 模切机	12/36					
上海申威达机械有限公司	QZX、QZK 系列切纸机	506/1 630	包装机	1/8	工矿配件	259 吨	
宜昌市东方印刷机械有限责任公司	QZX1300 数显切纸机	33/132	QZK920 数显切纸机	9/36	YBQ 系列标签印刷机	4/8	242/612
	QZK1300 数显切纸机	11/66	QZX920 数显切纸机	185/370			
长春印刷机械有限责任公司	QZH 系列切纸机	73/219	QZKC 系列切纸机	116/430	包本机系列	35/25	440/1 472
	QZKA 系列切纸机	100/346	QZKX 系列切纸机	109/368	QZF1400 分切机	7/84	
四川德阳市利通印刷机械有限公司	QZY1370 系列切纸机	278/1 251	QZY920 系列切纸机	100/300	QZY780 系列切纸机	11/31	485/1 937
	QZY1150 系列切纸机	89/312	QZY1680 系列切纸机	4/26	QZY1550 系列切纸机	3/17	
南通海盟罗兰机械有限公司	QZX1300 液压数显切纸机	95/285	QZK1300 程控切纸机	61/183	QZK205 程控切纸机	14/28	250/608
	QZX205 液压数显切纸机	42/84	DQB440 半自动订书机	28/1	QS90D 三面切纸机	3/8	
	QZK920 程控切纸机	5/11	QZK1370 程控切纸机	2/8			
甘肃平凉亨达机械制造有限责任公司	202 对开切纸机	56/112	1300 机械切纸机	42/168	1150 数控切纸机	5/20	296/929
	920G、E 双数显切纸机	30/75	1300A 数显、数控、程控切纸机	32/112	1370 数控、程控切纸机	18/89	
	920A 切纸机	40/101	1300 数显、数控、程控切纸机	32/96	1660 数显、数控、程控切纸机	11/66	
	920 数显、程控切纸机	30/90					
浙江华岳包装机械有限公司	程控切纸机	1 010 台	全液压切纸机	95 台	辅助设备	65 台	1170 台
上海亚华印刷机械有限公司	TYMB 半自动烫印模切机	66/928	MW 自动模切机	190/2 297			256/3 225
天津长荣印刷设备股份有限公司	模切机	127 台	模烫机	102 台	糊盒机	48 台	287 台
	检品机	10 台					
上海紫宏机械有限公司	折页机系列	523/1 229	三面切书机系列	140/370	胶订、包装系列	47/88	710/1 687
湖南新邵印刷机械有限公司	ZYH490C 折页机	26/52	QS100 三面机	7/21	ZYH680 折页机	181/634	356/1 136
	ZYH660A 折页机	28/106	ZYH490B 折页机	41/103	ZK335 折页机	14/60	
	DQ450 订书机	3/0	ZYH680A	13/46	QSB100 三面切	4/13	
	YR660	8/0	ZYHD780 折页机	20/76	G460 配页机	5/18	
	YZJ440 折页机	5/5	ZYS660 折页机	1/2			

（续）

单位名称	产品型号及名称	产量（台/t）	产品型号及名称	产量（台/t）	产品型号及名称	产量（台/t）	产量合计（台/t）
安徽淮南光华光神机械电子有限公司	DQ404 骑马订书机	314 台	LQD8E 联动线	56 台	ZYH660A 折页机	38 台	444 台
	PYG450A 配页机	27 台	JB450110A 机	9 台			
浙江瑞安市华威印刷机械有限公司	覆膜机	91 台	上光过油机	58 台	水胶机	69 台	509 台
	除粉机	58 台	UV 全面上光机	37 台	UV 局部上光机	9 台	
	分条配牌机	21 台	液压压光机	62 台	自动覆膜机—桥式	12 台	
	水溶性复印膜机	26 台	纸盒联机	28 台	自动全面上光机	27 台	
	配牌喷码平台	11 台					
广东汕漳轻工机械有限公司	SGF 型全自动彩印机	45 台	SOP 型全自动复合机	21 台	YS 型彩印机	12 台	78 台
浙江蓝宝机械有限公司	YXR2 930 1020 柔版印线机	8/74	H1600 糊盒机	4/16	胶装联动线	49/581	1 069/803
	QS380\QS420 三面切书机	14/35	其他	993/82	NB 笔记本联动线	1/15	
山东菏泽生建机械厂	QS 三面切书机	50/125	PJR 平装胶订机	8/12			58/137
上海德拉根印刷机械有限公司	上光机	240 台	贴面机	200 台	糊盒机	130 台	590 台
	喷码机	20 台					
广东汕头韩江实业（集团）公司	覆膜压合机	102/408	上、压光机	48/192			150/600
中山市松德包装机械股份有限公司	印刷机	46 台	复合机	20 台	涂布机	20 台	128 台
	纸张印刷机	26 台	其他	16 台			
浙江通业印刷机械有限公司	SP 小全张输纸机	190/418	四开系列输纸机	541/865	对开系列输纸机	459/587	1 190/1 870
无锡光华印刷机械有限公司	PZX1020 水墨部套	68/41	PT40 收纸部套	44/132	B4650 滚筒部套	57/114	169/287
安徽淮南市鑫盛印刷包装机械厂	JS700 胶水机	17 台	电动切园角机	1 台	多用冲孔机	31 台	
	骑马订书机	10 台	电动压平机	1 台	捆书机	1 台	
	装订机	624 台	压圈机	8 台	冲模	5 套	
浙江神力集团有限公司	涂布机类	35/1 957	分切机类	135/989			170/2946
吉林白山市轻工机械厂	MDD1600C 磨刀机	7/11	MDD1600B 磨刀机	16/31	YP480–01 压书机	2/6	74/138
	MDD1600–02 磨刀机	20/30	MDD2200B 磨刀机	2/4	MDD1700A 磨刀机	8/16	
	MDD2200A 磨刀机	2/4	MDD1700C 磨刀机	10/20	MDS2200 端面磨刀机	7/16	

（续）

单位名称	产品型号及名称	产量（台/t）	产品型号及名称	产量（台/t）	产品型号及名称	产量（台/t）	产量合计（台/t）
温州市瑞龙机械成套有限公司	1650A 磨刀机	20 台	1650C 磨刀机	37 台	2200C 磨刀机	9 台	104 台
	1650B 磨刀机	8 台	抛光机	4 台	2200D 磨刀机	5 台	
	1650E 磨刀机	19 台	引降机	2 台			
深圳嘉洛激光工艺有限公司	自动弯刀机	40 台	激光切割机	24 台	清废机	90 台	304 台
	手动设备	150 台					
上海紫光机械有限公司	铁丝机	51/393	锁线机	40/73	胶订机	44/679	155/1 307
	商用表格机	12/125	卷筒印刷机	5/35	其他	3/2	
河北海贺胜利印刷机械集团有限公司	折页机	80 台	模切机	128 台	裱纸机	56 台	279 台
	订书机	15 台					
河北玉田兴业印刷机械有限公司	MY1050AP 自动模切压痕机	6/102	MY1050A 自动模切压痕机	12/180	MY1020 自动模切压痕机	8/120	36/542
	TYM1020H 自动烫金模切机	5/100	MY800 自动模切压痕机	5/40			
温州正博印刷机械有限公司	手提袋 ZB1100A	65/517	手提袋糊底机	31/264	平压痕机	37/150	206/1 433
	手提袋 ZB1100B	51/469	上胶机	22/33			
深圳市精密达机械有限公司	胶订机系列	233/417	订书机系列	92/47	锁线机系列	85/91	474/788
	其他	64/233					
上海华太数控技术有限公司	胶印机控制系列	21 台	遥控系列	45 台	其他电器类	287 台	353 台
浙江国威印刷机械有限公司	切纸机	304 台	闯纸机	6 台	升降机	4 台	317 台
	降纸机	3 台					
安徽淮南市耀华机械厂	JT–4 装订机头	1 420 套	JT–4–6 装订机头	80 套	DT4–8 多头订书机	30 台	装订机头 1 859 套 订书机 280 台
	JT–8 装订机头	95 套	JT–4–9 装订机头	60 套	DQB404–C 订书机	60 台	
	JT–15 装订机头	174 套	DT4–4 多头订书机	50 台	DTPO4–4 多头订书机	30 台	
	JTY–4 挂钩机头	30 套	DT4–15 多头订书机	80 台	DQB604–A 多头订书机	30 台	
上海爱凯思机械刀片有限公司	工矿配件	1 947 t					1 947 t
上海新星印刷器材有限公司	印刷机械产品	93/29					93/29
汕头市欧格包装机械有限公司	印刷制袋机	18 台	自动折边机	29 台	涂布机	1 台	51 台
	双面柔版机	1 台	全自动制袋机	1 台	PCB 胶电生主线	1 台	

（续）

单位名称	产品型号及名称	产量（台/t）	产品型号及名称	产量（台/t）	产品型号及名称	产量（台/t）	产量合计（台/t）
中外合资镇江斯伊格机械有限公司	有油泵	1 018/115	无油泵	2048/203	旋涡泵	963/22	4202/343
	小 泵	173/3					
常州市永盾机械有限公司	ZYBW 系列气泵	4228 台	各种气泵配件	10396 件	印刷机械部件	316 台套	气泵 4 228 台，气泵配件 10 396 件，印刷机械部件 316 台套
陕西咸阳超越离合器有限公司	离合器	102 760 台	联结套	112114 台			214 874 台
陕西咸阳印刷包装机械厂	MWB-184 模切机	2/2	LFG-780 轮转分格机	4/3	LFG-1200 轮转分格机	1/2	9/9
	MWB-300 模切机	2/2					
陕西渭南科赛机电设备有限公司	自动套色控制系统	250 台	图像监测系统	235 台			485 台
好利旺机械（上海）有限公司	无油式真空气泵	7 425 台	过滤器	930 台	散热器、空气箱等	143 525 个	真空气泵 7 425 台，过滤器 930 台，干燥机 564 台，散热器等 143 525 个
	干燥机	564 台					

2010年我国进口印刷机械（分类）海关统计

表1 计算机直接制版设备（印前设备） 单位：台 / 美元

共进口586台，总金额为55 209 615美元									
来源地	**数量**	**金额**	**来源地**	**数量**	**金额**	**来源地**	**数量**	**金额**	
中国香港	1	190 447	中国	41	3 570 887	捷克	4	110 585	
以色列	2	563 812	比利时	36	5 362 415	斯洛伐克	2	51 180	
日本	121	9 608 066	英国	119	4 973 231	墨西哥	20	3 047 806	
马来西亚	3	22 480	德国	176	22 414 720	加拿大	26	1 260 634	
菲律宾	2	9 422	波兰	1	365 635	美国	15	824 550	
韩国	2	61 331	瑞士	15	2 772 414				
企业性质	**国有**	**集体**	**私营**	**个体工商户**	**中外合作**	**中外合资**	**外商独资**	**其他**	
数量	236	1	154			30	165		
金额	18 359 696	284 947	18 268 769			2 567 200	15 729 003		

表2 单张纸单色胶印机（印刷设备） 单位：台 / 美元

共进口9台，总金额为378 279美元								
来源地	数量	金额	来源地	数量	金额	来源地	数量	金额
日本	3	109 168	中国台湾	1	67 200	德国	3	195 911
中国	2	6 000						
企业性质	国有	集体	私营	个体工商户	中外合作	中外合资	外商独资	其他
数量	2		5				2	
金额	97 928		115 168				165 183	

表3 单张纸双色胶印机（印刷设备） 单位：台 / 美元

共进口9台，总金额为4 991 781美元								
来源地	数量	金额	来源地	数量	金额	来源地	数量	金额
德国	9	4991781						
企业性质	国有	集体	私营	个体工商户	中外合作	中外合资	外商独资	其他
数量	1		5	1		1	1	
金额	337 353		2 324 800	489 478		1 206 450	633 700	

数据来源：中国印刷及设备器材工业协会

表 4　单张纸四色胶印机（印刷设备）　单位：台 / 美元

共进口 883 台，总金额为 475 166 725 美元								
来源地	数量	金额	来源地	数量	金额	来源地	数量	金额
日本	339	204 456 774	德国	525	264 320 768	捷克	9	4 829 098
韩国	4	468 000	荷兰	6	1 092 085			
企业性质	国有	集体	私营	个体工商户	中外合作	中外合资	外商独资	其他
数量	323	8	315			12	225	
金额	188 154 838	4 433 754	208697323			10 323 977	63 556 833	

表 5　其他单张纸胶印机（印刷设备）　单位：台 / 美元

共进口 407 台，总金额为 487 174 946 美元								
来源地	数量	金额	来源地	数量	金额	来源地	数量	金额
日本	89	86901293	德国	311	394 590 964	捷克	7	5 682 689
企业性质	国有	集体	私营	个体工商户	中外合作	中外合资	外商独资	其他
数量	138	13	180		3	20	53	
金额	177 906 208	12 464 297	186 769 136		3 799 561	31 308 296	74 927 448	

表 6　未列名胶印机（印刷设备）　单位：台 / 美元

共进口 88 台，总金额为 30 198 541 美元								
来源地	数量	金额	来源地	数量	金额	来源地	数量	金额
印度	8	344 344	中国	6	1 031 331	意大利	2	2 181 821
印度尼西亚	1	32 000	中国台湾	4	278 631	荷兰	1	12 500
日本	36	13 932 928	英国	16	3 104 005	美国	5	4 400 042
韩国	1	35 407	德国	8	4 845 532			
企业性质	国有	集体	私营	个体工商户	中外合作	中外合资	外商独资	其他
数量	10	9	28			23	18	
金额	5 474 159	376 344	12 517 597			5 803 934	6 026 507	

表 7　办公室用胶印机（印刷设备）　单位：台 / 美元

共进口 16 台，总金额为 114 120 美元								
来源地	数量	金额	来源地	数量	金额	来源地	数量	金额
日本	16	114 120						
企业性质	国有	集体	私营	个体工商户	中外合作	中外合资	外商独资	其他
数量			14				2	
金额			94 146				19 974	

表 8　卷筒纸胶印机（印刷设备）　　单位：台 / 美元

共进口 39 台，总金额为 91 317 828 美元								
来源地	数量	金额	来源地	数量	金额	来源地	数量	金额
印度	3	348 586	法国	2	2 769 696	瑞士	1	397 792
日本	15	26 084 175	瑞典	4	18 425 782	美国	2	3 404 514
德国	12	39 887 283						
企业性质	国有	集体	私营	个体工商户	中外合作	中外合资	外商独资	其他
数量	13	–	20	–	1	2	3	–
金额	33 011 157	–	52 608 875	–	397 792	20 846	5 279 158	–

表 9　卷筒纸凸版印刷机（印刷设备）　　单位：台 / 美元

共进口 69 台，总金额为 7 457 912 美元								
来源地	数量	金额	来源地	数量	金额	来源地	数量	金额
中国香港	3	6 706	中国台湾	21	2 758 271	加拿大	1	301 420
日本	17	2 454 259	德国	2	670 288	美国	8	1 011 555
韩国	16	232 076	意大利	1	23 337			
企业性质	国有	集体	私营	个体工商户	中外合作	中外合资	外商独资	其他
数量	9		9			11	40	
金额	750 279		1 712 762			493 947	4 500 924	

表 10　其他凸版印刷机（印刷设备）　　单位：台 / 美元

共进口 89 台，总金额为 20 839 069 美元								
来源地	数量	金额	来源地	数量	金额	来源地	数量	金额
中国香港	5	5 600	中国台湾	35	4 808 248	意大利	6	1 094 150
日本	7	2 430 302	英国	3	3 469 443	瑞士	1	303 743
韩国	6	30 942	德国	3	418 913	美国	19	8 245 228
中国	4	32 500						
企业性质	国有	集体	私营	个体工商户	中外合作	中外合资	外商独资	其他
数量	7		13			9	60	
金额	474 222		2 814 993			6 880 065	10 669 789	

表 11　柔性版印刷机（印刷设备）　　单位：台 / 美元

共进口 53 台，总金额为 24 902 502 美元								
来源地	数量	金额	来源地	数量	金额	来源地	数量	金额
日本	8	953 836	英国	5	273 659	西班牙	1	2 370 604
韩国	2	37 000	德国	3	5 011 478	瑞士	3	355 908
中国台湾	15	4 378 121	意大利	6	7 421 725	美国	7	2 796 355
丹麦	3	1 303 816						
企业性质	国有	集体	私营	个体工商户	中外合作	中外合资	外商独资	其他
数量	6	1	14		4	8	20	
金额	1 180 693	680 000	11 129 986		603 908	4 558 186	6 749 729	

表 12　凹版印刷机（印刷设备）　　单位：台 / 美元

共进口 67 台，总金额为 42 639 715 美元								
来源地	数量	金额	来源地	数量	金额	来源地	数量	金额
日本	14	7 755 574	比利时	1	266 182	葡萄牙	1	2 863
韩国	10	1 675 108	德国	3	290 056	瑞士	5	15 506 034
中国	5	25 000	法国	1	15 413	加拿大	2	288 000
中国台湾	18	2 875 980	意大利	7	13 939 505			
企业性质	国有	集体	私营	个体工商户	中外合作	中外合资	外商独资	其他
数量	5		13		5	13	31	
金额	10 226 577		7 675 486		25 000	16 163 586	8 549 066	

表 13　圆网印刷机（印刷设备）　　单位：台 / 美元

共进口 82 台，总金额为 24 819 997 美元								
来源地	数量	金额	来源地	数量	金额	来源地	数量	金额
中国香港	2	5 000	中国台湾	2	19 084	奥地利	34	13 930 869
日本	16	4 901 407	意大利	7	2 802 083	加拿大	4	12 633
韩国	2	62 000	荷兰	15	3 086 921			
企业性质	国有	集体	私营	个体工商户	中外合作	中外合资	外商独资	其他
数量	7	2	18		4	12	39	
金额	3 042 135	1 596 610	10 160 646		12 633	2 755 900	7 252 073	

表 14 平网印刷机（印刷设备） 单位：台 / 美元

共进口 1 665 台，总金额为 94 881 631 美元								
来源地	数量	金额	来源地	数量	金额	来源地	数量	金额
以色列	1	12 641	突尼斯	10	379 358	奥地利	2	235 669
日本	205	48 820 394	英国	8	623 962	波兰	2	419 087
韩国	59	4 617 603	德国	5	367 028	瑞士	4	2 395 138
中国	16	1 168 150	意大利	12	1 243 603	美国	21	4 307 712
中国台湾	1311	29 103 834	西班牙	1	206 052	澳大利亚	8	981 400
企业性质	国有	集体	私营	个体工商户	中外合作	中外合资	外商独资	其他
数量	61		177		2	152	1273	
金额	8 289 629		22 865 573		87682	15 226 347	48 412 400	

表 15 其他可联网数字式喷墨印刷机（印刷设备） 单位：台 / 美元

共进口 206 656 台，总金额为 196 928 736 美元								
来源地	数量	金额	来源地	数量	金额	来源地	数量	金额
中国香港	8	50 907	中国台湾	61	2 848 898	波兰	29	75 906
印度	3	9 624	比利时	3	267 080	瑞典	104	155 874
印度尼西亚	8715	2 653 230	丹麦	4	1 467 239	瑞士	10	767 044
以色列	28	5 564 271	英国	375	2 296 800	俄罗斯联邦	1	65 913
日本	19235	72 117 755	德国	372	4 039 150	克罗地亚	1	5 826
马来西亚	56690	23 384 206	法国	3 121	15 057 639	捷克	71	408 112
新加坡	83	1 779 791	意大利	27	3 655 618	加拿大	26	4 139 468
韩国	130	3 693 346	荷兰	44	911 253	美国	2 530	18 755 959
泰国	76 198	11 565 897	西班牙	12	1 407 230	澳大利亚	1	1 488
阿联酋	3	12717	奥地利	4	2 164 370	新西兰	2	10 636
中国	38 765	17 595 489						
企业性质	国有	集体	私营	个体工商户	中外合作	中外合资	外商独资	其他
数量	5 401	33	2 663		20	133	198 406	
金额	45 850 961	1 941 776	2 5345 534		202 196	5 055 244	118 533 025	

表 16 其他可联网数字式激光印刷机（印刷设备） 单位：台 / 美元

共进口 3 042 台，总金额为 62 420 814 美元								
来源地	数量	金额	来源地	数量	金额	来源地	数量	金额
中国香港	13	86 136	韩国	2	20 051	爱尔兰	1	164 119
以色列	80	17 158 650	中国	1 130	5 393 485	意大利	1	184 032
日本	450	17 457 611	中国台湾	5	261 728	荷兰	42	1 802 331
马来西亚	669	4 394 997	丹麦	15	5 811	西班牙	27	554 115
新加坡	1	2 347	德国	31	3 553 979	美国	575	11 381 422
企业性质	国有	集体	私营	个体工商户	中外合作	中外合资	外商独资	其他
数量	74	1	863			7	2 097	
金额	8 846 214	843	7 791 790			163 131	45 618 836	

表 17 其他可联网数字式印刷机（印刷设备） 单位：台 / 美元

共进口 5 120 台，总金额为 20 796 034 美元								
来源地	数量	金额	来源地	数量	金额	来源地	数量	金额
印度尼西亚	1	250	中国	1 596	67 515	荷兰	5	83 645
以色列	22	4 757 079	中国台湾	10	139 555	西班牙	12	38 131
日本	2914	9 068 430	丹麦	4	1 896 286	奥地利	2	469 132
马来西亚	56	5 309	英国	111	717 811	瑞典	5	352
新加坡	1	3 000	德国	134	748 499	捷克	65	321 918
韩国	24	856 820	法国	44	235 819	美国	106	739 663
泰国	3	3 098	意大利	4	643 451	来源地不详	1	271
企业性质	国有	集体	私营	个体工商户	中外合作	中外合资	外商独资	其他
数量	30	1	1 710			22	3 357	
金额	4 175 537	1 025	1 220 466			2 220 104	13 178 902	

表 18 其他数字式激光印刷机（印刷设备） 单位：台 / 美元

共进口 17 台，总金额为 661 335 美元								
来源地	数量	金额	来源地	数量	金额	来源地	数量	金额
日本	12	485 770	中国台湾	1	61 000	美国	2	19 779
韩国	2	94 786						
企业性质	国有	集体	私营	个体工商户	中外合作	中外合资	外商独资	其他
数量	4		2			6	5	
金额	237 273		19 779			148 043	256240	

表 19　其他数字式喷墨印刷机（印刷设备）　　单位：台 / 美元

共进口 24 554 台，总金额为 11 352 315 美元								
来源地	数量	金额	来源地	数量	金额	来源地	数量	金额
巴林	1	1285	中国	119	95 765	意大利	34	88 102
中国香港	42	229 485	中国台湾	32	2 364 590	西班牙	1	7 092
印度	1	9753	丹麦	54	3 074 328	瑞典	9	82 489
印度尼西亚	10	2457	英国	148	811 656	俄罗斯联邦	50	150 499
日本	53	788 826	德国	94	614 491	美国	23726	1 600 891
新加坡	1	792	法国	25	110 854	澳大利亚	2	657
韩国	152	1 318 303						
企业性质	国有	集体	私营	个体工商户	中外合作	中外合资	外商独资	其他
数量	75	3	327			103	24 046	
金额	3 766 081	17862	1 196 182			1 548 286	4 823 904	

表 20　其他数字式印刷机（印刷设备）　　单位：台 / 美元

共进口 9 219 台，总金额为 2 239 984 美元								
来源地	数量	金额	来源地	数量	金额	来源地	数量	金额
日本	81	494 352	丹麦	221	46 255	瑞典	1	488
韩国	5 430	160 894	英国	8	1 882	瑞士	2	12 921
中国	3 095	153 860	德国	65	128 974	美国	252	945 135
中国台湾	10	117 001	法国	10	18 216	澳大利亚	1	1 245
比利时	10	269	西班牙	33	158 492			
企业性质	国有	集体	私营	个体工商户	中外合作	中外合资	外商独资	其他
数量	57	8	350			37	8 767	
金额	276 760	4 6824	508 647			309 060	1 098 693	

表 21　锁线装订机（印后设备）　　单位：台 / 美元

共进口 50 台，总金额为 7 628 111 美元								
来源地	数量	金额	来源地	数量	金额	来源地	数量	金额
日本	1	99 504	德国	22	4 514 786	瑞士	7	139 563
中国台湾	3	130 393	意大利	16	2 670 808	美国	1	73 057
企业性质	国有	集体	私营	个体工商户	中外合作	中外合资	外商独资	其他
数量	23		19		1	1	6	
金额	4 193 126		2 732 737		315 000	217 000	170 248	

表22 切纸机（印后设备） 单位：台 / 美元

共进口20 847台，总金额为64 134 934美元								
来源地	数量	金额	来源地	数量	金额	来源地	数量	金额
香港	46	5 133	英国	18	917 417	瑞典	15	61 7542
伊朗	1	432	德国	294	8 574 660	瑞士	21	2 168 962
日本	285	4 510 438	法国	3	83 841	拉脱维亚	6	24 055
新加坡	3	42 821	意大利	83	4 645 926	捷克	4	217 866
韩国	48	929 960	荷兰	10	149 872	阿根廷	3	81 331
中国	18 620	153 870	西班牙	12	8 398 603	加拿大	3	295 486
中国台湾	230	18 840 650	奥地利	1	126 656	美国	1132	12 386 262
比利时	2	23276	芬兰	1	6 601	澳大利亚	3	910 850
丹麦	1	21212	波兰	2	1 212			
企业性质	国有	集体	私营	个体工商户	中外合作	中外合资	外商独资	其他
数量	18 981	9	357		19	89	1 382	10
金额	9 893 847	353 697	7 109 572		2 044 955	2 6192 925	18 539 926	12

表23 胶订机（印后设备） 单位：台 / 美元

共进口89台，总金额为11 067 741美元								
来源地	数量	金额	来源地	数量	金额	来源地	数量	金额
日本	24	1 404 109	德国	15	3 418 240	瑞士	28	4 372 445
比利时	4	72 502	瑞典	5	180	美国	13	1 800 265
企业性质	国有	集体	私营	个体工商户	中外合作	中外合资	外商独资	其他
数量	28		43		2	2	14	
金额	4 314 749		3 894 320		375 900	461 068	2 021 704	

表24 其他书本装订机器（印后设备） 单位：台 / 美元

共进口1 238台，总金额为35 180 585美元								
来源地	数量	金额	来源地	数量	金额	来源地	数量	金额
日本	800	6 366 139	英国	11	301 294	葡萄牙	58	2 154 155
韩国	41	127 949	德国	130	18 191 496	瑞典	1	983
中国	4	2876	法国	6	63 119	瑞士	110	5 317 184
中国台湾	25	1 000 306	意大利	9	316 625	捷克	1	7 976
比利时	2	86 970	荷兰	20	172 716	美国	20	1 070 797
企业性质	国有	集体	私营	个体工商户	中外合作	中外合资	外商独资	其他
数量	103	1	375		8	30	716	
金额	10 608 723	1247	8 020 003		2 621 675	5 213 289	8 715 643	

表 25　制造包、袋或信封的机器（其他）　　单位：台 / 美元

共进口 60 台，总金额为 9 618 283 美元								
来源地	数量	金额	来源地	数量	金额	来源地	数量	金额
印度	1	19 545	中国台湾	8	617 227	德国	12	3 359 599
日本	32	4 702 667	英国	3	29 245	美国	3	690 000
韩国	1	200 000						
企业性质	国有	集体	私营	个体工商户	中外合作	中外合资	外商独资	其他
数量	2		27		4	4	23	
金额	1 653 380		2 811 923		416 714	403 575	4 332 691	

表 26　纸浆、纸或纸板制品模制成型机器（其他）　　单位：台 / 美元

共进口 116 台，总金额为 12 480 457 美元								
来源地	数量	金额	来源地	数量	金额	来源地	数量	金额
印度	1	7 000	中国台湾	45	2 074 892	西班牙	2	154 109
日本	12	259 293	德国	2	53 550	挪威	1	109 677
新加坡	1	4500	法国	2	1 000 000	瑞士	2	349 986
韩国	22	3 867 461	意大利	10	4 064 754	美国	14	383 381
中国	2	151 854						
企业性质	国有	集体	私营	个体工商户	中外合作	中外合资	外商独资	其他
数量	9		27			22	58	
金额	1 470 141		1 769 994			4 914 808	4 325 514	

表 27　纸塑铝复合软包装生产设备（其他）　　单位：台 / 美元

共进口 14 台，总金额为 2 096 692 美元								
来源地	数量	金额	来源地	数量	金额	来源地	数量	金额
日本	2	14 239	中国	2	6 300	德国	2	154 510
韩国	5	1 850 410	中国台湾	1	58 000	芬兰	2	13 233
企业性质	国有	集体	私营	个体工商户	中外合作	中外合资	外商独资	其他
数量	2		4				8	
金额	13 233		214 551				1 868 908	

表 28　印刷机器零件及附件（其他）　　单位：kg/ 美元

共进口 6 802 915 千克，总金额为 69 810 631 美元								
来源地	数量	金额	来源地	数量	金额	来源地	数量	金额
中国香港	28 622	249 431	丹麦	4 770	538 695	匈牙利	–	399
印度	1264	23 169	英国	19 091	1 435 340	瑞典	18 654	1 195 031
以色列	171	1 516	德国	3 170 386	23 359 753	瑞士	44 685	4 675 627
日本	2 687 303	23 060 579	法国	16 407	886 615	捷克	156	8 759
马来西亚	2 473	51 221	爱尔兰	2	4 060	斯洛伐克	2	271
新加坡	2 166	50 586	意大利	63 909	2 528 285	加拿大	17	358
韩国	24 793	580 906	荷兰	5 705	577 963	美国	55 945	4 663 142
土耳其	6	224	西班牙	3 722	264 544	澳大利亚	1 589	45 953
越南	890	5 867	奥地利	650	87 507	新西兰	14	4 378
中国	369 673	3 215 532	芬兰	149	8 033	来源地不详	149	9 649
中国台湾	279 552	2 277 238						
企业性质	国有	集体	私营	个体工商户	中外合作	中外合资	外商独资	其他
数量	283 507	6 871	5 659 402		1 568	77 499	774 068	
金额	9 632 593	747 358	3 3162 818		22 405	4 222 310	22 023 147	

表 29　书本装订机器的零件（其他）　　单位：kg/ 美元

共进口 83 200 千克，总金额为 4 518 228 美元								
来源地	数量	金额	来源地	数量	金额	来源地	数量	金额
中国香港	100	140	英国	27	5 212	奥地利	3	6 197
日本	5 176	175 755	德国	46 413	2 724 897	瑞典	1	960
韩国	1	229	法国		147	瑞士	2 184	521 391
中国	13	842	意大利	1 480	125 593	拉脱维亚	1	2 664
中国台湾	105	58 437	荷兰	1 519	39 045	美国	16 489	670 341
比利时	13	2 856	葡萄牙	9 675	183 187	澳大利亚		335
企业性质	国有	集体	私营	个体工商户	中外合作	中外合资	外商独资	其他
数量	3 633	34	5 848			1 039	72 646	
金额	230 900	8 285	313 075			144 088	3 821 880	

表 30　纸塑铝复合罐生产设备（其他）　　单位：台 / 美元

共进口 1 台，总金额为 731 187 美元								
来源地	数量	金额	来源地	数量	金额	来源地	数量	金额
德国	1	731 187						
企业性质	国有	集体	私营	个体工商户	中外合作	中外合资	外商独资	其他
数量							1	
金额							731 187	

（表 31 见下页）

2010年我国进口印刷器材（分类）海关统计

表1 黑色印刷油墨 单位：kg/美元

共进口5 152 166千克，总金额为67 797 010美元								
来源地	数量	金额	来源地	数量	金额	来源地	数量	金额
中国香港	118 297	342 460	比利时	1 463	37 807	波兰	2	20
印度	132 921	334 807	丹麦	2 709	75 308	瑞典	13 537	166 729
印度尼西亚	10 235	260 665	英国	57 585	2 358 953	瑞士	11 800	388 215
以色列	11 396	398 252	德国	250 395	4 423 623	俄罗斯联邦	1	50
日本	1 814 320	25 745 943	法国	119 851	4 948 913	乌克兰	18	2 272
约旦	35	176	爱尔兰	348	34 144	捷克	20	496
马来西亚	9 309	344 166	意大利	93 025	1 296 935	巴西	115	838
菲律宾	78 014	3 249 535	荷兰	28 169	794 494	墨西哥	2 033	84 240
新加坡	104 848	3 823 186	葡萄牙	478	20 246	波多黎各	249	26 269
韩国	687 939	5 005 859	西班牙	910	18 221	加拿大	24	245
泰国	1 899	17 872	奥地利	121	16 625	美国	533 464	6 835 033
中国	399 775	2 269 466	芬兰	104	21 188	澳大利亚	27 994	283 485
中国台湾	590 830	3 918 834	匈牙利	5	1 886	新西兰	33 010	53 150
南非	14 918	196 404						
企业性质	国有	集体	私营	个体工商户	中外合作	中外合资	外商独资	其他
数量	439 594	215 831	952 051		17 978	1 210 848	2 315 362	502
金额	5 113 196	5 671 144	10 360 708		162 301	10 169 631	36 313 926	6 104

（接上页）

表31 铸字机，制版机器、器具及设备的零件（其他） 单位：台/美元

共进口11台，总金额为293 568美元								
来源地	数量	金额	来源地	数量	金额	来源地	数量	金额
日本	2	8 613	中国台湾	2	8 214	法国	1	2 545
新加坡	4	147 500	德国	1	126 509	意大利	1	187
企业性质	国有	集体	私营	个体工商户	中外合作	中外合资	外商独资	其他
数量	1		1				9	
金额	126 509		195				166 864	

表 2　其他印刷油墨

单位：kg/ 美元

共进口 31 881 635kg，总金额为 339 372 206 美元								
来源地	数量	金额	来源地	数量	金额	来源地	数量	金额
中国香港	988 443	4 124 010	中国台湾	7 324 221	65 322 392	芬兰	12	664
印度	700 117	1 961 013	尼日利亚	18	181	匈牙利	4	3 259
印度尼西亚	14 793	612 399	南非	26175	357 945	挪威	5 631	78 840
伊朗	48	344	比利时	68 068	959 260	波兰	708	9 037
以色列	51 539	1 721 075	丹麦	6244	116 938	瑞典	152 627	1 918 443
日本	8 385 477	126 246 471	英国	544 814	6 537 635	瑞士	209 575	4 058 520
约旦	140	704	德国	2 183 932	20 993 747	俄罗斯联邦	109	3 166
马来西亚	179 719	2 012 543	法国	68 089	2 508 587	斯洛伐克	124	1676
菲律宾	110 781	5 204 875	爱尔兰	986	23 693	巴西	98	4971
新加坡	283 639	8 196 243	意大利	152 110	1 213 856	墨西哥	15 350	572 180
韩国	4 179 233	29 867 247	卢森堡	1080	10 432	秘鲁	16	146
泰国	6 364	66 613	荷兰	44 393	997 898	波多黎各	1 578	150 895
土耳其	2 544	15 420	葡萄牙	5	717	加拿大	17 169	132 969
阿拉伯联合酋长国	50	525	西班牙	4 045	57 535	美国	2 124 414	23 654 975
越南	60	60	奥地利	1 957	50 138	澳大利亚	37 098	127 703
中国	3 781 552	29 009 718	保加利亚	54	173	新西兰	206 432	464 375
企业性质	国有	集体	私营	个体工商户	中外合作	中外合资	外商独资	其他
数量	4 029 116	603 247	4 362 106	11	319 501	7 537 658	15 019 836	10 160
金额	22 141 887	14 811 459	37 562 580	135	2 537 715	62 285 303	199 953 729	79 398

表 3　激光照排软片（任一边 >255mm）

单位：m^2/ 美元

共进口 1 112 563m^2，总金额为 21 259 131 美元								
来源地	数量	金额	来源地	数量	金额	来源地	数量	金额
中国香港	1 502	37 257	比利时	672 205	12 665 778	瑞士	30 730	672 822
日本	365 812	6 986 315	法国	47	2 156	美国	40 032	808 260
韩国	2 235	86 543						
企业性质	国有	集体	私营	个体工商户	中外合作	中外合资	外商独资	其他
数量	83 382		141 829		9 742	626 095	251 515	
金额	1 539 344		2 668 141		237 447	11 995 505	4 818 694	

表4 CTP版（热敏）（任一边>255mm） 单位：m^2/美元

共进口1 182 136m^2，总金额为9 801 036美元								
来源地	数量	金额	来源地	数量	金额	来源地	数量	金额
中国香港	18 931	23 172	越南	100	538	意大利	45	1 157
印度尼西亚	1 406	14 467	中国	123 443	1 113 052	荷兰	19 390	210 797
日本	72 313	521 444	中国台湾	20 851	121 005	西班牙	99	1 350
马来西亚	20	142	比利时	4 855	42 416	立陶宛	6	386
菲律宾	17	290	英国	669	5 643	斯洛文尼亚	1 211	10 273
韩国	10 134	85 026	德国	568 006	3 459 805	加拿大	133	1 246
泰国	4 448	40 883	法国	283 881	2 213 754	美国	52 178	1 934 190
企业性质	国有	集体	私营	个体工商户	中外合作	中外合资	外商独资	其他
数量	62 432		153 531		7 067	49 350	890 826	18 930
金额	429 338		1 296 278		72 662	1 792 914	6 058 813	151 031

表5 PS版（任一边>255mm） 单位：m^2/美元

共进口793 579m^2，总金额为7 417 009美元								
来源地	数量	金额	来源地	数量	金额	来源地	数量	金额
中国香港	65	205	中国	7 227	85 455	荷兰	2 386	37 850
印度	237	1 381	中国台湾	584 089	3 609 223	西班牙	171	1 301
日本	180 331	2 468 776	比利时	1 198	25 878	瑞士	4 898	144 194
新加坡	312	2774	德国	11 811	1 014 293	美国	853	25 625
韩国	1	54						
企业性质	国有	集体	私营	个体工商户	中外合作	中外合资	外商独资	其他
数量	23 192	6 064	700 490			2 630	61 203	
金额	1 516 498	79 365	5 029 085			38 177	753 884	

表6 其他照相制版用硬片及软片（任一边>255mm） 单位：m^2/美元

共进口2 647 090m^2，总金额为74 659 100美元								
来源地	数量	金额	来源地	数量	金额	来源地	数量	金额
以色列	7 195	3 535 607	中国	5 851	1 609 086	荷兰	748	5 530
日本	554 018	26 273 839	中国台湾	1 805	480 140	瑞士	217 336	5 623 485
马来西亚	768	35 460	比利时	150	6 681	美国	1 542 047	26 526 685
菲律宾		55	德国	311 491	9 391 479	澳大利亚	132	3 107
韩国	5 549	1 167 946						
企业性质	国有	集体	私营	个体工商户	中外合作	中外合资	外商独资	其他
数量	381 463		1 139 605		11	148 710	977 236	65
金额	10 743 264		28 136 407		8 085	11 562 633	24 202 406	6 305

2010年全国进口印刷机械、器材数量、金额统计总表

类别	产品名称	单位	数量	金额（美元）	占分项比重（%）	占印刷机比重（%）	占比（%）		占进口总额（%）
印刷器材				959 451 676					29.48
印刷设备				2 295 288 267					70.52
	合计			3 254 739 943					100.00
印刷器材	印刷油墨	kg	37 022 557	407 121 564			42.43	占印刷器材比重	12.51
	胶印版材	m^2	1 699 352	17 218 045			1.79		0.53
	制版软片	m^2	97 840 588	535 112 067			55.77		16.44
	合计			959 451 676			100.00		29.48
印刷油墨	黑色印刷油墨	kg	5 159 593	67 865 051	16.67		7.07		2.09
	其他印刷油墨	kg	31 862 964	339 256 513	83.33		35.36		10.42
	合计	kg	37 022 557	407 121 564	100.00		42.43		12.51
胶印版材	PS版	m^2	338 339	7 417 009	43.08		0.77		0.23
	热敏CTP版	m^2	1 361 013	9 801 036	56.92		1.02		0.30
	合计	m^2	1 699 352	17 218 045	100.00		1.79		0.53
制版软片	合计	m^2	97 840 588	535 112 067	100.00		55.77		16.44
印刷设备	印前设备			106 338 084			4.63	占印刷设备比重	3.27
	印后设备			145 434 235			6.34		4.47
	印刷机		261 196	1 714 641 212			74.70		52.68
	辅机、零件			328 874 736			14.33		10.10
	合计			2 295 288 267			100.00		70.52
印前设备	铸字机	台	11	293 568	0.28		0.01		0.01
	计算机直接制版设备	台	586	5 5221 813	51.93		2.41		1.70
	其他制版机器、器具及设备	台	202	6 918 842	6.51		0.30		0.21
	品目8442其他的机器、器具及设备	台	2 429	1 616 677	1.52		0.07		0.05
	制版用机器、器具及设备的零件	kg	345 191	21 000 233	19.75		0.91		0.65
	印版、滚筒等制成供印刷用的板	kg	813 970	21 286 951	20.02		0.93		0.65
	合计		1 162 389	106 338 084	100.00		4.63		3.27
印后设备	锁线装订机	台	50	7 628 111	5.25		0.33		0.23
	胶订机	台	89	11 043 714	7.59		0.48		0.34
	其他书本装订机器	台	1 238	35 176 951	24.19		1.53		1.08
	书本装订机器的零件	kg	83 200	4 518 228	3.11		0.20		0.14
	切纸机	台	20 847	64 097 951	44.07		2.79		1.97
	制造包、袋或信封的机器	台	60	9 618 283	6.61		0.42		0.30
	切纸机零件	kg	394 612	13 350 997	9.18		0.58		0.41
	合计		500 096	145 434 235	100.00		6.34		4.47

（续）

类别	产品名称	单位	数量	金额（美元）	占分项比重（%）	占印刷机比重（%）	占比（%）		占进口总额（%）
印刷机	胶印机	台	1 450	1 088 780 568		63.50	47.44	占印刷设备比重	33.45
	其他常规印刷机	台	11 138	331 461 426		19.33	14.44		10.18
	数码印刷机	台	248 608	294 399 218		17.17	12.83		9.05
	合计	台	261 196	1 714 641 212		100.00	74.70		52.68
其中：胶印机	卷取进料式胶印机	台	39	91 317 828	8.39	5.33	3.98		2.81
	办公室用片卷取进料式胶印机	台	16	114 120	0.01	0.01	0.00		0.00
	平张纸进料式单色胶印机	台	9	378 279	0.03	0.02	0.02		0.01
	平张纸进料式双色胶印机	台	9	4 991 781	0.46	0.29	0.22		0.15
	平张纸进料式四色胶印机	台	883	475 166 719	43.64	27.71	20.70		14.60
	其他平张纸进料式胶印机	台	407	487 174 946	44.75	28.41	21.23		14.97
	未列名胶印机	台	87	29 636 895	2.72	1.73	1.29		0.91
	胶印机合计	台	1 450	1 088 780 568	100.00	63.50	47.44		33.45
其他常规印刷机	卷取进料式凸版印刷机（不包括苯）	台	69	7 457 912	2.25	0.43	0.32		0.23
	非卷取进料式的凸版印刷机	台	89	20 835 889	6.29	1.22	0.91		0.64
	苯胺印刷机	台	53	24 902 502	7.51	1.45	1.08		0.77
	凹版印刷机	台	67	42 639 715	12.86	2.49	1.86		1.31
	圆网印刷机	台	82	24 819 997	7.49	1.45	1.08		0.76
	平网印刷机	台	1 666	95 198 242	28.72	5.55	4.15		2.92
	其他网式印刷机	台	1 342	76 817 626	23.18	4.48	3.35		2.36
	未列名印刷机	台	7 770	38 789 543	11.70	2.26	1.69		1.19
	合计		11 138	331 461 426	100.00	19.33	14.44		10.18
数码印刷机	数字式喷墨印刷机（可连接自动数据处理设备或网络）	台	206 656	196 928 736	66.89	11.49	8.58		6.05
	数字式静电照相印刷机（激光印刷机，可与自动数据处理设备或网络连接）	台	3 042	624 20 814	21.20	3.64	2.72		1.92
	其他数字式印刷设备（可连接自动数据处理设备或网络）	台	5 120	20 796 034	7.06	1.21	0.91		0.64
	数字式喷墨印刷机	台	24 554	11 352 315	3.86	0.66	0.49		0.35
	数字式静电照相印刷机（激光印刷机）	台	17	661 335	0.22	0.04	0.03		0.02
	其他数字式印刷设备	台	9 219	2 239 984	0.76	0.13	0.10		0.07
	合计	台	248 608	294 399 218	100.00	17.17	12.83		9.05
辅机、零附件	卷筒料给料机	kg	24 000	118 944	0.04	0.01	0.01		0.00
	其他印刷用辅助机器	kg	1 339 902	12 945 206	3.94	0.75	0.56		0.40
	用 8442 所列印版等印刷的机器	kg	5 439 296	56 830 619	17.28	3.31	2.48		1.75
	数字印刷设备用辅助机器	kg	63 838	2 199 610	0.67	0.13	0.10		0.07
	数字印刷设备的其他零件及附件	kg	2 713 565	256 780 357	78.08	14.98	11.19		7.89
	合计		9 580 601	328 874 736	100.00	19.18	14.33		10.10

2010 年全国出口印刷机械、器材数量、金额统计总表

类别	产品名称	单位	数量	金额（美元）	占分项比重（%）	占印刷机比重（%）	占比（%）		占进口总额（%）
印刷器材				597 407 752					35.27
印刷设备				1 096 175 888					64.73
合计				1 693 583 640					100.00
印刷器材	印刷油墨	kg	28 677 419	109 371 335			18.31	占印刷器材比重	6.46
	胶印版材	m^2	107 169 496	431 064 837			72.16		25.45
	制版软片	m^2	11 218 242	56 971 580			9.54		3.36
	合计		147 065 157	597 407 752			100.00		35.27
印刷油墨	黑色印刷油墨	kg	5 300 616	21 781 632	19.92		3.65		1.29
	其他印刷油墨	kg	23 376 803	87 589 703	80.08		14.66		5.17
	合计	kg	28 677 419	109 371 335	100.00		18.31		6.46
胶印版材	PS 版	m^2	67 049 439	210 019 401	48.72		35.16		12.40
	热敏 CTP 版	m^2	40 120 057	221 045 436	51.28		37.00		13.05
	合计	m^2	107 169 496	431 064 837	100.00		72.16		25.45
制版软片	合计	m^2	11 218 242	56 971 580	100.00		9.54		3.36
印刷设备	印前设备			120 294 678			10.97	占印刷设备比重	7.10
	印后设备			163 084 672			14.88		9.63
	印刷机		234 706	614 170 953			56.03		36.26
	辅机、零件			198 625 585			18.12		11.73
	合计			1 096 175 888			100.00		64.73
印前设备	铸字机	台	554	267 492	0.22		0.02		0.02
	计算机直接制版设备	台	1 469	71 637 103	59.55		6.54		4.23
	其他制版机器、器具及设备	台	2 389	9 394 494	7.81		0.86		0.55
	品目 8442 其他的机器、器具及设备	台	1 751	1 324 760	1.10		0.12		0.08
	制版用机器、器具及设备的零件	kg	125 435	4 283 320	3.56		0.39		0.25
	印版、滚筒等制成供印刷用的板	kg	5 056 284	33 387 509	27.75		3.05		1.97
	合计		5 187 882	120 294 678	100.00		10.97		7.10
印后设备	锁线装订机	台	8 141	1 629 959	1.00		0.15		0.10
	胶订机	台	3 400	5 538 007	3.40		0.51		0.33
	其他书本装订机器	台	343 191	15 365 519	9.42		1.40		0.91
	书本装订机器的零件	kg	194 833	1 329 183	0.82		0.12		0.08
	切纸机	台	2 808 297	106 528 385	65.32		9.72		6.29
	制造包、袋或信封的机器	台	1 457	18 450 579	11.31		1.68		1.09
	切纸机零件	kg	2 180 848	14 243 040	8.73		1.30		0.84
	合计		5 540 167	163 084 672	100.00		14.88		9.63

（续）

类别	产品名称	单位	数量	金额（美元）	占分项比重（%）	占印刷机比重（%）	占比（%）		占进口总额（%）
印刷机 其中：胶印机	胶印机	台	1 500	59 368 923	9.67	9.67	5.42	占印刷设备比重	3.51
	其他常规印刷机	台	93 321	207 380 838	33.77	33.77	18.92		12.25
	数码印刷机	台	139 885	347 421 192	56.57	56.57	31.69		20.51
	合计	台	234 706	614 170 953	100.00	100.00	56.03		36.26
	卷取进料式胶印机	台	221	21 715 215	36.58	3.54	1.98		1.28
	办公室用片卷取进料式胶印机	台	19	26 849	0.05	0.00	0.00		0.00
	平张纸进料式单色胶印机	台	427	3 373 173	5.68	0.55	0.31		0.20
	平张纸进料式双色胶印机	台	78	2 047 402	3.45	0.33	0.19		0.12
	平张纸进料式四色胶印机	台	65	8 960 874	15.09	1.46	0.82		0.53
	其他平张纸进料式胶印机	台	89	16 238 810	27.35	2.64	1.48		0.96
	未列名胶印机	台	601	7 006 600	11.80	1.14	0.64		0.41
	胶印机合计	台	1 500	59 368 923	100.00	9.67	5.42		3.51
其他常规印刷机	卷取进料式凸版印刷机（不包括苯）	台	723	14 903 501	7.19	2.43	1.36		0.88
	非卷取进料式的凸版印刷机	台	361	13 472 743	6.50	2.19	1.23		0.80
	苯胺印刷机	台	487	14 605 349	7.04	2.38	1.33		0.86
	凹版印刷机	台	1 810	30 144 790	14.54	4.91	2.75		1.78
	圆网印刷机	台	312	6 410 369	3.09	1.04	0.58		0.38
	平网印刷机	台	7 242	33 035 782	15.93	5.38	3.01		1.95
	其他网式印刷机	台	981	6 263 613	3.02	1.02	0.57		0.37
	未列名印刷机	台	81 405	88 544 691	42.70	14.42	8.08		5.23
	合计		93 321	207 380 838	100.00	33.77	18.92		12.25
数码印刷机	数字式喷墨印刷机（可连接自动数据处理设备或网络）	台	118 543	285 227 338	82.10	46.44	26.02		16.84
	数字式静电照相印刷机（激光印刷机，可与自动数据处理设备或网络）	台	1 248	8 352 697	2.40	1.36	0.76		0.49
	其他数字式印刷设备（可连接自动数据处理设备或网络）	台	631	1 437 027	0.41	0.23	0.13		0.08
	数字式喷墨印刷机	台	17 386	49 068 134	14.12	7.99	4.48		2.90
	数字式静电照相印刷机（激光印刷机）	台	2	15 046	0.00	0.00	0.00		0.00
	其他数字式印刷设备	台	2 075	3 320 950	0.96	0.54	0.30		0.20
	合计	台	139 885	347 421 192	100.00	56.57	31.69		20.51
辅机、零附件	卷筒料给料机	kg	38 246	312 791	0.16		0.03		0.02
	其他印刷用辅助机器	kg	2 921 649	18 260 586	9.19		1.67		1.08
	用8442所列印版等印刷的机器	kg	4 455 423	24 669 718	12.42		2.25		1.46
	数字印刷设备用辅助机器	kg	463 043	5 429 022	2.73		0.50		0.32
	数字印刷设备的其他零件及附件	kg	3 095 624	149 953 468	75.50		13.68		8.85
	合计		10 973 985	198 625 585	100.00		18.12		11.73

数据来源：中国印刷及设备器材工业协会

2010年全国印刷设备、器材进出口数据分析

刘万瑞

2010年，全国印刷设备、器材进出口总额49.48亿美元，创历年来新高，较2009年的37.16亿美元增长33.15%。其中，进口金额32.54亿美元，较2009年的24.45亿美元增长33.18%；出口金额16.93亿美元，较2009年的12.74亿美元增长33.07%。

一、进口印刷设备、器材情况

2010年，全国进口印刷设备22.95亿美元，占进口总金额的70.52%，进口金额较2009年的16.09亿美元增长42.65%。从商品分类来看，仅有印后设备进口金额下降9.55%，其他商品均有不同幅度上升，其中印刷机上升幅度最大，达到56.53%；辅机及零件上升26.22%。

2010年，全国印刷器材进口金额9.59亿美元，占总进口金额的29.48%，较2009年的8.35亿美元增长14.94%。从商品分类来看，胶印版材已经连续几年下降，2010年较2009年又下降13.55%，印刷油墨上升19.28%。

二、出口印刷设备、器材情况

2010年，全国出口印刷设备10.96亿美元，占总出口金额的64.73%，较2009年的8.13亿美元增长34.92%。从商品分类来看，仅有辅机、零件出现下滑，幅度为26.45%；其他品种均有不同幅度上升，其中，印刷机较2009年上升86.29%，这一高增长幅度属罕见情况，其他两类商品也呈现大幅度增长。

2010年，全国出口印刷器材金额5.97亿美元，占出口总金额的35.27%，较2009年的4.61亿美元增长29.81%。从商品分类来看，胶印版材继续居于出口前列，其出口金额较2009年增长33.90%；油墨和制版软片的出口也取得了较好的成绩。2010年全国印刷设备、器材进出口情况见表1。

表1 2010年全国印刷设备、器材进出口情况

（单位：亿美元）

产品名称	进口			出口		
	2010年	2009年	同比增长（%）	2010年	2009年	同比增长（%）
印刷设备	22.95	16.09	42.65	10.96	8.12	34.92
印前设备	1.06	0.92	15.16	1.20	0.81	48.43
印后设备	1.45	1.61	–9.55	1.63	1.32	23.87
印刷机	17.15	10.95	56.53	6.141	3.30	86.29
辅机零件	3.29	2.61	26.22	1.99	2.700	–26.45
印刷器材	9.59	8.35	14.94	5.97	4.60	29.81
印刷油墨	4.07	3.41	19.28	1.09	0.87	26.35
胶印版材	0.17	0.20	–13.55	4.310	3.22	33.90
制版软片	5.35	4.74	13.01	0.57	0.52	10.13
合计	32.54	24.45	33.18	16.93	12.74	33.07

三、2010年我国印刷设备进出口情况

1. 印前设备进出口情况

印前设备进出口数据见表2、表3、表4。

表2 2010年全国印前设备进口情况 （单位：万美元）

产品名称	金额	占印前设备比重(%)	占印刷设备比重(%)	比2009年增长(%)
铸字机	29.4	0.28	0.01	349.82
计算机直接制版设备	5 522	51.93	2.41	7.48
其他制版机器、器具及设备	692	6.51	0.30	12.24
品目8442其他的机器、器具及设备	162	1.52	0.07	11.41
制版用机器、器具及设备的零件	2 100	19.75	0.91	39.95
印版、滚筒等，制成供印刷用的板、滚筒等	2 129	20.02	0.93	16.45
合计	10 634	100.00	4.63	15.16

表3 2010年全国印前设备出口情况 （单位：万美元）

产品名称	金额	占印前设备比重(%)	占印刷设备比重(%)	比2009年增长(%)
铸字机	27	0.22	0.02	-94.51
计算机直接制版设备	7 164	59.55	6.54	64.65
其他制版机器、器具及设备	939	7.81	0.86	92.81
品目8442其他的机器、器具及设备	132	1.10	0.12	65.00
制版用机器、器具及设备的零件	428	3.56	0.39	43.14
印版、滚筒等，制成供印刷用的板、滚筒等	3 338	27.75	3.05	39.32
合计	12 029	100.00	10.97	48.43

注：表3中值得注意的是计算机直接制版设备的增长率。

表4 2010年全国计算机直接制版设备进出口情况（单位：万美元）

年份	进口			出口		
	数量（台）	金额	单价	数量（台）	金额	单价
2008年	302	3 642	12.06	1 196	4 414	3.69
2009年	498	5 138	10.32	877	4 351	4.96
2010年	586	5 522	9.42	1 469	7 164	4.88

表4列出了近三年计算机直接制版设备的进出口数量和金额。从中发现，2010年进口数量较2009年增长17.7%，单价下降8.7%；出口数量上升67.5%，单价下降1.6%，属基本持平。客观上反映出我国直接制版技术的进步，包括制版机的使用和制备。

尽管铸字机的增减幅度较大，但因其数量较小，对印前设备方面整体影响甚微。

2. 印后设备进出口情况

印后设备进出口数据见表5、表6、表7。

表5 2010年全国印后设备进口情况（单位：万美元）

产品名称	金额	占印后设备比重(%)	占印刷设备比重(%)	比2009年增长(%)
锁线装订机	763	5.25	0.33	36.74
胶订机	1 104	7.59	0.48	-48.02
其他书本装订机器	3 517	24.19	1.53	72.83
书本装订机器的零件	452	3.11	0.20	27.32
切纸机	6 410	44.07	2.79	-29.38
制造包、袋或信封的机器	962	6.61	0.42	28.78
切纸机零件	1 335	9.18	0.58	12.85
合计	14 543	100.00	6.33	-9.55

表6 2010年全国印后设备出口情况（单位：万美元）

产品名称	金额	占印前设备比重(%)	占印刷设备比重(%)	比2009年增长(%)
锁线装订机	163	1.00	0.15	136.97
胶订机	554	3.40	0.51	55.18
其他书本装订机器	1 537	9.42	1.40	21.50
书本装订机器的零件	133	0.82	0.12	60.24
切纸机	10 653	65.32	9.72	22.72
制造包、袋或信封的机器	1 845	11.31	1.68	34.57
切纸机零件	1 424	8.73	1.30	10.56
印后合计	16 309	100.00	14.88	23.88

注：表6中值得注意的是切纸机数据的增长幅度。

表7 2010年我国进、出口切纸机对比情况（单位：万美元）

年份	进口			出口		
	数量（台）	金额	单价	数量（台）	金额	单价
2008年	1 219	8 308	6.82	3 577 349	9 479	0.002 5
2009年	1 088	9 077	8.34	3 042 323	8 681	0.002 9
2010年	20 847	6 462	0.31	2 808 297	10 653	0.003 8

由表7可以看出2010年与往年最大不同在于进口切纸机数量大幅上升，而单价大幅下跌；数据显示出口切纸机数量稍有下降，但单价大幅上扬，升幅达30%。这种数量与金额的变化是因为高档切纸机进口数量大幅下降，出口切纸机品质提高所形成的。

3. 印刷机进出口情况

印刷机进出口数据见表8、表9。

按业内常规分类，将印刷机分为胶印机、凹印机、凸版印刷机、丝网印刷机、数字式印刷机、柔版印刷机（苯胺印刷机）、未列名印刷机等类型。根据进出口数量与金额进行比较，可以看到2010年我国印刷机进出口比2009年都有不同程度的增长。

从表8、表9看出，2010年与2009年相比较，只有其他未列名印刷机数量有所下降，其他类型印刷机无论是数量还是金额均有不同幅度上升，包括“其他常规印刷机”的进口金额。

进口商品中进口金额所占比重排名变化不大，说明我国印刷业市场上印刷方式的格局没有大的变化。

在出口商品中除胶印机外，所有印刷机的出口数量、金额均有两位数的增长。所占总金额比率也有较大变化，如数字式印刷机由2009年的39.11%跃升到56.57%，胶印机由2009年的16.41%下降到9.67%。这说明在应对世界印刷市场格局的变化上，我国出口印刷机产品的类型也作

表 8　2010 年、2009 年全国进口印刷机情况　（单位：万美元）

产品名称	2010 年			2009 年			2010 年较 2009 年增长 (%)	
	数量（台）	金额	占金额（%）	数量（台）	金额	占金额（%）	数量（台）	金额
胶印机	1 450	108 878	63.49	932	69 026	63.01	55.58	57.73
数字式印刷机	248 608	29 440	17.17	127 791	20 103	18.35	94.54	46.45
丝网印刷机	3 090	19 684	11.48	1342	11 004	10.05	130.25	78.88
凹版印刷机	67	4 264	2.49	66	2 350	2.15	1.52	81.45
其他未列名印刷机	7 770	3 879	2.26	12 402	3 241	2.96	-37.35	19.69
凸版印刷机	158	2 829	1.65	129	1 501	1.37	22.48	88.47
柔板印刷机	53	2 490	1.45	38	2 315	2.11	39.47	7.56
合计	261 196	171 464	100	142 700	109 540	100	83.04	56.53

表 9　2010 年、2009 年全国印刷机出口情况（单位：万美元）

产品名称	2010 年			2009 年			2010 年较 2009 年增长 (%)	
	数量（台）	金额	占金额 (%)	数量（台）	金额	占金额 (%)	数量（台）	金额
数字式印刷机	139 885	34 742	56.57	37 460	12 896	39.11	273.42	169.40
其他未列名印刷机	81 405	8 854	14.42	51 252	6 542	19.84	58.83	35.34
胶印机	1 500	5 937	9.67	1 358	5 409	16.41	10.46	9.76
丝网印刷机	8 535	4 571	7.44	4 951	3 187	9.67	72.39	43.43
凸版印刷机	1 084	2 837	4.62	869	2 148	6.52	24.74	32.08
凹版印刷机	1 810	3 014	4.91	1 149	1 913	5.80	57.53	57.55
柔板印刷机	487	1 461	2.38	265	874	2.65	83.77	67.16
合计	234 706	61 417	100	97 304	32 969	100	141.21	86.29

出了调整。但是，因我国印刷机出口金额占世界印刷机市场交易份额较小，尚不能说明我国出口的印刷机引导着世界印刷机发展的潮流，仅是顺应市场而已。

根据以上数据作出简单的推论：进口量的高增长显示我国市场需求的强劲，同时也表明我国制造业的某些不足；出口量的上升显示了国外部分地区的需求和我国制造印刷设备上的某些优势。

我们应该对数字式印刷机的进出口给予重点关注，2010 年该产品进口已经占整体进口的 17.17%，出口额已经超过胶印机和其他常规印刷机的总和，达到 56.57%。

①胶印机进出口数据见表 10、表 11、表 12。

从表 10、表 11 可以看出：相对于进口胶印机用汇 10.89 亿美元、增幅 74% 的金额和出口胶印机创汇 0.59 亿美元、增幅 9.74% 的金额而言，胶印机绝对排位进口产品的第一位，尤其是平张纸多色胶印机。

从单价分析可以看出，我国在机器的档次、品质上尚有一定的差距，当然这只是概念上、笼统意义上来定义的。

表 10　2010 年全国胶印机进口情况（单位：万美元）

产品名称	数量（台）	金额	占胶印机比重 (%)	占印刷机比重 (%)	占印刷设备比重 (%)	比上年增长（%）	
						数量（台）	金额
卷取进料式胶印机	39	9 132	8.39	5.33	3.98	18.18	33.43
办公室用片取进料式胶印机	16	11	0.01	0.01	0.00	0.00	0.00
平张纸进料式单色胶印机	9	38	0.03	0.02	0.02	-47.06	-20.83
平张纸进料式双色胶印机	9	499	0.46	0.29	0.22	12.50	24.75
平张纸进料式四色胶印机	883	47 517	43.64	27.71	20.70	53.83	44.42
其他平张纸进料式胶印机	407	48 717	44.75	28.41	21.23	82.51	84.07
未列名胶印机	87	2 964	2.72	1.73	1.29	42.62	25.91
合计	1 450	108 878	100.00	63.50	47.44	55.58	57.74

表 11　2010 年全国胶印机出口情况（单位：台 / 万美元）

产品名称	数量（台）	金额	占胶印机比重 (%)	占印刷机比重 (%)	占印刷设备比重 (%)	比上年增长 (%)	
						数量（台）	金额
卷取进料式胶印机	221	2 172	36.58	3.54	1.98	-11.60	-18.89
办公室用片取进料式胶印机	19	3	0.05	0.00	0.00	-85.50	-95.83
平张纸进料式单色胶印机	427	337	5.68	0.55	0.31	5.69	11.59
平张纸进料式双色胶印机	78	205	3.45	0.33	0.19	-7.14	31.41
平张纸进料式四色胶印机	65	896	15.09	1.46	0.82	182.61	82.86
其他平张纸进料式胶印机	89	1 624	27.35	2.64	1.48	28.99	25.31
未列名胶印机	601	701	11.80	1.14	0.64	51.39	68.51
机合计	1 500	5 937	100.00	9.67	5.42	10.46	9.74

注：表 10、表 11 中占胶印机比重、占印刷机比重、占印刷设备比重均指金额百分数。

从表 12 中反映的单位数据看，提升我国胶印机的制作技术和产品档次仍然是胶印机制造业的首要任务。

表 12　2010 年我国进、出口胶印机单价对比

（单位：台 / 万美元）

产品名称	进口			出口			进出口单价比例
	数量（台）	金额	平均单价	数量（台）	金额	平均单价	
卷取进料式胶印机	39	9 132	234.15	221	2 172	9.83	23.82
办公室用片取进料式胶印机	16	11	0.69	19	3	0.16	4.31
平张纸进料式单色胶印机	9	38	4.22	427	337	0.79	5.34
平张纸进料式双色胶印机	9	499	55.44	78	205	2.63	21.08
平张纸进料式四色胶印机	883	47 517	53.81	65	896	13.78	3.90
其他平张纸进料式胶印机	407	48 717	119.70	89	1 624	18.25	6.56
未列名胶印机	87	2 964	34.07	601	701	1.17	29.12
合计	1 450	108 878	75.09	1 500	5 937	3.96	18.96

②其他常规印刷机进出口数据见表 13、表 14、表 15。

表 13　2010 年全国其他常规印刷机进口情况

（单位：万美元）

产品名称	数量（台）	金额	占本项（%）	占印刷机(%)	占印刷设备(%)	比上年增长(%)	
						数量（台）	金额
卷取进料式凸版印刷机 *	69	746	2.25	0.43	0.32	35.29	36.38
非卷取进料式的凸版印刷机 *	89	2 084	6.29	1.22	0.91	14.10	118.45
苯胺印刷机	53	2 490	7.51	1.45	1.08	39.47	7.56
凹版印刷机	67	4 264	12.86	2.49	1.86	1.52	81.45
圆网印刷机	82	2 482	7.49	1.45	1.08	90.70	10.31
平网印刷机	1 666	9 520	28.72	5.55	1.15	79.53	37.04
其他网式印刷机	1 342	7 682	23.18	4.48	3.35	261.73	325.12
未列名印刷机	7 770	3 879	11.70	2.26	1.69	-37.35	19.69
合计	11 138	33 146	100.00	19.33	11.44	-20.31	62.39

注：标“*”符号的表示不包括苯胺印刷机。

表 14　2010 年全国其他常规印刷机出口情况

（单位：万美元）

产品名称	数量（台）	金额	占本项 %	占印刷机(%)	占印刷设备(%)	比上年增长(%)	
						数量（台）	金额
卷取进料式凸版印刷机 *	723	1 490	7.19	2.43	1.36	52.53	24.90
非卷取进料式的凸版印刷机 *	361	1 347	6.50	2.19	1.23	-8.61	41.05
苯胺印刷机	487	1 461	7.04	2.38	1.33	83.77	67.16
凹版印刷机	1 810	3 014	14.54	4.91	2.75	57.53	57.55
圆网印刷机	312	641	3.09	1.04	0.58	83.53	119.52
平网印刷机	7 242	3 304	15.93	5.38	3.01	141.80	35.13
其他网式印刷机	981	626	3.02	1.02	0.57	-45.07	39.11
未列名印刷机	81 405	8 854	42.70	14.42	8.08	58.83	35.34
合计	93 321	20 738	100.00	33.77	18.92	59.56	41.42

注：标“*”符号的表示不包括苯胺印刷机。

表 15　2010 年全国进、出口其他常规印刷机单价对比表

（单位：万美元）

产品名称	进口			出口			进出口单价比例
	数量（台）	金额	平均单价	数量（台）	金额	平均单价	
卷取进料式凸版印刷机 *	69	746	10.81	723	1 490	2.06	5.25
非卷取进料式的凸版印刷机 *	89	2 084	23.42	361	1 347	3.73	6.28
苯胺印刷机	53	2 490	46.98	487	1 461	3.00	15.66
凹版印刷机	67	4 264	63.64	1 810	3 014	1.67	38.1
圆网印刷机	82	2 482	30.27	312	641	2.05	14.77
平网印刷机	1 666	9 520	5.71	7242	3 304	0.46	12.41
其他网式印刷机	1 342	7 682	5.72	981	626	0.64	8.94
未列名印刷机	7 770	3 879	0.50	81405	8 854	0.11	4.55
合计	11 138	33 146	2.98	93 321	20 738	0.22	13.55

注：标“*”符号的表示不包括苯胺印刷机。

在表 13、表 14 中，印刷机进口金额中占第一位的仍是平网印刷机，共进口 1666 台，总金额 9520 万美元，占该类印刷机总金额的 28.72%，单台价格 5.71 万美元；出口单台价格 0.46 万美元。进口数量最大的是未列名印刷机进口 7770 台，占该类印刷机进口数量的 69.76%，总价为 3879 万美元，单台价格 0.50 万美元；出口单台价格 0.11 万美元。

③数字式印刷机进出口数据见表 16、表 17。

根据表 16、表 17 的数据显示，在数字式印刷机的进出口中不论数量还是金额分布也极不均匀，值得注意的是以两种形式出现的数字式喷墨印刷机（可与自动数据处理设备、网络连接和不可以连接两种方式）。在进出口金额中两者之和已分别占到数字式印刷机进出口总金额的 70.75% 和 96.22%。

表 16　2010 年全国进口数字式印刷机统计表

（单位：台 / 万美元）

产品名称	数量（台）	金额	占本项(%)	占印刷机(%)	占印刷设备(%)	比上年增长（%）	
						数量（台）	金额
数字式喷墨印刷机，可连接 *	206 656	19 693	66.89	11.49	8.58	72.93	47.50
数字式静电照相印刷机（激光印刷机）可连接 *	3 042	6 242	21.20	3.64	2.72	52.40	83.00
其他数字式印刷设备，可连接 *	5 120	2 080	7.06	1.21	0.91	82.66	20.86
数字式喷墨印刷机	24 554	1 135	3.86	0.66	0.49	1 784.42	-7.72
数字式静电照相印刷机(激光印刷机)	17	66	0.22	0.04	0.03	88.89	-17.50
其他数字式印刷设备	9 219	224	0.76	0.13	0.10	323.08	-27.51
合计	248 608	29 440	100.00	17.17	12.83	94.54	46.45

注：标“*”表示“可连接”，是指该数字式印刷机可与自动数据处理设备或网络连接。

表 17　2010 年全国出口数字式印刷机统计表

（单位：万美元）

产品名称	数量（台）	金额	占本项 %	占印刷机 (%)	占印刷设备 (%)	比上年增长（%）	
						数量（台）	金额
数字式喷墨印刷机，可连接 *	118 543	28 523	82.10	46.44	26.02	578.09	258.69
数字式静电照相印刷机（激光印刷机）可连接 *	1248	835	2.40	1.36	0.76	105.60	243.62
其他数字式印刷设备，可连接 *	631	144	0.41	0.23	0.13	-38.38	-48.01
数字式喷墨印刷机	17 386	4907	14.12	7.99	4.48	36.38	20.68
数字式静电照相印刷机(激光印刷机)	2	2	0.00	0.00	0.00	-83.33	-33.3
其他数字式印刷设备	2 075	332	0.96	0.54	0.30	-62.86	-6.48
合计	139 885	34 742	100.00	56.57	31.69	273.42	169.40

注：标“*”表示“可连接”，是指该数字式印刷机可与自动数据处理设备或网络连接。

据中国印刷及设备器材工业协会对 2010 年全国印刷机械行业市场的调研，一是出版物印刷市场喷墨式印刷机在我国应用量还极少，大部分市场在标签印刷和喷绘，尤其是喷绘市场，诸如广告制作以及以玻璃、陶瓷、布匹等为接受材料的喷绘作品的制作；二是作为喷墨印刷机的核心部件——喷墨头国内尚无制作厂家，全部依赖进口。这可能是税号 84439929 进口金额较大且逐年增加的原因。这也说明我国业内人士看好喷墨印刷机市场的发展，业内有专家预言喷墨印刷机是数字式印刷机的发展方向。

4. 辅助机器、零件及附件进出口数据

辅助机器、零件及附件进出口数据见表 18、表 19。

表 18　2010 年全国印刷辅机及零件进口情况

（单位：kg/ 万美元）

产品名称	金额	占本项 (%)	占印刷设备 (%)	比上年金额增长 (%)
卷筒料给料机	12	0.04	0.01	-43.27*
其他印刷用辅助机器	1 295	3.94	0.56	
用品目 8442 所列印刷用版（片）、滚筒及其他印刷部件进行印刷的机器用其他零件及附件	5 683	17.28	2.48	17.98
数字印刷设备用辅助机器	220	0.67	0.10	69.23
数字印刷设备的其它零件及附件	25 678	78.08	11.19	36.56
合计	32 887	100.00	14.33	26.22

注：标“*”表示原单一税号，2010 年分成两个税号。

表 19　2010 年全国辅助机器及零件出口情况

（单位：kg/ 万美元）

产品名称	金额	占本项 (%)	占印刷设备 (%)	比上年金额增长 (%)
卷筒料给料机	31	0.16	0.03	-32.575
其他印刷用辅助机器	1 826	9.19	1.67	
用品目 8442 所列印刷用版（片）、滚筒及其他印刷部件进行印刷的机器用其他零件及附件	2 467	12.42	2.25	42.68
数字印刷设备用辅助机器	543	2.73	0.50	116.33
数字印刷设备的其它零件及附件	14 995	75.50	13.68	-32.67
合计	19 863	100.00	18.13	-26.45

四、2010 年全国印刷器材进出口情况

2010 年全国印刷器材进出口情况见表 20。

表 20　2010 年印刷器材进出口（单位：万美元）

产品名称	进口			出口		
	数量	金额	占总金额 (%)	数量	金额	占总金额 (%)
印刷油墨	3 7023 t	40 712	42.43	28677 t	10 937	18.31
胶印版材	170 万 m^2	1 722	1.79	10 717 万 m^2	43 106	72.16
制版软片	9 784 万 m^2	53 511	55.77	1 122 万 m^2	5 697	9.54
合计		95 945	100.00		59 741	100.00

在印刷器材进出口中，油墨和制版软片仍是进口数量大于出口数量，油墨净进口 8345t；制版软片净进口近 8662 万 m^2；胶印版材延续了出口远大于进口的形势。

1. 2010 年全国印刷油墨进出口数据

2010 年全国印刷油墨进出口数据见表 21、表 22。

表 21　2010 年全国印刷油墨进出口（单位：t/ 万美元）

产品名称	进口			出口		
	数量	金额	占总金额 (%)	数量	金额	占总金额 (%)
黑色印刷油墨	5 160	6 787	16.67	5 301	2 178	19.92
其他印刷油墨	31 863	33 926	83.33	23 377	8 759	80.08
合计	37 023	40 712	100.00	28 677	10 937	100.00

2010 年我国印刷油墨进出口数量与金额同 2009 年比较，进口数量减少了 3 300 t，出口增加了 5 500 t，净进口与 2009 年相比下降 15% 左右。在进口中，黑色油墨和其他印刷油墨的比重与 2009 年基本持平；在出口油墨中，黑色油墨的比重上升了 4.7 个百分点。

从单价上来看，进口的黑色油墨上涨 11.16 个百分点，其他油墨上涨 8.02 个百分点；出口油墨中黑色油墨上涨 17.09 个百分点，其他油墨上涨 0.81 个百分点。根据海关提供的商品代码，可看到，同一商品（名称）进出口单价差别仍然有较大距离。

表 22　油墨进出口单价对比（单位：kg/ 美元）

年份	黑色印刷油墨		其他印刷油墨	
	进口	出口	进口	出口
2009 年	11.84	3.51	9.86	3.71
2010 年	13.15	4.11	10.65	3.51

2. 2009 年、2010 年我国胶印版材进出口数据

2009 年、2010 年我国胶印版材进出口数据见表 23、表 24 和图 1、图 2。

表 23　2009 年、2010 年全国胶印版材进出口情况
（单位：万 m²/ 万美元）

年份		进口			出口		
		数量	金额	占总金额 (%)	数量	金额	占总金额 (%)
2010 年	PS 版	34	742	43.08	6 705	21 002	48.72
	热敏 CTP 版	136	980	56.92	4 012	22 105	51.28
	合计	170	1 722	100.00	10 717	43 107	100.00
2009 年	PS 版	37	727	36.52	5 999	19 040	59.13
	热敏 CTP 版	205	1 264	63.48	2 541	13 142	40.87
	合计	242	1 992	100.00	8 540	32 182	100.00

2011 年年初海关提供了以第二计量单位计算印刷用版材的进出口数量，见表 24。

表 24　2009 年全国胶印版材进出口情况
（单位：m²/ 美元）

产品名称	进口		出口	
	数量	金额	数量	金额
PS 版	366 144	7 273 894	59 988 052	190 396 752
热敏 CTP 版	2 049 530	12 643 604	25 408 371	131 419 559
胶印版材	2 415 674	19 917 498	85 396 423	321 816 311

注：表 24 中的数据是以第二计量单位统计的数据

从表 23、表 24 可看出，除了计量单位变化外，总金额也稍有变化，其原因是原统计为海关提供的数据逐月累计值，现在提供的数据是海关一次性全年值，两者稍有差距。

2010 年全国版材进出口情况同 2009 年相比，PS 版进口数量下降 8.1%，金额却增加 2.1%；热敏 CTP 版进口数量下降 33.7%，金额下降 22.5%。PS 版出口数量增长 11.77%，金额增长 10.3%；热敏 CTP 版数量增长 58.2%，金额增长 68.25%。从出口版材金额所占比率来看，PS 版与热敏 CTP 版的比率已由 2009 年的 59.13%、40.87%变成了 2010 年的 48.72%、51.28%。

胶印版材是印刷器材出口产品的大项，近年来的出口价格的波动情况见图 1、图 2。

由图 1、图 2 可以看出：PS 版的出口数量在 2008 年、2009 年、2010 年三年形成了一个“马鞍形”发展态势，

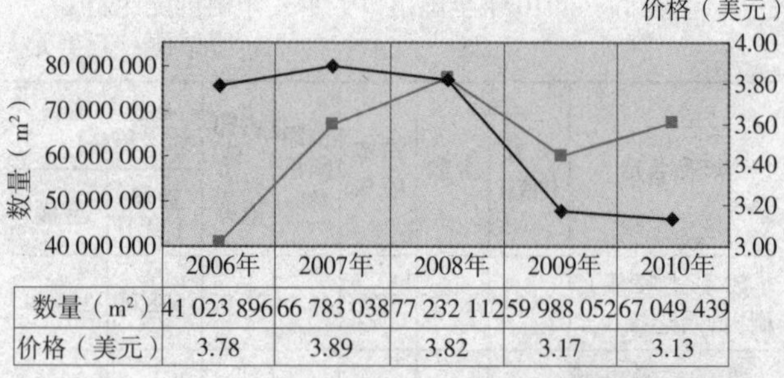

图 1　2006 ~ 2010 年 PS 版出口数量及单价图

数量 PS版　单价 PS版

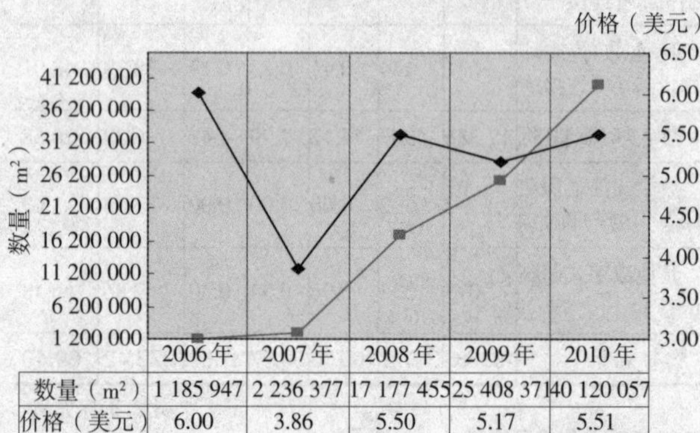

图 2　2006 ~ 2010 年热敏 CTP 出口数量及单价图

数量热敏CTP版　单价热敏CTP版

2009 年下跌，2010 年有所上扬，但从单价来讲仍延续了 2008 年、2009 年下滑的态势，继续小幅度下跌。

2011 年我国海关进出口商品目录已经作了修订，税号由原来的 37013023 变为 37013024，商品名称由原来的 CTP 版（计算机直接制版用热敏版材）变更为 CTP 版。

3. 2010 年全国制版软片进出口情况

2010 年全国制版软片进出口数据见表 25、图 3。

2010 年全国进口印刷制版软片 9784 万 m²；总金额 53511 万美元，进口金额较 2009 年增长 13%。出口印刷制版软片 1122 万 m²；总金额 5697 万美元，出口金额较 2009 年增长 10%。

表 25　2009 年、2010 年制版软片进出口情况

年份	进口		出口	
	数量（万 m²）	金额（万美元）	数量（万 m²）	金额（万美元）
2009 年	10 216	47 350	1 226	5 173
2010 年	9 784	53 511	1 122	5 697

2010 年我们遇到的问题同往年一样，同一税号、不同用途的软片无法提出真正用于印刷制版软片的真实数量。分析如下。

多种以“印刷制版软片”名义进口的商品有三种用途：印刷制版、医疗卫生、半导体制作。从价位上看，制版软

片最便宜，半导体用软片最贵，医疗用软片居中。同时还发现，进口商品单价、数量分布上可明显看出有三个峰值，依据市场情况，将第一峰值的量定位用于印刷制版，并由此可计算出印刷制版用软片的数量，详见图3。

以2010年为例：由图3中可以很明显地看出三个高峰值。2010年软片价位散点分布图与2009年基本一致，仅仅是有些“位错”，整体向右移动。第一峰值量约占总进口量的55% ~ 60%左右，2010年与2009年相比所占比重及绝对量均有所下降。

但这样分析也有其不合理的一面：印刷用软片进口有两种形式，大轴卷装片（进口分切用）和成品卷装片及成品散页片，而第一峰值基本上包括的是大轴卷装片，故其准确使用数量还有待于今后进一步探讨。

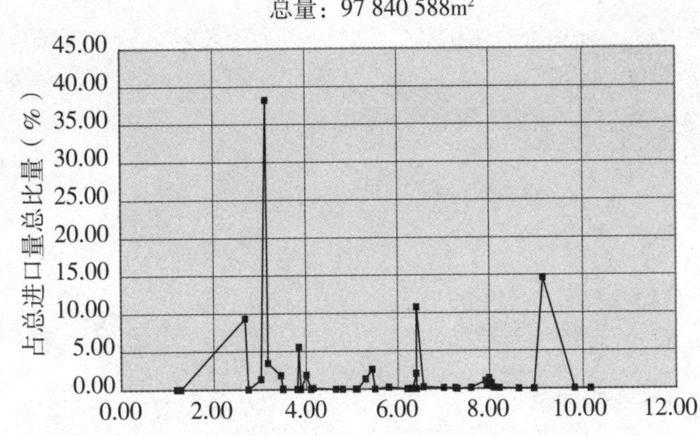

图3　2010年印刷制版软片进口单价、数量散点分布图

注：图中的连续线无实际意义，仅是为了使散点分布更直观。

附：2009年全国印刷机械进出口数据修订简介

为保持统计口径的连续性和数据的准确性，笔者对2009年进出口数据进行了修订。在前面文章中作为比较使用的2009年数据是修订过的数据。

2010年全国印刷设备、器材进出口总额49.4832亿美元，创历年新高。其中进口32.5474亿美元，出口16.9358亿美元，较2009年均有较大幅度增长。

2010年我国海关对胶印版材、制版软片计量单位作了调整（由第一计量单位“kg”转换成了第二计量单位“m²”），同时也给出了以第二计量单位计量的2009年数据，本文也将对2009年胶印版材、制版软片进出口给出以第二计量单位计量的准确量值。

关于对2009年进出口金额的修订：

2009年海关对税号进行了调整，但由于没及时跟进，造成了2009年统计的失真。具体情况如下：2008年税号84439920、商品名称为“数字印刷设备的其他零件及附件”的商品项到2009年其税号调整为84469929，商品名称未变。这就是2009年84439920税号下进出口数量、金额为零的原因。

表1　2008 ~ 2010年数字印刷设备的其他零件及附件进出口（单位：美元）

年份	税号	商品名称	进口总额	出口总额
2008年	84439920	数字印刷设备的其他零件及附件	152 233 569	231 698 750
2009年	84439929	数字印刷设备的其他零件及附件	188 037 282	222 717 854
2010年	84439929	数字印刷设备的其他零件及附件	149 953 468	256 780 263

表2　2009年印刷设备、器材进出口金额修订值（单位：亿美元）

年份	进口金额		出口金额		进出口总额	
	金额	较上年增长（%）	金额	较上年增长（%）	金额	较上年增长（%）
2008年	25.61		15.26		40.87	
2009年（修订前）	22.56	-11.91	10.50	-31.14	33.06	-19.10
2009年（修订后）	24.43	-4.61	12.73	-16.58	37.16	-9.08

表3　印刷设备进出口的修订值（单位：万美元）

年份	进口			出口		
	修订前	修订后	修订值	修订前	修订后	修订值
印前设备	9 234	9 234	0	8 104	8 104	0
印后设备	16 079	16 079	0	13 165	13 165	0
印刷机	109 540	109 540	0	32 970	32 969	0
辅机及零件	7 251	26 055	18 804	4 734	27 006	22 272
合计	142 104	160 908	18 804	58 972	81 244	22 272

（作者系中国印刷及设备器材工业协会副秘书长）